INTRODUÇÃO À HISTÓRIA DA FILOSOFIA

MARILENA CHAUI

Introdução à história da filosofia

Vol. 1: Dos pré-socráticos a Aristóteles

2ª edição revista, ampliada e atualizada

13ª *reimpressão*

COMPANHIA DAS LETRAS

Copyright © 1994, 2002 by Marilena Chaui
1ª edição: Editora Brasiliense, 1994

Grafia atualizada segundo o Acordo Ortográfico da Língua Portuguesa de 1990, que entrou em vigor no Brasil em 2009.

Capa
Moema Cavalcanti

Índices
Maria Claudia Carvalho Mattos

Revisão
Isabel Jorge Cury
Beatriz de Freitas Moreira
Eduardo Russo

Dados Internacionais de Catalogação na Publicação (CIP)
(Câmara Brasileira do Livro, SP, Brasil)

Chaui, Marilena
   Introdução à história da filosofia : Vol. 1 : Dos pré-socráticos a Aristóteles / Marilena Chaui. — 2ª ed. revista, ampliada e atualizada — São Paulo : Companhia das Letras, 2002.

   Bibliografia.
   ISBN 978-85-359-0170-2

   1. Filosofia — História 2. Filosofia — Introduções I. Título.

02-4260   CDD-109

Índice para catálogo sistemático:
1. Filosofia : História   109

Todos os direitos desta edição reservados à
EDITORA SCHWARCZ S.A.
Rua Bandeira Paulista, 702, cj. 32
04532-002 — São Paulo — SP
Telefone: (11) 3707-3500
www.companhiadasletras.com.br
www.blogdacompanhia.com.br
facebook.com/companhiadasletras
instagram.com/companhiadasletras
twitter.com/cialetras

Para Daniel, Gabriela e Diego,
meus netos

Sumário

Apresentação 13

1. O NASCIMENTO DA FILOSOFIA 15
Introdução 15
    Períodos da sociedade grega 15
    Problemas da origem da filosofia 17
As teses contrárias a respeito da origem da filosofia 19
    Milagre grego versus orientalismo 19
    Harmonia luminosa versus dilaceramento desmedido 25
    Descontinuidade entre mito e filosofia versus continuidade entre mito e filosofia 29
As condições históricas do nascimento da filosofia 40
O vocabulário da filosofia nascente 45
As principais características da filosofia nascente 48
Os períodos da filosofia grega 49
As fontes para o conhecimento da filosofia nascente 50

2. OS PRÉ-SOCRÁTICOS 53
As escolas pré-socráticas 53

A escola jônica	54
Tales de Mileto	54
Anaximandro de Mileto	58
Anaxímenes de Mileto	62
Heráclito de Éfeso	64
A escola pitagórica ou itálica	64
Pitágoras de Samos	67
O pitagorismo	72
De volta aos jônios: Heráclito de Éfeso	79
A escola eleata	86
O antecessor: Xenófanes de Colofão	86
Parmênides de Eleia	87
Zenão de Eleia	95
Xenófanes, Heráclito e Parmênides: a interpretação de Werner Jaeger	101
A escola da pluralidade ou esforço de conciliação	105
Empédocles de Agrigento	107
Anaxágoras de Clazómena	114
Os atomistas: Leucipo e Demócrito	119
3. OS SOFISTAS E SÓCRATES: O HUMANO COMO TEMA E PROBLEMA	129
Atenas, centro do mundo grego	129
A invenção da democracia	131
O século de Péricles	136
A tragédia	137
A técnica	141
A arte médica	145
A nova *areté*	156
Os sofistas ou a arte de ensinar	159
Protágoras de Abdera	169
Górgias de Leontini	172
Sócrates: o elogio da filosofia	177
O "problema Sócrates"	179
A filosofia socrática	187
A morte de Sócrates	202

4. PLATÃO E O NASCIMENTO DA RAZÃO OCIDENTAL ... 207
Introdução: o amor ... 207
A vida ... 212
    A viagem a Siracusa ... 214
O "problema Platão" e a história da filosofia ... 220
A obra ... 226
    A Academia ... 226
    Os diálogos ... 227
Violência, injustiça e linguagem ... 231
Dialética e teoria do conhecimento ... 239
    1. O que é conhecer? ... 241
    2. A teoria do conhecimento na *Carta sétima* ... 244
    3. A teoria do conhecimento na *República* ... 249
    4. O Mito da Caverna ... 257
    5. A interpretação do Mito da Caverna por Heidegger ... 262
    6. O Mito de Er ou a reminiscência ... 265
    7. A teoria das ideias no *Parmênides* ... 268
    8. A teoria da participação das ideias ... 272
    9. Da dialética ascendente à prática da dialética descendente ... 276
    10. O significado da dialética platônica ... 284
    11. O problema do erro e a verdade ... 285
Teoria da alma (psicologia) e da vida virtuosa (ética) ... 290
    A psicologia e a ética na *República* ... 292
    A filosofia como vida virtuosa ... 296
    A imortalidade da alma ... 301
A política: o Estado ideal e o governante-filósofo ... 302
    A cidade justa ... 305
    A ciência do político ... 310
Os socráticos menores ... 316
    Os megáricos ... 316
    Os cínicos ... 320
    Os cirenaicos ... 324

5. ARISTÓTELES: A FILOSOFIA COMO TOTALIDADE DO SABER ... 328
Espanto, aporia e diálogo ... 328

A vida 334
A obra 338
Os campos do saber 346
As objeções a Platão 351
A lógica ou *Órganon* 357
    As categorias ou termos 359
    Proposições e juízos 363
    Os analíticos e a teoria do silogismo 367
    As condições da ciência. Distinção entre ciência e dialética 375
A metafísica 381
    É possível a metafísica como ciência? 382
    O saber metafísico: a substância 389
    Matéria e forma 392
    O devir: potência e ato 395
    O divino: o desejável-desejado 401
    A filosofia: imitação do divino 406
Filosofia da natureza: a física e a biologia 408
Os humanos: psicologia e teoria do conhecimento 419
    Sensação e imaginação 421
    O pensamento 427
    A teoria do conhecimento 437
A ética e o justo meio 440
    A felicidade 441
    A crítica a Platão 442
    A peculiaridade da ação humana 443
    A paixão 443
    O agente ético e a virtude 445
    O que está e o que não está em nosso poder 447
    A prudência e o prudente 454
    As virtudes intelectuais e a felicidade perfeita 455
Transição da ética para a política: justiça e amizade 459
A política 462
As artes: retórica e poética 478
    A retórica 479
    A poética 483

Notas	487
Glossário de termos gregos	493
Bibliografia	513
Crédito das ilustrações	521
Índice remissivo	523
Índice onomástico	533
Índice de termos gregos	537

Apresentação

Esta é a nova versão do primeiro volume da *Introdução à história da filosofia*. Trata-se de uma edição revista e ampliada, contendo tópicos novos, ampliação e atualização de tópicos anteriores e da bibliografia. Essas modificações foram feitas tendo em conta que o livro, planejado apenas para os estudantes do segundo grau, passou a ser lido também por alunos de cursos de graduação, seja em Filosofia, seja em outras áreas universitárias que possuem em seus cursos a disciplina Filosofia. Todavia, mantivemos a ideia de um texto introdutório, dirigido aos que se iniciam no estudo da Filosofia.

Por seu caráter introdutório, esperamos que sirva de auxílio aos professores e de estímulo aos alunos. Aos primeiros, esperamos ajudar a preencher lacunas bibliográficas em língua portuguesa. Aos segundos, a criar o gosto pelo exercício do pensamento.

A bibliografia oferecida no final do volume endereça-se aos professores e àqueles que pretendam prosseguir nos estudos. Procuramos, tanto quanto possível, selecionar textos em português, mas sem esquecer obras fundamentais, embora não traduzidas. Procuramos também, no decorrer do livro, citar apenas as obras que serão encontradas na bibliografia, de modo a indicar para os leitores o que nelas irão encontrar ao consultá-las posteriormente.

Um pequeno glossário de termos gregos, sob a supervisão de Anna Lia Amaral de Almeida Prado, foi preparado, a fim de que os estudantes possam usá-lo quando lerem outros livros de filosofia, além de consultá-lo durante a leitura desta introdução à história da filosofia.

1. O nascimento da filosofia

INTRODUÇÃO

PERÍODOS DA SOCIEDADE GREGA

A uma forma nova e inusitada de pensar, os gregos deram o nome de Filosofia. Essa palavra, atribuída a Pitágoras de Samos, é composta de *filo* (vinda de *philía**, amizade) e *sofia* (*sophía**, sabedoria), *philosophía*: amizade pela sabedoria, amor ao saber. Pitágoras de Samos teria dito ser a sabedoria plena privilégio dos deuses, cabendo aos homens apenas desejá-la, amá-la, ser seus amantes ou seus amigos, isto é, *filósofos* (*sophós**, sábio). Na verdade, a palavra *sophía* carrega uma ambivalência que se tornará bastante perceptível no decorrer da história da *philosophía*, pois tanto pode significar o *saber*, entendido como conjunto sistemático e racional de conhecimentos sobre o mundo e os homens (e *sophós* é aquele que conhece verdadeiramente a realidade), como pode significar *sabedoria*, entendida como disposição humana para uma vida virtuosa e feliz (e *sophós* é aquele que sabe bem conduzir sua vida ou praticar o bem). A grandeza dos filósofos antigos (ou dos inventores da filosofia) esteve, como veremos, em

* Consultar no Glossário de termos gregos (pp. 493-512) as palavras destacadas com asterisco.

reunir esses dois sentidos e estabelecer uma articulação interna necessária entre ambos, concebendo o saber como condição da sabedoria e a sabedoria como forma superior do saber.

Afirmam os historiadores da filosofia que esta possui data e local de nascimento: nasceu entre o final do século VII a.C. e o início do século VI a.C., nas colônias gregas da Ásia Menor — particularmente as que formavam a Jônia —, e o primeiro filósofo, Tales, era natural de Mileto. Além da data e do local, a filosofia também possui, ao nascer, um conteúdo preciso: é uma cosmologia, isto é, uma explicação racional sobre a origem e a ordem do mundo, o *cosmos* (ver *kósmos**).

Tradicionalmente, os historiadores distinguem quatro grandes períodos na história da sociedade grega:

1) *Período homérico* (isto é, a época entre 1200 e 800 a.C., narrada por Homero na *Ilíada* e na *Odisseia*), quando os aqueus, os jônios e os dórios conquistam e dominam Micenas, Troia e Creta, trazendo para as costas do mar Egeu um regime patriarcal e pastoril, passando, no decorrer de quatrocentos anos à economia doméstica e agrícola e, em seguida, à economia urbana e comercial, quando começam a visitar países distantes.

2) *Período da Grécia arcaica*, ou dos Sete Sábios, dos finais do século VIII a.C. ao início do século V a.C. Nesse período os agrupamentos constroem cidadelas ou fortalezas para sua defesa e, à sua volta, começam a surgir as cidades como sedes dos governos das comunidades (surgem Atenas, Tebas, Megara, no continente; Esparta e Corinto no Peloponeso; Mileto e Éfeso na Ásia Menor; Mitilene, Samos e Cálcis nas ilhas do mar Egeu). Passando da monarquia agrária à oligarquia urbana, economicamente predominam o artesanato e o comércio (portanto, a economia monetária), os artífices e comerciantes se sobrepõem aos aristocratas fundiários e os gregos se espalham por toda a orla do Mediterrâneo.

3) *Período clássico*, do século V a.C. ao IV a.C., quando, com as reformas de Clístenes, primeiro, e, mais tarde, com o governo de Péricles, Atenas se coloca à frente de toda a Grécia: desenvolve-se a democracia e surge o império marítimo ateniense. O porto de Atenas, o Pireu, é o centro para onde convergem produtos e ideias do mundo inteiro e de onde partem, em todas as direções, produtos e ideias, no apogeu da vida urbana, intelectual e artística. Acirram-se as rivalidades entre as cidades e tem início a Guerra do Peloponeso, que trará o fim do império ateniense e das cidades-estado gregas.

4) *Período helenístico*, quando a Grécia passa para o domínio da Macedônia, com Filipe e Alexandre, e, depois, para o domínio de Roma, integrando-se num mercado mundial e tornando-se colônia de um império universal, numa sociedade organizada regionalmente, agrupada por corporações profissionais e desenvolvendo um pensamento cosmopolita que se abre para o Oriente, ao mesmo tempo que passa a influenciá-lo intelectual e artisticamente.

Seguindo essa periodização, a filosofia nasce na Grécia arcaica, alcança seu apogeu na Grécia clássica e se expande para além das fronteiras gregas no período helenístico. Ao todo, seis séculos. E se considerarmos o helenismo como período de uma filosofia greco-romana e de doutrinas cristãs (a patrística), a filosofia antiga se estende até o século VI d.C. Ao todo, dez séculos.

PROBLEMAS DA ORIGEM DA FILOSOFIA

A partir do século XII a.C., hordas dóricas invadem as regiões ocupadas pelos aqueus, que, em migração forçada, deslocam-se para a Ásia Menor, fundam colônias marítimas, desmantelam a sociedade ali existente (agrária, patriarcal e tribal), tornando-se potência de navegação, comércio e artesanato, em intenso contato com outros povos do Oriente.

Com o surgimento da moeda, a invenção do calendário, o desenvolvimento de novas técnicas e com o aparecimento de uma rica classe de comerciantes que rivaliza e supera a antiga aristocracia agrária, a sociedade grega vai-se tornando citadina ou urbana e a cultura vai-se laicizando, as formulações mítico-religiosas vão cedendo o passo a explicações racionais, cujo nome será, afinal, *filosofia*.

Historiadores da filosofia, como o inglês John Burnet e o alemão Wilhelm Windelband, afirmam que a prosperidade econômica das colônias gregas da Magna Grécia "foi a base sem a qual não poderiam realizar-se os mais altos esforços intelectuais" e a filosofia é o mais alto desses esforços. O filósofo Aristóteles afirmará que a riqueza e a existência dos escravos liberaram os gregos da fadiga e da pena do trabalho e dos negócios, dando-lhes o ócio indispensável para a vida contemplativa, isto é, para a filosofia.

Windelband menciona, ainda, os dois efeitos opostos do desenvolvimento comercial das colônias gregas da Ásia Menor, que tiveram, no entanto, um mesmo resultado, qual seja, estimular a filosofia. De um lado, diz ele, a opulência e o poderio dos comerciantes tiraram o poder das mãos da aristocracia agrária, mas os levaram a compensar a falta de sangue nobre com o aumento de seu próprio prestígio, patrocinando as artes, construindo bibliotecas e promovendo a vida intelectual; de outro, aristocratas descontentes, como Heráclito de Éfeso, retiraram-se da vida pública e passaram a dedicar-se à vida contemplativa. Assim, "a mudança de situação favoreceu, de modos variados e opostos, o desenvolvimento e a difusão dos interesses intelectuais, o que só foi possível, evidentemente, porque esse povo, mais do que qualquer outro, estava impulsionado pelo amor à ciência e à arte" (Windelband, 1955, p. 26).

Com essa afirmação, Windelband já nos coloca diante de um problema que merece ser examinado: a imagem dos gregos como um povo especial, único capaz de dar origem à filosofia e à ciência, isto é, àquilo que se convencionou chamar de *pensamento ocidental*.

Para ilustrar esse problema — sem pretensão de esgotá-lo — vamos examiná-lo a partir de três pares de oposições que têm dividido as opiniões dos historiadores da filosofia:

1) A filosofia é a expressão mais acabada do "milagre grego" ou o resultado de empréstimos, influências e heranças orientais?

2) A filosofia é a expressão mais acabada do "gênio helênico" enquanto harmonia, simplicidade e luminosidade ou uma das manifestações do dilaceramento trágico, da desmedida e do fundo obscuro do espírito grego?

3) A filosofia é o advento da razão inteiramente liberada do mito e da religião ou é a continuação (racionalizada e laica) das formulações mítico-religiosas?

Em resumo: apesar de a filosofia possuir data e local de nascimento, suas origens não são um fato simples, mas objeto de controvérsias (o que, aliás, é muito próprio da filosofia). A causa da controvérsia é, justamente, o conteúdo da filosofia nascente, isto é, a cosmologia.

AS TESES CONTRÁRIAS A RESPEITO DA ORIGEM DA FILOSOFIA

MILAGRE GREGO VERSUS ORIENTALISMO

O primeiro "historiador" da filosofia de que se tem notícia, Diógenes de Laércio[1] (na verdade, o primeiro *doxógrafo*, isto é, o que reuniu e publicou as opiniões dos filósofos antigos), pode ser considerado o principal responsável pela oposição entre "milagre grego" e "origem oriental" da filosofia. De fato, logo na abertura de sua obra, escreve:

> Frequentemente, pretendeu-se que a filosofia havia nascido no estrangeiro. Aristóteles (*Livro da magia*) e Socião (*Filiações*) dizem que os Magos, na Pérsia, os Caldeus, na Babilônia e na Assíria, os Gimnosofistas, na Índia, e uma gente chamada Druidas e Senoteus, entre os Celtas e Gauleses, foram seus criadores [...]. Por seu turno, os egípcios pretendem que Hefesto, o criador dos princípios da filosofia ensinados pelos padres e profetas, era filho do Nilo [...]. Porém, ao atribuir aos estrangeiros as próprias invenções dos gregos, todos esses autores pecam por ignorância, pois os gregos deram nascimento não só à filosofia, mas a todo o gênero humano. Registramos: em Atenas nasceu Museu e em Tebas, Linos. Museu, filho de Eumolpos, escreveu, segundo a tradição, a primeira teogonia e o primeiro tratado da esfera. Foi o primeiro a afirmar que tudo nasce do uno e retorna ao uno [...]. Por sua vez, Linos era filho de Hermes e da musa Urânia. Compôs uma cosmogonia e descreveu o curso do Sol e da Lua e a geração dos animais e das plantas [...]. Sim, foram os gregos que criaram a filosofia, cujo nome, aliás, não soa estrangeiro (Diógenes de Laércio, p. 31).

Diógenes registra, portanto, a opinião dos que escreveram antes dele e que consideraram a filosofia uma criação oriental ou, pelo menos, uma retomada de ideias nascidas "no estrangeiro", pois, como escreveu Heródoto, os gregos "viajam para comerciar e para conhecer". Todavia, Diógenes de Laércio logo se insurge contra isso e afirma a absoluta originalidade grega da filosofia, indo mais longe ao atribuir aos gregos a origem de toda a humanidade. Para um grego, os homens se dividiam em dois grandes gêneros: os estrangeiros, de língua e costumes rudes, isto é, os bárbaros, e os gregos, de língua e costumes polidos e cultivados, isto é, os homens propriamente ditos. Por isso Diógenes atribui aos gregos não só a origem da filosofia, mas também a da humanidade.

Mais importante do que esse exagero etnocêntrico é o fato de Diógenes expor as duas opiniões contrárias sobre a origem da filosofia. Na verdade, a opinião "orientalista" desenvolveu-se em dois momentos diferentes. No primeiro, durante a Grécia clássica, historiadores, como Heródoto, e filósofos, como Platão e Aristóteles, reconheceram a dívida intelectual dos gregos para com os "bárbaros" (isto é, o Oriente). No segundo, tardio, durante o helenismo (quando as cidades gregas perderam a liberdade e a independência sob os impérios de Alexandre, primeiro, e de Roma, depois), a ideia de uma diferença entre os gregos e os "outros" tendeu a diminuir. A predominância da tese orientalista aumentou significativamente com os contatos entre a filosofia helenista e pensadores judaicos — como Filo de Alexandria — e os primeiros padres cristãos intelectualizados — como Eusébio de Cesareia e Clemente de Alexandria. A ideia de continuidade entre Oriente e Ocidente (entre Moisés e Platão, para os pensadores judaicos; entre os filósofos estoicos e Jesus, para os pensadores cristãos) era fonte de legitimação e de prestígio para seu próprio pensamento. A tese orientalista ganhará força durante a Renascença, quando filósofos ligados a correntes místicas e ocultistas afirmarem a origem egípcia de todos os saberes e de todas as práticas, baseando tal afirmação no fato de Platão haver considerado os gregos crianças, se comparada a sabedoria deles com a dos antigos sacerdotes egípcios.

A tese orientalista não é absurda. Como observa o historiador da filosofia Rodolfo Mondolfo, as grandes civilizações orientais mantiveram relações com as civilizações pré-helênicas (egeia, cretense, minoica), e estas, embora derrotadas pelos aqueus e pelos dórios, determinaram formas e conteúdos da vida social, da religião, dos mitos, das artes e técnicas dos gregos homéricos e arcaicos. Heródoto, Aristóteles, Eudemo e Estrabão afirmaram que a geometria e a astronomia eram cultivadas pelos caldeus, egípcios e fenícios; Platão acreditava que o mais antigo e elevado saber encontrava-se com o velho sacerdote do Egito.

A tese orientalista não é descabida. Mas não pelo motivo que seus defensores apresentam — isto é, a plena continuidade entre as formulações orientais e a filosofia grega — e sim por causa de alguns fatos relevantes. Por um lado, porque havia um começo de ciência no Egito e na Babilônia — matemática e medicina no primeiro, astrologia na segunda — e foram inegáveis os contatos econômicos e políticos entre ambos e a Grécia. Por outro, como observa o historiador da filosofia Abel Rey, porque os poetas e sábios gregos antigos tenderam a exaltar a sabedoria oriental, por dois motivos principais:

1) porque o mito da Idade de Ouro (narrado pelo poeta romano Ovídio, pela boca do filósofo Pitágoras de Samos), tempo de felicidade e de comunhão entre os homens e os deuses, de plenitude de conhecimento e de imortalidade, localizava no Oriente esse momento feliz (basta ler, na Bíblia, o livro da Gênese para ver que os hebreus localizavam o Jardim do Éden no Oriente, e os navegadores cristãos do período das descobertas marítimas, como Colombo, julgarão ter chegado ao Paraíso, ao imaginar que a América era o "Oriente") — de sorte que seria natural a filosofia ali ter nascido;

2) pelo medo de chocar os contemporâneos com ideias novas e transgressoras — o que levava naturalmente a dizê-las nascidas no Oriente para dar-lhes maior antiguidade, pois os "tempos antigos" são sempre considerados os tempos de maior sabedoria, de maior proximidade entre os homens e as divindades, e o antigo é sempre uma autoridade legítima pelo simples fato de ser antigo ou tradição.

A tese orientalista é reforçada pelo fato de que as religiões e os mitos orientais apresentam pelo menos seis concepções que reaparecem nas religiões e nos mitos gregos e, posteriormente, na filosofia: 1) a ideia de uma unidade universal divina que cria dentro de si mesma todos os seres; 2) a cosmogonia (*kosmogonía**, gênese ou origem do mundo) como passagem da unidade primordial caótica e indiferenciada à diferenciação de todos os seres e como passagem das trevas à luz; 3) a cosmogonia como um processo de geração e diferenciação dos seres, seja pela força intrínseca do princípio originário, seja pela intervenção de um espírito inteligente sobre a matéria sem forma, seja por meio da luta entre forças opostas (luz e treva, caos e ordem, vida e morte, amor e ódio); 4) a ideia de uma conexão ou "simpatia" ligando todos os seres; 5) a ideia de uma lei ou de uma necessidade governando a geração, transformação e corrupção de todos os seres, num tempo cíclico; 6) a ideia de um dualismo entre o corpo mortal e a alma imortal que precisa ser moralmente purificada para liberar-se do corpo e gozar a felicidade perene.

Quando lemos os poemas de Homero e Hesíodo podemos perceber que tais concepções foram incorporadas pelos gregos, mas com uma novidade já anunciadora de futuras diferenças entre pensamento grego e oriental: a epopeia de Homero e a teogonia (*theogonía**) de Hesíodo procuram diminuir a distância entre deuses e homens, também diminuem o papel de forças monstruosas e irracionais atuando no mundo, humanizam os deuses e racionalizam os mitos de origem.

A tese contrária, defendida por Diógenes, afirma o caráter absolutamente autóctone e original da filosofia como um feito exclusivo dos gregos e leva à ideia de um "milagre grego". Milagre por sua originalidade, pois nada nas culturas vizinhas e contemporâneas se assemelha a ela. Milagre porque esse feito é súbito e repentino, não podendo ser explicado por relações de causa e efeito que se desenrolam no tempo. Milagre porque imprevisível e decorrente exclusivamente do "gênio helênico". O termo "gênio", tradução do termo latino *genius*, possui dois sentidos principais interligados. *Genius* é um espírito tutelar ou protetor de um grupo de mesmo nascimento, que o guia e orienta. Porém, de *genius* vem a palavra *ingenium*, que significa a índole, o caráter, o temperamento, a disposição natural de alguém, determinando seus comportamentos, suas ideias e sentimentos. Assim, o "gênio" se refere tanto ao espírito comum de um grupo como ao caráter de um indivíduo. Pouco a pouco, sobretudo nos séculos XVII e XVIII, os dois sentidos do termo começaram a ser fundidos e "gênio" passou a designar o caráter de povos e nações, sendo empregado para salientar as particularidades de um grupo social e político a partir de certas características que ele teria por natureza, características presentes em todos os seus membros por terem todos a mesma origem. A tese do "gênio helênico", que se inicia com os classicistas do século XVIII, como Goethe, e prossegue com os românticos (que passarão a designar o "gênio" com a expressão "espírito de um povo"), cristaliza-se no século XIX e chega aos nossos dias com o filósofo Martin Heidegger, para o qual (como para Diógenes de Laércio) a "filosofia fala grego".

A expressão "milagre grego" significa não só que, de modo absolutamente original e espontâneo, os gregos criaram a filosofia e a ciência gregas, mas, sobretudo, criaram para o Ocidente *a* filosofia e *a* ciência, isto é, modos de pensar e de intervir sobre a realidade que permaneceram como um legado imperecível para toda a posteridade ocidental.

Temos, assim, duas opiniões exclusivistas e exageradas (e não isentas de preconceitos raciais e racistas): a orientalista, que faz da filosofia simples continuação de um passado oriental; e a ocidentalista, que faz da filosofia uma invenção nova e própria do Ocidente.

Os estudos de crítica histórica, arqueologia, antropologia, filologia e linguística, desenvolvidos desde o final do século XIX e durante o século XX, puseram limites aos exageros, preconceitos e equívocos das duas opiniões. A esse respeito, escreve Rodolfo Mondolfo, em um ensaio significativamente denominado *O gênio helênico*:

> Investigações arqueológicas extremamente intensas e fecundas nos levaram a conhecimentos inesperados acerca das civilizações anteriores à grega: do Oriente asiático e egípcio e do próprio território helênico. Foi-nos revelada a civilização pré-helênica egeia ou minoico-micênica (Creta, Micenas, Tirinto etc.) com suas ligações profundas e relações prolongadas com a egípcia e as asiáticas; foram-nos revelados novos e abundantes pormenores a respeito das fases de desenvolvimento, as múltiplas manifestações, a extensa difusão de influências de civilizações já parcialmente conhecidas (egípcia, babilônio-assíria, fenícia, iraniana, lídia, frígia etc.) e foram-nos reveladas outras até então desconhecidas (suméria, hitita, de Mitanni etc.). Graças a esses conhecimentos, foram aclaradas as conexões diretas e indiretas do nascimento e desenvolvimento da cultura dos gregos com essas civilizações antecessoras [...]. A intensificação ulterior das pesquisas arqueológicas ainda há de fornecer-nos novos elementos para uma reconstituição mais adequada da dívida multiforme da civilização grega para com as orientais, no domínio da vida espiritual e no da prática: religião, mitologia, artes arquitetônicas e figurativas, música, poesia, técnica e ciência (Mondolfo, 1960, p. 9).

De fato, os estudos históricos, filológicos, literários, linguísticos e antropológicos mostraram que mitos, cultos religiosos, música e instrumentos musicais, dança, poesia, utensílios, forma da habitação, sistemas de parentesco e de organização dos clãs gregos são resultado de contatos intensos dos gregos com as culturas mais adiantadas do Oriente, que estimularam a criação grega. Mais importante do que tudo foi a descoberta de que aquele que influenciou perenemente a cultura grega, seu "pai fundador", Homero (nome coletivo de vários poetas anônimos ou nome daquele que recolheu e reuniu toda a produção mítico-poética antiga), viveu entre o final da época micênica e o início do desenvolvimento histórico do mundo grego, legando para este último a contribuição de todas as civilizações que antecederam e instigaram o surgimento da grega.

Nada nos impede de falar num "milagre grego", se entendermos por essa expressão:

1) A mutação qualitativa produzida sobre a herança recebida de outras civilizações. Assim, os egípcios produziram conhecimentos geométricos voltados para a agrimensura e para a construção de edifícios, e os fenícios desenvolveram uma aritmética que era uma contabilidade comercial, mas os gregos produziram uma *ciência matemática*, um corpo lógico e sistemático de conhecimentos racionais, fundados em princípios gerais que se traduziram numa geometria, numa aritmética e numa música (entendida como conhecimento racional da harmonia ou proporção dos sons). Os babilônios e os caldeus produziram conhecimentos sobre os céus e os meteoros — ligados às necessidades práticas da astrologia —, mas os gregos transformaram tais conhecimentos num corpo sistemático e lógico, criando a *astronomia*, conhecimento racional dos movimentos dos astros. E assim por diante, isto é, transformaram a poesia, as artes plásticas, o teatro, a religião das culturas orientais, assim como transformaram as antigas cosmogonias em uma cosmologia ou explicação racional da origem do mundo.

2) A mutação qualitativa produzida sobre as formas de organização social e política herdadas e que permitiu aos gregos aquilo que o historiador Moses Finley lhes atribui como um dos traços mais marcantes e inovadores: *a invenção da política*. Não que outras sociedades desconhecessem os fenômenos do governo e do poder, porém os trataram sempre como domínio pessoal de um chefe excepcional, geralmente considerado de origem divina ou enviado por um deus, concebendo o poder como algo de tipo mágico-religioso e resultado da vontade absoluta de um homem ou de um grupo de homens para decidir por todos os outros sem consultá-los. Em contrapartida, os gregos criaram a política (palavra que vem do grego *pólis** — a cidade), isto é, inventaram práticas pelas quais as decisões eram tomadas a partir de discussões e debates públicos, sendo votadas e revogadas também por voto em assembleia, estabeleceram instituições próprias do espaço público (tribunais, eleições), criaram a lei como expressão da vontade social e, sobretudo, separaram o poder civil-militar e a autoridade religiosa, assim como separaram a autoridade do chefe de família (autoridade privada e não política) e a autoridade das instituições de governo (autoridade pública e propriamente política). Em suma, foram responsáveis pela criação da instância da lei e da justiça como expressão da vida coletiva e não como imposição da vontade de um só ou de um grupo; e pela laicização do poder, desvinculando-o da autoridade mágico-sacerdotal.

3) A mutação qualitativa imposta à herança recebida, tanto pela invenção

do que chamamos pensamento racional sistemático baseado em princípios universais (filosofia e ciência) como pela invenção da vida social como comunidade humana que toma seu próprio destino nas mãos (política), de sorte que os gregos inventaram o que, hoje, chamamos de *cultura*: um ideal da comunidade e do indivíduo como reciprocamente responsáveis um pelo outro, como norma e modelo um para o outro, como vínculo interno e essencial entre ambos, tendo como centro a ideia do homem como ser racional e político, capaz de agir segundo fins e valores que constituem uma certa ideia do que seja a excelência humana — a *areté** — para a qual a comunidade o educa e o forma integralmente. Como formação, a cultura grega é, no dizer de Werner Jaeger, uma *paideía** que incute em seus membros a *areté* de sua sociedade para que se reconheçam como parte dela, responsáveis por ela e realizadores dos valores dela.

Em resumo, não há "milagre grego" e há "milagre grego". Não há, se a expressão for tomada com o sentido de fato surpreendente e inexplicável, desprovido das condições históricas e materiais que permitiram o surgimento da filosofia grega. Há, se a expressão for tomada como interpretação das mudanças qualitativas profundas e decisivas que, em condições históricas determinadas, os gregos impuseram à herança que receberam. Como diz Abel Rey, "o milagre grego é milagre não por suas origens, mas por suas consequências prodigiosas": filosofia, ciência, política, artes, técnicas, cultura.

HARMONIA LUMINOSA VERSUS DILACERAMENTO DESMEDIDO

O classicismo tardio (final do século XVIII e início do século XIX), do qual Goethe é um dos expoentes, retoma a ideia do "milagre grego" por uma outra perspectiva: o nascimento da filosofia é um milagre da Grécia porque a própria Grécia é um milagre irrepetível e para sempre perdido, pois perdeu-se o "gênio helênico". Que era esse gênio? Por que somente ele foi capaz de criar a filosofia e todas as outras expressões de sua civilização?

Rodolfo Mondolfo assim resume a visão classicista sobre os gregos:

> Liberdade e claridade de espírito; harmoniosa unidade de conteúdo e forma, de elemento sensível e intelectual, de natureza e espírito; plástica serenidade e sentimento de medida e proporção; sadio e puro objetivismo. Características próprias

de todas as criações e expressões do gênio grego [...] o refletiriam essencialmente, mostrando o timbre genuíno que as diferencia de qualquer outra grande cultura, antiga ou moderna. Por conseguinte, [...] a filosofia e toda a cultura grega diferem da cultura oriental (a cujo espírito faltaria o sentido de liberdade perante a natureza), da cristã (em cuja base repousa o irreconciliável dualismo da natureza e do espírito), da muçulmana (à qual falta o sentido de medida, da forma, da elevação ideal da natureza) e da moderna (porque nesta a reconquista da unidade é supressão difícil de um dualismo consciente e desenvolvido ao excesso) (Mondolfo, 1960, p. 15).

Em suma, a idealização dos gregos pelo classicismo leva a imputar-lhes qualidades inexistentes em outras culturas ou perdidas pelo Ocidente cristão e moderno. Os gregos seriam o povo da luz, da unidade entre matéria e espírito, sensibilidade e intelecto, natureza e humano; seriam o povo da pura objetividade racional, da relação orgânica e perfeita entre forma e conteúdo; seriam o povo da simplicidade racional, capaz de descobrir e operar com um pequeno número de princípios racionais, sistemáticos e universais que regeriam a totalidade do real (as coisas, as plantas, os animais, os homens, os astros e os deuses). Por isso criaram a filosofia, expressão mais alta da racionalidade, da simplicidade e da objetividade. Os gregos seriam o povo da harmonia entre os contrários, da capacidade para impor medida, limite ou freio às paixões humanas, submetendo-as às normas da virtude. Nada disso poderia ser encontrado no Oriente e nos muçulmanos, isto é, naquilo que os classicistas identificam com a irracionalidade mágica e com o poder tirânico. E a perfeição da unidade grega também se perdeu com o dualismo cristão (separação entre terra e céu, corpo e alma, homem e Deus, razão e paixão, sensibilidade e intelecto). Nada disso poderia ser resgatado pelos modernos, frutos da civilização cristã dualista. Os gregos, e somente eles, poderiam criar e desenvolver a filosofia porque somente eles foram capazes de alcançar a unidade orgânica e a totalidade perfeita que define e regula a realidade.

A essa imagem da harmonia orgânica e da totalidade perfeita contrapõem-se as perspectivas de Rousseau (século XVIII) e de Nietzsche (século XIX). Rousseau afirma que a originalidade e a grandeza dos gregos vieram do antagonismo de suas cidades — no interior de cada uma delas e entre elas —, como também aconteceu durante o florescimento das cidades italianas da Renascença. Não foram a paz e a harmonia que moveram os gregos, mas as lutas pela liberdade política contra despotismos e tiranias. Não a harmonia, e sim o conflito, a disputa, a rivalidade teriam estimulado as criações sociais, políticas, artísticas e intelectuais gregas.

Para Nietzsche, os gregos criaram a filosofia porque não teriam temido o dilaceramento, a dualidade, o lado cruel e sombrio dos humanos e da natureza. Longe de serem os homens da moderação ou da medida, seriam as criaturas da desmedida — a *hýbris** — e da luta sem tréguas entre os contrários — do *agón**, palavra grega que significa: batalha, luta, jogo, disputa interminável entre os opostos. Os gregos, antes de inventarem a filosofia, inventaram o que daria origem a ela: a tragédia. Que é a tragédia? Culto religioso (só depois transformado em obra teatral), a tragédia narra a morte e o renascimento do deus Dionisos e, ao narrá-los, expõe o princípio bárbaro, cruel, desmedido, de embriaguez e pessimismo, de lutas subterrâneas entre poderes titânicos na batalha do sofrimento para fazer sair da indiferenciação caótica da matéria a individuação organizada das formas. O princípio que guia a tragédia é a desumanidade e a barbárie que fecundam o espírito grego, dando-lhe seu momento ou princípio *dionisíaco*.

Ao lado do princípio dionisíaco, oferecido pela tragédia, os gregos, afirma Nietzsche, inventam um outro princípio, contrário e oposto ao primeiro, responsável pelo surgimento da filosofia: o princípio da luminosidade, da forma perfeita, da individuação, da medida ou moderação e da serenidade, figurado por Apolo, deus da luz e da palavra, patrono da filosofia. Esse princípio é denominado por Nietzsche de *apolíneo*.

A antítese insuperável entre o dionisíaco e o apolíneo governaria o espírito dos gregos. Somente por terem sido conquistadores cruéis, escreve Nietzsche, senhores de escravos, dominadores de outros povos, animados pelo espírito agonístico da luta, da disputa e do jogo, movidos pelo impulso das desarmonias e da desmedida, divididos em suas cidades em dezenas de facções contrárias e sempre em guerra, puderam colocar como ideal inalcançável o apolíneo: a estatuária, a poesia lírica e épica e a filosofia exprimiriam a busca desse ideal de luz e serenidade, contrário à realidade brutal e sangrenta da vida grega.

A filosofia, para Nietzsche, começa e termina com os filósofos pré-socráticos, isto é, com todos os filósofos que fizeram da dualidade entre o dionisíaco e o apolíneo o núcleo da própria natureza e da realidade. Sócrates, Platão e Aristóteles, na opinião de Nietzsche, preocupados apenas com o apolíneo, teriam destruído a filosofia, que era a luta interminável entre o dionisíaco (a fúria dos contrários e da desordem) e o apolíneo (o desejo de harmonia, luz e ordem). Para comprovar essa tese, Nietzsche menciona alguns fragmentos dos filósofos pré-socráticos:

• Heráclito de Éfeso, afirmando que a "guerra é o pai e o rei de todas as coisas", que o mundo é luta e harmonia dos contrários e que se a predição de Homero (o fim das discórdias) se realizasse, o mundo acabaria.

• Anaximandro de Mileto, afirmando que "as coisas voltam àquilo de onde saíram, como está prescrito, porque devem reparar a injustiça da separação". Para o princípio dionisíaco, a individuação dos seres ou sua diferenciação rompe a unidade originária e isso é uma injustiça, uma culpa a ser expiada pelo retorno de todas as coisas ou formas individuais à unidade primordial indiferenciada.

A partir de Sócrates, diz Nietzsche, morre a filosofia e nasce o racionalismo, isto é, um meio covarde usado pelos fracos para dominar os fortes. A razão, colocada como princípio único do real e da conduta humana, serve para domesticar o espírito trágico e agonístico dos gregos, afirmando que o bem, o belo e o justo são a concórdia e o acordo entre os homens e entre os seres. O predomínio exclusivista do apolíneo é, para Nietzsche, a agonia e morte do espírito grego e da filosofia.

As duas imagens dos gregos, elaboradas por Goethe e por Nietzsche, sem dúvida, são imagens abstratas, isto é, idealizadas ao extremo. A primeira oculta os conflitos e contradições da sociedade grega. A segunda justifica o poderio cruel dos mais fortes sobre os mais fracos. E ambas desconsideram as condições históricas da formação da sociedade e da política gregas e do nascimento da filosofia sob tais condições. Além disso, como observaram inúmeros historiadores, dizer "os gregos" como se fossem "o grego" é um contrassenso histórico. Nada mais heterogêneo, múltiplo, cheio de diferenças e disparidades do que os habitantes da Hélade, na variedade de suas cidades e colônias, submetidas a vagas incessantes de invasões, imigrações e migrações, e contatos múltiplos com outros povos, seja pelo comércio, seja pela guerra. Nada mais diferentes entre si, do ponto de vista cultural e político, do que Corinto (voltada para os prazeres), Tebas (voltada para o comércio e o luxo), Esparta (ascética e militarizada) e Atenas (democrática, intelectualizada e artística). Nada mais diversificado, em cada cidade-estado, do que suas classes sociais, com distinções cronológicas, étnicas, de parentesco, entre gregos e estrangeiros, pré-helenos e invasores.

Não fosse tão abstrata (isto é, tão anti-histórica ou a-histórica, vendo os gregos como se não fossem humanos, mas princípios espirituais e intemporais), a interpretação de Nietzsche seria verdadeira pelo menos num aspecto: as antinomias, as lutas, os conflitos marcaram a Grécia. Não fosse tão abstrata, também a interpretação de Goethe seria verdadeira, pelo menos sob um aspecto: é extraordinário que, em meio a tantas diferenças, conflitos e lutas, os gregos tenham criado artes e filosofia como expressão de um ideal inatingível, isto é, de luz, harmonia, racionalidade, equilíbrio, moderação; em suma, o que os sábios chamaram de *sophrosýne** como remédio eficaz contra a *hýbris* que os movia.

O ideal da harmonia não é a tradução da realidade grega, e sim o antídoto buscado pelas artes e pela filosofia para "curar" os antagonismos e as desmedidas reais.

DESCONTINUIDADE ENTRE MITO E FILOSOFIA VERSUS CONTINUIDADE ENTRE MITO E FILOSOFIA

Em sua *História da filosofia*, o filósofo alemão do século xix, Hegel, fala em "filosofia oriental" e "filosofia grega". A primeira é descrita por ele como religião, diferentemente da filosofia grega, descrita como ruptura em face da religião. No caso dos orientais — mais precisamente, para Hegel, chineses e hindus —, o "elemento filosófico" da religião encontra-se na admissão de que não existe a individualidade ou a singularidade (o individual é uma aparência evanescente, uma ilusão efêmera) porque só existe a substância universal ou total, sempre idêntica a si mesma e na qual o indivíduo se dissolve, cessa de existir e desaparece na inconsciência. Só existe o ser infinito; o finito é insubstancial e apenas existe na sua unidade indissolúvel com o infinito que, por sua infinitude mesma, é um ser sempre indeterminado que não pode ser pensado e do qual nada se pode dizer. Inefável, inominável, indizível, impensável. Oceano no qual os indivíduos são como a superfície efêmera da espuma das ondas.

Contrastando com a filosofia-religião oriental, diz Hegel, surge na Grécia a filosofia propriamente dita, isto é, aquilo que era uma substância indefinida e indeterminada torna-se definida, determinada, qualificada, rica em individualidades reais, e não aparentes e efêmeras. O ser pode ser visto, nomeado e pensado porque possui forma e qualidades, possui diferenças internas e nele os indivíduos existem (coisas, animais, vegetais, homens) sem perder sua realidade individual.

Se nos lembrarmos de que a tese orientalista mostra a herança oriental da filosofia grega pelo fato de que nesta, como na religião oriental, está presente a ideia de uma unidade primordial e divina que cria de dentro de si mesma todos os seres, compreenderemos melhor a diferença que Hegel pretende estabelecer entre filosofia oriental e filosofia grega: a unidade oriental seria a única realidade e os seres criados nela e por ela seriam meras aparências efêmeras, irreais, inconsistentes; em contrapartida, para os gregos a unidade do princípio primordial se realizaria criando diferenças reais no interior dele mesmo. O princípio primordial guarda sua própria realidade, produz outras realidades (os indivíduos do mundo) e separa-se delas para que sejam sempre indivíduos dotados de qualidades próprias, formas próprias e realidade própria. Essa capacidade para dar origem aos diferentes, aos elementos diferenciados (quente, seco, frio, úmido, fogo, terra, ar, água, astros, plantas, animais, homens etc.) e às relações entre eles seria a marca própria do nascimento da filosofia grega.

Ao descrever as condições históricas objetivas que determinaram (isto é, tornaram possível) o nascimento da filosofia grega, Hegel aponta: o desaparecimento da sociedade patriarcal, o surgimento das cidades livres e organizadas por leis, nas quais passaram a ter proeminência "homens de talento, poder e imaginação e conhecimento científico", muitos deles reverenciados pelos demais e sete deles tornaram-se conhecidos como os Sete Sábios, entre os quais Sólon e Tales de Mileto. O primeiro, ilustre na política; o segundo, fundador da filosofia. A descrição hegeliana, independentemente de ser ou não acurada historicamente, possui um traço importante e que já mencionamos nos tópicos anteriores: não podemos separar o início da filosofia e o da política, pois são duas invenções eminentemente gregas. A descrição hegeliana é interessante também porque nela o primeiro filósofo grego já não aparece na condição que teria um "filósofo oriental", isto é, não é um sacerdote, um mago, uma figura da religião, mas é um homem político e um pensador.

A exposição hegeliana do nascimento da filosofia produziu uma linhagem de historiadores da filosofia para os quais esse nascimento significa descontinuidade ou ruptura integral com a religião e os mitos. Um caso exemplar dessa posição é o do historiador inglês John Burnet, que afirma que a filosofia nasce quando as velhas explicações míticas e religiosas da realidade já não podiam explicar coisa alguma e haviam-se tornado contos fantasiosos aos quais ninguém dava crédito. Assim, em sua obra *A aurora da filosofia grega*, Burnet escreve:

Os primeiros gregos que tentaram compreender a natureza não eram como homens que entram num caminho que nunca fora percorrido. Já existia uma visão do mundo passavelmente consistente, ainda que apenas pressuposta e implícita no rito e no mito e não distintamente concebida como tal. Os primeiros pensadores fizeram algo muito maior do que um simples começo. Despojando-se da visão selvagem das coisas, renovaram a juventude delas e, com elas, a juventude do mundo, em um tempo em que o mundo parecia abatido pela senilidade. A maravilha foi que o tivessem feito de modo tão completo quanto o fizeram (Burnet, 1952, p. 34).

É verdade, diz Burnet, que isso foi facilitado porque os dois maiores antepassados do pensamento grego — Homero e Hesíodo — já haviam liberado, em muito, o mito das superstições mais primitivas e selvagens. A tarefa também fora facilitada pelas viagens comerciais: os viajantes percorriam os locais cantados pelos mitos e ali não descobriam seres maravilhosos ou monstruosos, nem deuses e heróis, mas outros seres humanos, prosaicamente vivendo uma vida humana. As viagens desencantaram um mundo que o mito encantara. Enfim, a tarefa fora facilitada pela prosperidade material, que não só libertava os homens dos medos que a miséria produz e seu cortejo de superstições, como ainda liberava muitos deles para a vida contemplativa, sem a qual a filosofia não seria possível.

Todavia, nenhuma dessas condições teria feito surgir a filosofia se uma mudança mental e de atitude não tivesse tido lugar, isto é, se os primeiros filósofos não houvessem feito a descoberta, sozinhos e por si mesmos, do que chamamos de *pensamento* ou *razão*. E o fizeram graças a duas qualidades próprias da inteligência grega: o espírito de observação e o poder do raciocínio. Com eles, uma descontinuidade radical se impõe na história das civilizações. O nascimento da filosofia é o nascimento da ciência ocidental, da lógica e da razão.

Burnet (possivelmente influenciado pelo cientificismo[2] que predominou no pensamento europeu no início do século XX), além de negar o orientalismo e a continuidade entre mito e filosofia, defendeu a ideia de que os primeiros filósofos gregos criaram as bases da ciência experimental moderna.

Contra o orientalismo, Burnet escreveu:

> A civilização material e as artes podem passar facilmente de um povo para outro, sem que estes povos tenham que possuir uma linguagem comum: certas ideias religiosas simples podem comunicar-se pelo ritual melhor do que por qualquer

outra via. Em contrapartida, a filosofia só poderia exprimir-se em uma linguagem abstrata, por homens instruídos e por meio de livros ou do ensino oral. Ora, não conhecemos, na época, nenhum grego que soubesse tão bem uma língua oriental que pudesse ler ou ouvir um discurso oriental (Burnet, 1952, p. 20).

Contra a continuidade da filosofia a partir do mito, Burnet afirma que há, pelo menos, duas características definidoras do mito que são contrárias às da filosofia nascente: 1) o mito pergunta e narra sobre o que era *antes* que tudo existisse, enquanto o filósofo pergunta e explica como as coisas existem e são *agora*; o mito narra o passado, a filosofia explica o presente; 2) o mito não se preocupa com as contradições e irracionalidades de sua narrativa; aliás, usa as contradições e irracionalidades para justificar o caráter misterioso dos deuses e suas ações; a filosofia afasta os mistérios porque afirma que tudo pode ser compreendido pela razão e esta suprime e explica as contradições.

Finalmente, afirmando que os primeiros filósofos lançaram as bases da ciência experimental do Ocidente, Burnet enumera as descobertas positivas que alguns dos primeiros filósofos fizeram: Anaximandro de Mileto teria feito descobertas de biologia marinha confirmadas no século XIX; Empédocles de Agrigento teria descoberto a clepsidra, antecipando-se a Harvey e Torricelli. Sem dúvida, os filósofos gregos possuíram uma grande limitação científica: admitiam o geocentrismo (a Terra, imóvel, no centro do universo, os demais astros girando à sua volta), mas, escreve Burnet:

> Justamente, os gregos foram os primeiros a encarar o geocentrismo como *hipótese geocêntrica* e por isso nos permitiram ultrapassá-la. Os pioneiros do pensamento grego não tinham, evidentemente, uma ideia clara do que era uma *hipótese* científica [...], mas a eles devemos a concepção de uma ciência exata que iria tornar o mundo todo um objeto de investigação (Burnet, 1952, p. 32).

Sob as afirmações de Burnet, encontramos uma ideia muito difundida, desde o século XVIII: a ideia de evolução e de um progresso contínuo da civilização ocidental, progresso identificado com o aumento cumulativo e contínuo dos conhecimentos técnicos e científicos.

Contrapondo-se a Burnet, encontramos o helenista F. M. Cornford, que, em dois de seus livros — *Da religião à filosofia* (de 1912) e *Principium sapientiae* (de

1952) —, contestou a ideia de um nascimento da filosofia por ruptura direta e total com a religião e os mitos, contestando também a ideia de Burnet de que, com os primeiros filósofos, foram fincados os princípios da ciência experimental.

A filosofia nascente, diz Cornford, não observa a natureza nem faz experimentos, desconhece a ideia de verificação e de prova. Que faz ela? Transporta, numa forma laica e num pensamento mais abstrato, as formulações da religião e do mito sobre a natureza e os homens.

Na verdade, aquilo que Burnet chama de "física", diz Cornford, é uma cosmologia (*kosmología**) e o historiador deve ficar atento ao parentesco e à diferença entre cosmologia e cosmogonia. A pergunta feita pelas cosmogonias é sempre a mesma: como do caos surgiu o mundo ordenado (cosmos)? As cosmogonias respondem a essa pergunta fazendo uma genealogia dos seres, isto é, por meio da personificação dos elementos (água, ar, terra, fogo) e de relações sexuais entre eles explicam a origem de todas as coisas e a ordem do mundo. Que fazem os primeiros filósofos? Não fazem cosmogonias e sim cosmologias. Que significa essa mudança? Significa que os primeiros filósofos despersonalizam os elementos, não os tratam como deuses individualizados, mas como potências ou forças impessoais, naturais, ativas, animadas, imperecíveis, embora ainda divinas, que se combinam, se separam, se unem, se dividem, segundo princípios que lhes são próprios, dando origem às coisas e ao mundo ordenado.

Era próprio dos mitos afirmar um processo (cosmogônico) de geração e diferenciação dos seres, fosse pela própria força interna do princípio gerador, fosse pela intervenção de forças externas, fosse pela luta entre forças opostas. A ideia desse processo é mantida pela cosmologia, mas o princípio ou os princípios geradores e diferenciadores dos seres não são personalizados (não são deuses, titãs, "pessoas") e sim forças impessoais, naturais (a água ou o úmido, a terra ou o seco, o fogo ou o quente, o ar ou o frio).

Tomemos brevemente um exemplo, tirado do poema *Teogonia*, de Hesíodo, que, como o título indica, trata da gênese ou da genealogia dos deuses (*théos* e *gonía**). O poeta começa dizendo:

> Primeiro que tudo surgiu Caos, e depois Gaia [a Terra] de amplo regaço, alicerce de todas as coisas, e o brumoso Tártaro [o mundo subterrâneo] num recesso da terra de largos caminhos, e Eros [o Amor], o mais belo dos deuses imortais [...].
> De Caos nasceram Erébo [as trevas infernais] e a negra Noite. De Noite surgiram

Éter [a parte mais luminosa do céu] e Dia, que Noite concebeu e deu à luz depois de sua ligação amorosa com Erébo. Gaia gerou primeiro Urano [o Céu] constelado, igual a ela própria e para cobri-la sempre por inteiro e ser a morada dos deuses bem-aventurados. Deu à luz, em seguida, as altas Montanhas, retiros aprazíveis das Ninfas [...]. Também deu à luz Ponto [o Mar], estéril, que se agita em suas vagas sem deleite. Depois, compartilhando o leito com Uranos, gerou Oceano [o rio que rodeia toda a Terra] dos redemoinhos profundos, e Coio e Crio, Hipérion e Jápeto... [os Titãs].

Essa narrativa é retomada pelo poeta trágico Ésquilo, na tragédia *As naiades*, em que lemos: "Uranos [o Céu] sagrado anseia por penetrar Gaia [a Terra], e o desejo impele Gaia a concluir esta união. A chuva tomba de Uranos, seu companheiro de leito, e fecunda Gaia, que produz para os mortais os pastos dos rebanhos e as searas de Demeter [a deusa da terra cultivada]".

Examinando a *Teogonia* de Hesíodo, Cornford mostra que nela se encontra o modelo geral que será seguido depois pelas cosmologias dos primeiros filósofos: 1) no começo há o caos, isto é, um estado de indeterminação ou de indistinção em que nada aparece; 2) dessa unidade primordial vão surgindo, por segregação e separação, pares de opostos — quente-frio, seco-úmido — que diferenciarão as quatro regiões principais do mundo ordenado (cosmos), isto é, o céu de fogo, o ar frio, a terra seca e o mar úmido; 3) os opostos começam a se reunir, a se mesclar, a se combinar, mas, em cada caso, um deles é mais forte que os outros e triunfa sobre eles, sendo o elemento predominante da combinação realizada; desta combinação e mescla nascem todas as coisas, que seguem um ciclo de repetição interminável. A união faz nascer, a separação faz morrer, ambas dando origem aos astros e seus movimentos, às estações do ano e ao nascimento e morte de tudo o que existe (plantas, animais e homens). Este será o modelo seguido pelos filósofos quando elaborarem suas cosmologias: unidade primordial, segregação ou separação dos elementos, luta e união dos opostos, mudança cíclica eterna.

Cornford, aliás, vai mais longe. Não se contenta em mostrar a presença da estrutura dos mitos nos primeiros filósofos, mas também mostra como inúmeros mitos continuam presentes nos filósofos posteriores, como Platão, Demócrito e Lucrécio. A filosofia, contrariamente à opinião de Hegel, de um lado, e à de Burnet, de outro, continuaria carregando dentro de si as construções míticas, mas agora de forma laica ou secularizada. Em outras palavras, os filósofos deram respostas às mesmas perguntas feitas pelos mitos e seguiram, nas respostas, a mesma estrutura que os mitos propunham. Retiraram o lado fantástico e antropomórfico que os mitos possuíam, mas permaneceram no mesmo quadro de questões que os mitos haviam proposto para a origem do mundo e das coisas.

Na mesma linha de continuidade vai o alemão Werner Jaeger, que em sua obra *Paideia: a formação do homem grego* considera que a filosofia nasce passando pelo interior da epopeia homérica e dos poemas de Hesíodo, de tal modo que "o começo da filosofia científica não coincide com o princípio do pensamento racional nem com o fim do pensamento mítico". De fato, diz Jaeger, nas duas grandes epopeias de Homero (a *Ilíada* e a *Odisseia*), o fantástico raramente é o monstruoso; nelas, os acontecimentos nunca são apresentados numa simples sequência narrativa, mas o poeta sempre se preocupa em apresentar as causas e os motivos das ações e dos feitos; e nelas há um esforço para apresentar a realidade no seu todo (deuses e homens, terra, céu e mar, guerra e paz, bem e mal, justiça e injustiça). Por sua vez, a *Teogonia* de Hesíodo, ao narrar a genealogia do mundo por meio da genealogia dos deuses, preparou o caminho para a passagem da cosmogonia à cosmologia. Além disso, o poema de Hesíodo *O trabalho e os dias*, assim como os dos poetas Focilides e Teognides, imprimiram na mentalidade grega a ideia de que a justiça é a virtude fundamental e condição de todas as outras virtudes, e essa ideia irá reaparecer com grande força no pensamento dos primeiros filósofos e, na verdade, em toda a filosofia grega. Finalmente, os poetas líricos fixaram no espírito grego a ideia e o sentimento da moderação ou da medida (ou do *justo meio*), que iria tornar-se o núcleo da filosofia clássica.

Jaeger considera, portanto, que o mito recebe da filosofia a forma lógica ou a conceituação lógica, enquanto a filosofia recebe do mito os conteúdos que precisam ser pensados, de sorte que "devemos considerar a história da filosofia grega como processo de progressiva racionalização do mundo presente no mito". Haveria, assim, uma "unidade arquitetônica" ou uma "conexão orgânica" entre mito e filosofia, própria dos gregos e somente deles. Se Tales de Mileto afirma que o princípio originário de todos os seres é a água, não seria justamente porque os poetas homéricos afirmavam que o deus Oceano era a origem de todas as coisas? Se Empédocles de Agrigento afirma que as relações ordenadas entre as coisas se devem à ação do amor e do ódio como forças naturais de união e separação, isso não se deve ao fato de que nos poemas de Hesíodo a força cosmogônica é Eros (o amor)?

Jean-Pierre Vernant, helenista francês, considera fundamental a crítica de Cornford e de Jaeger à ideia de ruptura entre mito e filosofia. No entanto, escreve ele, é justamente porque Cornford está certo ao apontar a continuidade entre mito e filosofia que já não podemos nos contentar com sua ideia de que a filosofia diz o mesmo que o mito, só que de outra maneira. Reconhecida a filiação da filosofia no mito, o problema do surgimento da filosofia volta a se colocar, só que de outra maneira. Escreve Vernant:

> Já não se trata apenas de encontrar na filosofia o antigo, *mas de destacar o verdadeiramente novo*: aquilo que faz, precisamente, com que a filosofia deixe de ser mito para ser filosofia. Cumpre, por conseguinte, definir a mutação mental de que a primeira filosofia grega dá testemunho, precisar sua natureza, sua amplitude, seus limites, suas condições históricas (Vernant, in Magalhães Vilhena, 1958, p. 82).

Assim, em lugar de querer apresentar a filosofia como inovação radical ("milagre grego") e em lugar de querer apresentá-la como pura continuação do herdado (orientalismo, dilaceramento trágico, racionalização do mito e da religião), trata-se de determinar o que faz da filosofia, filosofia. Isto é, qual é a *mutação mental* que leva os conteúdos antigos a serem retomados de uma outra maneira, inédita e nova, tão nova, aliás, que permite falar em *nascimento* da filosofia.

O que narrava o mito? A origem das coisas a partir da ação ordenadora de um deus ou de um rei mago. A vitória do deus ou do rei mago sobre outras forças punha ordem no real, separava os elementos, impunha a sucessão e a repetição temporal, o ciclo da geração e da corrupção das coisas e seu retorno eterno. O mito é essencialmente uma *narrativa* mágica ou maravilhosa, que não se define apenas pelo tema ou objeto da narrativa, mas pelo *modo* (mágico) de narrar, isto é, por analogias, metáforas e parábolas. Sua função é resolver, num plano imaginativo, tensões, conflitos e antagonismos sociais que não têm como ser resolvidos no plano da realidade. A narrativa os soluciona imaginariamente para que a sociedade possa continuar vivendo com eles, sem destruir a si mesma. Graças ao encantamento do mundo — cheio de deuses e heróis, de objetos mágicos e feitos extraordinários — o mito conserva a realidade social dando-lhe um instrumento imaginário para conviver com suas contradições e dificuldades.

A filosofia, retomando as questões postas pelo mito, é uma *explicação racional* da origem e da ordem do mundo. A filosofia nasce como racionalização e laicização da narrativa mítica, superando-a e deixando-a como passado poético e imaginário. A origem e a ordem do mundo são, doravante, *naturais*. Aquilo que, no mito, eram seres divinos (Urano, Gaia, Oceano) torna-se realidade concreta e natural: céu, terra, mar. Aquilo que, no mito, aparecia como geração divina do tempo primordial surge, na filosofia, como geração natural dos elementos naturais. No início da filosofia, tais elementos ainda são forças divinas. Não são antropomórficas, mas são divinas, isto é, superiores à natureza gerada por eles e superiores aos homens que os conhecem pela razão; divinas porque eternas ou imortais, porque dotadas do poder absoluto de criação e porque reguladoras de toda a natureza.

Podemos, agora, distinguir teogonia, cosmogonia e cosmologia. A teogonia narra, por meio das relações sexuais entre os deuses, o nascimento de todos os deuses, titãs, heróis, homens e coisas do mundo natural. A cosmogonia narra a geração da ordem do mundo pela ação e pelas relações sexuais entre forças vitais que são entidades concretas e divinas. Ambas, teogonia e cosmogonia, são genealogias, são *génesis* (ver *gonía** e *génos**), nascimento, tempo do nascimento, lugar do nascimento, descendência, reunião de todos os seres criados, ligados por laços de parentesco.

A cosmologia — forma inicial da filosofia nascente — é a explicação da ordem do mundo, do universo, pela determinação de um *princípio originário e racional* que é origem e causa das coisas e de sua ordenação. A ordem — cosmos — deixa de ser o efeito de relações sexuais entre entidades e forças vitais, deixa de ser uma genealogia para tornar-se o desdobramento racional e inteligível de um princípio originário. *Logía* é da mesma família de *lógos** (certamente uma das palavras mais importantes de toda a história da filosofia e do pensamento ocidental), que possui múltiplos sentidos e só pode ser traduzida para o português com o uso de muitas palavras: razão, pensamento, linguagem, explicação, fundamento racional, argumento causal. Palavra e pensamento, valor e causa, norma e regra, ser e realidade, *lógos* concentra numa única palavra vários significados simultâneos que os gregos não separavam como nós separamos. A filosofia, ao nascer como cosmologia, procura ser a palavra racional, a explicação racional, a fundamentação pelo discurso e pelo pensamento da origem e ordem do mundo, isto é, do todo da realidade, do ser.

Na teogonia e na cosmogonia, escreve Vernant:

> Compreender era achar o pai e a mãe: desenhar a árvore genealógica. Mas entre os jônios (isto é, os primeiros filósofos) os elementos naturais, tornados abstratos, já não podem unir-se por casamento, à maneira dos homens. Assim, a cosmologia não modifica apenas a linguagem do mito, mas muda o conteúdo dele. Em vez de descrever nascimentos sucessivos, define os princípios primeiros, constitutivos do ser. De narrativa histórica, transforma-se num sistema que expõe a estrutura profunda do real (Vernant, in Magalhães Vilhena, 1958, p. 85).

E não foi apenas essa a grande mudança. Uma outra, que veremos ser a base ocidental das ideias de razão e de realidade, surge agora também. Os primeiros filósofos não pretenderam explicar apenas a origem das coisas e da ordem do mundo, mas também e sobretudo as causas das mudanças e repetições, das diferenças e semelhanças entre as coisas, seu surgimento, suas modificações e transformações e seu desaparecimento ou corrupção e morte. Porém, buscaram ainda algo mais: a permanência de um fundo sempre idêntico, sempre igual a si mesmo, imutável sob as mudanças. Sob a mudança e a multiplicidade das coisas buscaram a permanência e a unidade do princípio que as sustenta. Buscaram a *identidade* oculta e subjacente aos contrários, aos opostos, aos diferentes e aos semelhantes; aquilo que causa as mudanças, mas permanece imutável em si mesmo; aquilo que dá origem à multiplicidade das coisas, mas permanece idêntico a si mesmo.

Resume Vernant:

> O nascimento da filosofia aparece, por conseguinte, solidário de duas grandes transformações mentais: um pensamento positivo, excluindo qualquer forma de sobrenatural e rejeitando a assimilação implícita, estabelecida pelo mito, entre fenômenos físicos e agentes divinos; e um pensamento abstrato, despojando a realidade desta força de mudança que lhe conferia o mito e recusando a antiga imagem da união dos opostos em benefício de uma formulação categórica do princípio de identidade (Vernant, in Magalhães Vilhena, 1958, p. 88).

Como observa o helenista inglês Jonathan Barnes no ensaio "Os pensadores pré-platônicos", os primeiros filósofos foram aqueles que enfrentaram o estudo da natureza propondo três vigas principais para sustentar seu empreendimento. Em primeiro lugar, a ideia de que a natureza pode ser racionalmente conhecida e compreendida em seus princípios internos porque é ordenada e estruturada por uma unidade invisível e profunda que o pensamento pode alcançar — "a natureza sendo uma totalidade que manifesta as características de um sistema, seus princípios devem estar organizados de maneira sistemática e integrada" (Barnes, 1997, p. 6). Em segundo, a ideia de que é preciso um vocabulário rigoroso para expor e explicar a estrutura da natureza e as operações de seus princípios, e esse vocabulário foi elaborado pela doação de sentidos novos às palavras correntes da língua grega, começando pelos termos fundamentais, isto é, princípio ou *arkhé**, natureza ou *phýsis**, ordem universal ou *kósmos**, e o termo que concentra os significados de razão, pensamento, discurso e realidade conhecível, *lógos**. Em terceiro, a ideia de que tanto a natureza como o pensamento e o discurso estão estruturados e regulados por leis, isto é, por normas universais e necessárias de operação e de ação, e que é exatamente por isso que a razão pode conhecer a realidade e que a linguagem pode dizê-la com rigor. Eis por que, observa Barnes, os primeiros filósofos "não se contentaram em inventar hipóteses ou formular teorias, mas sempre quiseram sustentá-las com argumentos", ou seja, sempre desejavam demonstrá-las e prová-las.

De modo sumário, podemos apresentar assim os traços principais da atitude filosófica nascente:

• tendência à racionalidade: a razão é tomada como critério de verdade, acima das limitações da experiência imediata e da fantasia mítica. A razão ou pensamento (*lógos*) vê o visível e compreende o invisível, que é seu princípio imutável e verdadeiro;

• busca de respostas concludentes: colocado um problema, sua solução é sempre submetida à discussão e à análise crítica, em vez de ser sumária e dogmaticamente aceita; o discurso (*lógos*) deve ser capaz de provar, demonstrar e garantir aquilo que é dito;

• acatamento às imposições de um pensamento organizado de acordo com certos princípios universais que precisam ser respeitados para que pensamento (*lógos*) e discurso (*lógos*) sejam aceitos como verdadeiros; são princípios *lógicos*;

• ausência de explicações preestabelecidas e, portanto, exigência de investigação para responder aos problemas postos pela natureza;

• tendência à generalização, isto é, a oferecer explicações de alcance geral (e mesmo universal) percebendo, sob a variação e multiplicidade das coisas e fatos singulares, normas e regras ou leis gerais da realidade (*lógos*).

AS CONDIÇÕES HISTÓRICAS DO NASCIMENTO DA FILOSOFIA

Resta-nos, agora, compreender o que tornou possível o nascimento da filosofia na Grécia, isto é, as condições materiais ou condições históricas (econômicas, sociais e políticas) que tornaram possível o surgimento desse tipo de pensamento, único até então. Por que, no século VI a.C., nas colônias da Ásia Menor e, mais precisamente, na Jônia, nasceu a filosofia?

Muitas têm sido as explicações das causas históricas para a origem da filosofia na Jônia. Alguns consideram que as navegações e as transformações técnicas tiveram o poder de desencantar o mundo e forçar o surgimento de explicações racionais sobre a realidade. Outros enfatizam a invenção do calendário (tempo abstrato), da moeda (signo abstrato para a ação de troca) e da escrita alfabética (transcrição abstrata da palavra e do pensamento), que teriam propiciado o desenvolvimento da capacidade de abstração dos gregos, abrindo caminho para a filosofia. Sem dúvida, esses fatores foram importantes e não podem ser desconsiderados nem minimizados, mas não foram os principais. A principal determinação histórica para o nascimento da filosofia é política: o nascimento, simultâneo a ela, da Cidade-Estado, isto é, da *pólis**, pois, com esta, desaparece a figura que foi a do antecessor do filósofo, o Mestre da Verdade (o poeta, o adivinho e o rei de justiça).

O poeta (o aedo, como Homero), o adivinho ou mago (o profeta) e o rei de justiça (o sábio) são personalidades reais que têm em comum o dom da vidência para além da aparência sensível ou imediata das coisas. São capazes de ver o invisível: o passado, o futuro e o reino dos mortos. São homens inspirados, cuja fala é oracular ou interpretação de oráculos (no início dos poemas, o poeta sempre invoca as musas porque são elas que lhe dão a capacidade de ver o invisível). Mas essas três figuras da sociedade grega arcaica não têm apenas o dom de ver, possuem também o dom de fazer e de fazer acontecer magicamente, por meio da palavra: ao falar, fazem com que aconteça aquilo que dizem. Sua palavra, como escreve o helenista Marcel Detienne, é uma "palavra eficaz". O que vê o poeta? O que adivinha o mago? O que faz o rei de justiça? A verdade.

Verdade, em grego, é uma palavra que se diz negativamente: *a-létheia** (em grego, o prefixo *a-* indica uma negação). *Léthe*: esquecimento, esquecido. *Alétheia*: não esquecimento, não esquecido, lembrado. A verdade é não esquecer e por isso inseparável da memória, da deusa *Mnemosýne**, mãe das Musas. O poeta, o adivinho e o rei de justiça são os que não esquecem e não deixam os homens esquecer. Capazes de ver o invisível ou o oculto — o poeta vê o passado, o adivinho vê o futuro e o rei de justiça vê a ordem do mundo sob as mudanças e sob as lutas dos contrários e dos opostos —, essas três personagens lembram por meio da palavra inspirada pelos deuses. O poeta canta os feitos dos antepassados. O adivinho diz os feitos e efeitos da ação dos deuses e dos homens. O rei de justiça diz a justiça (*díke**), isto é, afirma que a ordem do mundo é governada por uma lei boa e justa. A palavra dos três é mágica ou eficaz porque, quando o poeta canta, o passado se faz presente; quando o adivinho anuncia, o futuro se faz presente; quando o rei de justiça enuncia a justiça, cria a lei (são como o Deus judaico-cristão que cria as coisas simplesmente dizendo: "Faça-se"). Não há distância entre falar e fazer, palavra e ação.

Finalmente, essas três personagens têm em comum o fato de que pertencem ao campo de confrarias ou seitas secretas, de iniciados. Sua palavra, mesmo quando proferida em público, é sagrada e secreta, um dom que somente os iniciados possuem. É, portanto, uma palavra de poder ou de soberania, reservada apenas a alguns, homens excepcionais, dotados de poderes religiosos. São essas três figuras que irão, pouco a pouco, desaparecer com o surgimento da *pólis*.

Ao lado do poeta, do adivinho e do rei de justiça, a Grécia arcaica possuía ainda um outro grupo de homens que têm o direito à palavra: os guerreiros. Ora, a palavra dos guerreiros é completamente diferente da palavra inspirada, mágica e eficaz.

Em primeiro lugar, porque não é uma palavra solitária e unilateral, proferida por um Senhor da Verdade, mas é uma palavra compartilhada: é a palavra-diálogo. Em segundo, porque não é palavra de um grupo secreto de iniciados, mas uma palavra pública dita em público. Em terceiro, porque não é uma palavra religiosa, mas leiga e humana. Antes do combate, os guerreiros se reúnem num círculo, formam uma assembleia e cada um, indo ao centro, tem o direito de falar e de ser ouvido, propondo táticas e estratégias para o combate. Após a batalha, novamente os guerreiros se reúnem em círculo, formam uma assembleia e discutem a repartição dos espólios, cada qual indo ao centro para exercer seu direito de falar e de escolher sua parte. Perante a assembleia, todo guerreiro pratica dois direitos: o da *isegoría** (o direito de falar e emitir opinião) e o da *isonomía** (todos os guerreiros são iguais perante a lei de seu grupo, lei feita pelo próprio grupo). Da assembleia dos guerreiros e da palavra-diálogo, pública e igualitária, nasce a *pólis* e é inventada a política.

Escreve Detienne em sua obra *Os mestres da verdade na Grécia arcaica*:

> Palavra-diálogo, de caráter igualitário, o verbo (*lógos*) dos guerreiros é de tipo laico. Está inscrito no tempo dos homens e não dos deuses. Não é uma palavra mágico-religiosa que coincide com a ação instituída por ela num mundo de forças e potências; pelo contrário, é uma palavra que precede e sucede a ação humana, seu complemento indispensável [...] diz respeito diretamente aos negócios do grupo e ao que interessa nas relações de cada um com os outros. Instrumento de diálogo, esse tipo de palavra não tira mais sua eficácia de um jogo de forças religiosas que transcendem os homens. Funda-se essencialmente no acordo do grupo social que se manifesta pela aprovação ou pela desaprovação [...] É na assembleia dos guerreiros que se prepara o futuro estatuto da palavra jurídica e da palavra filosófica, isto é, da palavra que se submete à "publicidade" e que tira sua força do assentimento de um grupo social (Detienne, 1981, pp. 93-4).

Sem dúvida, o poeta, o adivinho, o sábio, as seitas de mistérios e de iniciação mágico-religiosa não desaparecem subitamente, mesmo porque a *pólis* não nasce subitamente. Tanto assim que os primeiros filósofos — como Tales de Mileto, Heráclito de Éfeso, Pitágoras de Samos e mesmo um clássico, como Platão — ainda aparecem ligados a grupos e seitas de mistérios religiosos, ao mesmo tempo que estão envolvidos nas discussões e decisões políticas de suas cidades. No entanto, enquanto as seitas e os mistérios permanecem secretos e fechados, a filosofia, à medida que se desenvolve, vai, como a cidade, rompendo o quadro que lhe deu origem. Pela palavra e pela escrita, o filósofo se dirige à cidade toda e, com frequência, pagará um preço por isso.

Na medida em que o compromisso primeiro e fundamental da filosofia é a busca da verdade, convém retomarmos brevemente as análises de Detienne (na obra acima mencionada) sobre a *alétheia* e que estão diretamente relacionadas com a mudança política a que nos referimos há pouco.

No pensamento mítico e na organização sociopolítica que antecede o surgimento da *pólis*, a *alétheia* possui uma relação intrínseca com os procedimentos oraculares e divinatórios. O oráculo (Musas, Apolo) desce ao Hades (reino dos mortos) e ali vê a verdade; o interrogante (poeta, adivinho, rei de justiça) aproxima-se do oráculo para pedir-lhe que diga a verdade vista e lhe permita ver também. Para aproximar-se do oráculo, o interrogante deve passar por duas fontes vizinhas: *Léthe* (água do esquecimento) e *Mnemosýne* (água da memória). Se beber a água da primeira, esquecerá tudo o que ouviu e viu; se beber a da segunda, nada esquecerá e tudo lembrará. O não esquecimento ou a lembrança do que foi contemplado e ouvido é a verdade, *alétheia*.

Na Grécia arcaica, a palavra verdadeira ou *alétheia* possui três características principais:

1) é uma palavra eficaz, isto é, uma ação, uma potência de realização, uma força realizadora que pode aumentar ou diminuir em poder e por isso é uma função sociorreligiosa de soberania. Eis por que a palavra de louvor e a palavra de censura são tão importantes: quando o poeta ou o adivinho louvam alguém, este alguém não mais será esquecido, torna-se verdadeiro, isto é, imortal; ao contrário, quando há censura, o silêncio cai sobre este alguém e sobre seus feitos, e ele se torna esquecido, perde a verdade e morre;

2) é uma palavra prática (e não teórica), isto é, *falar é fazer*. Ao ser proferida, a palavra verdadeira possui o poder de fazer vir a ser, de fazer acontecer o que é dito;

3) é uma palavra que se relaciona com três forças positivas: a justiça (*díke*), a confiança e fidelidade (*pístis**) e a doce ou suave persuasão (*peithó**). Personificadas, são três deusas ligadas à verdade e à luz; em oposição a elas, no campo do esquecimento/erro/engano/mentira, que é o mundo escuro da *Léthe**, estão três outras forças: a injustiça (*adikía**), a desconfiança e infidelidade (*pseudés**) e a sedução mentirosa (*apáte**).

Por sua vez, a palavra (*lógos*) laica, pública e humana dos guerreiros em assembleia, tem menos a ver com a *alétheia* e mais com a *dóxa** (opinião). *Dóxa* deriva do verbo *dokéo*, que significa: 1) tomar o partido que se julga o mais adaptado a uma situação; 2) conformar-se a uma norma; 3) escolher e decidir. A *dóxa* pertence ao vocabulário político da decisão. Como, porém, a decisão política é tomada na assembleia, aquele que fala para fazer com que sua opinião e escolha sejam a decisão de todos, fala para persuadir os outros. Por isso, a *dóxa* se aproxima da *alétheia*, quando a persuasão for verdadeira (*peithó*), e se aproxima da *léthe*, quando houver apenas sedução mentirosa (*apáte*).

A filosofia irá surgir ligada a esses dois tipos de palavra, isto é, à *alétheia* e à *dóxa*. Essa ligação, porém, não será sempre a mesma nos diferentes períodos da filosofia grega. Assim, na fase inicial, os filósofos procuram falar nos dois campos: falam como poetas e adivinhos, isto é, no campo da palavra-verdade, e falam como chefes políticos, isto é, no campo da palavra-persuasão. A seguir, com os filósofos Pitágoras de Samos e Parmênides de Eleia, afastam a *dóxa* e fortalecem apenas a *alétheia*. No entanto, a partir do desenvolvimento da democracia, sobretudo em Atenas, um grupo de filósofos novos, os sofistas, afastam a *alétheia* e fortalecem exclusivamente a *dóxa*. Finalmente, com Sócrates e Platão, haverá um esforço gigantesco (decisivo para todo o pensamento ocidental) para colocar a *alétheia* no lugar da *dóxa*. Será o momento em que a filosofia, em vez de ocupar-se com a origem do mundo e as causas de suas transformações, se interessará exclusivamente pelos homens, pela ética e pela política. A *dóxa* (palavra própria do espaço político da discussão, escolha e persuasão) será substituída pela *alétheia* (palavra dos iniciados que se expõe a todos, sem necessidade de persuasão e de escolha) quando a ética e a política deixarem de ser opiniões práticas sobre a conduta individual e coletiva para serem consideradas ciências ou conhecimentos teóricos sobre a essência do homem e da *pólis*.

Essas observações sobre a *alétheia* e a *dóxa* nos ajudam a compreender por que a filosofia nascente, embora sendo uma cosmologia (isto é, uma explicação racional sobre a origem do mundo e as causas de suas transformações), emprega um vocabulário político, jurídico, humano para referir-se ao *cosmos*. É que a linguagem disponível para a filosofia é a linguagem da *pólis* e esta é projetada na explicação da natureza ou do universo.

A filosofia nasce, portanto, no contexto da *pólis* e da existência de um discurso (*lógos*) público, dialogal, compartilhado, decisional, feito na troca de opiniões e na capacidade para encontrar e desenvolver argumentos que persuadam os outros e os façam aceitar como válida e correta a opinião emitida, ou rejeitá-la se houver fraqueza dos argumentos. Exercício do pensamento e da linguagem, a filosofia irá diferenciar-se da palavra dos guerreiros e dos políticos porque possui uma pretensão específica, herdada dos poetas, do adivinho e do rei de justiça: não deseja apenas argumentar e persuadir, mas pretende proferir a verdade como aquilo que é o mesmo para todos, porque, em todos, o pensamento é idêntico, se for desinteressado. De fato, interesses são sempre individuais ou de grupos particulares, dividem as opiniões e só conseguem ser reconhecidos pelo uso da persuasão (ou, frequentemente, pelo uso da força). Ao contrário, quando o discurso e o pensamento não estão voltados para interesses determinados pela vida prática, quando estão voltados apenas para a contemplação daquilo que é, desejando saber como veio a ser e por que veio a ser, não há contenda e luta, não há necessidade de persuadir nem de enganar, não há necessidade de dominar. Essa contemplação desinteressada — que se exprime com a palavra *theoría** — será a pretensão do *lógos* filosófico, convencido do acordo entre os seres racionais porque o ser, a razão, o pensamento e a palavra são idênticos e os mesmos para todos. A opinião é múltipla e variável; a verdade é uma e imutável. A opinião nasce dos conflitos e os alimenta. A razão é idêntica em todos os homens e propícia à paz.

Paradoxalmente, essa pretensão da filosofia de ser universal, de encontrar o acordo entre as ideias e estabelecer a identidade entre as coisas e o pensamento se realizará como ideal inatingível, pois, de fato, será feita de desacordos e de oposições entre os filósofos.

O VOCABULÁRIO DA FILOSOFIA NASCENTE

Finalmente, devemos salientar um dos aspectos importantes dessa origem da filosofia no interior de duas palavras tão diferentes — a do Senhor da Verdade e a dos guerreiros em assembleia. Trata-se, como já dissemos, do vocabulário dos primeiros filósofos.

Embora a filosofia nasça como cosmologia, isto é, voltada para a explicação da natureza (o princípio primordial gerador de todas as coisas, o processo de formação e de ordem do mundo, o ciclo das gerações e dissoluções da realidade), porque ela nasce no contexto da *pólis*, há, como diz Jaeger, "uma projeção da *pólis* no universo", isto é, o vocabulário das relações sociopolíticas e morais é o vocabulário usado para explicar a natureza.

Alguns exemplos podem ilustrar esse fato. Assim, a palavra *cosmos* (traduzida como ordem da natureza ou do mundo) deriva do mundo humano, pois, inicialmente, significa a ordem (sequência) da dança, dos adornos pessoais, da formação do exército ou disciplina, da organização do cerimonial religioso e a organização da cidade ou ordem estabelecida. *Cosmos* significa, inicialmente, a ação das pessoas num comportamento conforme ao estabelecido; depois, indica a ação humana que produz ordem nas coisas; e, finalmente, com a filosofia, passa a referir-se à ordem e organização do mundo.

A ordem universal (o *cosmos*) é dita justa. A palavra justiça, *díke* (do verbo *deíknymi*, pronunciar um julgamento ou uma sentença; atribuir o justo, decidir, ordenar), significa: maneira correta de ser ou de agir; regra; o direito; a justiça, como norma e lei de caráter imperativo e que impõe sanções aos transgressores. Os primeiros filósofos afirmam que o *cosmos* é uma ordem regrada ou normativa. Essa ordem natural é considerada causal, mas a palavra que designa a causa é *aítia**, vinda do vocabulário jurídico e significando ser autor, ser responsável, ser imputado de, responder por alguém ou por alguma coisa (como quando se diz que um advogado tem ou defende uma causa). Na ordem natural, as coisas se unem e se separam segundo regras e causas, e a união e a separação entre as coisas são expressas no vocabulário das paixões: amor (*éros*) e ódio (*neîkos**).

Alétheia, lógos, kósmos, díke, aítia, éros, neîkos são conceitos-chave da cosmologia (e de toda a filosofia grega), mas o quadro permanecerá incompleto se não mencionarmos os três outros conceitos constitutivos do nascimento da filosofia e de sua história: *arkhé**, *phýsis** e *kínesis**.

Em Homero, *arkhé* significa o que está no começo, no princípio, na origem de alguma ação, de algum discurso, o ponto de partida, donde arquétipo (o tipo ou modelo primitivo de uma coisa). Em Píndaro, significa poder, comando, autoridade, soberania, por extensão, arconte (o magistrado). Os primeiros filósofos buscam a *arkhé*, o princípio absoluto (primeiro e último) de tudo o que existe. A *arkhé* é o que vem e está antes de tudo, no começo e no fim de tudo, o fundamento, o fundo imortal e imutável, incorruptível de todas as coisas, que as faz surgir e as governa. É a origem, mas não como algo que ficou no passado e sim como aquilo que, aqui e agora, dá origem a tudo, perene e permanentemente.

Phýsis é um substantivo derivado de um verbo que, na voz ativa, é usado em Homero com o sentido de fazer nascer, produzir, fazer brotar; na voz média, tem o sentido de crescer, fazer crescer. *Phýsis* possui três sentidos principais, derivados da ideia de um processo de fazer surgir e desenvolver-se: 1) a ação de fazer nascer, formação, produção; 2) a natureza íntima e própria de um ser, a maneira de ser de alguma coisa, a disposição ou caráter espontâneo e natural de um ser; 3) a natureza como força criadora e produtora dos seres, a constituição geral de todos os seres. A *phýsis* — traduzida para o latim como *natura* e para o português como natureza — é a fonte originária de todas as coisas, a força que as faz nascer, brotar, desenvolver-se, renovar-se incessantemente; é a realidade primeira e última, subjacente a todas as coisas de nossa experiência. É o que é primário, fundamental e permanente, em oposição ao que é segundo, derivado e transitório. É a manifestação visível da *arkhé*, o modo como esta se faz percebida e pensada.

A *phýsis* é aquilo que, por si mesmo e de si mesmo, brota, jorra, abre-se, desabrocha e se manifesta. Porque é o manifesto e não o oculto, a *phýsis* é a força que torna visível a *arkhé* invisível. Porque desoculta a *arkhé*, porque traz à luz e ao visível o fundo oculto de todas as coisas, a *phýsis* é *alétheia*: o ser que não é esquecido, que é permanentemente lembrado porque está manifesto perpetuamente. A *phýsis* como natureza íntima e disposição ou caráter íntimo e natural de um ser não se reduz aos corpos ou ao corpóreo. A alma, o psíquico, o espírito, o pensamento também pertencem à *phýsis*, também são produzidos por ela e a manifestam.

A *phýsis* abarca a totalidade de tudo o que é. Pode ser apreendida em tudo o que existe e em tudo o que aparece e acontece: o céu, a terra, os astros, a aurora, o crepúsculo, o eclipse, as plantas, as estações do ano, os mares, o fogo, as pedras, os animais, os homens, a moral humana, a política, as ações e pensamentos dos homens e dos deuses e os próprios deuses; portanto, o humano e o divino são *phýsis*. Por esse motivo, por ser a manifestação da *arkhé* e a totalidade do que é, por ser o fundo perene e imortal de tudo o que nasce e morre, os primeiros filósofos afirmaram que "nada vem do nada e nada retorna ao nada". Não há o nada. Há a *phýsis*. Por isso os primeiros filósofos são chamados "homens da *phýsis*", *physiologói*, isto é, físicos. Porque nada vem do nada, porque a *arkhé* e a *phýsis* são eternas, a física grega — isto é, a cosmologia — afirma: o mundo é eterno; e declara: não há criação do mundo a partir do nada.

O que espanta os primeiros físicos ou filósofos, o que lhes causa admiração e melancolia é a perpétua instabilidade das coisas, sua aparição e desaparição, o nascimento e a morte, a geração e corrupção dos seres. Numa palavra, a mudança. *Kínesis** significa movimento. Mas, em grego, movimento não é, como para nós, apenas locomoção ou mudança de lugar. Movimento são todas as mudanças que um ser pode sofrer: mudanças qualitativas, quantitativas e de lugar. E também nascer e perecer. Os primeiros filósofos — e depois deles, toda a filosofia — se espantam e se preocupam com a *kínesis*, com o movimento ou, como escrevem os historiadores da filosofia, com o *devir* incessante da natureza, da qual o homem é parte.

Se quiséssemos resumir as preocupações que se manifestam no nascimento da filosofia, diríamos que estão nas perguntas sobre o *kósmos*, a *phýsis* e a *kínesis*. Qual é a origem de todas as coisas? Como um único princípio pode dar origem à multiplicidade das coisas? Como aquilo que permanece sempre jovem, imortal e idêntico a si mesmo pode dar origem ao que é diferente dele, perecível e múltiplo? Como o uno dá origem ao múltiplo? Como e por que as coisas se movem? Como o imutável pode dar origem ao mutável? Como o múltiplo retorna ao uno?

AS PRINCIPAIS CARACTERÍSTICAS DA FILOSOFIA NASCENTE

Podemos, com Burnet, resumir assim as principais características da filosofia nascente:

1) é uma cosmologia, isto é, uma explicação racional sobre a ordem presente ou atual do mundo: sua origem ou causas, sua forma, suas transformações e repetições, seu término;

2) seu pressuposto básico é que "nada vem do nada e nada retorna ao nada": não há criação a partir do nada (como no judaísmo e no cristianismo, em que Deus tira o mundo do nada). O que é real, imortal e eterno em todas as coisas é a força material e inteligente original imperecível que sofre todas as transformações visíveis e que, graças a um sistema interno de compensações ou de proporções, assegura a estabilidade e a permanência do mundo;

3) o fundo imortal e perene de onde tudo brota e para onde tudo regressa é a *phýsis*, qualidade (ou qualidades) primordial da origem e constituição de todos os seres;

4) a preocupação central dos físicos ou cosmólogos é com o devir ou o vir a ser, isto é, com a *kínesis*, com o movimento (a transformação dos seres) e com o repouso (a identidade da *phýsis* e a estabilidade dos seres). A preocupação com o devir se expressa em questões variadas que podem ser sintetizadas em duas: a) como o uno/idêntico a si mesmo (a *phýsis*) se torna múltiplo e diferente de si mesmo (o *kósmos*)?; b) como o múltiplo e diferente (os seres do mundo) pode provir do uno/idêntico e a ele retornar? Em resumo: partindo do uno (a *phýsis*), pergunta-se como o múltiplo é possível; ou partindo do múltiplo (o *kósmos*), pergunta-se como o uno é possível;

5) a preocupação com o devir ou o vir a ser levará, pouco a pouco, os filósofos a distinguir entre a aparência do mundo (os seres percebidos diretamente por nossos sentidos na experiência sensorial) e a verdade ou essência do mundo (o ser, alcançado exclusivamente pelo pensamento e, portanto, invisível como o antigo invisível dos poetas e adivinhos, mas um invisível racional e lógico). A *phýsis*, manifestação visível da *arkhé* invisível, oculta ou escondida, aparece em todas as coisas, mas sua verdadeira aparição será — no decorrer da filosofia pré-socrática — sua manifestação para o pensamento. A *phýsis* é vista pelo olho do espírito, embora percebida pelos olhos do corpo. A *phýsis* será visível para o pensamento e invisível para os órgãos dos sentidos, isto é, para a percepção sensorial.

OS PERÍODOS DA FILOSOFIA GREGA

A tradição da história da filosofia distingue três grandes períodos da filosofia antiga: 1) pré-socrático ou cosmológico, que vai de Tales de Mileto a Sócrates de Atenas; 2) antropológico ou socrático, que vai de Sócrates e os sofistas até Aristóteles; 3) helenístico-romano, que vai dos grandes sistemas cosmopolitas — epicurismo, estoicismo, neoplatonismo e ceticismo — até o final do Império Romano.

Essa divisão que, precariamente, recobre a dos períodos da história grega — Grécia arcaica, clássica e helenista — é bastante problemática, mas vamos mantê-la apenas por comodidade, porque os estudantes a encontrarão na bibliografia que lhes será indicada.

De todo modo, lembramos aqui que Hegel divide a filosofia antiga em três grandes períodos: 1) de Tales a Aristóteles, teríamos a filosofia grega propriamente dita; 2) a filosofia greco-romana, dos pós-aristotélicos até o neoplatonismo; 3) o neoplatonismo (século III d.C.).

Por sua vez, Windelband prefere dividir a história da filosofia antiga em dois grandes períodos: 1) filosofia grega, dividida em três períodos: a) período cosmológico, dos pré-socráticos até 450 a.C.; b) período antropológico, dos racionalistas gregos, sofistas, Sócrates e socráticos menores; c) período sistemático, com Platão e Aristóteles, que enlaçam as questões dos dois períodos anteriores; 2) filosofia helenístico-romana, subdividida em dois períodos: a) período das lutas entre as escolas pós-aristotélicas, marcadas pelas questões éticas, pelo ceticismo e pela erudição; b) período do platonismo eclético, com a disputa entre o neoplatonismo e as doutrinas cristãs, a patrística, chegando ao século VI d.C. Ao todo, dez séculos.

A divisão proposta por Windelband para a filosofia grega (isto é, para o primeiro período da filosofia antiga) mantém a tradição das outras histórias da filosofia: a filosofia pré-socrática é uma cosmologia ou física, tem o mundo como sua preocupação; a filosofia do período socrático é uma antropologia, isto é, tem o homem como sua preocupação principal. Embora encontremos preocupações cosmológicas em Platão e Aristóteles, elas não estão no centro de suas filosofias. Os historiadores da filosofia oferecem duas explicações para essa diferença entre o primeiro e o segundo período da filosofia grega:

1) No período arcaico, quando nasce a filosofia, são os mitos que já não dão conta de explicar satisfatoriamente a realidade, e a filosofia ocupará o lugar que eles já não conseguem preencher. Em contrapartida, os ensinamentos dos poetas e legisladores, no que se referia aos valores e comportamentos éticos e políticos, permaneciam válidos, aceitos, não questionados, satisfazendo as necessidades da vida comum.

2) No período clássico, ao contrário, as grandes mudanças sociais, econômicas e políticas que consolidaram a *pólis* tornaram questionáveis e problemáticos os ensinamentos da tradição. Poetas e antigos legisladores pertenciam a uma época passada e seus valores e ideias já não correspondiam às necessidades do cidadão grego. Agora, ideias, valores, instituições e comportamentos éticos e políticos tornam-se o centro da preocupação filosófica que faz do homem (cidadão) o seu objeto de interrogação.

AS FONTES PARA O CONHECIMENTO DA FILOSOFIA NASCENTE

Uma das maiores dificuldades para uma história do nascimento da filosofia na Grécia é a das fontes. Todos os escritos dos pré-socráticos se perderam. Restaram fragmentos: pequenos trechos citados por outros autores e, depois, recolhidos e repetidos por compiladores, no correr dos séculos. Às vezes, restou uma oração completa ou um verso completo; outras vezes, palavras soltas, atribuídas a um deles. Não sabemos quando, como, quanto e o que escreveram. Não sabemos se davam título ao que escreviam.

Fontes de que nos servimos para o conhecimento no primeiro período filosófico:

1) Platão — seja por referências esparsas (frequentemente irônicas), seja por interpretação de trechos que atribui a Heráclito de Éfeso, Empédocles de Agrigento, Parmênides de Eleia, Zenão de Eleia, Protágoras de Abdera, Górgias de Leontini.

2) Aristóteles — que tem por hábito, antes de expor suas ideias sobre um tema ou questão, relatar o que pensaram e disseram os antecessores, mas, como Platão, Aristóteles toma partido e nunca sabemos se a opinião apresentada está completa ou se Aristóteles menciona apenas o trecho que lhe interessa.

3) Estoicos (sobretudo Crisipo) — que possuíam grande interesse pela filosofia antiga porque se julgavam continuadores dela, contra Platão e Aristóteles. Mas, por isso mesmo, temos dificuldade para saber quando estão citando e quando já estão interpretando os pré-socráticos.

4) Plutarco (platônico do século II d.C.) — que incluiu em seus *Ensaios morais* centenas de citações atribuídas aos pré-socráticos.

5) Céticos (sobretudo Sexto Empírico no final do século II d.C.) — pelos mesmos motivos que os estoicos.

6) Simplício (neoplatônico do século VI d.C.) — que tinha à sua disposição a biblioteca da Academia de Platão e por isso, ainda que escreva mil anos depois do surgimento dos primeiros filósofos, devemos a ele a principal conservação dos fragmentos pré-socráticos.

7) Hipólito (teólogo cristão do século III d.C.) — que escreveu refutações de heresias cristãs com a acusação de que defendiam teses pré-socráticas, por ele recolhidas e citadas.

8) Doxógrafos — os que recolheram e reuniram (por assunto ou por cronologia) os fragmentos a partir do discípulo de Aristóteles, Teofrasto, o primeiro dos doxógrafos. Teofrasto escreveu a primeira história da filosofia, distribuindo os filósofos por ordem cronológica, além de recolher ou mencionar obras específicas sobre os principais pré-socráticos, tornando-se a fonte autorizada mais importante para a doxografia subsequente. Depois dos de Teofrasto, os materiais doxográficos mais importantes são: os *Placita* e *Florilegium* de Estobeu (século V d.C.), os *Vetusta Placita* da Escola de Posidônio, que serão fonte dos *Placita* de Aécio (século V d.C.), o *Luculus* (século II a.C.) e *Stromatis* do pseudo-Plutarco.

9) Biógrafos — Socião, que escreveu uma *Sucessão dos filósofos* (século III a.C.);

Hermipo, que escreveu uma biografia dos filósofos com o título *Callimaqueios* (século III a.C.); Satyros, que escreveu uma *Vidas dos homens ilustres* (século II a.C.); e Diógenes de Laércio, que mencionamos no início deste capítulo, que além de biógrafo é doxógrafo.

10) Cronologistas — Erastóstenes (século III a.C.) e Apolodoro (século II a.C.), que inventaram um método para calcular a data de nascimento e da morte de um filósofo, determinando a data de sua "floração", isto é, *akmé* (quarenta anos). Assim, por exemplo, a previsão do eclipse por Tales, em 586-585 a.C., é colocada como a *akmé* do filósofo e, a partir daí, outras datas são inferidas. Em geral, o cálculo se baseia em três tipos de dados: a) as datas dos Jogos Olímpicos; b) a criação ou destruição da cidade onde nasceu ou viveu o filósofo; c) algum fato importante da vida do próprio filósofo (como, por exemplo, a previsão do eclipse por Tales).

Trabalhando comparativamente com todas essas fontes e outras menores, três monumentais compilações da doxografia existente foram feitas no século XX e servem de fonte para todos os estudos sobre os pré-socráticos: a de Gomperz (1909), a de Zeller (1911) e, a mais importante, a de Diels (1910).

Ao lado do trabalho doxográfico, um outro tornou-se essencial e indispensável para o estudo da filosofia pré-socrática: o dos arqueólogos, filólogos, linguistas, historiadores, antropólogos e críticos de arte. Com eles, os estudos helenísticos alcançaram um grau de acuidade e rigor suficientemente grande para permitir a compreensão da *diferença histórica* entre os gregos e nós e evitar tanto a ideologia evolucionista do progresso, que colocava os gregos como "infância feliz do Ocidente", como a ideologia relativista do historicismo, que roubava dos gregos o papel de fundadores do pensamento ocidental.

2. Os pré-socráticos

AS ESCOLAS PRÉ-SOCRÁTICAS

Os historiadores da filosofia grega costumam distinguir, no período pré-socrático (século VI a.C. ao início do século IV a.C.), quatro grandes tendências ou escolas que não são sucessivas mas, em geral, coexistentes, embora os continuadores não mantenham a totalidade das ideias dos fundadores. São pré-socráticas pelos temas que abordam e não porque todos os seus membros teriam nascido e vivido antes de Sócrates. Tanto assim que Anaxágoras, um dos últimos pré-socráticos, foi contemporâneo de Sócrates; Empédocles, outro dos pré-socráticos, era mais jovem do que o sofista Protágoras; o eleata Zenão encontrou-se com o jovem Sócrates, e o pitagórico Árquitas foi amigo de Platão. As escolas pré-socráticas são assim designadas para indicar aquele pensamento cuja preocupação central e cuja investigação principal eram a *phýsis*. São as escolas de cosmologia ou de física (no sentido grego desse termo).

São elas:

1) Escola Jônica (Ásia Menor), cujos principais representantes são Tales de Mileto, Anaximandro de Mileto, Anaxímenes de Mileto e Heráclito de Éfeso;

2) Escola Pitagórica ou Itálica (Magna Grécia), cujos principais represen-

tantes são Pitágoras de Samos, Alcmeão de Crotona, Filolau de Crotona e Árquitas de Tarento;

3) Escola Eleata (Magna Grécia), cujos principais representantes são Xenófanes de Colofão, Parmênides de Eleia, Zenão de Eleia e Melissos de Samos;

4) Escola Atomista (Trácia), cujos principais representantes são Leucipo de Abdera e Demócrito de Abdera.

Essa classificação apresenta um problema porque nela não há lugar para dois dos maiores filósofos pré-socráticos: Empédocles de Agrigento e Anaxágoras de Clazómena. Por esse motivo, preferimos propor que a quarta escola receba uma outra denominação. Veremos, a seguir, que as três primeiras escolas possuem em comum o fato de tratarem a *phýsis* como unitária, enquanto os atomistas, Empédocles e Anaxágoras concebem a *phýsis* como pluralidade. Propomos, então:

4) Escola da Pluralidade, cujos principais representantes são os atomistas Leucipo e Demócrito de Abdera, Empédocles de Agrigento e Anaxágoras de Clazómena. São os filósofos que tentaram conciliar Heráclito e Parmênides para salvar a filosofia de sua primeira grande crise.

A ESCOLA JÔNICA

TALES DE MILETO

A vida

Segundo relato de Heródoto, Tales de Mileto foi um dos Sete Sábios da Grécia arcaica e, conforme Diógenes de Laércio, teria sido o primeiro a ser assim chamado. Sua origem é desconhecida e alguns o consideram fenício. Nasceu provavelmente no século VII a.C. Sua *akmé** (ponto de maturação filosófica) está ligada à predição que fez de um eclipse solar e cuja data não é segura (610, 597 ou 548 a.C.). A grande dificuldade para conhecer sua vida e sua obra deve-se ao fato de que nada deixou escrito (se é que escreveu alguma coisa). Tudo quanto sabemos sobre ele deve-se a fontes indiretas, as principais sendo Aristóteles, Teofrasto e Simplício.

Platão faz uma breve referência a Tales para repetir uma anedota muito espalhada na Grécia: por ser um teórico, isto é, um contemplador puro, Tales, caminhando com os olhos voltados para o céu, tropeçou numa pedra e caiu num poço. Consagrou-se, assim, a imagem que, daí por diante, os outros possuem do filósofo como pessoa distraída para as coisas práticas da vida e perdido em pensamentos abstratos.

No entanto, os relatos sobre Tales nos oferecem uma imagem muito diferente desta. Foi um político interessado, procurando unir as cidades da Jônia numa confederação contra os persas; um hábil engenheiro, pretendendo desviar o curso de rios para favorecer a navegação e a irrigação; um hábil comerciante. Tales teria também estudado as causas das inundações do Nilo, desfazendo mitos que as narravam. Fez algumas descobertas astronômicas: além da previsão do eclipse solar, descobriu a constelação da Ursa Menor e aconselhou os navegantes a se guiarem por ela. Proclo lhe atribui o "Teorema de Tales" (dois triângulos são iguais quando possuem um lado igual compreendido entre dois ângulos iguais), mas é improvável que tenha sido seu autor. O mais provável é que o teorema tenha sido inspirado por um fato relatado por Plutarco: Tales descobriu um método para medir a altura de uma pirâmide colocando a prumo uma vara no final da sombra da pirâmide e, traçando dois triângulos com a linha descrita pelo raio do sol, mostrou que havia proporção entre a altura da pirâmide e a da vara ou entre os dois triângulos de suas sombras.

É Aristóteles que consagra Tales como fundador da filosofia cosmológica, tendo sido o primeiro a tratar de modo sistemático e racional o problema da origem, transformação e conservação do mundo. Para Tales, a *phýsis* é a água, ou melhor, a qualidade da água, o *úmido*.

O pensamento de Tales

Duas passagens, uma de Aristóteles e outra de Cícero, ajudam-nos a conhecer o pensamento de Tales:

A maior parte dos primeiros filósofos considerava como os únicos princípios de todas as coisas os que são da natureza da matéria. Aquilo de que todos os seres são constituídos e de que primeiro são gerados e em que por fim se dissolvem, tal é para eles o elemento, o princípio dos seres; e por isso julgam que nada se cria nem se destrói, como se tal natureza subsistisse para sempre... Tales, o fundador de tal filosofia, diz ser a água o princípio e por isso também declarou que a terra está sobre a água (Aristóteles, *Metafísica*).

Tales de Mileto, o primeiro a interrogar estes problemas, disse que a água é a origem das coisas e que deus é aquela inteligência que tudo faz da água (Cícero, *Da natureza dos deuses*).

A água ou o úmido é o princípio de todo o universo, e a grandeza de Tales está em que não pergunta (como o mito perguntava) qual era a qualidade ou coisa primitiva, mas afirma qual é (antes, agora e sempre) a qualidade ou o ser primordial, isto é, aquilo de que o mundo é feito.

Por que Tales teria escolhido a água ou o úmido como *phýsis*?

Os intérpretes oferecem várias razões para essa escolha, baseando-se naqueles autores que expuseram as opiniões do filósofo de Mileto:

1) a água apresenta-se sob as mais variadas formas e em todos os estados em que vemos os corpos da natureza: líquido, sólido, gasoso. Vemos a água passar de um estado a outro, de uma forma a outra, num processo contínuo no qual mantém a identidade consigo mesma. O fenômeno da evaporação faz pensar que a água é a causa do céu e do que nele existe; o fenômeno da chuva, que a água é a causa da terra e do que nela existe;

2) a água está diretamente vinculada à vida: as sementes, o sêmen animal e humano são úmidos (o cadáver em putrefação é uma umidade que vai se ressecando). "As coisas mortas secam, as sementes são úmidas, o alimento é suculento", escreve Simplício, explicando a escolha de Tales;

3) Tales viajou pelo Egito e certamente se assombrou com as cheias do Nilo: a terra seca e desértica, antes da cheia, tornava-se fértil, verdejante, cheia de flores e frutos depois dela. Tales teria concluído que a água é a causa das plantas;

4) a existência de fósseis de animais marinhos, descobertos nas montanhas e em grandes altitudes, teria levado Tales a considerar que, no início, tudo era água e que a vida animal fora causada pela água;

5) a mitologia grega falava no rio Oceano que circundava toda a terra e que teria engendrado nosso mundo. Não seria descabido, portanto, supor que Tales houvesse dado uma explicação racional para a narrativa mítica.

A água ou o úmido, por ser princípio de todas as coisas, é também o princípio do devir, isto é, da mudança ou do movimento (*kínesis*). É dotada de movimento próprio, ou seja, é automotora ou "se movente": transforma-se a si mesma em todas as coisas e transforma todas as coisas nela mesma. Alguns denominam o automovimento da *phýsis* com a expressão *hilozoísmo* (*hýle**, em grego, quer dizer matéria) para significar a matéria que possui em si mesma e por si mesma o princípio ou a causa de seus movimentos (geração, corrupção, alterações qualitativas e quantitativas, locomoção). Tales, como os demais membros da Escola de Mileto, seria hilozoísta. Isso explicaria por que, segundo Aristóteles, teria afirmado que a água é "a alma motora do *kósmos*".

O fato de considerar a água como alma, isto é, como princípio vital, leva Tales a considerar que todas as coisas são viventes ou animadas e por isso se transformam e se conservam. A água é o "deus inteligente" que faz todas as coisas e é a matéria e a alma de todas elas. Eis por que se atribui a Tales a afirmação: "Todas as coisas estão cheias de deuses".

Segundo o testemunho de Aristóteles, um dos argumentos de Tales para afirmar que todos os seres são animados ou vivos, e que por isso todas as coisas estão "cheias de deuses", foi a observação sobre a chamada pedra de Magnésia, isto é, o ímã, que move o ferro. Jonathan Barnes nos diz que precisamos acercar-nos desse fato para nele percebermos um traço marcante do surgimento da filosofia como uma maneira nova de pensar.

Com efeito, Tales considera que o princípio vital ou a *psykhé** (em latim, *anima* e, em português, *alma*) é uma força motriz ou cinética, isto é, uma força capaz de *kínesis*, capaz de mover-se e de mover outras coisas. Diante do ímã, Tales observa que há uma força cinética que atrai o ferro. Ora, se a alma é o princípio vital e uma força cinética, deve-se concluir que o ímã possui essa força e, portanto, uma alma; ou seja, é preciso concluir que o ímã é animado, vivo. Em outras palavras, diz Barnes, Tales oferece um argumento cuja estrutura é propriamente filosófica, pois "deriva uma conclusão notável [tudo é animado] a partir de premissas que dependem, ao mesmo tempo, da observação empírica [o ímã move o ferro] e de uma análise conceitual [o que tem força cinética ou motora é vivo]" (Barnes, 1997, p. 11).

Assim, não nos interessa tanto saber se Tales estava "cientificamente" certo ou errado quanto à natureza viva ou animada do ímã, mas deve interessar-nos a maneira como ele raciocinou para chegar a tal afirmação, pois é essa maneira que é nova e propriamente filosófica. Foi esse modo novo de raciocinar que o fez concluir que a água era a *phýsis*, isto é, ele deduziu e inferiu de fatos visíveis uma conclusão obtida apenas pelo pensamento ou pela razão.

ANAXIMANDRO DE MILETO

A vida

Pouco se sabe da vida de Anaximandro de Mileto. É descrito por Teofrasto como concidadão, discípulo e sucessor de Tales, tendo sido geógrafo, matemático, astrônomo e político. Não possuímos suas obras.

Os relatos doxográficos afirmam que escreveu um livro intitulado *Sobre a natureza*,[1] considerado pelos gregos como o primeiro livro de filosofia escrito em língua grega. Perdeu-se o livro, dele restando apenas fragmentos e notícias de filósofos posteriores e doxógrafos.

Como Tales, Anaximandro possuía interesses práticos. A ele é atribuída a confecção do primeiro mapa-múndi com a descrição de todo o mundo habitado conhecido de sua época; inventou o relógio de sol pelo qual se poderia verificar a obliquidade do zodíaco; introduziu o uso do *gnómon** (o esquadro) e a medição da distância entre as estrelas e o cálculo de suas magnitudes, sendo por isso considerado o iniciador da astronomia grega. De fato, segundo o testemunho de Aristóteles no *Tratado do céu*, Anaximandro teria explicado por que a Terra permanece imóvel, ou, nas palavras de Aristóteles, "a Terra permanece em seu lugar por indiferença". Para um corpo que ocupa um lugar num centro, mover-se para o alto ou para baixo, para a direita ou para a esquerda é a mesma coisa ou perfeitamente indiferente; por outra parte, como não é possível realizar ao mesmo tempo dois movimentos em direções contrárias, o corpo que ocupa o centro deve necessariamente permanecer em seu lugar. Ora, a Terra, que Anaximandro julga ter a forma cilíndrica, ocupa o centro do mundo sem estar sustentada por nada a não ser por um equilíbrio interno de todas as suas partes e, por sua forma, por seu equilíbrio interno e por seu lugar central está imóvel. Vemos, assim, que a afirmação de Anaximandro (independentemente de estar incorreta do ponto de vista da astronomia moderna) não é arbitrária, mas resulta de um raciocínio preciso, ou seja, a Terra não se move por razões de ordem lógica.

O pensamento de Anaximandro

De Tales para Anaximandro, a cosmologia dá um salto teórico importante. A *phýsis*, agora, não é nenhum dos elementos materiais percebidos na natureza, nenhuma das qualidades (úmido, seco, quente, frio) percebidas nas coisas, nenhuma qualidade determinada ou definida, delimitada. A *phýsis* é o *ápeiron**. A *phýsis* é o ilimitado, indefinido e indeterminado, o que não sendo nenhuma das coisas e nenhuma das qualidades dá origem a todas elas.

Três fragmentos, tidos como originais, deixam entrever o que Anaximandro entendia pelo *ápeiron*:

> Princípio (*arkhé*) dos seres... ele disse que era o ilimitado... Pois donde a geração é para os seres, é para onde também a corrupção se gera segundo o necessário; pois concedem eles mesmos justiça e deferência uns aos outros pela injustiça, segundo a ordenação do tempo (Simplício, *Comentário da Física de Aristóteles*).

> Esta (a natureza do ilimitado) é sem idade e sem velhice (Hipólito, *Refutação das Heresias*).

> Imortal... e imperecível (Aristóteles, *Física*).[2]

Em linguagem não poética e não tão rigorosa como esta, os fragmentos de Anaximandro costumam ser traduzidos da seguinte maneira: "Todas as coisas se dissipam onde tiveram sua gênese, conforme a necessidade, pagando umas às outras castigo e expiação pela injustiça, conforme a determinação do tempo. O ilimitado é eterno. O ilimitado é imortal e indissolúvel".

Conforme o relato doxográfico de Simplício, no *Comentário da Física de Aristóteles*, Anaximandro foi o primeiro a empregar a palavra *arkhé* e, portanto, o primeiro a elaborar o conceito de *princípio* de todas as coisas:

> Anaximandro, filho de Praxíades, milésio, sucessor e discípulo de Tales, disse que o *ápeiron* é o princípio e elemento de todas as coisas que existem. Foi o primeiro a usar o termo "princípio". Diz que não é a água nem qualquer um dos chamados elementos, mas é uma outra natureza, ilimitada, da qual são engendrados todos os céus e todos os mundos que neles se encontram. [...] É claro que depois de haver observado que os quatro elementos [água, ar, terra, fogo; úmido, frio, seco, quente] se transformam uns nos outros não podia admitir que somente um deles seria o substrato, mas era preciso haver alguma outra coisa para além dos quatro elementos. Ele não pensa que a geração se faz por mudança de um dos elementos, mas pela dissociação que separa os contrários graças ao movimento eterno.

Se compararmos ao de Tales, o pensamento de Anaximandro introduz grandes mudanças teóricas que merecem ser destacadas.

Em primeiro lugar, a clara identificação entre *phýsis* e *arkhé* como aquilo que só pode ser alcançado pelo pensamento, pois o princípio não se confunde com os quatro elementos visíveis e observáveis. Em segundo, e como consequência, a concepção do princípio como algo quantitativamente sem limites e qualitativamente indeterminado para que possa eternamente dar origem a todas as coisas determinadas do ponto de vista da quantidade e da qualidade. Em terceiro, a afirmação de que o princípio é eterno — "sem idade e sem velhice", "imortal e imperecível" — de tal maneira que ele é muito mais do que eram os antigos deuses, pois estes eram imortais, mas não eram eternos, uma vez que haviam sido gerados. Em quarto lugar, a clara distinção entre a eternidade do princípio e a "ordenação do tempo", isto é, a distinção entre a perenidade imortal do princípio e o devir ou vir a ser como ordem temporal da geração e corrupção das coisas. Em quinto, e mais profundamente, Anaximandro concebe a ordem do tempo como uma lei necessária — por isso fala em injustiça e reparação justa — segundo a qual os elementos se separam do princípio, formam a multiplicidade das coisas como opostas ou como contrários em luta e depois retornam ao princípio, dissolvendo-se nele para pagar o preço da individuação injusta porque belicosa. Em outras palavras, Anaximandro procura explicar como do indeterminado e ilimitado surgem as coisas determinadas e limitadas, ou a origem das coisas individualizadas, de suas diferenças e oposições.

A origem do mundo é, pois, explicada por um processo injusto e culpado ou pela guerra incessante que fazem entre si os elementos no interior do *ápeiron*. A luta dos contrários, isto é, o mundo em que vivemos, fere a justiça (*díke*) e esta exige a reparação. Cabe ao tempo reparar a injustiça, obrigando todas as coisas determinadas e limitadas a retornar ao seio do indeterminado e ilimitado: a corrupção e a morte das coisas é a expiação da culpa pela separação, individuação e guerra dos contrários.

Anaximandro espantava-se com as oposições que constituem o mundo: o fogo que consome o ar, mas é destruído pela água; a terra seca que luta para não ser tomada pela água nem pelo fogo; o mar que é úmido, mas que se torna ar ao evaporar e luta contra ele ao recair como chuva; a sequência eterna das estações do ano; as diferenças entre os animais (alguns estão sempre na água, outros na terra, outros no ar); as diferenças entre os homens (alguns de cor diferente de outros, alguns calmos e serenos, outros coléricos e belicosos); as lutas entre homens e animais, entre os próprios animais e entre os próprios homens; a luta dos homens para cultivar a terra, conquistar o mar etc. Essas lutas, decorrentes da individuação e diferenciação dos seres, do predomínio de uma qualidade sobre as outras, ao mesmo tempo que cria o *kósmos*, é uma injustiça que precisa ser reparada, pois a justiça é a paz e o mundo é guerra dos contrários.

Como surge o mundo? Por um movimento circular turbilhonante que irrompe em diversos pontos do *ápeiron*. Nesse movimento, separam-se do ilimitado-indeterminado as duas primeiras determinações ou qualidades: o quente e o frio dando origem ao fogo e ao ar; em seguida, separam-se o seco e o úmido, dando origem à terra e à água. Essas determinações combinam-se ao lutar entre si e os seres vão sendo formados como resultado dessa luta, quando um dos contrários domina os outros. O devir é esse movimento ininterrupto da luta entre os contrários e terminará quando forem todos reabsorvidos no *ápeiron*.

Os seres vivos nasceram pela evaporação da água sob a luz e calor do sol (o úmido e o quente são, pois, os geradores da vida); pouco a pouco, saindo dos mares e rios, os seres vivos foram se adaptando às regiões secas e a terra passou a compor parte de suas naturezas; pela respiração, o frio ou o ar também passou a compô-los e os que tiveram uma predominância do frio tornaram-se voadores. Em suma, Anaximandro considera a vida numa perspectiva que, nos séculos próximos de nós, seria chamada de transformismo.

Atribuem-se ainda a Anaximandro duas ideias muito originais: a primeira delas, sobre a origem e formação do céu e da terra, e a segunda, sobre a existência de mundos inumeráveis.

A primeira separação do quente e do frio formou um anel luminoso de chamas que cercou o ar frio, prosseguiu formando novos e menores anéis — os astros —, dispondo-os para formar o zodíaco. Donde, segundo Hipólito, Anaximandro afirmar que "os corpos celestes são rodas de fogo separadas do fogo que cerca o mundo, e fechadas em círculos de ar". Há três rodas ou três anéis: o anel do Sol, o anel da Lua e o anel das estrelas (aí compreendidos todos os astros que não o Sol e a Lua). A terra e o mar formaram-se com a separação do seco e do úmido, no interior do primeiro círculo de fogo que se destacara: o mar é o que restou do úmido sob a ação do fogo, e a terra, o que restou do seco sob a ação do fogo e do úmido. Diferentemente de Tales e da tradição, que acreditavam que a Terra estava sustentada por alguma coisa, sendo plana, Anaximandro descreve a Terra como um cilindro ou disco convexo, solto no espaço, imóvel, sem possuir um alto e um baixo.

Quanto à afirmação de Anaximandro de que existem mundos inumeráveis, não se tem certeza se com isto ele afirmava que existem mundos simultâneos formados do *ápeiron* (que, sendo ilimitado, poderia dar origem a inumeráveis mundos) ou mundos sucessivos produzidos a cada nova separação no interior do *ápeiron*, depois do fim de cada mundo anterior.

ANAXÍMENES DE MILETO

A vida

Segundo Teofrasto, Anaxímenes de Mileto, filho de Euristrato, era concidadão e associado de Anaximandro. Segundo Apolodoro, sua *akmé* se dá em 546-545 a.C., fazendo supor que nasceu por volta de 585 a.C. Sua morte é registrada por ocasião da 63ª Olimpíada, portanto, em 529 a.C.

Escreveu um livro em prosa, em dialeto jônio, também intitulado tardiamente de *Sobre a natureza*, mas que parece ter-se conservado por muito tempo, já que alguns fazem observações sobre seu estilo e Teofrasto chegou a escrever uma monografia sobre ele, atestando a autenticidade da obra e da tradição que a acompanhou.

O pensamento de Anaxímenes

Duas passagens, uma de Simplício e outra de Hipólito, ajudam-nos a acompanhar as ideias de Anaxímenes:

> Anaxímenes de Mileto, filho de Euristrato, companheiro de Anaximandro, afirma também que uma só é a natureza subjacente e diz, como Anaximandro, que é ilimitada, mas não como Anaximandro, que é indefinida, e sim definida, dizendo que ela é ar. Diferencia-se nas substâncias por rarefação e condensação. Por rarefação, torna-se fogo; por condensação, vento, depois nuvem, e ainda mais, água, depois terra, depois pedras e as demais coisas provêm destas. Também ele faz eterno o movimento pelo qual se dá a transformação (Simplício, *Comentário da Física de Aristóteles*).

Do ar dizia que nascem todas as coisas existentes, as que foram e as que serão, os deuses e as coisas divinas [...] Quando o ar está igualmente distribuído é invisível: manifesta sua existência por meio do frio e do calor, da umidade e do movimento. E está sempre em movimento, pois o que muda não poderia mudar se não se mover (Hipólito, *Refutação das Heresias*).

A *phýsis* é o ar (*pneûma**). As ideias de Anaxímenes podem parecer um retrocesso se comparadas às de Anaximandro, que evitara identificar a *phýsis* com qualquer dos elementos ou qualidades visíveis de nossa experiência. Na verdade, não é o caso. Anaxímenes considera o *ápeiron* de Anaximandro ainda muito próximo do caos descrito pelo mito. Mantendo a ideia central de seu predecessor, isto é, que a *phýsis* é ilimitada, incorruptível e imortal, Anaxímenes exige que ela seja determinada ou qualificada, pois o pensamento só pode pensar o que possui determinações. O ar, enquanto *phýsis*, não é o frio e o ar que vemos, mas o princípio do qual o ar de nossa vida e de nossa experiência provém. Torna-se visível para nós por meio do frio, do quente, do úmido e do seco, mas, quando perfeitamente homogêneo e idêntico a si mesmo, torna-se invisível e só pode ser apreendido pelo pensamento.

Por que a escolha do ar? Segundo o testemunho doxográfico, Anaxímenes teria escrito que "assim como nossa alma [isto é, o princípio vital], que é ar, nos sustenta e nos governa, assim também o sopro e o ar abraçam todo o cosmos" e que "o ar está nas cercanias do incorpóreo [sem forma e invisível] e já que nascemos graças ao seu fluxo, é preciso que seja ilimitado para que jamais acabe". Assim, podemos supor que Anaxímenes concebeu o *pneûma* como *phýsis* e *arkhé* porque:

— ao contrário da água, que precisa de um suporte ou de um continente, o ar sustenta-se a si mesmo; possui uma autonomia ou autossuficiência, própria de um fundamento ou princípio;

— sua presença e sua difusão são ilimitadas, podendo compor todas as coisas;

— respirar é o primeiro ato de um ser vivo e também o último, antes de morrer, por isso o ar é o princípio vital. (Aliás, no único fragmento que restou de Anaxímenes lemos: "Como nossa alma, que é ar, soberanamente nos mantém unidos, assim também todo o *kósmos*, sopro e ar o mantêm".) O ar — alma nossa e do mundo — é o que mantém unidas as partes de um todo — nosso corpo e o cosmos. O mundo é um ser vivo que respira e que recebe do sopro originário a unidade que o mantém.

A grande originalidade de Anaxímenes, perante Tales e Anaximandro, consiste no fato de que a multiplicidade, transformação e ordenação do mundo se fazem por alterações quantitativas em um único princípio: menos ar (rarefação) e mais ar (condensação) determinam toda a variação e organização do real. O ar, elemento universal, invisível e indeterminado, por sua força interna própria, movimenta-se: contraindo-se ou dilatando-se, vai engendrando todos os seres determinados como manifestações visíveis de uma vida perene. O *kósmos* vive no ritmo de uma respiração gigantesca que o anima e mantém coesas suas partes.

HERÁCLITO DE ÉFESO

O mais extraordinário dos pré-socráticos: assim se referem a Heráclito filósofos posteriores e historiadores da filosofia, cada qual oferecendo de seu pensamento interpretações divergentes e diferentes. Heráclito, "o Obscuro", Heráclito, "o Fazedor de Enigmas": eis como dele falaram os próprios gregos.

Heráclito está entre os jônios, porém escreve após Pitágoras e deixa supor que seria contemporâneo de Parmênides. Vamos, primeiro, aos pitagóricos e depois retornaremos a ele.

A ESCOLA PITAGÓRICA OU ITÁLICA

Para compreendermos a Escola Pitagórica precisamos considerar dois acontecimentos que foram decisivos em sua instauração: 1) o processo emigratório da Ásia Menor para o Sul da Itália e para a Sicília, conhecidas, na época, como Magna Grécia; 2) a efervescência religiosa, de tipo dionisíaco, promovendo uma religiosidade de cunho místico e oracular.

O avanço dos persas sobre a Jônia, nos meados do século VI a.C., ocasionou uma série de migrações da Ásia Menor rumo ao Sul da Itália e à Sicília, para as colônias gregas da Magna Grécia. Esse deslocamento teve dois efeitos principais sobre a filosofia nascente. Em primeiro lugar, o desenvolvimento filosófico, que se fizera naturalmente e sem conflitos na Jônia, como consequência natural de suas condições sociais, econômicas, religiosas e políticas, encontrará, agora, barreiras e dificuldades, pois a sociedade onde os exilados filósofos vêm se instalar não possuía as mesmas condições que aquela que haviam deixado. Assim, os primeiros conflitos entre a filosofia e a cidade (a *pólis*) — que iriam marcá-la para sempre — têm início neste transplante das ideias jônicas para a Magna Grécia. Em segundo lugar, colocou os exilados jônios em contato com uma cultura que havia desenvolvido a oratória ou retórica, "um dos produtos mais característicos da Grécia ocidental", conforme Burnet. Em outras palavras, colocou a filosofia em contato com um dos efeitos da palavra dialogada e leiga dos guerreiros: a dialética. Esse efeito será menos visível em Pitágoras, mas será decisivo em Parmênides de Eleia.

O outro fenômeno histórico-cultural relevante no período é a nova religiosidade que se espalha pela Grécia continental — na Ática — vindo da Trácia, alcançando a Magna Grécia e atingindo todo o mundo helênico. Essa religiosidade é completamente diferente daquela existente na Jônia, onde predominava a religião homérica. Ali, como observamos, a religião se naturalizara e, racionalizada em mitos mais sofisticados, pudera ser continuada e desfeita pela cosmologia. A nova religiosidade, ao contrário, fundada no culto de Dionisos, na presença de profetas inspirados e taumaturgos, atingiu seu apogeu com a fundação de comunidades e confrarias religiosas voltadas para os mistérios órficos, sobretudo na Magna Grécia. É a religião dos Mestres da Verdade — do poeta inspirado, do vidente inspirado, do rei de justiça —, reunidos em confrarias de iniciados nos mistérios e que têm seu patrono em Orfeu, aquele que desceu ao Hades (reino dos mortos) e viu a verdade (*alétheia*). Os mistérios órficos são, fundamentalmente, rituais de purificação para que a alma do poeta, do vidente e do legislador não seja submetida às águas do esquecimento (*Léthe*) e não esqueça o que lhe diz o deus. Esses rituais de purificação — as *orgias* — se baseavam na crença na imortalidade da alma, conseguida após muitas reencarnações ou transmigrações, e a finalidade ritualística era purificar a alma do iniciado para livrá-lo da "roda dos nascimentos".

As crenças órficas podem ser resumidas nos seguintes pontos principais: 1) há no homem a presença de um princípio divino, ou melhor, de uma potência divina (o *daímon**), entidade que governa o destino da alma de cada um e que, com a alma, vem habitar em um corpo em consequência de uma culpa originária; 2) a alma existe antes do nascimento do corpo e subsiste depois da morte corporal, reencarnando-se em corpos sucessivos ou em nascimentos sucessivos cuja finalidade é purificá-la da culpa, libertando-se desses renascimentos quando estiver inteiramente purificada; 3) a vida órfica, ou iniciação aos mistérios sagrados, desenvolve práticas e ritos que ensinam a alma a ouvir os conselhos de seu *daímon*, asseguram sua purificação e podem livrá-la da "roda dos nascimentos"; 4) aquele que não se purifica, pagará por suas faltas incessantemente, até o fim dos seus dias, a punição estando na impossibilidade de não renascer continuamente em corpos sucessivos; 5) porém aquele que se inicia nos mistérios e segue os ritos, não só se purifica, mas prepara-se para recompensas na vida futura imortal, pois o destino dos homens é "estar de volta ao divino", uma vez que cada um é habitado por um *daímon*. Saber padecer e dispor-se a se purificar constitui a educação e o itinerário da alma para realizar seu destino segundo a justiça, reparadora de todas as culpas.

A alma, tendo uma origem divina e sendo imortal, deve tomar consciência de si mesma, elevar-se pela purificação para fazer jus à imortalidade que os deuses lhe concederam. Exige-se que a alma permaneça pura e não se deixe contaminar pelas impurezas do corpo (matéria mortal perecível), que se exercite na pureza, graças a uma vida de elevação espiritual (*áskesis**) e aos rituais de purificação (*kátharsis**). A religião deixa de ser uma religião da exterioridade, isto é, do culto aos deuses para tornar-se uma religião da interioridade, isto é, da ascese moral e da catarse da alma, hóspede passageira do corpo mortal.

A religiosidade dos mistérios órficos irá expandir-se nas colônias gregas e na Grécia continental, reavivando o culto a Dionisos, de um lado, e dando um novo conteúdo ao culto de Apolo Delfo ou religião délfica, de outro. No pórtico do templo de Apolo, em Delfos, surge a máxima inscrita na pedra: "Conhece-te a ti mesmo". Desenvolve-se a doutrina da *sophrosýne** e a exigência de que o homem não perca os limites do humano. Em outras palavras, os mistérios órficos fazem com que a religião homérica seja transformada, pois, tanto do lado do culto de Dionisos como do lado do culto de Apolo, a preocupação com a alma, com a interioridade, torna-se mais importante do que o culto externo aos deuses. A religião homérica cultuava os deuses; a religião órfica purifica a alma humana.

O lado dionisíaco e o lado apolíneo da cultura grega aparecem pela primeira vez, exprimindo a luta entre o sentimento trágico da vida (dionisíaco) e o sentimento racional da natureza humana (apolíneo). É nesse novo contexto que nasce a Escola Pitagórica ou o pitagorismo, na Magna Grécia.

PITÁGORAS DE SAMOS

A vida

Quase nada sabemos sobre Pitágoras. Alguns chegam mesmo a dizer que não existiu e que seu nome teria sido criado para unificar os adeptos de uma seita filosófico-religiosa. Na verdade, o problema da existência de Pitágoras se deve, por um lado, ao fato de que dele não restou sequer um fragmento escrito e, de outro, ao fato de que muito cedo sua vida foi envolta em aspectos lendários (filho de Apolo, teria recebido a filosofia por uma revelação divina e seria dotado do dom da ubiquidade). As duas "Vida de Pitágoras" mais conhecidas foram escritas por Porfírio e Jâmblico na altura do século III d.C., portanto quase sete séculos depois de sua morte.

Sabemos que nasceu em Samos, rival comercial de Mileto, e que, conforme Diógenes de Laércio, sua *akmé* se situa em 540-537 a.C., embora Apolodoro a situe em 532-531 a.C. Por volta de 540 a.C., com a contínua invasão dos persas à Ásia Menor, deixou a Jônia, dirigiu-se para a Magna Grécia e estabeleceu-se em Crotona, onde fundou uma confraria religiosa, cujas doutrinas eram mantidas em segredo pelos iniciados. A finalidade da confraria religiosa era oferecer aos seus membros uma satisfação interior que a religião externa, oficial, não lhes dava, porém o deus dos pitagóricos era Apolo Delfo (o espírito racional) e não Dionisos (o espírito trágico). As comunidades pitagóricas logo se espalharam pela Magna Grécia (Tarento, Metaponto, Sibaris, Régio, Siracusa).

A ordem pitagórica foi politicamente ativa e chegou a ter o poder em Crotona. Um rico aristocrata, Quílon, desejoso de participar do poder, pretendeu entrar na ordem, mas foi recusado. Armou, então, um partido contrário, fez uma rebelião, tomou o poder e parte dos pitagóricos, entre os quais Pitágoras, foi obrigada a abandonar Crotona. Pitágoras dirigiu-se a Metaponto, onde veio a morrer em 497 ou 496 a.C.

Como dissemos, não há escritos conhecidos de Pitágoras. Os escritos pitagóricos conhecidos são tardios (dos séculos V e IV a.C.), mas servem de orientação para termos alguma ideia do ensinamento do mestre. Assim, é mais correto falar em pitagorismo do que em Pitágoras. O pitagorismo deixou marcas indeléveis na filosofia grega — tanto pelas críticas que recebeu de Xenófanes, Heráclito, Parmênides e Zenão como pela adesão a muitas de suas ideias por filósofos como Platão. Na divisão que fizemos no primeiro capítulo entre os "partidários" da *alétheia* em seu fundo religioso e os "partidários" da *alétheia* em sua relação com a palavra leiga das assembleias, isto é, com a opinião (*dóxa*), os pitagóricos se alinham aos primeiros.

O pensamento de Pitágoras

Embora os membros das confrarias pitagóricas atribuíssem ao mestre Pitágoras tudo quanto eles próprios chegaram a descobrir, propor e desenvolver teoricamente, podemos com algum grau de certeza considerar que os seguintes aspectos correspondem ao pensamento do fundador do que Aristóteles chama de Escola Itálica:

• Afirmou a transmigração das almas (isto é, sua passagem por diferentes corpos, tanto humanos como animais) e a reencarnação. Como adepto de Apolo Delfo, propôs a purificação da alma pelo conhecimento ou pela vida contemplativa, isto é, pela *theoría**, única que poderia libertar-nos da "roda dos nascimentos". Atribui-se a Pitágoras a ideia de aumento da sabedoria graças a regras de vida baseadas no silêncio, no isolamento e na abstinência (abstinência sexual, abstinência de certos alimentos, como carnes e favas, e de bebidas fortes, frugalidade). A síntese dos ensinamentos de Pitágoras encontra-se num dito que lhe é atribuído pelos doxógrafos. Segundo estes, ele teria dito que aos Jogos Olímpicos compareçem três tipos de homens: os que vão para comerciar e ganhar a expensas de outros; os atletas, que vão para competir e exibir suas qualidades ao público; e os que vão para contemplar os torneios e avaliá-los. Assim também existem três tipos de almas: as cúpidas, presas às paixões; as mundanas, presas às vaidades da fama e da glória; e as sábias, voltadas para a contemplação.

• Por ser um adepto de Apolo Delfo — o deus dos oráculos —, considerava que a verdade chega aos homens por inspiração divina e teria dito que a verdade plena ou a sabedoria pertence ao divino, cabendo ao sábio (*sophós**) apenas desejá-la e amá-la, ligando-se a ela pelo laço da amizade (*philía**). Aquele que tem amizade pela sabedoria é *philósophos* e sua atividade chama-se *philosophía*.

• Como todos os primeiros filósofos, Pitágoras buscou a *phýsis* e afirmou que esta era o número — *arithmós**. Como teria chegado a essa ideia? Os exercícios espirituais da comunidade pitagórica eram realizados ao som da lira órfica ou a lira tetracorde (a lira de quatro cordas), e é muito provável que Pitágoras tivesse percebido que os sons produzidos pela lira obedeciam a princípios e regras para formar os acordes e para criar a concordância entre sons discordantes, isto é, os sons da lira seguem regras de harmonia que se traduzem em expressões numéricas (as proporções). Ora, se o som é, na verdade, número, por que toda a realidade — enquanto harmonia ou concordância dos discordantes como o seco e úmido, o quente e o frio, o bom e o mau, o justo e o injusto, o masculino e o feminino — não seria um sistema ordenado de proporções e, portanto, número? A proporção ou harmonia universal faz com que o mundo possa ser conhecido como um sistema ordenado de opostos em concordância recíproca e por isso, assim como Pitágoras foi o primeiro a falar em *philosophía*, foi também o primeiro a falar no mundo como *kósmos*.

• Porque o mundo seria regido pelas mesmas leis de proporcionalidade que as das cordas da lira, Pitágoras teria dito que há uma música universal e que não a ouvimos porque nascemos e vivemos em seu interior e não possuímos o contraste do silêncio que nos permitiria ouvi-la, ao recomeçar. No mundo, as cordas da lira são as esferas celestes, onde se encontram os astros, e a esfera terrestre, onde nos encontramos. A música ou harmonia universal é a relação proporcional e ordenada entre as esferas ou entre os céus e a terra.

• A natureza numérica da *phýsis* ou a estrutura harmônica do mundo ou *kósmos* está presente em todas as coisas e também na alma, *psykhé**. Segundo os doxógrafos, Pitágoras e seus discípulos teriam dito que "a alma é harmonia" (portanto, unificação de muitos elementos e concordância dos contrários ou discordantes). Justamente por ser constituída pela mistura de muitos elementos discordantes, a alma precisa buscar a concordância entre eles e fazer com que os elementos superiores dominem os inferiores. Pitágoras afirmava o poder terapêutico da lira sagrada de Orfeu porque a harmonia de seus sons auxiliava o esforço da alma para ser, ela também, harmonia, estabelecendo a justa proporção entre os contrários que a constituem. Há, portanto, em Pitágoras, uma ética deduzida da cosmologia.

As colônias gregas da Jônia
(Ásia Menor)

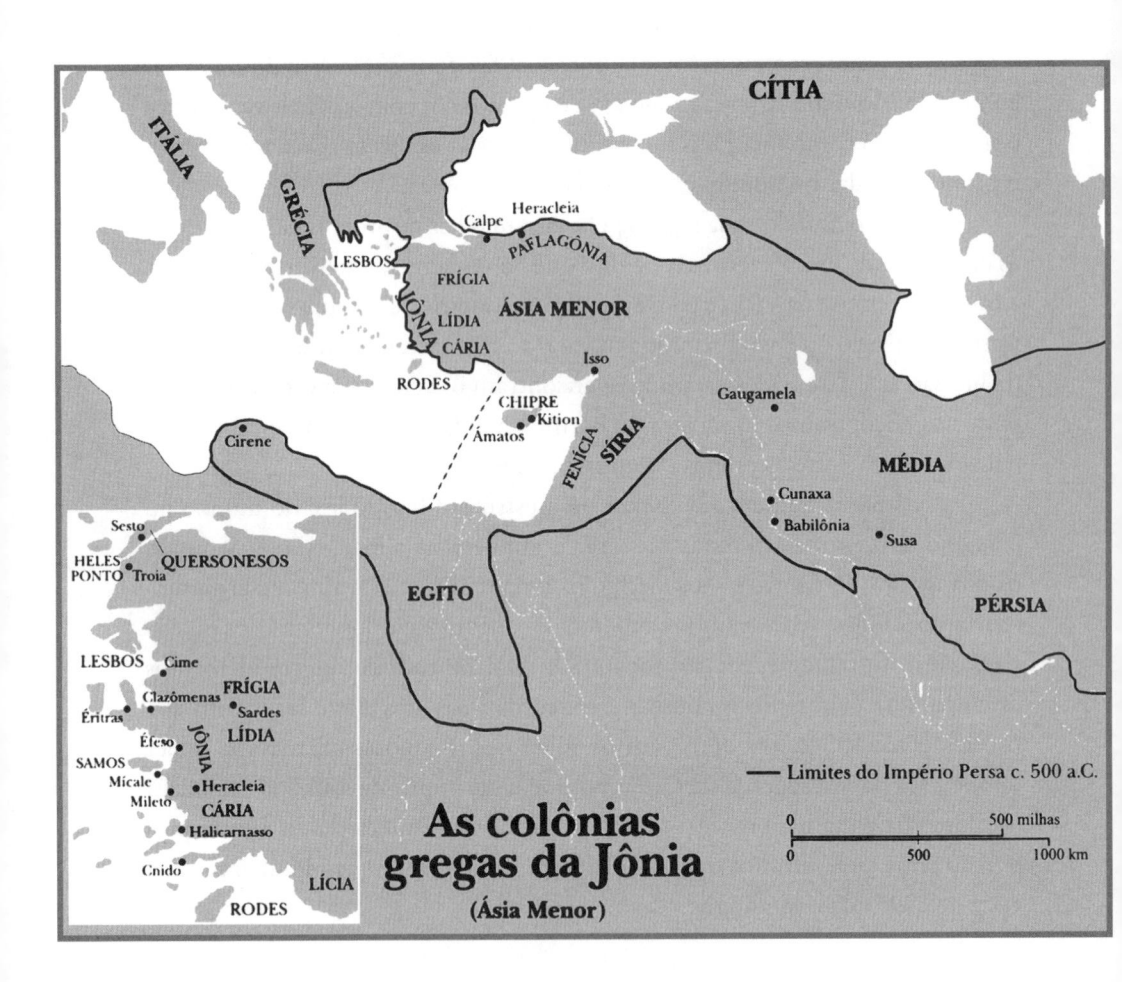

Mapa com regiões: CÍTIA, ITÁLIA, GRÉCIA, LESBOS, PAFLAGÔNIA, FRÍGIA, LÍDIA, JÔNIA, CÁRIA, ÁSIA MENOR, RODES, CHIPRE, FENÍCIA, SÍRIA, EGITO, MÉDIA, PÉRSIA.

Cidades: Heracleia, Calpe, Isso, Kition, Âmatos, Cirene, Gaugamela, Cunaxa, Babilônia, Susa.

Detalhe (inset): Sesto, HELESPONTO, Troia, QUERSONESOS, LESBOS, Cime, Clazômenas, FRÍGIA, Sardes, Éritras, Éfeso, LÍDIA, JÔNIA, SAMOS, Micale, Heracleia, Mileto, CÁRIA, Halicarnasso, Cnido, LÍCIA, RODES.

— Limites do Império Persa c. 500 a.C.

0 — 500 milhas
0 — 500 — 1000 km

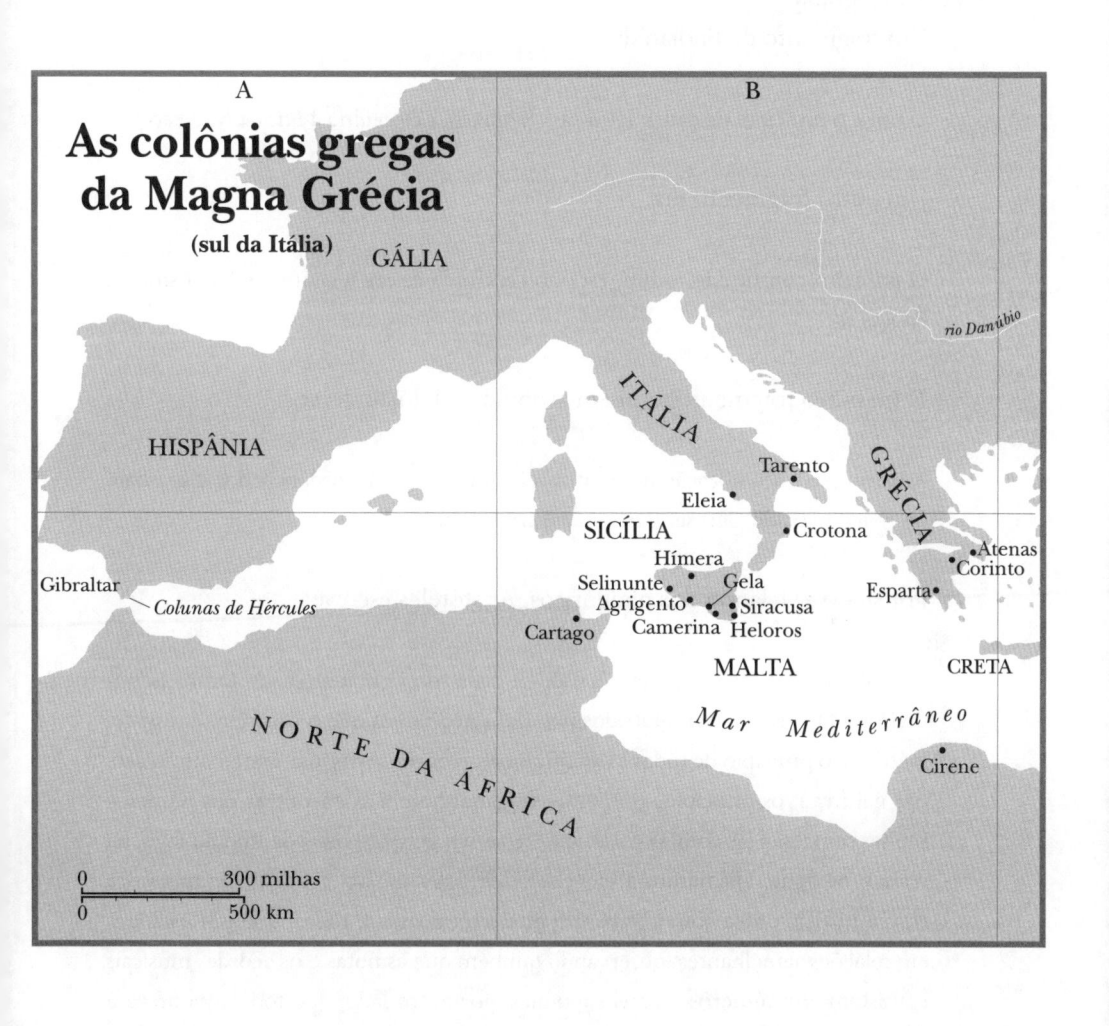

As colônias gregas da Magna Grécia
(sul da Itália)

GÁLIA

HISPÂNIA

Gibraltar
Colunas de Hércules

ITÁLIA

Tarento
Eleia
SICÍLIA • Crotona
Hímera
Selinunte • Gela
Agrigento • Siracusa
Cartago Camerina Heloros

MALTA

GRÉCIA

Atenas
Corinto
Esparta

CRETA

Mar Mediterrâneo

NORTE DA ÁFRICA

Cirene

rio Danúbio

0 — 300 milhas
0 — 500 km

O PITAGORISMO

O que sabemos do pitagorismo nos vem de fragmentos deixados por pitagóricos como o médico Alcmeão de Crotona e os matemáticos Filolau de Crotona e Árquitas de Tarento, assim como por referências de Platão e Aristóteles, e pela doxografia.

Um fragmento de Filolau diz:

O um é o princípio de todas as coisas (Jâmblico, *Comentário à Ética a Nicômaco*).

Um outro fragmento diz:

O primeiro constituído, o um, está no centro da esfera e chama-se lar (Estobeu, *Éclogas*).

Num outro fragmento também atribuído a Filolau, lemos:

A harmonia é a unificação de muitos misturados e a concordância dos discordantes (Nicômaco de Gerase, *Introdução à aritmética*, II).

Por sua vez, falando dos pitagóricos, Aristóteles escreve:

Os assim chamados pitagóricos, tendo-se dedicado às matemáticas, foram os primeiros a fazê-la avançar. Nutridos por ela, acreditaram que o princípio das matemáticas é o princípio de todas as coisas. E como os números, nas matemáticas, são, por natureza, os princípios primeiros, julgando também encontrar nos números muitas semelhanças com as coisas que são e são geradas, mais do que no fogo, na terra e na água, afirmaram a identidade de determinada propriedade numérica com a justiça, outra com a alma e o intelecto, e, assim, todas as coisas estariam em relações semelhantes; observando também que as notas e os acordes musicais consistem em números e parecendo-lhes, por outro lado, que toda a natureza é feita à imagem dos números, sendo estes os princípios da natureza, supuseram que os elementos do número são os elementos de todas as coisas e que todo o universo é harmonia e número (Aristóteles, *Metafísica*, I, 5).

Ao afirmar que os pitagóricos foram os primeiros a fazer avançar as matemáticas, Aristóteles confirma a opinião de todos os antigos de que os pitagóricos foram, de certa maneira, os criadores da geometria como ciência das figuras, volumes e superfícies e os primeiros a estabelecer relações entre ela e a aritmética ou a ciência dos números.

Para compreendermos o que o pitagorismo quer dizer quando afirma que o número, ou melhor, o Um é a *phýsis* e a *arkhé*, precisamos compreender o que entendem por número. (Lembremos que gregos e romanos representavam os números por letras, pois os algarismos, tais como os conhecemos, foram inventados pelos árabes; e Euclides, o grande sistematizador da matemática grega, em seus *Elementos* — escritos por volta de 300 a.C. —, representava os números por letras e linhas. Lembremos também que gregos e romanos desconheciam o zero e que este também foi concebido pelos árabes.)

Primitivamente, os gregos representavam os números por pontos arranjados em desenhos simétricos e facilmente reconhecíveis, como em cada face de um dado ou em peças de dominó. Essa representação tinha a seguinte peculiaridade: os números não eram concebidos numa sequência — 1, 2, 3... — obtida pelo acréscimo do 1 a cada número da série; mas eram concebidos cada qual como uma unidade discreta e independente, ou seja, havia o 1, o 2, o 3, o 4 etc. Os pitagóricos, porém, inventaram a representação aritmético-geométrica dos números, distribuindo-os em figuras, como veremos a seguir. Graças a essa nova maneira de representação, puderam: 1) definir a unidade (*monas*); 2) tomar os números como sequência ordenada; 3) distinguir os elementos constitutivos dos números, isto é, a distinção entre o par (o divisível ou ilimitado) e o ímpar (o indivisível ou limitado); 4) diferenciar pontos e superfícies, chamando aos primeiros de "termos" (ou limites) e às segundas de "campos" (ou lugares).

Ao que tudo indica, o início dessa invenção foi o estudo de uma figura que o pitagorismo julgava sagrada, a *tetráktys da décade*, isto é, a representação do número 10 (ou da década) por um triângulo equilátero em que cada lado é constituído por 4 (*tetra*) pontos, com um ponto no centro:

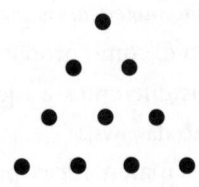

Lembremos que o ponto de partida dos pitagóricos foi o estudo da lira tetracorde, isto é, da lira de quatro cordas. Ora, a *tetráktys da década* (ou a década constituída pelos lados de quatro pontos) é considerada sagrada e perfeita porque possui características que nenhum outro número possui: 1) é igual à soma dos quatro primeiros números (1+2+3+4), ou, na linguagem pitagórica, é a síntese da unidade, da díada, da tríada e da quadra; 2) inclui uma quantidade igual de números pares e ímpares (4 pares — 2,4,6,8; e 4 ímpares — 3,5,7,9), e par ou ímpar são os elementos definidores de um número, de tal maneira que a *tetráktys da década* contém num só número os divisíveis e os indivisíveis em mesma quantidade ou em harmonia; 3) contém todas as figuras: o 1 é o ponto, o 2 é a linha, o 3 é o triângulo, o 4 é o quadrado etc. A perfeição da *tetráktys da década* fez com que fosse tomada como critério de todas as operações matemáticas, dando origem ao que viríamos a conhecer com o nome de "sistema decimal".

A partir da *tetráktys*, os pitagóricos conceberam o "número triangular", ou a tríada como soma da unidade e da díada (1+2). Usando o *gnómon* (isto é, o esquadro), inventaram o "número quadrado" e o "número retangular". O "número quadrado" é obtido acrescentando-se à unidade uma quantidade ímpar de pontos; o "número retangular" é construído acrescentando-se à díada uma quantidade par de pontos:

número quadrado   número retangular

A construção dos vários números mostra como os pitagóricos puderam concebê-los como uma série ou sequência ordenada de pontos e linhas a partir de um critério fundamental, qual seja, a distinção entre o par e o ímpar (que, como veremos, é a distinção decisiva para a definição da *phýsis*). Mas não só isso. Além de conceberem uma *ordem numérica*, os pitagóricos também conceberam essa ordem como *harmonia*, isto é, como proporção na composição de alguma coisa constituída por elementos diferentes e mesmo opostos (o que também será decisivo para sua concepção da *phýsis*).

De fato, suas descobertas matemáticas provieram de seus estudos da música e, como vimos, da percepção de uma relação direta entre os sons e os números: assim, a diversidade de sons produzidos pelos martelos (ou marimbas) que golpeiam uma fieira de juncos suspensos pode ser determinada numericamente pelas diferenças de grandeza e peso dos martelos e dos juncos; a diversidade de sons produzidos pelos bastões que golpeiam a superfície de um tambor pode ser determinada numericamente pela grandeza e peso dos bastões e pela espessura da superfície do tambor; a diversidade de sons produzidos pelas cordas da lira tetracorde pode ser determinada numericamente pelo comprimento e espessura das cordas. Dessa maneira, os pitagóricos descobriram que as relações harmônicas do diapasão, os acordes de quarta, quinta e oitava podem ser traduzidos em leis numéricas (1:2, 2:3, 3:4). Além disso, não deixaram de perceber a determinação numérica de fenômenos naturais como a duração do dia, dos meses e do ano, das estações, da gestação dos animais e dos humanos, dos ciclos da vida.

Visto que haviam descoberto as relações e proporções entre todas as coisas a partir de sua determinação numérica, não nos deve causar estranheza que julgassem o número — ou melhor, o Um e a proporção ou harmonia — como *phýsis*, natureza e estrutura de todas as coisas e que, como disse Aristóteles, julgassem que ela não é o fogo, a água, a terra ou o ar porque estes — ou melhor, o quente, o úmido, o seco, o frio — nada mais são senão proporções ou combinações ou dissociações das qualidades das coisas. Num comentário de Aécio é dito que, para Pitágoras (ou para os pitagóricos), o cubo produziu a terra, o tetraedro produziu o fogo, o octaedro produziu o ar, o icosaedro produziu a água, e o dodecaedro produziu a esfera do universo. (Para a nossa mentalidade, essas afirmações ficam mais claras se pensarmos em como as ciências contemporâneas nos mostram as formas das moléculas e dos átomos.)

A *phýsis* está presente em todas as coisas, tanto as visíveis como as invisíveis: assim, a unidade é a inteligência, pois é sempre idêntica a si mesma; a díada é a opinião, pois sempre dividida entre dois; a tríada é a justiça, pois é a síntese da unidade e da díada, isto é, da identidade e da divisão, uma vez que resulta da soma dos dois primeiros números. E assim por diante. Dizer que *phýsis* é o número é dizer que as coisas são ritmos, proporções, relações, somas, subtrações, combinações e dissociações ordenadas e reguladas. Em outras palavras, o número não representa nem simboliza as coisas, ele *é* a estrutura das coisas. (Ou, como dirá Galileu ao criar a física moderna, só conheceremos a natureza se conhecermos sua estrutura matemática.)

De acordo com Aristóteles e Estobeu, os pitagóricos (e, mais precisamente, Filolau de Crotona) conceberam o Um, ou a unidade primordial, a partir da distinção entre ilimitado e limitado, ou entre indeterminado e determinado, isto é, entre o indivisível e o que pode ser indefinidamente dividido. Essa distinção aparece com a diferença entre o ímpar (limitado, determinado, indivisível) e o par (ilimitado, indeterminado, divisível), que são os elementos constitutivos de todos os números, e, por isso mesmo, o Um, fonte dos números, é, em si mesmo, par-ímpar, ilimitado-limitado. O Um ou a unidade é, portanto, a totalidade dos números e, por isso mesmo, a totalidade das coisas visíveis e invisíveis. A unidade é o princípio da permanência ou da identidade de uma coisa e a dualidade é o princípio de sua mudança, de seu devir ou vir a ser. Dessa maneira, o *kósmos* é a proporção regulada de pares de opostos, ou a concordância dos discordantes: alto-baixo, direita-esquerda, macho-fêmea, movimento-repouso, quente-frio, seco-úmido, luz-treva, doce-amargo, bom-mau, justo-injusto, verdadeiro-falso, grande-pequeno, novo-velho, reto-curvo. O princípio desses pares é a oposição fundamental entre limitado e ilimitado, ou entre unidade e multiplicidade.

Alguns testemunhos doxográficos também atribuem a Alcmeão e a Filolau uma teoria do conhecimento, isto é, uma teoria da alma humana como capaz de conhecer a estrutura numérica do mundo. O número seria o princípio do conhecimento porque ordena e organiza a realidade ao engendrar as coisas como unidade e diversidade de proporções inteligíveis, pois não devemos esquecer que, em grego, proporção se diz *lógos* (e, em latim, se diz *ratio*, razão). O número, segundo Filolau, torna as coisas discerníveis umas com relação às outras, as torna conhecíveis, ou, em sua linguagem própria, "torna as coisas concordantes com a alma", concórdia ou proporção que decorre do fato de que a alma também é número. Ou, na linguagem de Filolau, as coisas e a alma são *comensuráveis* (proporcionais) porque possuem a mesma medida comum ou o mesmo *lógos*, pois são feitas da mesma *phýsis*. Conhecer é encontrar a unidade de alguma coisa e o princípio de sua mudança ou de seu devir. O número é o que produz a unidade e a diversidade das coisas e por isso as torna conhecíveis por nossa alma. Eis por que o ideal contemplativo ou teórico do pitagorismo se realiza plenamente com uma cosmologia matemática.

Assim sendo, poderemos melhor avaliar o impacto de uma crise matemática que, praticamente, destruiu a Escola Pitagórica.

A crise do pitagorismo

A matematização do universo concebida pelos pitagóricos lhes permitiu explicar a origem de todas as coisas por um processo regulado e inteligível de delimitações do uno primordial ilimitado segundo proporções que diferenciam os opostos e os dispõem numa ordem racional. Dessa maneira, o pitagorismo pôde introduzir com todo o rigor a ideia de ordem ou de *kósmos* porque determinou o operador da ordenação — o número —, a forma da ordenação — proporção — e o efeito da ordenação — concordância e harmonia dos contrários governados pelas mesmas leis racionais.

No entanto, o pitagorismo passará por uma crise profunda que levará ao desaparecimento de sua Escola, ainda que não ao de seus ensinamentos principais, que seriam retomados, dois séculos depois, por Platão. Essa crise os dividiu em dois grandes grupos: os *acústicos* ou *acusmáticos* (ver *akousmatikós**), de um lado, e os *matemáticos*, de outro. Acusmáticos foram os que conservaram apenas os ensinamentos orais (ou aprendidos por ouvido) de caráter místico e moral da Escola, realizando exercícios espirituais silenciosos de purificação da alma, ao som da lira órfica. Matemáticos foram aqueles que tentaram dar prosseguimento à doutrina cosmológica e à geometria, após a crise.

Que crise foi essa? O aparecimento de um teorema que, justamente, leva o nome de Pitágoras: "Num triângulo retângulo, a soma dos quadrados dos catetos é igual ao quadrado da hipotenusa".

Do ponto de vista *geométrico*, a demonstração do teorema é clara e perfeita: o quadrado da hipotenusa C é a soma dos quadrados dos catetos A e B. Ou seja, $C^2 = A^2 + B^2$. Há proporção entre os catetos e a hipotenusa.

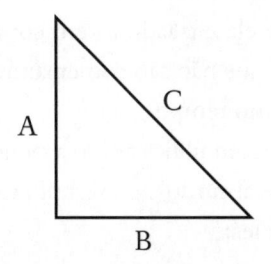

lado A = cateto A
lado B = cateto B
lado C = hipotenusa C

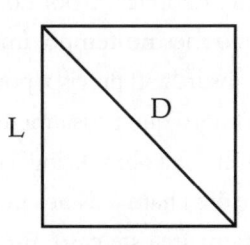

lado do quadrado = L
diagonal do quadrado = D

Como já observamos, a palavra proporção, na matemática grega, é *lógos* e, em latim, é *ratio*, isto é, razão. Quando se diz que há proporção entre coisas ou entre números ou entre figuras, se diz que é possível determinar o *lógos* ou a *ratio* de uma relação e conhecê-la. Assim, por exemplo, se escrevermos 2/4: 4/8, veremos que a proporção, o *lógos* ou a *ratio* entre esses quatro números significa determinar quantas vezes 2 está contido em 4 e quantas vezes 4 está contido em 8 e por isso o *lógos* ou a *ratio* entre eles é 2 (2 está contido 2 vezes em 4, assim como 4 está contido 2 vezes em 8).

Ora, o que a demonstração *aritmética* do teorema (isto é, não sua demonstração por figuras ou por geometria e sim por números ou aritmética) irá revelar é que, se tomarmos os dois triângulos retângulos que formam um quadrado e considerarmos a hipotenusa como a diagonal do quadrado, não há *lógos* ou *ratio* entre ela e os lados, não há proporção numérica entre eles, não são comensuráveis, e, não havendo proporção entre eles, há alguma coisa no mundo que escapa da ordem matemática universal.

De fato, como se coloca o chamado "problema do pitagorismo"?

A demonstração geométrica fala em "quadrado da hipotenusa" e "quadrados dos catetos". Isso significa que a demonstração recorre ao quadrado, toma a hipotenusa como diagonal e os catetos como lados de um quadrado. Na linguagem aritmética dos pitagóricos está sendo dito que a hipotenusa, a diagonal, os catetos e os lados estão sendo tomados como números quadrados, portanto, como números obtidos pelo acréscimo de pontos ímpares à unidade. São, pois, números ímpares. Mas se o número quadrado da diagonal for igual à soma dos números quadrados dos dois lados, será preciso dizer que o quadrado da diagonal é igual a duas vezes o número de um lado. Ora, todo número multiplicado duas vezes (ou multiplicado por dois) é um número par, e será preciso dizer que a diagonal é, ao mesmo tempo, ímpar e par, se ela e o lado forem comensuráveis. O que é absurdo. É preciso, portanto, dizer que não são comensuráveis, que não há um número que possa medi-los ao mesmo tempo.

Quando, em sua obra de lógica, Aristóteles exemplifica como a ciência realiza demonstrações chamadas de "por redução ao absurdo", o exemplo escolhido por ele é exatamente este caso. Escreve Aristóteles:

> Prova-se, por exemplo, a incomensurabilidade da diagonal pela razão de que os números ímpares se tornariam iguais aos números pares, se se pusesse a diagonal

comensurável ao lado. Conclui-se [se a diagonal for comensurável ao lado] que os números ímpares se tornariam iguais aos números pares e prova-se hipoteticamente a incomensurabilidade da diagonal porque uma conclusão falsa resulta da proposição contraditória [isto é, a proposição que afirma a comensurabilidade]. É isso que chamamos de raciocínio por absurdo: consiste em provar a impossibilidade de alguma coisa por meio [da impossibilidade] da hipótese concedida no início (Aristóteles, *Primeiros analíticos*, I, 23).

Do ponto de vista pitagórico, a incomensurabilidade entre a diagonal e o lado exige que se conclua que não há um número (em sentido pitagórico) que possa medir ao mesmo tempo o lado e a diagonal do quadrado, isto é, um número que possa determinar a relação entre eles e, portanto, eles são desproporcionais, não podem ter a mesma medida, sendo por isso incomensuráveis ou irracionais (sem *ratio* comum). A incomensurabilidade entre a diagonal e o lado do quadrado põe em questão a teoria pitagórica do número como *phýsis*.

Assim, o teorema de Pitágoras, considerado a certidão de nascimento da geometria como ciência e da unidade das matemáticas (isto é, da aritmética, da geometria e da música ou harmonia) é, simultaneamente, a destruição da cosmologia pitagórica. Todavia, é exatamente essa dificuldade que produzirá os avanços da matemática grega, particularmente os estudos da teoria das proporções.

DE VOLTA AOS JÔNIOS: HERÁCLITO DE ÉFESO

A vida

Filho de Blóson, Heráclito nasceu em Éfeso, na Jônia, de família aristocrática (seu pai descendia do fundador de Éfeso, o rei Andóclos, que descendia do rei de Atenas, Codros) que ainda conservava a prerrogativa de usar os títulos régios dos fundadores da cidade (isto é, ser chamado de arconte, usar manto púrpura e carregar um cetro). Consta que teria renunciado, em favor do irmão, ao direito de usar os títulos políticos. Sua *akmé* é situada por ocasião da 69ª Olimpíada, portanto entre 504-503 e 501 a.C.

Desde 546 a.C., a Jônia havia sido submetida à invasão e ao domínio dos persas de Dario. Em 498 a.C., todas as cidades, com exceção de Éfeso, uniram-

-se numa confederação contra os persas, mas foram derrotadas e cruelmente castigadas. Alguns consideram que tais catástrofes políticas teriam afastado Heráclito da vida pública. Retirado e isolado, seu pensamento surge melancólico e pessimista, e seu estilo difícil é irônico, altaneiro, distante.

Heráclito é um dos raros pré-socráticos de que possuímos fragmentos (ao todo, 132 ou 135), nos quais alguns traços podem ser claramente percebidos: o desprezo pela plebe supersticiosa ("querem purificar-se na lama", lemos num fragmento que critica as práticas religiosas populares); o sentimento aristocrático ("um só é dez mil para mim, se é o melhor"); a crítica à tradição contida nos poemas de Homero e Hesíodo ("o mestre da maioria dos homens, os homens pensam que ele sabia muitas coisas, ele que não conhecia o dia e a noite"); a ironia contra a *polymátheia** de Pitágoras, isto é, a erudição sobre minúcias e detalhes de inúmeras coisas, sem alcançar a unidade e profundidade delas ("o fato de aprender muitas coisas não instrui a inteligência: do contrário teria instruído Hesíodo e Pitágoras").

O pensamento de Heráclito

Considerado por muitos como o mais importante dos pré-socráticos, durante os últimos vinte e cinco séculos Heráclito não cessou de ser lido, citado, comentado e interpretado das mais variadas maneiras. Com Parmênides de Eleia, pode ser visto como o fundador da filosofia: ambos colocaram os problemas e as soluções, as questões e as respostas, as interrogações e os impasses que definiram, nos séculos seguintes, a reflexão filosófica.

De suas críticas, Heráclito poupa a Sibila: "Com seus lábios delirantes diz coisas sem alegria, sem ornatos e sem perfume". A Sibila não adula o ouvinte (fala sem alegria) nem o engana (não enfeita nem perfuma as palavras). É também com respeito que Heráclito se refere ao oráculo de Delfos: "O senhor a quem pertence o oráculo de Delfos não manifesta nem oculta seu pensamento, mas o faz ser visto por sinais". Com esse fragmento, Heráclito nos dá a entender que conhecer é decifrar e interpretar signos e que a verdade é a *alétheia* ou o que se desoculta por meio de sinais. Mas quem nos envia sinais? A resposta encontra-se num outro fragmento, onde lemos: "É sábio escutar não a mim, mas ao *Lógos* que por mim fala e confessar que tudo é um". Os sinais da verdade são enviados pelo *Lógos*, isto é, pelo pensamento e pela palavra. Esse pensamento e essa palavra não são os nossos — não é a mim que se deve ouvir, escreve Heráclito —, mas são uma razão e uma linguagem cósmicas ou universais, a presença do divino na natureza e em nós.

Heráclito foi alcunhado de "o fazedor de enigmas" e "o obscuro". Essas alcunhas provavelmente vieram de sua concepção oracular do pensamento e da linguagem como fonte de sinais que "não manifestam nem ocultam", mas se oferecem como algo a ser decifrado e interpretado.

O *Lógos* diz que "tudo é um". Como, então, compreender a multiplicidade e diversidade de todas as coisas? O *Lógos* também ensina que "a guerra é o rei e o pai de todas as coisas". Como, então, compreender que elas formam e são a unidade? Mas, que é o *Lógos*? É a *phýsis* ou o "fogo primordial" que arde eternamente. Que significa identificar *phýsis* e *lógos*? Significa afirmar que o mundo é um cosmo ou uma ordem racional porque seu princípio — sua *arkhé* e sua *phýsis* — é a própria razão — o *lógos*.

Para facilitar a exposição do difícil pensamento de Heráclito, vamos selecionar alguns de seus fragmentos e agrupá-los em cinco temas interligados: o mundo como fluxo ou vir a ser permanente e eterno; a ordem e justiça do mundo pela guerra dos contrários; a unidade da multiplicidade; o fogo primordial como *phýsis*; e a afirmação de que o conhecimento verdadeiro é inteiramente intelectual, não podendo fundar-se nos dados oferecidos pela experiência sensorial ou pela *empeiría**.

O mundo como devir eterno. "Nos mesmos rios entramos e não entramos, somos e não somos." Esse fragmento, possivelmente um dos mais conhecidos e citados, costuma ser assim traduzido: "Não podemos entrar duas vezes no mesmo rio: suas águas não são nunca as mesmas e nós não somos nunca os mesmos". Nesse fragmento expressa-se a ideia mestra de Heráclito, a saber, que o mundo é mudança contínua e incessante de todas as coisas e que a permanência é ilusão. Referindo-se a Heráclito, Platão escreveu que para esse filósofo "tudo flui", tudo passa, tudo se move sem cessar. O úmido seca, o seco umedece, o quente esfria, o frio esquenta, a vida morre, a morte renasce, o dia anoitece, a noite amanhece, a vigília adormece, o sono desperta, a criança envelhece, o velho se infantiliza. O mundo é um perpétuo nascer e morrer, envelhecer e rejuvenescer. Tudo muda, nada permanece idêntico a si mesmo. O movimento é, portanto, a realidade verdadeira.

Um exemplo, atribuído ao próprio Heráclito, pode ajudar-nos a compreender o fluxo universal como transformação sob a aparência da permanência. Quando uma vela está acesa, temos a impressão de que a chama é estável e idêntica a si mesma e que o que muda é a quantidade de cera da vela, que vai sendo consumida pela chama. Na verdade, porém, a chama é um processo de transformação: nela, a cera da vela se torna fogo e nela o fogo se torna fumaça. Assim, não só a vela se transforma como também a própria chama que a consome, pois é consumida pela fumaça.

A luta dos contrários. O fluxo perpétuo do mundo não é caótico nem arbitrário, mas segue uma lei que Heráclito apresenta num de seus mais celebrados fragmentos: "A guerra (*pólemos*) é o pai e o rei de todas as coisas". E ainda num outro: "É necessário saber que a guerra é a comunidade; a justiça é discórdia; e tudo acontece conforme a discórdia e a necessidade".[3] Contra a tradição dos poemas de Homero e contra a posição de Anaximandro, nas quais a discórdia e a guerra são injustiça enquanto a concórdia e a paz são justiça, Heráclito afirma que "a guerra é a comunidade", isto é, a guerra é o que põe as coisas juntas para formar um mundo em comum, e, portanto, a luta dos contrários é harmonia e justiça. Como as cordas da lira, tendidas ao máximo pelo arco, produzem os mais perfeitos acordes e as mais perfeitas melodias, assim também a harmonia do mundo nasce da tensão entre os opostos. Lemos num fragmento: "O que se opõe a si mesmo está em acordo consigo mesmo; harmonia e tensões contrárias como as do arco e da lira". Enganam-se, pois, os que supõem que a realidade é tranquila e inerte. Ela é inquieta e móvel, tensa, concordante porque discordante, e da guerra nasce a ordem ou o cosmo, equilíbrio dinâmico de forças contrárias que coexistem e se sucedem sem cessar. A unidade do mundo é sua multiplicidade. Tudo é um porque o um é tudo ou todas as coisas.

A unidade da multiplicidade. A multiplicidade móvel e a luta dos contrários não é uma dispersão sem fundo. O vulgo e o senso comum são incapazes de compreender o sentido de "tudo é um" porque acreditam que cada oposto poderia existir sem o *seu* oposto e olham as coisas como uma multiplicidade de seres separados uns dos outros. Em outras palavras, não percebem que a multiplicidade é unidade e a unidade, multiplicidade, pois cada contrário nasce do seu contrário e faz nascer o seu contrário, isto é, são inseparáveis. A noite traz dentro de si o dia e este traz dentro de si a noite; o frio traz dentro de si o quente e o quente traz dentro de si o frio; a necessidade traz dentro de si o acaso e o acaso traz dentro de si a necessidade; a saúde traz dentro de si a doença e a doença traz dentro de si a saúde; a beleza traz dentro de si a feiura e a feiura traz dentro de si a beleza; a vida traz dentro de si a morte e a morte traz dentro de si a vida. O um é múltiplo e o múltiplo é um. Essa afirmação nuclear do pensamento de Heráclito não deve ser entendida como a entendemos nos outros pré-socráticos. De fato, para estes, há uma unidade primordial (a *phýsis*) que, mantendo-se em sua unidade eterna, dá origem à multiplicidade das coisas por meio de movimentos de separação e diferenciação. Ou seja, a unidade primordial não se confunde com a multiplicidade nascida dela. Não é o que pensa e diz Heráclito. Para ele, a unidade primordial é múltipla, o um existe múltiplo, é múltiplo. "Tudo é um" significa que a multiplicidade tensa, contraditória ou em luta é a unidade e a comunidade de todas as coisas.

O fogo primordial como phýsis. Como se dá a unidade do múltiplo e a multiplicidade do um? Pela *phýsis*. Lemos num fragmento:

> Este mundo, o mesmo e comum para todos, nenhum dos deuses e nenhum homem o fez; mas era, é e será um fogo sempre vivo, acendendo-se e apagando-se conforme a medida (Clemente de Alexandria, *Tapeçarias*).

O fogo de que fala Heráclito não é o quente, ou o fogo percebido por nossos sentidos, pois o calor já é uma qualidade determinada que, juntamente com o frio, o seco e o úmido, se move no mundo. O fogo primordial, que ninguém — nem deuses nem homens — fez é a origem sempre viva e eterna de todas as coisas.

Phýsis e lógos, o fogo primordial é uma força em movimento, uma ação em que faz de si mesmo todas as coisas e todas elas são ele mesmo. Ele é como a chama da vela, mas uma chama eterna, acendendo-se e apagando-se sem cessar.

Ora, o fragmento acima citado diz que o fogo sempre vivo se acende e se apaga "conforme a medida". Que pretende Heráclito significar com isso?

A palavra "medida" possui em grego (e também no latim) dois sentidos. O verbo "medir" significa mensurar, isto é, atribuir uma certa quantidade a alguma coisa; mas também significa moderar, isto é, impor um limite a alguma coisa e a moderação é um ato justo ou de justiça. Quando Heráclito identifica *phýsis* e *lógos*, e declara que o fogo age "conforme a medida", toma "medida" e "medir" nos dois sentidos, ou seja, o fogo primordial se distribui quantitativamente em todas as coisas em quantidades perfeitamente determinadas e o fogo primordial delimita todas as coisas para que nelas não haja excesso nem falta. A *phýsis* é *lógos* porque mede e modera as coisas, lhes dá um ser determinado e conforme à necessidade de cada uma delas, ele as faz racionais, proporcionais umas às outras, harmoniosas em suas oposições. O devir, esse acender-se e apagar-se contínuo do fogo primordial, assegura a permanência — a medida de cada coisa — e a lei de sua mudança — passar de uma medida a outra medida. A cada medida que se apaga, uma outra se acende, eternamente. Quando a água se evapora, uma medida de úmido se apaga e uma medida de quente se acende; quando a água evaporada se condensa em nuvens, uma medida de quente se apaga e uma medida de úmido se acende. E assim sempre e com todas as coisas.

Heráclito fala nas medidas como "exalações do fogo" e as distingue em medidas ou exalações claras e obscuras. O quente é a mais perfeita expressão das primeiras; o úmido, a mais completa expressão das segundas. São claras ou do "fogo ardente": o sol, a luz, o calor, a vida, a saúde, a beleza, o conhecimento. São obscuras ou do "fogo apagado": a noite, a treva, o frio, a morte, a doença, a feiura, a ignorância. E há a guerra entre as medidas, guerra que é ordem e justiça do mundo.

Porque a medida é a moderação dos contrários, a guerra das medidas ou dos opostos não é violência e tirania, opulência de uns ao preço da indigência de outros. A natureza, sempre justa e moderadora, nunca leva ao excesso ou à carência; nela, os contrários em luta se compensam uns aos outros. Ou, como diz Heráclito, o fogo primordial nunca excede suas medidas e é isto sua justiça (*díke*). Num fragmento, lemos: "Fogo: fartura e indigência". E, num outro: "Para as almas, morrer é úmido; para o úmido, morrer é seco; do seco, porém, forma-se o úmido e do úmido, a alma". E em mais um: "O fogo vive a morte da terra, o ar vive a morte do fogo; a água vive a morte do ar; e a terra, a da água" porque "imortais, mortais; mortais, imortais; a vida destes é morte daqueles e a vida daqueles é morte destes".

O conhecimento verdadeiro. Num fragmento de Heráclito é dito que o mais sábio dos homens, se comparado ao deus, é apenas um símio. Porém, num outro fragmento é dito que o mais belo símio é feio, se comparado ao homem. Heráclito mantém, portanto, a ideia de que a sabedoria e a verdade plenas pertencem à divindade (ao *lógos*) e que o homem pode apenas amá-las e procurá-las. Eis por que afirma que é sábio escutar "não a mim, mas ao *lógos* que por mim fala". E pelo mesmo motivo, o Obscuro critica o vulgo ou o senso comum, incapaz de ir além do que a experiência sensorial lhe oferece e de compreender que tudo é um, tudo é múltiplo, tudo flui e que a permanência é mudança.

Um fragmento recolhido por Plutarco diz: "Procurei-me a mim mesmo". Que seria essa procura? Um fragmento recolhido por Numênio pode sugerir uma resposta: "O homem, como uma criança, ouve o divino, tal como a criança ouve o homem". Procurar-se é ouvir o *lógos* que ama esconder-se na harmonia invisível. Que ensina o *lógos*? Não apenas que a guerra é o rei e pai de todas as coisas, que tudo flui sem cessar e que a justiça é a luta e o combate de todas as coisas segundo a medida, mas também, conforme um fragmento mencionado por Plutarco, que há "um mundo único e comum", conhecido pelos que estão despertos (os sábios) e ignorado pelos que, "adormecidos, se revolvem no próprio leito". Procurar-se a si mesmo — ou conhecer — é colocar-se em consonância com o *Lógos* porque:

> Não encontrarás limites da alma, percorrendo todo o caminho, tão profundo *lógos* ela tem (Diógenes de Laércio, *Vidas e doutrinas dos filósofos ilustres*, IX, 7).

Quatro fragmentos nos auxiliam a melhor captar a crítica heraclitiana ao senso comum ou ao vulgo:

> Muitos não percebem tais coisas, todos os que as encontram nem quando ensinados conhecem, mas a si próprios lhes parece que as conhecem e percebem (Clemente de Alexandria, *Tapeçarias*).

> Más testemunhas para os homens são os olhos e os ouvidos, se eles tiverem a alma bárbara (Sexto Empírico, *Contra os matemáticos*).

> A natureza ama esconder-se (Temístio, *Oração*).

> A harmonia invisível é superior à visível (Hipólito, *Refutação das Heresias*).

Conhecer é decifrar e interpretar a natureza que ama ocultar-se. O conhecimento é um movimento espiritual da alma que sabe usar os olhos e os ouvidos quando aprendeu a "pensar a si mesma". A alma, mistura de água, ar e fogo, úmida, fria ou quente, será tanto mais racional quanto mais nela prevalecerem as medidas de fogo sobre as de água e ar. Pela respiração, a alma absorve o fogo e por isso, quando o ritmo da respiração baixa, sua capacidade de conhecimento também baixa: sono, sonho. Também baixa quando a medida de água suplanta a de fogo: embriaguez, doença. O senso comum se parece com o sono e com a embriaguez, com a alma "bárbara" que não sabe ver, ouvir, falar nem pensar.

A ESCOLA ELEATA

O ANTECESSOR: XENÓFANES DE COLOFÃO

Para a Magna Grécia não se dirigiu apenas o jônio Pitágoras, mas também o poeta-sábio Xenófanes de Colofão, tido como antecessor da Escola Eleata, famoso por seus ataques à religião tradicional dos poetas maiores da Grécia (Homero e Hesíodo).

Pouco sabemos sobre ele, ainda que dele tenham restado numerosos fragmentos de poemas (elegias e sátiras). Sua importância para a filosofia e para o surgimento da Escola Eleata repousa no fato de que, além de, como Heráclito, criticar o senso comum que não faz distinção entre a experiência sensorial e a razão, também se preocupou em criticar os aspectos antropomórficos dos deuses míticos, submetidos a paixões e desejos humanos e mesmo imaginados com características humanas. Em alguns fragmentos de Xenófanes lemos:

> Homero e Hesíodo atribuíram aos deuses tudo que nos humanos são opróbrio e vergonha: roubos, adultérios, enganos recíprocos. Mas os mortais imaginam que os deuses são engendrados como eles, que usam roupas, têm voz e forma semelhantes às delas. Se bois, cavalos e leões tivessem mãos e se com elas pudessem pintar e reproduzir obras de arte como os homens, pintariam os deuses com suas formas, segundo sua espécie própria. Os etíopes fazem seus deuses negros e com nariz achatado; os trácios dizem que os seus têm olhos azuis e cabelos ruivos (Burnet, 1952, p. 133).

A esse antropomorfismo, Xenófanes contrapõe uma outra ideia dos deuses, e é essa que se considera uma das fontes da Escola Eleata. Xenófanes afirma a existência de um deus único, com poder absoluto, clarividência infalível, isento de paixões, absolutamente justo e imóvel. Sem forma humana ou qualquer outra conhecida por nós, "vê tudo, pensa tudo e compreende tudo", governando todas as coisas pela penetração de seu espírito e habitando sempre o mesmo lugar. Não se move, isto é, não sofre mudanças, não está sujeito ao tempo e ao devir. Imóvel, é sempre idêntico a si mesmo, eterno, uno e todo.

Eis alguns fragmentos:

Um único deus; entre deuses e homens, o maior; em nada no corpo semelhante aos mortais, nem no pensamento (Clemente de Alexandria, *Tapeçarias*).

Tudo inteiro ele vê, tudo inteiro ele pensa, tudo inteiro ele ouve (Sexto Empírico, *Contra os matemáticos*).

Sem esforço ele tudo move com a força de seu pensamento (Simplício, *Comentário da Física de Aristóteles*).

Sempre permanece no mesmo lugar sem se mover, pois não lhe convém ir ora para um lado, ora para outro (Simplício, *Comentário da Física de Aristóteles*).

PARMÊNIDES DE ELEIA

A vida

Filho de Piros, nasceu em Eleia (hoje Vélia, na Itália meridional, ao sul de Salerno) e, segundo Diógenes de Laércio, sua *akmé* situa-se na 69ª Olimpíada, portanto entre 504 e 500 a.C., data que foi dada por Apolodoro. Platão, porém, afirma que Parmênides esteve em Atenas, onde se encontrou com o jovem Sócrates e que, na ocasião, tinha 65 anos. Sócrates, condenado em 399 a.C., tinha, na época de sua morte, setenta anos e, portanto, o encontro com Parmênides deve ter ocorrido entre 451 e 449 a.C. Aceitando-se a data de Apolodoro, Parmênides teria, não os 65 anos de que fala Platão, mas oitenta anos. Porém se aceitarmos que a *akmé* parmenidiana deve ter ocorrido em 533 a.C., aceitaremos o relato platônico, mais acurado. Nesse caso, a opinião de que Parmênides teria sido discípulo de Xenófanes não se mantém. Mas isso não exclui que ambos, já em idade avançada, tenham-se encontrado em Eleia. Parmênides foi iniciado na vida filosófica por um pitagórico, Ameinias, mas possivelmente o elemento "ocidental" de Xenófanes (a crítica da religião) sobre o "oriental" (órfico) de Pitágoras tenha influenciado as ideias parmenidianas. A diferença entre ambos, como observa Windelband, está em que aquilo que para Xenófanes era um postulado religioso (unidade e unicidade, identidade e imobilidade do deus, identidade entre o deus e o conhecimento verdadeiro) tornou-se, com Parmênides, uma ideia filosófica ou especulativa.

Como os demais pré-socráticos, Parmênides participou ativamente da política, tendo sido o primeiro legislador de sua cidade recém-fundada, e, segundo os doxógrafos, anualmente os magistrados de Eleia faziam os cidadãos jurar guardar as leis que Parmênides lhes dera.

O pensamento de Parmênides

Enquanto os milésios e Heráclito escreveram em prosa, Parmênides foi o primeiro filósofo a expor suas ideias em verso. Seu famoso poema, do qual restam alguns fragmentos, está escrito em hexâmetros (influência provável de Xenófanes) e, nele, o filósofo-poeta se apresenta como o Escolhido, conduzido pelas Filhas do Sol à sua Musa, que, com a permissão da Justiça, lhe revela a Verdade e toda a Verdade. O poema é conhecido como *Sobre a natureza* (novamente, não sabemos se seria o título original ou o título tardio, sempre dado às obras dos pré-socráticos). A obra se divide em duas partes, após um preâmbulo. A primeira ficou conhecida como a Via da Verdade (*alétheia*) e a segunda como a Via da Opinião (*dóxa*). Da primeira, há numerosos fragmentos, mas da segunda restam poucos. Para muitos, a obra ergue-se contra o pitagorismo (a dualidade par-ímpar como origem da ordem do mundo) e contra Heráclito (o fluxo perpétuo e a identidade do uno e do múltiplo). É sintomático que o poema fale em duas vias ou dois caminhos que correspondem, como vimos no primeiro capítulo, à diferença entre a palavra inspirada (a verdade como não esquecimento do que foi contemplado no invisível) e a palavra leiga das assembleias (a verdade como decisão e opinião compartilhada nas discussões públicas). *Alétheia* e *dóxa*.

Acompanhemos alguns trechos do poema parmenidiano:

apressavam-se a enviar-me, as filhas do Sol, para a luz,
deixando as moradas da Noite, retirando com as mãos os véus.
É lá que estão as portas aos caminhos de Noite e Dia
[...]
destes, Justiça de muitas penas tem chaves alternantes.
[...]
E a Deusa me acolheu benévola, e na sua a minha
mão direita tomou, e assim dizia e me interpelava:
Ó jovem, companheiro de aurigas imortais,
tu que assim conduzido chegas à nossa morada,
Salve!...
[...]
é preciso que de tudo te instruas,
do âmago inabalável da verdade (*alétheia*) bem redonda,
e das opiniões (*dóxai*) dos mortais, em que não há fé verdadeira.
[...]
eu te direi, e tu, recebe a palavra que ouviste,
os únicos caminhos de inquérito que são a pensar:
o primeiro, que é; e, portanto, que não é não ser,
de Persuasão, é caminho, pois à verdade acompanha.
O outro, que não é; e, portanto, que é preciso não ser.
Eu te digo que este último é atalho de todo não crível,
pois nem conhecerias o que não é, nem o dirias...
[...]
Pois o mesmo é a pensar e portanto ser.
[...]
Necessário é o dizer e pensar que o ente é; pois é ser.
E nada não é. Isto eu te mando considerar.[4]

O que é novo neste poema é o fato de que, embora pareça pertencer ao universo da antiga *alétheia* dos magos, poetas e adivinhos, a fala da Deusa já nada tem a ver com a linguagem sagrada dos mistérios. Pelo contrário, é a razão quem fala, oferecendo argumentos compreensíveis e simples. O poema é filosofia.

Qual é o "âmago inabalável da verdade bem redonda"? Aquilo que é dito no final do fragmento citado e que, conforme estudos filológicos dos helenistas, pode ser assim transcrito: "É necessário pensar e dizer isto: que o ente é, pois é ser; e que o nada não é, pois [é] não ser". Ora, logo antes, o poema diz: "É o mesmo pensar e ser" e podemos concluir que Parmênides tanto afirma que o que pode ser dito e pensado deve ser (ou existir) como, inversamente, afirma que o ser é o que pode ser pensado e dito. E, por contraposição, tanto declara que o nada, porque não é (não existe), não pode ser pensado nem dito, como, inversamente, que o que não pode ser pensado nem dito, não é.

Não julgue o leitor que essas palavras são estranhas apenas para nossos ouvidos modernos. Elas foram estranhas e enigmáticas para os próprios gregos contemporâneos de Parmênides. É que nessas fórmulas extremamente condensadas estão colocadas as questões fundamentais que, doravante, ocuparão a filosofia.

Que está dizendo Parmênides?
Que o ser é e o nada não é.
Que o ser pode ser pensado e dito.
Que o nada não pode ser pensado nem dito.
Que pensar e ser são o mesmo.
Que, portanto, o nada é não ser e impensável.
Que dizer e ser são o mesmo.
Que, portanto, o nada é não ser e indizível.

Mas que significa isso que Parmênides está dizendo? E por que afirma ele que isso é o que a Deusa lhe mostra na Via da Verdade, oposta à Via da Opinião que os mortais costumam seguir?

A inovação de Parmênides. Lógica e ontologia. Para muitos intérpretes, Parmênides teria, pela primeira vez, formulado os dois princípios lógicos fundamentais de todo o pensamento: o princípio de identidade — o ser é o ser —, e o princípio de não contradição — se o ser é, o seu contrário, não ser, não é. Em outros termos, se o ser é e pode ser pensado e dito, então o ser é ele mesmo, idêntico a si mesmo e será impossível que seu negativo, o nada ou não ser, também seja e também possa ser pensado e dito. A afirmação do ser exige a negação de seu oposto, o não ser. Parmênides teria descoberto a lei fundamental do pensamento verdadeiro, pela qual é impossível afirmar ao mesmo tempo uma coisa e seu contrário. Ora, é próprio da *dóxa* permitir e estimular o confronto de ideias contrárias, aceitando igualmente a validade de ambas. Se assim é, então a Via da Opinião é aquela que não respeita a identidade e a não contradição, e por isso é a vida do falso.

Para outros intérpretes, porém, o mais importante na formulação parmenidiana não é seu aspecto lógico (este aspecto seria apenas um derivado ou um efeito) e sim seu aspecto ontológico. Ou melhor, com Parmênides teria nascido o que conhecemos como *ontologia**.

Por que ontologia?

No grego, o particípio presente do verbo ser é *ón, oûsa, ón* (masculino, feminino e neutro) e, no dialeto jônico, empregado por Parmênides, esse particípio é *eón, eoûsa, eón*. Esse particípio pode ser usado como substantivo singular e plural, no masculino, no feminino e no neutro. Os usos substantivados mais frequentes eram: 1) no masculino singular, *ho ón (eón)*, o que é ou aquele que é e, no masculino plural, *hoi óntes (eóntes)*, os viventes, os que vivem; 2) no neutro singular, *tò ón (eón)*, o ente, o ser; no neutro plural, *tà ónta (eónta)*, as coisas existentes. Usando-se a partícula negativa *mè*, pode-se dizer: *mè ón (eón)*, o não ente, o não ser; e no plural *mè ónta (eónta)*, os não entes, as não coisas, os não seres. Ontologia é, portanto, o estudo do ser ou o pensamento do ser.

Essas palavras encontram-se em todo o poema de Parmênides e nos trechos que estamos comentando e é por isso que muitos intérpretes consideram que a ontologia nasce quando Parmênides afirma que a *arkhé* é o ser ou o que é, o ente — *tó eón* — e que o não ser, o não ente — *mè eón* — não é. E convém observar a radicalidade de Parmênides: ele não considera que podemos pensar e dizer o que existe e não podemos pensar e dizer o que não existe, e sim que o que é pensável e dizível existe, e que o que não é pensável nem dizível não existe. Pela primeira vez é afirmada a identidade entre ser, pensar e dizer, ou entre mundo, pensamento e linguagem. Tal identidade é o núcleo da ontologia parmenidiana ou a Via da Verdade.

A diferença entre a verdade e a opinião. Por que a *dóxa* é o caminho do não ser? A que se refere a opinião? Ao que parece ser de um certo modo, mas nada impede que pudesse ser de outro para uma outra pessoa, ou em outro momento de nossa vida. Nela exprimimos nossas preferências, nossos sentimentos e interesses, que variam de pessoa para pessoa e variam numa mesma pessoa, dependendo das circunstâncias. A Opinião são opiniões instáveis, mutáveis, efêmeras e por isso um fragmento do poema de Parmênides diz: "as opiniões dos mortais, em que não há verdadeira fidelidade", isto é, em que não podemos confiar nem nos fiar, pois mudam sempre. Referindo-se ao que nos parece ser "assim" mas poderia ser de outra maneira, a *dóxa* depende das variações de estados de nossos corpos e das situações de nossas vidas. Porém, não só isso. Sua variação contínua indica que nela não temos conhecimento verdadeiro daquilo que é, do ser, mas apenas o conhecimento das aparências das coisas, isto é, de como elas aparecem aos nossos órgãos dos sentidos. Ora, o que é uma aparência? Aquilo que pode deixar de aparecer como está aparecendo, aquilo que poderia *não ser tal como aparece*. Em outras palavras, se a aparência é o que alguma coisa nos parece ser, mas pode não ser tal como aparece, então ela é o não ente, o não ser.

Se o ser é o que permanece sempre idêntico a si mesmo, onde melhor se mostra a aparência enquanto aparência? Na mudança contínua. No deixar de ser de uma maneira para tornar-se de outra. Numa palavra, no devir, no incessante vir a ser em que as coisas se tornam outras, tornando-se o que não são. O devir é movimento — a *kínesis*, mudança qualitativa, quantitativa e local. Por isso o movimento é o campo principal da aparência e da opinião: as coisas parecem mudar e as opiniões mudam com elas. O devir é aparência mutável, é o não ser.

Os ensinamentos sobre o ser. No prosseguimento do poema, Parmênides argumentará a partir de uma única premissa, a saber, o ser é e o não ser não é. Dessa premissa única virão, como consequência, que o ser é imóvel, uno, eterno, único, indivisível, indestrutível e pleno ou contínuo.

> Que o ser não é engendrado, e também é imperecível:
> com efeito, é um todo, imóvel, sem fim e sem começo.
> Nem outrora foi, nem será, porque é agora tudo de uma só vez,
> uno, contínuo. Que origem buscarás para ele?
> Como e onde teria crescido? Do não ser, não te permito
> Dizê-lo nem pensá-lo: não é possível dizer nem pensar
> o que não é [...]
> E nem sequer do ser concederá a força da crença veraz
> que nasça algo diferente dele mesmo; por esta razão, nem o nascer
> nem o morrer lhe concedeu *Díke* [...]

E como poderia existir o ser no futuro? E como poderia nascer?
Se nasce, não é; e tampouco é, se é para ser no futuro.
E assim se apaga o nascer e desaparece o perecer.
[...]
Nem existe não ser que lhe impeça alcançar a plenitude
Nem pode ser ora mais pleno, ora mais vazio porque é todo inteiro inviolável,
igual a si mesmo em todas as partes
[...]
Todas as coisas são meros nomes
dados pelas crenças dos mortais:
nascer e perecer, ser e não ser,
mudar de lugar e mudar de luminosa cor.

A Deusa sabe que tais palavras são difíceis de compreender e aceitar e por isso exorta Parmênides a abandonar "o olho que não vê, o ouvido que ensurdece, a língua sonora" — isto é, os sentidos que guiam a opinião — e, doravante, passar a "julgar apenas com o pensamento a prova oferecida e suas refutações" — isto é, a usar apenas a razão, as demonstrações racionais e as contraprovas racionais. Os órgãos dos sentidos nos enganam, não são confiáveis para o conhecimento verdadeiro, pois este é alcançado apenas pelo pensamento puro.

A experiência sensorial nos faz perceber que tudo está em movimento, isto é, em mudança: nós mudamos, as coisas surgem e desaparecem, mudam de forma e de quantidade (aumentam ou diminuem), passam a qualidades opostas (as quentes esfriam, as frias esquentam, as claras escurecem, as escuras clareiam, as duras amolecem, as moles endurecem etc.). O pensamento puro se afasta da percepção sensorial e opera com argumentos lógicos, isto é, obtém as consequências racionais da premissa "o ser é, o não ser não é". Aceita essas consequências embora contrariem a experiência sensorial, dizendo: "*vemos* tudo mudar, mas *sabemos* que o ser é imutável; *vemos* tudo nascer e perecer, mas *sabemos* que o ser é eterno". Eis como o pensamento puro argumenta:

• o ser é imóvel, isto é, imutável, pois, se se movesse, mudaria e tornar-se-ia aquilo que ele não é. O que ele não é? O não ser, e este não existe, não pode ser pensado nem dito.

• o ser é eterno e indestrutível (não tem origem, não nasce, não perece, não está no futuro), pois se tivesse começado, o que havia antes dele? O não ser, e este não existe, não pode ser pensado nem dito. E se tivesse um término, o que viria depois dele? O não ser, e este não existe, não pode ser pensado nem dito.

• o ser é uno, pois se houvesse outro ser, o que seria ele? O não ser do outro ser, mas o não ser não existe, não pode ser pensado nem dito.

• o ser é indivisível ou contínuo, pois se se dividisse, o que seriam as partes? Outros seres? Não, porque o ser é uno. Não seres? Não, porque o não ser não existe, não pode ser pensado nem dito.

• o ser é pleno, pois se houvesse intervalos em seu interior, o que haveria neles? O vazio? Mas o vazio é o não ser, e este não existe, não pode ser pensado nem dito.

Na segunda parte do poema, dedicada à cosmologia, Parmênides demonstra que o ser tem de ser limitado. Pode soar estranho para nós que Parmênides não diga que o ser é infinito. Há, porém, uma razão para isso. Para os gregos, o infinito, como vimos, é o *ápeiron*, o indeterminado. Esse indeterminado é o que não tem começo nem fim no espaço e no tempo e que por isso pode crescer ou diminuir indefinidamente, transformar-se indefinidamente e, por essa razão, é o que não pode ser pensado nem dito, pois não podemos conhecê-lo inteiramente. É por estes motivos — inacabamento, virtualidades, transformações e incognoscibilidade — que Parmênides não pode dizer que o ser é infinito. No entanto, para assegurar racionalmente todas as características que lhe atribuiu (imobilidade, eternidade, indivisibilidade, continuidade e plenitude), Parmênides dirá que o ser é a *esfera*, o volume circular perfeito, sem começo e sem fim, indivisível, contínuo e pleno.

As "crenças dos mortais". Parmênides dedica a segunda parte do poema não só à sua cosmologia, mas também à crítica das cosmologias anteriores, ou das "crenças dos mortais". Suas críticas investem menos contra os fisiólogos de Mileto e mais contra os pitagóricos, em sua crença de que o ser é unidade e dualidade, identidade e mobilidade, e contra Heráclito, em sua crença de que o ser é unidade e multiplicidade, eternidade e devir, luta dos contrários. Os mortais tomam o não ser pelo ser. A via da opinião prende-se à aparência e à mutabilidade das coisas, sem perceber que o pensamento só pode pensar e a linguagem só pode dizer o que é e permanece idêntico a si mesmo. Pluralidade ou multiplicidade, mudança ou movimento, oposições e contrariedades são irreais, impensáveis e indizíveis.

A opinião é a via da experiência sensorial. A via da verdade, a do puro pensamento, do intelecto que se separa das sensações. Por isso, onde nossos sentidos veem, tocam, sentem coisas mutáveis e opostas entre si, o pensamento diz: ilusão. Só há o ser, uno, único, eterno, contínuo, indivisível, imóvel. O ser é a identidade. O ser exclui mudança e multiplicidade, pois o devir e o múltiplo são o não ser, o que jamais é e jamais permanece idêntico a si mesmo, o impensável e indizível. Ser, pensar e dizer são o mesmo. Não ser, perceber, opinar são o mesmo, isto é, nada são perante o pensamento, que exige estabilidade, coerência, permanência e verdade. Para o pensamento, o múltiplo e o movimento não são.

No entanto, somos mortais e àqueles que não conseguem percorrer o caminho da verdade cabe oferecer, pelo menos, um substituto para a ontologia. Esse substituto é a cosmologia ou física com seus derivados (astronomia, fisiologia, geometria, música), graças a que os mortais podem sobreviver. Como a segunda parte do poema — que tratava dessas questões — se perdeu, pouco ou quase nada sabemos da cosmologia parmenidiana e dos conhecimentos dela derivados. Ao que consta, estava mais próxima dos pitagóricos do que dos milésios e de Heráclito.

Escrevendo sobre Parmênides, diz o historiador da filosofia Jean Bernhardt:

> Permanece o fato de que não houve senão um homem, Parmênides, tanto quanto se saiba, para passar ao limite e ousar julgar inteira e absolutamente o Absoluto, quando um pensamento se quer estável, experimenta e verifica de maneira perfeitamente clara a impossibilidade de transgredir as determinações que ele se dá, conformemente à sua vontade de estabilidade. Assim é o nascimento da ontologia e, ao mesmo tempo, sua mais alta e pura ilustração, pela qual a exigência de absoluta precisão e de rigorosa coerência de pensamento mede e abraça exata e complexamente a revelação da realidade absoluta (Bernhardt, in Châtelet, 1973, p. 42).

ZENÃO DE ELEIA

A vida

Segundo Apolodoro, Zenão, filho de Teleutágoras, nasceu em Eleia e sua *akmé* situa-se na 79ª Olimpíada, portanto, entre 464 e 460 a.C. Assim sendo, era quarenta anos mais jovem do que seu mestre, Parmênides. Porém, no relato de Platão sobre o encontro entre o jovem Sócrates e Parmênides, Zenão está presente e conta quarenta anos. Deve, pois, ter nascido aproximadamente em 489 a.C. e, neste caso, seria vinte e cinco anos mais novo do que Parmênides, e não quarenta, como julga Apolodoro. Como seus companheiros filósofos, parece ter tido papel importante na política, tendo participado do governo de sua cidade natal e lutado contra o tirano que dela se apossou, e a história de sua coragem, resistindo à tortura, foi sempre elogiosamente repetida.

O pensamento de Zenão

O que sabemos da obra de Zenão encontra-se em passagens de Platão (no diálogo *Parmênides*) e de Aristóteles (*Física, Refutações sofísticas*) e na doxografia, sobretudo em Simplício e Diógenes de Laércio. De acordo com essas fontes, Zenão teria escrito várias obras em prosa — *Discussões, Contra os Físicos, Sobre a natureza* e uma *Refutação de Empédocles* (Zenão é mais jovem do que Empédocles de Agrigento e se aqui o colocamos antes deste é apenas para seguir a ordem das escolas que propusemos no início). Alguns, partindo de uma indicação de Aristóteles, segundo a qual Zenão, ao escrever, sempre apresentava as teses de seus adversários para refutá-las, julgaram que ele escreveu sob a forma de diálogos, mas disso não temos provas.

Para Aristóteles, Parmênides foi o iniciador da *lógica*. Isto é, de um pensamento que opera segundo exigências internas de rigor, sem se preocupar se o que é pensado ou dito corresponde ou não à experiência imediata que temos das coisas por meio de nossos sentidos. *Lógica*, porque Parmênides exigia que o pensamento obedecesse a dois princípios que, se não foram explicitamente formulados por ele, foram implicitamente postos por ele pela primeira vez no pensamento ocidental: o princípio de identidade (o que é, é; o que é, é idêntico a si mesmo) e o princípio de contradição (o que é, é; o que não é, não é; é impossível que o que é não seja; é impossível que o que não é seja).

Zenão, porém, segundo Aristóteles, foi o criador da *dialética* (*dialektiké**), isto é, do confronto entre duas teses opostas ou contrárias para provar que nenhuma delas é verdadeira ou que uma delas é contraditória e, portanto, falsa. Em outras palavras, Zenão desenvolve, em filosofia, a arte que existia na política: a da argumentação. Arte que, como observamos acima, decorre da importância da retórica no pensamento e do discurso na Magna Grécia, isto é, na Itália Meridional.

Zenão desenvolve seu método de discussão e argumentação como um método de *prova* para defender as teses de Parmênides, que começavam a ser ridicularizadas por outros filósofos e pela opinião pública, fato de que é testemunha a anedota que fala de Diógenes de Apolônia andando de um lado para o outro, dizendo ironicamente: "O ser é imóvel". Os argumentos de Zenão se voltam contra os defensores do múltiplo e do movimento.

Como procedia Zenão? Segundo Aristóteles, Zenão jamais defendia diretamente as teses de Parmênides, mas tomava as teses adversárias e demonstrava que conduziam a conclusões contraditórias e que, portanto, eram falsas, tornando também falsas as teses que defendiam. Visto serem estas contrárias às de Parmênides, ficava provada, implicitamente, a verdade da tese parmenidiana. Foi isso que Aristóteles chamou de *dialética*: partir, não de premissas ou postulados verdadeiros para uma demonstração, mas de postulados ou premissas admitidos pela outra parte e, portanto, tomá-los como meras opiniões. Como observa Burnet, a teoria parmenidiana chegara a conclusões que contradiziam as evidências dos sentidos, da experiência sensorial; Zenão, em lugar de trazer uma nova teoria, ou provas novas para a teoria eleata, simplesmente buscava mostrar que as opiniões dos adversários conduziam a conclusões ainda mais contraditórias e absurdas do que as de Parmênides.

Justamente porque Zenão não pretende demonstrar a verdade de uma teoria, mas os absurdos das opiniões adversárias, sua argumentação é formada pelo que os gregos chamavam de *aporía**, uma dificuldade que permanece aberta, insolúvel. O raciocínio de Zenão é *aporético*, criador de dificuldades sem solução.

Os doxógrafos registram oito aporias de Zenão, cujo tema é sempre a prova indireta da verdade da imobilidade e da unidade pela redução ao absurdo das teses do movimento e da multiplicidade: quatro são registradas por Aristóteles e quatro, por Simplício. Na realidade, as oito aporias são quatro argumentos cujo conteúdo era o mesmo, variando apenas sua forma.

1) Aporia da divisibilidade (ou a aporia de Aquiles e a tartaruga; ou ainda a aporia do estádio)

a) Se o ser for divisível (múltiplo), Aquiles, "o de pés ligeiros", o mais veloz dos heróis gregos, não poderá vencer a corrida contra uma tartaruga, o mais vagaroso dos animais. Aquiles, generoso, dá à tartaruga uma vantagem. E jamais a alcançará, pois, para alcançá-la, sendo o espaço divisível, deverá, primeiro, vencer a metade da distância entre ele e a tartaruga; depois, a metade da metade; depois, a metade da metade da metade, e assim indefinidamente, de modo que jamais alcançará a tartaruga.

b) Se o ser for divisível, um corredor jamais percorrerá um estádio e jamais alcançará a meta de chegada, pois, para alcançá-la, deve, primeiro, vencer a metade da distância, depois, a metade da metade, depois, a metade da metade da metade, e assim indefinidamente, de modo que jamais sairá do lugar e jamais alcançará a meta.

A argumentação tem como pressuposto, no caso de Aquiles e a tartaruga, que, por mais vagaroso que seja um movimento num espaço divisível, o movimento mais rápido nunca pode alcançá-lo, porque precisa vencer uma distância infinita de pontos. O argumento do estádio pressupõe que não se pode vencer num tempo finito (o tempo que dura a corrida) uma distância infinita de pontos; a finitude do tempo e a infinitude da divisibilidade espacial são incompatíveis.

2) Aporia do movimento (ou a aporia do arqueiro; ou a aporia da flecha)

a) Um arqueiro jamais atingirá o alvo com sua flecha. Uma flecha, ao voar, está em repouso, porque uma coisa está em repouso quando ocupa um lugar idêntico a si mesmo. Assim, a cada instante, a flecha estará ocupando um espaço idêntico a si mesma e, portanto, estará em repouso. Se atingir o alvo, devemos concluir que o movimento não é senão a soma dos repousos e que, portanto, o movimento é repouso e o repouso é movimento, o que é contraditório.

b) Uma flecha em movimento está em repouso e não atinge o alvo. O argumento é o mesmo do arqueiro.

O argumento consiste em mostrar que a flecha (ou o objeto que se move) possui um comprimento e que suas posições sucessivas não são pontos, mas linhas espaciais. No entanto, na perspectiva do tempo, são pontos temporais (ou instantes). Assim, a incompatibilidade entre espaço e tempo, novamente, é posta para marcar a contradição do movimento. Móvel no espaço, a flecha estará imóvel no tempo; móvel no tempo, estará imóvel no espaço. O movimento será feito de repouso e o repouso será feito de movimento.

3) Aporia da unidade indivisível e descontínua (ou a aporia do dobro e da metade)

A metade do tempo é igual ao dobro do tempo. Suponhamos três conjuntos de corpos A, B e C, cada um deles formado pela soma de quatro unidades discretas (ou pontos). Suponhamos que o corpo A está em repouso enquanto os dois outros — B e C — estão em movimento, movendo-se com a mesma velocidade, mas em direções opostas. Quando todas as unidades dos três corpos estiverem na mesma posição ou ocupando a mesma quantidade de espaço, B e C terão percorrido o dobro e a metade da distância no dobro e na metade do tempo.

A aporia é ilustrada da seguinte maneira:

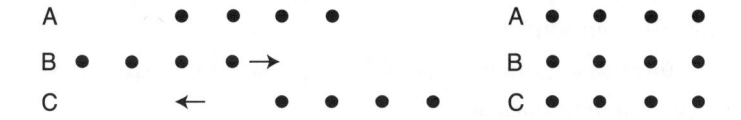

```
A    • • • •        A • • • •
B •  • • • →        B • • • •
C    ←  • • • •     C • • • •
```

O argumento de Zenão tem um pressuposto, sem o qual se torna incompreensível: o tempo (cada instante) é igual ao espaço (cada ponto).

O argumento diz que para chegar sob A, B percorreu dois pontos de A e quatro pontos de C, de modo que o tempo para percorrer 2 é igual ao tempo para percorrer 4, por isso a metade e o dobro da distância e a metade e o dobro do tempo são iguais, o que é contraditório e absurdo. E o mesmo deve ser dito de C movendo-se para ficar sob A. Assim, num mesmo tempo, B e C estariam percorrendo o dobro e a metade, de sorte que teríamos:

tempo X = espaço X

tempo X e espaço X = A, B, C na mesma posição ou no mesmo espaço

metade do tempo X e metade do espaço X = B passando por 2 pontos de A; C passando por 2 pontos de A, isto é, cada corpo passando 2 espaços

dobro do tempo X e dobro do espaço X = B e C passando um pelo outro e percorrendo 4 pontos, isto é, cada corpo passando por 4 espaços

portanto, tempo X = metade e dobro do tempo

espaço X = metade e dobro do espaço

A identidade entre espaço (pontos a percorrer) e tempo (instantes a percorrer) é o que mostra a contradição, uma vez que está pressuposto que B e C movem-se na mesma velocidade (no mesmo tempo) em direções opostas. No mesmo tempo percorrem espaços diferentes e, portanto, fazem tempos diferentes.[5]

Os seis primeiros argumentos das três primeiras aporias se referem às contradições do movimento e têm como condição a identidade entre instante e lugar (ou entre tempo e espaço). Nos quatro primeiros argumentos das duas aporias iniciais, é demonstrado que, a cada instante, Aquiles, o corredor e a flecha estão imóveis no seu espaço porque Zenão enfatiza a divisibilidade do lugar e do instante (a metade da metade da metade). Na terceira aporia, Zenão conclui da identidade entre instante e lugar que se os corpos forem formados por unidades indivisíveis descontínuas ou por pontos (à maneira pitagórica, por exemplo) e se vários corpos se moverem uns com relação aos outros, os tempos e os espaços não coincidirão.

Os dois últimos argumentos, da última aporia, como veremos, se referem às contradições da multiplicidade.

4) Aporia da unidade divisível descontínua e da unidade indivisível descontínua

a) Se as coisas forem formadas por unidades divisíveis descontínuas, cada ponto a que se chega na divisão é um ponto que pode voltar a ser dividido indefinidamente. Ora, cada ponto é uma unidade e, portanto, será preciso considerá-la, ao mesmo tempo, como limitada ou finita, pois é um ponto único, e como ilimitada ou infinita, pois pode ser dividida indefinidamente. Será preciso dizer, portanto, que as coisas são finitas e infinitas ao mesmo tempo, o que é contraditório e absurdo.

b) Se as coisas forem formadas por unidades indivisíveis descontínuas, a divisão termina quando se chega à unidade final, que não mais poderá ser dividida. Ora, visto que as unidades que formam uma coisa são descontínuas, é preciso saber o que existe entre uma unidade e outra. Se se disser que nada há entre elas, diz-se que há um espaço vazio ou o nada, isto é, o não ser. Todavia, como o não ser não é, será preciso admitir que há alguma coisa no intervalo entre duas unidades. Pode-se tentar evitar o problema diminuindo ao infinito o intervalo, mas para isso é preciso continuar dividindo os pontos para chegar a unidades cada vez menores e, neste caso, ou nunca chegaremos à unidade indivisível num espaço descontínuo ou será preciso dizer que uma unidade indivisível se divide ao infinito, o que é contraditório e absurdo. É contraditório que a unidade seja indivisível num espaço descontínuo.[6]

As argumentações de Zenão são impecáveis. Ele não nega que nossos sentidos percebem o movimento, a multiplicidade, a unidade, o tempo e o espaço descontínuos. Não nega nossa experiência vivida. O que ele faz é outra coisa: submete os dados da percepção e da opinião às exigências lógicas do pensamento.

Usando exclusivamente o pensamento e lançando mão exclusivamente de raciocínios, ele mostra que a experiência do movimento e a da multiplicidade são *irracionais*, isto é, contraditórias e absurdas.

Assim, se é verdade que os pitagóricos foram em busca da estrutura invisível das coisas e que Heráclito contrapôs o pensamento e a experiência sensorial, também é verdade que somente com os eleatas a filosofia chega à compreensão de que o pensamento não só difere da experiência sensorial, mas possui leis próprias de operação e tem o poder para refutar o testemunho dos sentidos.

XENÓFANES, HERÁCLITO E PARMÊNIDES: A INTERPRETAÇÃO DE WERNER JAEGER

Escrevendo sobre a cultura grega como *paideía*, isto é, como educação, no sentido de formação integral do homem segundo um ideal de excelência e perfeição (ideal que se exprime na palavra *areté*), Jaeger avalia o significado do pensamento de Xenófanes, Heráclito e Parmênides como uma verdadeira revolução espiritual.

Por que Xenófanes aparece como sábio errante e solitário? Porque, responde Jaeger, não encontra lugar na cidade tradicional grega, aristocrática, agonística (*agonistikós**), cuja *areté* é fundada por Homero e Píndaro nas figuras do guerreiro vitorioso e do atleta vencedor das Olimpíadas. Criticando a imagem humanizada dos deuses, isto é, o antropomorfismo e o antropocentrismo da religião tradicional, Xenófanes critica a concepção agonística dos deuses e dos homens e o ideal olímpico da competição. Proclama um outro ideal, uma outra *areté*: a sabedoria, a prudência e a justiça, ideais do cidadão, da nova *pólis* que, nos meados do século V a.C., começa a se consolidar. Com Xenófanes, um novo capítulo da filosofia tem início: o de sua importância para a cidade, pois esta, formando o cidadão, forma o homem, e a filosofia é parte integrante dessa formação, dessa *paideía*.

Com Parmênides, juntamente com a filosofia natural dos jônios e a especulação matemática dos pitagóricos, surge, na Grécia, uma nova forma fundamental do pensamento que irá penetrar na totalidade da vida espiritual grega: a lógica, isto é, a consciência da força invencível das ideias e de suas consequências. Ou, em outras palavras, a descoberta da necessidade interna que rege o pensamento. Parmênides fala em *anánke** (necessidade oposta ao acaso), em *moîra** (destino) e *díke* (justiça) como falava Anaximandro, mas com essas palavras já não quer dizer a mesma coisa que o filósofo de Mileto. Para Anaximandro, necessidade, fatalidade e justiça se referiam ao devir do mundo e a forças obscuras que o governavam. Para Parmênides, necessidade, destino e justiça são *conceitos* e não forças naturais, isto é, são exigências do ser enquanto inteligível, plenamente racional, lógico.

A "aspiração do ser à justiça", como se lê no poema parmenidiano, significa a exigência racional de expulsar o devir e a mudança, o movimento e a multiplicidade, porque fariam do ser, não ser, nada, vazio. O pensamento não suporta a contradição e a *díke* a que aspira o ser é justamente a expulsão do contraditório, do que não pode ser pensado nem ser dito.

Mas, como bem observa Jaeger, a diferença entre os eleatas e nós consiste em que:

> o que para nós aparece como descoberta de uma lei lógica, é para eles [eleatas] um conhecimento objetivo e de conteúdo que os coloca em conflito com toda a tradição da filosofia anterior (Jaeger, 1957, p. 173).

Em outras palavras, para nós, o pensamento possui leis que não são necessariamente as leis das próprias coisas ou do real, isto é, pensamento e realidade, para nós, são coisas separadas e distintas. Não para os gregos. Não para os eleatas. Quando Parmênides afirma que "ser e pensar são o mesmo" e que "ser e dizer são o mesmo", está afirmando a identidade entre ser, pensamento e linguagem e essa identidade é a realidade. Por isso a realidade — ser, pensar, dizer — se exprime na palavra *lógos*, que concentra em si os três termos. A lógica é ontologia, as leis do pensamento e da linguagem são as leis do ser. E as leis do ser são as do pensamento e da linguagem. Para nós, o pensamento é uma atividade interior à consciência, ao Sujeito do Conhecimento que produz as ideias sobre os Objetos do Conhecimento. Os gregos desconhecem a cisão Sujeito-Objeto. Para eles, nosso pensamento e a racionalidade das coisas são idênticos, assim como a linguagem e o sentido das próprias coisas são idênticos. Somos parte de um só e mesmo *kósmos*, de um só e mesmo mundo, de um só e mesmo *lógos*.

Assim, a exigência lógica — o ser é, o não ser não é — tem como consequência afirmar a impossibilidade do devir e do múltiplo e, portanto, a exigência lógica é ontológica, diz respeito à realidade enquanto tal. A descoberta do pensamento puro — isto é, sem a presença de dados oferecidos pela experiência sensorial ou sensível — aparece por isso como abertura de um novo caminho, a Via da Verdade, contra a Via da Opinião. Com Parmênides, surge a ideia do caminho correto, do caminho certo para a investigação, caminho verdadeiro: *hodós*, de onde nascerá a palavra filosófico-científica por excelência, *méthodos*, método, caminho correto, percurso feito obedecendo a regras e normas intelectuais.

Hodós, via da verdade, caminho certo, opõe-se a *áporos*, falta de caminho, ausência de passagem e de comunicação, aporia. Por isso Zenão traz aporias para mostrar que, fora do caminho intelectual, lógico e ontológico de Parmênides, não há caminho, passagem, solução, conhecimento. O que não conhecemos pelo pensamento rigoroso é mera "opinião dos mortais". O preço que se paga por isso é considerar que a realidade que nos cerca não é, e que nós mesmos, com nossa vida mutável e nossas opiniões instáveis, não somos. Somente o ser, em sua luminosidade pura e imobilidade perene, é.

Assim, escreve Jaeger, com os eleatas o homem se liberta, pela primeira vez, das amarras do conhecimento sensível, das aparências sensíveis das coisas e descobre na inteligência o órgão para chegar à compreensão da totalidade do ser.

Lembremos, aqui, as considerações de Marcel Detienne (que mencionamos no primeiro capítulo) sobre o caráter religioso da *alétheia*, diferente do caráter leigo da *dóxa*. Ao opor a verdade à opinião, ao colocar a verdade como algo revelado pela deusa que recebe o jovem viajante, ao dizer (no poema) que as condutoras do carro afastavam o véu da Noite para chegar à luz do Dia, Parmênides coloca-se no interior da tradição da verdade como revelação e com pura contemplação, vidência, olhar espiritual, *theoría*. Donde o sentimento de que o sábio tem uma missão. Ora, estamos no final da Grécia arcaica e no início da Grécia clássica da *pólis*, onde a *dóxa* irá prevalecer. Assim, a missão do sábio parmenidiano, isto é, do filósofo, é de opor-se à *dóxa*, mas essa missão já não é a missão religiosa do poeta, do adivinho e do rei de justiça (todos já criticados por Xenófanes). Poeta, adivinho e rei de justiça não têm lugar na Grécia clássica e o filósofo (parmenidiano) não veio para trazê-los de volta. Ao afirmar o valor da *alétheia* contra a *dóxa*, o filósofo usa duas palavras da tradição religiosa e guerreira, mas com um significado inteiramente novo: a sabedoria racional ou filosófica se torna o ideal novo contra o antigo ideal religioso e toma o lugar da religião para dizer aquilo que *é* e negar aquilo que *não é*, segundo as necessidades lógicas do puro pensamento.

Para Heráclito, a missão do sábio, ou filósofo, é exatamente oposta. Em vez de rumar para a pureza sublime do ser imóvel, afastado das aparências e da mudança, o sábio mergulha no devir para conhecer sua lei. O devir é o *lógos*, é o ser, o pensar, o dizer.

Os predecessores de Heráclito, escreve Jaeger, haviam aperfeiçoado a imagem do cosmo e os homens haviam tomado consciência da eterna luta entre o ser e o devir, o uno e o múltiplo. Com Heráclito, porém, mais um passo é dado: com ele, coloca-se o problema de saber como o homem ou o humano se situa no interior desta guerra de contrários que é o mundo ou o ser. Por isso a crítica de Heráclito à tradição dos poetas, à erudição dos pitagóricos e à superstição popular, que desconhecem o lugar do homem no mundo. Por isso, ele elogia Apolo Delfo no pórtico de cujo templo estava escrito o célebre "Conhece-te a ti mesmo", expressão que aparece em dois fragmentos heraclitianos. Num deles, lemos: "Procurei a mim mesmo". Noutro, está escrito: "Comum a todos é o pensar". Que é essa busca de si? Que é esse pensar que é comum a todos? Num outro fragmento lemos: "Pensar sensatamente é a virtude máxima, a sabedoria é dizer o verídico e fazer segundo a natureza, escutando". Escutando o quê? A quem? Ao *lógos*. A volta sobre si mesmo, a tomada de consciência de si e do mundo nada tem de psicológico e de subjetivo, mas significa a descoberta do parentesco profundo entre a alma humana (nossa inteligência) e o mundo, que ambos são *lógos* e ambos são parte do *lógos*.

O *lógos* heraclitiano é diferente do *lógos* parmenidiano, que é puramente lógico-ontológico. O *lógos* de Heráclito é um pensamento do qual se originam, simultaneamente, o conhecimento ("dizer o verídico") e a ação ("fazer segundo a natureza"). O *lógos* — o ser — se dá a conhecer pelas palavras e pela ação. Mas porque "a natureza ama ocultar-se", ao sábio cabe despertar os homens para o conhecimento e para a ação em conformidade com a natureza, decifrando-a, como se decifram os enigmas. Para os "adormecidos e embriagados", escreve Heráclito, só existe a "sua" natureza particular, seu mundo privado, sua vida particular de sonhos. Para os "despertos" e "sóbrios" existe o pensar que "é comum a todos", isto é, universal, comunitário como a *pólis*. Viva, a *pólis* é a unidade do múltiplo. Assim também o *Kósmos*, regido pelo *lógos*.

O *Kósmos* é o ser vivo. Por isso muda sem cessar. Assim como a *pólis* vive da luta dos contrários, assim também vive o *Kósmos*, na tensão de seus opostos. Assim como o *lógos*, a *pólis* cria a lei (*nómos*★) que faz existir a harmonia dos contrários, sem excesso, pois todo excesso, toda *hýbris* é punida pela justiça (*díke*).

Se a revolução parmenidiana consiste na descoberta das exigências internas ao pensamento e na sua identidade com o ser, a revolução heraclitiana consiste em exigir que o conhecimento do *Kósmos* seja antecedido pelo conhecimento da alma, isto é, da natureza de uma parte do todo, parte que é de mesma essência que o todo e está submetida à mesma lei que ele. Conhecer não é somente pensar, mas também uma sabedoria prática, a prudência (*phrónesis**), isto é, o agir sabiamente e por virtude, pois o caráter ou a índole de alguém, aquilo que os gregos chamam *éthos**, é o destino deste alguém e só conhecemos nosso destino conhecendo nosso caráter, nosso *éthos*, nossa alma.

Heráclito e Parmênides estão em polos opostos. O que é ser para Heráclito (o devir) é não ser para Parmênides, o que é ser para Parmênides (a identidade estável e imóvel) é ilusão para Heráclito. O que é essencial para Parmênides é o conhecimento do ser; o que é essencial para Heráclito é o autoconhecimento do homem. No entanto, ambos inauguram a mesma coisa, isto é, a exigência de fazer a distinção entre a aparência e a realidade e a afirmação de que essa diferença só pode ser feita pelo pensamento, pela inteligência e não pela experiência sensível ou sensorial. Os sentidos permanecem prisioneiros da *dóxa*.

Observemos, finalmente, algo interessante na história da filosofia. Vimos que, para Aristóteles, Zenão foi o criador da dialética. No entanto, para Hegel (século XIX), seu inventor foi Heráclito, pois a dialética, segundo Hegel, é a afirmação e a aceitação da luta e oposição dos contrários como a forma última da realidade, a afirmação de que a contradição entre os seres é o motor ou a mola do mundo como um devir ou fluxo temporal incessante que faz surgir e desaparecer todas as coisas (materiais, imateriais, humanas, divinas). É que, para Aristóteles, a dialética é um modo de argumentar empregando opiniões contrárias para provar ou que ambas são falsas ou que uma delas é mais provável e mais verossímil do que a outra. Para Hegel, porém, a dialética é uma oposição *nas* próprias coisas, uma contradição *do* e *no* próprio mundo. Por isso, para ele, a dialética nasce com Heráclito e não com os eleatas.

A ESCOLA DA PLURALIDADE OU ESFORÇO DE CONCILIAÇÃO

A diferença entre Heráclito e Parmênides é instigante e reveladora dos caminhos que fizeram nascer a filosofia. Para seus contemporâneos, no entanto, essa diferença surgia como uma crise angustiante, pois cada um dos dois havia erguido um sistema coerente de pensamento para explicar a realidade primeira e última de todas as coisas, a essência do mundo e a possibilidade do conhecimento verdadeiro, mas esses sistemas eram opostos e irreconciliáveis. Onde estava a verdade? Com quem estava ela?

A escola — ou melhor, o conjunto de tendências filosóficas — que sucede o eleatismo e o heraclitismo tem como principal problema a existência ou inexistência do uno e do múltiplo, do ser e do devir, da imobilidade e do movimento. O século v a.C. vê, assim, surgirem filosofias ou cosmologias que já não podiam pensar com a mesma ingenuidade com que pensavam os antecessores de Parmênides e de Heráclito, mas que não podiam aceitar a interdição eleata de investigar o mundo que vemos e no qual vivemos, pois, reduzido ao seu núcleo duro, o eleatismo se limita a conceder que pensemos e digamos apenas e exclusivamente que o ser é e o não ser não é. Seria o mundo visível apenas ilusão, mera "opinião de mortais"?

Os que vieram depois de Heráclito e Parmênides já não podiam aceitar que a razão ou o pensamento — o *lógos* — coincidisse diretamente com a experiência sensível, como supunham os que haviam filosofado antes deles. Seja para afirmar a unidade múltipla em movimento, seja para afirmar a unidade única imóvel, Heráclito e Parmênides haviam cavado um fosso entre a realidade das coisas e a mera aparência delas. Se, para Heráclito, a aparência, a ilusão, era a estabilidade estática das coisas, enquanto para Parmênides a aparência, a ilusão, era a mobilidade incessante das coisas, para ambos, o verdadeiro é o que se oferece apenas ao e pelo pensamento e é este que julga a experiência sensível. Qual o problema que ambos deixam para os filósofos seguintes? A questão deixada é: como manter a ideia de que o ser é o ser verdadeiro porque sempre idêntico a si mesmo (pois só o que permanece idêntico a si mesmo pode ser pensado e dito) e, ao mesmo tempo, demonstrar que a multiplicidade e o movimento, a diferença entre as coisas e sua transformação também são verdadeiras? Cabia aos filósofos a difícil tarefa de encontrar um princípio para a mudança em cuja base, porém, permanecesse o ser imutável.

A tarefa dos sucessores realizou-se quebrando o postulado fundamental da cosmologia jônica e itálica e da ontologia eleata: a unidade da *phýsis*. Doravante, a *phýsis* será concebida como plural ou como pluralidade originária. Assim como a *pólis* democrática — que começa a consolidar-se nos meados do século v a.C.

— é constituída pela diversidade e pluralidade de seus cidadãos, que são todos iguais perante a lei, assim também o *kósmos* poderia ser concebido como pluralidade legislada pela *isonomía**, um jogo regulado entre iguais. As quatro raízes de Empédocles, as sementes de Anaxágoras e os átomos de Leucipo e Demócrito, como os cidadãos da *pólis*, formam o mundo organizado e ordenado em sua multiplicidade e transformação, porque a unidade imutável é a da lei (*nómos*) que os governa. Pluralidade material e de forma, de um lado, e unidade legal, de outro, eis como os novos físicos procuram vencer a crise aberta pelo eleatismo e pelo heraclitismo.

EMPÉDOCLES DE AGRIGENTO

A vida

Filho do aristocrata Metão, Empédocles era natural de Agrigento, cidade de origem dórica, na Sicília. Apolodoro fixa sua *akmé* por volta da 84ª Olimpíada, portanto, em 444-443 a.C. Teria nascido, assim, por volta de 492 a.C. Seu pai tinha um lugar importante no governo democrático da cidade e ele próprio participou da vida política de Agrigento, tendo combatido a tirania que ali tentara se instalar e, quando ela se tornou vitoriosa, foi desterrado pelo tirano. Além de político, Empédocles foi poeta, dramaturgo, homem de ciência, médico e cosmólogo, místico e inventor da eloquência.

Expulso de Agrigento, Empédocles se torna um errante que percorre a Grécia, tendo mesmo ido a Olímpia, durante a Olimpíada, ler seu poema religioso para os helenos. Impedido de regressar à Sicília, parece ter morrido no Peloponeso, embora a lenda diga que morreu atirando-se no fogo do vulcão Etna, para provar-se imortal ou um deus.

Empédocles sofreu a influência da religiosidade órfica e parece ter sido discípulo dos pitagóricos, assim como ter seguido, durante certo tempo, as ideias de Parmênides e Zenão, com quem teria convivido. Como Xenófanes e Parmênides, escreveu versos (foi o último filósofo a escrever dessa maneira) e dele resta o maior número de fragmentos deixados pelos pré-socráticos. Dos poemas, conhecemos fragmentos de dois: um, de cosmologia, intitulado (como sempre) *Sobre a natureza*, e um outro, religioso, intitulado *Purificações*. Pelo modo como escreveu, invocando as emoções dos ouvintes e leitores, fazendo da emoção uma forma de argumentação e de purificação, Aristóteles (segundo Diógenes de Laércio) o teria considerado fundador da retórica, isto é, da arte de persuadir por meio das paixões ou emoções do ouvinte.

O pensamento de Empédocles

Em geral, os historiadores da filosofia mencionam o fato de Empédocles ter sido médico, e os historiadores da medicina falam da influência filosófica de Empédocles sobre a medicina grega. Mas todos deixam de mencionar que o fato de Empédocles ter sido médico pode ter sido a causa da introdução da pluralidade da *phýsis* na cosmologia grega. Propomos, primeiro, examinar brevemente como a medicina pode ter sido a origem do distanciamento entre Empédocles e os eleatas, dos quais fora discípulo.

Do ponto de vista dos eleatas, a unidade-identidade do ser faz com que as coisas individuais e singulares sejam meras aparências, opiniões, não ser. Assim sendo, o homem, enquanto uma entidade individualizada ou singular, não existe, rigorosamente falando. Mas, supondo-se que exista, não adoeceria nunca, não sofreria dores nunca.

De fato, a dor e a doença pressupõem uma relação entre os diferentes. A dor e a doença, para os gregos, são uma forma de passividade, algo que nos acontece por ação de um outro ser sobre o nosso. Resultam da hostilidade de alguma coisa (alimento, bebida, vento, umidade etc.) contra o ser de alguém. Se, portanto, a dor e a doença existem, é preciso que exista a pluralidade de seres que agem e sofrem ações entre si. Além disso, para que o médico aja, isto é, para que opere a cura, precisa introduzir no corpo do paciente o que lhe está faltando ou retirar do corpo do paciente aquilo que ali está em excesso. A saúde é um estado de equilíbrio entre os múltiplos componentes do corpo, e a doença, a ruptura desse equilíbrio pela falta ou pelo excesso de um dos componentes sobre os demais; é perda da proporção, da medida ou equilíbrio interno que o médico deve restaurar, seja retirando coisas do interior do paciente, seja introduzindo outras no corpo doente. O médico, portanto, também precisa admitir a pluralidade diferenciada dos seres para realizar a cura. O eleatismo é inaceitável para a medicina.

Dois outros aspectos da medicina também são importantes aqui. O primeiro deles é que a saúde e a doença são formas de relação entre nosso corpo e o meio ambiente (por isso o médico grego estuda o mundo onde está e onde vive nosso corpo, isto é, as águas, os ventos, os terrenos, os lugares, os astros, os alimentos, as horas do dia e da noite, as estações do ano etc.). Assim, é preciso haver, no mínimo, a dualidade homem-mundo para que haja medicina. O segundo aspecto é a maneira como o médico antigo define a doença: ela é um ente visível — um *eîdos**, uma forma — que se mostra ou se manifesta por meio de sinais: os sintomas. O médico, atuando sobre esses sinais (pelo diagnóstico e pelo prognóstico), usando a observação e a experiência, atua sobre ela e a faz desaparecer. Se, portanto, a doença é uma forma visível (*eîdos*) e se há diferentes doenças, então é preciso haver pluralidade, e a pluralidade percebida pela experiência deve ser real. Em resumo, a medicina não dispensa a experiência sensorial, a percepção e a memória.

Empédocles (como também Anaxágoras) era médico e, certamente, as ideias médicas e a prática médica tiveram papel fundamental em sua cosmologia, explicando não só a introdução da pluralidade da *phýsis*, mas ainda afirmando que a *phýsis* são quatro raízes (*rizómata**) perpassadas por duas forças corpóreas que unem — amor ou amizade, *philía* — ou separam — ódio ou discórdia, *neîkos* — todas as coisas. É que a medicina antiga concebia o corpo humano, ou o homem, formado por quatro líquidos, chamados humores (sangue, fleuma, bílis amarela ou cólera e bílis negra ou atrabílis) dotados de quatro qualidades (seco, úmido, frio e quente) cuja mistura ou combinação formava o temperamento ou caráter ou natureza de cada um de nós. A combinação dos humores em equilíbrio ou sua amizade era a saúde; em desequilíbrio ou sua discórdia, a doença. A união dos humores é a vida; a separação dos humores, a morte.

No início do poema *Sobre a natureza*, Empédocles critica seus antecessores que, tendo uma vida breve e tido uma experiência e um conhecimento parciais das coisas, vangloriavam-se de conhecer tudo e de conhecer o todo. São frívolos, e não reconhecem como é difícil conhecer, imaginando que basta dizer que a verdade não pode ser alcançada pelos olhos e pelos ouvidos, para supor que será inteiramente conhecida pelo espírito. São loucos. E o poeta-filósofo pede às Musas que "afastem de meus lábios tais loucuras", que "santifiquem os meus lábios para que deles corra um rio puro", e suplica que o façam "entender o que é permitido aos homens efêmeros". Aconselhado pelas Musas, o filósofo-poeta, como o médico, valoriza a experiência perceptiva, considerando os cinco sentidos como a via de acesso ao pensamento. Por isso, aconselha os outros mortais:

E agora, considera com todos os teus sentidos como cada coisa é clara. Não dês maior confiança ao olhar do que a que corresponde ao ouvido; e não estimes o ruidoso ouvido acima das claras instruções da língua; e não recuses confiança às outras partes do teu corpo, pelas quais há acesso à inteligência; conhece como cada coisa é manifesta [...] guarda dentro do teu silencioso coração (Sexto Empírico, *Contra os matemáticos*).

Que ensina Empédocles?

Em primeiro lugar, que Parmênides tem razão em considerar o ser como esférico, isto é, sem princípio nem fim (perene ou eterno) e pleno, isto é, sem vazio ou vácuo. Mas não tem razão ao supor que o ser deveria ser uno, imóvel e homogêneo, pois é múltiplo, móvel e heterogêneo. São as quatro raízes (*rizómata*) de todas as coisas: fogo, terra, água e éter (ou ar). São elas a *phýsis*. Eternas como o ser de Parmênides, cada uma é idêntica a si mesma, indestrutível, sem nascimento nem perecimento. "São o que são", lemos num fragmento. "São sempre iguais e de mesma idade, embora com missões diferentes", lemos noutro. E dão conta de todas as coisas existentes no mundo. Assim, em vez de haver, como na tradição, um só elemento ou uma só qualidade que se transforma nas outras, há a diferença de qualidades e dos elementos das coisas como diferença originária. A *phýsis* é múltipla.

Num fragmento, lemos:

Não há nascimento para nenhuma das coisas mortais, como não há fim na morte funesta, mas somente composição e separação, mistura e dissociação dos elementos.

Assim, a vida é mistura dos elementos e a morte, separação. Cada raiz, portanto, mantém-se sempre idêntica a si mesma, una e imutável, perene, e os seres se formam pela reunião das raízes, desaparecendo quando elas se separam. Os seres se transformam, isto é, há movimento ou devir para todas as coisas. O devir é a mudança na forma da composição das coisas, isto é, na quantidade de raízes que formam um ser (uma coisa composta de água e terra se transforma se nela entrar também o fogo como componente; uma coisa composta de fogo, água e ar se transforma se dela o ar se retirar, e assim por diante), e a proporção com que cada raiz entra ou sai na composição de um ser (aumento ou diminuição de fogo, ar, água ou terra) altera esse ser.

O que faz as raízes se unirem para formar um ser? O que as faz se separar?

No princípio, as raízes estão inteiramente misturadas, são indiscerníveis e formam o Uno. Uma força corpórea, mas externa a elas, as invade e as separa: o Ódio, que separa o que estava misturado e faz surgir o Múltiplo, as quatro raízes diferenciadas. Dessa diferença, porém, nada poderia surgir, pois tudo está separado de tudo. Uma outra força corpórea, externa e oposta à primeira, se introduz no seio do Múltiplo e faz com que as raízes se misturem e se combinem: o Amor, gerador de todas as coisas.

Num fragmento, lemos:

> A um dado momento, do Uno saiu o Múltiplo; por divisão — fogo, água, terra e o ar altaneiro; e o Uno se formou do Múltiplo. Ódio, temível, de peso igual a cada um, e o Amor entre eles (Simplício, *Comentário da Física de Aristóteles*).

Ódio e Amor, de força igual, imperecíveis como as raízes, impõem o conflito como lei do mundo: o Amor faz a "vida florescente" e o Ódio, cruel, faz a separação dos seres errantes. O Amor cria o impulso de todos os seres semelhantes a se unir; o Ódio, o impulso de todos os seres diferentes a se separar. Os quatro elementos ou as quatro raízes correm umas por dentro das outras, isto é, são porosas e é essa porosidade que permite ao Amor e ao Ódio penetrar nelas para uni-las ou separá-las. "Todas as coisas inspiram e expiram, providas de canais, inumeráveis poros", diz um fragmento.

O mundo percorre quatro ciclos: no primeiro, tudo está misturado com tudo, na indiferenciação do Uno; no segundo, o Ódio separa tudo de tudo, na diferenciação total do Múltiplo; no terceiro, o Amor se introduz, unindo os semelhantes e organizando o mundo, o *Kósmos*, mas, prosseguindo na união, pouco a pouco o Amor vence o Ódio e começa a misturar tudo com tudo novamente, na indiferenciação de todos os seres; no quarto, o Ódio, tornando-se mais forte do que o Amor, separa os diferentes e o mundo volta a se organizar. Porém, prevalecendo sozinho, mais forte do que o Amor, o Ódio vai separando tudo (num fragmento impressionante, Empédocles fala de mãos e pés soltos à procura de braços e pernas, de olhos à procura da cabeça), até que o Amor retorne e, novamente, organize o mundo. Neste processo dinâmico perene, surgem o céu, os astros, a luz (sol, estrelas, fogo), o mar, a terra, as plantas, os animais e os homens. "Das misturas derramam-se as inúmeras raças dos seres mortais", lemos num fragmento.

A partir dessa teoria, Empédocles elaborou uma astronomia (origem, forma, natureza e movimentos do céu, eclipses, meteoros, noite, dia), uma teoria dos ventos (pelos movimentos opostos do ar e do fogo) e das chuvas (compressão do ar impregnado de água que a deixa escapar por seus poros), uma biologia (origem, forma e movimentos dos animais e das plantas), uma fisiologia dos animais e do homem, decisiva em sua medicina e na qual a diferença dos sexos é central (o quente é princípio do masculino e o frio, princípio do feminino; a semente masculina é atraída pela semente feminina, essa atração se torna desejo e do desejo nasce o feto, pela passagem da semente masculina pelos poros da semente feminina). O semelhante atrai o semelhante e o diferente repele o diferente: isso será uma lei na biologia, na fisiologia e na medicina dos gregos.

Uma vez que o médico-filósofo Empédocles valoriza a experiência sensorial ou percepção, escreve uma teoria sobre ela. Não sabemos se outros pré-socráticos tiveram teorias sobre o assunto; no caso de Empédocles sabemos que há porque existem fragmentos sobre o tema. A transcrição mais completa dessa teoria foi feita pelo discípulo de Aristóteles, Teofrasto.

Como tudo no *Kósmos*, a percepção também é regida pela lei dos semelhantes e dos diferentes. Ela é o encontro de um elemento que é semelhante em nós e fora de nós e se produz através dos poros dos órgãos dos sentidos, que emitem e recebem os eflúvios enviados continuamente pelos demais corpos. Assim, a audição é produzida pelo som exterior, por um movimento no ar que chega aos ouvidos, que são como um sino que ressoa dentro de nós. O olfato é produzido pela respiração, sendo mais forte quando vem de corpos mais sutis e leves. É por isso que, quando estamos resfriados, não sentimos cheiro, pois não conseguimos respirar. O prazer e a dor são produzidos pelo toque de outros corpos através dos poros da nossa pele, e dos nossos sentidos — o prazer, pelo que é semelhante a nós; e a dor, pelo que discorda de nós ou é diferente.

O ponto alto da teoria de Empédocles refere-se à visão. O interior do olho é de fogo ou luz e seu exterior é feito de água e de terra ou úmido e seco. A terra forma uma película fina, através da qual passa o fogo. O olho é como uma lanterna em noite de chuva, o fogo protegido da água por uma película ou membrana fina. Através do fogo, vemos os objetos brilhantes e através da água, os objetos opacos e sombrios, isto é, o semelhante vê o semelhante. A visão é produzida pelo fogo interior que sai ao encontro dos objetos brilhantes e pela água interior que sai ao encontro dos objetos opacos e sombrios. Ver é sair de si. Os olhos são como dardos lançados para as coisas, capturando-as. A variação das cores, dos tons, da transparência e da opacidade depende do tamanho dos poros das coisas vistas.

Eis a bela passagem de Empédocles sobre os olhos:

> E assim como quando um homem que se propõe a sair numa noite tempestuosa se mune de uma lanterna de chama viva, protegendo-a contra os ventos uivantes, e a luz projeta-se para fora das membranas protetoras, passando por seus poros, por ser muito mais sutil e fina, assim também o fogo primitivo escondeu-se em membranas finas e tecidos, atrás das redondas meninas dos olhos, varadas de passagens maravilhosas. Afastam as águas profundas que as cercam e deixam passar o fogo, por ser mais fino e sutil (Teofrasto, *Da sensação*).

Como médico, Empédocles também formula uma teoria sobre a origem corporal do pensamento.

O pensamento e a ignorância seguem o mesmo princípio da semelhança e diferença. Ou seja, o semelhante conhece o semelhante e ignora ou desconhece o diferente. Assim, o que é mais misturado, isto é, o que contém todas as raízes e as várias combinações delas, deve ser o órgão do pensamento, pois senão este não poderia conhecer tantas coisas. Em nós, de todos os elementos que nos compõem, o que tem maior dose de mistura é o sangue e por isso o coração, que recebe e espalha o sangue, é a sede do pensamento. Eis por que a qualidade de nosso pensamento varia com a qualidade de nosso sangue, variação determinada pelo modo como ele se mistura com os outros três humores, e pela quantidade-qualidade dos quatro elementos que o constituem (fogo, água, terra e ar). E o mesmo vale para todos os órgãos dos sentidos, que variam em acuidade pela quantidade de mistura dos humores e dos elementos, pela espessura e largura dos poros, pelo equilíbrio dos elementos componentes, de sorte que a diferença entre sábios e ignorantes, sábios e loucos depende de nosso corpo, sede dos conhecimentos.

Lemos num fragmento:

> O coração, nutrido no mar de sangue que corre em direções opostas, onde reside principalmente o que os homens chamam de pensamento. Pois para os homens, o sangue que lhes flui à volta do coração é o pensamento (Teofrasto, *Da sensação*).

A sensação ou percepção e o pensamento ou inteligência são um encontro: um ser envia ou emana eflúvios para outro cujos poros, se forem adequados ao emitido, os recebe e os faz circular dentro de si, produzindo novos eflúvios ou emanações que envia aos outros. Como o conhecimento se faz por relação do semelhante com o semelhante, aqueles que possuem em seu corpo a maior quantidade e a melhor proporção de misturas são os que melhor podem conhecer; quanto menor a dimensão dos elementos (isto é, quanto menores as partículas com que entram numa mistura) e quanto mais finos os poros, mais alta é a capacidade de conhecimento. Assim:

> Os elementos quando em partículas grosseiras e espaçadas fazem os homens lerdos e desajeitados; se são, ao contrário, condensados e reduzidos a partículas muito diminutas, os movimentos do sangue são mais vivos e o próprio homem será mais disposto e ágil, empreendendo muitas coisas, mas sem chegar ao fim. Aqueles para os quais, enfim, a mistura é conveniente numa parte do corpo são os sábios; daí os bons oradores (melhor mistura na língua), os artistas (melhor mistura nos olhos e nas mãos), os sábios (melhor mistura no sangue); e o mesmo se dá com as outras capacidades (Teofrasto, *Da sensação*).

Observamos, assim, que Empédocles procura formular uma cosmologia completa, na qual, além do mundo, também o homem é explicado. Como parte da natureza, o homem é formado pelos mesmos elementos que ela, seguindo como ela as mesmas leis. E assim como há coisas diferentes no mundo, há homens diferentes por natureza.

Empédocles é o primeiro a formular uma teoria do conhecimento em que, além da diferença entre aparência e realidade (já feita pelos antecessores), graças aos conhecimentos médicos, os mecanismos ou operações do corpo são descritos para explicar como e por que podemos conhecer as coisas.

ANAXÁGORAS DE CLAZÓMENA

A vida

Filho de Hegesíbulos, Anaxágoras nasceu em Clazómena, na Jônia. Segundo Apolodoro, sua data de nascimento situa-se entre 500 e 496 a.C., e a de sua morte entre 428 e 427 a.C., com a idade de 72 anos. Pertencia a uma família aristocrática, mas renunciou aos títulos políticos e aos bens para dedicar-se à filosofia, tendo feito seus primeiros estudos com os discípulos de Anaxímenes. Foi o primeiro filósofo a fixar-se em Atenas, para onde veio como amigo de Péricles, que foi seu aluno, segundo os testemunhos de Platão e de Isócrates.

Em Atenas, Anaxágoras teve destino semelhante ao de Sócrates e ao de Aristóteles, isto é, suas ideias foram consideradas perigosas para o Estado, e, como Sócrates, foi submetido ao tribunal e condenado por impiedade. Pouco se sabe do processo e há versões contraditórias sobre o assunto. De todo modo — quer tenha sido condenado à morte ou condenado ao ostracismo, isto é, ao exílio —, o certo é que se retirou de Atenas, dirigiu-se novamente para a Jônia, para a cidade de Lâmpsaco, onde veio a morrer, tendo ali fundado uma escola de filosofia que permaneceu florescente muito tempo depois de sua morte.

De acordo com Diógenes de Laércio, Anaxágoras escreveu um único livro, "em estilo elevado e agradável", do qual restaram alguns fragmentos, embora tivesse sido lido pelos contemporâneos de Sócrates e de Platão e um exemplar existisse na biblioteca da Academia platônica, onde foi consultado por Simplício, de quem recebemos a maior parte dos fragmentos. A doxografia mais importante vem de Aristóteles e de Teofrasto.

O pensamento de Anaxágoras

Como Empédocles, Anaxágoras pretende resolver a crise do eleatismo e do heraclitismo, isto é, afirmar simultaneamente a existência do ser imutável e a do mundo plural e mutável. Por isso, como Empédocles, Anaxágoras afirma que nada é criado nem destruído, que o todo é completo e nada lhe pode ser acrescentado, sendo sempre igual a si mesmo. Assim, num fragmento, lemos:

> Os helenos não têm uma opinião correta do nascimento e da destruição. Pois nada nasce ou perece, mas há mistura e separação das coisas que são. E, assim, deveriam chamar corretamente o nascimento de mistura e a destruição de separação (Simplício, *Comentário da Física de Aristóteles*).

O princípio fundamental do pensamento de Anaxágoras é por ele expresso com a afirmação: "Há em cada coisa uma porção de cada coisa" ou "Todas as coisas estão juntas".

Essa afirmação possui dois sentidos principais: em primeiro lugar, significa que, por menor que seja uma porção de matéria, nela encontraremos sempre os mesmos e todos os elementos que a constituem como diferente de todas as outras, ou seja, a divisão pode ir ao infinito, mas sempre encontraremos a mesma mistura ou composição na menor partícula encontrada. Em segundo lugar, significa que a multiplicidade ou a pluralidade é originária, e mais profunda do que havia afirmado Empédocles. De fato, este havia afirmado que a diferença originária encontrava-se nas quatro raízes, que, sendo *phýsis*, são a realidade última, cada qual plenamente separada e diferente das demais. Anaxágoras, porém, afirma que, por minúscula que seja a porção de matéria, nela encontraremos mistura, pluralidade ou multiplicidade, isto é, nunca encontraremos qualidades separadas. Só há mistura.

Que mistura é essa? A das qualidades opostas que, agora, não se reduzem aos quatro elementos, mas incluem todas as oposições qualitativas: quente-frio, úmido-seco, denso-sutil, grande-pequeno, branco-preto, grosso-fino, luminoso-obscuro, duro-mole, liso-rugoso, amargo-doce etc. O que diferencia um ser de outro é a proporção das qualidades misturadas e a predominância de uma delas sobre as outras. Assim, pode-se dizer que o ar é a mistura onde predomina o que há de mais frio, o fogo é a mistura onde predomina o que há de mais quente, a terra a mistura onde predomina o que há de mais seco, a água onde predomina o que há de mais úmido, o osso ou a pedra onde predomina o que há de mais duro, a carne onde predomina o mais mole, e assim sempre. Mas o ar será sempre ar, em sua menor partícula, do mesmo modo que um osso será osso em sua menor partícula, ou seja, a composição ou mistura será sempre a mesma em cada coisa, seja qual for a dimensão a que a reduzamos numa divisão. A parte e o todo possuem a mesma mistura.

Cada tipo de matéria provém de uma mistura originária e a tal mistura Anaxágoras chama de sementes (*spérmata**). São elas a *phýsis*. Quando dividimos um coração, não encontramos corações menores, mas carne, e esta, dividida, sempre será a mesma carne. Ou seja, a semente da carne do coração será a mesma na menor partícula em que for dividida. Por esse motivo, Aristóteles designou as sementes de Anaxágoras com o nome com que ficaram conhecidas na história da filosofia: *homeomerias* (*homoioméreia**), partículas semelhantes ou iguais. O semelhante provém do semelhante, pois, pergunta o filósofo, "como o cabelo viria do não cabelo e a carne da não carne?". Sementes de cabelo serão cabelo, sementes de carne serão carne. Reunidas, as sementes semelhantes formam uma realidade que é de mesma natureza ou de mesma composição ou de mesma mistura que elas. Tomando a nutrição como exemplo, Anaxágoras dizia que se o pão e a água podem nutrir todo o nosso corpo (cabelos, sangue, carne, nervos, ossos) é porque em ambos encontraremos os elementos ou sementes de todas as partes do corpo que podem ser por eles alimentadas. "Tudo está em tudo", é a lei da natureza.

As sementes — *spérmata* ou *homoioméreiai* — são invisíveis. Como sabemos de sua existência? Como sabemos que são a *phýsis* ou o ser? Como sabemos que são eternas, imutáveis, imóveis, idênticas a si mesmas, totalidades plenas, como o ser de Parmênides? Pelo pensamento. Num fragmento, lemos:

> Pela debilidade de nossos sentidos não somos capazes de discernir a verdade. Mas podemos valer-nos da experiência, da memória, da sabedoria e das técnicas. Pois o que aparece é uma visão do invisível (Sexto Empírico, *Contra os matemáticos*).

Encontramos, assim, em Anaxágoras, a continuação da perspectiva de Parmênides e de Heráclito, isto é, somente a razão ou a inteligência, somente o pensamento alcança a realidade última e originária. No entanto, também há em Anaxágoras a presença da medicina e das artes: a experiência e as técnicas nos ajudam a suprir deficiências dos sentidos. E encontramos, ainda, a tradição antiga da *alétheia*, isto é, do não esquecido, pois Anaxágoras dá um grande papel à memória no conhecimento verdadeiro.

A razão ou inteligência, auxiliada pela experiência, pela memória e pelas técnicas ou artes, nos ensina que o verdadeiro é invisível. Porém nos ensina algo mais, que também é invisível: a causa das misturas e separações das sementes.

O primeiro fragmento atribuído a Anaxágoras diz:

> Todas as coisas estavam juntas, ilimitadas em número e pequenez, pois o pequeno é ilimitado. E enquanto todas as coisas estavam juntas, nenhuma delas podia ser reconhecida devido à sua pequenez. O ar e o éter prevaleciam sobre as demais, ambos ilimitados, pois no conjunto de todas as coisas, estas (o ar e o éter) são as maiores tanto em quantidade quanto em grandeza (Simplício, *Comentário da Física de Aristóteles*).

E no final do quarto fragmento, está escrito:

Antes, contudo, de se separarem, quando todas as coisas ainda estavam juntas, nenhuma cor se podia distinguir, nem uma única. Pois a mistura de todas as coisas o impedia — a do úmido e do seco, do quente e do frio, do luminoso e do escuro, assim como também pela muita terra que nela se encontrava e pelas sementes em quantidade infinita, sem semelhança umas com as outras. Pois também nas outras coisas, nenhuma é semelhante às outras. E se isto é assim, devemos supor que todas as coisas estão no Todo (Simplício, *Comentário da Física de Aristóteles*).

No princípio, havia um magma (*mígma*) indiscernível onde tudo estava misturado com tudo, onde nada podia ser discernido por causa da pequeneza de cada semente, onde o ar e o éter prevaleciam sobre o restante (isto é, uma bruma recobria tudo, não permitindo que coisa alguma pudesse ser distinta de outras) e onde tudo participava de tudo. Desse magma, feito das sementes indiscerníveis, surge a separação, surgem as coisas e o *Kósmos*. De onde vem a separação ordenadora do mundo? Como para Empédocles, também para Anaxágoras a força separadora e unificadora, organizadora do *Kósmos*, é diferente dos elementos, embora eterna e imutável como eles. Essa força, diferente do magma de sementes e separada dele, Anaxágoras denomina *Noûs**, a força inteligente ou pensante. Não é incorpórea, pois só existe o corporal. Mas é diáfana, sutil, invisível. Essa força inteligente introduz o movimento na massa primitiva das sementes, produzindo a separação dos diferentes e a reunião dos semelhantes, a composição e a dissociação, o devir. O *Noûs* é a força que sabe ou reconhece todas as coisas, que move todas as coisas, e que tem esse poder porque "não está misturado com nenhuma coisa, mas se encontra sozinho e em si mesmo". Como Deus, o *Noûs* ou Inteligência está fora e separado do mundo. Num fragmento, lemos: "A inteligência é ilimitada, independente e não misturada com outra coisa, mas está sozinha em si mesma [...] É a mais sutil e mais pura de todas as coisas e possui pleno conhecimento de tudo e tem grandíssima força".

O mundo se forma a partir de um movimento rotatório ou turbilhonante que o *Noûs* realiza no magma primitivo, ampliando-se e estendendo-se até alcançar o todo. Sua rapidez separa o rarefeito e o denso, o frio e o quente, o úmido e o seco, o luminoso e o obscuro. Formam-se, inicialmente, duas grandes massas, uma de fogo (na parte exterior) e outra de ar (na parte interior). A seguir, o ar se separa em nuvens, água, terra e pedras; depois, separa-se o fogo e surge o mundo que conhecemos (e que, segundo Anaxágoras, não é o único mundo existente, mas um dentre os inúmeros mundos formados pelo *Noûs*). Como o fogo de Heráclito, o *Noûs* é inteligência e poder, porém, diferentemente do fogo heraclitiano, não participa do processo que realiza, mas permanece separado do mundo e do magma primitivo, movendo-os de fora. Não é pura espiritualidade, mas matéria diáfana incorruptível. Não é uma força sagrada ou sacralizada, mas natural, um motor cósmico responsável pela vida universal e sua ordem (compreende-se que o tribunal ateniense o tivesse acusado de ateísmo ou impiedade, pois o *Noûs* torna os deuses desnecessários).

Médico adepto de uma outra concepção da medicina, Anaxágoras oferece uma teoria da percepção oposta à de Empédocles. Para a medicina adotada por este último, o semelhante age sobre o semelhante e o semelhante conhece o semelhante. Para a medicina adotada por Anaxágoras, os contrários é que agem uns sobre os outros, pois, como relata Teofrasto, "as coisas semelhantes não podem ser afetadas por outras semelhantes". Consequentemente, para que a vista, a audição, o olfato possam discernir as coisas é preciso que os órgãos dos sentidos sejam afetados pelo diferente, pelo contrário, pelo oposto. Não posso sentir o frio, senão porque sou quente; não posso sentir o quente, senão porque sou mais frio do que o objeto que me toca. A sensação é uma espécie de dor e não de prazer (porque o prazer é trazido pelos semelhantes). A percepção é um choque entre diferentes.

OS ATOMISTAS: LEUCIPO E DEMÓCRITO

Do ponto de vista cronológico, não poderíamos colocar Leucipo e Demócrito juntos, pois o primeiro teria tido sua *akmé* por volta de 450 a.C. (conforme Apolodoro), enquanto o segundo nasceu em 460-459 a.C. O primeiro é de Mileto, e suas preocupações são fundamentalmente cosmológicas, enquanto o segundo, de Abdera, conterrâneo e contemporâneo do sofista Protágoras, tem preocupações éticas e com as técnicas, num tipo de pensamento que já faz parte da era ou do período socrático. O motivo pelo qual são colocados juntos (e Demócrito é colocado entre os pré-socráticos) é a existência de um único corpo de doutrina reunido num conjunto de obras, conhecidas como da Escola de

Abdera, no qual é difícil saber o que foi escrito por Leucipo e o que foi escrito por Demócrito, e o que é da autoria de outros membros da escola. Aconteceu com os atomistas o mesmo que aconteceu com a medicina grega, que foi reunida no *Corpus hippocraticus* sem que Hipócrates tenha sido o único autor de todas as obras ali compiladas. De acordo com Teofrasto, pode-se atribuir com segurança a Leucipo uma das obras, *Mégas Diákosmos* ou *Grande Ordenamento*, e a Demócrito o *Mikròs Diákosmos* ou *Pequeno Ordenamento*, mas o restante pode ser de um ou de outro, com exceção dos escritos éticos e técnicos, que são de Demócrito. De ambos restaram poucos fragmentos autênticos, de modo que os conhecemos por meio dos doxógrafos, sobretudo Teofrasto, Simplício e Sexto Empírico, e de Aristóteles.

A perspectiva dos atomistas pressupõe não só o conflito Heráclito-Parmênides, mas ainda a obra do jovem eleata Melissos de Samos e as obras dos jovens pitagóricos, sobretudo Filolau e Árquitas. Melissos introduziu a ideia de que o ser deve ser pleno (*pléron**) e infinito (*ápeiron*). Os pitagóricos, que o Uno é ilimitado e limitado, que todas as coisas são números e que estes possuem extensão e grandeza.

O ser, diz Melissos, não pode ter começado nem pode terminar e por isso é ilimitado no tempo, ou melhor, não há tempo (o tempo e a mudança são opiniões dos mortais). Se não começa nem termina e se é infinito, não pode ter limites nem no tempo nem no espaço, pois se houvesse limite o que haveria fora do limite? O não ser. Sendo infinito no espaço, o ser é uma grandeza infinita e indivisível e, portanto, pleno, pois se houvesse intervalo entre suas partes o intervalo, sendo ausência de ser, seria o não ser. Assim, o ser não tem partes e o vazio não existe. Não havendo partes, não há misturas. Não havendo vazio, não há movimento.

Os jovens pitagóricos, por seu turno, afirmam que o Uno é ilimitado, isto é, uma extensão infinita como o ar. Mas também é limitado, ou melhor, impõe limites. Tais limites são espaciais ou extensos e são os números: o ponto, que tem uma só dimensão, a linha, que tem duas dimensões, a superfície, que tem três, e os sólidos, que têm quatro. Em outras palavras, os números possuem grandeza e o número é uma unidade que ocupa uma "posição", isto é, um lugar no espaço. As coisas são números — pontos, linhas, superfícies e sólidos — e o mundo é o dodecaedro. Os números são, pois, como nas cosmologias pluralistas, os elementos diferentes das coisas, ou, como dirão Platão e Aristóteles, os números são as formas das coisas, seu ser mais íntimo, indivisível, invisível aos nossos sentidos e só alcançáveis pela razão.

A partir dessas ideias, os atomistas propõem sua própria cosmologia. A *phýsis*, como o ser eleata, deverá ser idêntica a si mesma, eterna e imutável, mas, diferentemente dos eleatas, é formada de unidades discretas, como para os pitagóricos.

Temos apenas dois fragmentos de Leucipo. Um deles afirma que "nenhuma coisa se engendra ao acaso (*týkhe*), mas por razão (*lógos*) e necessidade (*moîra*)", isto é, nada do que existe é contingente ou casual, mas tudo é racional e necessário. O segundo fragmento afirma: "átomos (isto é, não cortáveis), maciços (isto é, unidades), grande vazio, secção (isto é, limite), ritmo (isto é, forma), contato, direção, entrelaçamento, turbilhão" (*Papiro Herculano*).

A *phýsis* ou o ser são os átomos*, o não cortável, isto é, os indivisíveis. Os átomos, partículas invisíveis e as menores possíveis, são plenos, indivisíveis, unos, contínuos, imutáveis, eternos como o ser de Parmênides e Melissos. Mas há uma quantidade inumerável ou infinita de átomos ou unidades discretas, como os números pitagóricos.

Uma diferença profunda, porém, separa os atomistas tanto de Melisso como dos jovens pitagóricos e, na verdade, os separa de todos os filósofos gregos anteriores e posteriores. Que diferença é esta? Entre um átomo e outro, há o vazio ou o vácuo, que é o não ser como algo real, existente. Assim, pela primeira vez, um grego, admitindo o vácuo, afirma que o espaço é real sem ser corporal. Dessa maneira, será mais correto dizer que para os atomistas a *phýsis* são os átomos e o vácuo. O pleno (o átomo) e o vazio são os princípios constitutivos de todas as coisas, geradas pelo contato entre os átomos que se movem no vácuo, chocando-se, ricocheteando uns contra os outros, fazendo as coisas nascer, mudar e perecer. Esse movimento espontâneo dos átomos é inerente a eles (não é preciso uma força externa para movê-los, como o Amor e o Ódio, em Empédocles, ou o *Noûs*, em Anaxágoras) e é racional e necessário, não sendo contingente ou por acaso.

A diferença entre os átomos não é qualitativa, isto é, não há átomos frios, quentes, úmidos, secos, luminosos, escuros, pesados, leves, mas puramente quantitativa, isto é, os átomos se diferenciam por sua forma, grandeza, posição, direção e velocidade. Determinam o nascimento das coisas por agregação e a morte delas por desagregação; determinam a ordem do devir ou da mudança pela sua ordem, posição e velocidade. Todos os átomos são dotados de extensão ou grandeza e são todos iguais em substância, de sorte que as diferenças entre as coisas devem ser explicadas apenas pela forma, arranjo e posição dos átomos.

Referindo-se a Demócrito, Aristóteles lhe atribui a seguinte ideia:

> Disse (Demócrito) que o mesmo e igual deve ser o agente e o paciente, pois as coisas diversas e diferentes não são suscetíveis de sofrer ações recíprocas, mas sim, mesmo sendo diversas, exercem alguma ação recíproca, não enquanto sejam diferentes, mas enquanto nelas há algo semelhante (Aristóteles, *Da geração e corrupção das coisas físicas*).

Em outras palavras, mantendo a tradição médica e empedocliana de que só o semelhante age sobre o semelhante e só o semelhante sofre a ação do semelhante, Demócrito afirma que o contato entre os átomos para formar as coisas se deve ao fato de que são iguais ou semelhantes em sua substância, pois, de outro modo, não poderiam entrar em contato e agir uns sobre os outros. Isso significa que a substância de todas as coisas é a mesma e por isso a diferença decorre apenas da forma (ou proporção), do arranjo (ou ordem) e da conversão (ou posição) da mesma matéria fundamental, como vemos com as letras, escreve Aristóteles, quando A difere de N pela forma; AN e NA diferem pela ordem; e Z e N pela posição.

Mais do que uma cosmologia, com os atomistas temos uma *física*. De fato, as cosmologias explicam a multiplicidade e variação qualitativa das coisas e da natureza afirmando que as coisas e a natureza são constituídas por qualidades. A diferença na qualidade (quente-frio, seco-úmido, luminoso-opaco, duro-mole, denso-sutil etc.) causa as diferentes coisas; a mudança na qualidade causa a variação e o devir. Ora, os atomistas eliminam as qualidades como originárias. Os átomos não são qualidades, são *formas* (figura, ordem, posição), são *estruturas* das coisas, cuja origem e mudança decorrem apenas dos movimentos dos átomos no vácuo.

Serão as qualidades ilusórias, como julgaria um eleata? Mas, se não existem, por que as percebemos? Qual a relação entre o pensamento, que conhece os átomos e o vácuo (invisíveis, não percebidos por nossos sentidos), e a percepção ou sensação, que alcança as coisas por meio de suas qualidades?

A física atomista responderá a essas perguntas com uma teoria do conhecimento revolucionária, exposta por Demócrito. Vejamos três fragmentos onde essa teoria aparece:

É preciso que o homem aprenda segundo a regra seguinte: ele está afastado da realidade (Sexto Empírico, *Contra os matemáticos*).

Há duas espécies de conhecimentos, um genuíno, outro obscuro. Ao conhecimento obscuro pertencem, no seu conjunto, vista, audição, olfato, paladar e tato. O conhecimento genuíno, porém, está separado daquele. Quando o obscuro não pode ver com detalhe, nem ouvir, nem sentir cheiro ou sabor, nem perceber pelo tato, mas precisa procurar mais finamente, então apresenta-se o genuíno, que possui um órgão de conhecimento mais fino (Sexto Empírico, *Sobre a lógica*).

Por convenção existe o doce e por convenção o amargo, por convenção o quente, por convenção o frio, por convenção a cor; na realidade, porém, átomos e vazio... Em realidade não conhecemos nada de preciso, mas em mudança, a opinião de cada um depende da disposição do corpo e das coisas que nele penetram e chocam, afluência dos átomos (Sexto Empírico, *Fundamentos*).

Aparentemente, Demócrito estaria apenas reafirmando aquilo que, desde Heráclito e Parmênides, já estava decidido pelos filósofos pré-socráticos, isto é, que não conhecemos a realidade ou a verdade por meio de nossos sentidos, pois estes nos dão a aparência das coisas e com elas apenas formamos opiniões. Todavia, Demócrito foi muito além de seus antecessores.

Os fragmentos afirmam que as qualidades (quente-frio, doce-amargo, luminoso-escuro, cores, sabores, odores, texturas das coisas etc.) são uma convenção entre os homens. Convenção (*nómos*) é aquilo que não é por natureza (*phýsei*), mas por opinião e por acordo entre os homens. A percepção das qualidades das coisas é subjetiva, isto é, depende das disposições do corpo de cada um, varia com as variações do corpo (para o doente, o doce pode tornar-se amargo, por exemplo), de tal modo que diferentes homens terão diferentes percepções das coisas, e um mesmo homem, dependendo das disposições de seu corpo, terá percepções diferentes de uma mesma coisa. Essas qualidades, os filósofos posteriores chamarão de *qualidades sensíveis*, para marcar com essa expressão a ideia de que não são qualidades das coisas, mas modos subjetivos ou humanos de perceber as coisas.

Mas, por que percebemos cores, odores, sabores, formatos, texturas, tamanhos, aspereza, dureza etc.? Qual a causa da percepção de qualidades? As diferenças nas formas dos átomos, que provocam o efeito perceptivo ou subjetivo de qualidades. Assim, o azedo decorre da forma angulosa de certos átomos; o doce, de átomos cujas formas são arredondadas e pequenas; o amargo, de átomos cujas formas são pequenas, lisas e redondas; e assim para cada qualidade. Dependendo da quantidade ou proporção maior de uma forma sobre as outras num composto, nosso corpo é afetado por essa forma predominante e percebe, como qualidade, a sensação correspondente a essa forma. Como, porém, os corpos são compostos de átomos de várias formas, nosso corpo pode confundi--las e, por isso, dependendo de nosso estado, podemos sentir amargo o que era doce, quente o que era frio, e assim por diante. As sensações e os pensamentos dependem, portanto, *objetivamente* das formas dos átomos e *subjetivamente* das disposições de nosso corpo. É apenas por convenção que os homens decidem o que é uma qualidade ou outra, porque, por natureza, elas não existem. As qualidades percebidas são *nomes* que damos ao que percebemos indiretamente da realidade atômica. Damos o nome de azedo à percepção de átomos angulosos; de doce, à de átomos arredondados e pequenos etc.

Resta saber como se dá a percepção e como ocorre o pensamento. Para os atomistas (numa teoria que seria muito desenvolvida por Epicuro e, séculos mais tarde, por Lucrécio), todo conhecimento, seja ele sensível ou intelectual, se dá por contato. As coisas emitem imagens, películas ou membranas muito finas, que guardam o aspecto das coisas de onde vieram, atravessam o ar e se chocam com nosso corpo, esse choque sendo a causa da percepção. O pensamento, por sua vez, recebe por contato as imagens mais finas e sutis, produzidas dentro de nós pelas sensações. Ou seja, o pensamento não recebe imagens externas vindas dos corpos, mas as imagens internas que a sensação ou percepção produziram no interior de nosso corpo. Essas imagens, que são menores, têm uma clareza e precisão maiores, convidam o pensamento e o orientam a pensar o que é invisível, isto é, o pleno e o vazio, os átomos e suas formas, ordenações e posições. Assim, do conhecimento obscuro que os sentidos nos oferecem, o pensamento retira o conhecimento genuíno, mais fino e preciso.

Porque tudo é matéria (átomos), porque a percepção é contato material entre os corpos, porque a alma é um tipo sutil de átomos e porque o pensamento é o contato material com as imagens da percepção que permanecem guardadas em nosso corpo, os atomistas são considerados os primeiros filósofos materialistas. Essa designação, porém, é incorreta e anacrônica por dois motivos: em primeiro lugar, porque, até Sócrates e Platão, nenhum filósofo admitiu outra realidade senão a corpórea (o *Lógos* de Heráclito, o ser de Parmênides, o Amor-Ódio de Empédocles, o *Noûs* de Anaxágoras são todos corpóreos, ainda que sua corporeidade não seja igual à dos corpos que percebemos pelos sentidos); em segundo lugar, porque os atomistas foram os primeiros filósofos a afirmar a existência do vazio e, portanto, de uma realidade (o espaço) não corporal ou imaterial.

Em geral, quando se diz que são materialistas, o que se quer dizer é que não invocam nenhuma força externa aos átomos (à matéria) para explicar a origem do movimento e do devir. Mas aqui, também, a designação é incorreta, pois Tales, Anaxímenes, Anaximandro e Heráclito também não invocavam nenhum outro princípio que não fosse a própria *phýsis* para explicar a origem do movimento e do devir.

Na verdade, a designação dos atomistas como materialistas é tardia. Foi usada como uma crítica aos "partidários dos átomos" por uma cultura que, pouco a pouco, dará maior peso, maior importância e maior realidade ao espiritual, entendido como algo diferente e superior ao corporal. Essa é, sem dúvida, a razão pela qual Platão, contemporâneo de Demócrito, não o menciona em nenhuma de suas obras, manifestando desprezo pelo "materialismo" de Abdera. Lemos num dos fragmentos éticos de Demócrito: "Pois eu vim a Atenas e ninguém me conhece".

Foram recolhidos 297 fragmentos éticos e técnicos de Demócrito. Dos éticos vamos mencionar alguns entre os que fizeram história, isto é, que foram retomados em todas as épocas como ensinamentos morais:

Belo é conter o homem injusto; ou ao menos não participar de sua injustiça.

Aquele que comete injustiça é mais desgraçado do que aquele que a sofre.

O homem bom não faz caso das censuras dos maus.

Quem for completamente dominado pelas riquezas não pode ser justo.

Esforço vão é querer trazer ao entendimento quem imagina que possui entendimento.

Os insensatos tornam-se sensatos com a desgraça.

Elogiar as belas ações é belo; aprovar as más é obra de um falso e enganador.

Para todos os homens, o bem e o verdadeiro são o mesmo; o agradável é uma coisa para uns e outra coisa para outros.

Desejar violentamente uma coisa é tornar-se cego para as demais.

É avidez falar de tudo e nada escutar.

Benfeitor não é aquele que espera retribuição, mas aquele que se determina a benfazer.

Amigos são não todos os que conhecemos, mas aqueles que concordam conosco naquilo que importa.

Acordo de pensamento engendra amizade.

Os que gostam de censurar não são feitos para a amizade.

A palavra, somente de aço.

Os insensatos aspiram à vida por temerem a morte.

Lutar contra o próprio coração é coisa difícil, mas é próprio do homem de bom senso conseguir a vitória.

Quem a ninguém ama, por ninguém é amado.

O melhor para o homem é viver com o máximo de alegria e o mínimo de tristeza, o que acontece quando não se procura o prazer em coisas perecíveis.

Para o sábio todas as terras são acessíveis, pois a pátria da alma virtuosa é o universo.

Uma das contribuições mais duradouras do pensamento de Demócrito é sua defesa e elogio das técnicas ou artes. Numa sociedade escravista, como a grega, os trabalhos manuais eram deixados aos escravos ou aos artesãos livres, considerados inferiores pelos aristocratas. Até a consolidação da democracia, as artes ou técnicas (*tékhne, tékhnai*)[7] eram vistas com desprezo. Com a democracia, porém, outra visão das artes surge na *pólis*, que passou a dividi-las em manuais (como a pintura, a escultura, a arquitetura, a medicina) e liberais (como a oratória, a poesia, a tragédia etc.).

Que faz Demócrito? Abandonando as explicações míticas sobre a origem do homem e da sociedade, afirma que, no princípio, o mundo humano não tinha ordem nem lei. Como o mundo dos animais selvagens que vivem isolados nas florestas, o mundo humano era cheio de medo e de morte. Pouco a pouco, os homens perceberam a utilidade da vida em comum e da ajuda mútua. O medo os levou a compreender a utilidade da reunião para a defesa recíproca. Também o medo os fez explicar a natureza como obra e intervenção contínua dos deuses, isto é, sentindo necessidade de explicar as causas das coisas, inventaram os deuses e a eles atribuíram a origem das coisas e das técnicas, doadas aos humanos.

Todavia, não é só a reunião e a religião que caracterizam a primeira ordenação do mundo humano. Existiu algo mais fundamental, que foi condição para que os homens se reunissem e a religião aparecesse: a descoberta da linguagem. Linguagem e religião foram as primeiras invenções que propiciaram aos homens o sentimento da estabilidade, regularidade e repetição das coisas. Esse sentimento e a capacidade da linguagem de permitir a retenção das coisas na memória criaram a experiência, isto é, a capacidade para intervir sobre as coisas de modo regular, estável e contínuo. Com a experiência, surgiram as técnicas, e, com elas, a vida em sociedade foi finalmente organizada.

Voz, mãos e razão, respondendo às carências e necessidades dos homens, permitiram a invenção das artes ou técnicas. As técnicas, portanto, são consideradas por Demócrito não um dom dos deuses aos homens, mas descobertas humanas. Os homens descobriram que não bastava rezar para conseguir frutos, mas era preciso lavrar a terra (descobriram a agricultura). Descobriram que não bastava rezar para conseguir abrigo, mas era preciso construí-lo (inventaram a arquitetura). Que não bastava rezar aos deuses para curar as doenças, mas era preciso conhecer suas causas e os modos de atuar sobre elas (criaram a medicina). Que não bastava ter filhos para assegurar a continuidade da vida, mas era preciso educá-los (inventaram a pedagogia). Que não bastava viverem reunidos para haver sociedade, mas era preciso leis e instituições (inventaram a política). Linguagem e técnicas são, assim, responsáveis pela vida humana dos humanos. Embora atribuíssem aos deuses suas próprias invenções e criações, os humanos se fizeram humanos por si mesmos e graças a si mesmos.

As ideias éticas e técnicas de Demócrito fazem dele um filósofo de "transição", isto é, com preocupações cosmológicas e antropológicas (*ánthropos**): foi, ao mesmo tempo, um pré-socrático (porque buscou a *phýsis*) e um filósofo do período socrático (porque se interessou pelas técnicas e pela ética).

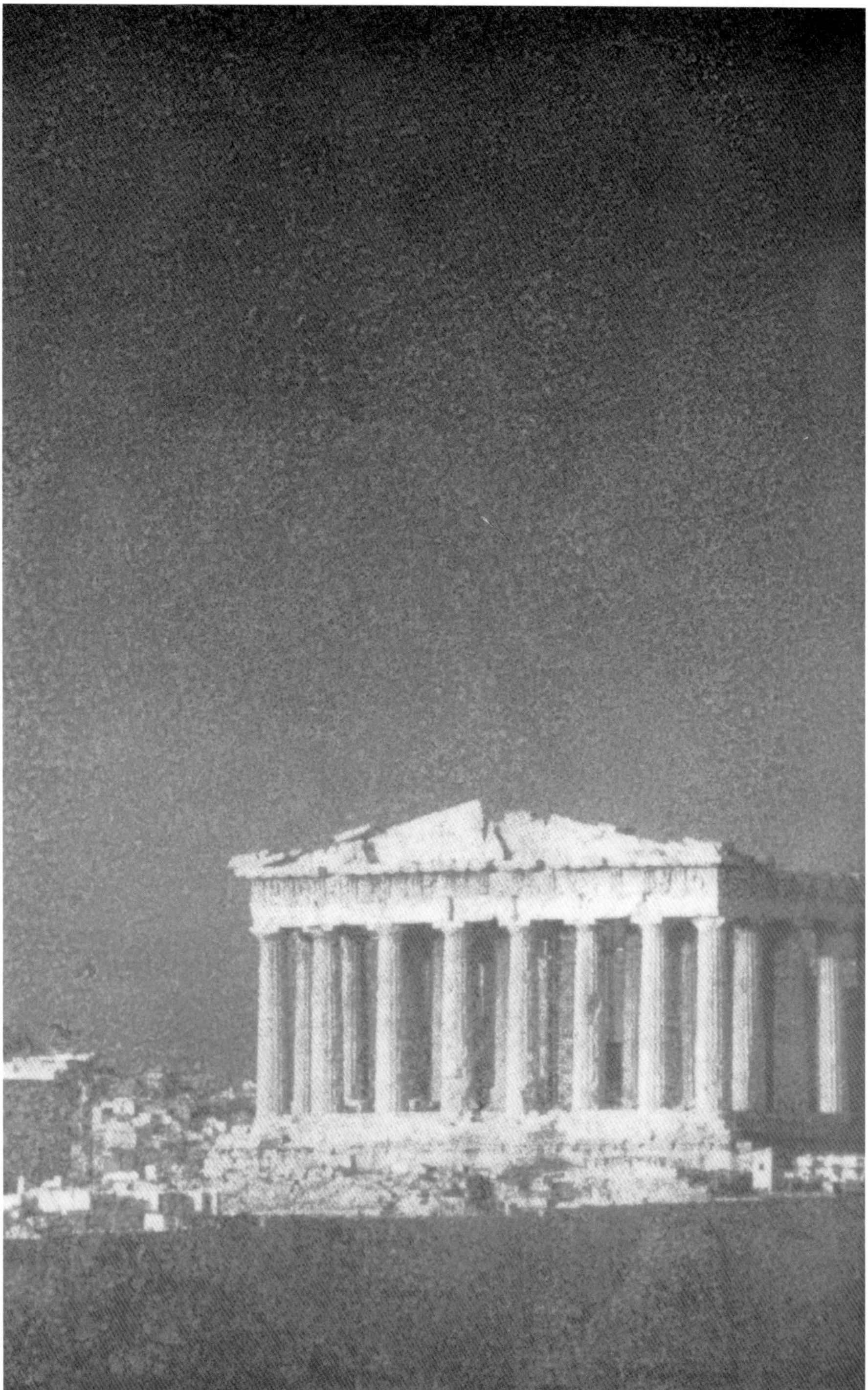

O Partenon (página anterior) é um monumento
da religiosidade e da democracia atenienses. Construído
entre 447 e 442 a.C., era dedicado à deusa Atena,
da qual guardava uma estátua com dez metros de altura,
adornada em marfim, ouro e pedras preciosas. Frisos nas
paredes do templo traziam imagens de outros deuses, como
Posídon, Apolo e Ártemis, que podem ser observados nesta
página. A construção do Partenon foi proposta por Péricles
e decidida numa assembleia em 446 a.C. A cada ano
a assembleia escolhia cinco cidadãos para fiscalizar a obra.

(acima) Apolo, que nesta ilustração
está sendo coroado, era o deus da luz
e das profecias e o protetor das artes.
Nietzsche chama de apolíneo
o princípio da luminosidade, medida
e serenidade responsável pelo
surgimento da filosofia entre os gregos.

(abaixo) Conta o mito que Atena surgiu
da cabeça de Zeus quando Hefesto
o golpeou com um machado.

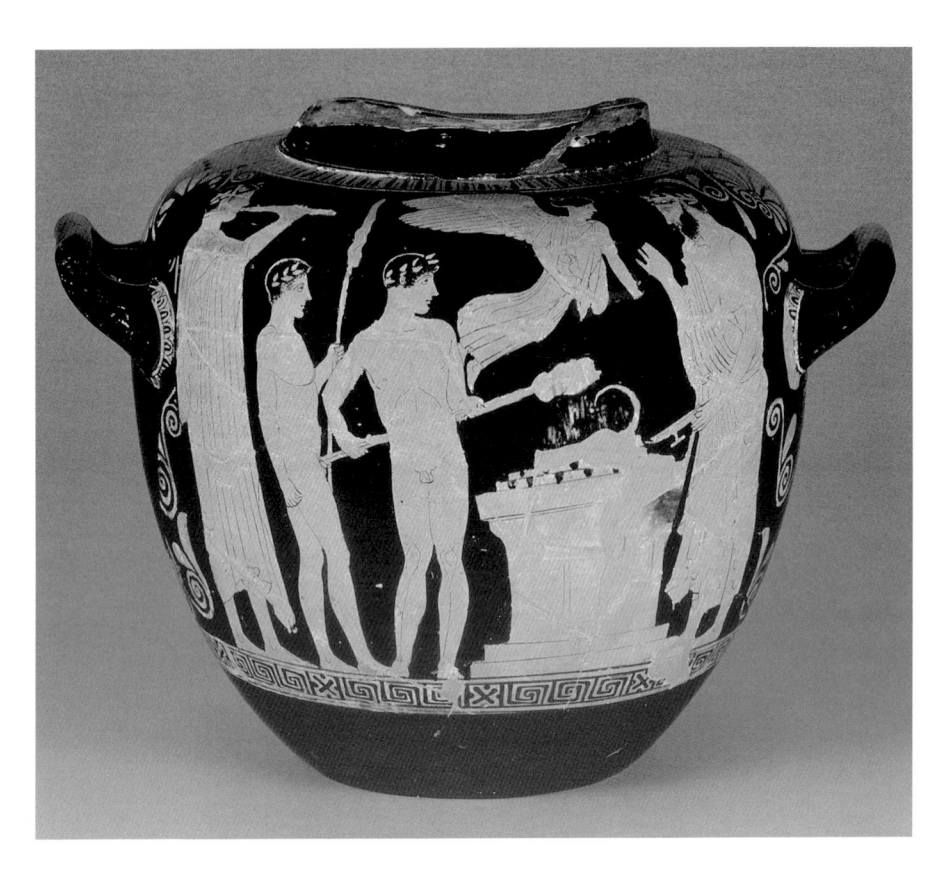

A pintura na vasilha (acima) mostra a carne de um animal sacrificado sendo assada num altar. Recipientes como este eram usados para misturar vinho e água em ocasiões como a festa descrita por Platão no *Banquete*, em que Sócrates conversa sobre o amor.

(à esquerda) A proximidade com o mar teve consequências duradouras sobre os atenienses, na dieta (embora o peixe não fosse alimento diário) e principalmente na política e no intercâmbio com outras culturas.

(página seguinte) O azeite, junto com pão, queijo, alho, cebola, grãos, vinho e mel, era o alimento cotidiano dos gregos.

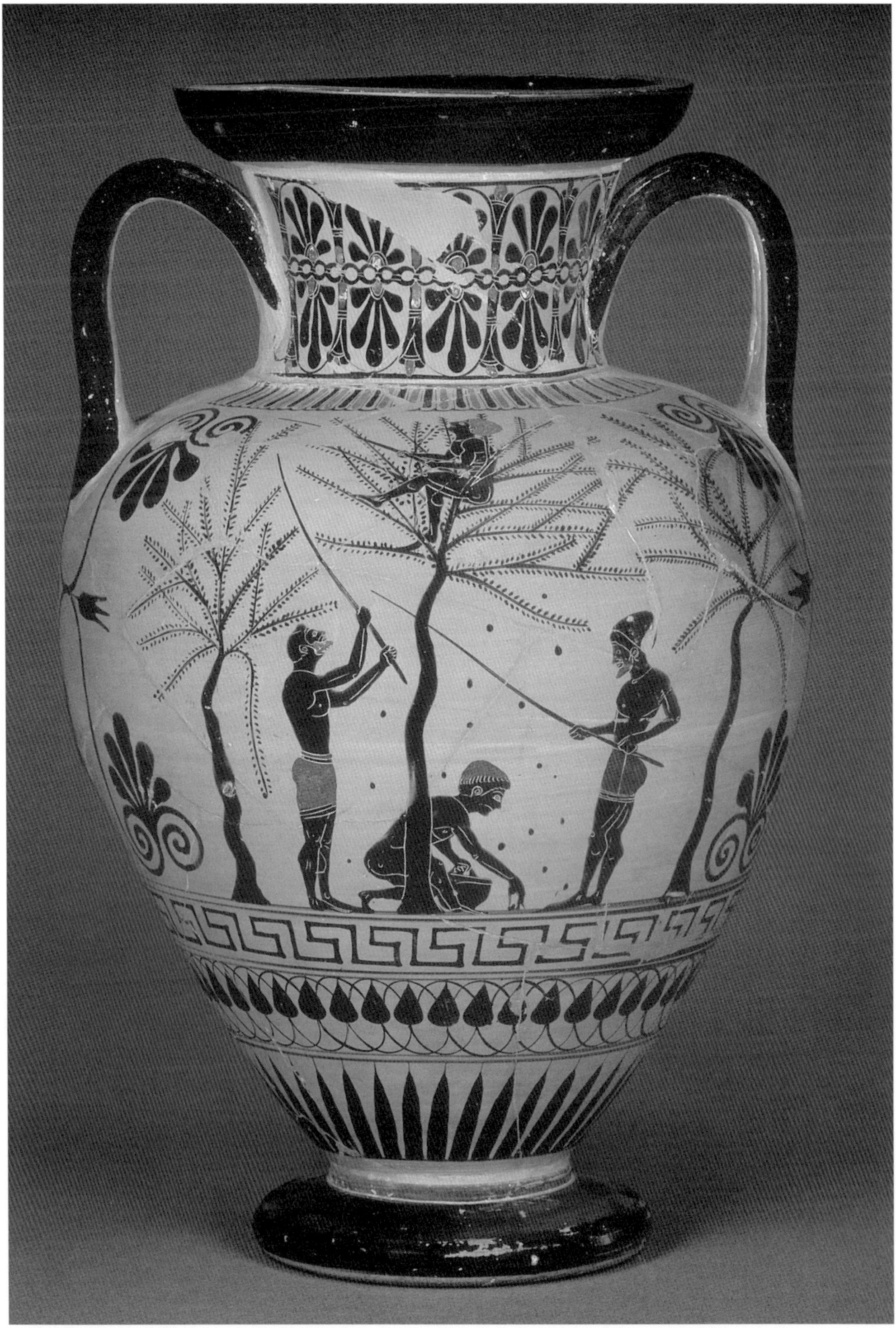

Vasos como estes, exemplos da arte cicládica na Idade do Bronze, atestam, em sua forma e motivos, a influência de Creta na cultura grega. A marca dos cretenses aparece também em outros campos. Platão e Licurgo, conhecido como o grande legislador de Esparta, muito provavelmente se inspiraram em suas instituições políticas.

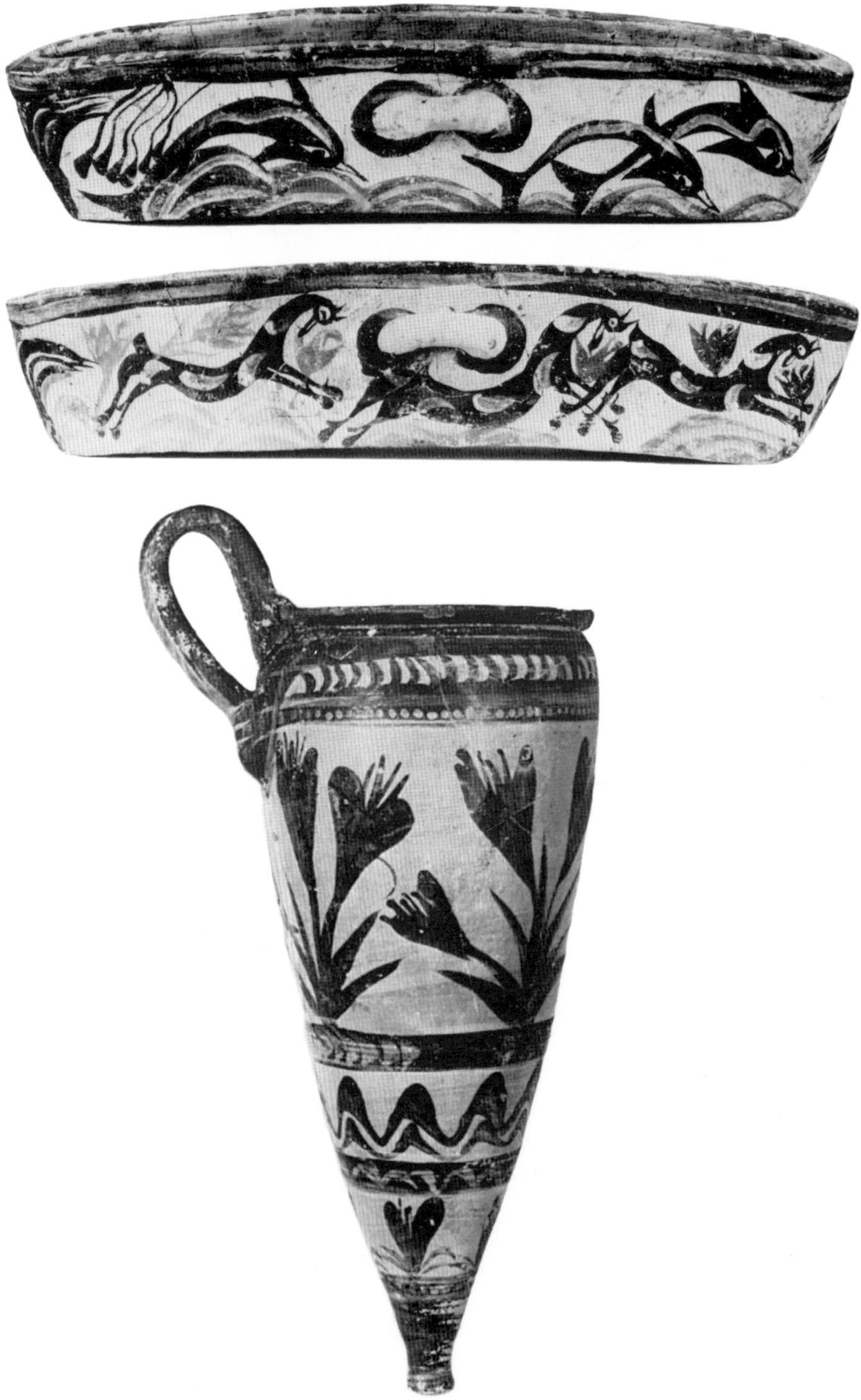

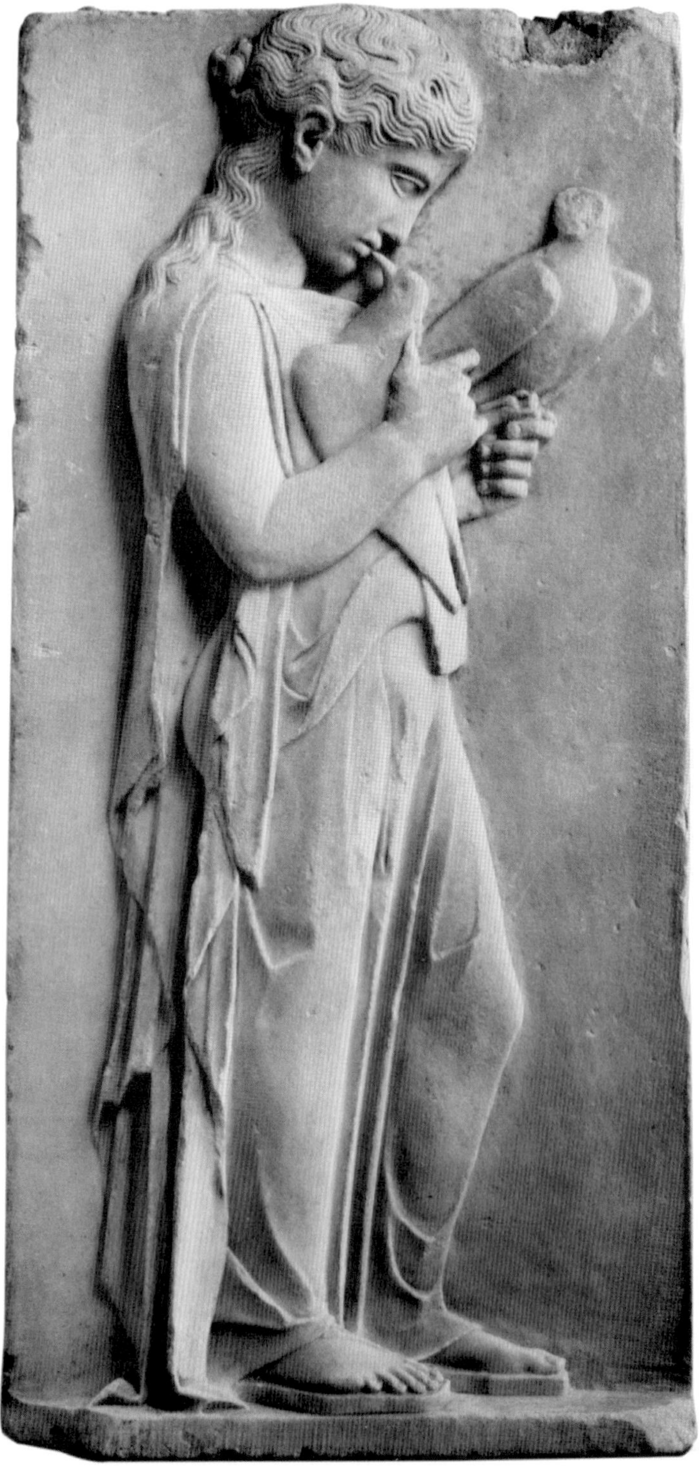

Em Atenas, a vida da mulher se passava sobretudo no recinto da casa. Em Esparta, as mulheres participavam dos exercícios esportivos e tinham mais liberdade. Aristóteles, na *Política*, aponta a origem dessa liberdade no fato de os espartanos passarem longos períodos em expedições militares. Mas nem em Atenas nem em Esparta as mulheres participavam propriamente da vida política.

Qual o destino do homem após a morte? Crenças gregas muito antigas diziam que a alma continuava a viver no túmulo com o corpo. Por isso se enterravam junto com o morto objetos que lhe fossem necessários na outra vida, e regularmente se levava alimento e bebida ao túmulo para saciar a fome e a sede. Havia também outras crenças. No *Fédon*, Sócrates fala de diferentes lugares para onde as almas vão conforme a vida que levaram.

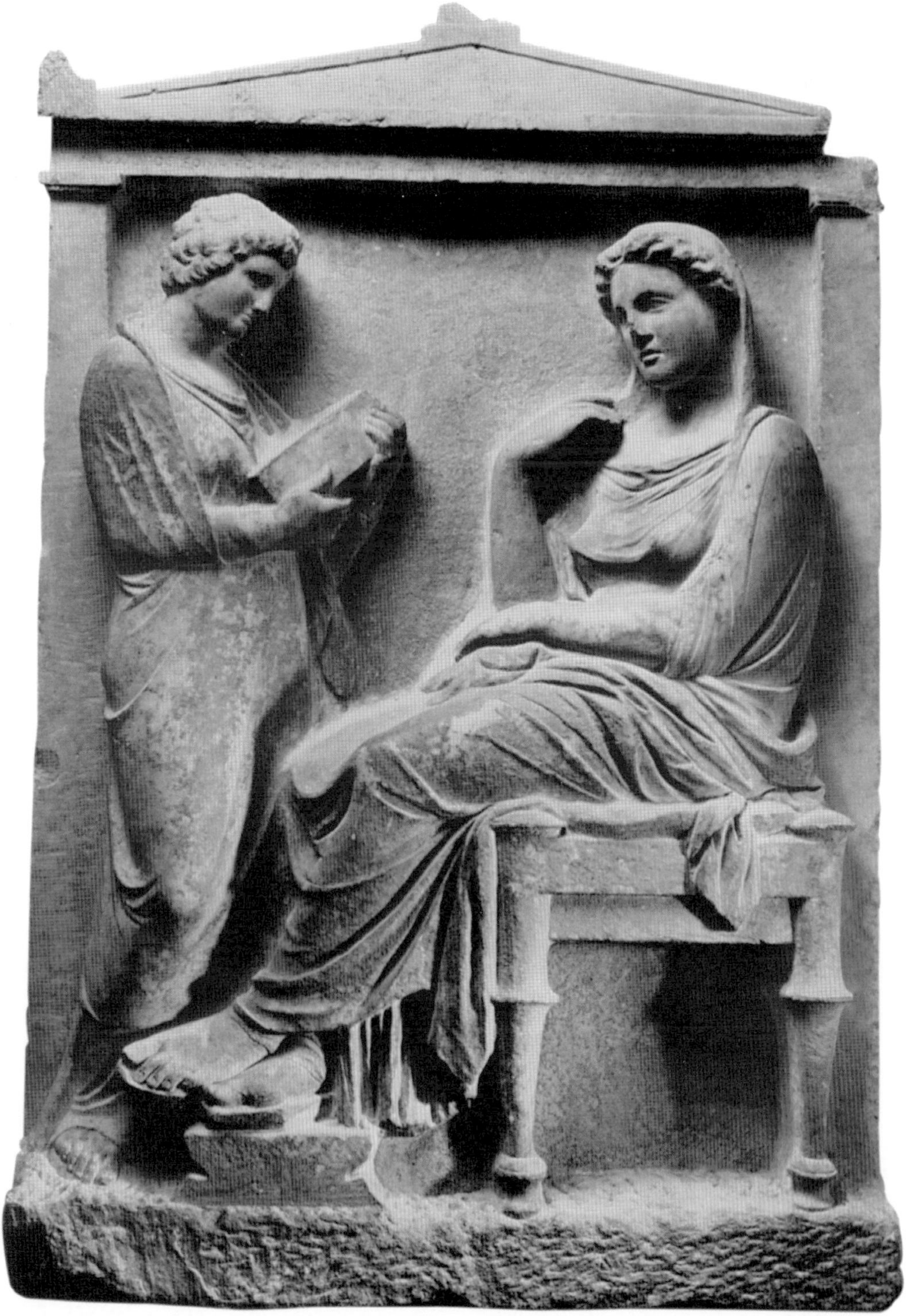

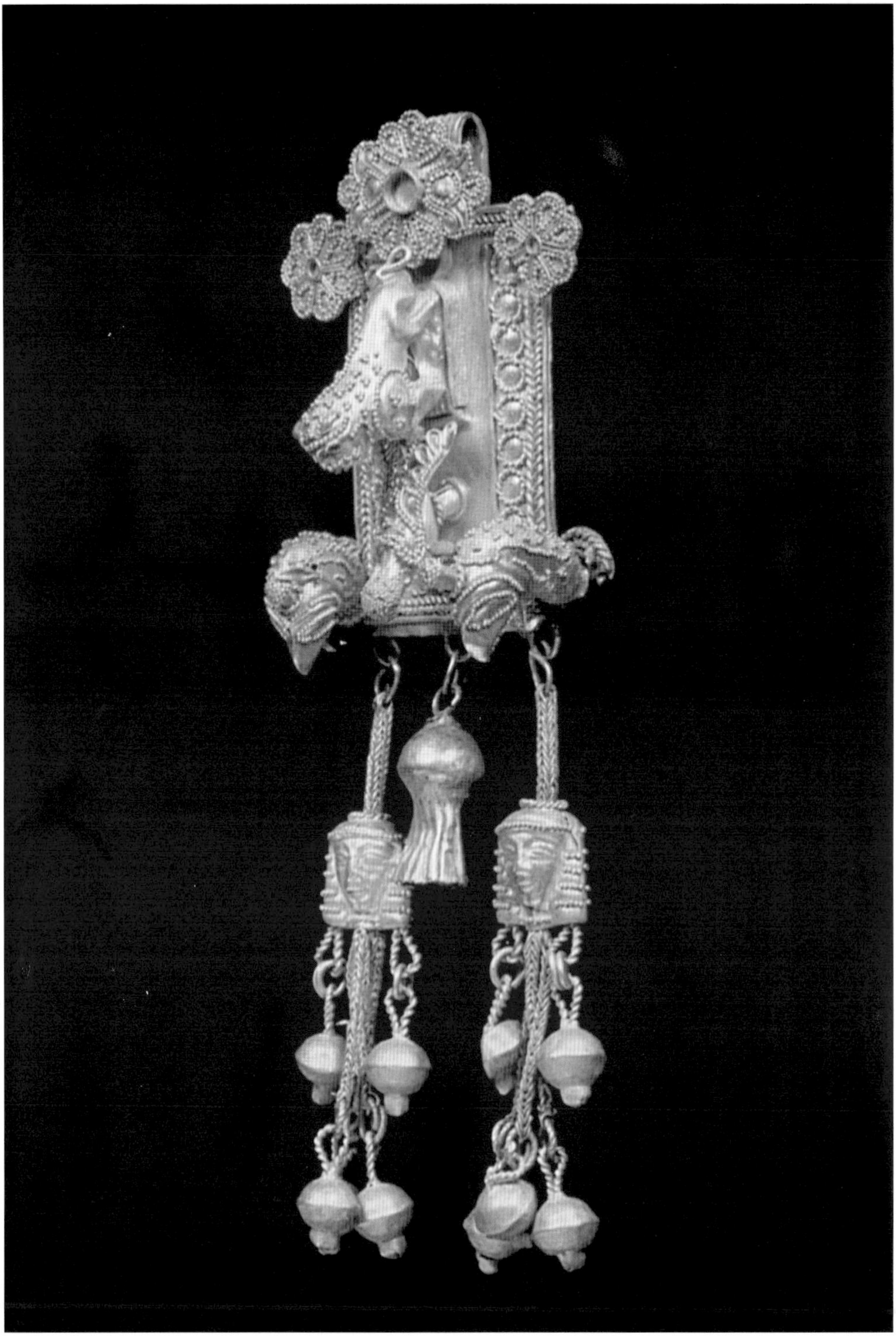

(página anterior) Este pingente, de 630-620 a.C., encontrado em Rodes, apresenta fortes traços orientais. O contato com o Oriente também deixou sua marca na filosofia e na religião gregas.

(ao lado) Estatueta de meados do século v a.C. encontrada em Delfos.

O morto, à esquerda com
o cachorro aos pés, aperta a mão
do vivo, num gesto interpretado
como união com os que ficam.

Homero conta na *Odisseia* a epopeia de Ulisses (segurando o braço de Penélope, sentada), que enfrentou todo tipo de perigo em sua volta de Troia a Ítaca, onde Penélope o esperou por vinte anos. Os poemas homéricos, ao encurtar a distância entre deuses e homens, prepararam o aparecimento da filosofia.

O oráculo mais famoso da Grécia ficava no santuário a Apolo, em Delfos. Ele era consultado sobre várias questões. Sócrates teria passado a se dedicar à filosofia após ler na porta desse templo a inscrição "Conhece-te a ti mesmo". A autoridade do oráculo também servia a outros propósitos. Na ilustração menor, Frixo foge num carneiro voador. Sua madrasta subornara os enviados do rei a Delfos para que dissessem ter recebido do oráculo a mensagem de sacrificar Frixo e sua irmã, Hele.

Abandonada por seu amante Zeus e vítima da enciumada Hera, Leto, grávida, vaga pelo mundo até encontrar abrigo na ilha de Ortígia (renomeada depois como Delo), onde deu à luz Apolo e Ártemis.

3. Os sofistas e Sócrates: o humano como tema e problema

ATENAS, CENTRO DO MUNDO GREGO

O período filosófico cujo estudo vamos iniciar agora (séculos V e IV a.C.) é fruto de dois deslocamentos: um, geográfico-político; outro, intelectual. O primeiro é o deslocamento da filosofia das colônias gregas da Ásia Menor e da Magna Grécia para a Grécia continental, para a região da Ática e, mais precisamente, para Atenas, que, desde o final da guerra contra os persas (da qual saíra vitoriosa), consolida as instituições democráticas e desenvolve seu poderio econômico e militar. O segundo, que se inicia com os sofistas e Sócrates, consiste na mudança do centro da reflexão filosófica, que deixa de ocupar-se com a natureza e a cosmologia, preocupa-se com a formação do cidadão e do sábio virtuoso, e se volta para os temas da política, da ética e da teoria do conhecimento. A *pólis* e os humanos tornam-se os objetos filosóficos por excelência. O período que agora estudaremos pode ser definido como aquele cujo início é narrado por Heródoto — a vitória de Atenas contra os persas — e cujo término é narrado por Tucídides — a derrota de Atenas na Guerra do Peloponeso. Neste intervalo transcorre o "século de Péricles" e floresce o império ateniense.

A Grécia Clássica

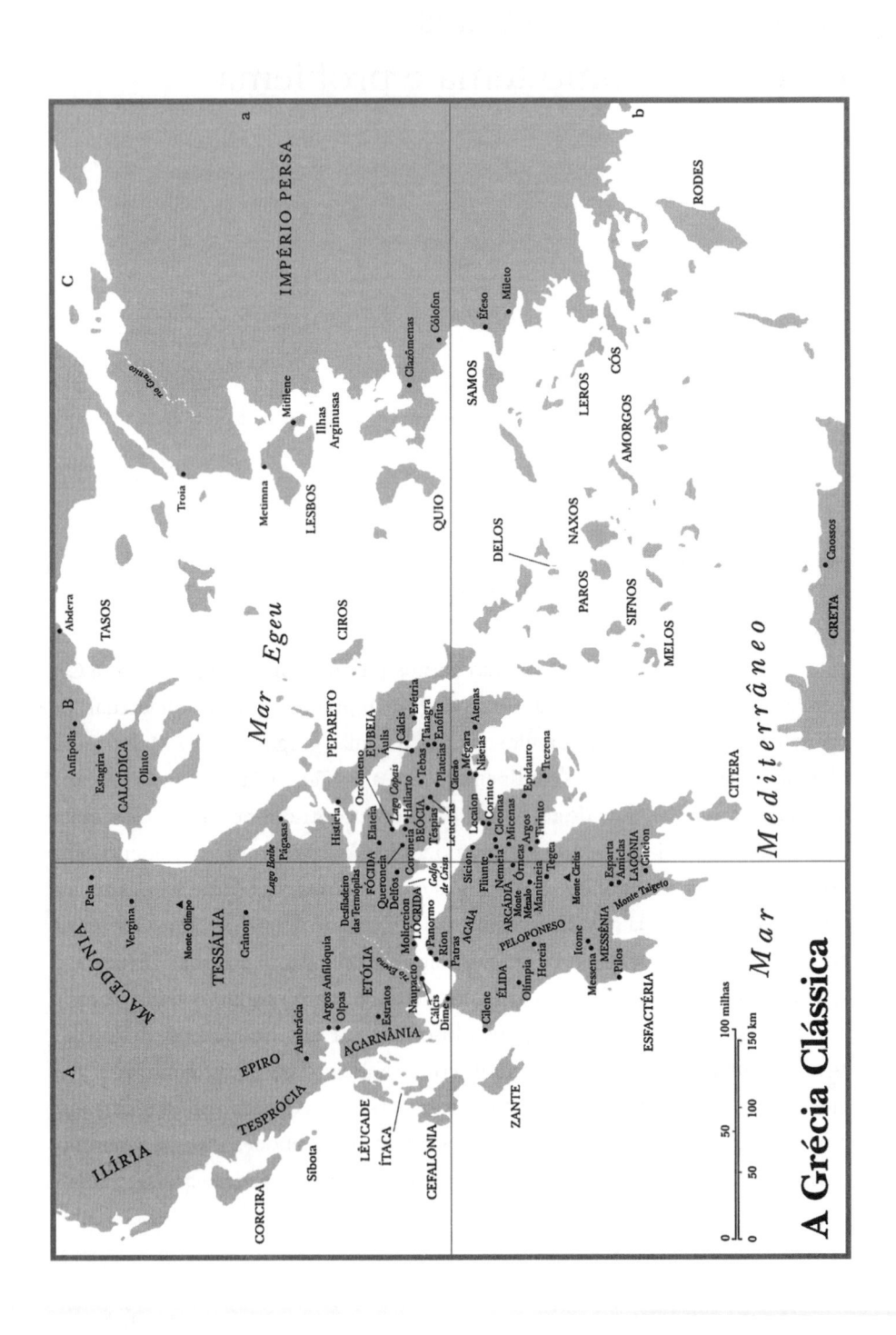

A INVENÇÃO DA DEMOCRACIA

Os atenienses gabavam-se de serem autóctones, isto é, inteiramente originários da Ática. Como escreve a helenista francesa Nicole Loraux, em *A invenção de Atenas*, "a autoctonia é o mito ateniense por excelência", pois com ele os atenienses figuravam para si mesmos e para os outros sua antiguidade, dignidade e superioridade. É, no dizer de Loraux, "um mito patriótico que encarna a unidade da coletividade ateniense" e confere aos atenienses o direito de se julgarem "os únicos gregos autênticos".

Desde seus primórdios, a cidade se organizara em pequenas vilas, onde se formaram uma classe de agricultores e outra de artífices; os indivíduos eram remunerados segundo seu trabalho e tratavam coletivamente dos negócios comuns. Pouco a pouco, surgiu uma nobreza agrária, famílias (*génos**) de proprietários fundiários e de guerreiros, ligadas por laços de sangue, formando a aristocracia e instituindo um regime escravista, como sempre fora o costume em todo o mundo antigo. Na verdade, o *génos* era mais do que a família: era a unidade formada pela família (ou a casa, *oîko**, constituída por pai, mãe, filhos, escravos, bens móveis e imóveis), pelo parentesco de sangue (ou a *ankhisteía*) e pela irmandade religiosa (ou a *phrátria*). Era, portanto, uma unidade social, econômica, religiosa e de poder. Este era exercido pelo chefe de cada família, o patriarca ou, em grego, o *despótes**, cuja vontade era a lei e que gozava do direito absoluto de vida e morte sobre todos os membros do *oîkos*. O poder era despótico. Por ser exercido pelos vários *despótes* de um *génos*, era o poder de alguns sobre muitos e o regime era uma oligarquia (*olígos*, alguns; *arkhía*, função suprema de governo). Frequentemente, as lutas entre os oligarcas criavam facções em disputa pelo poder, e de seus combates, muitas vezes, surgia um único vencedor, que se tornava tirano (*tyrannikós**) de Atenas. A cidade oscilava sem cessar entre a oligarquia e a tirania.

Em 594 a.C., Sólon, aproveitando-se da tradição ateniense das discussões públicas realizadas pelas assembleias dos *géne* (pois, embora oligárquico e, às vezes, tirânico, o poder nunca fora privilégio de um monarca que enfeixava em suas mãos a autoridade religiosa, militar e legal), ergueu barreiras para separar o poder dos *géne* e a *pólis*, instituindo leis válidas para todos os membros da cidade e que não poderiam ser violadas pelas tradições e costumes patriarcais ou despóticos. A divisão social de classes já não se fazia por famílias, mas pelas fortunas individuais. Essa mudança política decorreu da clara percepção de Sólon de que a terra ateniense era pobre e a agricultura não seria suficiente para manter a cidade, sendo necessário incentivar o comércio e o artesanato. Para isso, era preciso quebrar o poderio da nobreza fundiária, atrair estrangeiros e determinar a participação no poder político pelo critério da fortuna pessoal. As medidas de Sólon não impediram reações contra ele nem que, após sua morte, Atenas conhecesse a tirania de grupos aristocráticos. Por fim, a partir de 510 a.C., Atenas passa pela grande reforma de Clístenes, após a derrubada da tirania de Pisístrato.

A reforma de Clístenes institui o espaço político ou a *pólis* propriamente dita. Combinando elementos de aritmética, geometria e demografia, Clístenes reordena a Ática (na parte que constituía o território de Atenas) distribuindo os *géne*, de maneira a retirar deles, pelo modo de sua distribuição no espaço, a concentração de seus poderes aristocráticos e oligárquicos. Para tanto, faz com que a unidade política de base e a proximidade territorial não coincidam, de sorte que *géne* vizinhos não constituam uma base política legalmente reconhecida, impedindo, assim, seu poderio.

Como procede Clístenes? Em primeiro lugar, reordena o espaço para definir cada unidade territorial: cria a trítia, uma circunscrição territorial de base, e institui trinta trítias. Em seguida, reordena a distribuição dos *géne* para definir cada unidade social: reúne os *géne* em dez tribos, cada uma das quais formada por três trítias, atribuídas a cada tribo por sorteio; o essencial, porém, foi a localização de cada uma das três trítias, pois não eram vizinhas e sim situadas em três pontos diferentes (uma no litoral, uma no interior e uma na cidade). A seguir, define a unidade política, o *démos*; cada trítia é formada por um conjunto de *démoi*, cada grupo de cem *démoi* constituindo a unidade política de base, cada qual com suas assembleias, seus magistrados e suas festas religiosas, espaço público onde os atenienses fazem o aprendizado da vida política. A *pólis*, portanto, não era a cidade como conjunto de edifícios e ruas, nem os grupos de parentela, e sim o espaço político do território ateniense, tendo Atenas em seu centro urbano.

Como era a vida política instituída por Clístenes? O reformador criou as duas mais importantes instituições políticas de Atenas: a *Boulé** e a *Ekklesía**. A *Boulé*, tribunal que cuidava dos assuntos cotidianos da cidade ou das relações entre os cidadãos, era o conselho de quinhentos cidadãos sorteados, a cada reunião, entre os membros de todos os *démoi*, sorteio que assegurava a todos o direito de, periodicamente, participar diretamente das decisões da *pólis*. A *Ekklesía* era a Assembleia Geral de todos os cidadãos atenienses, na qual eram escolhidos por voto os magistrados, discutidos e decididos publicamente os grandes assuntos da cidade, sobretudo os concernentes à guerra e à paz. Para assinalar o caráter igualitário da vida política, Clístenes fez construir um espaço circular — num local chamado Pnyx — no qual se reuniam a *Boulé* e a *Ekklesía*. Mas não só isso. Frequentemente, o Conselho dos Quinhentos e a Assembleia Geral se reuniam por vários dias (dependendo da gravidade do assunto, a *Ekklesía* poderia ficar reunida por várias semanas); para garantir que mesmo os cidadãos mais pobres pudessem participar dessas reuniões, foi instituída uma remuneração, de maneira a assegurar o sustento deles e de suas famílias enquanto estivessem sem trabalhar. O Conselho dos Quinhentos e a Assembleia Geral suplantaram em importância a mais antiga instituição política de Atenas, o Aerópago (de *áreios págos*, rochedo de Ares), tribunal e conselho responsável pelo código de leis de Atenas e cuja criação, segundo a tradição, teria sido recomendada aos atenienses por Atena, patrona da cidade.

Com a reforma de Clístenes, inicia-se a democracia (*démoi*, os cidadãos; *krátos**, o poder: o poder dos cidadãos). Para avaliarmos a originalidade dessa instituição, basta que comparemos seu nome e o dos outros três regimes políticos, isto é, monarquia, oligarquia e anarquia. Podemos observar que estes últimos são palavras compostas com um derivado de *arkhé*, isto é, *arkhía*, termo que designa a função suprema de governo. A *monarkhía* atribui a um só (*monas*) a função soberana de governo; a *oligarkhía* a atribui a alguns (*oligói*); e a *anarkhía*, usando um prefixo negativo (*an*), indica que ninguém exerce a função de governo. Em vez de *demoarkhía*, a palavra escolhida foi *demokratía*, em que *krátos* (força, poder, senhorio) não designa uma função — a função de governo — e sim o princípio da própria soberania, ou seja, os cidadãos. Assim, se *aristokratía* quer dizer o poder dos melhores ou dos excelentes (*áristoi**), *demokratía* quer dizer o poder do *démos*. Poderíamos supor que se a palavra democracia não designa a função soberana de governo, então ninguém a exerce e o regime seria uma espécie de anarquia ou falta de governo. Não é, porém, o caso. Qual é o poder do *démos*? A força das leis. Na democracia, a função soberana não cabe a alguém ou a alguns, mas à lei; e a desobediência a ela é a anarquia.

A democracia ateniense possui algumas características que a tornam diferente das democracias modernas, ainda que estas se inspirem nela para se constituírem. Em primeiro lugar, nem todos são cidadãos. Mulheres, crianças, estrangeiros e escravos estão excluídos da cidadania, que existe apenas para os homens livres adultos naturais de Atenas. Em segundo, é uma democracia direta ou participativa e não uma democracia representativa, como as modernas. Em outras palavras, nela os cidadãos participam diretamente das discussões e da tomada de decisão, pelo voto. Dois princípios fundamentais definem a cidadania: a *isonomía**, isto é, a igualdade de todos os cidadãos perante a lei, e a *isegoría**, isto é, o direito de todo cidadão de exprimir em público (na *Boulé* ou na *Ekklesía*) sua opinião, vê-la discutida e considerada no momento da decisão coletiva. Assim, a democracia ateniense não aceita que, na política, alguns possam mais que outros (exclui, portanto, a oligarquia, isto é, o poder de alguns sobre todos); e não aceita que alguns julguem saber mais do que os outros e por isso ter direito de, sozinhos, exercer o poder. Desse modo, exclui da política a ideia de competência ou de tecnocracia. Na política, todos são iguais, todos têm os mesmos direitos e deveres, todos são competentes.

Assim, por exemplo, a discussão sobre a entrada ou a saída de Atenas numa guerra era feita por todos os cidadãos em assembleia. Se decidida a entrada na guerra, então e somente então, os especialistas ou técnicos eram chamados a opinar segundo suas competências próprias: os carpinteiros e armadores, para decidir sobre os melhores navios; os capitães, para decidir sobre o melhor momento para partir (ventos, marés, posição dos astros que guiam os marinheiros); os estrategistas, para decidir a melhor forma de conduzir a batalha. Numa palavra, os técnicos apresentavam suas competências *depois* e não antes de tomada a decisão política, pois esta era tomada pelos iguais, todos os cidadãos. A democracia não admitia a confusão entre a dignidade política, que era de todos, e a competência técnica, que se distribuía segundo a especialidade de cada um.

Para um cidadão ateniense seria inconcebível e inaceitável que alguém pretendesse ter mais direitos e mais poderes que os outros valendo-se do fato de conhecer alguma coisa melhor do que os demais. Em política, todos dispunham das mesmas informações (quais eram as leis, como operavam os tribunais, quais os fatos que iriam ser discutidos e decididos), e possuíam os mesmos direitos, sendo iguais. A democracia ateniense julgava tirano todo aquele que pretendesse ser mais, saber mais e poder mais do que os outros em política.

Economicamente, Atenas desenvolvia sobretudo as atividades do artesanato e do comércio. Seu porto, o Pireu, era um porto cosmopolita ao qual chegavam e do qual partiam todos os produtos do mundo conhecido. Era um centro urbano e um poder naval sem precedentes, criando um império que, no dizer de seu historiador Tucídides, será a causa de sua ruína (as rivalidades com outras cidades, as rebeliões das colônias, que levarão à Guerra do Peloponeso).

Que imagem os atenienses possuíam de si mesmos? Nenhum texto é melhor para responder a essa pergunta do que a chamada "Oração de Péricles" ou "Oração Fúnebre", discurso que Péricles teria proferido no funeral cívico dos primeiros mortos durante o primeiro ano da Guerra do Peloponeso. Desse discurso, transcrito por Tucídides na *História da Guerra do Peloponeso*, mencionamos aqui dois pequenos trechos:

> Sabemos conciliar o gosto pelo belo com a simplicidade e o gosto pelos estudos com a coragem. Usamos a riqueza para a ação e não para uma vã exibição em palavras. Entre nós, não é desonroso admitir a pobreza; mas o é não tentar evitá-la. Os mesmos homens podem dedicar-se aos seus negócios particulares e aos do Estado; os simples artesãos podem entender suficientemente das questões políticas. Somente nós consideramos quem delas não participa um inútil, e não um ocioso. É por nós mesmos que decidimos dos negócios da cidade e deles temos uma ideia exata: para nós, a palavra não é nociva à ação; o que é nocivo é não informar-se pela palavra antes de se lançar à ação. [...] Digo que nossa cidade, no seu todo, é a escola de toda a Hélade (Tucídides, II, 40).

Quanto à democracia, eis o que diz Péricles:

> Nossa constituição nada tem a invejar dos outros: é modelo e não imita. Chama-se democracia porque age para o maior número e não para uma minoria. Todos participam igualmente das leis concernentes aos assuntos públicos; é apenas a excelência de cada um que institui distinções e as honras são feitas ao mérito e não à riqueza. Nem a pobreza nem a obscuridade impedem um cidadão capaz de servir à cidade. Livres no que respeita à vida pública, livres também o somos nas relações cotidianas. Cada um pode dedicar-se ao que lhe dá prazer sem incorrer em censura, desde que não cause danos. Apesar dessa tolerância na vida privada, nós nos esforçamos para nada fazer contra a lei em nossa vida pública. Permanecemos submetidos aos magistrados e às leis, sobretudo àquelas que protegem contra a injustiça e às que, por não serem escritas, nem por isso trazem menos vergonha aos que as transgridem (Tucídides, II, 37).

O SÉCULO DE PÉRICLES

O período que vai de 440 a 404 a.C., período de trinta e seis anos, é conhecido como o "século de Péricles" (século, neste caso, significa época, e não a cronologia de cem anos), isto é, o período do governo democrático de Atenas em sua plenitude, situado antes do início da Guerra do Peloponeso (431 a.C.) e o término dela (404 a.C.). Evidentemente, as grandes realizações culturais de Atenas não se iniciam nem terminam nessas datas: antes de Péricles, a cultura já é florescente e as mudanças de mentalidade já existem; depois do fim da guerra, ainda Sócrates está ensinando nas ruas de Atenas, Platão irá fundar a Academia e Aristóteles, o Liceu. A expressão "século de Péricles" significa, por um lado, que durante este período consolidaram-se as tendências culturais que vinham sendo criadas e, por outro, surgiram novas tendências que iriam prosseguir nos séculos seguintes, até o domínio da Grécia pelos macedônios e romanos. A expressão "século de Péricles" pretende salientar que Péricles estimulou e patrocinou a cultura ateniense e a levou ao seu momento de maior esplendor. O historiador da filosofia Eduard Zeller assim descreve a Atenas de Péricles:

> Atenas, pelo papel de liderança na guerra contra os persas, pela prosperidade econômica crescente e pelos poetas que haviam elevado sua vida intelectual a alturas jamais alcançadas antes, tornou-se o centro intelectual da Grécia. Quem quisesse ganhar reputação como pensador tinha de passar por Atenas. Os produtos do mundo inteiro estavam à disposição do cidadão de Atenas. Novas estátuas dos deuses erguiam-se com esplendor, no imortal trabalho dos mais finos artistas. O povo ouvia, nos festivais de Dioniso, as palavras e cantos da tragédia e deliciava-se com a engenhosidade flamejante e barulhenta da comédia. Multidões se acotovelavam nas salas de conferências dos sofistas, com sua nova sabedoria vestida no manto belo e sedutor da linguagem, convidando os jovens a serem seus alunos. O *démos* aquecia-se ao sol, na serena consciência de seu poder, quando se sentava no Pnyx e nos tribunais (Zeller, 1931, p. 95).

Vamos, aqui, destacar alguns aspectos da nova cultura que se implanta antes de Péricles, floresce com ele e prossegue depois dele: a tragédia, as artes e técnicas ou ofícios, a medicina, a sofística e a filosofia socrática.

A TRAGÉDIA

A tragédia é um gênero poético — é a origem do teatro —, nascido dos cultos religiosos a Dionisos (*trágos* é o bode expiatório dos sacrifícios rituais que representam a morte e o renascimento de Dionisos). Entre os séculos v e iv a.C., a Grécia conhece seus maiores trágicos: Ésquilo, Sófocles e Eurípides. Como gênero teatral, a tragédia é encenada em dois espaços: o palco, onde ficam os atores que, falando em prosa, representam os heróis e heroínas, e o coro, onde fica um grupo de pessoas que não são atores profissionais e que, cantando em verso, narram e comentam o que se passa no palco. A palavra encontra-se, assim, dividida entre o palco e o coro. Vamos destacar, na tragédia, apenas três aspectos, pois seria impossível, aqui, falarmos de toda a riqueza cultural que ela traz (voltaremos a ela no capítulo dedicado a Aristóteles).

A tragédia como instituição social. O primeiro aspecto, apontado por Jean-Pierre Vernant, é a tragédia como uma instituição social de cunho democrático. Instituição social e não apenas uma manifestação literário-teatral. Instituição, em primeiro lugar, porque as tragédias são escritas e representadas durante as festas cívicas de Atenas; em segundo, porque o coro é formado por um colégio de cidadãos; em terceiro, porque a cidade paga e financia a escrita e a apresentação das peças; em quarto lugar e sobretudo, porque a tragédia é uma reflexão que a cidade faz sobre o nascimento da democracia.

De fato, a tragédia coloca no palco deuses e personagens do mundo aristocrático (reis, rainhas, príncipes e suas famílias), definidos pelos valores da aristocracia, isto é, pela coragem na guerra, pela beleza física e pelos laços de sangue ou de família, mas coloca no coro um colégio de cidadãos que, comentando as ações que transcorrem no palco, avalia, julga e dialoga com as personagens aristocráticas. Dessa maneira, a distribuição cênica visa marcar a diferença entre o passado aristocrático, que está no palco, representado por artistas profissionais, e o presente democrático, que está no coro, cantado pelos cidadãos. Que ação se desenrola no palco? Uma sequência de crimes sangrentos, impostos pela lei da família ou da aristocracia, que exige que um crime sangrento em seu interior seja vingado por outro crime sangrento em seu interior. Há sempre um primeiro crime sangrento na família (um parricídio, um matricídio, um fratricídio, um infanticídio) e a tragédia narra a exigência imposta pelos deuses (particularmente pelas protetoras da família, as Eríneas Vingadoras) de que esse crime seja vingado por um outro tão sangrento quanto ele (a *díke* aristocrática impõe a justiça como pena de talião, isto é, olho por olho, dente por dente). Ora, esse novo crime, por sua vez, exige reparação por meio de um novo crime sangrento e a sequência dos crimes sangrentos é interminável, revelando que a lei de uma sociedade aristocrática é a vingança sem fim. Uma das funções da tragédia é mostrar que essa lei precisa ter e pode ter um fim. De fato, as tragédias costumam ser escritas formando trilogias e, na terceira peça, os deuses, que, desde a primeira, determinaram a obrigatoriedade da vingança, se reúnem e discutem se, afinal, devem continuar impondo essa lei aos mortais, ou se cabe aos mortais julgar os próprios mortais, criando as leis e os tribunais. Decidem que os mortais julguem os mortais. A tragédia narra, assim, o advento da *pólis*, das leis, do direito e da política democrática. No palco, está o passado aristocrático terminado; no coro, o presente democrático da cidade. A exposição mais clara dessa relação entre o passado e o presente da cidade encontra-se em Ésquilo e, nele, na trilogia *Oréstia*. Na terceira peça dessa trilogia, *As Eumênides*, Atena é o árbitro que impõe o fim da lei do *génos*, recomendando aos atenienses, seu povo, que assumam a responsabilidade da justiça. Do alto do rochedo de Ares, ela declara:

> Cidadãos de Atenas! Como ireis agora julgar pela primeira vez um crime sangrento, escutai a lei de vosso tribunal. Sobre este rochedo de Ares, doravante, sentar-se-á perpetuamente o tribunal que fará a raça toda dos Egeus ouvir o julgamento de todo homicídio. [...] Este rochedo é chamado de Areópago. Aqui, Respeito e Temor, seu irmão, noite e dia igualmente, manterão meus cidadãos longe do crime, enquanto conservarem inalteradas as leis [...]. Não mancheis a pureza das leis com a impureza de estratagemas [...]. Guardai bem e com reverência vossa forma de governo. Nem anarquia nem despotismo, eis a regra que aconselho a cidade a observar com respeito. E não expulseis todo temor para fora das muralhas de vossa cidade [...]. Aqui fundo um tribunal inviolável, sagrado, mantendo uma fiel observância para que os homens possam dormir em paz.

O público e o privado. O segundo aspecto da tragédia, longamente estudado por Hegel, é o conflito entre duas leis: a lei da família e a lei da cidade. Sua maior expressão encontra-se em Sófocles, na tragédia *Antígona*. O conflito se estabelece entre Antígona — que representa a família — e Creonte — que representa a cidade. Os irmãos de Antígona, Etéocles e Polinice, lutam em partidos contrários; Polinice, acusado por Creonte de traição política, é vencido e morto em combate por Etéocles. Como traidor político, a lei da cidade não lhe dá o direito a funeral e sepultura. E é isso que atormenta Antígona, enchendo-a de dor. Por quê? Na religiosidade aristocrática, um guerreiro valoroso que morre em combate na flor da juventude está prometido à imortalidade. Para tê-la, é preciso que seu corpo morto permaneça inviolado (sem sofrer degradação por animais e intempéries), a fim de que dele nasça sua imagem viva e inteira, sua sombra, pois é esta que irá para o Hades e será imortal. O ritual fúnebre limpa, purifica, adorna e perfuma o corpo morto e o protege com a sepultura. E é isso que a lei da cidade não pode conceder a Polinice. O amor fraterno levará Antígona a enfrentar Creonte, realizando os ritos fúnebres e enterrando o irmão. Ao fazê-lo, condena-se também à morte. Seu julgamento contém o célebre diálogo com Creonte:

Creonte: Assim, ousaste transgredir a lei?
Antígona: Sim, pois não foi proclamada por Zeus! Nem por Justiça, sentada ao lado dos deuses subterrâneos [as Eríneas Vingadoras]! Essas não são as leis que fixaram para os homens e jamais pensei que tivesses defesas tão poderosas capazes de permitir a um mortal transgredir as leis não escritas, as inabaláveis leis divinas.

A tragédia, além de narrar a diferença entre o passado e o presente, também narra os conflitos entre as leis não escritas do costume (o passado familiar, legislado pelos deuses) e as leis escritas da cidade (o presente democrático, legislado pelos homens). Numa linguagem contemporânea, diríamos que a tragédia expõe a contradição entre o público e o privado.

O herói e a heroína trágicos. O terceiro aspecto da tragédia que nos interessa aqui é a figura do herói trágico ou da heroína trágica: são figuras da dor, personagens marcadas pelo conflito entre sua vontade e seu destino, sua consciência e sua obrigação fatídica, sua ignorância e o cumprimento do que lhes foi reservado pela vontade insondável dos deuses. Sua dor desperta terror e esse terror se exprime nos cantos do coro porque são figuras da culpa e da maldição sem que tivessem agido com conhecimento de causa. São personagens que nunca sabem o que imaginam saber e que, por ignorância quanto ao que lhes foi destinado pelos deuses, realizam ações que causarão sua própria desgraça e a dos que as rodeiam. Mas não só isso. O que mais nos impressiona nas figuras trágicas é o fato de que dispõem de sinais e indícios que lhes permitiriam, fossem outras as circunstâncias, conhecer sua situação e o sentido de sua ação e, no entanto, não podem percebê-los nem compreendê-los. Eis por que quando o herói ou a heroína julgam estar fazendo sua própria vontade segundo seus próprios conhecimentos, estão apenas cumprindo, sem saber, a vontade dos deuses; e quando julgam estar cumprindo as leis divinas e familiares, cumprindo a vontade dos deuses, estão realizando, sem saber, sua própria vontade. Neles, conhecimento é ignorância (do destino). A tragédia expõe a contradição insuperável entre a necessidade (o destino) e a existência da vontade, da liberdade e da consciência de nossas ações; e a contradição entre a vontade dos deuses e a nossa. A *hýbris** do herói ou da heroína, a desmedida e desproporção de suas ações nascem da ânsia de ser senhor de si e de seu próprio destino e de só consegui-lo cumprindo o Destino. Mais do que nos outros poetas trágicos, é em Eurípides que melhor aparece a oposição entre a vontade consciente do indivíduo e a necessidade fatal ou o destino.

Nas tragédias de Eurípides, a individualidade é acentuada e a oposição entre o humano e o divino vai sendo transfigurada numa oposição interior ao próprio agente, aparecendo cada vez mais como crise ou luta interna entre paixões destrutivas que arrastam a personagem em direções contrárias, fazendo-a responsável, em alguma medida, por suas ações. Sob este aspecto, é sintomática uma fala de Hécuba na tragédia *As troianas*:

> Tu, portador da terra, quem quer que sejas, inacessível à procura humana. Zeus, quer sejas a lei do mundo ou o espírito do homem, a ti dirijo minha súplica, visto que caminhando por sendas calmas governas o destino dos homens com justiça.

A súplica se dirige a um "quem quer que sejas" e que pode ser "lei do mundo ou espírito do homem". Dessa maneira, o lugar do divino, que era "inacessível à procura humana", se torna acessível, pois o divino tanto pode ser a lei imanente ao cosmo (o governo justo do mundo, as leis da natureza) ou simplesmente o próprio espírito humano. No entanto, seja num caso como noutro, a prece de Hécuba se dirige a um ouvido que ela não sabe onde está, e ao qual ela pede uma justiça (que sejam destruídos os destruidores de Troia) que, afinal, se realizará ou pelas leis da natureza ou por vontade do espírito humano.

Nessa mesma peça, Hécuba ataca Helena, responsabilizando sua lascívia e seu adultério pela Guerra de Troia, de maneira que a guerra não é um destino imposto pelos deuses, mas efeito de paixões humanas. A aparição da responsabilidade individual e da culpa como consciência dos excessos dos próprios atos humanos indica que a tragédia não é apenas uma reflexão sobre a democracia, mas já se tornou um fruto dela.

A TÉCNICA

Quando realizou suas reformas, Sólon, para desfazer o poderio das famílias aristocráticas (ligadas à terra e à guerra), estimulou o desenvolvimento e o enriquecimento dos artesãos, patrocinando as técnicas e criando honrarias para os ofícios. Na mesma linha prosseguiu Clístenes, quando da implantação da democracia. Essa atitude dos reformadores fez com que Atenas se tornasse receptiva a todos os desenvolvimentos técnicos feitos em outras partes da Grécia e em suas colônias. Se as artes — como a tragédia, a poesia, a escultura, a arquitetura — florescem no século de Péricles, é porque já havia uma tradição de valorização dos ofícios e dos artesãos, na linha da valorização que vimos teorizada por Demócrito, quando narra a origem da vida em sociedade.

A *pólis* democrática, ao valorizar as artes e ofícios, desfaz o núcleo mítico que presidia as técnicas, isto é, a crença de que haviam sido dadas aos homens pelos deuses (Prometeu roubando o fogo divino para dá-lo aos homens, o centauro Quíron dando a Asclépios a medicina, Deméter ensinando aos mortais a agricultura etc.). Assim como a cosmologia naturaliza o *kósmos*, a democracia humaniza as técnicas.

Há, na maneira como os gregos, e particularmente os atenienses, encaram as artes e ofícios, alguns aspectos que nos interessam aqui:

1) A técnica (*tékhne**) é um saber prático obtido por experiência e realizado por habilidade; exige grande capacidade de observação, memória e senso de oportunidade. Refere-se a toda atividade humana realizada de acordo com regras que ordenam a experiência, afastando o acaso. Essa atividade é designada com a palavra *poíesis**, vinda do verbo *póien*, fazer, significando uma ação cuja finalidade é exterior ao agente, pois a finalidade de uma técnica se encontra no objeto fabricado.

2) A técnica não é uma produção no sentido moderno que damos ao ter-

mo, isto é, não cria alguma coisa, mas transforma uma matéria em alguma coisa que essa matéria está apta a receber (a madeira está apta a receber a forma da mesa ou da cadeira que o artesão lhe der). É fabricação. O técnico age sobre a *dýnamis** de uma certa matéria, ou seja, sobre a disponibilidade virtual ou aptidão potencial dessa matéria para receber uma forma nova.

3) A técnica não é uma intervenção para dominar a natureza, mas para usá-la em favor dos homens e do que é útil para eles. Opera com formas visíveis (*eîdos*, *eíde**) que são descobertas ou trazidas à existência a partir de uma potencialidade da matéria ou da natureza: o técnico dá forma (fabrica um *eîdos*) porque conhece a matéria e conhece as formas (os *eíde*) que são adequadas a cada matéria, realizando uma atividade que se materializa num *érgon*, isto é, numa obra visível. A obra (*érgon*) não precisa ser uma coisa — mesa, estátua, espada, escudo, tigela, manto —, mas pode ser uma ação, como é o caso da obra do médico, do ator, do dançarino ou do estrategista.

4) Os instrumentos técnicos empregados na fabricação de outros objetos não são instrumentos de precisão e sim extensões do corpo humano, órgãos fabricados para ampliar as forças e habilidades dos órgãos humanos. Em outras palavras, a técnica toma a força humana, a força animal, os instrumentos de fabricação e os utensílios fabricados a partir do modelo do corpo humano e do tempo humano. Dessa maneira, os instrumentos de fabricação não são instrumentos produzidos por conhecimentos científicos (como é o caso, para nós, do telescópio ou do microscópio, por exemplo) e sim ligados a utilidades práticas colocadas pela experiência. Assim, a alavanca e a polia ampliam a força dos braços e das mãos; a roda do oleiro amplia a habilidade de suas mãos; a roca e o fuso ampliam a capacidade e habilidade das mãos das fiandeiras. Aliás, é interessante observar que a palavra *mechané* — máquina — quer dizer "invenção engenhosa", "estratagema eficaz", um expediente astuto com o qual o mais fraco (o corpo humano) pode vencer as resistências do mais forte (a natureza). A máquina grega é, literalmente, maquinação.

5) Os técnicos são de dois tipos principais: o *arkhitektón* e o *mechanopoiós*. O *arkhitektón*, como seu nome indica, é aquele que possui a *arkhé* de sua prática, isto é, conhece os princípios racionais de sua técnica e dela possui uma visão sistemática; sua atividade possui, ao lado da prática, um aspecto teórico e transmissível por aprendizagem. Assim, por exemplo, um construtor que conhece a natureza, as causas e as formas da arte de construir ou um médico que conhe-

ce a natureza, as causas e as formas da saúde e da doença são *arkhitektói*. Em contrapartida, o *mechanopoiós*, como seu nome indica, é o inventor, aquele que tem o conhecimento prático das regras de fabricação, funcionamento e emprego dos instrumentos ou das máquinas e é capaz de demonstrar racionalmente esse conhecimento. Ao lado dessas duas figuras, existe uma outra, a do artesão (*banáusos*), que é o fabricador de utensílios, trabalhando de modo rotineiro e repetitivo, e seguindo as regras que lhe são fornecidas pelo *arkhitektón* e pelo *mechanopoiós*. Em geral, os artesãos eram escravos ou homens livres pobres.

Lógos e tékhne. No livro *Encruzilhadas do labirinto*, o filósofo Cornelius Castoriadis examina a articulação feita pelos gregos entre *lógos* e *tékhne* a partir de uma análise dos verbos *legein* e *teukkein*. Castoriadis indica que o verbo *legein* não significa apenas pensar e dizer, mas também escolher, separar, reunir, distinguir, pôr e contar. Essa pluralidade de sentidos, cuja síntese se encontra em pensar e dizer, revela que esse verbo estabelece uma relação entre o mesmo e o outro (distinguir, separar), refere-se ao que é definido ou determinado (escolher, pôr, contar) e ao que pode estar junto (reunir). A filosofia nascente, como vimos, dera grande importância às ideias de identidade e distinção (os opostos), determinação (a delimitação ou as medidas das qualidades opostas) e comunidade (o que está reunido na ordem do mundo) e, sem dúvida, a ênfase maior fora dada aos opostos, cuja expressão máxima se encontra na identidade heraclitiana entre o uno e o múltiplo e na contrariedade eleata entre o ser e o não ser. A importância dada à oposição, diz Castoriadis, indica que os pensadores gregos pensavam e falavam segundo os *dissói logói*, isto é, conforme a divisão em contrários de todas as coisas (qualidades, quantidades e lugares; ideias e palavras) e, portanto, seu pensamento e sua linguagem possuíam a forma agonística ou do *agón**. O verbo *teukkein*, explica Castoriadis, segue o mesmo padrão e pode-se considerar que os *dissói logói* são o modelo da *tékhne*.

De fato, o verbo *teukkein* significa reunir, juntar, ajustar, fabricar e construir. Ora, para reunir/juntar/ajustar/fabricar/construir uma coisa é preciso, primeiro, saber escolher/distinguir/separar os elementos que irão compô-la e, a seguir, conhecer o que pode e o que não estar junto, a fim de reunir os concordantes e afastar os discordantes. Em outras palavras, é preciso conhecer a identidade de cada coisa e a diferença, a oposição, a semelhança e a equivalência entre as coisas. Para o técnico, esse saber é o conhecimento da função ou da finalidade da coisa que vai ser fabricada ou da ação que vai ser realizada. A oposição que *legein* estabelece entre ser e não ser aparece em *teukkein* e em *tékhne* como oposição entre possível e impossível, factível e não factível, útil e nocivo; e a oposição entre uno e múltiplo aparece como oposição entre obra e caos, ação racional e acaso. A presença do modelo dos *dissói logói* como modelo da técnica se torna evidente quando consideramos a definição grega da *tékhne* como o uso da potência dos contrários e a inversão do curso dos contrários (quando, mais adiante, examinarmos alguns aspectos da medicina grega e estudarmos o pensamento dos sofistas, essa definição ficará mais clara).

Métis e tékhne. Como vimos, para os gregos, a técnica é inseparável das ideias de estratagema e de saber-fazer, ou de um saber prático engenhoso e eficaz. Esse saber opera no devir e por isso tem como referência a oposição entre necessidade e acaso. Em outras palavras, a técnica é uma certa habilidade para operar com o que está em movimento e é movimento ou mudança. Por que habilidade? Porque não basta ao técnico o conhecimento da ordem necessária das coisas em movimento, mas precisa enfrentar tudo que nas coisas acontece em decorrência de seus encontros fortuitos e, portanto, sua ação precisa vencer o acaso, *týkhe**. É a relação entre técnica e habilidade engenhosa/astuciosa que se exprime na palavra *métis**, isto é, às qualidades que o mito atribuía à deusa Métis.[1]

Em seu livro *As astúcias da inteligência. A métis dos gregos*, Vernant nos explica que a *métis* é uma inteligência prática que depende da habilidade ou da capacidade de quem a exerce; é um dom ou talento para encontrar um caminho onde parece não haver nenhum. Seus traços principais são: golpe de vista (perceber instantaneamente a unidade do diverso e a multiplicidade da unidade, sabendo distinguir, num todo, o que é essencial e o que é dispensável); expediente ou engenho (capacidade para encontrar rapidamente um caminho engenhoso ou uma solução inesperada, isto é, para resolver uma dificuldade com habilidade e sutileza); astúcia (capacidade do mais fraco para ludibriar o mais forte); talento para imitação e dissimulação (imitar uma coisa para dominá-la ou fingir alguma coisa para conseguir outra), capacidade de prender o que é fugidio (saber "armar laços", isto é, saber prender ou enlaçar o que escapa); facilidade para estabelecer analogias (ser capaz de estabelecer comparações entre coisas visíveis para, da comparação, conhecer coisas invisíveis, ou ir do conhecido ao desconhecido); rapidez para tomar decisão e senso de oportunidade (percepção do momento oportuno para realizar a ação, momento que, se for perdido, a ação jamais poderá ser realizada). Oportunidade ou ocasião ou momento oportuno se diz em grego *kairós**, o tempo certo, o instante extremamente rápido, fugidio e imprevisível, decisivo numa ação.

Os gregos atribuem o dom da *métis* a um grupo de técnicos muito especiais: o caçador, o capitão naval, o estrategista, o político, o médico e o sofista. Assim, por exemplo, o caçador tem o dom da dissimulação (quando de tocaia, finge ser planta ou pedra) e o dom dos laços (sabe fazer as armadilhas adequadas a cada tipo de animal); o capitão naval tem o dom de descobrir caminhos onde não há caminho, isto é, no mar; o estrategista tem o dom do golpe de vista, do expediente e o senso de oportunidade; o médico tem o golpe de vista (para fazer o diagnóstico), o expediente (para fazer a cura) e sobretudo tem o senso da oportunidade ou do *kairós** (agarra o momento certo, no qual a doença pode ser curada); o político tem todos os dons da *métis* e o sofista também. Os homens dotados de *métis* são os que possuem, como no verso de Camões, "engenho e arte".

A ARTE MÉDICA

Entre as técnicas, a medicina merece atenção especial por sua dupla relação com a filosofia: de um lado, como disciplina autônoma, praticada por médicos e não por sacerdotes e curandeiros, foi inseparável do nascimento da cosmologia ou da *physiología*; de outro, a concepção médica da saúde e da doença, envolvendo a relação do homem com a natureza e com a sociedade, iria marcar com seu selo a filosofia dos últimos pré-socráticos e aquela que se desenvolve com os sofistas e sobretudo Sócrates.

Os historiadores da cultura grega costumam dizer que a medicina tem no pitagórico Alcmeão de Crotona sua origem e em Hipócrates de Cós sua fundação. Numa passagem de Aécio, lemos:

Afirma Alcmeão que a saúde é sustentada pelo equilíbrio ou igualdade (*isonomía*) das potências (*dýnamis*): úmido, seco, quente, frio, doce, amargo e as demais. O predomínio de uma só (*monarkhía*) sobre as outras é a causa da doença. [...] No tocante à sua causa, a doença sobrevém por um excesso de calor ou de frio; no tocante ao seu motivo, por um excesso ou uma falta na alimentação; mas no tocante ao lugar onde a doença acontece é preciso dizer que esse lugar é o sangue, a medula e o encéfalo. Às vezes, a doença se origina por causas externas, como a qualidade da água por exemplo [...] e [às vezes] por esforços internos excessivos, por necessidade (*anánke*) ou causas análogas. A saúde, ao contrário, consiste na harmonia ou proporção adequada da mescla das potências (Aécio citado por Entralgo, 1970, pp. 33-4).

Vemos, assim, as ideias pitagóricas de harmonia e proporção aparecerem para definir a saúde e a doença. Além disso, definindo a doença como monarquia e a saúde como isonomia, a medicina se apresenta articulada não apenas à cosmologia, mas também aos valores da democracia.

Quanto a Hipócrates, pouco se sabe de sua vida: teria vivido entre 460 e 370 a.C., fundou a escola médica de Cós e ensinou em Atenas. Sua obra *A doença sagrada* é considerada a certidão de nascimento da medicina como disciplina racional e científica.

De fato, até Hipócrates, a epilepsia era chamada de "mal sagrado" porque seria o efeito de uma ação divina sobre um ser humano. Contra essa ideia, Hipócrates demonstra que se trata de uma doença como outra qualquer, isto é, que suas causas são naturais, podem ser conhecidas e o médico pode agir sobre elas.

Eis como argumenta Hipócrates: a epilepsia é tida por sagrada porque aparece como algo surpreendente e incompreensível, mas há outras doenças tão surpreendentes quanto ela, como o sonambulismo e as alucinações provocadas por febres muito altas. Foi, portanto, a ignorância que sacralizou essa doença, deixando os doentes a cargo de magos e curandeiros, impostores que, aliás, estão em contradição consigo mesmos, pois julgam que essa doença tem causas divinas, mas querem curá-la com práticas humanas, como se o homem pudesse agir sobre e contra os deuses. Além de impostores, são ímpios. Mas não só isso. O corpo de um ser humano não pode ser contaminado e ofendido por um deus. O toque divino purifica e eleva quem é tocado. Qual é, então, a causa da epilepsia? Uma alteração no cérebro, proveniente das mesmas causas de que provêm todas as doenças, a saber, do excesso ou falta de seco ou úmido, de quente ou frio. O médico que conhecer exatamente a proporção adequada dessas potências ou qualidades no corpo de um homem conhecerá também suas alterações e poderá curar a doença "se compreender qual é o momento oportuno para realizar o tratamento".

Como no caso da tragédia, não podemos aqui desenvolver todos os aspectos da medicina grega e por isso vamos mencionar apenas aqueles nos quais a relação com a filosofia foi mais evidente: as ideias de *phýsis*, *eîdos* e *dýnamis*; a teoria do conhecimento praticada pelos médicos; a relação entre corpo e alma.

A medicina grega encontra-se compilada pela primeira vez numa obra gigantesca denominada *Corpus hippocraticus* (num total de 53 obras). Embora traga o nome de Hipócrates, isso não significa que todas as obras contidas no *Corpus* são de Hipócrates e sim que algumas são do médico de Cós (*A medicina antiga, A doença sagrada, O prognóstico, Ventos, águas e lugares, Epidemias, Aforismos, Juramento*) e as demais foram escritas por seguidores de suas doutrinas.

A ideia de phýsis. De acordo com o *Corpus hippocraticus*, há a *phýsis* universal ou a natureza, entendida como natureza comum a todos os seres, e há a *phýsis* individual, ou a natureza de cada coisa, isto é, sua constituição própria. Assim como há a *phýsis* dos astros, dos ventos e das águas, há a do homem; e assim como há a *phýsis* humana, há a *phýsis* de Cálicles, Sócrates ou Platão. Mas não só isso. Há a *phýsis* da saúde e a *phýsis* das doenças. Que quer dizer Hipócrates ao falar em *phýsis* da saúde e da doença? Quer assim significar que tanto uma como outra podem ser conhecidas, determinadas e definidas. Eis por que o médico hipocrático afirma que "não é possível conhecer a doença sem conhecer a natureza das doenças e não se pode conhecer a natureza das doenças se não se conhecer a natureza em seu todo e no seu princípio (*arkhé*)". Pelo mesmo motivo, em *Ventos, águas e lugares*, Hipócrates escreve que "a *phýsis* do corpo é o princípio da razão (*lógos*) em medicina".

Esse papel fundamental atribuído à *phýsis* tem uma consequência precisa. A filosofia ensina que a *phýsis* é um princípio de ordenação das coisas que é em si mesmo ordenado, ou seja, ela é ordenada em si mesma e ordenadora de tudo a partir de si mesma. O ensinamento filosófico incide sobre as ideias de saúde e doença: o médico deve saber que a saúde é a boa ordenação interna ao próprio corpo ou feita pela *phýsis* do corpo, enquanto a segunda é a desordenação da *phýsis* do corpo. Ora, dizer que a saúde é ordem e ordenação (ou harmonia e proporção) é dizer que o corpo humano saudável manifesta regularidades e constâncias que podem ser conhecidas e, por seu conhecimento, também podem ser conhecidas as desordens ou as doenças. E ter um conhecimento do que é regulado e constante é ter um conhecimento verdadeiro. Por outro lado, se a doença é desordem, a tarefa do médico será de dois tipos: ou sabe que se trata de uma desordem cujas causas são conhecidas e que, cessada a ação dessas causas, a natureza do corpo, sozinha e por si mesma, se reordena; ou sabe que a desordem é profunda, que a natureza do corpo não possui forças para sozinha reordenar-se. No primeiro caso, o médico deve deixar a natureza seguir seu curso ("a *phýsis* é médico de si mesma", "a *phýsis* se basta a si mesma", dizem dois célebres aforismos), ou, no máximo, apenas ajudar a apressar o cessamento da causa da doença (por exemplo, com uma dieta especial para o caso); mas, no segundo, ele deve intervir para ajudar a natureza (com remédios, cirurgia, punção ou sangria). A distinção entre ordenamento adequado ou harmonioso e desordem ou perda/falta de proporção leva a uma outra, essencial na medicina grega: a distinção entre a saúde como o que é conforme à natureza de alguém (*katà phýsin*) e a doença como o que é contrário à natureza de alguém (*parà phýsin*). Em suma, está determinada a distinção entre o normal e o patológico.

As ideias de eîdos e dýnamis. Examinando um doente, o médico deve levar em conta seus três aspectos: o ocasional (*katástasis*) ou a aparência relativamente permanente do doente ou o quanto dura sua aparência; o típico (*trópos*) ou o aspecto habitual que uma doença costuma apresentar, seja como aspecto de todo o corpo, seja como aspecto de umas de suas partes ou órgãos; e o específico (*eîdos*) de uma doença, isto é, a forma e as propriedades de uma doença em sua generalidade. O médico, portanto, deve começar observando o estado visível do paciente, a seguir, verificar, por comparação com outros casos, a qual doença essa aparência corresponde e, por fim, atribuir ao paciente uma doença cuja forma ou estrutura e propriedades são conhecidas. Dessa maneira, o médico não vai da ideia da doença ao paciente, mas, ao contrário, vai do exame do paciente à determinação de qual doença ele tem.

Visto que a doença é uma desordem da saúde, ou uma perturbação do corpo são, o médico observa o doente levando em consideração também aqueles três aspectos numa pessoa sã. Sob esta perspectiva, o *eîdos* da saúde é a figura ou estrutura de um corpo no qual todas as partes ou órgãos funcionam em sintonia e harmoniosamente, cada um deles cumprindo sua função. Em outras palavras, é pela realização adequada da função ou da finalidade de cada parte do corpo que podemos definir o *eîdos* ou a forma da saúde. Donde se conclui que o *eîdos* da doença será determinado pela não realização da finalidade ou pelo não cumprimento da função, seja em decorrência de causas externas, seja em decorrência de causas internas.

O fato de o *eîdos* (tanto da saúde como da doença) ser definido como a estrutura ou a forma do corpo de acordo com a *phýsis* universal e com a *phýsis* individual, e ser definido pela função ou finalidade, o faz inseparável da *dýnamis* e, portanto, da atividade corporal interna e de sua relação com a atividade da natureza circundante ou o meio ambiente.

O primeiro médico a empregar o termo *dýnamis* foi Alcmeão, retomando um emprego que data de tempos imemoriais, pois os gregos sempre usaram *dýnamis* para significar a presença de uma força ou de uma potência para mostrar-se ou para poder mostrar-se tal como é. Em outras palavras, a *dýnamis* se refere às ações atuais ou potenciais que uma coisa pode realizar apenas por si mesma ou por natureza e não por intervenção técnica: o peixe nada, o pássaro voa, o cavalo trota, a planta verdeja, o doente tosse e desmaia. Dessa maneira, o *eîdos* é a manifestação visível da *dýnamis* em que uma *phýsis* se realiza. A *dýnamis* pode ser tomada como expressão da ação atual ou possível de uma coisa no seu todo ou de partes dela (há uma *dýnamis* do sangue, uma outra do fígado, uma outra do coração, e assim por diante). Embora em seu sentido fundamental a *dýnamis* se refira à força interna das coisas naturais, pode também ser empregada para a técnica quando se diz que a estátua pode ser feita pelo escultor porque a pedra ou o bronze tinha a *dýnamis* capaz de receber a ação do artífice. E, no caso da medicina, o conhecimento da *dýnamis* natural de um *eîdos* é fundamental para que o médico, ou o técnico, possa intervir, uma vez que sua intervenção consistirá em provocar "artificialmente" a atividade que a *dýnamis* está naturalmente impedida de realizar por algum motivo.

Como reconhecer a *dýnamis*? Reconhecendo que há *dýnameis* que são forças ou qualidades elementares (quente, frio, seco, úmido, doce, amargo, leve, pesado, e assim por diante); que diferem em cada parte do corpo, uma vez que cada parte possui *dýnamis* própria; que são graus ou intensidades de forças, podendo ser adequadas, fracas ou excessivas para seu *eîdos* respectivo (de maneira que a saúde é a medida da intensidade e a doença são as variações para mais ou para menos dessa medida). A *dýnamis* é, afinal, o que explica os movimentos (qualitativos, quantitativos e locais) e as variações do corpo e, em si mesma, pode ser considerada a expressão do princípio vital de cada coisa.

A teoria do conhecimento praticada pelo médico. O primeiro, e certamente o mais conhecido, dos aforismos de Hipócrates é aquele com que se abre a obra *Aforismos*. O primeiro aforismo diz:

A vida é breve, a arte é longa, o momento oportuno, fugidio, a prova, vacilante e o juízo, difícil.

Esse aforismo pode ser lido como a súmula da teoria do conhecimento do médico grego, pois nele estão contidos os elementos principais com que o médico deve lidar: a brevidade da vida, a lentidão da arte, a rapidez com que passa o instante oportuno para agir, a inconstância ou vacilação das provas e a dificuldade para julgar corretamente no momento de fazer o diagnóstico e o prognóstico, de iniciar e terminar a cura.

De acordo com o historiador da medicina antiga Pedro Laín Entralgo, os pontos principais do caminho (*hodós**) hipocrático para o conhecimento são:

1) observação sensorial atenta da realidade, orientada pela regra de que se deve buscar o semelhante e o dessemelhante (semelhante: tanto os três aspectos do corpo saudável, correspondentes ao seu *eîdos* e à sua *dýnamis* naturais normais, como a comparação de sintomas de outros casos de doença já observados, como a febre terçã, a tosse, a febre etc.; dessemelhante: tanto o que afasta o corpo sadio de seus aspectos habituais, na doença, como aquilo que distingue um corpo individual de outros corpos). O médico deve fazer comparações entre os aspectos do corpo sadio e os do corpo doente, assim como entre os aspectos de diversos corpos sadios e de diversos corpos doentes;

2) converter os dados observados em sinais (*semeíon**) indicativos do estado do corpo que o apresenta e verificar se é possível passar do signo indicativo a um signo probatório sobre a verdadeira realidade interna correspondente ao estado visível. Trata-se de "aprender com a experiência", sabendo acumular e classificar os sinais indicativos que poderão conduzir a sinais probatórios. Em suma, o médico deve usar a experiência para, pelo pensamento, generalizar os sinais e construir o quadro de sintomas que caracterizam uma determinada doença, isto é, que fornecem seu *eîdos* e sua *dýnamis*;

3) usar a imaginação de maneira cautelosa e sóbria para supor qual é a causa que faz com que um signo signifique realmente aquilo que se está observando. Para tanto, o médico deve aprender a fazer analogias entre o que observa e realidades ou situações mais simples e mais compreensíveis da vida cotidiana (por exemplo, os procedimentos da culinária, da tecelagem, da comunicação de líquidos etc.).

A observação e a analogia imaginativa formam o que os hipocráticos designam com o verbo *diagignóskein*, ou "conhecer por meio daquilo que se observa", e que será o nosso verbo *diagnosticar*. A regra seguida pelos médicos hipocráticos consiste em construir mentalmente um objeto que é inacessível à observação direta mediante o exame de um outro objeto que é acessível diretamente à observação. Em outras palavras, o médico observa efeitos externos visíveis e não tem como observar as causas internas invisíveis; para determinar estas últimas deve estabelecer, pelo pensamento, uma analogia com alguma coisa ou alguma situação semelhante em que tanto os efeitos como as causas podem ser observados. Assim, por exemplo, o exame do que se passa com líquidos em vasos comunicantes permite elaborar mentalmente como se daria a distribuição do sangue nas veias; o exame do que acontece com um alimento durante o processo de cocção permite elaborar mentalmente como se daria o processo da digestão e da respiração. Sabendo como se dá o processo num corpo sadio, poderá conhecer quando e como acontece a perturbação ou a patologia do processo;

4) quando possível, fazer algum experimento analógico que permita comprovar a analogia que foi estabelecida apenas pelo pensamento, construindo analogicamente o mecanismo e o processo da doença e da cura;

5) apoiado na observação, na analogia imaginativa, no raciocínio e, quando possível, em experimentos, o médico pode conhecer a *phýsis* do paciente, seu *eîdos* e sua *dýnamis* sadios e o *eîdos* e a *dýnamis* de sua enfermidade. Feito isso, obtém o diagnóstico e, pelo método de que o semelhante age sobre o semelhante ou de que o dessemelhante age sobre o dessemelhante (há controvérsia sobre isso entre os médicos antigos),[2] pode iniciar a terapêutica ou a arte de curar.

A cura, como vimos, pode ser de três tipos, a saber, esperar a natureza seguir seu curso; auxiliar a natureza com a dieta; intervir no corpo do paciente para restaurar o equilíbrio perdido. Ora, uma das ideias importantes da medicina antiga é que a doença cuja causa é a própria *phýsis* do doente é uma doença necessária ou conforme à necessidade (por *anánke*), é crônica e sobre ela o médico nada pode, senão aliviar as penas do paciente com remédios, nas crises mais fortes, e com uma dieta permanente que ajude a compensar um desequilíbrio constitutivo da natureza do paciente. Em contrapartida, a arte médica é plenamente solicitada pelas doenças cuja causa não é necessária e sim acidental, isto é, pelas doenças causadas por um encontro fortuito entre o corpo do paciente e condições externas contrárias à sua *phýsis*. Porque lida sobretudo com o acidental, com o que pertence à *týkhe*, a tarefa do médico é muito difícil e ele precisa possuir uma qualidade que não depende apenas do saber que acumulou por aprendizado e por experiência: precisa ser dotado de *métis*. De fato, graças ao aprendizado e à experiência, o médico pode diminuir a extensão do campo do acaso ou de *týkhe*, isto é, não precisa ficar totalmente submetido ao poder da fortuna. Mas isso não basta. Além do diagnóstico certeiro, o médico precisa ter golpe de vista e senso da oportunidade, ser dotado da capacidade de agarrar o *kairós*, o momento oportuno, que, como diz o primeiro aforismo, é veloz e fugidio. O médico suplanta o acaso com seu saber e o vence com sua *métis*.

Dizer que a doença é acidental não significa dizer que não possua causas. Evidentemente, a fratura de um osso ou a ferida por uma flecha são doenças esperadas em quem vai à guerra ou à caça, embora seja por acaso que alguns fiquem feridos e outros não. Mas não é a esse tipo de causa (como a guerra ou a caça) que a medicina se refere quando estuda a doença acidental ou por acidente. A doença crônica e a doença acidental têm uma mesma causa, qual seja, a constituição (a *phýsis* e o *eîdos*/*dýnamis*) do doente em sua relação com o mundo circundante. A diferença entre elas está no fato de que a primeira está sempre presente durante toda a vida do doente — ele *é* doente —, enquanto a segunda acontece ao paciente — ele *está* doente —, é uma inclinação ou uma disposição do corpo de alguém a ficar doente em certas circunstâncias. As circunstâncias é que são o acidente. Por que uma pessoa sofre quedas grandes e não fratura os ossos enquanto outra, com uma pequena queda, se quebra inteira? Por que uma pessoa resiste bem ao frio enquanto outra logo fica com pneumonia? Por que alguns podem comer e beber muito bem enquanto outros, se fizerem o mesmo, apresentam problemas de estômago e diarreias? A diferença está na inclinação ou disposição da natureza de cada uma a certas doenças e não a outras. A arte médica deve por isso conhecer a relação entre a natureza do corpo e as disposições a determinadas doenças, próprias dessa natureza, bem como a relação entre a natureza de um corpo e as condições da natureza circundante nas quais ele vive ou nas quais poderá estar, em certas ocasiões, pois é esse conhecimento que lhe permite intervir na doença acidental. É desse conhecimento que falaremos agora.

O corpo e a alma. O homem na medicina hipocrática. O tratado *Ventos, águas e lugares* nos dá acesso à maneira como a medicina antiga concebia o homem, a saúde e a doença. De fato, o médico hipocrático contempla o homem no interior do cosmo: para compreender qual é o *eîdos* do corpo de alguém, como operam suas *dynamei*, a que doenças sua *phýsis* o predispõe e quais lhe podem acontecer por acaso, o médico leva em conta as estações do ano, a posição dos astros, a posição e situação geográficas dos lugares, o clima, a qualidade das águas e das terras, os costumes referentes à alimentação, à habitação, ao vestuário, aos exercícios físicos e psíquicos, as instituições sociais, religiosas e políticas. Conhecer um paciente individual é conhecer sua natureza no mundo no qual ele vive e com o qual se relaciona desde o nascimento. Eis por que o médico hipocrático praticava a *epidemía*, isto é, a visita a todos os lugares para conhecê-los diretamente, residindo em cada lugar por algum tempo e viajando sempre (não era o paciente que ia ao médico, mas este que ia até o paciente).

O tratado *Sobre a natureza do homem* nos esclarecerá quanto ao que a medicina hipocrática entende por *phýsis* humana e por que a *physiología* é inseparável da *psychología*, ou seja, nos ensinará sobre as relações entre o corpo e a alma.

Possivelmente sob a influência de Heráclito, mas também pelos estudos dos corpos dos animais e do homem (e dos cadáveres), os hipocráticos atribuíam ao quente ou ao calor a origem da vida e colocavam o fogo no sangue, do qual julgavam provir os espermas. Embora o quente e o sangue sejam a origem da vida, o corpo humano é constituído pela mistura (*krásis*) de quatro "sucos" ou humores (*khymós*): além do sangue, há fleuma, bílis amarela e bílis negra ou atrabílis. Cada um dos humores é constituído por uma combinação dois a dois dos quatro elementos ou das quatro qualidades fundamentais: quente, frio, seco, úmido. A diferença entre os humores decorre da diferença de proporção entre os elementos: no sangue predominam o quente e o úmido, na fleuma predominam o frio e o úmido, na bílis amarela, o seco e o quente, e na atrabílis, o seco e o frio. Embora todos os corpos humanos sejam compostos dos quatro elementos e suas qualidades, e embora cada indivíduo seja diferente dos demais, é possível classificar genericamente quatro tipos principais de mescla dos humores e dos elementos, a diferença entre eles sendo causada pelo humor predominante. Há, portanto, uma espécie de "tempero" dos humores, e suas diferentes mesclas formam os diversos *temperamentos* das pessoas. Os quatro principais temperamentos são: sanguíneo, fleumático, colérico e melancólico (a atrabílis, em grego, é chamada de *mélaina kholé*, bílis negra).

Os temperamentos são determinados por várias causas: os temperamentos do pai e da mãe, o estado de cada um dos genitores no momento da concepção, a hora do dia e da noite em que se deram a concepção e o nascimento, a estação do ano em que aconteceram a concepção e o nascimento, a conjunção astral no momento da concepção e do nascimento, as condições climáticas e geográficas em que acontece o nascimento e as condições sociais, religiosas e políticas que determinam a maneira como cada temperamento receberá as influências do ambiente por intermédio da educação. Cada um dos temperamentos possui características próprias que constituem a *phýsis* de cada um. A esses temperamentos correspondem também características psicológicas próprias. A cada um dos temperamentos correspondem disposições físicas e psíquicas e doenças físicas e psíquicas próprias. Essas disposições físicas e psíquicas variam conforme o sexo e a idade, e a predisposição ou inclinação para certas doenças, próprias do temperamento, também varia conforme o sexo, a idade e as estações do ano. Há, assim, em cada temperamento, doenças de homens e de mulheres, de crianças, jovens, adultos e velhos, e a predisposição para que aconteçam mais numa estação do que em outra.

Porque a doença depende de fatores variados no corpo e na alma do paciente e nas condições ambientais (da geografia à astronomia e à política), uma das marcas mais interessantes do diagnóstico hipocrático, e que iria ter consequências profundas na filosofia (como veremos ao estudar Sócrates e Platão), é sua construção. Além dos cinco pontos que mencionamos acima como constitutivos do método ou caminho de conhecimento, o diagnóstico comportava também um momento inicial de diálogo entre o médico e o paciente cuja finalidade era produzir a *anámnesis**, isto é, a lembrança ou recordação dos acontecimentos que antecederam o momento da doença. Graças às perguntas do médico, o paciente se tornava capaz de narrar o que se passara e descrever as ações que anteriormente realizara ou recebera de outros.

Assim, por exemplo, o médico indagava quando e onde o paciente nascera, seus hábitos alimentares, de trabalho, lazer e exercícios, o que lhe causa prazer e desprazer, seu interesse ou desinteresse pelas artes e ofícios; perguntava também quando o paciente se sentira doente ou percebera que estava ficando doente (dia ou noite, inverno ou verão etc.), onde estava (em casa, ao ar livre, no litoral, na montanha, na cidade, no campo etc.), com quem estava (sozinho, com a família, com amigos, trabalhando, nos jogos ou no teatro etc.), o que fazia (caminhava, corria, descansava, dormia, estava desperto, comia, bebia, fazia sexo, estava no ginásio fazendo ginástica etc.), como sentira a doença (uma dor localizada, uma dor não localizada, uma excreção, um vômito, uma coceira, uma palpitação, uma dificuldade para deglutir ou para respirar etc.), como a estava vivendo (além das dores físicas e do mal-estar, que sonhos estava tendo, que aflições e temores haviam surgido, que desgostos estavam causando preocupação e tristeza etc.). Ao terminar a anamnese, paciente e médico dispunham das informações e dos sinais mais importantes da ocasião e forma da doença. Em outras palavras, o doente não permanecia passivo diante do saber do médico, mas participava da elaboração do conhecimento de sua doença, ainda que, a seguir, não pudesse ter uma participação tão grande quando o médico iniciasse o tratamento.

O aspecto interessante do tratamento estava no modo de ação do médico. Vimos que havia casos em que o médico simplesmente não intervinha. Nos casos de intervenção, vimos que uma delas era direta, por meio de cirurgias, sangrias, punções e remédios, mas a outra era uma ação indireta sobre o corpo e a alma do doente. Era a dieta (alimentação, exercícios físicos e psíquicos, banhos e aromas, repousos etc.), isto é, um regime de vida que buscava modificar os hábitos do paciente para adequá-los à *phýsis*, ao *eîdos* e à *dýnamis* de seu corpo e de sua alma. Ao fazer o doente realizar a anamnese, o médico vinha a conhecer a constituição própria do paciente bem como as condições em que adoecera, podendo reconhecer se a doença era crônica ou passageira, como e por que o equilíbrio ficara perdido (nas doenças crônicas) ou abalado (nas doenças passageiras) e a dieta não só contrabalançava os excessos e faltas dos constituintes, mas também trazia hábitos capazes de restaurar e conservar sua harmonia. Sob esse aspecto, a dietética hipocrática não se destinava apenas aos doentes, mas também aos sadios que desejassem conservar a saúde.

Aliás, pode-se considerar a dietética o modelo da terapêutica. De fato, vimos que a saúde e a doença são pensadas como equilíbrio ou desequilíbrio das medidas nos elementos e qualidades que constituem o corpo e o temperamento. Vimos também, ao estudar os pré-socráticos, que o conceito de medida não se reduz ao aspecto quantitativo, mas possui um significado ainda mais importante, qual seja, o de moderação. Assim como a *hýbris* humana é tematizada pelo poeta trágico para revelar a falta de moderação, assim também a doença indica ausência de moderação no corpo e na alma. Ora, que é a dietética? A moderação nos hábitos de vida. O médico pode restabelecer a medida porque trabalha como moderador. A dietética é o modelo da ação médica porque ela, além de aplicar-se aos doentes e aos sadios, instrui a fabricação dos remédios cuja função é moderar os constituintes do corpo. Eis por que um mesmo remédio pode ser medicamento para uns e veneno para outros, e a palavra *pharmakós* possui esses dois sentidos (poção e veneno).

A ação moderadora do médico aparece também na maneira como se relaciona com a alma do paciente. De fato, como o médico obtinha a participação do doente no processo da cura? Alcançando sua alma, isto é, o sopro sutil espalhado pelos órgãos de nosso corpo e que, no coração, nos faz sentir e querer, nos órgãos dos sentidos, nos faz perceber, e, no cérebro, nos faz imaginar, lembrar e pensar. Como procedia para alcançá-la? Três eram os principais procedimentos, todos eles moderadores: o primeiro era a doce persuasão (*peithó*), ou seja, a atitude do médico na relação com o paciente, agindo com calma e serenidade, ocultando o mais grave, exortando o doente a desejar a cura, consolando-o de suas aflições; o segundo era apaziguador das lutas no interior do corpo e da alma do doente, realizando-se pelo emprego da música e da poesia para excitar alegrias na alma do paciente, afastando tristezas, temores e angústias, ou para produzir repouso interior, fazendo com que o sossego da alma levasse ao sossego dos órgãos habitados por ela para que, serenos, se tornassem mais receptivos ao tratamento; e o terceiro era a escolha da alimentação noturna, de modo a afastar pesadelos e provocar bons sonhos, levantando o ânimo do paciente. Era, portanto, com o auxílio das Musas que o médico agia sobre a alma do doente.

A NOVA *ARETÉ*

Que significam a presença da tragédia e a valorização das técnicas em Atenas? Acompanhemos a explicação dada por Jaeger, na *Paideía*.

A *paideía* era a educação como formação cultural completa e sua finalidade era a realização, em cada um, da *areté*,[3] a excelência das qualidades físicas e psíquicas para o perfeito cumprimento dos valores da sociedade. A Grécia aristocrática ou dos *áristoi* — os excelentes ou os melhores — instituíra uma *paideía* conforme aos valores de uma nobreza fundiária e guerreira, baseada nos laços de sangue. Ser um *áriston* ou alcançar a *areté* era possuir um corpo perfeito e ter a coragem como virtude suprema. A *paideía* aristocrática visava à formação do guerreiro belo e bom (*kalós kagathós*), isto é, o jovem perfeito de corpo e alma destinado a realizar-se plenamente nos perigos da guerra e na "bela morte", isto é, a morte na flor da idade nos campos de batalha. Esse ideal aristocrático supunha, antes de tudo, a existência de escravos e o desprezo pelos trabalhos manuais, considerados inferiores e deformadores do corpo, gastando o tempo e a saúde de quem os exerce. O guerreiro belo e bom, membro da nobreza, devia ser ocioso, e o ócio era um valor social positivo; devia ser educado até a maturidade — na qual entrava no momento de seu primeiro combate numa guerra — sem preocupações com a subsistência. Seu valor mostrava-se nos torneios dos Jogos Olímpicos, nos torneios religiosos e na guerra. Sua educação era feita nos ginásios — para a perfeição do corpo — e por preceptores que lhe ensinavam Homero e Hesíodo — para a perfeição de seu espírito. Belo de corpo e alma e bom de corpo e alma, o jovem guerreiro merecia pertencer à nobre estirpe dos *áristoi*, descendentes dos deuses.

Ora, numa sociedade urbana, comercial, artesanal e democrática como Atenas, a antiga *areté* já não fazia sentido, perdera seu lugar, e é esta uma das mensagens principais da tragédia, naqueles aspectos que mencionamos acima. Sem dúvida, a cidade precisa de guerreiros belos e bons, mas precisa, antes de tudo e acima de tudo, de bons cidadãos. Para o cidadão da democracia, a *areté* aristocrática é inaceitável, pois fundada nos privilégios do sangue e das linhagens. Para formá-lo, uma nova *paideía* com uma nova *areté* tornara-se necessária.

Escreve Jaeger:

> Logo se fez sentir a necessidade de uma nova educação que satisfizesse aos ideais do homem da *pólis* [...]. Seguindo as pegadas da antiga nobreza (que mantinha rigidamente o princípio aristocrático da raça), a *pólis* tratou de realizar a nova *areté* considerando todos os cidadãos livres do Estado ateniense como descendentes da estirpe ática e fazendo-os membros conscientes da sociedade estatal, obrigados a servir ao bem da comunidade [...]. Sua finalidade era a superação dos privilégios da antiga educação para a qual a *areté* só era acessível aos que possuíam sangue divino (os *áristoi*). Coisa não difícil de alcançar para o pensamento racional que ia prevalecendo. Havia somente um caminho para conseguir este fim: a formação consciente do espírito [...] a *areté* política não podia nem devia depender do sangue nobre, mas da admissão do povo (*démos*) no Estado [...]. A ideia da educação consistia em usar a força formadora do saber, a nova força espiritual da época, e colocá-la a serviço dessa tarefa [...]. Era preciso, antes de tudo, romper a estreiteza das antigas concepções, seu mítico preconceito do privilégio do sangue, e colocar em seu lugar a força espiritual e moral do saber, da *sophía* (Jaeger, 1957, p. 264).

Qual é a nova *areté*? A formação do cidadão para a direção da *pólis*. É política, ética e moral, isto é, se refere ao poder, ao caráter dos indivíduos e aos costumes sociopolíticos. A excelência não é mais a coragem do jovem guerreiro em busca da "bela morte", mas é a virtude cívica, ou seja, o respeito às leis e a participação nas atividades políticas. Ora, qual o instrumento principal para a realização da virtude cívica? A palavra, pois é com ela que o cidadão participa da *Boulé* e da *Ekklesía*, é por meio dela que, na praça do mercado, a *agorá**, ele se informa dos acontecimentos, ouve opiniões, as discute para formar a sua própria, preparando-se para falar e deliberar nas assembleias. Na nova *paideía*, o ideal de excelência e mérito é o bom orador.

A determinação política da existência grega, em geral, e da ateniense, em particular, merece o seguinte comentário de Jaeger:

> A *politeía*, no sentido grego, não significa apenas, como no moderno, a constituição do Estado [o conjunto das leis escritas], mas a vida inteira da *pólis*, enquanto se acha determinada por ela [...]. O fato de que no grego *políteuma* queira dizer educação e cultura, é o último efeito dessa antiga unidade de vida. Por isso a imagem que Péricles oferece da *politeía* ateniense compreende o conteúdo inteiro da vida privada e pública: economia, ética, cultura, educação (Jaeger, 1957, p. 368).

Podemos, agora, compreender melhor o que disse Péricles na *Oração fúnebre*.

"[...] é apenas a excelência de cada um que institui distinções, e as honras são feitas ao mérito e não à riqueza. Nem a pobreza nem a obscuridade impedem um cidadão capaz de servir à cidade", isto é, para os atenienses, a *areté* encontra-se no mérito individual de quem serve a cidade, no cidadão, e não na nobreza fundiária guerreira.

"Sabemos conciliar o gosto pelo belo com a simplicidade", isto é, os atenienses não fazem do gosto pela beleza motivo de luxo e ostentação, como a aristocracia.

"E o gosto pelos estudos com a energia", isto é, os atenienses não desprezam os conhecimentos, como os aristocratas, que julgavam os estudos incompatíveis com a coragem, amolecedores do espírito.

"Usamos a riqueza para a ação e não para uma vã exibição em palavras", isto é, os atenienses usam a riqueza para a vida da cidade e não para as disputas de poder, como faziam os aristocratas.

"Entre nós, não é desonroso admitir a pobreza", admissão que, para os aristocratas, era desonrosa. "Mas o é não tentar evitá-la", isto é, não trabalhar. O aristocrata julga o trabalho desonroso, o democrata não.

"Os mesmos homens podem dedicar-se aos seus negócios particulares e aos do Estado", contrariamente aos nobres, que julgavam que os negócios deveriam ficar com os escravos e os inferiores, para que tivessem tempo de cuidar do poder. "Os simples artesãos podem entender suficientemente das questões políticas", pois todos os homens são cidadãos e todos os cidadãos têm competência política.

"Somente nós consideramos que quem delas não participa é um inútil, e não um ocioso", isto é, quem não participa das discussões políticas, das assembleias, é um inútil para a cidade e não um homem valoroso, contrariamente ao que julga o aristocrata, que fazia do ócio um valor social e pessoal.

"É por nós mesmos que decidimos acerca dos negócios da cidade e deles temos uma ideia exata", isto é, não somos como os aristocratas, que julgam que os deuses decidem sobre os assuntos políticos; não somos como as personagens da tragédia.

"Para nós, a palavra não é nociva à ação", como julgam os aristocratas, mas "o que é nocivo é não informar-se pela palavra antes de se lançar à ação", ou seja, nocivo é não participar das assembleias, não falar e não escutar, não debater as opiniões para conseguir informações seguras no momento de decidir (votar) e de agir. Não trocar ideias e opiniões antes de decidir é próprio dos tiranos.[4] Eis por que Péricles afirma: "Somos a escola da Hélade inteira", fazendo dos atenienses os educadores, os formadores de todos os helenos.

OS SOFISTAS OU A ARTE DE ENSINAR

Conhecemos pouco dos sofistas. Em primeiro lugar, porque, com exceção de um sofista tardio, Isócrates, de quem temos as obras, não possuímos senão fragmentos dos dois principais sofistas: Protágoras de Abdera e Górgias de Leontini. Em segundo, porque os testemunhos recolhidos pela doxografia foram escritos por seus inimigos — Tucídides, Aristófanes, Xenofonte, Platão e Aristóteles —, que nos deixaram relatos altamente desfavoráveis nos quais o sofista aparece como impostor, mentiroso e demagogo. Esses qualificativos acompanharam os sofistas durante séculos e a palavra sofista era empregada sempre com sentido pejorativo. Desde o final do século XIX, porém, os historiadores da Grécia e da filosofia consideram os sofistas fundadores da pedagogia democrática, mestres da arte da educação do cidadão. Arte e não ciência, pois os sofistas se apresentavam como técnicos e professores de técnicas e não como filósofos. A sofística, escreve Bréhier, não designa uma doutrina e sim um modo de ensinar.

Que é um sofista ou *sophistés**?

Como observa Diógenes de Laércio, inicialmente os gregos usavam as palavras *sophistés* e *sophós* como sinônimos, embora a primeira conotasse a ideia de ensino ou a prática de ensinar para transmitir um saber e a segunda indicasse mais a perícia em algum ofício ou em alguma atividade. A sinonímia dessas palavras provinha do fato de que, no princípio, a palavra *sophía* designava não um saber teórico ou contemplativo (sentido que passará a ter a partir de Pitágoras), mas uma qualidade intelectual ou espiritual cuja origem é a habilidade num ofício determinado. *Sophós*, sábio, era o perito no seu ofício, fosse qual fosse. Assim, os célebres Sete Sábios da Grécia (entre os quais estavam Sólon e Tales) eram ditos sábios por suas habilidades políticas e militares. *Sophós* era o homem dotado de *métis*. Pouco a pouco, por ser a *métis* considerada um dom inato ou natural, a habilidade foi sendo considerada própria daquele que conhece seu ofício espontaneamente, por natureza e não por aprendizagem (nasce-se com a habilidade ou capacidade para um certo ofício ou técnica). *Sophós* era aquele que naturalmente possuía um saber útil para a prática e, porque dotado de *métis*, seu saber era engenhoso e astuto, podendo servir tanto para o bem como para o mal.

Como explica o helenista W. K. C. Guthrie, numa obra fundamental intitulada *Os sofistas*:

> O verbo *sophízesthai*, praticar a *sophía*, que Hesíodo emprega para designar a aquisição da arte da navegação e Teógnis utiliza para falar de si mesmo enquanto poeta, sofre uma evolução paralela a este primeiro sentido, adquirindo um outro que significa enganar e lograr, ou ser muito astuto (Guthrie, 1971, p. 36).

Sophistés deriva desse verbo (no qual estão presentes as características da *métis*) e gradualmente vai separando-se e distanciando-se de *sophós* quando esta palavra passar a designar o sábio contemplativo, dedicado à *theoría*, enquanto *sophistés* designa o técnico, o sofista habilidoso e astuto.

Antes de adquirir o sentido pejorativo que seus críticos lhe deram, que era um sofista?

Um *sophistés* era um professor e, por esse motivo, essa palavra era usada para referir-se aos grandes poetas antigos, que foram os primeiros educadores da Grécia (Homero, Hesíodo, Teógnis, Píndaro). A partir do século v a.C., essa palavra também passou a ser usada para referir-se aos que escrevem em prosa e começam a ocupar o lugar dos antigos poetas. Um sofista, diz Guthrie, ensina e escreve porque tem um dom especial ou porque tem um saber prático a comunicar. O substantivo *sophistés* vinha sempre acompanhado de um adjetivo, *deinós*, que significa formidável, maravilhoso, espantoso, terrível, amedrontador (derivado de *deinotês*: medo, espanto, terror, pavor). Associado a *sophistés*, *deinós* é alguém que espanta e causa admiração (ou mesmo temor) por sua habilidade para inventar estratagemas ou para argumentar. Aquele que é espantosamente hábil em discorrer e argumentar é um *deinós sophistés*. Sofista é, pois, o mestre ou o professor de uma arte ou técnica ou ofício que os exerce de maneira admirável. É um erudito — possui todos os conhecimentos úteis sobre e para o objeto de seu ensinamento — e é um virtuose — sabe escolher e apresentar seus temas de maneira atraente. Ensina as "artes úteis aos homens" e o faz usando uma arte especial, a retórica, que permite obter a atenção e a benevolência do interlocutor ou do ouvinte, persuadindo-o a aceitar o que lhe é dito.

Embora não tivesse o sentido pejorativo que veio a adquirir posteriormente, a palavra *sofista* tinha um sentido ambíguo, conotando aquela pessoa cuja habilidade extrema provocava uma mescla de admiração, temor e desconfiança. Exatamente por isso os inimigos, aproveitando-se dessa ambiguidade, chamarão os sofistas de charlatães e mentirosos.

No século de Péricles, em Atenas, sofista indica um grupo social particular, isto é, professores profissionais que, explica Guthrie, "forneciam instrução aos jovens e davam mostras de eloquência em público, mediante pagamento". Os sofistas foram os primeiros professores pagos na história da educação. Fato que seus inimigos, aristocratas, nunca perdoarão. Assim, Xenofonte escreveu nos *Memoráveis* que "aqueles que vendem sua *sophía* por dinheiro a qualquer um que a queira são chamados sofistas".

Ora, os atenienses não tinham má vontade nem desprezo por quem se fazia remunerar pelos serviços prestados. Pelo contrário, vimos Péricles elogiar os profissionais e criticar os que não evitavam a pobreza. E sabemos que a cidade remunerava os mais pobres pelos dias em que não trabalhavam quando participavam das assembleias e dos tribunais. Por que, então, as críticas aos sofistas? Por causa do tipo específico de saber que ensinavam e pelo qual se faziam pagar. Que ensinavam? Embora cada sofista fosse perito em uma ou duas técnicas e as ensinasse a alunos que pretendiam especializar-se numa profissão determinada, todos os sofistas, porém, eram peritos numa arte necessária aos membros de uma democracia, a arte da palavra; e cobravam para ensiná-la. Podemos avaliar como a maioria dos atenienses foi receptiva a esse ensinamento lembrando que, nos tribunais, um cidadão assumia pessoalmente tanto a defesa de seus direitos (não havia advogados, como haverá em Roma) como a acusação de um outro que ferira seus direitos ou supostamente não cumprira a lei. O julgamento se fazia perante um magistrado, com função moderadora, e um júri popular (tirado por sorteio), que decidia por voto a inocência ou culpa de alguém, cabendo ao magistrado proferir a sentença em conformidade com a lei. Sob essa perspectiva, era do maior interesse aprender a arte da palavra, pois dela dependia o sucesso para persuadir o júri. Isso significa que o sofista, oferecendo um ensino útil nas assembleias e nos tribunais, ensinava a arte de ser cidadão, recebendo remuneração para ensiná-la. Seu profissionalismo foi duramente criticado por dois grupos: o grupo dos oligarcas ligados à aristocracia e o grupo ligado a Sócrates.

De fato, que ensinavam os sofistas? A arte de argumentar e persuadir, decisiva para quem exerce a cidadania numa democracia direta, em que as discussões e decisões são feitas em público e nas quais vence quem melhor souber persuadir os demais, sendo hábil, jeitoso, astuto na argumentação em favor de sua opinião e contra a do adversário. Se a nova *areté* é a cidadania e se a educação visa à formação do cidadão virtuoso ou excelente, os sofistas se apresentavam como professores de *areté* ou, como ficaram conhecidos na tradição, como professores da virtude.

Qual a crítica dos oligarcas aristocráticos? Ser cidadão, diziam eles, é algo que se é por natureza, a virtude cívica é inata (o ateniense é cidadão excelente por natureza) e não se pode ensinar a ninguém a ser cidadão. Os sofistas, continuavam eles, eram estrangeiros que chegaram a Atenas desconhecendo a estirpe ática e os negócios da cidade e por isso imaginavam poder ensinar o que não se ensina. Na verdade, os aristocratas temiam que as outras classes sociais, tornando-se hábeis no manejo da palavra, pudessem dominar as assembleias, vencendo-os nas discussões que precediam e determinavam as votações, ou que pudessem dominar os tribunais, obtendo do júri votos contrários aos interesses aristocráticos.

Qual a crítica dos socráticos? Os sofistas, diziam eles, operam apenas com opiniões (*dóxai*) contrárias, ensinando a argumentar persuasivamente tanto em favor de uma como de outra, dependendo de quem lhes está pagando; não se interessam pela verdade (*alétheia*), que é sempre igual a si mesma e a mesma para todos. Sendo professores de opiniões, são mentirosos e charlatães. Além disso, continuavam os socráticos, recebendo dinheiro, o sofista perdia a liberdade de pensamento, sendo obrigado a conviver com quem quer que lhe pagasse e a ensinar o que lhe fosse exigido; mas a verdadeira sabedoria, julgava o grupo socrático, é algo que deve ser livremente compartilhado, e apenas entre amigos ou entre amantes, isto é, entre os iguais.

O que os sofistas trouxeram na bagagem. Os sofistas, como seus inimigos não se cansavam de proclamar, não eram atenienses (só muito mais tarde haverá sofistas de Atenas), mas vinham das colônias gregas da Jônia e da Magna Grécia. Essa origem é de grande importância porque nos faz conhecer o que esses estrangeiros traziam na bagagem ao desembarcar no Pireu. O que traziam?

1) Vindos das regiões onde nascera e se desenvolvera a filosofia, os sofistas chegavam a Atenas trazendo consigo todo o debate e toda a crise da filosofia decorrentes das aporias criadas pela oposição irreconciliável entre o ser (eleata) e o devir (heraclitiano).

2) Os que vinham da Jônia conheciam um tipo de saber tão novo quanto a filosofia: a história, inventada por Heródoto de Halicarnasso. Um dos traços mais interessantes da *História* de Heródoto, escrita para narrar as guerras entre os gregos (vitoriosos) e os persas (derrotados), é a afirmação feita pelo historiador nas primeiras linhas da obra, quando explica por que a escreve: Fortuna (*Týkhe*) jamais cessa de girar sua roda, rebaixando os que foram por ela elevados e elevando os que foram por ela rebaixados e, por isso, os vencedores de hoje serão os vencidos de amanhã, e os vencidos de agora serão os vencedores do próximo tempo. Que ensina Fortuna? Que há boas e más qualidades em todos os povos e que um historiador justo deve medir com a mesma medida os gregos e seus inimigos, considerar estes últimos humanos e não bárbaros, dotados de costumes, valores e ideias tão válidos quanto os dos gregos, e narrar virtudes e vícios, grandezas e fraquezas de ambos. A história de Heródoto, como a cosmologia de Heráclito e de Anaximandro, concebe a ação da justiça como compen-

sação da injustiça ou compensação dos excessos e das faltas, sempre buscando o equilíbrio ou a medida, a moderação. A história leva os sofistas à percepção das variações entre os povos, leis, costumes e ideias e a não dar valor absoluto aos costumes, leis e ideias dos gregos. Por isso estavam pouco dispostos a aceitar que costumes e leis fossem obra da natureza, pois a variação indica que são fruto de convenções humanas.

3) Os da Magna Grécia vinham de uma região onde a medicina havia realizado grandes desenvolvimentos e na qual se sabia que ela se originara não de um presente dos deuses, mas de um esforço dos humanos que começara quando buscaram humanizar-se, diferenciando-se dos animais selvagens. Essa diferenciação se inicia quando passam a selecionar os alimentos, a limpá-los e sobretudo a cozinhá-los e, ao cozê-los, prestar atenção nos temperos, nos alimentos que podem ser ingeridos juntos e nos que não podem, a distinguir quais devem ser ingeridos sucessivamente e quais não podem ser assim ingeridos. Descobriram, pela culinária, os alimentos que causam doenças, os que ajudam a manter a saúde e os que ajudam a recuperá-la quando perdida. E, da dieta alimentar, os homens puderam passar à medicina ou à dietética. A medicina (como vimos há pouco) é uma arte ou técnica fundada na observação e na experimentação; portanto, no conhecimento baseado em inferências, em estudos de casos particulares, em observações diretas dos fenômenos e na ideia de que a doença é sempre individual e visível, enquanto a cura se baseia na combinação entre o individual (o doente) e o geral (os conhecimentos adquiridos sobre as doenças). Além disso (como também vimos), a medicina não separa corpo e alma, e dá enorme importância à palavra, tanto para realizar a anamnese como para persuadir o doente a aceitar o tratamento e cooperar com a ação do médico, o qual, portanto, para agir sobre o corpo do paciente, precisa também agir sobre sua alma. Não por acaso, Empédocles, filósofo e médico, foi considerado o inventor da eloquência. O modelo da medicina, particularmente as ideias da medida-moderação e da palavra doce e persuasiva do médico, será decisivo na formulação das ideias sofísticas.

4) Os da Magna Grécia vinham de uma região onde os filósofos haviam desenvolvido certos procedimentos de argumentação baseados na ideia de que ser, pensar e dizer são o mesmo. Heráclito e Zenão inventaram a dialética; Parmênides inventou a lógica; Empédocles inventou a eloquência. Em suma, os pré-socráticos haviam desenvolvido, sem teorizar a respeito, maneiras de lidar com

a linguagem ligadas à persuasão, à discussão, ao debate, enfim, à argumentação. Transformando essas maneiras em técnicas de linguagem, os sofistas chegaram a Atenas com os fundamentos da arte retórica na bagagem.

5) Por fim, não esqueçamos que trouxeram consigo a tradição grega da técnica cujo modelo, vimos, eram os *dissói logói* (aliás, restaram fragmentos de uma obra sofística, de autor ignorado, cujo título é exatamente *Dissói Logói*). Ou seja, os sofistas eram formados num saber e numa prática cujo núcleo era a ideia de oposição e luta dos contrários e por isso, em Atenas, ensinavam os *dissói logói* da política, isto é, a oposição e luta das opiniões contrárias.

Não nos deve, então, surpreender o entusiasmo com que compareciam aos torneios e festivais olímpicos e délficos, pois se consideravam herdeiros dos primeiros pedagogos da Grécia, isto é, dos poetas-rapsodos que abriam as cerimônias dos torneios e festivais de Apolo Delfo e dos Jogos Olímpicos (por isso compareciam vestidos de púrpura, a cor dos poetas e adivinhos antigos). Por que herdeiros dos educadores da Grécia? Os Jogos Olímpicos eram o momento em que todos os chefes políticos gregos faziam uma trégua, esqueciam desavenças e guerras, juntavam-se numa grande comunidade, e os sofistas ali compareciam para defender o ideal pan-helênico. Como se fossem novos Homeros ou Píndaros, nessas ocasiões proferiam discursos cujo tema era a *homónoia**, isto é, a concórdia de todos os gregos, que poderiam considerar inimigos os outros, os não gregos, mas não a si próprios. Porém não só isso. Compareciam aos torneios como atletas, só que de um tipo muito especial: eram os que competiam na liça do *agón* verbal, nos torneios em que disputavam razões contra razões, argumentos contra argumentos, pois transformaram a eloquência em retórica, isto é, num combate de palavras, competindo verbalmente como os atletas lutavam fisicamente para receber prêmios.

Nómos e phýsis. Benquistos pelas classes sociais emergentes, isto é, pelos democratas (Péricles foi aluno de Protágoras) e transmissores de todo o acervo cultural acumulado pela Grécia, não apenas para círculos fechados, mas em praça pública (a *agorá*), os sofistas introduziram em Atenas o ardor pela dialética e pela retórica, as dúvidas quanto à pretensão da filosofia de conhecer a verdade última das coisas e as discussões sobre a diferença entre o *nómos** (a convenção, que depende de uma decisão humana) e a *phýsis* (a natureza, cuja ordem necessária independe da ação humana), optando pelo primeiro contra a segunda.

Nómos (a convenção acordada por um grupo e que se torna lei para esse grupo) deriva de *nomós* (divisão do território em distritos e regiões) e por isso seu primeiro significado é "aquilo que é atribuído numa partilha" e "aquilo de que se faz uso"; partindo deste último significado, *nómos* passa a significar os usos ou costumes, e daí, opinião geral ou máxima aceita por todos, o costume com força de lei ou a lei não escrita, a lei costumeira.

Em Atenas, coexistiam como dois "partidos" antagônicos, um aristocrata e outro democrata. O antagonismo se manifestava de inúmeras maneiras e uma delas aparece numa pergunta incessantemente repetida (na tragédia, na *agorá*, na filosofia): a lei é por natureza ou por convenção? Se for por natureza, não depende da decisão humana e é inviolável; se for por convenção, pode ser alterada e mesmo transgredida.

No mundo aristocrático, o costume e a lei costumeira têm a força do Direito, são normas imperativas cuja transgressão implica castigo. Com o passar do tempo, à medida que se perdia a memória da origem de um uso, o costume e a lei não escrita passaram a ser considerados naturais, isto é, por natureza, *phýsei*, ou conforme à natureza, *katà phýsin*. Esse deslizamento do sentido do que era *nómos* para a *phýsis* não aconteceu por acaso. De fato, os aristocratas julgavam que seus usos e costumes, valores e ideias eram naturais ou instituídos por natureza porque concebiam a vida social e política a partir dos laços de sangue, do parentesco, isto é, por laços que seriam produzidos, tecidos e conservados pela própria natureza. Essa suposição, aliás, explica por que nascera com eles o mito da autoctonia dos atenienses, nascidos da própria terra por obra da natureza. Ora, dizer que um uso, um valor ou uma lei são por natureza é dizer que são necessários, absolutos, perenes e, por isso mesmo, superiores ao que é por *nómos*, pois a vontade dos homens é variável, relativa e inconstante. Dessa maneira, os aristocratas podiam considerar suas leis superiores às da democracia, cuja origem humana todos conheciam.

Os sofistas, formados no conhecimento da história e na explicação médica sobre o processo de humanização do homem por meio dos costumes, defendiam o "partido" democrático contra o aristocrático, afirmando que o costume e a lei não escrita não são por natureza ou naturais, mas são *nómos*, isto é, por convenção, e por isso relativos a cada sociedade (em outras palavras, a aristocracia, exatamente como a democracia, é uma convenção social e humana e não uma instituição natural ou divina).

Assim, a um conjunto de perguntas propostas sobre *phýsis* ou *nómos*, os sofistas responderam com o domínio do *nómos* sobre a *phýsis*:

1) Os costumes e as crenças sobre o bem, o justo e o verdadeiro são *phýsis* ou *nómos*? São *nómos*. A moral é convenção.

2) As leis não escritas, codificadas para o "bom uso" e as normas do Direito, são *phýsis* ou *nómos*? São *nómos*. A justiça é convenção.

3) Os deuses existem pela *phýsis* ou pelo *nómos*? Pelo *nómos*, como já dissera Xenófanes. A religião é convenção.

4) As cidades nascem por decretos divinos, por necessidade natural ou por convenção? Por convenção. A política é convenção.

5) As raças em que se dividem os homens, e que vários pré-socráticos explicavam a partir das mudanças na *phýsis*, são naturais ou por convenção? Por convenção. As "raças" são agrupamentos sociais.

6) A igualdade e a desigualdade entre os homens são naturais ou fruto dos costumes, por convenção? Por convenção. A igualdade e a desigualdade são produzidas pela vida social.

Se tudo é por convenção, tudo pode ser ensinado, o que seria impossível se já trouxéssemos em nós, de modo inato ou por natureza, todas as habilidades, leis, ideias, normas e costumes. Assim sendo, a virtude pode ser considerada uma convenção social. A *areté* é *nómos* e por isso pode ser ensinada.

A retórica. Para os sofistas, a retórica, *tékhne rhetoriké*, é a arte de persuadir oferecendo os *lógoi*, isto é, as razões ou os argumentos e definições de uma coisa, tendo como base não o que a coisa seria em si mesma ou por natureza (*phýsei*), mas tal como ela nos parece e nos aparece e tal como nos será útil. Em outras palavras, a retórica parte de nossas opiniões sobre as coisas e nos ensina a persuadir os outros de que nossa opinião é a melhor. A arte da persuasão opera com o pressuposto de que as opiniões (*dóxai*), porque são opiniões, são conflitantes e contrárias e, portanto, para realizar-se, a persuasão precisa da dialética, isto é, do confronto de argumentos contrários, os *dissói logói*. A retórica, arte da persuasão, apoia-se na dialética, arte da discussão.

Escreve Guthrie:

A retórica ensina, em primeiro lugar, que o que conta não é o fato em si, mas o que dele aparece, aquilo que pode persuadir os homens. É a arte do *lógos* que não é somente discurso e raciocínio, mas também aparência ou opinião, na medida em que estas se opõem aos fatos, e sua finalidade é a persuasão. Em honra dos sofistas, deve ser dito que a persuasão é preferível à força e à violência e que a retórica é, por excelência, uma arte democrática que não pode florescer numa tirania. Por isso Aristóteles lembra que o nascimento da retórica em Siracusa coincidiu com a derrubada do tirano (Guthrie, 1971, p. 188).

A tirania impõe a opinião de um só; a retórica pressupõe o direito de todos à opinião. A tirania usa a força; a retórica, argumentos.

Os sofistas ensinavam que é possível, num debate, sempre encontrar alguém que argumente contra nossa opinião, e por isso é preciso, em todos os assuntos, aprender tanto os argumentos a favor como os contra, se se quiser vencer a discussão e persuadir os demais. Apresentavam-se como professores de dialética e retórica, ensinando, com a primeira, a dizer sim e não para uma mesma questão, isto é, a defender e a atacar o mesmo assunto com argumentos igualmente fortes, e, com a segunda, a encontrar expedientes verbais e emotivos para fortalecer um argumento, fazendo-o melhor ou o mais persuasivo, superior aos de outros.

Porque a função da retórica é estabelecer procedimentos que fortaleçam um argumento, os sofistas se interessavam pelos aspectos gramaticais e lógicos da linguagem e pela correção no uso das palavras para que a denominação das coisas fosse sempre correta e a melhor. Além disso, porque a retórica é a arte da persuasão, procuraram os meios adequados para persuadir, partindo da ideia, desenvolvida pelos médicos, de que a persuasão deve atingir primeiro o sentimento ou o coração do ouvinte, e somente depois sua razão. Em outras palavras, um argumento forte é aquele que comove ou emociona quem o escuta. Para isso, ensinavam a inventar ou encontrar figuras de linguagem poderosas (como as metáforas), a falar com ritmo (como os poetas), com graça (como os atores) e elegância (como os grandes políticos e magistrados); empregavam a música (tanto para ensinar o ritmo das palavras numa sentença como para acompanhar o discurso comovente) e a dança (tanto para ensinar gesticulação e postura corporal como para acompanhar certos tipos de discursos). Como um orador deve falar sem ler, ensinavam exercícios para fortalecer a memória; e como o orador deve ser entendido por todos os que o escutam, ensinavam dicção. Por fim, deram início à primeira distinção sistemática entre os gêneros de discurso e o estilo apropriado a cada um (há discursos e estilos próprios para cada ocasião, para dirigir-se aos iguais, para dirigir-se aos inferiores e aos superiores, para ocasiões festivas e fúnebres, para época de paz e de guerra etc.), pois o orador não pode enganar-se de gênero nem de estilo porque, se se enganar, além de não persuadir, tornar-se-á ridículo (um orador que, num funeral, use o gênero e o estilo de um discurso festivo ou, ao contrário, numa ocasião festiva empregue um gênero e um estilo fúnebres, será objeto de riso e censura).

Os sofistas não podem ser considerados membros de uma escola, pois eram muito individualistas para admitir um mestre fundador de quem seriam discípulos. Além disso, como todo conhecimento é aprendizagem que depende das circunstâncias, do professor e do aprendiz, não se poderia transformar a sofística num corpo doutrinário transmissível de geração a geração. O que possuem em comum são técnicas de argumentação, o profissionalismo, o convencionalismo e o ceticismo quanto à pretensão da filosofia de conhecer a *phýsis* como realidade originária e verdade última de todas as coisas.

Pode-se falar em três gerações de sofistas. A primeira, dos criadores: Protágoras de Abdera e Górgias de Leontini. A segunda, dos propagadores: Pródicos de Quios e Hípias de Élis. A terceira, dos meros epígonos, isto é, seguidores que imitam os primeiros, sem grande capacidade crítica e inventiva. Com essa terceira geração, a sofística vai deixando de ser propriamente uma retórica e uma dialética para tornar-se uma erística (ver *eristikós**), isto é, o gosto da discussão pela simples discussão, invenção de argumentos pró e contra sem nenhuma finalidade.

PROTÁGORAS DE ABDERA

Nascido em Abdera por volta de 481 a.C., Protágoras, cuja *akmé* situa-se por volta de 444-440 a.C., viajou por quase todas as cidades da Grécia, foi a Atenas, onde viveu no círculo de Péricles, que o honrou fazendo-o legislador da colônia de Turói, à qual Protágoras deu uma constituição escrita. De volta a Atenas, foi levado perante a Assembleia, acusado (como Anaxágoras, quase na mesma época) de impiedade ou de ateísmo (pois afirmava que os deuses e a religião existiam por convenção). Fugiu. Parece ter morrido aos setenta anos, portanto, em 411 a.C., durante um naufrágio, quando se dirigia para a Sicília.

De sua obra restam poucos fragmentos. Teria escrito *Sobre a verdade e sobre o ser* (também conhecido como *Escritos demolidores*) e *Sobre os deuses*. Também lhe é atribuída uma obra intitulada *Antilogias*, da qual provém a maioria das citações feitas sobre suas ideias (mas não sabemos se "antilogia" era o título da obra ou o nome que lhe foi dado depois que Platão afirmou que Protágoras trabalhava com antilogias, isto é, com argumentos ou *logói* contrários a favor e contra uma mesma coisa). Quase tudo que dele sabemos, infelizmente, nos chegou através dos escritos de seu maior inimigo, Platão, que a ele dedicou o diálogo *Protágoras*. Por isso não podemos saber com certeza quais foram suas ideias. A crermos em Platão, o princípio fundamental de Protágoras foi: "O homem é a medida de todas as coisas; das que são, que elas são, e das que não são, que elas não são".

Por "coisas" deve-se entender desde os artefatos feitos pela linguagem e pelas mãos dos técnicos até os objetos naturais, desde as qualidades opostas (quente, frio, seco, úmido, luminoso, obscuro, liso, rugoso) até as opiniões ou *lógoi*, desde as diretamente visíveis ou perceptíveis até as invisíveis ou imperceptíveis, alcançadas pelo pensamento. Tudo, portanto. "Todas as coisas."

De todas as coisas "o homem é a medida". O homem, portanto, é o critério da realidade: do que as coisas são e do que não são. Como o homem é a medida de todas as coisas, o ser e o não ser dependem inteiramente de nossas sensações, percepções, opiniões, ideias e ações. Protágoras opta por um subjetivismo muito mais radical do que o de Demócrito, pois este, ao mesmo tempo que afirmava o caráter subjetivo da experiência sensorial, também afirmava a existência da *phýsis* imutável, eterna e sempre idêntica a si mesma, cujo conhecimento é verdadeiro. Com Protágoras, não há mais *phýsis*, não há um ser idêntico que subjaz às aparências e que pode ser universalmente conhecido por todos através do pensamento. A medida ou a moderação, que toda a filosofia anterior havia colocado na própria *phýsis*, se transfere para o homem. As coisas são ou não são conforme os humanos as façam ser ou não ser, ou digam que elas são ou não, segundo o *nómos*.

O adágio "o homem é a medida de todas as coisas" manifesta quanto Protágoras se filia à invenção da história e ao desenvolvimento da medicina. Da história, como vimos, nasce o convencionalismo sofístico ou a defesa do *nómos*. Da medicina, vem a ideia de que a saúde e a doença, embora tenham características que permitem um saber universal, são sempre individuais e a cura está referida ao indivíduo, que é, assim, o critério (medida) da ação do médico e o objeto da ação do médico (conservar ou restabelecer a medida dos constituintes corporais). Mas não só isso. Vimos que medida significa moderação. Desse ponto de vista, o que é o "homem medida de todas as coisas"? Explica Protágoras: os homens criaram inúmeras técnicas (caça, pesca, agricultura, metalurgia, tecelagem, olaria, carpintaria, marcenaria, navegação, comércio, estratégia, medicina, poética etc.), mas estas nem sempre estão em harmonia e concordância, pois uma técnica ao ser boa para um certo fim poderá ser prejudicial para outro, ou uma técnica pode prejudicar o exercício de outra. É preciso compatibilizá-las, eliminar o conflito entre elas, encontrando uma medida para isto. Essa medida só pode ser uma técnica capaz de moderar todas as outras, adequando-as entre si e harmonizando seus meios e fins. Essa técnica moderadora, medida das demais, é a política, arte moderadora dos conflitos e instituidora da lei ou o *nómos*. Se a justiça é o equilíbrio de forças e a reparação de faltas, somente a política é capaz de conciliar, em cada cidade, o *nómos* e a *díke*, isto é, a lei e a justiça. A lei ou o *nómos* é a medida de todas as coisas e o critério para avaliar e regular as técnicas. Essa regulação ou moderação obedece a três normas: 1) definir quem tem e quem não tem a competência técnica; 2) ensinar todas as técnicas em conjunto para que cada uma corrija os excessos e faltas das outras, tornando-as proporcionais entre si; 3) as diferenças dos tempos, dos lugares e das circunstâncias engendram *nomói* diferentes e a lei deve determinar, em conformidade com os tempos, lugares e circunstâncias, quais são as técnicas necessárias e melhores para uma cidade. Assim, o homem é medida das coisas que são, que são, e das que não são, que não são, significa que é por ação humana que as coisas existem tais como são e que outras não existem, porque os homens convencionaram, por meio de leis, não admiti-las.

Dessa maneira, podemos retornar ao "todas as coisas" para compreender seu sentido. Pela sensação, percepção, imaginação e pensamento, todas as coisas produzidas pela natureza são, para nós, opiniões, variando no tempo e no espaço, de indivíduo para indivíduo e num mesmo indivíduo. Pela política, todas as coisas inventadas pelos homens, isto é, as técnicas e seus produtos, só existem se os homens convencionarem em suas leis que essas técnicas e as coisas fabricadas com elas ou as ações realizadas por elas são aceitáveis e admissíveis. O homem é medida da realidade não significa, portanto, que o homem tem o poder total para fazer as coisas ser ou não ser, mas tem o poder pleno para decidir o que elas são ou que elas podem ou devem ser e quais não deverão passar à existência. É exatamente isso que o fragmento de Protágoras diz quando explica "das que são, *que são*, e das que não são, *que não são*".

As coisas estão em perpétua mudança e nós estamos em perpétua mudança. Por isso dois homens podem ter percepções e opiniões opostas sobre coisas que parecem idênticas ou iguais e as duas opiniões são verdadeiras, do ponto de vista de cada sujeito que as tem. Não há princípio de identidade — porque não há *phýsis* — e não há princípio de contradição — porque nossa percepção e nossa opinião sempre têm razão, ainda que opostas às de outros. Eis por que mudamos de opinião somente se formos persuadidos por outra melhor ou mais forte do que a nossa.

As ideias gerais sobre as coisas (as qualidades opostas, a justiça, o bem, o útil, as leis, os deuses, as ciências como a geometria ou a astronomia) são convenções nascidas de um consenso entre os homens para a utilidade da vida em comum e de cada um. Não há saber universal e necessário sobre as coisas — não há a verdade, apenas opiniões verdadeiras em movimento e as técnicas nascidas da experiência e da observação para o uso e a ação dos homens. A arte retórica e a arte política devem persuadir-nos de quais são as melhores verdades e as melhores técnicas para cada cidade.

GÓRGIAS DE LEONTINI

Górgias nasceu em Leontini, Magna Grécia, por volta de 484-483 a.C. Ensinou primeiro na Sicília e, depois de 427 a.C., dirigiu-se para Atenas. Nos últimos anos de sua vida estabeleceu-se em Larissa, na Tessália, onde veio a morrer em 375 a.C., com a idade de 109 anos. A ele, Platão dedicou um de seus mais importantes diálogos, o *Górgias*.

Górgias veio a Atenas como embaixador de Leontini para pedir ajuda dos atenienses contra o tirano de Siracusa; instalou-se depois na Beócia e, finalmente, na Tessália. Foi ele quem introduziu a prática do comparecimento dos sofistas aos festivais de Olímpia e Delfos para defender o pan-helenismo, defesa que fazia também na praça pública de Atenas, missão que será herdada por seu mais importante seguidor, Isócrates, fundador da mais célebre escola de retórica da Antiguidade. Górgias começou como discípulo de Empédocles, conheceu as ideias dos jovens pitagóricos e as de Melissos de Samos, acabando por tornar-se cético quanto à possibilidade da filosofia. Nele, a dialética é mais aguçada do que em Protágoras.

Melissos de Samos escrevera uma obra em defesa dos eleatas intitulada *Da natureza ou seja do ser*. Górgias a refuta, escrevendo o célebre *Da natureza ou seja do Não Ser*. Três são as declarações de Górgias: o ser não é ou o Nada é; o ser não pode ser pensado; o ser não pode ser dito. Vejamos como essas declarações são demonstradas, isto é, quais são os argumentos de Górgias, que inverte os de Melissos e Parmênides:

1) O ser é, o não ser não é. Se o não ser não *é*, então ele é alguma coisa. O que ele é? Ele é o inexistente. Portanto, o não ser é. O Nada existe. Ora, se o não ser é, então seu contrário, o ser, não é. Para que o ser seja, precisa ser eterno ou gerado. Se for eterno, deve ser infinito no espaço e no tempo, mas sendo infinito estará em toda parte, mas o que está em toda parte não está em nenhuma, portanto não pode ser eterno. Se for gerado, nasceu ou do não ser, o que não é possível, porque do nada nada nasce, ou nasceu do ser, o que também não é possível, porque nesse caso já existiria antes do nascimento, o que é absurdo. O ser, portanto, não é. E se o não ser é, nada existe.

2) Se o ser existir, não pode ser pensado. Efetivamente, mesmo que se admita que o ser é, não poderá ser pensado, pois o pensado enquanto pensado não existe porque, se existisse, deveriam existir todas as coisas absurdas e monstruosas que os homens pensam. Além disso, os homens pensam o que não existe e há coisas inexistentes que são pensadas (monstros, quimeras, titãs). Ora, se o que é pensado não existe, então o que existe não pode ser pensado. Se o ser existir, será impensável.

3) Se o ser for pensável, então não pode ser comunicado, isto é, não pode ser dito. Se houver coisas exteriores existentes fora de nós, serão objeto da visão, audição, olfato, tato, paladar. Nosso meio de comunicação é a palavra e nenhuma coisa externa nos é dada por meio da palavra. Assim como não vejo o som nem escuto as cores — cada sentido percebe o que lhe é próprio —, não posso, pela palavra, dizer coisas; pela palavra, digo palavras e não coisas. Portanto, mesmo que o ser seja e possa ser pensado, não pode ser dito ou comunicado. Comunicamos opiniões sobre as coisas dadas pelos sentidos, não comunicamos coisas, seres.

Para um leitor moderno, a argumentação de Górgias parece ridícula ou brincadeira. No entanto, esse é um dos momentos mais sérios para a filosofia.

De fato, vimos, sobretudo quando tratamos dos eleatas, que a língua grega mantinha a tradição das línguas indo-europeias, nas quais o verbo *ser* significa existir (também no latim, o verbo ser, *esse*, tem este sentido forte de existência). Ao dizer, por exemplo, "sou", estou dizendo "existo". Ao dizer "x é", estou afirmando "x existe". Por este motivo, para os primeiros filósofos, sobretudo para os eleatas, ser, pensar e dizer eram idênticos, designados por uma única palavra, *lógos* (o real, o inteligível e o comunicável em si mesmo). Por sua vez, *parecer* e *opinar* eram também o mesmo, pois a opinião é o que é dito sobre algo tal como parece ser para alguém. Ao lado do sentido forte de *ser/existir*, o verbo ser era usado num sentido "fraco", isto é, como verbo de ligação entre um sujeito e um predicado — "o céu é azul". Neste exemplo, não se diz que o céu existe azul e sim que há uma qualidade, o azul, atribuída ao céu e, num dia de inverno chuvoso, pode-se dizer "o céu é cinzento", sem que isso contradiga a afirmação anterior.

Que faz Górgias? Joga com os dois sentidos do verbo *ser*: o verbo ser substantivado (o ser) e significando existência (é = existe), e o verbo ser "enfraquecido", como verbo de ligação entre sujeito e predicado. Por isso, no primeiro caso, ele escreve: "o ser é", "não ser não é"; e no segundo, escreve: "o ser é o ser", "o ser é eterno", ou é pensável, comunicável. É esse segundo sentido do verbo *ser*, ou seu sentido "fraco" de verbo de ligação, que permite escrever "o ser é o ser", "o Não ser é o não ser". Assim, no primeiro caso, ao dizer "o ser é, o não ser não é", o *é* tem o sentido de existência real atribuída a dois substantivos, o ser e o não ser (dizer "o ser é, o não ser não é" seria o mesmo que dizer "há/existe o ser, não há/não existe o não ser"). No segundo caso, porém, ao dizer "o ser é o ser, o não ser é o não ser", temos apenas a ligação entre um sujeito e um predicado, toda ambiguidade da frase estando no fato de que é a mesma palavra que ocupa os dois lugares: ser é o sujeito (o ser) e o predicado (o ser), assim como não ser é o sujeito (o não ser) e o predicado (o não ser), relacionados pelo verbo de ligação. Nesse segundo caso, como o sentido do verbo ser é apenas o da ligação, a frase "o ser é o ser, o não ser é o não ser" é uma expressão equivalente a "o ser é eterno", que é semelhante a "o céu é azul".

A argumentação de Górgias, em cada uma das etapas da demonstração, é sempre a mesma e consiste em dizer que

1) os eleatas (e toda a tradição) haviam tomado o verbo *ser* como significando existência e realidade;

2) há, porém, outra significação para o verbo *ser*, isto é, o de mera ligação entre sujeito e predicado. Neste caso, usá-lo (dizer "é") não implica afirmar que o sujeito, ou o predicado, ou ambos existam;

3) os eleatas (e toda a tradição) confundiram as duas acepções do verbo *ser* e as usaram como se fossem uma só, reduzindo-as apenas à acepção existencial.

Ao jogar com esta confusão nas três etapas de seu argumento, Górgias não está jogando simplesmente. A ambiguidade no uso do verbo *ser* é propositada porque ao apontá-la Górgias realiza algo decisivo na história da filosofia: pela primeira vez, com clareza, é quebrada a identidade ser-pensar-dizer, contida na palavra *lógos*, e é estabelecida a diferença, a separação e a autonomia entre realidade, pensamento e linguagem.

O que Górgias afirma é que podemos pensar o inexistente e dizer o inexistente, que o pensamento pode pensar irrealidades e a linguagem pode dizer irrealidades, e que, em contrapartida, não é necessário e inevitável que a realidade possa ser pensada (conhecida) e comunicada (proferida). Não mais prevalece (como queriam Heráclito, Parmênides, Demócrito, os poetas e os videntes antigos) a diferença entre a *dóxa* e a *alétheia*. Aliás, a *dóxa* pode pensar e dizer tanto o que existe como o que não existe, enquanto a *alétheia* já não consegue revelar/manifestar, pensar e dizer o que existe. Ao afirmar a diferença e a separação entre realidade, pensamento e linguagem, Górgias simplesmente quebrou o antigo conceito da verdade como *alétheia* e forçará a filosofia a redefinir o conceito da verdade, a reformular as relações entre ser, pensar e dizer e, portanto, a própria ideia de conhecimento.

Ao mesmo tempo, e paradoxalmente, Górgias quase recupera a antiga concepção da *alétheia* como palavra eficaz, que fora a concepção dos antigos poetas e videntes ou dos Mestres da Verdade (que examinamos no primeiro capítulo). De fato, ele afirma que a palavra é um poder, e um poder ilimitado de persuasão. Numa obra intitulada significativamente *Elogio de Helena* (Helena, sempre considerada, juntamente com Páris, responsável pela Guerra de Troia e por isso condenada por toda a tradição grega), Górgias afirma que Helena não pode ser acusada nem condenada, pois pode ter agido tanto por amor como por destino ordenado pelos deuses; como pode ter agido arrastada tanto pela violência do estupro cometido por Páris como pela persuasão e sedução da palavra de Páris. A palavra persuasiva ou sedutora — ou a linguagem — aparece, portanto, dotada do mesmo poder que a decisão divina, que o destino. Ou melhor, o que os antigos chamavam destino não era senão a força irresistível das paixões e das palavras, que movem o mundo e fazem tudo acontecer.

Ainda na mesma obra, Górgias escreve:

> Os encantos inspirados por meio de palavras se fazem indutores de prazer e deportadores da dor; porque a força do encanto, somada à opinião da alma, fascina e persuade, transformando as palavras em feitiço [...]. A mesma razão tem a força da palavra ante a disposição da alma como a dos remédios ante a disposição do corpo, pois assim como alguns remédios acalmam a doença e outros a vida, assim também as palavras. Umas afligem, outras espantam, outras alegram, outras transportam os ouvintes até à virtude.

A linguagem é um poder sobre a alma. E, como os remédios, pode ser uma poção que auxilia a acalmar a alma (como aquela que acalma a doença) ou um veneno, que "acalma a vida", isto é, mata. As palavras podem afligir, alegrar e mesmo levar à virtude. Esse poderio da palavra sobre a alma é o alicerce em que se apoia a retórica e a converte numa espécie de *psicagogia* (*psykhagogía**), isto é, a condução e direção da alma de alguém segundo o desejo daquele que fala. Com Górgias se prepara a definição da retórica como arte de agir sobre o ânimo ou a paixão do ouvinte, seja pela instrução, seja pela emoção, seja pelo prazer.

É esse aspecto da retórica que leva Górgias ao estudo da poética, pois, diz ele,

> aquele que escuta a poesia é invadido por estremecimentos de pavor, por uma compaixão que chega às lágrimas, por uma angústia cheia de dor, ou por uma alegria e deleite extremos, provocados pelo infortúnio ou pela boa fortuna de acontecimentos e pessoas estranhas.

A poética é engano, diz Górgias. Mas um engano sábio, pois "quem engana atua melhor do que quem não engana e quem é enganado é mais sábio do que quem não o é". Em outras palavras, a poesia é ficção com uma mensagem e a mensagem será tanto mais perfeitamente construída e tanto mais bem recebida quanto mais souber a arte de fingir, isto é, quanto melhor o poeta conhecer os procedimentos técnicos de sua arte e melhor souber usá-los. Ideia que nos faz logo pensar no poeta Fernando Pessoa quando escreve: "O poeta é um fingidor/

finge tão completamente que/ chega a fingir que é dor/ a dor que deveras sente". E o enganado é sábio se, acreditando no que o poeta diz, souber que é um engano o que ele narra, mas não é enganosa a mensagem que ele transmite. A crença na mensagem é a sabedoria. A diferença entre a retórica e a poética não está nos procedimentos técnicos, mas na finalidade da persuasão: a primeira fala ao ânimo e ao coração para, pela emoção criada, suscitar pensamentos e ações práticos; a segunda emociona para tornar a alma receptiva a uma mensagem ética ou moral e por isso aquele que se deixa enganar é mais sábio.

Quanto à retórica, Górgias se distancia de Protágoras. Este considerava que a ordem social e política seria mantida se a técnica política fosse ensinada a todos os cidadãos. Górgias, no terceiro argumento contra Melissos, afirma que a linguagem não pode comunicar o ser, não pode dizer a realidade. Consequentemente, não pode instaurar uma ordem social e política racional, como supunha Protágoras. Há a desordem, o conflito de interesses, opiniões e costumes, trazendo o conflito entre as leis da cidade e entre as cidades. A capacidade racionalizadora e moderadora que Protágoras dera à retórica a serviço da arte política e da cidadania é abandonada por Górgias.

Se a retórica não pode agir racionalmente, como agirá? Pelas emoções e paixões, comovendo para persuadir o ouvinte. Haverá ordem social e política, mas pela persuasão emotiva ou passional. Por conseguinte, a retórica não é uma técnica política ensinada igualmente a todos (como queria Protágoras), mas só pode ser possuída por poucos, que com ela garantirão sua própria supremacia numa sociedade democrática porque nesta o conflito é tão essencial quanto o debate público das opiniões. Terá supremacia quem conseguir a crença do ouvinte emocionado.

Para Protágoras, a verdade era uma convenção a que se chegava pelo acordo das opiniões conflitantes — era o consenso. Para Górgias, não há verdade possível, nem mesmo por convenção. Em seu lugar, ele coloca a crença, a *pístis**, obtida pela adesão emocional ao discurso persuasivo.

SÓCRATES: O ELOGIO DA FILOSOFIA

Filho de Sofronisco e de Fenarete, Sócrates nasceu em Atenas no final de 470 ou no início de 469 a.C. e morreu, condenado pelo tribunal ateniense a tomar cicuta, em 399 a.C., com a idade de setenta anos.

Seu pai era escultor, tendo lhe ensinado este ofício; um conjunto de estátuas representando as Três Graças, na entrada da Acrópole, foi considerado de sua autoria. Por ofício, portanto, era um técnico. Sua mãe era parteira e Sócrates teria comparado seu modo de filosofar ao trabalho de Fenarete, dizendo que ela fazia o parto dos corpos, e ele, o das almas.

Parece ter feito estudos de geometria e de astronomia com o pitagórico Arquelau e ter-se interessado pela cosmologia de Anaxágoras, que estivera em Atenas. Consta, porém, que considerou obscuras e pouco satisfatórias as ideias da cosmologia e teria abandonado o interesse pela "física". Mantinha relações com alguns sofistas e teria mesmo enviado alunos para eles.

Saiu de Atenas apenas três vezes e em todas elas como cidadão-soldado, participando de três campanhas da Guerra do Peloponeso: a de Potideia, entre 432 e 429 a.C., a de Délion, em 424 a.C., e a de Amfipolis, em 422 a.C. Segundo o testemunho de Alcibíades, no diálogo *Banquete*, de Platão, o soldado Sócrates era infatigável, insensível ao frio, corajoso, modesto, senhor de si quando o exército era derrotado. Alcibíades deveu a vida a Sócrates, que o salvou no campo de batalha.

Sócrates não se dedicou à vida política no sentido corrente de ser um político como Péricles ou como Alcibíades, disputando poder na cidade (dedicou-se à política de uma outra maneira, como vamos ver mais adiante), mas cumpriu seus deveres de cidadão quando, sorteado, presidiu a Assembleia no julgamento de seis generais, após a batalha de Arginos (406 a.C.) e quando, depois da derrota de Atenas, em 404 a.C., foi convocado pelo Governo dos Trinta (também conhecidos como Trinta Tiranos, por pertencerem ao partido aristocrático) para trazer de volta um proscrito que se achava em Salamina e deveria ser condenado à morte.

As duas participações políticas de Sócrates são curiosas, porque, nas duas vezes, em nome da lei, Sócrates se recusou a cumprir ordens. No caso dos seis generais, a lei exigia que fossem julgados individualmente, mas a Assembleia, aos gritos, desejava que fossem julgados e condenados coletivamente. Sócrates foi o único, em nome da lei, a votar contra. Os seis foram julgados e condenados coletivamente. Sócrates quase foi acusado de traição e somente tempos depois reconheceu-se que ele, e não a Assembleia, estava certo. No caso do proscrito, novamente Sócrates, respeitando a lei ateniense do ostracismo ou banimento (castigo aplicado a quem não era condenado à morte), recusou-se a cumprir a ordem de trazer de volta o acusado, ficando em casa. Teria sido acusado de traição e condenado se o Governo dos Trinta não tivesse caído quase em seguida.

Seu terceiro comparecimento à Assembleia se deu na figura de acusado e, a crermos nos relatos de Platão e de Xenofonte, não se defendeu nem, depois de condenado, aceitou a proposta de fuga, feita pelos amigos. Acusado de impiedade ("ensinar novos deuses") e de perverter os jovens com seus ensinamentos (fazê-los duvidar dos valores atenienses), Sócrates dirigiu-se aos membros da Assembleia mostrando-lhes que os acusadores eram impiedosos e corruptores da juventude, mas não se defendeu das acusações e aceitou o veredicto. Com isto, observa um filósofo contemporâneo nosso, Sócrates provou ao tribunal que ele, e não os juízes, conhecia as leis e as respeitava, mas não pelos motivos deles e sim por outros que eles não podiam compreender, pois eram motivos filosóficos, justamente aqueles pelos quais o estavam condenando.

Os relatos dizem que Sócrates dedicou-se à filosofia depois de haver ido ao templo de Apolo Delfo e ter ouvido uma voz interior, o seu *daímon**, que o fez compreender que o oráculo inscrito na porta do templo — "Conhece-te a ti mesmo" — era a sua missão. Por ela, abandonou toda atividade prática e viveu pobremente com sua mulher Xantipa e seus filhos. Foi descrito por todos os que o conheceram como alguém dedicado ao conhecimento de si e que provocava nos outros perguntas sobre si próprios, conversando na praça do mercado, nas reuniões de amigos e nas ruas com quem aparecesse e se interessasse em respeitar o oráculo de Apolo Delfo, isto é, conhecer-se a si mesmo.

Num século de grande e exuberante produção literária, Sócrates é uma estranha exceção: não escreveu. E a ausência de obras ou de escritos o transforma num enigma e num problema que vem desafiando a história da filosofia, pois, afinal, quem foi e o que pensou o "pai da filosofia"?

O "PROBLEMA SÓCRATES"

Os pensadores cristãos nunca se cansaram de comparar Sócrates e Jesus: ambos foram condenados por seus ensinamentos, ambos compareceram aos tribunais e não se defenderam, ambos nada deixaram escrito, ambos criaram uma posteridade sem limites, e tudo quanto sabemos de ambos depende de fontes indiretas, escritas depois de estarem mortos. No entanto, a imagem do santo não é muito adequada à figura de Sócrates, ainda que, pelo *daímon* (e Cristo pelo Pai e o Espírito Santo), se considerasse investido de uma missão divina e que, segundo alguns relatos, levasse vida ascética, simples e frugal, como a que os Evangelhos atribuem a Jesus (isto para não mencionar o fato de que era filho de escultor e Jesus, de carpinteiro), e atormentasse as pessoas com perguntas que as faziam duvidar de valores e ideias que haviam tido como certos e verdadeiros (como Jesus a dizer que trouxera uma nova lei). Acontece que Sócrates, diferentemente de Jesus, não se apresentava como divino nem como a encarnação da verdade (ou como o Verbo de Deus), não tinha nada para profetizar, não tinha mensagem alguma a dar, não tinha nenhuma verdade divina para revelar e nenhum dogma para impor. Pelo contrário, tudo o que se sabe que dizia era o célebre: "Sei que nada sei".

Alguns fizeram dele um herói. Seu comportamento na guerra e sua atitude nos três comparecimentos à Assembleia parecem favorecer tal imagem. No entanto, a imagem de herói também não lhe parece convir. Como observa o helenista Francis Wolff, alguém já viu um herói discutir os valores e ideais de sua pátria? O herói não é justamente aquele que nada pergunta e se lança cegamente na ação corajosa? Ora, não vemos Sócrates — tal como aparece no diálogo de Platão *Laques* — interrogando a todos e a si mesmo, perguntando "o que é a coragem?" e não encontrando resposta para a pergunta? Já se viu algum herói fugir da vida pública e da glória, como fez Sócrates?

Outros fizeram dele o sábio por excelência. Mas a imagem também não parece lhe corresponder. De fato, a imagem do sábio é a de alguém que realiza, quase milagrosamente, as grandes e difíceis virtudes: domínio de si, moderação, equidade, probidade, desprezo por valores materiais, desligamento das coisas deste mundo (como disse alguém: um perfeito chato!). Ora, os relatos dos amigos e discípulos mostram que Sócrates gostava de boa mesa, de bom vinho, bebia e comia à vontade nos banquetes a que comparecia; gostava de sexo, o sexo viril dos gregos, em que um homem adulto tem amantes masculinos jovens e belos (e os jovens disputavam o amor de Sócrates); perdia a paciência com facilidade quando o interlocutor não parecia interessar-se pela discussão; agredia, zombava, fazia críticas contundentes e virulentas aos adversários. Sócrates era muito humano para ser reduzido à condição de sábio: gostava de dançar e tocar lira, gostava do convívio com as prostitutas e de grandes bebedeiras.

Figura estranha, a de Sócrates. Seus contemporâneos o consideram excêntrico, um *átopos** (literalmente, deslocado, sem lugar). Numa sociedade que, apesar da nova *areté*, cívica, aprecia acima de tudo a beleza física, Sócrates é de uma feiura inigualável: rosto chato, nariz grande e aberto, olhos de boi saltados, baixo, lábios grossos, malvestido, sempre enrolado num manto pouco limpo e gasto, sempre apoiado num bordão.

Escreve Wolff:

> Para um povo tão agarrado à beleza das formas, tão amante da harmonia plástica, que considerava um dom divino, signo de perfeição interior, Sócrates é uma contradição viva: é tão evidentemente feio quanto é inteligente, vivo, de sabedoria brilhante [...] Sua feiura é provocante, pois provoca reflexão: é feio pelo corpo, mas belo pela alma, parece feio, mas é belo (é assim que a ele se refere Platão) [...] Sócrates encarna para os gregos a oposição entre o ser e o parecer, entre a alma e o corpo, oposições que se transformarão no fundamento de suas reflexões e das quais ainda somos tributários (Wolff, 1982, p. 15).

E a estranheza socrática não se interrompe aí. A conduta de Sócrates é excêntrica: caminhando a conversar com um amigo, fica plantado atrás, parado numa meditação; conviva refinado e educado, não tem os bons modos de chegar na hora, chegando sempre no meio do banquete; não é pobre, mas vive como um desvalido; anda descalço, mas frequenta a alta sociedade; dizem que só gosta de meninos, mas adora filosofar com as prostitutas; dizem que não tem o dom da oratória, mas quando fala paralisa o adversário e apaixona o aliado.

O "problema Sócrates", porém, não reside apenas nas diferentes imagens do filósofo que foram construídas ao longo dos séculos. Reside também no fato de não sabermos, afinal, o que ele pensou exatamente. Sobre ele, tudo quanto sabemos vem de Xenofonte, Platão, Aristóteles e dos chamados "socráticos menores".[5]

O "problema Sócrates" é recente. De fato, na Antiguidade, na Idade Média e da Renascença ao Romantismo, Sócrates era o de Platão. Liam-se Xenofonte e Aristófanes, mas não se dava muita atenção a eles. O problema começa quando, na *História da filosofia*, Hegel afirma que o Sócrates factual e histórico é o de Xenofonte, pois o de Platão é o próprio Platão. Ainda no século XIX, um outro intérprete, Schleiermacher, admitindo a tese de Hegel, afirma, porém, que o Sócrates histórico de Xenofonte não é suficiente para o conhecimento do filósofo e, portanto, deve-se admitir o testemunho de Platão em tudo que, aprofundando filosoficamente o ensinamento de Sócrates, não contradiga Xenofonte.

Essa ideia permanece firme durante todo o século XIX, mas, no início do século XX, um outro intérprete alemão, K. Joel, considera que tanto o Sócrates de Xenofonte como o de Platão são ficções produzidas pelos discípulos por razões diferentes. Mas não só isso. Quando se lê a defesa de Sócrates feita por Xenofonte, tem-se um filósofo que não poderia ter sido acusado de impiedade (não crer nos deuses da cidade), ter introduzido novos deuses (o seu *daímon*) e ter corrompido os jovens (fazendo-os duvidar dos valores da cidade). Xenofonte descreve um Sócrates que comparecia aos templos, sacrificava aos deuses, ensinava aos jovens o respeito às leis da *pólis*. Em contrapartida, quando se lê a *Apologia de Sócrates*, escrita por Platão, as acusações e a condenação do filósofo parecem justificadas. De fato, o Sócrates de Platão não fala em deuses, mas no deus; afirma que sua missão foi-lhe dada pelo deus, falando-lhe por meio de seu *daímon*; e diz ter passado a vida mostrando aos jovens atenienses que estes não sabiam o que queriam dizer os valores que estimavam. Tamanha discrepância só pode significar uma coisa: esses dois Sócrates não são Sócrates. O verdadeiro Sócrates, dizia Joel, é o de Aristóteles, pois este, não tendo conhecido Sócrates nem sido seu discípulo, e, tendo recolhido os testemunhos de Xenofonte, Platão e dos "socráticos menores", estava em melhores condições para nos dar um retrato objetivo do filósofo.

Eis, porém, que dois helenistas escoceses, Burnet e Taylor, também no início do século XX, literalmente explodiram a hipótese de Joel. Demonstraram que Aristóteles, além de depender de testemunhos indiretos, interpretava Sócrates exatamente da mesma maneira como interpretava todo o restante da filosofia anterior, isto é, à luz da sua própria filosofia, recortando o pensamento dos outros segundo as necessidades de comprovar suas próprias teses ou de refutar teses adversárias. Além disso, ponderavam os dois intérpretes, Aristóteles é crítico de seu mestre Platão e por isso elabora um Sócrates antiplatônico. Resta, portanto, o Sócrates de Platão, já que o de Xenofonte não é realmente um filósofo. A partir dessa tese, decidiu-se, por estudos históricos e filológicos, distinguir, nos diálogos platônicos, o que era de Sócrates e o que era de Platão, donde a divisão dos diálogos platônicos em "socráticos" e "clássicos": nos primeiros, que correspondem à juventude de Platão, as ideias são de Sócrates; nos segundos, que correspondem à maturidade e velhice de Platão, Sócrates aparece de duas maneiras: ou colocando o problema que o próprio Platão terá que resolver, ou como uma simples personagem que já fala platonicamente.

Finalmente, os estudos mais recentes desistiram de procurar e encontrar o "verdadeiro" Sócrates ou o Sócrates "autêntico" e se contentam com um Sócrates provável, resultado da combinação dos diferentes testemunhos. Assim, após duzentos anos de pesquisas e de livros que encheriam uma enorme biblioteca, renunciou-se ao problema, ou melhor, aceitou-se a aporia.

Vejamos, brevemente, as várias imagens de Sócrates, produzidas pelos testemunhos gregos.

O Sócrates de Xenofonte. Das obras de Xenofonte sobre Sócrates, a mais importante é a "Apologia de Sócrates", inserida nos *Memoráveis*, escrita, segundo o autor, para provar que Sócrates foi um cidadão altamente patriota, piedoso, justo, que fazia sacrifícios aos deuses e era leal aos amigos. A honradez de Sócrates é o que interessa a Xenofonte, para combater os que condenaram injustamente o filósofo. Para isso, o autor conta episódios da vida de Sócrates que confirmam tal imagem, ao mesmo tempo que afirma que a preocupação central do filósofo era com a ética, isto é, com a virtude identificada ao saber (só o ignorante é vicioso), com a utilidade do bem (o bem é a justiça) e com o domínio de si.

É de Xenofonte a imagem de Sócrates discutindo na *agorá* e nas ruas, perguntando aos passantes o que é a virtude, o que é a justiça, o que é o bem, deixando-os enfurecidos e desesperados à medida que refuta cada uma das respostas que lhe oferecem, provando que são ignorantes e, pior, nem sabem que o são.

O Sócrates de Aristófanes. De Aristófanes, o grande autor de comédias do Século de Péricles, a obra que se refere mais diretamente a Sócrates é a comédia *As nuvens*, na qual o filósofo é apresentado e ridicularizado como sofista.

Suspenso num cesto, entre as nuvens, Sócrates dá consultas. Estrepsíades vem consultá-lo para saber qual argumento é o mais injusto para que possa usá-lo contra alguns credores. Sócrates põe-se a falar numa linguagem incompreensível, zomba dos deuses e se propõe a iniciar o consulente nos mistérios da cosmologia. Enfurecido, Estrepsíades se vai, mas seu filho fica e torna-se discípulo de Sócrates. O pai, encolerizado, dá uma boa surra no filho e volta à procura de Sócrates, incendiando o cesto onde este se encontra.

Evidentemente, não podemos tomar Aristófanes como testemunha da filosofia socrática. Mas ele revela algo precioso: como os atenienses viam Sócrates e como, rindo da comédia, deixavam escapar a irritação que lhes causava.

O Sócrates de Aristóteles. De Aristóteles, que tem contra si o fato de não haver conhecido Sócrates pessoalmente, fica a imagem de Sócrates criador da ciência,⁶ capítulo decisivo da história da verdade. Para Aristóteles, Sócrates é o criador do método de investigação científica, isto é, dos procedimentos teóricos para chegar à definição universal e necessária de uma coisa.

A preocupação socrática, segundo Aristóteles, volta-se exclusivamente para a ética (a virtude, o bem, a justiça). Desse modo, o Sócrates lógico (isto é, o criador do método de definição das coisas) subordina a lógica à moral, colocando a ciência a serviço desta última. Sócrates surge como o primeiro filósofo racionalista (a moral depende da razão e a virtude é idêntica ao conhecimento racional ou à retidão do juízo) e como criador de uma dialética diferente da que Aristóteles atribui a Zenão de Eleia. De fato, Zenão usa a dialética negativamente, isto é, para provar o absurdo da tese contrária à tese eleata; Sócrates desenvolve uma dialética positiva, isto é, para provar a verdade de uma definição que oferece a essência verdadeira da coisa definida.

Não podemos dizer em qual obra de Aristóteles a presença de Sócrates é mais forte, pois ela está espalhada em toda a produção aristotélica escrita. Diferentemente de Xenofonte e de Platão, Aristóteles polemiza com Sócrates e lhe faz críticas; mas, diferentemente de Aristófanes, não o ridiculariza nunca.

O Sócrates de Platão. Finalmente, nossa última e mais respeitável fonte: Platão, o discípulo amado, o que viu em Sócrates o filósofo fundador da filosofia especulativa; Platão, o adversário dos sofistas e dos "socráticos menores", que constrói a imagem de um Sócrates inimigo dos sofistas e incompatível com as ideias dos "socráticos menores". Como já observamos, o Sócrates platônico transforma-se no interior da obra platônica, de sorte que os primeiros diálogos estariam mais próximos do Sócrates histórico, enquanto, nos últimos, Sócrates é o nome de uma personagem que fala por Platão. Os historiadores da filosofia propõem, por isso, a seguinte classificação dos diálogos platônicos:

a) diálogos apologéticos, isto é, de defesa incondicional de Sócrates contra seus acusadores; foram escritos logo após a morte de Sócrates: *Apologia* e *Críton*;

b) diálogos socráticos ou diálogos aporéticos (isto é, que terminam sem haver encontrado a definição procurada); são conversas sobre as virtudes e os valores da cidade: *Laques* (o que é a coragem?), *Lisis* (o que é a amizade?), *Cármides* (o que é a sabedoria?), *Hípias Maior* (o que é beleza?), *Primeiro Alcibíades* (o que é a conduta política?), *Eutifron* (o que é a piedade?);

c) diálogos intermediários, isto é, nos quais as questões ainda são as que interessavam a Sócrates e aos sofistas, mas, agora, já começa a aparecer o pensamento platônico propriamente dito: *Protágoras, Mênon, Górgias,* Primeiro Livro da *República*;

d) diálogos clássicos ou da maturidade, que abordam os temas que constituem o núcleo da filosofia platônica: *Banquete, Fédon, Fedro, Crátilo, Teeteto, República*; Sócrates, agora, representa um estilo de vida, mas as ideias já são inteiramente de Platão;

e) diálogos da velhice, nos quais Sócrates é um simples nome, uma personagem apenas: *Parmênides, Sofista, Político, Timeu, Crítias, Filebo*; no último diálogo, *As Leis*, nem sequer o nome e a personagem de Sócrates aparecem.

O helenista Gregory Vlastos resume em dez pontos as diferenças entre o Sócrates dos diálogos de juventude ou apologéticos e aporéticos (que designa como Sócrates 1) e o Sócrates dos diálogos clássicos ou da maturidade e velhice (que designa como Sócrates 2), ou seja, as diferenças entre Sócrates e Platão:

1) o campo da filosofia: para Sócrates 1, a filosofia se ocupa exclusivamente com assuntos éticos; para Sócrates 2, além da ética, o campo da filosofia se alarga para a ontologia, a ciência, a política, a linguagem e a religião.

2) o interesse pela ciência: Sócrates 1 não manifesta nenhum interesse pelas ciências e quando se refere a alguma delas (como à matemática, no *Mênon*) não o faz para discutir alguma questão propriamente científica. Sócrates 2, ao contrário, é um matemático exímio, dominando a aritmética, a geometria, a música ou harmonia, a astronomia.

3) a prática da filosofia: Sócrates 1 tem a missão de viver filosoficamente, examinando-se a si mesmo e aos outros, estes podendo ser jovens ou velhos, atenienses ou estrangeiros, qualquer um que ele encontre e que se disponha a examinar-se a si mesmo. Sócrates 2 considera que numa cidade perfeita o direito de examinar-se a si mesmo e aos outros não deverá ser um direito de todos e de qualquer um e sim tarefa de uma elite de homens excepcionalmente dotados e rigorosamente educados para isso, os filósofos.

4) teoria da alma: Sócrates 1 não possui uma teoria sobre a alma, limitando-se a afirmar que ela é o que temos de mais precioso e concebê-la como o sujeito da aptidão para o conhecimento e da experiência moral. Sócrates 2, ao contrário, possui uma teoria completa da alma, de suas faculdades, da hierarquia entre estas

de acordo com suas funções respectivas, e de sua imortalidade, entendida como preexistência ao corpo e pós-existência depois da morte corporal.

5) teoria das ideias ou das formas: Sócrates 1 fala em ideia ou forma — "qual é a ideia ou forma da virtude?", "qual é a ideia ou forma da coragem?", indaga ele —, mas não possui uma teoria sobre o que seja a forma ou ideia. A pergunta característica de Sócrates 1 é "o que é?", mas isso não significa que ele formule uma teoria sobre o que seja a forma, ideia ou natureza da coisa buscada e sim que a investigação deve chegar à definição verdadeira do procurado. Em contrapartida, Sócrates 2 é o criador da Filosofia das Formas ou da Teoria das Ideias, apresentando seus fundamentos ontológicos, isto é, concebe a forma ou a ideia como realidade e a única realidade verdadeira.

6) relação com o divino: Sócrates 1 concebe a relação da alma com o divino de maneira prática ou ética, ou seja, o deus é perfeitamente sábio, bom e justo e comanda ao homem considerar a alma o primeiro e mais importante objeto de cuidado. Ao contrário, Sócrates 2 possui uma teologia (ver *theología**), isto é, uma teoria sobre o divino e sobre as relações íntimas da alma imortal com a divindade.

7) teoria política: Sócrates 1 não possui uma teoria política, limitando-se a falar com respeito e ternura das leis de Atenas, sem dar as razões disso, não indo além de comparar a relação do cidadão com a lei com a do filho diante da autoridade paterna ou à dos membros de uma associação voluntária dispostos a obedecer às regras que, por acordo, deram a si mesmos. Sócrates 2, porém, escreve a mais portentosa, audaciosa e gigantesca teoria política da Antiguidade, um projeto completo de reforma social, política e cultural, abrangendo a família, a economia, a educação, a guerra e a paz, as artes, o poder político, as formas de governo e as leis.

8) psicologia moral: Sócrates 1 considera o intelecto ou a razão um poder perfeito para comandar as ações virtuosas e evitar o vício, atribuindo este último à ignorância. Sócrates 2 estuda as diversas atividades da alma — paixões, apetites, desejos, sensações, opiniões, conhecimentos —, as faculdades responsáveis por elas, as lutas e conflitos entre elas, o esforço imenso que a razão precisa realizar para conter, controlar, harmonizar e dirigir essas faculdades. Consequentemente, enquanto Sócrates 1 julga que um homem que possua o conhecimento racional ou a definição verdadeira de uma virtude a praticará necessariamente, Sócrates 2 elabora uma psicologia e uma pedagogia como condições da vida ética ou da prática da virtude.

9) conhecimento moral: Sócrates 1 nega possuir a sabedoria — seu saber se oferece na fórmula paradoxal do "sei que nada sei" — e afirma ser a missão de sua vida procurá-la com todas as suas forças. Sócrates 2 propõe educar os melhores cidadãos para que se tornem filósofos, conheçam perfeitamente o bem e a justiça, a virtude e o vício e tenham plena autoridade moral para decidir as ações que os demais devem praticar.

10) método de investigação filosófica: Sócrates 1 pratica um método de conhecimento ou de investigação da verdade (que estudaremos a seguir), mas não elabora uma teoria sobre os procedimentos empregados (será Aristóteles quem explicitará os procedimentos socráticos e explicará o sentido deles). Em contrapartida, Sócrates 2 é o primeiro filósofo a elaborar uma teoria do conhecimento e do método de investigação, fundamentando-os com argumentos racionais e praticando-os em sua filosofia.

Com esse quadro em mente e com as considerações aristotélicas sobre o pensamento e a prática de Sócrates, podemos discorrer sobre nosso filósofo com alguma segurança.

A FILOSOFIA SOCRÁTICA

"Conhece-te a ti mesmo" e "Sei que nada sei" são as duas expressões que ninguém no pensamento ocidental jamais duvidou que fossem de Sócrates. Com elas, o homem, a ética e o conhecimento surgem como as questões centrais da filosofia. E, desde Aristóteles, também ninguém contesta que a pergunta socrática por excelência seja: "o que é...?".

Indo consultar o oráculo de Delfos, Sócrates ouve a voz (interior) do *daímon*, que lhe transmite a mensagem de Apolo: "Sócrates é o homem mais sábio entre os homens". Espantado, Sócrates procura os homens que julgava sábios (políticos e poetas, cuja função é ensinar e guiar os outros), consulta-os para que lhe digam o que é a sabedoria. Descobre, porém, que a sabedoria deles era nula. Compreende, então, o que o *daímon* lhe diz: "Agora já sabes por que és o mais sábio de todos os homens". Sócrates compreende, enfim, que nenhum homem sabe verdadeiramente nada, mas o sábio é aquele que reconhece isso. O início da sabedoria é, pois, "sei que nada sei".

Se assim é, a inscrição no pórtico do templo de Apolo — "Conhece-te a ti mesmo" — significa que o conhecimento não é um estado (o estado de sabedoria), mas um processo, uma busca, uma procura da verdade. Eis o motivo que leva Sócrates a praticar a filosofia como missão: a busca incessante da sabedoria e da verdade e o reconhecimento incessante de que, a cada conhecimento obtido, uma nova ignorância se abre diante de nós. Isso não significa que a verdade não exista, e sim que deve ser sempre procurada e que sempre será maior do que nós.

Sob esse aspecto, torna-se clara a diferença entre Sócrates e os sofistas e por que ele os critica.

O sofista é um professor de técnicas, de política, de virtude e de sabedoria, portanto, alguém que julga possuir conhecimentos e ser capaz de transmiti-los. Eis por que as preleções dos sofistas eram aulas onde alguma coisa era ensinada, um conteúdo era transmitido já acabado, pronto. As preleções eram solilóquios ou monólogos, isto é, apenas o sofista falava enquanto os outros o escutavam. Além disso, os sofistas eram céticos. Para eles, tudo é por convenção e tudo é opinião; tudo é tal como nos aparece e tal como nos parece; o sim e o não dependem apenas dos argumentos para persuadir alguém a manter ou mudar de opinião. Em outras palavras, não há por que buscar a verdade, pois esta não existe.

Diferentemente dos sofistas, Sócrates não se apresenta como professor. Pergunta, não responde. Indaga, não ensina. Não faz preleções, mas introduz o diálogo como forma da busca da verdade. Essa foi a razão de não haver escrito coisa alguma. Dizia que a escrita é muda e que sua mudez cristaliza ideias como verdades acabadas e indiscutíveis.

Diferentemente dos sofistas, Sócrates mantém a separação entre opinião e verdade, entre aparência e realidade, entre percepção sensorial e pensamento. Por isso, sua busca visa alcançar algo muito preciso: passar da multiplicidade de opiniões contrárias, da multiplicidade de aparências opostas, da multiplicidade de percepções divergentes à unidade da ideia (que é a definição universal e necessária da coisa procurada). Ao exigir de si mesmo o conhecimento de si, exigia dos outros que conhecessem a si mesmos, motivo pelo qual a primeira tarefa do diálogo socrático é fazer com que cada um descubra sozinho que aquilo que julgava ser a ideia da coisa (o saber que julgava possuir) era apenas uma imagem dela, que aquilo que julgava ser a ideia da coisa era apenas uma opinião sobre ela, e que aquilo que julgava ser a verdade eram somente preconceitos sedimentados pelo costume.

Também em Sócrates a medicina grega exerce influência, mas sob um aspecto muito especial. Vimos que o médico grego pratica a anamnese, fazendo perguntas ao doente para que este possa lembrar-se do momento em que adoeceu e perdeu a saúde. Recordar-se é o primeiro passo para a cura, porque indica ao médico os caminhos a seguir e facilita sua tarefa de convencer o paciente a aceitar os remédios e dietas que lhe serão receitados. Como vimos, a medicina grega (ao contrário da nossa) considerava indispensável que o paciente participasse da cura. Fazê-lo recordar era admitir que ele possuía um saber sobre sua própria doença, auxiliando-o a agir para recuperar o que foi perdido. O doente era, na companhia do médico, um agente da saúde. Sua ação era simples: falar, contar ao médico o passado e o presente, expor um conhecimento que o médico, por meio de perguntas, ia completando e corrigindo para chegar ao diagnóstico e ao prognóstico. É este aspecto dialógico e participativo da medicina que será empregado por Sócrates (é interessante observar que os sofistas davam preferência à outra atitude do médico, isto é, àquela praticada depois da anamnese e do diagnóstico, quando, ao iniciar o tratamento, o médico empregava recursos persuasivos para que o paciente aceitasse o processo terapêutico).

No diálogo platônico *Laques*, um dos interlocutores diz:

> Todo homem que entra em contato com Sócrates e dele se aproxima para conversar, seja qual for o assunto, se vê, infalivelmente, levado pelo jeito da conversa a lhe fazer confidências sobre si mesmo, sobre seu modo de vida atual e sua vida passada, e, tendo chegado a isso, pode-se ter certeza de que Sócrates não o largará até que tenha passado no crivo tudo o que lhe foi dito.

No diálogo *Mênon*, a personagem Mênon compara Sócrates com o torpedo, o "peixe-elétrico": assim como este, com suas descargas elétricas, entorpece e paralisa o adversário, assim também faz Sócrates com suas perguntas e comentários sobre as opiniões dos outros que com ele conversam.

Ao dizer-se "parteiro das almas", Sócrates queria dizer, em primeiro lugar, que não era o pai das ideias que nasciam da alma de seu interlocutor, e, em segundo, que seu papel era apenas o de auxiliar o nascimento de ideias para as quais o trabalho de parto tinha, como no caso das mães, que ser feito inteiramente pela parturiente. Seu trabalho era suscitar no interlocutor o desejo de saber (como o médico suscita no paciente o desejo da cura) e auxiliá-lo a realizar sozinho esse desejo. O diálogo é a medicina socrática da alma.

Essa medicina da alma afirma, contra o sofista, que a verdade existe e podemos conhecê-la. Se, diz Sócrates, estudarmos a natureza e chegarmos a doutrinas antagônicas (eleatismo × heraclitismo; Empédocles × Anaxágoras × atomistas), isso significa que a verdade não pode estar na própria natureza, assim como a contradição não está na própria natureza. O verdadeiro e o falso (a mentira, a contradição) estão em nós. Se não conseguimos contemplar a verdade na natureza é porque fomos buscá-la no lugar errado: não está fora de nós, mas dentro de nós. Por que sabemos que a verdade existe e está em nós, em nossa alma, nossa *psykhé*? Se não contemplamos a verdade em parte alguma do mundo, de onde vem que saibamos que certas coisas são falsas e outras são verdadeiras? De onde provém a noção de verdade? Sócrates trabalha de tal maneira que o interlocutor possa responder: vem de nós mesmos, isto é, dos juízos que fazemos sobre as coisas. Se temos dificuldade para encontrá-la é porque vivemos como autômatos que obedecem cegamente a ordens externas, isto é, porque aceitamos passivamente os preconceitos estabelecidos. O pensamento desloca-se, portanto, da contemplação exterior à contemplação interior.

Com Sócrates, a filosofia começa a empregar um método (ver *méthodos**) de investigação. O método socrático, exercitado sob a forma do diálogo, consta de duas partes. Na primeira, chamada de *protréptico**, isto é, exortação, Sócrates convida o interlocutor a filosofar, a buscar a verdade; na segunda, chamada *élenkhos**, isto é, indagação, Sócrates, fazendo perguntas comentando as respostas e voltando a perguntar, caminha com o interlocutor para encontrar a definição da coisa procurada. O *élenkhos* é dividido por Sócrates em duas partes e são estas que, comumente, vemos chamadas de método socrático. Na primeira parte, feita a pergunta, Sócrates comenta as várias respostas que a ela são dadas, mostrando que são sempre preconceitos recebidos, imagens sensoriais percebidas ou opiniões subjetivas e não a definição buscada. Esta primeira parte chama-se ironia (*eiróneia**), isto é, refutação, com a finalidade de quebrar a solidez aparente dos preconceitos. Na segunda parte, Sócrates, ao perguntar, vai sugerindo caminhos ao interlocutor até que este chegue à definição procurada. Esta segunda parte chama-se *maiêutica* (ver *maieutiké**), isto é, arte de realizar um parto; no caso, parto de uma ideia verdadeira.

A ciência, *epistéme**, socrática é o resultado do método. Segundo Aristóteles, essa ciência visa encontrar as definições universais e necessárias das coisas, ou a essência universal delas, fazendo desta uma ideia alcançada apenas pela razão. A ideia socrática manifesta racionalmente o que a coisa é em sua essência universal e necessária porque apresenta a causa pela qual ela é o que é, por que e como ela é o que é. Por operar com o exame de opiniões — isto é, definições parciais, definições subjetivas, definições confusas, definições contraditórias — para chegar à definição universal e necessária, a mesma para todos, pois a razão é a mesma para todos, Sócrates dá início ao que Aristóteles chama de indução: chegar ao universal por meio do exame dos casos particulares, que era o procedimento empregado pela medicina.

Como diz Aristóteles, a lógica socrática (ou o método socrático) ergue-se sobre dois pilares:

1) o raciocínio indutivo: processo pelo qual o pensamento vai dos casos particulares ao geral que os engloba;

2) a ideia: reunião dos traços comuns presentes em todos os casos particulares e que são os traços essenciais de todos eles; a ideia é uma síntese do diverso, a unidade racional de uma multiplicidade.

Esses dois elementos do pensamento socrático introduzem uma outra novidade. Como os sofistas, Sócrates se interessa pela virtude. Todavia, os sofistas, mantendo-se no plano dos costumes estabelecidos, falavam da virtude no plural, isto é, falavam em virtudes (coragem, temperança, amizade, justiça, piedade, prudência etc.), mas Sócrates fala no singular: a virtude. Em outras palavras, a investigação filosófica deve chegar à ideia de virtude e, com ela, determinar quais comportamentos são virtuosos, quais ações são virtuosas. Ou seja, é por sabermos o que é a virtude (por termos sua ideia) que poderemos determinar se a coragem, a amizade, a prudência, a piedade, a justiça, a temperança são ou não virtudes.

Por realizar-se sob a forma do diálogo, por produzir argumentos para mostrar que uma opinião é ou parcial, ou confusa, ou contraditória, ou mesmo errada, e por visar a persuadir o interlocutor do erro cometido e da necessidade de prosseguir na investigação, a indução socrática constitui a dialética socrática, diferente não só da dialética negativa de Zenão de Eleia, mas também da retórica dos sofistas.

Não podemos, porém, negar uma contribuição de Górgias à indução e à dialética socráticas. Como vimos, Górgias foi o primeiro a separar linguagem e coisa, linguagem e pensamento, distinguindo os dois sentidos do verbo *ser*: existência e essência de uma coisa (o ser); e verbo de ligação entre um sujeito e um predicado (x é y). Essa distinção é mantida por Sócrates e graças a ela, segundo o testemunho de Aristóteles, pode introduzir duas grandes novidades, decisivas no desenvolvimento posterior da filosofia:

A primeira delas é a diferença entre realidades e qualidades. As primeiras são capazes de permanecer e subsistir em si e por si mesmas; as segundas são predicadas das realidades, existindo nelas e por elas. Há (de acordo com a terminologia aristotélica) substâncias e qualidades que não podem ser confundidas, como faziam os pré-socráticos, que tomavam as qualidades como se fossem coisas ou seres. Há qualidades acidentais: aquelas que podem surgir e desaparecer num ser, sem alterá-lo em sua realidade; e há qualidades essenciais: aquelas que não podem ser retiradas de um ser sem destruí-lo, pois são sua essência. O preconceito lida com qualidades acidentais como se fossem essenciais, por isso as opiniões variam tanto. O conceito, ao contrário, é a reunião das qualidades essenciais de um ser ou a essência de um ser, por isso cada realidade possui uma ideia única. Conhecer é, portanto, passar do acidental ao essencial, da opinião à verdade, da aparência à ideia.

A segunda novidade é a compreensão de que o pensamento e a linguagem são a capacidade para atribuir qualidades a um ser, predicados a um sujeito. Quando afirmamos ou negamos algo de alguma coisa não estamos dizendo nem pensando se ela existe ou não existe, e sim estamos dizendo e pensando que tal qualidade pertence ou não pertence à sua essência. A definição verdadeira é a que pensa e diz os predicados essenciais da coisa, pensando e enunciando a essência dela.

Tomemos um exemplo para que os procedimentos socráticos ou o método socrático sejam mais bem compreendidos. Tomemos o *Laques*.

O diálogo se estabelece entre Sócrates, Nícias e Laques, dois célebres estrategistas, que haviam sido convidados por Lisímaco e Melésios a assistir a uma aula de esgrima, a fim de ajudá-los a decidir se ela é ou não importante para a educação dos jovens, porque, ao aprendê-la como jogo ou esporte, preparam-se para usá-la na guerra. O diálogo se inicia com Lisímaco exortando seus amigos a cuidar da educação dos filhos, pois muitos atenienses valorosos e importantes para a cidade não deram tal atenção a seus filhos e sua obra não foi continuada por eles. Estamos, assim, no campo da *paideía*, e Lisímaco está convencido da necessidade de educar os jovens para que sejam bons cidadãos, sendo guerreiros belos e bons: "Procuramos aqui quais os estudos e que exercícios poderiam aperfeiçoar nossos filhos. Alguém nos recomendou este exercício [a esgrima] [...] por isso julgamos melhor vir vê-lo por nós mesmos e vos trazer conosco para que também possais avaliá-lo", diz ele a Nícias e Laques.

Ambos aceitam o convite, mas Nícias volta-se para Lisímaco, dizendo-lhe estar presente entre eles um homem que entende muito de educação dos jovens, tendo até recomendado um professor de música para seu filho. Trata-se de Sócrates. Lisímaco surpreende-se, indagando se o Sócrates que ali está é o filho de Sofronisco, seu amigo, membro do mesmo *démos* que o seu e companheiro de combates em velhas guerras. Sócrates diz que sim. Lisímaco afirma que ouvira falar da bravura de Sócrates nos campos de batalha e que seus filhos lhe haviam falado dele, pois o haviam escutado discutindo e argumentando com outros jovens e recebendo muitos elogios. Assim, se todos estiverem de acordo, ouvirão o que Sócrates tem a lhes dizer. Nesta etapa do diálogo, portanto, dois pontos são estabelecidos: em primeiro lugar, que Sócrates é visto como alguém capaz de dar conselhos sobre a educação dos jovens porque tem a bravura de um soldado e, em segundo, que os jovens gostam de ouvi-lo. E, mais extraordinário, não cobra remuneração para fazer isso! Sócrates é, pois, reconhecido como amigo, compatriota (pertence ao mesmo *démos* que Lisímaco) e competente em matéria de educação. Sócrates, porém, recusa este último papel:

> Sendo mais jovem e menos experiente do que Nícias e Laques, primeiro escutarei o que eles têm a dizer, vou instruir-me com eles; depois, poderei acrescentar alguma coisa e tentar convencer a todos sobre ela.

Sócrates não aceita, portanto, ocupar o lugar que seria o do sofista, isto é, o de um professor.

Nícias toma a palavra para defender a opinião de que a arte da esgrima é um saber útil tanto na guerra como na paz, apresentando argumentos em defesa de sua opinião. Laques contradiz a opinião de Nícias, oferecendo fatos que a negam, exemplos de como, na guerra, bons esgrimistas foram maus estrategistas e maus soldados e, na paz, exibindo-se em torneios, são criticados ao menor defeito. Lisímaco sente-se em dúvida. Deve ou não trazer os filhos para aulas de esgrima? Volta-se para Sócrates pedindo-lhe opinião, pois considera que só pode decidir de acordo com a maioria. Sócrates reage vivamente: "Como?", indaga ele. "Então, no momento de decidir o que é melhor para os filhos, Lisímaco aceitará simplesmente a opinião da maioria por ser a maioria? Melésios também pretende tomar a decisão baseado neste critério?" (Não nos esqueçamos do episódio dos seis generais condenados pela maioria e da atitude de Sócrates nesse episódio.)

Assim, Sócrates devolve a Lisímaco o discurso que este proferira sobre a importância da educação dos filhos, fazendo com que ele se dê conta de que não sabia exatamente o que dizia, no início da conversa. Todavia, não se trata da devolução do mesmo discurso. Na verdade, Sócrates introduziu uma sutileza: pergunta se os dois pais querem aceitar o critério da maioria numa questão tão delicada como a formação do espírito, da alma, de seus filhos. Ora, nenhum deles havia mencionado a alma como objeto da educação. Sócrates, portanto, começa a sugerir que a *paideía* vai além do adestramento do guerreiro belo e bom.

Por que o critério da maioria não serve? "Porque não é pelo número, mas pela ciência, que devemos julgar estas coisas", diz Sócrates. Assim sendo, para julgar e decidir se a esgrima é ou não boa para a educação, devemos falar com quem possui a ciência da esgrima para que nos explique o que ela é e qual o seu valor. Ou seja, a esgrima é essencial ou acidental para uma boa educação? Um a um todos os interlocutores concordam.

Sócrates, porém, vai novamente surpreendê-los. Todos se consideram de acordo sobre o assunto e com quem devem conversar. "Ora", diz Sócrates, "até agora, não nos pusemos de acordo sobre o assunto a respeito do qual devemos deliberar." "Como?", indagam os outros, "não estamos falando da esgrima e se os jovens devem ou não aprendê-la, e que devemos primeiro procurar quem tem a ciência dela?" "Sim", diz Sócrates, "mas não estamos sabendo colocar adequadamente a questão. Quando discutimos se um remédio deve ou não ser aplicado sobre os olhos, estamos discutindo sobre o remédio ou sobre os olhos?" Responde Nícias: "Sobre os olhos". "Portanto", prossegue Sócrates, "quando estamos deliberando sobre uma coisa em vista de outra [no caso, a esgrima tendo em vista a educação dos jovens], a deliberação não deve ser sobre essa coisa, mas sobre aquela a respeito da qual estamos deliberando [numa palavra, a deliberação se refere à educação, não à esgrima]. Se não soubermos sobre o que estamos deliberando, se não soubermos o que é a coisa sobre a qual estamos deliberando, não poderemos saber se alguma outra coisa é boa ou ruim para ela" [em outras palavras, se não soubermos o que entendemos por educação dos jovens, nunca saberemos se a esgrima é boa ou má para eles].

Dessa maneira, Sócrates introduz uma mudança fundamental na discussão: em lugar de indagar se tal ou qual coisa é boa ou má para a educação dos jovens, é preciso, primeiro, saber o que se entende por educação dos jovens. Não se trata, portanto, de procurar o professor de esgrima para saber o que ela é, mas de procurar aquilo de que a esgrima é parte, isto é, a educação.

A intervenção de Sócrates possui duas faces: numa delas, mostra que a conversa está mal conduzida porque a boa questão ainda não havia sido colocada; na outra, que a discussão não progride porque não está havendo diálogo, mas monólogos. Nícias e Laques não estão dialogando, não estão tentando chegar à verdade do problema, mas estão, como na sofística, defendendo suas opiniões individuais. Estão esgrimando com as palavras, como se estivessem num combate e não empenhados numa busca em comum.

Dito isto, Sócrates volta-se para Lisímaco: "Não interrogue só a mim, mas interrogue Nícias e Laques para ouvir o que têm a dizer". Nícias declara que isto é bem coisa de Sócrates e que já o viu proceder desta maneira muitas vezes. Laques diz ignorar o modo de agir de Sócrates, que não gosta deste tipo de discussão, mas que, para servir aos amigos, se dispõe, se Nícias também se dispuser, a retomar o assunto. Sócrates sugere, então, o caminho. Retomando o exemplo dos olhos e o remédio, propõe que assim como para quem quer adquirir uma visão melhor é preciso primeiro saber o que é a visão, também para discutir qual a melhor educação para os jovens seria bom começar dizendo o que é a *areté*, uma vez que é ela o objeto e a finalidade da educação dos jovens. Tem início o diálogo propriamente dito. Terminou o *protréptico* e começa o *élenkhos*: tendo conseguido que os participantes aceitem procurar a verdade, Sócrates porá em marcha a ironia e a maiêutica.

Sócrates indaga: "Todos sabemos o que é a virtude (*areté*)?". Laques responde: "Sim, certamente". Sócrates prossegue: "Não acham que falar da virtude em geral é muito complicado e que poderíamos começar por uma parte da virtude ou uma das virtudes?". Laques concorda. "Já que estamos falando do aprendizado das armas", diz Sócrates, "e que a opinião corrente diz que a virtude própria do guerreiro é a coragem, comecemos pela coragem. Vamos, pois, defini-la. Laques, meu amigo, o que é a coragem?" "Nada mais fácil", retruca Laques: "Aquele que enfrenta o inimigo e não foge no campo de batalha é o homem corajoso". "É mesmo, Laques?", indaga Sócrates. E prossegue: "Mas e os citas e os lacedemônios, e mesmo Enéias em Homero, que têm um modo de lutar, tido como dos mais corajosos, que consiste em ir fugindo e, na fuga, forçar o inimigo a combater no lugar que desejam? Não seriam corajosos, já que fogem?". Laques, perplexo, concorda. "Talvez", diz Sócrates, "você não tenha sabido responder porque eu não soube perguntar. Ao perguntar o que é a coragem, eu me refiro não só aos soldados de infantaria, mas também aos da cavalaria, aos marinheiros, aos que são corajosos enfrentando a doença, ou enfrentando os perigos da política, aos que resistem aos impulsos das paixões. Em suma, estamos procurando a coragem em geral, o conceito da coragem e não casos corajosos." Laques, como se vê, havia tomado um aspecto da coragem (a coragem na guerra) por toda a coragem. Sócrates, já praticando a ironia, mostra-lhe que não está conseguindo exprimir uma opinião correta sobre a coragem porque sua definição não é capaz de dar conta de todos os atos corajosos. Laques não sabe o que é a coragem.

O diálogo prosseguirá neste tom. A cada passo, Sócrates oferece um exemplo ou faz uma pergunta que permitem a Laques ir afinando sua opinião até chegar a uma primeira definição geral da coragem: firmeza de alma. Novamente, Sócrates questiona: "Qualquer firmeza, ou a firmeza acompanhada de inteligência? Qualquer firmeza ou aquela que é útil e não nociva? Mas alguém, usando de inteligência e de firmeza para aplicar bem o dinheiro, seria chamado de corajoso?". Sócrates oferece uma série de casos em que firmeza, inteligência e utilidade estão juntas, mas nem por isso a ação é corajosa. Talvez, então, "os corajosos sejam firmes e úteis, mas não muito inteligentes?", indaga zombeteiramente. Uma série de exemplos mostra ser o caso. Como ficamos, então: a coragem exige ou não exige inteligência? A discussão prossegue de impasse em impasse, pois Laques, em vez de buscar o geral, as qualidades essenciais, sempre oferece apenas qualidades acidentais de atos corajosos.

Sócrates propõe que recomecem, sugerindo que retomem a definição anterior: a coragem é firmeza de alma. Nesse ponto, Laques afirma que se sente confuso: "Parece que concebo bem o que é a coragem, mas não sei bem como aconteceu que, de repente, a ideia me escapou e não pude nem formulá-la nem defini-la". Laques está pronto para iniciar a maiêutica. Em outras palavras, suportando o percurso da ironia descobriu que não sabe o que é a coragem; ao mesmo tempo, perplexo, tem o sentimento de que, no fundo de sua alma, sabe o que ela é, mas não consegue formulá-la. Sócrates, no entanto, propõe que ele descanse e que Nícias tome a palavra, socorrendo os amigos que estão muito confusos, sem saber para que lado virar-se.

Nícias, em vez de fazer como Laques, que dera exemplos de coragem, começa dizendo que ouviu falar que cada um de nós é bom ou sábio naquilo em que é conhecedor ou perito e mau naquilo que ignora e que, portanto, se o homem corajoso é bom naquilo que faz ao agir, então a coragem é uma espécie de saber ou de ciência. Nícias, como estamos percebendo, foi aluno dos sofistas: em primeiro lugar, porque julga a coragem como perícia de um *sophós* e como um saber ou uma ciência conhecida por alguns, ou pelo *sophistés*; em segundo, porque obtém a definição por meio de um raciocínio argumentativo ou de uma inferência. Laques, porém, desconhece a sofística e sente-se ainda mais confuso, declarando não entender o que Nícias diz. Sócrates afirma que está entendendo o discurso de Nícias, mas que cabe a Laques interrogar o amigo, pois o diálogo é entre eles. Todavia, embora tente, Laques não consegue encontrar a boa pergunta.

Sócrates assume, então, o lugar que Laques não consegue ocupar e passa a repetir com Nícias o que fizera com Laques. A coragem é uma ciência, um saber? Então, é como a ciência ou o saber do tocador de lira? Que ciência é esta? Responde Nícias: "A ciência do que se deve e do que não se deve temer, seja na guerra seja em qualquer outra circunstância". Tomando novamente a palavra, Laques se escandaliza: "Que absurdo! Nada há em comum entre a coragem e a ciência!". Tentando imitar o que vira Sócrates fazer, mas sem perceber a diferença, Laques oferece vários exemplos de ações em que há ciência e não há coragem e em que há coragem e não há ciência. Em outras palavras, a definição de Nícias parece não abarcar todos os atos de coragem nem todos os atos de ciência. Sua definição é tão parcial como a que Laques oferecera.

Sócrates intervém e com isso conduz Nícias a um impasse: se a coragem for uma ciência, diz Sócrates, então o leão não é corajoso e não se distingue do cervo e do macaco. Nícias, porém, se sai bem: "Não atribuo coragem aos que agem na ignorância; os animais não são corajosos, são temerários. Audácia não é coragem, é imprevidência". Laques se ofende: "Se for assim, Nícias está dizendo que eu e muitos atenienses não somos corajosos e nos desonra". "Isso é coisa de sofista", conclui. O desacordo está instalado. Estamos diante de duas opiniões opostas sobre a coragem. Há risco de recomeçar um combate sofístico e abandonar o penoso trabalho do diálogo.

Por isso, Sócrates retoma a palavra para fazer um retrospecto de toda a discussão até o ponto em que Nícias parecera ter ofendido Laques. Sócrates pratica, assim, a anamnese do caminho percorrido, recolhendo os pontos comuns entre Laques e Nícias, e reabre o diálogo recolocando a pergunta inicial: "Estamos de acordo em que a coragem é uma parte da virtude e não a virtude inteira?". Todos concordam. Nícias diz, agora, que a coragem é a ciência do que se deve e do que não se deve temer: portanto, referida a males futuros, já que os passados e presentes não são males a temer.

Mas, então, intervém Sócrates, estamos diante de um problema: uma ciência é ciência porque conhece o que aconteceu no passado, o que acontece no presente e o que acontecerá no futuro, isto é, não existe uma ciência para cada porção do tempo, mas a ciência conhece todo o seu objeto, seja ele passado, presente ou futuro. Ora, este não é o caso da coragem definida por Nícias. Em contrapartida, um homem que tivesse a ciência das coisas passadas, presentes e futuras não seria um homem dotado de toda a virtude e não apenas de uma parte dela? Como ficamos? Se a ciência for conhecimento das coisas passadas, presentes e futuras, a coragem não é ciência, mas a virtude é. Porém, não havíamos concordado em que nossa discussão não se referia à virtude inteira, mas a uma parte dela, no caso à coragem? "Portanto", conclui Sócrates, "não encontramos o que é a coragem."

O diálogo se interrompe nessa aporia, com a promessa de Sócrates de educar os filhos de Lisímaco e Melésios, de Laques e Nícias, praticando com eles o que praticou com seus pais. O diálogo termina, portanto, antes que a maiêutica se inicie, após ter sido completada a ironia. Nele, um dos aspectos mais interessantes é a importância dada por Sócrates não às respostas, mas às perguntas. Se estas não forem boas, aquelas também não serão.

O que é a aporia socrática? Mostrar que os interlocutores não sabem o que julgavam saber, tanto porque suas definições são os preconceitos da maioria como porque apanham aspectos acidentais e não a essência da coisa procurada. Mas, além disso, mostrar que um diálogo não é um combate de opiniões e sim uma busca da verdade. Os diálogos socráticos que terminam em aporias, isto é, em dificuldades que permanecem sem resposta, indicam que a busca da verdade não cessa nunca. É isso a *philosophía*, amizade pela sabedoria e não a posse dela.

Tão celebrado quanto o *Laques* é o *Mênon*, também um diálogo aporético. Como Nícias, Mênon frequentou as preleções dos sofistas e tenta, na conversa com Sócrates, exercitar o que aprendeu, propondo como tema de discussão se a virtude pode ou não ser ensinada. Como no Laques, também aqui a ironia consegue ser realizada, mas não há condições para iniciar a maiêutica. Todavia, seguindo uma linha aparentemente paralela ao tema central do diálogo e referindo-se a um assunto que não fora proposto por Mênon, Sócrates consegue praticar a totalidade de seu método, prática que celebrizou este pequeno diálogo: a interrogação socrática fará com que um jovem escravo analfabeto demonstre, sozinho, o Teorema de Pitágoras.

Sob vários aspectos, a estrutura do *Mênon* é semelhante à do *Laques*. Em ambos, o tema é a educação e a virtude. Num e noutro, o interlocutor de Sócrates quer "procurar como uma coisa é, antes de saber o que ela é". Mênon indaga se a virtude pode ou não ser ensinada, pode ou não ser aprendida apenas pela prática ou se é um dom natural e divino, inato e não ensinável. Para satisfazê-lo, Sócrates inicia a discussão, encaminhando-a, porém, a becos sem saída, uma vez que a essência da virtude permanece ignorada. Esse encaminhamento, no entanto, introduz a "boa pergunta" (aquela sem a qual não pode haver diálogo), que, por seu turno, introduzirá o diálogo de Sócrates com o escravo.

Para que algo seja ensinável, diz Sócrates, é preciso que seja um saber racional ou uma ciência, pois somente ciências são transmissíveis pelo ensino. Por conseguinte, a virtude só poderá ser ensinada se for uma ciência. Surge, assim, a "boa pergunta": o que é a ciência? A resposta, conseguida após longo e difícil percurso de perguntas e respostas, é simples: ciência é procurar o que não sabemos. Ora, indaga Sócrates, se procuramos o que não sabemos, como saberemos que encontramos o que buscamos, como saberemos, ao encontrar a verdade do que procuramos, que estamos diante dela?

Essa interrogação conduz à primeira formulação platônico-socrática de uma teoria que, mais tarde, será desenvolvida por Platão, constituindo o núcleo de sua concepção do conhecimento: a teoria da reminiscência ou a afirmação de que conhecer é reconhecer, recordar ou lembrar a verdade que se encontra adormecida em nossa alma racional. Se conhecer é lembrar, o diálogo filosófico é anamnese.

Para demonstrar que a verdade se encontra em nosso espírito e que precisamos simplesmente encontrar caminhos para dela nos lembrarmos, trava-se o diálogo de Sócrates com o escravo, durante o qual *Mênon* deverá examinar "se o que ele [o escravo] faz com meu auxílio [de Sócrates] é recordar ou aprender".

Na fase inicial do diálogo, o escravo sente-se seguro e julga tudo saber. À medida que a ironia se desenvolve, a segurança vai desaparecendo até que o escravo confessa não saber responder. Sócrates pede-lhe (como pedira a Laques) que descanse um pouco, enquanto retoma a conversa com Mênon. A este, porém, diz que o descanso do escravo é aparente, pois, na realidade, estará esforçando-se para encontrar a solução do problema, isto é, para encontrar no fundo de sua alma a verdade que lá se encontra. Retomando o diálogo com o escravo, Sócrates consegue que este, enfim, sozinho demonstre o teorema. Se um escravo analfabeto pode demonstrar um teorema de matemática, é porque o saber é inato ao espírito do homem e, por conseguinte, a ciência não pode ser ensinada, apenas despertada ou relembrada, desde que saibamos encontrar os bons procedimentos para despertá-la ou fazê-la lembrada. E, se assim é, podemos compreender por que a ciência é procurar pelo que não sabemos e, se dissermos que a virtude é uma ciência (a busca de um saber racional sobre a ação conforme ao melhor), então não pode ser ensinada.

Ao cabo da demonstração, voltando-se para Mênon, Sócrates lhe diz:

> Que te pareceu, meu caro Mênon? Este rapaz não me disse em resposta justamente o que pensava? [...]. E, entretanto, como dizíamos há pouco, ele nada sabia dessas coisas [...]. Portanto, em todos aqueles que não sabem o que são certas coisas, se encontra o conhecimento verdadeiro dessas coisas [...]. E tais conhecimentos foram despertados nele como de um sono; e creio que se alguém lhe fizer repetidas vezes e de várias maneiras perguntas a propósito de determinados assuntos, ele acabará tendo uma ciência tão exata como qualquer pessoa da tua sociedade [...]. Ele acabará sabendo, sem ter possuído mestre, graças a simples perguntas, extraindo o conhecimento de seu próprio íntimo [...]. Ora, se antes e durante sua vida este escravo nada aprendeu, é porque nele há conhecimentos que, despertos pela interrogação, transformam-se em ciência. É certo, pois, que sua alma sempre os possuiu [...]. Uma coisa posso afirmar e provar por palavras e atos: é que nós nos tornamos melhores, mais ativos e menos preguiçosos, se cremos ser um dever procurar o que ainda não sabemos.

O *Mênon* afirma, portanto, que a verdade e o conhecimento são inatos em nós porque somos racionais. Pela razão, participamos da racionalidade e da verdade da natureza que, assim, encontra-se dentro e fora de nós; é a mesma em nós e nas coisas. Conhecer não é senão encontrar procedimentos (como a dialética exercitada na ironia e na maiêutica) capazes de despertá-las, como se saíssemos de um sono profundo. Essa afirmação tem um significado decisivo na história da filosofia, pois com ela é afirmado, pela primeira vez, o poder do pensamento para encontrar, por si mesmo e em si mesmo, a verdade. Podemos notar aqui qual é a diferença entre Sócrates, Heráclito e Parmênides. De fato, os dois últimos também distinguiram opinião e verdade e também afirmaram que somente o pensamento conhece o verdadeiro, mas este encontra-se na *phýsis* ou no ser, enquanto, para Sócrates, o verdadeiro se encontra em nós, no interior de nossa alma.

A interioridade da verdade tem uma consequência ética imediata: se nossa razão, isto é, nossa alma tem o poder para encontrar em si mesma suas próprias regras e normas de pensamento, terá o mesmo poder para nos dar as regras e normas de conduta e para educar nosso caráter para a virtude. A autonomia* moral ou ética é a consequência necessária da força inata da razão. Compreendemos, então, por que Sócrates declara que somente o ignorante pratica o vício, pois aquele que conhece a verdade ou a virtude não deixará de praticá-la, uma vez que ela nasce em sua própria alma racional.

Do *Laques* e do *Mênon* podemos concluir as ideias fundamentais da filosofia socrática:

• Não é possível definir uma virtude sem definir a essência da virtude (da *areté*), isto é, a virtude é uma totalidade com qualidades ou propriedades essenciais que devem estar presentes em todas as suas partes. Antes, portanto, de indagar se uma certa forma de conduta é ou não virtuosa é preciso indagar o que é a própria virtude.

• Não é possível separar virtude e ciência, isto é, virtude e saber ou virtude e razão; a virtude é uma forma de conhecimento (a mais alta) e não um simples modo de agir. Agimos virtuosamente porque sabemos o que é a virtude.

• Não é possível conhecer a virtude e agir virtuosamente se não soubermos o que é a razão, e não saberemos o que é a razão se não soubermos o que é a alma (*psykhé*) enquanto inteligência racional. A essência da alma é a razão; e a ignorância, a doença da alma e origem de todos os vícios.

• A razão é a capacidade para chegar às ideias das coisas pela distinção entre aparência sensível e realidade, entre opinião e verdade, entre imagem e conceito, acidente e essência. A razão é o poder da alma para conhecer as essências das coisas.

• A alma é diferente do corpo; é a consciência de si, das coisas, do bem e do mal, da justiça e da virtude. É a inteligência enquanto reflexão (conhecimento de si mesma) e interrogação sobre a verdade e realidade das coisas; é o poder intelectual para descobrir em si mesma e por si mesma a verdade e para dar a si mesma e por si mesma as regras da vida ética virtuosa.

- As coisas de que trata a filosofia não são as coisas naturais da cosmologia, mas as qualidades morais e políticas dos homens e os meios de conhecê-las.
- A finalidade da vida ética (ou filosofia) é a felicidade e esta se encontra na autonomia, isto é, na capacidade do homem para, por meio do saber, dar a si mesmo suas próprias leis e regras de conduta.
- Se o sofista considera que pode defender com igual força argumentos contrários, isto é, a tese A e sua antítese não A, é porque toma indiferentemente qualidades acidentais de A, podendo negá-las ou afirmá-las à vontade, sem jamais alcançar suas qualidades essenciais e, portanto, sem jamais alcançar a ideia ou definição de A.

Quando critica o sofista por ensinar a quem lhe pague e, portanto, por aceitar conviver com qualquer um que lhe pague, Sócrates critica a perda de autonomia daquele que passa a agir conforme a vontade de quem lhe dá o pagamento. Sócrates critica a heteronomia* do sofista. Também o critica porque impõe a heteronomia aos alunos: apresentando-se como um mestre que tudo ensina, não os deixa pensar por si mesmos. E, finalmente, o critica porque ensina apenas técnicas de combate verbal e, portanto, uma relação de violência recíproca, para que vença o mais forte e não a verdade, comum a todos.

A MORTE DE SÓCRATES

A morte de Sócrates, descrita por Platão e Xenofonte, é cheia de beleza e serenidade. Com ela, ele afirma o que dissera aos juízes: "Nunca deixarei de filosofar", pois os juízes se dispunham a não condená-lo à morte, se abandonasse a filosofia.

No entanto, o processo de Sócrates coloca um problema sério para nós. Os relatos platônicos e os de Xenofonte são apologias, isto é, defesas de Sócrates contra o tribunal ateniense, que assassinou seu melhor cidadão. São refutações de todas as acusações dos juízes e acusações contra estes últimos: ignorantes, demagogos, corruptos, tiranos. Mas seriam mesmo assim?

Vimos que a democracia ateniense, tanto na "Oração de Péricles" quanto em outros relatos gregos e nos estudos dos helenistas, fundava-se nas ideias e nas práticas da *isonomía* e da *isegoría*. Cidadão era aquele que tinha o direito e a competência para emitir opiniões sobre todos os assuntos da cidade, de ouvir todas as opiniões diferentes e de discutir todas elas para poder decidir e votar. O que os juízes querem dizer quando afirmam que Sócrates corrompe os jovens? Que Sócrates tem desprezo pela opinião, que a considera contrária à verdade, a toma por ignorância, falsidade e incompetência, opõe opinião à ciência ou saber verdadeiro, recusa o critério da maioria. Assim sendo, estaria negando a legitimidade da *isonomía* e da *isegoría*, estaria afirmando que somente alguns podem governar, isto é, aqueles que possuírem ciência e não opinião. Desse ponto de vista, os juízes teriam razão ao considerá-lo um perigo para a democracia.

Onde, porém, está o erro dos juízes? Por que, afinal, cometeram uma injustiça?

O erro está em não terem ouvido o mais importante ensinamento de Sócrates, isto é, que todos os homens são iguais porque todos são capazes de ciência, todos são dotados de uma alma racional onde se encontra a verdade e todos são capazes de virtude. Razão, ciência, verdade e virtude são universais e todos os homens são, por natureza, capazes delas. A virtude, diziam os diálogos, não se ensina e não pode ser ensinada porque não é uma convenção nem uma técnica, mas algo a que estamos inclinados por natureza. A *isonomía* e a *isegoría* estão preservadas, desde que tomadas no nível da ciência e não no da opinião.

Sem dúvida, passar da opinião à ciência significa não aceitar passivamente os valores da *pólis*, tais como se cristalizaram nos preconceitos. Se a *pólis* valoriza a coragem, a amizade, a piedade, a justiça, a eloquência, a persuasão, é preciso, para aceitá-las, saber o que são e é possível que o saber nos ensine que são valiosas justamente por não serem o que a opinião e o preconceito imaginam que elas sejam. Por isso Sócrates dissera aos juízes: "Mais do que qualquer um de vós, respeito as leis. Mas não as respeito pelos mesmos motivos que vós".

O processo de Sócrates foi cuidadosamente montado unindo homens que eram inimigos — um dos juízes, Meleto, era o homem que Sócrates salvara dos que agora, com ele, sentavam-se como juízes, quando não cumpriu a ordem injusta e ilegal de trazê-lo de Salamina para ser condenado à morte. O que os une? O medo que lhes inspira um "baixinho feio e tagarela" que, andando pelas ruas e praças, discute se a autoridade (das opiniões, dos valores éticos e cívicos, dos homens que governam) é legítima e verdadeira, se deve ser aceita e sob que condições pode ou não ser respeitada. Sentem-se ameaçados, temendo que o pensamento os faça parecer injustos, violentos, falsos cumpridores da lei. Temem que a *pólis* raciocine, discuta, pense.

Possivelmente, os juízes imaginavam-se justos. É essa imagem da justiça que os move contra o crime socrático de questionar imagens, buscando suas ideias verdadeiras.

Deixemos a Platão o relato da fala de Sócrates durante o julgamento, narrado na *Apologia*:

> Atenienses, não seria decente, creio, um homem de minha idade vir diante de vós ornamentar frases como fazem os jovenzinhos. Por isso, tenho uma demanda: que minha defesa não seja senão repetir diante de vós o que tenho feito na *agorá*, nos banquetes e em outros lugares onde muitos dentre vós me escutaram. Não vos espanteis nem griteis. Esta é a primeira vez que compareço diante de um tribunal, e tenho mais de setenta anos; desconheço, portanto, a linguagem que aqui se fala [...]. Por isso peço-vos que não presteis atenção ao meu jeito de falar, mas às coisas que vou dizer, para saber se são ou não justas, pois nisto consiste a tarefa do juiz e seu mérito próprio. Ao orador, cabe dizer a verdade [...].
>
> Deram-me a reputação de ser sábio porque acreditam haver uma certa sabedoria em mim. Que sabedoria? Talvez seja puramente humana. Talvez eu a possua realmente e aqueles de quem vos falei[7] talvez possuam outra, mais do que humana; caso contrário, não sei o que dizer, não a conheço, e quem disser que a conheço, mente para me denegrir [...]. Foram estas indagações, atenienses, que ergueram contra mim tantos ódios amargos e terríveis, dos quais nasceram as calúnias e a reputação de sábio que me deram, pois os que me escutam sempre imaginam que sei as coisas sobre as quais desmascaro a ignorância dos outros. Pode ser, no entanto, juízes, que o deus seja realmente sábio e que, por este oráculo — "Conhece-te a ti mesmo" — queira dizer que a sabedoria humana não é grande coisa ou mesmo nada. E se nomeou Sócrates como o mais sábio, talvez tenha sido para colocar-me como exemplo, como se quisesse dizer: "O mais sábio dentre vós, homens, é aquele que, como Sócrates, reconheceu que sua sabedoria não é nada" [...].
>
> Seria, atenienses, uma estranha contradição de minha parte se, depois de haver, como outros, arriscado minha vida nos postos que os generais nomeados por vós me haviam designado, fosse, agora, por medo da morte ou de algum outro perigo, desertar do posto que me foi designado pelo deus, ordenando-me que vi-

vesse filosoficamente, examinando-me a mim mesmo e aos outros. Isto, sim, seria grave; isto, sim, deveria fazer-me acusado de não crer nos deuses, pois eu desobedeceria ao oráculo se temesse a morte e se me acreditasse um sábio, porque, neste caso, eu não o seria. Com efeito, atenienses, temer a morte não é senão acreditar-se sábio quando não se é, pois é acreditar que se sabe o que não se sabe. Ninguém sabe o que é a morte e se não seria, para os homens, o supremo bem; mas quem a teme julga conhecê-la e está seguro de que é o maior dos males. Não é isto a verdadeira e condenável ignorância: crer que se sabe o que não se sabe? Talvez seja por isso, juízes, que sou diferente da maioria dos homens [...] temo os males que conheço, mas as coisas que não sei se são boas ou não, jamais as temerei nem delas fugirei [...].

Atenienses, não me parece ser justo fazer preces ao juiz e conseguir absolvição por meio de súplicas. Ao juiz, é preciso dar esclarecimentos e procurar convencê-lo, pois o juiz não tem assento no tribunal para fazer da justiça um favor, mas para decidir o que é justo. Não fez o juramento para favorecer o que lhe agrade, mas para julgar segundo as leis. Não devemos, pois, acostumar-vos ao perjúrio nem acostumar-nos a ele, porque uns e outros ofenderíamos aos deuses. Não espereis de mim, atenienses, que, diante de vós, eu recorra a práticas que julgo desonestas, injustas e impiedosas. Se, recorrendo às súplicas e preces, eu vos dobrasse e vos forçasse a faltar ao juramento, à verdade, eu vos daria razão para acusar-me no exato momento em que me estaríeis perdoando [...]. Creio, atenienses, mais do que crê qualquer dos meus acusadores, e entrego-me a vós e ao deus para decidirem o que há de ser o melhor para vós e para mim.

Numa passagem do ensaio "Elogio da filosofia", o filósofo Merleau-Ponty, referindo-se ao julgamento e à atitude de Sócrates perante a Assembleia, escreve:

A vida e a morte de Sócrates são a história das difíceis relações que o filósofo — quando não está protegido por imunidades literárias — mantém com os deuses da Cidade, isto é, com os outros homens e com o absoluto cristalizado, cuja imagem eles lhe estendem. Se o filósofo fosse um revoltado, chocaria menos. Pois, afinal, todos sabem que o mundo vai mesmo muito mal; gosta-se de ver isso escrito, em honra da humanidade, para logo disso se esquecer quando se retorna aos afazeres. A revolta, portanto, não desagrada. Com Sócrates, porém, trata-se de outra coisa. Ensina que a religião é verdadeira e foi visto oferecendo sacrifícios aos deuses.

Ensina que é preciso obedecer à Cidade e é o primeiro a obedecer-lhe até o fim. O que se censura nele não é tanto o que ele faz, mas a maneira, o motivo.

Há, na *Apologia*, uma palavra que explica tudo, quando Sócrates diz aos juízes: "Creio, atenienses, mais do que crê qualquer dos meus acusadores". Palavra de oráculo: crê *mais* do que eles, mas também crê *diferentemente* deles e noutro sentido. A religião que ele diz verdadeira é aquela em que os deuses não estão em luta, em que os presságios permanecem ambíguos, em que o divino se revela (como o seu *daímon*) por um aviso silencioso, lembrando aos homens sua ignorância. A religião, portanto, é verdadeira, mas de uma verdade que ela própria não sabe, verdadeira como Sócrates a pensa e não como ela se pensa.

Do mesmo modo, quando ele justifica a Cidade, o faz por razões que são suas e não por razões de Estado. Não foge. Comparece diante do tribunal. Mas há pouco respeito nas explicações que oferece para isso: em sua idade, o furor de viver não é decente; além disso, "não me suportariam melhor noutro lugar"; enfim, "sempre vivi aqui" [...]. Ao comparecer diante do tribunal, não o faz por respeito, mas para melhor recusá-lo. Se fugisse, seria um inimigo de Atenas e tornaria a sentença verdadeira. Ficando, é ele quem ganha, quer o inocentem quer o condenem, pois, num caso, terá feito os juízes aceitarem sua filosofia e, no outro, a terá provado aceitando a sentença [...]. A filosofia está em sua relação viva com Atenas, em sua presença ausente, em sua obediência sem respeito.

Sócrates tem um jeito de obedecer que é um jeito de resistir [...]. Tudo quanto ele faz se organiza em torno desse princípio secreto que irrita os que não conseguem apreendê-lo. Sempre culpado por excesso ou por falta, sempre mais simples e mais breve do que os outros, sempre mais dócil e menos acomodante, causa-lhes mal-estar. Ele lhes inflige *a ofensa imperdoável de fazê-los duvidar de si mesmos* [...]. *O que esperam dele é justamente o que não lhes pode dar: o assentimento às coisas, sem considerandos*. Comparece ao tribunal para explicar aos juízes e à Assembleia *o que é a Cidade* [...]. Inverte os papéis e lhes diz: não estou me defendendo, é a vós que estou defendendo (Merleau-Ponty, 1960, pp. 44-5).

4. Platão e o nascimento da razão ocidental

INTRODUÇÃO: O AMOR

Escritor de talento extraordinário, Platão nos deixou, entre suas obras, aquela que, mesmo sem ter sido lida pela maioria da humanidade, teve suas ideias consagradas, repetidas, apropriadas e, muitas vezes, mencionadas sem que se saiba ser ele o autor: *Banquete* ou, em grego, *Sympósion*.

O jovem poeta Agatão teve premiada sua primeira tragédia. Para festejar o prêmio, amigos são convidados à sua casa para um banquete — festa em que os gregos homens se reuniam para beber, comer, ouvir música, ver dançar e conversar. Dois convidados chegarão atrasados: Sócrates, que, subitamente, ficara imóvel no trajeto, mergulhado na meditação, chegando ao banquete já iniciado; e o jovem e belo Alcibíades, político arrebatador nas Assembleias, que chegará quando a conversa estiver terminada e, embriagado, fará a mais desesperada declaração de amor a Sócrates, porque lhe parece vê-lo preferir outros e não ser correspondido no afeto que lhe dedica.

Fedro (o retórico), Pausânias (rico negociante), Erixímaco (médico), Aristófanes (o comediógrafo), Agatão (o poeta anfitrião) e Sócrates aceitam o convite de Fedro, proferido em seu nome por Erixímaco:

Não é revoltante que em honra de todos os deuses tenham sido compostos hinos e entoados cantos e que nenhum poeta jamais tenha feito um poema em louvor de Eros, deus venerável e esplêndido? [...]. De minha parte, quero prestar-lhe tributo e creio que ficaria bem a todos os presentes fazer o elogio do deus.

É assim que, anos mais tarde, a pedido do jovem Glauco, Apolodoro inicia o relato dos discursos sobre o amor proferidos durante o banquete de Agatão, ao qual o narrador não comparecera, mas dele soubera por Aristodemo, conviva que escutara os vários elogios de Eros naquele memorável encontro. O primeiro a falar, narra Apolodoro, foi Fedro:

Eros é o mais velho dos deuses, pois não lhe conhecemos nem pai nem mãe; o mais bondoso para com os homens, pois os faz envergonharem-se do mal e imitar o bem, inspirando-lhes coragem e devotamento; o mais capaz de fazer os homens virtuosos nesta vida e felizes na outra. Os nascidos de Amor são recompensados pelos outros deuses, porque aquele que ama sacrifica-se pelo amado, torna-se divino porque habitado pelo deus.

Disse Pausânias:

Parece-me, caro Fedro, que nosso elogio está malfeito. Estaria bem, se houvesse um único Eros, porém, há mais de um e precisamos saber qual deles merece nossa homenagem. Assim como há duas Afrodites, a celeste e a popular, também há dois Eros, um celeste, mais nobre, que preside o amor entre as almas masculinas, e um popular, grosseiro e simplesmente sexual. Ao primeiro devemos render tributo. Não é belo nem feio — sua beleza e fealdade dependem das qualidades ou defeitos e virtudes ou vícios dos amantes. Feio, se apenas corporal, pois a flor do corpo é efêmera, logo murcha, lançando o amado no abandono e no sofrimento. Belo, se espiritual, pois quem ama uma bela alma permanece-lhe fiel a vida inteira. Eros celeste é benéfico aos indivíduos e à Cidade.

Erixímaco interveio, tomando a palavra:

Embora começasse bem, Pausânias concluiu mal, por isso o farei em seu lugar. Sim, há dois Eros. Médico, eu o sei, pois ele não se ocupa apenas dos corpos, mas também das almas. Médico, porém, sei que Eros é mais vasto, que seu poder não se limita aos homens, mas estende seu império a todos os seres. O que é Eros? A harmonia e união dos contrários, a atração ordenada dos opostos. Por isso a medicina — arte da amizade entre os humores e os elementos no corpo e na alma — é a primeira ciência do amor. Mas também a música — união e harmonia dos ritmos contrários e dos sons opostos —, a agricultura — arte de unir o úmido da semente e o seco da terra —, a astronomia — ciência da harmonia e conjunção dos astros —, a religião e a arte divinatória — que buscam os vínculos entre os deuses e os homens. Eros é uma força cósmica, universal, que, aplicada para o bem, nos traz a felicidade perfeita, a paz entre os homens e a benevolência dos deuses.

Assim começou Aristófanes:

Quanto a mim, coisa bem diversa direi. Os humanos desconhecem o poderio extraordinário de Eros. Se o conhecessem, haveriam de construir-lhe templos magníficos, elevar-lhe altares suntuosos, votar-lhe sacrifícios opulentos. Por que Eros possui todas as belas qualidades que lhe atribuíram os que me precederam? Por que é tão zeloso e benevolente para os homens? Porque outrora, no princípio, éramos unos e havia três tipos de humanos: o homem duplo, a mulher dupla e o homem-mulher, isto é, o andrógino. Eram redondos, com quatro braços e quatro pernas e dois rostos numa só cabeça. Vigorosos, sentindo-se completos, decidiram subir ao céu. Foram punidos por Zeus, que os cortou pela metade, voltando-lhes o rosto para o lado onde os cortara, deixando-os com os órgãos sexuais voltados para trás. Desde então, cada metade não fez senão buscar a outra e, quando se encontravam, abraçavam-se no frenesi do desejo, procurando a união, morrendo de fome e inanição nesse abraço. Para evitar que a raça dos humanos se extinguisse, Zeus permitiu que Eros colocasse os órgãos sexuais voltados para a frente, concedendo-lhes a satisfação do desejo e a procriação. Eros restaurou a unidade primitiva e nos faz buscar nossa metade perdida: os que vieram dos andróginos amam o sexo oposto, os que vieram dos homens e mulheres duplos amam os de mesmo sexo. O amor é desejo de unidade e indivisão. Encontrar nossa metade: eis nosso desejo. Ao deus que isto nos propicia, todo nosso louvor.

Chegada sua vez, o poeta Agatão iniciou assim seu discurso:

Quer-me parecer que todos os que até agora falaram não elogiaram o Amor, mas a felicidade dos homens por possuírem tal protetor. Quem é Eros? O mais feliz dos deuses, porque o mais belo e o melhor. O mais belo: é o mais jovem e perenemente jovem. O melhor: porque o mais sutil (pois penetra imperceptivelmente nas almas), o mais delicado (pois habita as almas mais ternas), o mais gracioso (pois vive entre flores e perfumes). Bom, porque ignora a violência e a desfaz onde existir. Temperante, porque vence a desmedida do prazer, impondo-lhe limite. Engenhoso, porque inspira poetas e artistas, dispondo as musas para a inspiração dos humanos. Hábil, pois destronou o poderio da Carência e da Necessidade, colocando nos deuses o amor pela beleza e pela concórdia. Glória dos deuses e dos homens, Eros é nosso melhor guia.

Conta Apolodoro a Glauco que, quando terminou sua fala, Agatão foi prolongadamente aplaudido pelos outros e Sócrates, virando-se para Erixímaco, lembrou-lhe que, desde o início do banquete, assegurara que o jovem poeta faria o mais belo discurso, nada restando a ser dito. Erixímaco, porém, não aceitou a recusa de Sócrates de fazer um discurso: "Que não saibas dizer mais do que foi dito, Sócrates, é coisa em que não acredito".

"Não posso falar", retrucou Sócrates, "não saberia fazer discursos tão belos quanto os vossos. Falta-me talento com as palavras." "Prometeste falar", insistiu Erixímaco. "Ao diabo com minha promessa!", exclamou Sócrates. "Falarei, mas do meu jeito. Sem eloquência. Procuro um discurso que diga a verdade sobre Eros."

Não a eloquência, mas a verdade: com essas palavras, Sócrates mudará o rumo, o sentido e a finalidade do discurso sobre o Amor. Não fará seu elogio, e sim buscará sua essência. Todavia, para não parecer impertinente, submetendo os presentes às suas irreverentes e incansáveis perguntas, Sócrates usará um estratagema: irá narrar-lhes o diálogo que, outrora, teve com Diotima de Mantineia (mulher sábia nas coisas do amor). Muito jovem, era ele quem respondia, enquanto ela, mais velha e mais experiente, o questionava, conduzindo-o pacientemente à essência do amor. À medida que Diotima perguntava e o jovem Sócrates respondia, uma teoria do amor foi sendo elaborada e podemos assim resumi-la:

Eros, afirma Diotima, não é um deus — não é belo nem bom —, nem é um mortal — não é feio nem mau. Nem imortal nem mortal, Eros é um *daí-*

mon, intermediário entre deuses e homens, criador de laços entre eles. Qual sua origem?

Quando nasceu Afrodite, a bela, todos os deuses foram convidados para o festim, esquecendo-se de convidar Penia (a Penúria). Escondida do lado de fora, ao término da festa Penia esgueirou-se pelos jardins para comer os restos. Viu, adormecido pelo vinho, Poros (o Estratagema), filho de Métis (a Prudência Astuta). Desejou um filho dele. Deitou-se ao seu lado e concebeu Eros. Por haver sido concebido no dia do nascimento de Afrodite, a bela, Eros ama o belo. Triste é seu destino: como sua mãe, vive maltrapilho, sem teto, sem leito, dormindo pelas ruas e nos umbrais das portas, sempre carente, faminto; como seu pai, é audaz, engenhoso, astuto, grande caçador que não larga a presa. Maquinador, hábil feiticeiro e sofista, deseja tudo quanto seja belo e aspira a tudo conhecer. "No mesmo dia, floresce e vive, morre e renasce, nunca opulento, nem completamente desvalido", diz Diotima.

Não sendo deus nem tolo, ama a sabedoria. Se fosse um deus, não poderia amá-la, pois não se ama o que já se possui; se fosse tolo, julgar-se-ia perfeito e completo e não poderia desejar aquilo cuja falta não pode notar. Eros é o desejo: carência em busca de plenitude. Eros ama. O que ama o Amor? O que dura, o perene, imortal. Ama o bem, pois amar é desejar que o bom nos pertença para sempre. Por isso Eros cria nos corpos o desejo sexual e o desejo da procriação, que imortaliza os mortais. O que o Amor ama nos corpos bons? Sua beleza exterior e interior. Amando o belo exterior, Eros nos faz desejar as coisas belas; amando o belo interior, Eros nos faz desejar as almas belas.

O amor dos corpos concebe e engendra a imagem da imortalidade: os filhos, também mortais. O amor das almas belas concebe e engendra o primeiro acesso à verdadeira imortalidade: as virtudes. Os corpos mortais geram filhos mortais. As almas imortais geram virtudes imortais.

Onde reside o belo nas coisas corporais? Na perfeição de suas figuras, de suas proporções, de sua harmonia e simetria — em suas qualidades de forma. Assim, no coração da matéria perecível e imperfeita, surgem sinais do imperecível: a beleza da forma.

Onde reside o belo nas almas? Na perfeição de suas ações, de seus discursos e de seus pensamentos — em suas qualidades de inteligência. Assim, no coração da alma imortal anuncia-se o perfeito imperecível: a beleza do saber, a manifestação do *lógos*, a ciência.

Que deseja o desejo? Que ama o amor? A beleza imperecível, seu supremo e único Bem. Que é desejar-amar o Belo-Bem? Desejar possuí-lo, participando de sua bondade-beleza. Como participar do objeto do desejo-amor? Pelo conhecimento. Eros é desejo de saber: filosofia, *philosophía**. Na contemplação da beleza-bondade — isto é, da ideia do Bem e da Beleza — os humanos alcançam a ciência ou o saber, por meio do qual concebem, engendram e dão nascimento às virtudes e por meio delas se tornam imortais.

Desejo de formosura — da forma bela ou da bela forma —, eis a essência de Eros. É isso que a tradição consagrou com a expressão Amor Platônico.

A VIDA

Filho de Aristo e de Perictona de Atenas, pertencentes a uma das mais prestigiosas linhagens da aristocracia ateniense, Platão nasceu em 427 a.C. e morreu em 347 a.C. Por parte de mãe, descendia de Sólon; por parte de pai, do rei Codro, fundador de Atenas. Tinha dois irmãos, Adimanto e Glauco, que aparecerão como personagens em seus diálogos (ambos aparecem na *República* e Glauco também aparece, como vimos, no início do *Banquete*), e uma irmã, Potonè, cujo filho, Antifão, será a personagem do narrador, no diálogo *Parmênides*. Recebeu a educação tradicional dos jovens aristocratas de Atenas: o ginásio, para a formação do guerreiro belo; a música e os poetas, para a formação do guerreiro bom. Ao mesmo tempo, estando destinado, como todo cidadão, a participar da vida política e, como todo aristocrata, a lutar pelo poder, frequentou os sofistas para aprender retórica. Segundo alguns, teria sido aluno de Crátilo, discípulo de Heráclito, cujas ideias teria conhecido por meio de seu professor. Aos vinte anos, levado por amigos, passou a frequentar o círculo de Sócrates, tornando-se seu discípulo mais importante. Ao realizar sua primeira viagem a Siracusa, na Magna Grécia, conheceu os jovens pitagóricos, ligou-se a eles por laços de amizade, dando tamanha importância a seus ensinamentos que, anos mais tarde, ao fundar a Academia, inscreveu em seu pórtico: "Aqui só entram os que amam a matemática". É muito provável que em Siracusa, por intermédio dos pitagóricos, tenha conhecido o pensamento de Parmênides. Iniciando com os ensinamentos de Sócrates, com o que aprendera de Crátilo e dos pitagóricos, Platão irá, de um lado, ampliar o alcance da dialética socrática para responder à crise do conflito Heráclito-Parmênides e, de outro, atacar como alvo principal os sofistas.

A Atenas que Platão conhece ao nascer não é a Atenas que deixa ao morrer. A primeira é a do Século de Péricles. A segunda, a da derrota na Guerra do Peloponeso. A primeira é a cidade imperial em expansão, rica, poderosa, inovadora na política e na cultura, centro de efervescência econômica e espiritual, com hegemonia na Liga das Cidades do mar Jônico e do mar Egeu (a Liga de Delos) e em rivalidade permanente com Esparta, rivalidade que desencadeará a Guerra do Peloponeso. A Atenas que Platão deixa por ocasião de sua morte está exausta e decadente, prestes a ser esmagada pelas tropas de Filipe da Macedônia na batalha de Queroneia, em 338 a.C. A *pólis* democrática terminou, a cultura tornou-se tagarelice, repetição morna do passado, saudosismo.

A Atenas na qual Platão viveu sua juventude e maturidade é a Atenas da Guerra do Peloponeso, com as cidades se dividindo em alianças instáveis com Esparta e Atenas. Guerra que Tucídides narrou de modo admirável, dividindo-a em três fases, a última das quais não chegou a ser escrita por ele. A primeira vai de 431 a 421 a.C.; a segunda, de 421 a 415 a.C.; a terceira, de 415 a 404 a.C.

Em 429 a.C., dois fatos impressionantes acontecem, segundo a narrativa de Tucídides: morre Péricles e a peste ataca a cidade, dizimando milhares de pessoas. Vista como sinal de que a guerra lhes é adversa, a peste levou os atenienses a negociar uma trégua com os espartanos. Entre 421 e 415 a.C. a paz é estabelecida com Esparta, mas a guerra recomeça após o célebre discurso de Alcibíades, persuadindo a Assembleia a votar em favor do ataque à aliada de Esparta, Siracusa, no qual Atenas será derrotada. Alcibíades, apavorado com a reação que encontrará na cidade, se regressar, trai Atenas, bandeia-se para o lado de Esparta, que, em 404 a.C., vencendo a batalha de Aego-Potamos, ganhará a guerra, invadindo e dominando Atenas, cujas muralhas foram destruídas e cuja frota naval foi praticamente dizimada. Enquanto os espartanos ocupam a cidade, o aristocrata ateniense Crítias, primo de Platão, conspira com eles para derrubar as instituições democráticas e recolocar a aristocracia no poder. Dá um golpe de Estado, instala o Governo dos Trinta Tiranos, terrorista e sangrento, vingativo (é nessa época que se dão os dois processos de que Sócrates participou e nos quais se recusou a acatar as decisões da Assembleia, por julgá-las ilegais). Um ano depois, esse governo cai. Democratas moderados, muitos vindos do exílio, procuram dar fim às lutas internas que dividem a cidade, condenando à morte os mais perigosos e anistiando os mais inofensivos; e, como Nícias (que vimos como personagem do *Mênon*), tentam, a partir de 403 a.C., recuperar as instituições atenienses, sob o olhar vigilante dos espartanos. Mas o vigor político esmorece enquanto as facções democráticas e aristocráticas continuam a combater entre si e os demagogos dominam as Assembleias.

Platão ouviu o discurso de seu amigo Alcibíades incentivando o ataque a Siracusa, quando o bom senso e os estrategistas o desaconselhavam; e viu, a seguir, a traição de Alcibíades. Primo de Crítias e sobrinho de Cármides, o jovem Platão era parente dos que deram o golpe político e estabeleceram o Governo dos Trinta. E viu Sócrates recusar-se a cumprir ordens injustas e ilegais desse governo. Com a queda dos Trinta, Platão esperava um retorno das leis e do governo democrático, mas, em vez disto, viu Sócrates arrastado ao tribunal para ser injustamente condenado e seus amigos, entre os quais ele próprio, postos sob suspeita. O desânimo o invade e, por isso, em 390 a.C. viaja para o Egito, passa por Cirene em 389 a.C. e, finalmente, em 388 a.C., aos quarenta anos, realiza a primeira viagem a Siracusa, onde conhece o nobre Dião, sobrinho do tirano Dionísio I, ou Dionísio, o Velho.

A VIAGEM A SIRACUSA

Conhecendo as ideias de Platão, que já escrevera alguns dos diálogos, Dião se entusiasma e faz o filósofo aproximar-se de Dionísio I, na esperança de convencê-lo de que o bom governo se faz com leis e sabedoria e de que é preciso dar uma Constituição a Siracusa, abandonando assim a tirania. Não foi possível. Platão regressa a Atenas e funda a Academia, a primeira escola propriamente dita de filosofia. Em 366 a.C., Dionísio I morre, deixando o poder sob a regência de Dião, pois Dionísio II é muito jovem. Dião convida Platão a uma segunda viagem a Siracusa, agora com a esperança de que o filósofo eduque politicamente Dionísio, o Jovem — Platão, nessa época, já escrevera parte da *República*, a cidade ideal, governada por filósofos. Enquanto aguarda que Dionísio II se torne filósofo e bom governante, Dião tenta aplicar as concepções platônicas em Siracusa. Todavia, o jovem Dionísio II, aconselhado por adversários de seu tio, o destitui do governo e toma o poder. Desterrado, Dião conspira, retorna a Siracusa e recupera o poder, mas é aprisionado por seus inimigos. Platão, que não participara da conspiração nem do golpe político, mas pertencia ao círculo dos amigos de Dião, foi considerado suspeito e quase vendido como escravo. Graças a amigos, consegue fugir e retorna a Atenas. Em 361 a.C., por insistência de Dionísio II e dos amigos pitagóricos, aceita fazer uma terceira e última viagem a Siracusa. Desta vez, tudo parece correr bem: Dionísio II solicita que Platão lhe exponha e a outros membros do governo suas ideias e os aconselhe no exercício do poder. Mas um novo golpe atingiria Platão: Dião, que conspirava para retomar o poder, é assassinado, seus aliados são presos e Platão, sob aparência de "professor convidado", é mantido prisioneiro no palácio de Dionísio II, sob a suspeita de ter participado na conspiração.

Não bastassem tais fatos, um outro atinge profundamente o filósofo. Dionísio, o Jovem, escreve e publica um livro em que afirma expor o pensamento platônico. O livro, porém, reduzirá os ensinamentos platônicos a técnicas de assuntos de governo, à maneira da sofística. Desgostoso, Platão consegue o auxílio de Árquitas de Tarento (pitagórico e amigo de Dionísio II) para retornar a Atenas, de onde não mais sairá até a morte, em 341 a.C. A experiência de Siracusa foi vivida por ele como verdadeira tragédia que nele produziu resignação: a certeza de que não é possível fazer de um rei um filósofo.

A narrativa dessas viagens e das experiências malogradas é feita por ele na famosa *Carta sétima*, escrita aos amigos de Siracusa a fim de ser lida em público, primeiro texto em que vemos Platão expor a relação prática entre sua *paideía* política e sua teoria do conhecimento. Essa carta, uma autobiografia político-filosófica, também é conhecida como a *Viagem a Siracusa*.

As viagens a Siracusa foram feitas em situações diferentes: na primeira, desgostoso com a morte de Sócrates e com a demagogia reinante, Platão simplesmente deseja afastar-se de Atenas; nas duas outras, dirige-se a Siracusa porque é convidado a realizar uma tarefa política: pôr em prática sua *paideía*. Sócrates dissera que somente a ciência da virtude (a *areté* no seu sentido ético individual e no seu sentido político), isto é, somente a filosofia, pode garantir a instituição e conservação de um governo justo. Platão viaja a Siracusa para formar Dião e os dois Dionísios nessa ciência. Viaja para formar o rei-filósofo, mas fracassa. Desse fracasso nasce a famosa expressão, usada por muitos historiadores da filosofia: não tendo podido fazer do rei um filósofo, Platão escreverá sua filosofia para fazer do filósofo, rei.

As viagens a Siracusa não foram imotivadas. Na *Carta sexta*, Platão relata uma outra experiência que, certamente, o levou a aceitar o primeiro convite de Dião: Hérmias, tirano de Atarneu, conseguiu que dois discípulos de Platão redigissem uma Constituição para sua cidade, mudando a tirania pelo governo das leis e levando outras cidades a se associarem a Atarneu e à sua nova organização política.

Da *Carta sétima*, citaremos alguns trechos de sua abertura, nos quais Platão fala de Atenas e não do que viu, ouviu e experimentou em Siracusa.

Comecemos por sua descrição da primeira experiência política, isto é, seu contato com o Governo dos Trinta:

> Outrora, em minha juventude, experimentei o que experimentam tantos jovens. Esperava entrar na política tão logo pudesse dispor de mim mesmo. Eis como eu via os negócios da Cidade: a forma de governo estando vivamente atacada de diversos lados, tomou-se uma resolução, a de colocar à testa do governo cinquenta e um cidadãos, onze na cidade, dez no Pireu (esses dois grupos foram postos à frente da *agorá* e de tudo o que concernia à administração da Cidade), mas trinta constituíam a autoridade suprema com poder absoluto. Muitos dentre eles eram meus parentes ou meus conhecidos e logo me convidaram para as tarefas nas quais me consideravam apto. Deixei-me levar por ilusões que não eram surpreendentes em razão de minha juventude. Imaginava que governariam a Cidade reconduzindo-a da injustiça à justiça. Por isso observei ansiosamente o que iriam fazer. Ora, vi esses homens nos levarem em pouco tempo a lamentar a antiga ordem como uma idade de ouro. Entre outros fatos, quiseram associar meu amigo Sócrates, que não temo proclamar o homem mais justo de seu tempo, a alguns outros encarregados de levar à força um cidadão para executá-lo e isso com o propósito de comprometer Sócrates, voluntária ou involuntariamente, com a política deles. Sócrates não obedeceu e preferiu expor-se aos piores perigos a tornar-se cúmplice de ações criminosas. Em vista dessas coisas e outras do mesmo tipo e de não menor importância, fiquei indignado e me afastei das misérias desse tempo. Logo os Trinta caíram e com eles todo o regime.

Caídos os Trinta, Platão pensa em participar da vida política, mas é atingido duramente com a condenação de Sócrates:

Mais uma vez, se bem que menos entusiasmado, fui movido pelo desejo de me envolver nos negócios do Estado. Era um período de desordens. Tiveram lugar, então, muitos fatos revoltantes e não é extraordinário que as revoltas tenham servido para multiplicar atos de vingança pessoal. Contudo, os que retornaram nesse momento usaram de muita moderação. Mas não sei o que aconteceu. Pessoas poderosas arrastaram diante dos tribunais esse mesmo Sócrates, nosso amigo, e levantaram contra ele uma acusação das mais graves e que seguramente não merecia: foi citado por alguns diante do tribunal, acusado de impiedade e por este crime o condenaram, fazendo morrer o homem que não quisera participar da criminosa detenção de um destes que o julgavam agora, um que estava banido quando todos estes também estavam em desgraça.

Os acontecimentos induzem Platão, à medida que amadurece, a desconfiar da política existente e de seus políticos, a compreender o papel das leis para que haja uma cidade justa e, sobretudo, a conceber a ideia de que somente a educação filosófica dos governantes poderia salvar a *pólis*:

Vendo isso e vendo os homens que conduziam a política, quanto mais considerava as leis e os costumes e quanto mais avançava em idade, mais me parecia difícil administrar bem os negócios da Cidade. De um lado, isto não me parecia possível quando não se tem amigos e colaboradores fiéis. Ora, entre os cidadãos do tempo não era fácil encontrá-los, pois a Cidade já não era governada segundo os usos e costumes de nossos antepassados. Quanto a arranjar outros novos, não se podia esperar fazê-lo sem grande dificuldade. De outro lado, a lei e a moral estavam de tal modo corrompidas que eu, antes cheio de ardor para trabalhar para o bem comum, considerando esta situação, e vendo como tudo era mal administrado, acabei por ficar aturdido. Não cessava, porém, de observar secretamente sinais possíveis de uma melhora nesses acontecimentos e especialmente no regime político, esperando, para agir, o momento oportuno. Finalmente, compreendi que todos os Estados atuais são mal governados, pois sua legislação é quase irremediável sem enérgicas providências unidas a felizes circunstâncias. Fui, então, levado a louvar a verdadeira filosofia e a proclamar que somente à sua luz se pode reconhecer onde está a justiça na vida pública e na vida privada. Portanto, os males não cessarão para os homens antes que a estirpe dos puros filósofos chegue ao poder ou que os governantes das Cidades, por uma graça divina, se ponham verdadeiramente a filosofar.

Essas passagens da *Carta sétima*, ao lado dos aspectos biográficos e da imagem desoladora de Atenas, contêm algumas ideias que, desenvolvidas em vários dos diálogos políticos, formarão uma espécie de solo e fundo permanente do pensamento político ocidental, até que Maquiavel, no século xv d.C., inaugure o novo pensamento da política.

Que ideias platônicas passaram para a tradição do pensamento político?

Primeiro, a ideia da relação entre virtude moral dos governantes e qualidade do regime político (ideia que, no correr dos séculos, receberá o nome de Bom Governo). Segundo, a da relação entre ciência da política ou saber teórico sobre a política e direito de governar (isto é, a política não é uma arte ou técnica de governo, mas a prática da justiça por aqueles que possuem a ciência do Bem Comum). Por fim, a ideia de remédios para combater ou curar a corrupção política, trazendo a perspectiva da medicina grega para o campo político, isto é, a ideia de que a regeneração ou saúde política dependem do feliz encontro entre um bom governante e as circunstâncias ou a ocasião oportuna (o *kairós*). Essa ideia estará presente não só nos teóricos da política, incluindo Maquiavel, mas também nos historiadores políticos e será tematizada, na Renascença, como a relação entre a virtude viril do governante e a Fortuna.

Após essa abertura da *Carta*, Platão narra suas viagens a Siracusa, os esforços para tirá-la da condição de tirania — dando-lhe uma Constituição escrita e um bom governante —, as peripécias da vida da corte e a corrupção, as perseguições e o fracasso para substituir a violência ou a força — isto é, a vontade de um só (o tirano) — pelo poder justo e impessoal das leis, ou seja, em criar a política em Siracusa. Nesse relato, endereçado aos amigos, Platão procura resumir os princípios da educação filosófica que pretendera ministrar aos dois tiranos. Esse resumo é uma exposição das relações entre teoria do conhecimento e política, teoria que é uma variante daquela que se encontra elaborada na *República* sobre os graus e as formas do conhecimento e o exercício da dialética como método de conhecer.

Explicando por que escreve a *Carta* e nela inclui elementos de sua teoria do conhecimento relacionados com suas concepções políticas, Platão, ao mesmo tempo que acusa Dionísio ii de desfigurar seu pensamento, na verdade, nos explica por que escreveu toda a sua obra:

> Uma coisa posso afirmar com força, concernente a todos os que escreveram ou escreverão sobre o que é o objeto de minhas preocupações e que se declaram

competentes sobre isso, seja porque ouviram falar de mim por outros, seja porque pretendem tê-lo descoberto por si mesmos: essa gente nada pode compreender sobre o assunto. Sobre isso [o objeto de minhas preocupações filosóficas], não tenho nem terei jamais uma obra escrita [...]. Em contrapartida, julguei que uma versão dessas preocupações deveria ser posta por escrito de um modo que a maioria pudesse ler e entender e isso seria a mais bela obra de minha vida: confiar ao escrito o que é a maior utilidade para os humanos e trazer à luz a verdadeira natureza das coisas, para que todos possam vê-la.

Aos 81 anos, em 347 a.C., morre Platão. Um papiro, descoberto em Herculano, narra seus últimos momentos. Febril, o filósofo recebe a visita de um caldeu. Como parte da cortesia ou da hospitalidade, mas também porque o pitagorismo permanecera forte em seu pensamento, Platão solicita que uma escrava toque a lira. Vinda da Trácia, a mulher dedilha as cordas e erra um compasso. Com um gesto, Platão observa o erro e o hóspede exclama: "Somente um grego é capaz de perceber e sentir medida e ritmo". Horas depois, agravando-se a febre, Platão morreu.

Muitos estudiosos do platonismo e da filosofia platônica, levando em consideração a autobiografia contida na *Carta sétima*, pensam que a política é o tema central de sua filosofia. Outros intérpretes, porém, considerando o desânimo político de Platão — tanto com a situação de Atenas como com a de Siracusa — e o fato dos diálogos, posteriores à sua última viagem, dedicarem-se predominantemente à teoria do conhecimento e às questões do ser e do não ser, julgam esses temas o núcleo da filosofia platônica, e não a política. Afirmam essa tese apoiados na declaração de Platão, na *Carta sétima*, de que ninguém, até então, conhecera seu pensamento profundo. Assim, os estudiosos se dividiram, durante muito tempo, entre um Platão eminentemente político e um outro, contemplativo e metafísico.

Na verdade, a situação dos estudos platônicos assemelha-se à dos estudos sobre Sócrates. Por motivos diferentes aos do "problema Sócrates", também existe um "problema Platão". E dois deles estão brevemente indicados na passagem que acabamos de citar, pois, de um lado, Platão nos deixa sem saber exatamente se suas preocupações filosóficas são essencialmente políticas ou ontológicas e, de outro, ao mesmo tempo que justifica a escrita de suas obras, o filósofo declara que, quanto às suas preocupações filosóficas profundas, nunca as escreverá e jamais as deixará por escrito. Ou seja, não declara que os siracusanos não conhecem seu pensamento porque *ainda* não o escreveu e sim que não o escreverá *nunca*. Nesse caso, qual seria a diferença entre o que escreveu e o que se recusou a escrever? A filosofia platônica encontra-se realmente nos diálogos deixados pelo filósofo? Ou, não estando escrita, não se encontra em parte alguma? Ou os diálogos nos dão, embora pálida, uma ideia do que Platão teria verdadeiramente pensado e ensinado?

O "PROBLEMA PLATÃO" E A HISTÓRIA DA FILOSOFIA

Platão foi e é incessantemente lido, interpretado, comentado, refutado, apropriado ininterruptamente no correr dos últimos vinte e quatro séculos. Como é frequente nos estudos teóricos e na história da filosofia, a cada época surge um novo Platão, ou um Platão diferente dos anteriores.

O Platão de seu discípulo Aristóteles, o mais próximo e brilhante de seus seguidores, é o filósofo preocupado com a distinção entre o mundo sensível das aparências e o mundo inteligível das essências, com o ser e o não ser e com as questões lógicas do conhecimento.

O Platão redescoberto no século VI de nossa era provém dos ensinamentos de um outro membro da Academia platônica, Carnéades. Esse Platão, interpretado por Plotino, é o do neoplatonismo. É o filósofo preocupado com a teologia: o Bem (a ideia suprema, para Platão) é o ser uno e indizível, luz infinita, impensável e inalcançável pelo espírito comum, espalhando-se em emanações que formam o mundo, indo desde as formas puramente espirituais e imateriais até a matéria bruta, treva pura.

O Platão dos primeiros cristãos é o Platão da imortalidade da alma, da crítica ao corpo como prisão da alma, da purificação espiritual como forma de salvação.

O Platão da Renascença, redescoberto no século XV por Marcílio Ficino, é o Platão neoplatônico das emanações do Bem (ou Deus) e, não por acaso, a obra mais importante de Ficino chama-se *Teologia platônica*. Além do neoplatonismo, a filosofia platônica é vista por Ficino e pelos platônicos italianos como parte de um todo mais amplo e mais antigo do que ela, a sabedoria egípcia de Hermes Trismegisto, de sorte que o platonismo é interpretado como parte do hermetismo ou da filosofia hermética, da magia natural, dos vínculos secretos entre as coisas, animadas pelo sopro da Alma do Mundo e de Eros.

O Platão dos românticos do final do século XVIII e início do século XIX, redescoberto sobretudo pelos estudos filológicos de Schleiermacher, é o filósofo do sistema, isto é, nele, teologia, política, ética, teoria do conhecimento são aspectos internamente articulados de uma única doutrina acabada e coerente.

Todavia, os estudos literários, filológicos e helenísticos do século XX vieram mostrar que há fases no pensamento platônico nas quais não há uma doutrina acabada, que um mesmo assunto ou um mesmo problema é exposto e tratado de modo diferente em diversas épocas da vida e do pensamento de Platão. Em lugar do Platão sistemático do século XIX, passou-se a falar na evolução e no inacabamento do platonismo e a haver interesse pelas mudanças sofridas em sua obra.

O Platão de Jaeger é o do momento culminante da *paideía* grega — seu apogeu e sua expressão mais alta —, em oposição à *paideía* da Grécia antiga (educada por Homero, Hesíodo e Píndaro) e à dos poetas e sofistas da Grécia clássica. A política surge como o núcleo da obra platônica, tanto por seus temas como por seu contexto histórico. Para Jaeger, a *Carta sétima*, escrita na fase final da maturidade de Platão, é a prova de que seu interesse pela política nunca desapareceu, embora tomasse formas diferentes e novas.

O Platão de Victor Goldschmidt é o da teoria do conhecimento, da oposição entre opinião e verdade, sensível e inteligível, aparência e ideia. É o Platão dos paradigmas e da dialética como método de conhecimento. O conteúdo dos diálogos platônicos muda (ética, política, teologia, psicologia, linguagem, física), mas a estrutura permanece sempre a mesma, porque é a estrutura da dialética, da diferença entre imagem e ideia e da importância dos paradigmas.

Poderíamos falar ainda no Platão de Hegel, no de Leo Strauss, no de Crombie, no dos helenistas ingleses, alemães e franceses. A lista seria interminável.

É preciso, porém, mencionar o Platão de Nietzsche e de Heidegger, ou seja, o Platão da metafísica, que repudiou o mundo sensível pelo das puras ideias. Para Nietzsche, "Platão, esta flor mais bela da Grécia", foi destruído pelo racionalismo ressequido de Sócrates, que lhe tirou a energia agonística para transformá-lo no metafísico das ideias. Para Heidegger, seguindo a trilha nietzschiana, Platão inventou a verdade como "adequação entre o intelecto e as coisas", destruindo a essência grega da verdade, isto é, a *alétheia*. Nesta, o ser manifestava-se por si mesmo e em si mesmo, oferecendo-se aos nossos sentidos e pensamentos. Platão, porém, teria transformado a verdade numa atividade de nossa razão, numa qualidade ou propriedade de nossas ideias e não do próprio real. Reduziu-a à medida do intelecto humano e à condição de uma representação (isto é, de uma reprodução intelectual da realidade).

Qual seria, então, o verdadeiro Platão? Ou não é possível chegar a ele, pois tudo depende do ponto de vista do intérprete?

Façamos, aqui, algumas observações que nos ajudarão a melhor trabalhar com a história da filosofia (e não só com o "problema Platão").

No que concerne diretamente a Platão, duas observações se fazem necessárias:

1) A variedade de "Platões" possui uma primeira causa no fato de que, a não ser Aristóteles e Carnéades (para mencionarmos os discípulos mais próximos e conhecidos), ninguém nunca conheceu a totalidade do pensamento platônico, e isso por dois motivos: em primeiro lugar, porque uma parte da obra se perdeu e só atualmente se pode dizer que conhecemos praticamente tudo o que ele escreveu; em segundo, porque o ensinamento platônico, como o dos pitagóricos, o de Aristóteles e de outros fundadores de escolas, dividia-se em duas partes. Uma delas, traduzida em obras escritas, dirigia-se ao público em geral; a outra, não escrita, destinava-se exclusivamente à discussão e exposição interna, a portas fechadas. Por isso, na *Carta sétima*, o filósofo é taxativo: os que escreveram e escreverão sobre ele, imaginando conhecer todo seu pensamento, enganam-se, pois há assuntos sobre os quais jamais escreverá. Muitos estudiosos observaram que não há um único diálogo em que Platão esteja diretamente presente e não podemos saber se as ideias que as personagens discutem são suas ou de outros. Além disso, os especialistas mostram que Platão estrutura os diálogos de modo a confundir o leitor: coloca conversando vivos e mortos, gente que nunca se viu nem se conheceu, fatos que ocorreram antes do nascimento de uma personagem ou após a morte dela e que ela não poderia ter presenciado etc. Assim, mesmo que conheçamos a totalidade das obras escritas (ou exotéricas, isto é, destinadas ao público externo), não conheceremos a totalidade do pensamento platônico, pois desconhecemos as obras esotéricas, destinadas aos membros da Academia.

2) A variedade de "Platões" possui uma segunda causa no fato de que nem toda a obra escrita de Platão foi sempre conhecida. De um modo geral, duran-

te séculos, conheciam-se apenas o *Fedro*, o *Fédon* e o *Timeu*. Somente durante a Renascença, com Marcílio Ficino, conheceu-se (entre 1483 e 1484) a quase totalidade da obra. As interpretações latinas e as cristãs haviam sido feitas a partir daqueles três diálogos e de citações aristotélicas de outros diálogos não conhecidos, situação que se modificou somente a partir de 1578, com a publicação da obra, em Veneza, feita por Aldo Manúcio, e com a edição latina dos textos, feita pelo humanista francês Henri Estienne, alguns anos depois. Assim, as primeiras leituras e interpretações foram baseadas, inicialmente, em alguns textos da maturidade e velhice de Platão, lidos ora sob a influência do pensamento dos filósofos estoicos, ora sob a do pensamento de Aristóteles; e, posteriormente, quando a totalidade de textos existentes foi conhecida, foram lidos sob a influência do pensamento neoplatônico e do hermetismo.

Todavia, essas duas observações, ainda que nos auxiliem a enfrentar alguns problemas na interpretação da obra platônica, não tocam no mais importante, isto é, no fato de que Platão e todos os grandes filósofos recebem interpretações diferentes, muitas vezes opostas. Por isso nossa terceira observação se refere às obras filosóficas em geral e à maneira de fazer história da filosofia.

A razão mais importante e fundamental para a existência de vários "Platões" (mas também vários "Aristóteles" ou vários "Descartes" ou vários "Kants") deve-se à natureza mesma das obras de pensamento, ou melhor, das grandes obras de pensamento, pois uma obra é grande quando, de seu próprio interior, suscita uma multiplicidade de leituras e interpretações, criando uma posteridade.

Tanto a pergunta "qual é o verdadeiro Platão?" como a pergunta "seria possível encontrar o verdadeiro Platão?" são equivocadas. A primeira delas supõe que exista um "Platão em si", independente de seus leitores, e que seria o verdadeiro. Em outras palavras, a primeira pergunta supõe que o verdadeiro Platão é, afinal, um conjunto de textos que não poderia ser lido nunca, já que os leitores sempre interpretam a obra e a deformam. A segunda pergunta supõe que nenhuma interpretação e nenhuma leitura poderia ser mais correta ou mais verdadeira do que as outras porque todas seriam relativas, dependeriam dos interesses do leitor, de sua formação, das circunstâncias em que lê, das condições históricas da época em que lê etc., de modo que a história da filosofia seria uma espécie de "vale-tudo" e qualquer interpretação da obra platônica teria o mesmo valor que outras. Cai-se num relativismo cético. Relativismo, porque todas as interpretações seriam equivalentes. Cético, porque nenhuma poderia pretender ter alcançado a verdade da obra.

A existência de inúmeros "Platões", assim como de vários "Aristóteles" ou de vários "Descartes", ou de vários "Kants", ou de quaisquer outros filósofos, costuma ser considerada um obstáculo ao conhecimento da verdadeira filosofia de cada um deles porque se supõe que as interpretações de suas obras seriam como uma espécie de véu que encobriria o pensamento do próprio filósofo, ao qual chegaríamos se pudéssemos eliminar todos os comentadores, intérpretes e historiadores que as leram, comentaram e interpretaram. Tal suposição exprime implicitamente o desejo de uma história da filosofia que pudesse apagar o tempo, eliminar as interpretações, enfim, esquecer que é história.

Contrariamente a essa atitude, propomos uma outra que considere que:

1) Uma obra filosófica é um tecido de indagações, respostas e dúvidas de um filósofo diante das questões culturais, sociais, políticas, científicas etc. colocadas por sua época e para as quais ele elabora um conhecimento novo. Desse modo, seu pensamento só poderá ser compreendido se compreendidas as questões que sua época lhe propunha.

2) Uma obra filosófica recolhe e se insere em tradições filosóficas, de tal modo que a obra de um filósofo, ao pensar alguma questão, nos faz pensar sobre outras que nos preocupam porque são as de nossa época. Muitas vezes, nosso interesse por um filósofo não se deve tanto às respostas que ele encontrou, mas às perguntas novas e ao modo de perguntar que ele inventou e que nos ajudam a formular nossas próprias questões ao nosso tempo. O pensamento de um filósofo abre-se para nós quando captamos o que, em sua época, exigia o seu trabalho e o que, em nossa época, suscita em nós a necessidade ou o desejo de conhecê-lo.

3) Uma obra de pensamento é constituída pelo conjunto dos textos do filósofo e de *todos* os textos que foram escritos sobre ela ou por causa dela. A obra está no texto de seu autor e nos textos de seus leitores; ela é este conjunto ou o campo formado pelo autor e seus leitores cujos textos retomam e reinventam a obra a partir dos textos do escritor. A obra é o campo temporal da escrita-leitura-escrita.

Assim, a obra de Platão é o conjunto formado pelos escritos de Platão e pelos escritos de seus leitores, o conjunto de seus textos e dos textos de seus intérpretes. O platonismo não está apenas nos textos de Platão, nem está apenas no texto de um de seus intérpretes, mas nos textos de Platão e de todos os seus intérpretes. A obra platônica são os escritos de Platão, motivados pelas questões teóricas e práticas de seu tempo, e a posteridade filosófica que seus escritos tiveram a força para suscitar. Se há diferentes interpretações e, no entanto, todos os leitores se consideram intérpretes do verdadeiro Platão, é porque cada um deles, em seu tempo e nos problemas que enfrenta, encontra no escrito platônico o tema ou a questão que está discutindo e interpretando. A teoria do conhecimento, a ética, a política, a física, a teologia, a linguagem, a imortalidade da alma, a metafísica, a psicologia, tudo isso foi tratado por Platão de uma determinada maneira e é isso que os intérpretes retomam sem cessar.

Muito mais interessante do que perguntar onde estaria o verdadeiro Platão não seria perguntar por que, durante os últimos vinte e quatro séculos, Platão não cessou de ser lido, comentado, criticado e apropriado? A este respeito, escreve François Châtelet:

> De todos os pensadores ele [Platão] foi certamente o que teve a maior, a mais profunda, a mais duradoura influência. A que se deve tal êxito? Qual a razão dessa perenidade do platonismo, que resistiu — retomado, desfigurado, enaltecido — a todos os assaltos das vagas que atravessaram a cultura ocidental, da predicação de Cristo às máximas utilitaristas da civilização industrial? Qual a causa que faz com que seja finalmente em torno dessa obra, tão longínqua que parece fora do tempo, que atualmente ainda se inflamem as paixões, positivas ou negativas, de todos os amantes do pensamento? Não há uma resposta formal para tais questões. Os diálogos platônicos não podem ser desligados do tempo que os viu nascer; a conjuntura histórica é determinante. Separá-los desse contexto concreto para fazer deles uma das primeiras manifestações do espírito eterno é nada compreender de sua originalidade, que foi justamente o que lhes permitiu atravessar a história. Platão é um ateniense do século IV a.C. decepcionado com sua Cidade. Ora, é precisamente essa decepção e o projeto teórico que ela suscita que estão na origem da durabilidade do platonismo. Como é isso possível? Como entender que uma obra tão fortemente marcada pelas circunstâncias em que nasceu e nas quais foi escrita possa ainda estar presente a nós a esse ponto? Por que o grego clássico Platão coloca, ainda e sempre, problemas que também são os nossos? [...]. É que Platão foi o inventor propriamente dito desse gênero cultural chamado filosofia [...]. Por quê? Porque sua obra, ao mesmo tempo que definiu o que é a filosofia, definiu a razão [...]. Foi a filosofia de Platão que definiu, pela primeira vez, no Ocidente, os critérios da racionalidade, que são os mesmos que organizam nossa vida e nossa morte (Châtelet, 1973, p. 65).

A OBRA

Podemos dizer que são duas as grandes obras platônicas: a fundação da Academia e os diálogos.

A ACADEMIA

A Academia foi fundada (e custeada) por Platão num local arborizado e banhado por fontes, o jardim do herói Akademos, situado no noroeste de Atenas, no caminho de Elêusis, próximo a Cefisto e Colona, e em cujo centro se erguia um ginásio. Além desse parque, Platão adquiriu um outro, no qual ficavam os alojamentos dos estudantes. A Academia aí permaneceu até o século I a.C., durante o reinado de Silas, quando foi transferida para o interior da cidade. Compreendia salas de aulas, uma biblioteca e um *Musaion*, isto é, uma sala reservada às Musas[1] ou ao ensino e cultivo das ciências e técnicas. Era frequentada por discípulos cuidadosamente escolhidos, que recebiam um ensino em todas as questões concernentes à filosofia. Nela se formaram os mais importantes matemáticos, astrônomos e futuros políticos da Grécia clássica, e foi nela que, durante vinte anos, Aristóteles recebeu a formação filosófica.

Ao contrário das primeiras escolas filosóficas, que, embora leigas, tinham como modelo as seitas religiosas dos mistérios, a Academia foi o primeiro instituto de investigação filosófica do Ocidente. Era uma escola que pretendia, em todos os campos do saber, realizar o ideal socrático da autonomia da razão e da ação contra a heteronomia em que se comprazia o sofista. Por isso, a Academia rivalizava e combatia a Escola de Retórica, do sofista Isócrates, fundada na mesma época. O ideal da educação autônoma significa, em primeiro lugar, ensinar o livre espírito de pesquisa, o compromisso do pensamento apenas com a verdade e, em segundo, estimular a autodeterminação ética e política. Em vez de transmitir doutrinas, a Academia ensinava a pensar ou, como lemos no *Mênon*, "o dever de procurar o que não sabemos". Em vez de transmitir valores éticos e políticos, a Academia ensinava a criá-los, isto é, a propô-los a partir da reflexão e da teoria. Nela prevaleceu o espírito socrático: a discussão oral e o desenvolvimento do vigor intelectual do estudante eram mais importantes do que as exposições escritas.

OS DIÁLOGOS

Quanto à segunda obra, isto é, aos escritos platônicos, os diálogos são um modo de expressão filosófica inventado por Platão, sem modelos anteriores senão a conversa socrática.

Muito se discutiu sobre sua autenticidade até que fossem fixados os principais critérios para estabelecê-la:

• *critério da tradição*, isto é, o que os escritores mais antigos atribuíram a Platão;

• *critério do testemunho*, isto é, os escritos que foram citados, comentados ou criticados pelos antigos, particularmente Aristóteles;

• *critério da doutrina*, isto é, escritos que contiverem contradições (e não simplesmente diferenças de argumentos), se comparados aos atribuídos a Platão, são considerados inautênticos ou apócrifos;

• *critério do estilo*, isto é, modo de construção das frases, expressões linguísticas, figuras de linguagem, construção dramática das personagens e do entrecho, pois Platão possui estilo próprio e inconfundível.

Estes critérios precisam ser usados simultaneamente para que a autenticidade ou não de um escrito seja definida; cada um deles controla e confirma os outros, oferecendo segurança ao intérprete.

Atualmente, julga-se que possuímos a totalidade das obras escritas por Platão. Isso não quer dizer, como já observamos, que tenhamos a totalidade de seus estudos e ensinamentos, mas que possuímos tudo quanto, na parte esotérica da obra, resistiu ao desgaste do tempo e às vicissitudes de guerras, incêndios e invasões da Grécia. A obra escrita divide-se em cartas — são treze ao todo —, obras não dialogadas — são duas, a *Apologia* e o *Menexeno*, além de um longo trecho expositivo do *Timeu* — e vinte e três diálogos. As cartas eram textos para serem lidos em público para um grupo de amigos (como será imitado, mais tarde, pelos autores latinos, como Sêneca e Cícero, pelos primeiros apóstolos cristãos e, posteriormente, pela correspondência entre os filósofos dos séculos XV a XVIII). Os diálogos que não fazem parte dos vinte e três são chamados apócrifos, porque foram indevidamente atribuídos a Platão, tendo sido escritos por autores desconhecidos.

Os diálogos platônicos não são apenas obras filosóficas, mas também verdadeiras joias literárias, peças dramáticas de beleza e elegância sem par. Por que

Platão teria escolhido a forma do diálogo? Pelo menos por três razões principais. Em primeiro lugar, porque conserva a forma de fazer filosofia inaugurada por Sócrates, mostrando que a filosofia é um pensamento que se elabora na discussão e sem preconceitos prévios; cada um dos participantes pode expor livremente suas opiniões, debatê-las, passar pela ironia e pela maiêutica, tendo feito por si mesmo o caminho do conhecimento, se estiver disposto a fazê-lo; ou não, se não estiver interessado e preferir abandonar a conversa. Em segundo, porque essa é a forma mais adequada para expor a dialética como método de conhecimento, uma vez que (como veremos adiante) a dialética opera por uma espécie de purificação e decantação dos conceitos a partir do embate das opiniões contrárias. Em terceiro, porque são uma criação literária de caráter dramático. Embora o diálogo filosófico seja uma invenção platônica, há nele aspectos vindos das normas estabelecidas pela arte dramática grega. No drama grego, é necessário que o autor ofereça as circunstâncias em que a ação ou história aconteceu, as características morais, psicológicas e sociais de suas personagens, a duração do entrecho (um dia) e o desenlace, que deve ser imprevisível. A vivacidade do drama é dada por esses elementos que constituem as regras gregas do gênero dramático, de sorte que o diálogo sempre nos diz onde se passa, por que aconteceu, quem estava presente, como eram (moral, psicológica e socialmente) os participantes, como a ação (a conversa) se desenvolveu, quais os conflitos que a presidiram e qual foi seu desenlace. Dessa maneira, Platão coloca sua obra no ambiente e no mundo de seus contemporâneos, deixa-nos saber o que pensavam, o que discutiam e o que queriam os atenienses, o que estava acontecendo com a antiga *paideía* dos poetas e legisladores e de que modo a nova *paideía* se elaborava com os sofistas e Sócrates, além de dar vivacidade às discussões entre os herdeiros das várias escolas filosóficas anteriores.

Além da forma dialogada propriamente dita, Platão costuma usar dois recursos expositivos que também são literários: o discurso e o mito. De um modo geral, o discurso é sempre colocado na boca do sofista, para indicar aquele que fala na forma do monólogo, que se julga detentor de um saber e não o discute com os outros, mas o transmite persuasivamente. O recurso a mitos (vários deles inventados pelo próprio Platão ou recriados por ele a partir de versões gregas antigas) tem dividido a interpretação dos especialistas. Alguns o consideram um recurso poético no qual Platão mostra seu gênio literário, usando uma narrativa tradicional na Grécia. Outros o consideram parte do conteúdo filosófico platônico, isto é, usado com dois propósitos de conhecimento: 1) tornar acessível a ideia que Platão quer transmitir, usando uma forma que era familiar aos interlocutores (conheciam o mito narrado) ou por meio de uma alegoria ou parábola, mais acessível ao leitor quando o assunto debatido é extremamente difícil; 2) criticar os poetas, que usavam o mito como exposição da verdade, como narrativa de fatos que teriam acontecido, mas que, de fato, não aconteceram.

Não vamos entrar nesta delicada e laboriosa discussão. Seja como for, entre os mitos mais conhecidos (e mais citados) dos inventados por Platão, ou adaptados por ele, estão: na *República*, o mito do anel de Giges, o mito da caverna e o mito de Er ou da reminiscência; no *Fédon*, o mito do cocheiro; no *Banquete*, o mito de Eros (narrado por Diotima); no *Timeu*, o mito das idades do mundo; no *Fedro*, o mito de Tot; no *Crítias*, o mito da Atlântida; no *Político*, o mito da origem das leis.

Vimos, no Capítulo 3, que os diálogos platônicos são divididos em socráticos e não socráticos, isto é, os que ainda expõem as ideias de Sócrates e os que já apresentam as ideias do próprio Platão. Do ponto de vista da obra platônica, costuma-se falar em diálogos da mocidade (os diálogos ainda sob forte influência de Sócrates), da maturidade (que se distinguem dos primeiros porque não são aporéticos) e os da velhice (que se distinguem dos anteriores porque vão assumindo um tom mais discursivo e menos dialogal). Essa distinção foi feita a partir de estudos filológicos e estilísticos, mas não significa que Platão tivesse radicalmente mudado de ponto de vista nas diferentes épocas de sua vida — assim, por exemplo, a crítica da linguagem escrita aparece num diálogo de maturidade, o *Fedro*, e num da velhice, o *Sofista*; a ideia do saber como reminiscência aparece num diálogo de mocidade, o *Mênon*, e em dois da maturidade, *República* e *Fedro*; etc. No decorrer de sua vida, Platão revê argumentos, faz acréscimos para fortalecer a argumentação, trazendo novos elementos para enriquecer uma posição, sem mudá-la no essencial. Muitas vezes, uma tese só pode ser mantida se toda a argumentação e fundamentação for modificada. Assim, por exemplo, a relação entre *epistéme* e *tékhne* só será mantida pela mudança de sua fundamentação. Embora os três períodos possivelmente correspondam à sequência cronológica mais geral, até hoje não sabemos a ordem de composição dos diálogos em cada período.

O helenista I. M. Crombie propõe uma distinção muito interessante entre os diálogos, sem respeitar a sequência cronológica, mas o estilo e a finalidade de cada um deles. Os diálogos seriam, assim, de três tipos: os construtivos, em que a conversa termina com o leitor percebendo que uma exposição sistemática foi feita sobre o assunto e uma teoria foi elaborada sobre a questão discutida (é o caso, por exemplo, da *República*, do *Fedro*, das *Leis*, do *Fédon*, do *Político*); os destrutivos, em que a conversa termina com o leitor percebendo que o adversário de Sócrates foi destruído, que suas opiniões foram todas demolidas, mesmo que uma outra tese não surja para substituir a que foi demolida (é o caso, por exemplo, do *Laques*, do *Mênon*, do *Górgias*, do *Lisis*, do *Eutifron*, do *Protágoras*); e, finalmente, os enigmáticos, em que a conversa termina com uma aporia genuína e não com uma aporia provocada pelo fato de a ironia não ser seguida pela maiêutica; isto é, são aqueles diálogos nos quais Platão expõe uma dificuldade real que não há como resolver (é o caso, por exemplo, do *Parmênides*, do *Teeteto*).

Por ordem de juventude, maturidade e velhice, os diálogos estão assim distribuídos:

1) juventude (por ordem alfabética e não cronológica):

Apologia: defesa de Sócrates e refutação das acusações que lhe foram feitas pelo tribunal ateniense

Críton: sobre a virtude e elogio da moral socrática; a filosofia como missão

Cármides: sobre a prudência ou sabedoria

Crátilo: sobre a linguagem e contra o verbalismo

Eutidemo: contra a erística, isto é, o discurso estéril e sem busca da verdade

Eutifron: sobre a piedade

Górgias: sobre a retórica como mentira, adulação e veneno

Hípias menor: sobre a beleza; retrato crítico do sofista como máscara

Hípias maior: sobre a beleza

Laques: sobre a coragem

Ion: sobre a Ilíada ou os rapsodos

Lisis: sobre a amizade

Menexeno: sátira contra a retórica (é uma "oração fúnebre" à esposa de Péricles, donde o tom satírico)

Mênon: sobre a virtude e o saber (é a primeira exposição sobre a reminiscência)

Protágoras: sobre o ensino da virtude

2) maturidade (por ordem alfabética e não cronológica):

Fédon: sobre a imortalidade da alma

Fedro: sobre a linguagem e a retórica
República: sobre a justiça na ética e na política, ou a cidade perfeita
Parmênides: sobre o ser
Simpósio (ou *Banquete*): sobre o amor
Teeteto: sobre a ciência e as artes
3) velhice (por ordem alfabética e não cronológica):
Crítias (inacabado): o Estado agrário como Estado ideal em contraste com o imperialismo comercial de Atenas (figurada no diálogo como Atlântida)
Leis: o ideal político adaptado às condições concretas
Filebo: sobre os fundamentos da ética
Político: sobre o político e a ciência divina dos laços
Sofista: contra o sofista
Timeu (inacabado): física e cosmologia platônicas

Observação: Ao publicar, no século XVI, a edição bilíngue (grego e latim) da obra platônica, o humanista francês Henri Estienne dispôs o texto grego em duas colunas, cada uma delas dividida pelas letras a, b, c, d, precedidas de um número. É assim que, até hoje, o texto platônico é editado e citado, pois a indicação com letras e números também foi mantida pelas traduções.

VIOLÊNCIA, INJUSTIÇA E LINGUAGEM

Sócrates afirmara que o mais precioso no homem é sua alma racional e que, graças à razão, pode ser justo e praticar a virtude. A ignorância e a irracionalidade são expressões e causas de violência. Em primeiro lugar, violência que alguém comete contra si mesmo deixando-se levar pela busca irrefletida e imoderada do prazer, pelas paixões, emoções impensadas, irracionais, que nos arrastam em direções contrárias, deixam-nos sem saber o que fazer, crescem por si mesmas e tomam conta de nosso ser. Que violência há no poderio irracional das paixões? A violência que fazemos contra nossa razão, que é nossa melhor parte. Não deixamos falar nem se desenvolver nossa parte superior, a racionalidade, e nos tornamos vítimas de nossa própria ignorância, governados e comandados pelos objetos de nossos apetites e desejos. Mas fazemos também violência aos outros, pois a paixão não só quer possuir sozinha tudo quanto lhe traga prazer e luta contra os demais por essa posse, como ainda nos torna tirânicos, fazendo-nos desejar impor nossa vontade e nossa opinião aos demais, encontrando prazer em dominá-los e submetê-los. Somos injustos com os outros porque nos deixamos levar pela desrazão. As paixões nos tornam heterônomos — somos governados pelas coisas que desejamos — e nos fazem querer que os outros sejam heterônomos — sejam governados pela nossa vontade. As paixões são desmedida, intemperança ou imprudência. O prazer é insaciável, "um tonel furado que nunca pode ser enchido" e o conflito dos prazeres é violência contra si e os outros.

Em segundo lugar, violência que os homens praticam entre si, como na guerra e na política — Alcibíades arrastando Atenas à desgraça; Meleto e Anitos arrastando a Assembleia à vergonha com a condenação de Sócrates —, na religião e na educação — os poetas oferecendo imagens desonrosas dos deuses, despojando a divindade de sua marca essencial, o Bem e a Verdade; os sofistas seduzindo os jovens com a retórica. Em todos esses casos, novamente é a autonomia, a liberdade e sobretudo aquilo que um ateniense mais deveria prezar, a *autárkeia** — a autarquia, isto é, a independência para julgar —, que estão comprometidas. Desordem e conflito, falta de proporção, equilíbrio e medida constituem a violência recíproca.

Ora, violência e injustiça realizam-se principalmente por meio de dois instrumentos: pela força física ou a das armas e pela palavra. É esta que interessa particularmente a Platão, em sua luta contra a antiga *paideía* dos poetas e legisladores e contra a *métis* e a retórica da nova *paideía* dos sofistas. O combate platônico à violência e à injustiça começa pelo combate à mentira, isto é, à linguagem que deliberadamente diz o falso, por meio de ilusões, simulações e dissimulações conseguidas com belas e astutas palavras.

No início da *República*, que discute o que é a justiça, o sofista Trasímaco define a justiça como "a conveniência do mais forte", pois em cada Estado as leis não são outra coisa senão a expressão da conveniência dos mais fortes, visto que a Cidade e suas instituições existem apenas por convenção. Essa mesma tese é defendida no *Górgias* pelo sofista Cálicles, mas exatamente no sentido inverso: agora, são os mais fracos que, por serem fracos, inventam as leis, porque temem os homens fortes que poderiam prevalecer sobre eles. Por isso, diz Cálicles, os fracos inventam que é mais desonroso e iníquo praticar uma injustiça (ferir a lei) do que sofrê-la e que é injusto querer tirar vantagem dos outros. Ora, prossegue

Cálicles, a natureza mostra que a justiça está do lado dos mais fortes, de quem pode mais contra quem pode menos. Diz ele: "O direito está assim assentado: que o melhor mande no pior e sobre ele prevaleça". Cálicles identifica, portanto, o melhor ao mais forte. O direito de natureza afirma que o justo é o prazer do mais forte, e a justiça, a dominação pelos mais fortes. A lei justa será a que realizar este direito definido pela natureza. No entanto, "a natureza e a lei frequentemente são opostas". Por isso as leis tendem a ser injustas, pois, sendo convencionais e não naturais, são feitas pelos fracos para dominar os mais fortes. Em outras palavras, as leis são técnicas sociais de inversão da hierarquia de poder estabelecida pela natureza. São elas que transgridem e violentam o natural. Por isso, violar as leis é menos injusto do que respeitá-las, e os filósofos, ignorantes dessa verdade elementar e inexperientes nas coisas da vida, tornam-se ridículos quando intervêm nos negócios públicos, porque "não têm noção das leis, nem da linguagem pública".

Tanto na *República* como no *Górgias*, o sofista define a justiça como um ato de violência que deixaria de ser violento simplesmente por ser natural (o poder do mais forte). Trasímaco e Cálicles defendem a mesma posição: a justiça é o domínio do mais forte sobre o mais fraco, mas o fazem defendendo opiniões contrárias — para Trasímaco, a lei é a lei do mais forte, e, para Cálicles, a lei é invenção astuciosa do mais fraco. Os dois diálogos farão ver que os sofistas não só desconhecem o que é a justiça, pois a confundem com a violência, mas também que pretendem afirmar a mesma coisa usando argumentos opostos de igual força persuasiva. Assim, no núcleo da sofística, tal como é vista por Platão, encontramos ignorância, injustiça, violência e retórica.

No *Górgias*, Platão dirá que, ao contrário do que imagina o sofista, a retórica não é uma arte (ou técnica) e muito menos uma ciência, mas uma habilidade, uma perícia ligada ao prazer, fazendo parte de um conjunto de habilidades desse tipo que, no diálogo, são chamadas de perícias de adulação. A culinária e a retórica se equivalem como habilidades de produção do prazer — a primeira, opondo-se à dietética, adula o apetite, a boca e o estômago; a segunda, opondo-se à dialética, adula os ouvidos. Ora, o cozinheiro, em seu afã de agradar, não avalia quanto mal à saúde seus quitutes podem causar. Assim também o retórico, que convence seus ouvintes pela sedução e não pelo raciocínio, não avalia os males que pode causar na alma dos que o escutam, despertando e alimentando paixões, sem qualquer preocupação com a verdade e a justiça.

No *Fedro*, retomando uma opinião atribuída a Protágoras, *Fedro* diz a Sócrates que ouviu falar que "não é necessário ao orador conhecer o que é realmente justo, mas sim saber o que parece justo à multidão" e que também não é necessário que saiba "o que é realmente o bem e o belo, mas o que parece ser tal". Essa opinião, conclui *Fedro*, decorre do fato de que "a persuasão não provém da verdade, mas do verossímil". Sócrates-Platão irá demolir essa tese, ou melhor, demonstrar que se a retórica é exatamente isso, então é um veneno mortal para a alma, para a cidade e para a filosofia. De verossimilhança em verossimilhança, de aparência em aparência, de opinião em opinião a retórica não faz outra coisa senão seduzir e nos afastar da verdade, do bem, do belo e do justo. A retórica é a arte do logro e do engano.

Para expor sua tese, Platão introduz uma comparação entre a retórica e a medicina. *Pharmakós**, em grego, é o mago, o curandeiro, o guia e o médico. Essa palavra vem do verbo *pharmásso*, que significa operar transformações com a ajuda de drogas. Dela vem também o termo *phármakon**: filtro ou poção, remédio, veneno, cosmético e máscara. Assim, numa única palavra, encontramos cinco sentidos diferentes: como filtro, *phármakon* é poção mágica, um encantamento; como remédio, é poção usada pelo médico para a cura do doente; como veneno, é poção mortífera; como cosmético, é um enfeite, um adorno para disfarçar um rosto; como máscara, um esconderijo do rosto real, uma aparência, um simulacro.

A linguagem, diz Platão, é um *phármakon*. Nas mãos do sofista e do retórico é filtro mágico, veneno, cosmético e máscara. Arte da sedução e da mentira, veneno mortal, eis a linguagem na retórica. Mas também pode ser um remédio, um instrumento útil capaz de curar doenças, desde que a poção seja usada na dose certa, na hora certa, por alguém que possui, como o médico, a arte e ciência da cura. Assim como a culinária do prazer é a imitação venenosa da verdadeira dieta alimentar, assim como a magia dos filtros é a imitação venenosa do verdadeiro remédio, assim também a retórica é a imitação venenosa da verdadeira arte e ciência da linguagem: a dialética. O sofista é um perito em imitações, aparências e simulacros. O filósofo, um perito da dialética (ver *dialektiké**).

Qual a diferença entre a retórica e a dialética?

Na dialética, como na retórica, enfrentam-se duas opiniões, dois dizeres, duas paixões, mas, diferentemente da retórica, sua função é fazer com que um dos interlocutores compreenda que esse tipo de enfrentamento não tem saída, não leva a lugar algum senão à aparente vitória do mais hábil ou mais forte. A dialética trabalha para desfazer o exercício da palavra como batalha verbal, proeza sedutora e ilusão. O diálogo dialético não é feito para que alguém diga alguma coisa, mas para que, primeiro, cada um dos interlocutores perceba o vazio e o não senso daquilo que dizia e para, a seguir, levá-los a interromper a emissão desordenada de opiniões subjetivas (o "achismo", o "eu acho que"), deixando de falar de si mesmos para começar a buscar *o que* é aquilo de que querem falar. A opinião sedutora e subjetiva é falsa, pois diz alguma coisa sobre uma aparência (como lemos no diálogo *Sofista*, o falso é dizer daquilo *que é* o que ele *não é*). Por outro lado, a busca da essência de alguma coisa é a busca de sua verdade — ou, como lemos no *Sofista*, a verdade é dizer daquilo *que é* o que ele *é*. Da violência e injustiça na contenda dos argumentos de opinião, passa-se à concórdia do pensamento, pois a verdade é una, a mesma para todos.

Dois exemplos podem ajudar-nos a perceber a diferença entre a persuasão sofística e a dialética platônica. Nos dois, um sofista caçoa de Sócrates, ao mesmo tempo que se mostra irritado com seu jeito de conversar e perguntar.

Na *República*, o diálogo já se iniciara quando Trasímaco, que tentara assenhorear-se da conversa e fora impedido pelos demais, "não mais ficou sossegado e, dando um salto, lançou-se como uma fera pronta para dilacerar", dizendo:

> Que estás aí a tagarelar há tanto tempo, ó Sócrates? E vós outros? Por que vos mostrais tão simplórios, cedendo alternadamente o lugar um ao outro? Se, de verdade, Sócrates, queres saber o que é a justiça, não te limites a interrogar nem procures a celebridade a refutar quem te responde, reconhecendo que é mais fácil perguntar do que responder. Responde tu mesmo o que é a justiça [...].

Sócrates, porém, retruca:

> Trasímaco, não te zangues conosco. Se cometemos qualquer erro ao examinar os argumentos, fica sabendo claramente que nosso erro foi involuntário [...]. Quando procuramos a justiça, coisa muito mais preciosa do que o ouro, seríamos tão insensatos que cedêssemos um ao outro, em vez de nos esforçarmos para pô-la às claras? Acredita-me, meu amigo. Mas parece que não temos forças para tanto. Por conseguinte, é muito mais natural que tu, que és um perito, tenhas compaixão de nós, em vez de irritação.

Trasímaco, zombando, "desatou num riso sardônico e exclamou", voltando-se para os presentes:

Aí está a célebre e costumada ironia de Sócrates! Eu bem o sabia, e tinha prevenido os que aqui estão que tu havias de te esquivar a responder, que te fingirias ignorante e que farias tudo quanto há para não responder, se alguém te interrogasse.

Ao que lhe diz Sócrates:

É que tu és um homem esperto, Trasímaco.

A conversa prossegue neste tom, com Trasímaco exigindo ser pago para responder à pergunta "o que é a justiça?" e começando seu discurso depois de afirmar que tomará a palavra, mas sem ser ludibriado por Sócrates, pois sabe muito bem quem ele é:

Aí está a esperteza de Sócrates. Não quer ser ele a ensinar, mas vai a toda parte para aprender com os outros sem sequer lhes agradecer.

Trasímaco esforça-se para fazer de Sócrates um sofista, só que menos hábil do que ele próprio, já que ele teria uma vantagem, isto é, conhece as manhas socráticas. A discussão prossegue e não levará a lugar algum, pois Trasímaco tem uma posição a defender e não pode participar verdadeiramente do diálogo, duma busca com outros. Sentindo-se vencido, afastar-se-á do grupo. A conversa termina com Sócrates dizendo:

Antes de descobrir o que estávamos procurando — o que é a justiça —, largando esse assunto, precipitei-me para examinar se ela era um vício e ignorância, ou virtude e sabedoria. Mas, então, Trasímaco trouxe um novo argumento — que a injustiça é mais vantajosa do que a justiça — e não me abstive de passar para este novo assunto, de tal maneira que, como resultado, nada fiquei a saber com esta discussão. Desde que não sei o que é a justiça, menos ainda saberei se é ou não uma virtude e se quem a possui é ou não feliz.

Assim, toda essa parte do diálogo (correspondente ao Livro I da *República*) não foi senão uma discussão de opiniões, um combate em que Trasímaco usou argumentos que lhe permitiriam sair vitorioso e o único resultado foi a ignorância geral, a desordem das opiniões e o conflito das posições antagônicas.

No *Górgias*, a situação é semelhante quando entra em cena o sofista Cálicles, que, como Trasímaco, zomba do procedimento de Sócrates o qual, em lugar de responder e ensinar, não cessa de perguntar. Cálicles, como Trasímaco, está convencido de que Sócrates faz isso por mera astúcia, para ganhar uma disputa. Entrando em cena quando os dois interlocutores de Sócrates, Górgias e Polo, já estão perplexos com as contradições internas às suas opiniões e com as contradições entre as opiniões de ambos, Cálicles se diz "ardendo para fazer perguntas" a Sócrates. "Estás falando sério, ou gracejas, Sócrates? Pelo que dizes, fazemos tudo ao contrário do que devemos!" Petulante, afirma que não se deixará levar, como Górgias e Polo:

> Sócrates, tu me pareces fazer travessuras com as palavras, arengando como um demagogo. Se assim arengas é porque Polo caiu no mesmo logro em que caiu Górgias, que, por acanhamento, respondeu sim à tua pergunta, pois as pessoas costumam revoltar-se quando recebem um não. Por força dessa concessão, Górgias foi obrigado a contradizer-se, como querias. E, agora, caindo no mesmo logro, o mesmo acontece com Polo, com vergonha de dizer sua opinião. Porque, na verdade, Sócrates, a pretexto de procurar a verdade, levas a discussão a proposições capciosas de um demagogo, daquelas que são belas não por sua natureza, mas por efeito da lei. A natureza (*phýsis**) e a lei (*nómos**), no mais das vezes, se opõem mutuamente; quando pois alguém, por acanhamento, não ousa dizer o que acha, tem de dizer, à força, o contrário do que pensa. Tu aprendeste esse ardil e trapaceias o debate, repergnntando em termos de natureza (*phýsis*) quando se fala de lei (*nómos*), e em termos de lei (*nómos*), quando se fala de natureza (*phýsis*).

Cálicles está duplamente irritado com a dialética: de um lado, porque ela vem embaralhar a distinção entre *phýsis* e *nómos*, quando a sofística já provou que nada é por natureza e tudo é por convenção; de outro, porque a dialética opera produzindo contradições para que o interlocutor reconheça sua própria ignorância e possa colocar-se na disposição de procurar a verdade. Como Trasímaco, Cálicles passará a defender sua opinião contra Sócrates e, novamente, o diálogo não se estabelece, porque não há disposição do interlocutor para ouvir as perguntas, admitir as contradições e procurar superá-las. Toma as perguntas como se fossem astúcia para derrubar sua opinião e não como trabalho do pensamento para encontrar a verdade.

A intervenção de Trasímaco e a de Cálicles são exemplares sob vários aspectos porque, por meio delas, Platão explicita a dimensão violenta da linguagem. A primeira violência é, digamos, de estilo dramático: ambos irrompem na cena dialética com fúria. Trasímaco "salta como uma fera, pronta para dilacerar"; Cálicles "está ardendo" para desqualificar a interrogação de Sócrates. A segunda é teórica: ambos desprezam a filosofia, tida como fraqueza, arenga inútil, incompetente e engano, uma vez que não reconhece no prazer e na sensação o princípio necessário da vida humana. A terceira é política: ambos, defendendo a vontade de poder do mais forte, afirmam o direito natural da tirania e, como consequência, propõem como *paideía* a retórica enquanto astúcia para sobreviver sob o tirano e, portanto, como técnica da adulação recíproca. Com efeito, para manter-se no poder, o tirano deve adular o povo e este, para manter-se vivo, deve adular o tirano. Finalmente, a quarta violência, pressuposta pelas três primeiras, é ética: Trasímaco e Cálicles desprezam a medida, a moderação, o domínio de si ou autarquia de quem não se submete aos impulsos violentos do prazer e da dor. Se ambos abandonam o diálogo, pois nele não conseguem entrar, é porque não chegam a perceber que, para responder à pergunta "o que é a justiça?", é preciso, primeiro, responder à questão "o que é o homem justo?" e, para responder a ela, é preciso, antes, indagar "o que é a virtude?".

Por que a dialética é o exercício não violento da linguagem? Em sua obra *Análise das doutrinas de Platão*, o helenista I. M. Crombie lembra que Xenofonte narrava a ação de Sócrates empregando para descrevê-la a palavra *dialektiké** e propunha derivá-la de um verbo na voz média, o verbo *dialegómai*. No grego, a voz média situa-se entre a voz ativa e a voz passiva porque nela o agente é a pessoa afetada ou beneficiada pela ação — o agente sofre o efeito da ação que realiza (em português, dizemos que o verbo é reflexivo: cortar-se, sentar-se). Na voz média, o verbo *dialegómai* significa conversar, entreter-se com alguém, argumentar com alguém, e dele vem a palavra diálogo. No diálogo, somos agentes e pacientes da palavra compartilhada: o que dizemos repercute no outro que nos responde e sua palavra faz a nossa repercutir em nós próprios porque aprendemos com o outro o sentido daquilo que dizemos. Todavia, explica Crombie, na voz ativa esse verbo se diz *dialégo* e significa escolher, classificar, discriminar. Quando Sócrates partia em busca da "boa pergunta", essa busca era o esforço para discriminar entre as opiniões, escolher argumentos em favor ou contra elas, classificá-las conforme estivessem mais próximas ou mais distantes da pergunta adequada à investigação de uma verdade. Platão aprendeu com Sócrates a empregar as duas vozes do verbo e esse emprego é propriamente a dialética platônica.

DIALÉTICA E TEORIA DO CONHECIMENTO

Platão conhece os impasses criados para a cosmologia pela oposição entre a perspectiva dos eleatas e a dos heraclitianos; conhece a solução dada ao problema pelos jovens pitagóricos e por Anaxágoras e conhece o ceticismo sofístico. Ao mesmo tempo, conhece o ensinamento de Sócrates, isto é, a busca da ideia como essência verdadeira da coisa, para além da multiplicidade das opiniões contrárias e subjetivas.

No *Teeteto*, vemos desfilar as várias teorias comológicas da época e a impossibilidade de tomar uma delas como verdadeira. Ao mesmo tempo, a verdade precisa existir, se quisermos manter a herança socrática. O *Teeteto* investiga os problemas da sensação e por isso ocupa-se mais com o heraclitismo, a respeito do qual Platão faz uma avaliação pouco elogiosa. Se o que é é o que aparece, se conhecer o que aparece é ter ciência, então a sensação é ciência. Mas o que aparece na sensação? A mudança incessante, a mobilidade perene de todas as coisas, de tal maneira que nunca se poderá dizer de alguma coisa o que ela é efetivamente, mesmo porque, em termos rigorosos, nem sequer podemos dizer que ela "é", mas apenas que ela "se torna" isso ou aquilo, sem cessar. Não surpreende, portanto, que um Protágoras concluísse que o homem é a medida de todas as coisas, uma vez que estas se reduzem às sensações de cada homem. Também não há de causar surpresa que um Górgias se aproveitasse das contradições entre argumentos para concluir que a verdade não existe, pois, de fato, os heraclitianos são pessoas com as quais não é possível dialogar porque, afirmando a mobilidade perene de todas as coisas e de nós mesmos, seus argumentos também são mutáveis e acabam não concordando entre si nem consigo mesmos. O devir incessante impossibilita o conhecimento, uma vez que este exige que encontremos essências, isto é, seres cuja natureza permanece sempre idêntica no espaço e no tempo, sempre igual a si mesma, garantindo a necessidade de sua realidade e a universalidade de seu conhecimento. No heraclitismo não há tal identidade: não há um sujeito que possa conhecer (pois o sujeito muda sem cessar) e não há um objeto que possa ser conhecido (pois tudo muda sem cessar). O fluxo heraclitiano impede, pois, o exercício do pensamento. E a admissão incondicional de que tudo se move nos coloca na mesma situação que a dos animais, que simplesmente reagem às sensações e não pensam.

Isso, porém, não significa que os eleatas tenham razão completamente. No *Sofista* (como veremos mais adiante), Platão afirma que, se quisermos filosofar, teremos que cometer um parricídio, isto é, matar o pai Parmênides. Que significa "matar o pai Parmênides"? Admitir a existência do não ser. Como admiti-la sem cair no ceticismo de Górgias? Aproveitando uma descoberta do próprio Górgias. De fato, o que descobrira Górgias? Que a palavra "ser" pode ser empregada em três acepções diferentes: como substantivo (*o ser*) ou como verbo existencial (é = existe) e como verbo de ligação ("o céu é azul"), caso em que o "é" não indica existência, mas faz a cópula entre um sujeito e um predicado. Dizer "o cavalo é branco" não significa dizer que tenho dois seres — o cavalo e o branco — idênticos a si próprios e diferentes um do outro, ou que tenho um ser e um não ser, de tal modo que "cavalo" negasse realidade a "branco", se "cavalo" fosse o ser, ou que "branco" negasse realidade ao "cavalo", se "branco" fosse o ser. O que temos é um sujeito (um ser) ao qual é atribuída uma qualidade ou um predicado (uma característica que participa do ser do cavalo). Veremos mais adiante (ao estudarmos diálogos dedicados aos eleatas) por que a descoberta do verbo *ser* como verbo de ligação e do substantivo *ser* como sujeito de predicados "mata o pai Parmênides", conferindo existência ao não ser.

Dizer que os eleatas não têm razão inteiramente significa dizer que Heráclito não está inteiramente equivocado. Heráclito é o filósofo que explica o mundo em que vivemos e que, de fato, está em devir. O fluxo eterno existe realmente, mas o engano de Heráclito esteve em considerar que o devir era a totalidade do real, quando é a marca do mundo sensível, isto é, do mundo das coisas materiais e corpóreas, submetidas ao nascimento, à transformação e à corrupção ou morte e conhecidas por meio das sensações. O devir é a marca própria do mundo corpóreo ou das aparências das coisas percebidas por meio de nossos sentidos. Porque o mundo sensível ou das sensações é o mundo das aparências e das mudanças, nele e dele só podemos ter opiniões e estas são mutáveis e contraditórias como seus objetos. O engano de Heráclito está em confundir a forma (*eîdos**) sensível ou sensorial das coisas corpóreas com a forma (*eîdos*) inteligível ou intelectual das essências reais, ainda que tivesse afirmado que o verdadeiro conhecimento não provém dos sentidos. Em outras palavras, embora estivesse certo ao distinguir o conhecimento sensorial e o conhecimento verdadeiro, Heráclito atribuíra ao ser a mudança ou o movimento, e estes são próprios das coisas sensíveis.

Parmênides também não estava inteiramente equivocado e esteve mais próximo da verdade do que Heráclito. Ao exigir identidade, imobilidade, perenidade e unidade do ser, foi o primeiro a aproximar-se do inteligível, isto é, das formas (*eíde*) incorpóreas e imateriais, imutáveis e idênticas, ou seja, das *ideias*, conhecidas exclusivamente pelo intelecto ou pela inteligência. A identidade, imobilidade, perenidade e unidade das formas imateriais é a marca das essências ou das ideias, ou do mundo puramente inteligível que só alcançamos pelo pensamento e jamais pelos sentidos ou pelas sensações. O engano de Parmênides, entretanto, esteve em supor que havia uma única forma inteligível, uma única ideia ou essência, o ser, quando, na verdade, existe uma pluralidade de formas ou essências, que são as ideias, conhecidas exclusivamente pelo pensamento. Assim, Parmênides estava certo ao distinguir a Via da Opinião (as sensações) e a Via da Verdade (o ser). Também não estava enganado ao supor que a primeira era a da multiplicidade desordenada ou mutável, mas enganou-se ao supor que o ser é único.

Essa distinção entre o sensível e o inteligível ou entre o visível e o invisível é a base da teoria platônica do conhecimento e da dialética como método e instrumento para passarmos da pluralidade contraditória de opiniões à unidade da ideia ou da forma.

I. O QUE É CONHECER?

Se tivermos em mente os procedimentos empregados por Sócrates, notaremos que a pergunta do conhecimento é "o que é?" e que a resposta é que não sabemos responder a ela. Por que o procedimento socrático chega a esse resultado? Que pretende ele ao fazer o interlocutor reconhecer que sabe que nada sabe? O que está pressuposto na pergunta "o que é?" para que o desfecho seja a douta ignorância, isto é, saber que não se sabe? O procedimento socrático é reflexivo: o interlocutor termina voltando-se para seu próprio discurso ou para seu próprio pensamento e emite um juízo não sobre a coisa perguntada e sim sobre as respostas que ofereceu na tentativa de dizer o que a coisa é.

No *Górgias*, Platão mostra que a pergunta "o que é?" pressupõe que conhecer é oferecer uma explicação racional não sobre o objeto da pergunta e sim sobre as opiniões que dele formamos. Ou seja, a questão "o que é?" começa a ser respondida quando os interlocutores do diálogo precisam justificar as afirmações ou negações que fazem sobre alguma coisa e, portanto, conhecer é, primeiramente, conhecer os atos mentais e discursivos com os quais afirmamos ou negamos alguma coisa.

No *Teeteto*, duas modalidades de conhecimento — a sensação e a opinião — são examinadas de maneira a mostrar que a marca da sensação não é depender apenas das condições variáveis do corpo daquele que sente ou percebe, mas também da variação ou dos movimentos que acontecem no objeto sentido ou percebido, e que a marca da opinião é sua dependência tanto da variação das sensações individuais como da variação de testemunhos, que nos fazem conhecer alguma coisa apenas por ouvir dizer. Como no *Górgias*, também no *Teeteto* pergunta-se se algumas opiniões não seriam corretas (tanto assim que as empregamos eficazmente na prática da vida cotidiana) e se a ciência ou o saber não seria simplesmente a opinião correta para a qual podemos oferecer explicações e justificativas racionais. Aqui, como no *Górgias*, o trabalho do diálogo consiste em ir encaminhando o interlocutor para que indague quais são os atos corporais e mentais com que percebemos, afirmamos ou negamos, justificamos ou explicamos alguma coisa. Trata-se do exame das ações de conhecimento realizadas por aquele que deseja conhecer alguma coisa. Digamos, numa linguagem anacrônica (pois só será empregada vários séculos depois), que o diálogo encaminha a discussão para o exame das atividades cognitivas do sujeito do conhecimento.

Encaminhados nessa direção, os interlocutores de Sócrates, sobretudo no *Teeteto*, começam a se dar conta de que quando têm uma sensação, na verdade, têm várias (de cor, odor, textura, volume, distância, tamanho etc.) e que a unidade de todas elas numa única sensação ("percebo que o cavalo é marrom e grande", por exemplo) indica que há naquele que conhece alguma atividade, diferente das próprias sensações, que as unifica numa única percepção e que essa atividade é realizada pela alma. Da mesma maneira, no caso da opinião, os interlocutores do diálogo são interrogados de modo a compreender que formam uma opinião a partir de várias, algumas vindas das sensações e outras vindas do que escutam (dos pais, professores, políticos etc.) e que a unidade de uma opinião só pode ser produzida se houver uma atividade mental, diferente das próprias opiniões, capaz de unificá-las. Aqui, como no caso da sensação, é a alma que realiza a unificação. Por fim, quando se indaga se é possível passar de uma opinião correta à ciência ou ao saber, desde que saibamos oferecer explicações e justificativas racionais para o que opinamos, a resposta também se encaminha rumo à alma como atividade racional de explicação, compreensão e justificação das opiniões, ou, como é caso mais frequente em Platão, de recusa do valor científico ou filosófico para a simples opinião, mesmo que correta.

Um outro elemento que caracteriza a concepção platônica do conhecimento também pode ser observado quando notamos que a pergunta "o que é?" solicita do interlocutor algo bastante preciso: pede-se que ele dê a definição da coisa sobre a qual a pergunta é feita. Ora, definir não é simplesmente dizer que "x é isso" ou que "x é aquilo", como vimos Laques e seus amigos buscando dizer o que é a coragem, mas é dizer o que é em si mesma a coisa procurada, ou seja, é dizer qual é a verdadeira essência da coisa buscada, tal que seu conhecimento permita identificar, numa pluralidade de coisas ou numa pluralidade de ações, aquelas que podem receber a definição encontrada (a essência da coragem, da justiça ou da piedade é tal que, conhecendo-a, saberemos quais ações são corajosas, justas ou piedosas). Digamos, novamente empregando uma linguagem anacrônica, que o outro elemento da teoria do conhecimento se refere ao aspecto objetivo do saber, ou seja, ao próprio objeto de conhecimento. Como observa a helenista Monique Canto-Sperber:

> O conhecimento, portanto, não é apenas uma crença raciocinada e justificada com a qual somos capazes de explicar o que conhecemos e justificá-lo com razões, mas é também conhecimento do objeto. A compreensão unificada focaliza a definição da essência, a partir da qual se podem explicar os fenômenos considerados, reproduzi-los e até mesmo ensiná-los. [...]. Em cada caso, trata-se de pôr em evidência a característica comum apresentada por um conjunto de objetos (a beleza de todas as coisas belas, a justiça de todas as ações justas), algo universal, uma essência (*ousía**), uma forma (*eîdos**) que não se identifica com nenhum dos objetos particulares (M. Canto-Sperber, "Platon", in M. Canto-Sperber, org., 1997, p. 220).

Mas não só isso. Definir é também oferecer a ideia da coisa de tal maneira que a definição não possa aplicar-se a coisas quaisquer nem possa aplicar-se a coisas contrárias ao definido. Em outras palavras, a definição é o universal de um conjunto de coisas particulares determinadas e precisa ser encontrada de maneira tal que não se aplique a coisas cujas qualidades ou propriedades sejam opostas ou contrárias à da coisa definida. Assim, por exemplo, a definição da justiça deve ser tal que não possa aplicar-se a nenhuma ação injusta (ou, mais rigorosamente, não justa); a definição da beleza deve ser tal que não possa aplicar-se a nenhuma coisa feia (ou, mais rigorosamente, não bela). De fato, a definição, ao responder à pergunta "o que é?", oferece como resposta o ser próprio da coisa procurada e por isso mesmo não poderá ser aplicada ao contrário dessa coisa, ao seu não ser. Por essa razão, a dialética platônica, ainda que em sua etapa inicial opere com os *dissói logói*, trabalha para superá-los e diferencia-se da sofística exatamente porque mostra ser impossível dar a mesma força cognitiva a duas opiniões contrárias, uma que diria o ser da coisa e outra que diria o não ser dela. E visto que essa contrariedade é própria da opinião, esta não pode ser ciência de coisa alguma. Sob esse aspecto, a dialética é um procedimento de exame crítico de enunciados, argumentos ou opiniões para eliminar suas falsas pretensões de conhecimento.

Platão não se limita a apresentar os aspectos subjetivos e objetivos do conhecimento, isto é, a referir-se à alma como um poder unificador do diverso das sensações e das opiniões e como superadora da sensação e da opinião, nem a referir-se ao conhecimento verdadeiro como aquele que oferece a definição intelectual da coisa procurada. Além disso, apresenta a maneira ou o caminho correto (o método, *méthodos**) pelo qual passamos da sensação e da opinião à ciência ou ao saber. As duas exposições mais conhecidas desse caminho encontram-se na *Carta sétima*, nos livros VI e VII da *República*.

2. A TEORIA DO CONHECIMENTO NA *CARTA SÉTIMA*

Na *Carta sétima*, Platão introduz a noção de modos de conhecimento, distinguindo os meios para adquirir conhecimento, o próprio conhecimento e o objeto conhecido. São quatro os modos de conhecimento: os três primeiros são os meios de adquirir conhecimento e o quarto é o conhecimento propriamente dito. O primeiro é o nome, o segundo é a definição, o terceiro é a imagem e o quarto é o conhecimento ou ciência. Visto que conhecer se refere tanto às atividades realizadas por aquele que busca conhecimento como à natureza ou essência da coisa a ser conhecida, Platão acrescenta aos quatro elementos iniciais um quinto elemento, o próprio objeto ou a coisa em si mesma, sobre a qual o conhecimento versa.

Platão declara ser muito difícil compreender o que está dizendo. De fato, se nos lembrarmos dos pré-socráticos e mesmo do Sócrates dos primeiros diálogos platônicos, notaremos que neles não era estabelecida uma distinção entre os atos de conhecer e a coisa conhecida, distinção que Platão, agora, estabelece e que, por ser nova, não será facilmente compreendida. Ou seja, até Platão, os filósofos não viam diferença entre conhecer e ser conhecido, e as afirmações de Heráclito, Parmênides, Zenão ou dos atomistas quando distinguiam sensação e pensamento não se referiam simplesmente ao que se passava em nós ao percebermos ou pensarmos, mas se referiam à natureza das próprias coisas como sensíveis ou pensáveis.

Para auxiliar o leitor a fazer a distinção entre o que se passa em nossa alma e a coisa conhecida por ela, Platão oferece um exemplo. Tomemos um objeto chamado "círculo". Seu nome é esta palavra que acaba de ser escrita ou pronunciada. A seguir, vem sua definição, composta de substantivos, adjetivos e verbos: "círculo é o objeto cujas extremidades, em todas as direções, são equidistantes de seu centro". Esse objeto pode ser representado, como faz a ciência da geometria: pode ser traçado, pode ser construído em algum material e pode ser apagado ou destruído, coisa que, diz Platão, não acontece com o círculo real, pois este não se confunde nem com o nome, nem com a definição, nem com a figura. O círculo real ou verdadeiro não é composto de sons (como é o caso do nome "círculo" e da definição "extremidades são equidistantes do centro") nem de traços (como na figura traçada pelo geômetra), mas existe apenas na inteligência ou na alma, como algo imaterial — é uma ideia, uma forma inteligível. O conhecimento, quarto modo, não é nem o círculo real (o próprio círculo em si mesmo), nem são os três modos de conhecimento (nome, definição e imagem), mas a compreensão que nossa alma tem da ligação entre eles — o quarto modo é o que se passa em nossa mente quando o nome, a definição e a imagem são produzidos. Em outras palavras, o quarto modo conhece tanto os três primeiros modos de conhecer (sabe que existem e como funcionam) como a diferença entre o círculo nomeado, definido e figurado e o círculo real ou a ideia do círculo em si mesmo. O quarto modo é o conhecimento do conhecer, isto é, o sabermos que temos três modos de conhecer e sabermos que o objeto alcançado por esses três modos não se confundem com o objeto real (isto é, o círculo em si, a essência em si do círculo, pois o verdadeiro círculo está além das palavras e dos traços). Os quatro modos de conhecer e o quinto elemento indicam a diferença entre o que se passa em nossa alma nos atos de perceber, nomear, definir e raciocinar sobre alguma coisa e essa própria coisa em si mesma, que existe fora de nós e independentemente de a percebermos, definirmos, traçarmos e pensarmos.

Resumidamente, o percurso do exemplo é o seguinte:

1º modo: *Nome*: "círculo".

2º modo: *Definição*: "círculo é a figura cujas extremidades são equidistantes do centro".

3º modo: *Imagem*: "eis aqui o traçado de uma figura chamada 'círculo'".

4º modo: *Conhecimento*: o nome poderia ser outro (é uma convenção); a imagem traçada pode ser apagada, deformada e é uma mistura de linhas retas e curvas. O círculo em si não se identifica com o nome convencional nem com uma figura traçada que pode desaparecer ou ser deformada e na qual dois opostos (curvo e reto) estão misturados, pois o círculo real ou tal como ele é em si mesmo não passa por mudanças como acontece com a figura ou com o nome (que poderia ser outro), não tem mescla de opostos, e, além disso, o círculo em si não se confunde com a definição enquanto algo que se passa na linguagem, pois a definição verbal é feita de palavras e o círculo em si não é composto de palavras. Observe-se que o conhecimento, nesse texto de Platão, não aparece como o conhecimento positivo de alguma coisa e sim como uma espécie de purificação ou limpeza de terreno que indica que os três primeiros modos de aquisição de conhecimento não são bons ou adequados para chegar à coisa em si mesma.

5º modo: *A coisa em si mesma*: o círculo existe em si mesmo, independentemente de nossa alma. Conhecê-lo é contemplá-lo diretamente pelo intelecto quando este se libera do nome, da imagem, da definição verbal e dos aspectos meramente negativos do conhecimento. Pode parecer curioso que, ao oferecer o exemplo, Platão não diga ao leitor o que é o círculo em si ou qual é sua ideia verdadeira. Mas logo veremos por que isso acontece.

A função do quarto modo de conhecimento é preparar-nos para alcançarmos o objeto real, a essência inteligível de alguma coisa. Como a linguagem e as figuras são pouco adequadas para alcançar o objeto real, porque estão muito próximas da sensação e da percepção, isto é, das operações corporais, só chegamos ao quinto elemento, ou ao conhecimento verdadeiro do objeto, por uma espécie de "fricção" entre os quatro primeiros modos que, diz Platão, produz uma espécie de "faísca", uma luz que nos faz ver a pura ideia da coisa. Ou seja, passando de um a outro, indo e voltando de um a outro dos quatro modos, subitamente, como num lampejo, nossa alma vê diretamente o objeto real, tem dele uma visão intelectual, tem o que, mais tarde, Platão chamará de *intuição*, um contato intelectual direto e instantâneo com a essência pura ou ideia pura da coisa procurada.

Pode parecer estranho, depois de havermos sublinhado a importância (socrática e platônica) da definição para o conhecimento de alguma coisa, vê-la numa posição subalterna e distante do conhecimento verdadeiro. É que (como o exemplo do círculo indica) Platão está se referindo às definições que as técnicas e as ciências particulares oferecem de seus objetos (mais tarde, esse tipo de definição será denominado "definição nominal") e que não são a definição no sentido filosófico que ele lhe dará (e que, mais tarde, será denominada "definição real"). Ou seja, a definição nominal de uma coisa lhe atribui um nome e a descreve, mas não diz o que a coisa é em si mesma nem como e por que tal coisa é real e verdadeira. A definição filosófica ou definição real é aquela à qual se chega no percurso do conhecimento e não aquela da qual se parte para conhecer alguma coisa. Frequentemente, mostrará Platão em outros diálogos, a definição nominal, ou a do ponto de partida, é uma simples opinião sem fundamento e somente a definição real, aquela a que se chega ao realizar o caminho dialético, é verdadeira porque decorre da percepção intelectual direta, imediata e instantânea da ideia da coisa em si mesma.

A finalidade da exposição da teoria do conhecimento, na *Carta sétima*, é mostrar que os modos de conhecer ainda estão muito presos à sensação e à percepção, muito próximos das operações corporais, das inclinações e das paixões, e por isso tendem a confundir o objeto materializado em sons ou em figuras com sua essência inteligível, ou melhor, com o verdadeiro objeto do conhecimento. É dessa maneira que Platão, afinal, explica por que o livro de Dionísio II jamais poderia expor sua filosofia verdadeira, pois confundiu todos os modos de conhecer e, certamente, o tirano de Siracusa jamais teve intuição intelectual de uma ideia verdadeira.

Nessa carta, Platão não indica de maneira muito clara como a "fricção" de um modo de conhecer com os outros acaba produzindo o conhecimento intelectual do objeto ou da essência, isto é, a intuição intelectual. O filósofo se limita a dizer que nossa alma aspira ao quinto modo de conhecimento (a percepção intelectual direta da coisa em si mesma), mas nossos sentidos, nossa educação e nossos preconceitos dificultam chegar a ele. Porém, quando ela o alcança, torna-se capaz de avaliar como nas coisas sensíveis há contradições, como delas podemos ter as mais diversas opiniões, pois nelas a verdade não existe.

Apesar das dificuldades para chegar ao quinto modo de conhecer, chegamos a ele. Por quê? Porque há uma afinidade de natureza entre nossa alma e a coisa inteligível, nossa alma é atraída para ela. A parte de nossa alma capaz do quinto modo de conhecer é a inteligência pura, desligada inteiramente dos sentidos e que, portanto, é de mesma natureza que a coisa conhecida, também imaterial e puramente inteligível. Essa harmonia da inteligência com o inteligível e, portanto, com a verdade, o bem, o belo e o justo é o que lhe permite ultrapassar as imposições que lhe são feitas pela sensação, pela percepção, pela linguagem, pelas inclinações e paixões, pela educação ou pelo preconceito.

Se compararmos a *Carta sétima* com outras exposições da teoria do conhecimento, notaremos também que nela Platão ainda não nos explica por que há modos de conhecer, não estabelece uma hierarquia entre eles, nem expõe o funcionamento da dialética, reduzindo-a a essa estranha "fricção" entre os quatro modos de conhecer para alcançar subitamente o quinto modo. Todavia, o mais importante de sua teoria já está colocado: os modos de conhecer são apresentados como graus de conhecimento servindo para indicar uma distância entre, de um lado, nome, definição (nominal), imagem e, de outro, a própria ideia. Essa distância é o que permite ao conhecimento ou quarto modo relacioná-los (dizer que os três primeiros modos não são a ideia) e possibilita a operação da dialética como técnica para medir a diferença e a relação entre eles. Na *República* a teoria dos modos de conhecer ou dos graus de conhecimento encontrará uma exposição mais clara e mais completa.

3. A TEORIA DO CONHECIMENTO NA *REPÚBLICA*

No livro VI da *República*, a exposição da teoria do conhecimento é, ao mesmo tempo, a exposição da separação e diferença entre o sensível e o inteligível, cada qual com seus modos de conhecer hierarquicamente distribuídos. Agora, em lugar de os modos ou graus de conhecimento se relacionarem por "fricção", vão sendo superados uns pelos outros, num caminho ascendente ou ascensional.

Platão apresenta os modos ou graus de conhecimento distribuídos em um diagrama dividido em duas partes desiguais, isto é, uma delas é maior do que a outra. A parte dita inferior é chamada de "o visível" (corresponde ao mundo sensível) e é menor do que a parte dita superior, chamada de "invisível" (corresponde ao mundo inteligível). A primeira parte é o mundo físico e ético percebido por intermédio da aparência sensível das coisas; a segunda parte é o mundo das ideias puras, apreendido exclusivamente pelo pensamento. Diferentemente do que se passa na *Carta sétima*, em que Platão distingue modos de conhecer e a coisa em si mesma, na *República*, a cada modo ou grau de conhecimento corresponderá um tipo de objeto ou de coisa, de tal maneira que, em cada um

OS OBJETOS DO CONHECIMENTO	OS MODOS DO CONHECIMENTO
Mundo inteligível	
Eîdos (formas, ideias)	*Nóesis* (intuição intelectual): *epistéme*
Tá mathéma (objetos matemáticos)	*Diánoia* (raciocínio dedutivo)
Mundo sensível	
Zóa (coisas vivas e coisas visíveis)	*Pístis* (crença) e *doxá* (opinião)
Eíkones (imagens)	*Eikasía* ("imaginação"; simulacros)

deles, o filósofo nos mostra qual é a ação cognitiva realizada pelo corpo e pela alma (ou só pela alma, nos modos ou graus superiores) e quais são os objetos correspondentes a cada uma dessas atividades cognitivas.

Como se observa, o inteligível tem uma extensão muito maior do que o sensível, ou seja, a separação platônica das duas esferas de conhecimento e de realidade introduz uma diferença de extensão entre elas, o que pode ser visto se usarmos uma figura proposta por Platão e conhecida com o nome de "símile da linha":

A_____Γ_____B
　　　Sensível　　　　　　　　Inteligível

AB = totalidade da realidade
AΓ = sensível
ΓB = inteligível

Agora, devemos incluir uma divisão em cada um dos mundos, correspondente a diferentes modos de conhecimento de cada um deles:

A_____Δ_____Γ_____E_____B
Imagem　Opinião　Raciocínio　Intuição intelectual

Platão estabelece uma proporção entre esses quatro modos de conhecimento, segundo a extensão de cada um deles, ou seja, a extensão da imagem é menor do que a da opinião, no mundo sensível, e a extensão do raciocínio é menor do que a da intuição, no mundo inteligível, de tal maneira que a imagem está para a opinião assim como o raciocínio está para a intuição:

$$AΔ/ΔΓ = ΓE/EB$$

Platão designa o conhecimento por imagens com o termo *eikasía*; e por opinião, *pístis* e *dóxa*. Designa o conhecimento por raciocínios dedutivos ou demonstrativos, isto é, o pensamento discursivo, com o termo *diánoia*; e a intuição intelectual, *nóesis*. Assim, AΔ é a *eikasía*; ΔΓ é a *pístis/dóxa*; ΓE é a *diánoia*; e EB é a *nóesis*.

O símile da linha também costuma ser representado por diagrama, no qual se vê a distância entre cada um dos modos de conhecimento e os objetos correspondentes a cada um deles, notando-se que a extensão do inteligível é maior do que a do sensível e que a distância entre a *dóxa* e a *diánoia* é maior do que entre a *eikasía* e a *dóxa* e do que entre a *diánoia* e a *nóesis*. A distância entre a *dóxa* e a *diánoia* é menor do que entre a *diánoia* e a *nóesis* porque o conhecimento por raciocínio ainda opera com dados provenientes da sensação e da opinião:

Nóesis; epistéme
Intuição
intelectual ou
ciência intuitiva
Eîdos ou Ideia

Diánoia
Raciocínio ou
pensamento discursivo
Matemática

Pístis ou *dóxa*
Crença e opinião
Coisas sensíveis

Eikasía
Imagens das coisas
sensíveis; cópias

O primeiro grau é o simulacro ou a simulação, a *eikasía**, palavra da mesma raiz de *eikón* (imagem, ícone), indicando aquelas coisas que são apreendidas numa percepção de segunda mão, isto é, são as cópias ou as imagens de uma coisa sensível, como os reflexos no espelho ou na água, as narrativas dos poetas, as pinturas, as esculturas e as imagens na memória. Esse primeiro nível ou modo de conhecer costuma ser chamado pelos comentadores de imaginação, entendida como conhecimento por imagens, as quais são cópias da coisa sensível. Assim, a poesia, a pintura, a escultura, a retórica pertencem a esse nível mais baixo do conhecimento porque nos oferecem uma imagem da coisa sensível e não a própria percepção da coisa sensível. A *eikasía* é uma conjetura feita a partir dos reflexos e das cópias das coisas sensíveis.

O segundo grau é a *pístis**(crença) ou a *dóxa** (opinião), isto é, a confiança ou fé que depositamos na sensação e na percepção ou a opinião que formamos a partir das sensações e do que ouvimos dizer. É um conhecimento necessário para o uso da vida cotidiana, tendo por objeto as coisas naturais, os seres vivos, os artefatos etc. É a opinião acreditada sem verificação; conhecimento que não foi demonstrado nem provado, mas passivamente aceito por nós pelo testemunho de nossos sentidos, por nossos hábitos e também pelos costumes nos quais fomos educados. É uma crença que se conserva enquanto funcionar na prática da vida cotidiana ou enquanto uma outra, mais forte, não a contradisser ou a puser em dúvida. Varia de pessoa para pessoa, de sociedade para sociedade, de época para época. É subjetiva tanto porque depende das condições de nosso corpo e de nossa alma durante as sensações como também porque é adquirida por costume ou por convenção, podendo mudar se mudarem os costumes e as convenções.

O terceiro grau é a *diánoia**, palavra composta de *día*, divisão, separação, distinção, e *nóia*, vinda do verbo *noéo*, compreender pelo pensamento. É o raciocínio, que separa e distingue argumentos ou razões para realizar uma dedução ou demonstração; é o raciocínio discursivo ou aquele que opera por etapas sucessivas de arranjo e disposição de argumentos para chegar a uma conclusão justificada. A *diánoia* é o conhecimento dos objetos matemáticos (aritmética, geometria, estereometria, música ou harmonia, astronomia, tudo quanto se refere a estruturas proporcionais estáveis e conhecidas pela razão). As matemáticas surgem, assim, como um tipo de conhecimento que nos permite passar da aparência das coisas (imagem e crença-opinião) a um primeiro contato da inteligência com a essência delas. Mas ainda não são o modo superior de conhecimento ou filosofia. Duas de suas características principais explicam por que não são elas o ponto mais alto do conhecimento. Em primeiro lugar, o matemático precisa representar ou ilustrar sensivelmente seu objeto por meio de linhas, pontos, traços, superfícies, volumes e diagramas; embora seu objeto seja puramente ideal e não material, para compreendê-lo o matemático ainda precisa recorrer a representações sensíveis ou a imagens (como mostrou o exemplo do círculo na *Carta sétima*). Em segundo, cada ramo das matemáticas começa pela admissão de princípios não questionados nem demonstrados, isto é, axiomas, postulados e definições, cuja verdade é assumida sem que sua causa seja conhecida. Os matemáticos partem de certas afirmações ou suposições que funcionam como princípios indemonstráveis de suas demonstrações (par, ímpar, ângulo, ponto, linha, comprimento, largura, altura, volume, figura, "O todo é maior do que as partes", "A linha é constituída por pontos", "A reta é a menor distância entre dois pontos", "O triângulo tem três lados", "No círculo as extremidades são equidistantes do centro" etc.). Em outras palavras, a *diánoia* é o pensamento que opera hipoteticamente, por raciocínios que concluem de modo correto e verdadeiro a partir de definições e de premissas não demonstradas, isto é, de hipóteses (é o conhecimento que, séculos mais tarde, será denominado hipotético-dedutivo). No entanto, as matemáticas têm lugar proeminente na teoria dos graus do conhecimento por várias razões. Antes de mais nada, porque embora representem sensorialmente números, figuras e operações, os matemáticos sabem que as imagens empregadas não são os próprios objetos matemáticos conhecidos pelo pensamento — distinguem, portanto, sensação e inteligência. Além disso, os objetos matemáticos, ao contrário das coisas sensíveis e de seus simulacros, não estão submetidos ao fluxo do devir ou ao movimento, mas permanecem idênticos a si mesmos e não toleram a contradição — as matemáticas, portanto, ensinam a exigência intelectual ou lógica da identidade, da não contradição e da concordância do pensamento consigo mesmo. Eis por que Platão as considera "ciências despertadoras" ou o passo decisivo para superar os graus inferiores do conhecimento e alcançar o grau mais alto.

O quarto grau ou quarto modo é a *epistéme** (ciência, isto é, saber verdadeiro), palavra da mesma família do verbo *epístamai* que significa saber, pensar, conhecer, no sentido de algo adquirido e possuído (ter um saber, ter um conhecimento). Mas o quarto modo é também *nóesis** (ação de conceber uma coisa pela inteligência ou pelo intelecto, ato intelectual de conhecimento), palavra que, como *nóia* e *noûs*, é derivada do verbo *noéo* (compreender pelo pensamento, inteligir). Esse nível, o mais alto, é o que conhece a essência, designada por Platão com a palavra *eîdos**, a forma inteligível, a ideia, a verdade incondicionada. A dialética é o movimento que permite à alma, subindo de hipótese em hipótese, chegar ao não hipotético, isto é, ao não condicionado por outra coisa, ao que é verdadeiro em si e por si mesmo, à ideia como princípio de realidade e de conhecimento. Pela força do diálogo, diz Platão, o raciocínio puro toma as hipóteses como tais e não como se fossem princípios, isto é, toma as hipóteses como pontos de apoio para elevar-se gradualmente ao não hipotético, aos princípios puros. Aqui, o pensamento alcança exclusivamente naturezas essenciais, formas inteligíveis, indo de umas a outras sem nunca recorrer ao raciocínio hipotético, nem recair na opinião ou no simulacro. A *nóesis* é a intuição ou visão intelectual de uma ideia ou de relações entre ideias; é o contato direto e imediato da inteligência com o inteligível. A *epistéme* é o conhecimento adquirido por meio dos atos de intuição intelectual ou das várias *nóesis*. Nela, o pensamento, contemplando diretamente as formas ou ideias, conhece a causa ou a razão dos próprios conhecimentos, pois alcança seus princípios.

Como observamos, Platão estabelece uma correspondência total entre o modo de conhecer, isto é, a operação realizada pela alma, e a natureza do objeto conhecido: na *eikasía*, a atividade cognitiva é a percepção indireta de alguma coisa e o objeto conhecido é uma sombra, um reflexo, uma imagem deformada e ilusória da coisa sensível; na *pístis* ou *dóxa*, a atividade cognitiva é a sensação e o ouvir dizer e o objeto conhecido é a coisa sensível percebida ou ouvida; na *diánoia*, a atividade cognitiva é o raciocínio discursivo e o objeto conhecido é uma idealidade, mas que ainda precisa de representação imagética e do movimento sucessivo do raciocínio ou da dedução; na *nóesis*, a atividade cognitiva é a intuição direta e o objeto conhecido é ideia pura, a forma inteligível apreendida diretamente pela inteligência, bem como as relações entre ideias. Esse último grau de conhecimento encontra a causa ou a razão da existência e da verdade do objeto conhecido e por isso nele a alma alcança a *epistéme*. É essa correspondência entre a atividade cognitiva e a coisa conhecida que, na *Carta sétima*, Platão chamara de afinidade da alma com o conhecido. Em outras palavras, graças à distinção inicial entre as atividades da alma e as coisas conhecidas por ela, Platão pode, a seguir, demonstrar aquilo que os pré-socráticos simplesmente admitiam sem saber por quê: a alma e o conhecido são de mesma natureza.

Quando a alma conhece por meio do corpo — no primeiro e segundo graus do conhecimento —, a coisa conhecida também é corporal; quando a alma conhece deduzindo uma coisa de outra — nas matemáticas ou na *diánoia* —, a coisa conhecida também é constituída de partes ou de elementos que precisam ser agrupados, reunidos, distinguidos (lados, ângulos, dimensões, pontos, linhas retas, linhas curvas, par, ímpar, limitado, ilimitado, relações proporcionais, derivação de uma coisa geométrica a partir de outras etc.); quando a alma conhece por si mesma, como inteligência pura ou intuição intelectual pura, o objeto é a pura ideia ou a pura forma, uma unidade perfeita que não pode ser decomposta em partes e que não é conhecida por distinção e reunião de partes, e sim em sua integridade perfeita. Essa correspondência entre a natureza do objeto, a operação de conhecimento e a alma é o que leva Platão a afirmar que a alma *participa* da natureza do objeto conhecido e que pode conhecê-lo porque é de mesma natureza que ele. Em outras palavras, nos pré-socráticos e no Sócrates dos diálogos de juventude, a identidade de natureza entre aquele conhece e aquilo que ele conhece estava *pressuposta*, mas em Platão essa identidade é *demonstrada*: graças à distinção inicial entre atividade cognitiva e objeto conhecido, demonstra-se que aquele que conhece e o conhecido por ele são de mesma natureza (tudo — quem conhece e o que é conhecido — é sensível, na *eikasía*, na *pístis* e na *dóxa*; uma parte é sensível e outra é inteligível, na *diánoia*; tudo é inteligível na *nóesis* ou *epistéme*). Essa participação da alma na natureza da coisa conhecida é o que, no *Banquete*, recebe o nome de Eros ou amor e por isso ali é feita a distinção entre dois amores, o amor pelo perecível e o amor pela forma boa-bela.

Como a *Carta sétima*, a *República* também enfatiza o caráter dinâmico do conhecimento, mas em vez de uma espécie de salto repentino (a "faísca"), Platão agora sublinha o movimento de passagem de um grau para outro. Como é possível a passagem? Por meio da dialética. A tarefa desta é fazer com que, graças à descoberta das contradições encontradas num grau de conhecimento inferior, se possa passar para o seguinte (passar da *eikasía* para a *pístis* ou *dóxa* e desta para a *diánoia*). No caso dos graus superiores, a tarefa da dialética é fazer a alma passar de hipótese em hipótese (*diánoia*) até a visão intelectual (*nóesis*) do não hipotético e incondicionado, o *eîdos*. Por ser passagem, a dialética é a educação da inteligência, uma pedagogia (*paideía*) do espírito que o prepara para contemplar o ser ou a Verdade. Para prepará-lo para essa contemplação, a pedagogia platônica educa por meio das matemáticas: pela aritmética, ciência do cálculo que introduz homogeneidade e estabilidade nas coisas, corrigindo as aparências sensoriais; pela geometria, ciência dos entes imutáveis; pela astronomia, ciência dos sólidos no espaço ordenado e perfeito (os céus realizam o movimento mais próximo da imobilidade, ou seja, o movimento circular, eterno, sem começo e sem fim); a música, ciência da harmonia ou da medida como proporção rigorosa. As matemáticas, ciências da ordem, medida e proporção inteligíveis, educam o intelecto para desligar-se da multiplicidade móvel das imagens, percepções e opiniões sensíveis.

A dialética é uma técnica cujas principais características podem ser assim resumidas:

1) é a arte de conduzir uma discussão (isto é, um *lógos* dividido em *dissói logói*) para captar as contradições e os desvios que perturbam o caminho de chegada a uma definição coerente e universal de uma coisa tomada em si mesma; ou seja, é um processo de depuração da linguagem e do pensamento;

2) é o método filosófico-científico para desenvolver o conhecimento por meio de perguntas e respostas; isto é, para buscar aquilo que não se sabe;

3) é o método para que a alma racional consiga apreender intelectual e conceitualmente uma realidade, captando sua essência ou forma ou ideia;

4) é o método pelo qual a razão ou o pensamento, superando a divisão dos *dissói logói*, entra em contato direto e imediato com seu objeto, alcança o *lógos*, isto é, o ser inteligível ou a forma real do objeto, o *eîdos*;

5) é uma atividade que se realiza em duas etapas: a primeira, inferior, opera com as contradições das opiniões e crenças, isto é, com a multiplicidade sensível móvel e dispersa; a segunda, superior ou verdadeira dialética, opera ultrapassando demonstrações baseadas em hipóteses, isto é, a multiplicidade ordenada e sistematizada pelas matemáticas, para alcançar o incondicionado, a unidade da forma inteligível;

6) difere das matemáticas porque estas, além de operar hipotética e dedutivamente, operam com relações entre elementos ou entre partes, enquanto a dialética superior alcança a essência mesma da coisa em sua unidade e integridade indecomponíveis (a bondade, a beleza, a justiça, a virtude, o amor, em si mesmos);

7) como verdadeira dialética ou dialética superior, é uma atividade que somente pode ser exercitada por aqueles que conhecem as matemáticas, pois seu ponto de partida são as hipóteses ou proposições matemáticas. Isso não significa que os objetos ou ideias da dialética superior sejam os mesmos que os das matemáticas e sim que somente quem aprendeu a pensar matematicamente está preparado para pensar dialeticamente. As matemáticas são o treino intelectual para a dialética superior. Em outras palavras, somente quem aprendeu a pensar por meio de axiomas, postulados, definições, teoremas, problemas e deduções rigorosas está preparado para a dialética superior;

8) sobretudo, a dialética é a técnica perfeita da alma, comparável à medicina para o corpo. Uma técnica, vimos, é um saber especializado capaz de concre-

tizar algo que existia apenas potencialmente numa coisa qualquer (é atualizar a *dýnamis*) e na mente de alguém (é fazer passar à obra o que estava no espírito do técnico), e é a passagem de um estado de privação a um outro de aquisição de uma qualidade conforme à natureza da coisa. Assim como a medicina é a técnica que concretiza a possibilidade de saúde para um corpo doente, fazendo-o passar da privação de saúde à aquisição dela como aquilo que é conforme à natureza do paciente, assim também a dialética é a técnica que concretiza a possibilidade do conhecimento verdadeiro para a alma ignorante, fazendo-a passar da privação de saber à aquisição dele porque a sabedoria é conforme à sua natureza. A *tékhne* concretiza uma *dýnamis*: a *dýnamis* (potencialidade) da alma é o conhecimento e a dialética, a *tékhne* que atualiza o que era apenas possibilidade. Por isso, a dialética difere da retórica, pois em vez de violentar a alma, impondo-lhe opiniões, opera para que a alma, por si mesma, realize ou concretize plenamente sua natureza.

4. O MITO DA CAVERNA

Para explicar o movimento de passagem de um grau de conhecimento para outro, no Livro VII da *República*, Platão narra o Mito da Caverna, alegoria da teoria do conhecimento e da *paideía* platônicas. Para chegarmos a ele, precisamos retomar, noutro nível, a exposição da teoria do conhecimento que fizemos acima, pois nossa versão deixou de lado a beleza, a dramaticidade e as metáforas que tecem o Livro VI da *República*.

Para dar a entender ao jovem Glauco o que é e como se adquire o conhecimento verdadeiro, Sócrates começa estabelecendo uma analogia entre conhecer e ver.

Todos os nossos sentidos, diz Sócrates, mantêm uma relação direta com o que sentem. Não é esse, porém, o caso da visão. Para que a visão se realize, não bastam os olhos (ou a faculdade da visão) e as coisas coloridas (pois vemos cores e são elas que desenham a figura, o volume e as demais qualidades da coisa visível), mas é preciso um terceiro elemento que permita aos olhos ver e às coisas serem vistas: para que haja um visível visto é preciso a luz. A luz não é o olho nem a cor, mas o que faz com que o olho veja a cor e que a cor seja vista pelo olho. É graças ao Sol que há um mundo visível. Por que as coisas podem ser vistas? Porque a cor é filha da luz. Por que os olhos são capazes de ver? Porque são filhos do Sol: são faróis ou luzes que iluminam as coisas para que se tornem visíveis. A visão é, assim, uma atividade e uma passividade dos olhos. Atividade, porque é a luz do olhar que torna as coisas visíveis. Passividade, porque os olhos recebem sua luz do Sol.

Conhecer a verdade é ver com os olhos da alma ou com os olhos da inteligência. Assim como o Sol dá sua luz aos olhos e às coisas para que haja mundo visível, assim também a ideia suprema, a ideia de todas as ideias, o Bem (isto é, a perfeição em si mesma) dá à alma e às ideias sua bondade (sua perfeição) para que haja mundo inteligível. Assim como os olhos e as coisas participam da luz, assim também a alma e as ideias participam da bondade (ou perfeição) e é por isso que a alma pode conhecer as ideias. E assim como a visão é passividade e atividade do olho, assim também o conhecimento é passividade e atividade da alma: passividade, porque a alma precisa receber a ação das ideias para poder contemplá-las; atividade, porque essa recepção e contemplação constituem a própria natureza da alma.

Assim como na treva não há visibilidade, assim também na ignorância não há verdade. A *eikasía* e a *dóxa* são para a alma o que a cegueira é para os olhos e a escuridão é para as coisas: são privações (privação de visão e privação de conhecimento).

Sob a analogia da luz, a diferença entre o sensível e o inteligível se apresenta assim:

MUNDO SENSÍVEL	MUNDO INTELIGÍVEL
Sol	Bem
Luz	Verdade
Cores	Ideias
Olhos	Alma racional ou inteligência
Visão	Intuição
Treva, cegueira, privação de luz	Ignorância, opinião, privação de verdade

Essa analogia é o tema do Mito da Caverna, narrado por Sócrates a Glauco para fazê-lo compreender o sentido da *paideía* filosófica, isto é, da dialética e do conhecimento verdadeiro.

Imaginemos, diz Sócrates, uma caverna subterrânea separada do mundo externo por um alto muro. Entre este e o chão da caverna há uma fresta por onde passa alguma luz exterior, deixando a caverna na obscuridade quase completa. Desde seu nascimento, geração após geração, seres humanos ali estão acorrentados, sem poder mover a cabeça na direção da entrada, nem locomover-se, forçados a olhar apenas a parede do fundo, vivendo sem nunca ter visto o mundo exterior nem a luz do Sol, sem jamais ter efetivamente visto uns aos outros, pois não podem mover a cabeça nem o corpo, e sem se ver a si mesmos porque estão no escuro e imobilizados. Abaixo do muro, do lado de dentro da caverna, há um fogo que ilumina vagamente o interior sombrio e faz com que as coisas que se passam do lado de fora sejam projetadas como sombras nas paredes do fundo da caverna. Do lado de fora, pessoas passam conversando e carregando nos ombros figuras ou imagens de homens, mulheres, animais cujas sombras também são projetadas na parede da caverna, como num teatro de fantoches. Os prisioneiros julgam que as sombras de coisas e pessoas, os sons de suas falas e as imagens que transportam nos ombros são as próprias coisas externas, e que os artefatos projetados são seres vivos que se movem e falam.

Nesse ponto, Glauco diz a Sócrates que o quadro descrito por ele lhe parece algo estranho, incomum e inusitado. Sócrates, porém, lhe diz que os prisioneiros "são semelhantes a nós". E prossegue. Os prisioneiros se comunicam, dando nomes às coisas que julgam ver (sem vê-las realmente, pois estão na obscuridade), e imaginam que o que escutam, e que não sabem que são sons vindos de fora, são as vozes das próprias sombras e não dos homens cujas imagens estão projetados na parede e também imaginam que os sons produzidos pelos artefatos que esses homens carregam nos ombros são vozes de seres reais. Qual é, pois, a situação dessas pessoas aprisionadas? Tomam sombras por realidade, tanto as sombras das coisas e dos homens exteriores como as sombras dos artefatos fabricados por eles. Essa confusão, porém, não tem como causa a natureza dos prisioneiros e sim as condições adversas em que se encontram. Por isso Sócrates indaga: que aconteceria se fossem libertados dessa condição de miséria e, "retornando à sua natureza, pudessem ver as coisas e ser curados de sua ignorância?".

Essa pergunta é grave. De fato, para os prisioneiros, o *único* mundo real é a caverna, portanto, a obscuridade na qual não podem se ver nem ver os outros não é percebida como tal e sim experimentada como realidade verdadeira. E a caverna é para eles *todo* o mundo real, pois não sabem que o que veem na parede do fundo são sombras de um outro mundo, exterior à caverna, uma vez que não podem virar a cabeça para ver que há algo lá fora e que é de lá de fora que outros homens lhes enviam imagens e sons. Ora, se para os prisioneiros o mundo real é a caverna, como poderiam sair da ilusão se não sabem que vivem nela?

Um dos prisioneiros, inconformado com a condição em que se encontra, decide abandoná-la. Fabrica um instrumento com o qual quebra os grilhões. De início, move a cabeça, depois o corpo todo; a seguir, avança na direção do muro e o escala. Enfrentando as durezas de um caminho íngreme e difícil, sai da caverna. No primeiro instante, fica totalmente cego pela luminosidade do Sol, com a qual seus olhos não estão acostumados. Enche-se de dor por causa dos movimentos que seu corpo realiza pela primeira vez e pelo ofuscamento de seus olhos sob a ação da luz externa, muito mais forte do que o fraco brilho do fogo que havia no interior da caverna. Sente-se dividido entre a incredulidade e o deslumbramento. Incredulidade porque será obrigado a decidir onde se encontra a realidade: no que vê agora ou nas sombras em que sempre viveu. Deslumbramento (literalmente: ferido pela luz) porque seus olhos não conseguem ver com nitidez as coisas iluminadas. Seu primeiro impulso é retornar à caverna para livrar-se da dor e do espanto. Embora esteja reconquistando sua verdadeira natureza, o sofrimento que essa reconquista lhe traz é tão grande que se sente atraído pela escuridão, que lhe parece mais acolhedora. Além disso, precisa aprender a ver e esse aprendizado é doloroso, fazendo-o desejar a caverna, onde tudo lhe é familiar e conhecido.

A descrição platônica é dramática: o caminho em direção ao mundo exterior é íngreme e rude; o prisioneiro libertado sofre e se lamenta de dores no corpo; a luz do sol o cega; ele se sente arrancado, puxado para fora por uma força incompreensível. Platão narra um parto: o parto da alma que nasce para a verdade e é dada à luz.

Sentindo-se sem disposição para regressar à caverna por causa da rudeza do caminho, o prisioneiro permanece no exterior. Aos poucos, habitua-se à luz e começa a ver o mundo. Encanta-se, tem a felicidade de finalmente ver as próprias coisas, descobrindo que estivera prisioneiro a vida toda e que em sua prisão vira apenas sombras. Doravante, desejará ficar longe da caverna para sempre e lutará com todas as suas forças para jamais regressar a ela. No entanto, não pode evitar lastimar a sorte dos outros prisioneiros e, por fim, toma a difícil decisão de regressar ao subterrâneo sombrio para contar aos demais o que viu e convencê-los a se libertarem também.

Assim como a subida foi penosa, porque o caminho era ingrato e a luz, ofuscante, também o retorno será penoso, pois será preciso habituar-se novamente às trevas, o que é muito mais difícil do que habituar-se à luz. De volta à caverna, o prisioneiro fica cego novamente, mas, agora, por ausência de luz. Ali dentro, é desajeitado, inábil, não sabe mover-se entre as sombras nem falar de modo compreensível para os outros, não sendo acreditado por eles. Torna-se objeto de zombaria e riso, e correrá o risco de ser morto pelos que jamais se disporão a abandonar a caverna. Impossível para o leitor não identificar a figura de Sócrates na do prisioneiro que se liberta, retorna e é morto pelos homens das sombras.

A caverna, explica Sócrates a Glauco, é o mundo sensível onde vivemos. O fogo que projeta as sombras na parede é um reflexo da luz verdadeira (do Bem e das ideias) sobre o mundo sensível. Somos os prisioneiros. As sombras são as coisas sensíveis, que tomamos pelas verdadeiras, e as imagens ou sombras dessas sombras, criadas por artefatos fabricadores de ilusões. Os grilhões são nossos preconceitos, nossa confiança em nossos sentidos, nossas paixões e opiniões. O instrumento que quebra os grilhões e permite a escalada do muro é a dialética. O prisioneiro curioso que escapa é o filósofo. A luz que ele vê é a luz plena do ser, isto é, o Bem, que ilumina o mundo inteligível como o Sol ilumina o mundo sensível. O retorno à caverna para convidar os outros a sair dela é o diálogo filosófico, e as maneiras desajeitadas e insólitas do filósofo são compreensíveis, pois quem contemplou a unidade da verdade já não sabe lidar habilmente com a multiplicidade das opiniões nem mover-se com engenho no interior das aparências e ilusões. Os anos despendidos na criação do instrumento para sair da caverna são o esforço da alma para libertar-se. Conhecer é, pois, um ato de libertação e de iluminação. A *paideía* filosófica é uma conversão da alma voltando-se do sensível para o inteligível. Essa educação não ensina coisas nem nos dá a visão, mas ensina a ver, orienta o olhar, pois a alma, por sua natureza, possui em si mesma a capacidade para ver.

O Mito da Caverna apresenta a dialética como movimento ascendente de libertação do olhar intelectual que nos livra da cegueira para vermos a luz das ideias. Mas descreve também o retorno do prisioneiro para convidar os que permaneceram na caverna a sair dela, ensinando-lhes como quebrar os grilhões e subir o caminho. Há, assim, dois movimentos: o de ascensão (a dialética ascendente), que vai da imagem à crença ou opinião, desta para as matemáticas e destas para a intuição intelectual e a ciência; e o do descenso (a dialética descendente), que consiste em praticar com outros o trabalho para subir até as ideias.

Os olhos foram feitos para ver, a alma foi feita para conhecer. Os primeiros estão destinados à luz solar, a segunda, à fulguração da ideia. A dialética é a técnica liberadora dos olhos do espírito.

O relato da subida e da descida expõe a *paideía* como dupla violência necessária para a liberdade e para a realização da natureza verdadeira da alma: a ascensão é difícil, dolorosa, quase insuportável; o retorno à caverna, uma imposição terrível à alma libertada, agora forçada a abandonar a luz e a felicidade. A dialética, como toda técnica, é uma atividade exercida contra uma passividade, é um esforço para obrigar uma *dýnamis* a se atualizar, um trabalho para concretizar um fim, forçando um ser a realizar sua própria natureza. No Mito, a dialética leva a alma a ver sua própria essência ou forma (*eîdos*) — isto é, conhecer — vendo as essências ou formas (*eíde* — isto é, os objetos do conhecimento —, para descobrir seu parentesco com elas, pois a alma é parente da ideia como os olhos são parentes da luz.

5. A INTERPRETAÇÃO DO MITO DA CAVERNA POR HEIDEGGER

Vimos que quando, na *Carta sétima*, Platão declara ser muito difícil o leitor compreender o que está lendo, a dificuldade se referia ao fato de, pela primeira vez, ter sido estabelecida a distinção entre aquele que conhece e aquilo que ele conhece. Essa distinção é o ponto de interesse do comentário de Martin Heidegger sobre o Mito da Caverna, num ensaio intitulado "A doutrina de Platão sobre a verdade". Segundo Heidegger, esse mito é a exposição platônica do conceito da verdade. Desse ensaio, destacaremos apenas alguns aspectos.

O Mito da Caverna, começa Heidegger, estabelece uma relação interna ou intrínseca entre a *paideía* e a *alétheia*: a filosofia é educação ou pedagogia para a verdade. Essa relação é proposta pelo mito com a analogia entre os olhos do corpo e os olhos do espírito quando passam da obscuridade à luz: assim como os primeiros ficam ofuscados pela luminosidade do Sol, assim também o espírito sofre um ofuscamento no primeiro contato com a luz da ideia do Bem, que ilumina o mundo das ideias. A trajetória realizada pelo prisioneiro é a descrição da essência do homem (um ser dotado de corpo e alma) e sua destinação verdadeira (o conhecimento intelectual das ideias). Essa destinação é seu destino: o homem está destinado à razão e à verdade. Por que, então, a maioria dos homens permanece prisioneira da caverna? Porque suas almas não recebem a *paideía* adequada à destinação humana. Assim, a *paideía*, alegoricamente descrita no mito, é "uma conversão do olhar", isto é, a mudança na direção de nosso pensamento, que, deixando de olhar as sombras (pensar sobre as coisas sensíveis), passa a olhar as coisas verdadeiras (pensar nas ideias). E, observa Heidegger, não foi por acaso que Platão escolheu a palavra *eîdos* para designar as ideias ou formas inteligíveis, pois *eîdos* significa figura e forma visíveis, e a ideia é o que o olho do espírito, educado, torna-se capaz de ver. A ideia do Bem, correspondente ao Sol, não só ilumina todas as outras tornando-as todas visíveis para o olho do espírito, mas é também a ideia suprema, tanto porque é a visibilidade (inteligibilidade) plena como porque é a causa da visibilidade (inteligibilidade) de todo o mundo inteligível. A filosofia, conhecimento da verdade, é conhecimento da ideia do Bem, princípio incondicionado de todas as essências. Assim como o Sol permite aos olhos ver, assim o Bem permite à alma conhecer. A luz é a mediação entre aquele que conhece e aquilo que se conhece.

Empregando a metáfora da visão, continua Heidegger, o Mito da Caverna preserva o antigo sentido da *alétheia* como não esquecimento e não ocultamento da realidade, pois *alétheia* é o que é arrancado do esquecimento e do ocultamento, fazendo-se visível para o espírito, embora invisível para o corpo. A verdade é uma visão, visão da ideia, isto é, do que está plenamente visível para a inteligência e, por ser visão plena, a verdade é evidência: um visível inteiramente visto, sem sombras e sem obscuridades, é *evidente*; um vidente que tudo vê, sem que nada lhe escape e nada lhe fique escondido, possui a *evidência*.

É exatamente essa concepção da verdade como evidência, argumenta Heidegger, que dá ao Mito da Caverna ainda um outro sentido com o qual compreendemos por que Platão é o inventor da razão ocidental.

De fato, na origem (como vimos em nosso primeiro capítulo), a palavra *alétheia* é uma palavra negativa (*a-létheia*), significando o não esquecido, não escondido. Isso pressupunha que a verdade era inesgotável, oferecia-se pouco a pouco e jamais completamente nem de uma só vez, permanecia com um fundo esquecido e escondido do qual, de vez em quando, algo surgia e se manifestava, fazendo-se não esquecido e não escondido. Com o Mito da Caverna, porém, a verdade, tornando-se *evidência*, torna-se visibilidade plena e total, abandona o antigo sentido negativo da *a-létheia* para ganhar um sentido positivo ou afirmativo. Em lugar de dizermos que o verdadeiro é o não escondido, Platão nos leva a dizer que a verdade é o plenamente visível para o espírito, aquilo de que nada permanece escondido ou oculto. Que significa isso? Significa que a verdade deixa de ser o próprio ser se desocultando ou se manifestando aos homens para tornar-se uma operação (a mais alta e mais importante) da razão humana que, pelo olhar intelectual, apreende a ideia como essência inteiramente vista e contemplada, sem sombras. A verdade, diz Heidegger, se transfere da ação do próprio ser (que se mostrava parcialmente aos homens) para a ação da alma, que tudo vê e alcança o todo do ser. Deixando de ser uma aparição sobre um fundo permanente de ocultamento (pois o ser não cessava de se manifestar porque nele sempre permanecia um fundo oculto inesgotável, um não visível ou um invisível essencial), a verdade torna-se o conhecimento total, integral e pleno de uma essência, a partir do conhecimento total e pleno da ideia do Bem. Com isso, escreve Heidegger, a verdade dependerá, de agora em diante, da razão humana.

Qual é a pedagogia proposta pelo Mito da Caverna? A educação do olhar. Ou seja, a verdade, doravante, dependerá do olhar correto, que olha na direção certa — não olha para o interior da caverna, mas para fora e para o alto —, e dependerá do olhar exato e rigoroso — que não olha sombras opacas e indecisas, mas realidades claras, distintas, delimitadas, nítidas. Exatidão, rigor, correção são as qualidades e propriedades da razão, no Ocidente. A verdade e a razão são *theoría**, contemplação das ideias quando aprendemos a dirigir o intelecto na direção certa, isto é, para o conhecimento das essências das coisas. Dessa maneira, conclui Heidegger, Platão destruiu o antigo conceito da verdade, no qual era o próprio ser que se manifestava no mundo e ao mundo, e o substituiu por aquele que prevalecerá no pensamento ocidental, a saber, a evidência como *adequação* entre a ideia e o intelecto, o inteligível e a inteligência, obtida apenas pelas operações da própria alma. Platão teria, assim, iniciado o processo do destino ocidental, a saber, colocar o homem com primazia sobre o ser (e Heidegger não vê essa mudança com bons olhos).

No entanto, julgamos que, contrariamente ao que diz Heidegger, o antigo sentido da *alétheia* não desapareceu inteiramente, pois, como observamos a respeito da *Carta sétima* e da *República*, Platão não cessa de afirmar que, embora distintos, a atividade de conhecimento e o objeto de conhecimento participam da mesma natureza ou são de mesma natureza. É esse parentesco essencial entre o corpo e o sensível e entre a alma racional e o inteligível que encontramos num outro mito, o Mito da Reminiscência, no qual, como na antiga *alétheia*, conhecer é lembrar ou não esquecer.

6. O MITO DE ER OU A REMINISCÊNCIA

É preciso explicar como, vivendo no mundo sensível, alguns homens sentem atração pelo mundo inteligível. Como, nunca tendo tido contato com o mundo das ideias, jamais tendo contemplado as ideias, algumas almas as procuram? De onde vem o desejo de sair da caverna? Mais do que isso, como os que sempre viveram na caverna podem supor que exista um mundo fora dela, se os grilhões e o alto muro não deixam ver nada externo? Em outras palavras, como explicar que vivendo entre simulacros, crenças e opiniões, os homens possam supor que existe algo além deles e que esse algo é a verdade, se jamais a viram? E como explicar, quando têm o contato com uma ideia verdadeira, que saibam que ela o é? Para decifrar esse enigma, Platão, na *República*, narra o Mito de Er, também conhecido como o Mito da Reminiscência, da *anámnesis**, que vimos ser inseparável da antiga ideia da *alétheia* (o não esquecido).

O pastor Er, da Panfília, é conduzido pela deusa até o Hades, o reino dos mortos, para onde (como vimos no primeiro capítulo), segundo a tradição grega, sempre foram conduzidos os poetas e adivinhos ou videntes. Ali, Er encontra as almas dos mortos serenamente contemplando as ideias. Devendo reencarnar-se, as almas serão levadas para escolher a nova vida que terão na Terra. São livres para escolher a nova vida terrena que desejam viver. Após a escolha, são conduzidas por uma planície onde correm as águas do rio Léthe (o esquecimento). As almas que escolheram uma vida de poder, riqueza, glória, fama ou uma vida de prazeres, bebem água em grande quantidade, o que as faz esquecer as ideias que contemplaram. As almas dos que escolhem a sabedoria quase não bebem das águas e por isso, na vida terrena, poderão lembrar-se das ideias que contemplaram e alcançar, nesta vida, o conhecimento verdadeiro. Desejarão a verdade, serão atraídas por ela, sentirão amor pelo conhecimento, porque, vagamente, lembram-se de que já a viram e já a tiveram. Não se esquecem dela e por isso, para elas, ela é *a-létheia*, não esquecida.

A verdade como lembrança e o conhecimento como reminiscência já aparecera, como vimos, num diálogo de juventude, o *Mênon*. Enquanto na *República* o Mito de Er complementa o Mito da Caverna respondendo à pergunta "Como quem vive desde sempre na aparência e na ilusão pode sair em busca da verdade?", no *Mênon*, a reminiscência é apresentada para responder à pergunta "Como, ao encontrar uma verdade, sabemos que a encontramos?". Nas duas ocasiões, a resposta de Platão — "conhecer é lembrar" — consiste em afirmar que a alma aprendeu, antes da encarnação, tudo aquilo de que ela, novamente, adquirirá o conhecimento, de sorte que investigar e aprender é reativar um saber total que se encontra em estado latente na razão. Procurar e aprender é reencontrar um saber já adquirido que está esquecido. O filósofo dialético, como o médico que faz o paciente lembrar-se, suscita nos outros a lembrança do verdadeiro. Se já não tivéssemos estado diante da verdade, não só não poderíamos desejá-la como, chegando diante dela, não saberíamos identificá-la, reconhecê-la. No entanto, buscar e aprender não é simplesmente um esforço de memória, mas um trabalho de investigação realizado com instrumentos adequados e guiado pelas exigências de certeza e fundamentação do que se conhece ou se aprende. Além disso, as ideias não são entidades isoladas umas das outras e sim relacionadas entre si por laços necessários de concordância recíproca, de tal maneira que ao recordar uma ideia ou ter a intuição intelectual dela, a alma também se recorda de outras ligadas a esta primeira e intui conjuntos de ideias verdadeiras, adquirindo a *epistéme*.

O que se passa com o escravo do *Mênon* nos ajuda a compreender o processo de busca e aprendizado como investigação e recordação da verdade. Sócrates pede ao escravo que indique o comprimento do lado de um quadrado dado cuja superfície seja o dobro da superfície de um quadrado dado. Sócrates não espera que o escravo demonstre o Teorema de Pitágoras nem que faça cálculos numéricos envolvidos pelo teorema, uma vez que está envolvido com a complexa questão dos números desproporcionais ou dos irracionais (como vimos ao estudar o pitagorismo). O que Sócrates espera? Simplesmente uma construção geométrica elementar. Antes de chegar à resposta correta (a diagonal do quadrado dado é a linha sobre a qual deverá ser construído o segundo quadrado para ser o dobro do primeiro), o escravo oferece duas respostas incorretas, que ele abandona, em cada caso, graças às perguntas de Sócrates, que lhe permitem reconhecer-se como ignorante. Reconhecida a ignorância, o escravo, ainda uma vez guiado pelas perguntas socráticas, começa a raciocinar sobre os dados do problema, buscando dentro de si mesmo ou de sua razão a resposta, até encontrá-la sozinho. Porque a encontra por si mesmo, sem haver recebido lições de geometria, Sócrates dirá que o escravo se lembrou de algo que já sabia e que estava latente em sua alma. Ora, o que é, então, lembrar-se? É exercer o pensamento para que este, por si mesmo, encontre uma verdade. Assim sendo,

> A reminiscência, entendida como estado mental da rememoração, permite saber aquilo de que nos lembramos no momento em que nos lembramos disso. Nesse sentido, ela é um processo com duas faces: ao mesmo tempo reativação de um conteúdo latente ou recordação (*anámnesis*) e verdadeira aprendizagem quando referimos essa lembrança à consciência de ignorância que o precedeu. Longe de ser uma busca desordenada no seio das lembranças, o esforço de rememoração visa a uma verdade já possuída que orienta implicitamente tal esforço (M. Canto-Sperber "Platon", in M. Canto-Sperber, org., 1997, p. 216).

Os intérpretes se dividem muito acerca do significado do Mito de Er. Seria uma alegoria para dizer que os homens nascem dotados de razão, que as ideias são inatas ao seu espírito, que a verdade não pode vir da sensação, mas apenas do pensamento? Ou seria uma primeira apresentação da teoria platônica da imortalidade da alma que será exposta no *Fédon*? Por enquanto deixaremos a questão em suspenso e a ela voltaremos quando analisarmos a psicologia platônica. Aqui enfatizaremos dois pontos.

Em primeiro lugar, Platão, através de dois mitos — o da caverna e o de Er —, recupera a antiga noção da *alétheia* (o não esquecido), ainda que a transforme profundamente, pois para um pensamento que toma a verdade como evidência, o verdadeiro não pode ser apenas a ação do ser sobre uma alma passiva, mas exige a atividade desta última, sua iniciativa para ter a retidão do olhar espiritual, isto é, capaz da correspondência entre a atividade cognitiva da alma e a ideia. O verdadeiro é a relação entre a inteligência e a verdade. Em segundo, Platão precisa recorrer aos mitos para explicar por que, sem possuirmos conhecimentos verdadeiros, desejamos o conhecimento verdadeiro. Precisa explicar que, de algum modo, já estamos na posse de alguma noção (ainda que muito vaga) da verdade e que é ela que nos empurra para a dialética. Assim, independentemente da discussão sobre o que Platão realmente pensava dos mitos que narrou, podemos dizer que possuem a função de afirmar que nascemos no verdadeiro e destinados a ele. Sem isso, a dialética seria uma técnica impossível, pois não teria o que atualizar em nossa alma, não encontraria uma *dýnamis* para realizar sua obra. Os dois mitos significam que há na alma a tendência para o verdadeiro, mesmo que ela não esteja de posse da verdade.

Resta completar a teoria do conhecimento recorrendo, agora, ao *Parmênides*, ao *Filebo* e ao *Sofista*, isto é, a diálogos posteriores à *República*.

7. A TEORIA DAS IDEIAS NO *PARMÊNIDES*

Se a teoria das ideias como essências estáveis permanentes e idênticas a si mesmas nos libera do fluxo heraclitiano (pois sem o princípio de identidade não haveria pensamento, porque só haveria a instabilidade da contradição), nem por isso tudo está resolvido. Resta resolver o problema deixado pelos eleatas, isto é, a redução do pensamento à afirmação "o ser é" e à negação "o não ser não é". O *Parmênides* deve resolver esse problema.

A solução platônica, evidentemente, não é cosmológica como as dos últimos pré-socráticos, isto é, não se trata de conceber a *phýsis* como pluralidade em que cada constituinte possui as propriedades do ser de Parmênides. A solução é lógica e ontológica. Lógica, porque se refere à questão do pensamento verdadeiro. Ontológica, porque se refere à verdade e realidade dos seres, que são as ideias.

O *Parmênides* apresenta três aspectos novos na teoria do conhecimento. Em primeiro lugar, não se refere aos modos ou graus do conhecimento, como a *Carta sétima* e a *República*, isto é, não volta a um aspecto que Platão considera já resolvido. Seu interesse, não sendo pelos modos de conhecer, volta-se para o objeto do conhecimento, isto é, para as ideias. Em segundo, mostra que, além da ideia do Bem, existem algumas ideias originárias que são as matrizes ou as causas de todas as outras, defendendo, portanto, a pluralidade inteligível contra a unicidade parmenidiana. Em terceiro, expõe a teoria da participação das ideias e a teoria dos mistos para explicar por que há ideias de todas as coisas, mesmo das coisas compostas e por que podemos passar do conhecimento de uma ideia ao de várias outras.

Antes de examinarmos o *Parmênides*, façamos uma breve referência ao *Timeu*, no qual Platão expõe sua física, que, de maneira parcial e fragmentada, já havia aparecido em vários diálogos. Dessa física interessa-nos aqui apenas um aspecto: a relação entre o mundo sensível e o mundo das ideias.

O *Timeu* narra o mito da origem do mundo ou o mito da criação do mundo sensível. No princípio, havia o Bem e as ideias, o mundo inteligível e, separada dele, havia a matéria caótica, sem forma e sem ordem. O Bem cria um demiurgo (*demiourgós**), isto é, um artesão sumamente inteligente, matemático e arquiteto, bom e sem mácula, que irá criar o mundo sensível para difundir e multiplicar o Bem. Que faz o demiurgo? Como *arkhitektón*, contempla as ideias, as toma como modelos ou paradigmas e as copia, imprimindo-as na matéria perecível e mutável, a *khóra*, receptáculo informe e desordenado. A impressão das formas puras e eternas na matéria bruta, informe e perecível, dá origem ao *kósmos*, que, imitação do mundo inteligível, possui, como este, uma alma inteligente que o governa, a Alma do Mundo. O mundo é concebido, assim, como um objeto técnico, um artefato submetido a regras, leis e planos — por isso é um cosmo — e também como um todo animado ou um grande animal, um ser vivo. A relação entre o mundo sensível e o mundo inteligível é a da imitação ou *mímesis**, isto é, a relação entre um modelo e sua cópia. Perante o inteligível, a imitação sensível é uma cópia degradada (porque mutável e perecível) enquanto o modelo inteligível é perfeito (porque imutável e imperecível). As coisas sensíveis são, pois, cópias das ideias. Por isso, na teoria do conhecimento, a *eikasía* é o grau mais baixo do conhecimento, pois seu objeto sendo a poesia, a pintura, a escultura, o teatro, ela é o conhecimento da cópia da coisa sensível que, por sua vez, é cópia da ideia. A *eikasía* lida com a cópia da cópia, ou simulacros das ideias. As coisas participam das ideias (por isso são reais), mas participam como simples cópias (por isso são imperfeitas). A ação do demiurgo permite a Platão afirmar que as ideias são a *causa* das coisas sensíveis. Ou seja, a criação do mundo sensível é pensada como uma fabricação técnica em que as ideias são o modelo para que o demiurgo, operando como causa eficiente, fabrique as coisas dando forma à matéria. Isso significa que as ideias não são causa da *existência* das coisas sensíveis (a causa de suas existências é o demiurgo ou causa eficiente), mas são causa da *essência* de cada uma dessas coisas. Como a essência é a forma inteligível, as ideias são a causa formal das coisas sensíveis.

O *Timeu* introduz o que ficou conhecido com o nome de teoria dos mistos: o mundo é um misto, isto é, resulta da mistura ou composição de duas ordens diferentes de realidade, a ordem dos seres que permanecem imutáveis, sempre idênticos a si mesmos, sem nascimento e sem perecimento, invisíveis aos sentidos e visíveis só para o intelecto (as ideias), e a ordem da matéria ou dos seres sujeitos ao devir, ao nascimento e ao perecimento, à mudança ou ao movimento, visíveis aos sentidos e ao intelecto. Qual a relação entre as duas ordens? Sendo um artefato técnico, o mundo sensível é, como toda obra técnica, imitação de um modelo, *mímesis*. A ordem dos sensíveis, corporais, perecíveis e mutáveis imita a ordem dos inteligíveis, incorporais, imperecíveis e imutáveis. Graças à imitação, o sensível possui ordenação, ou seja, é um cosmo, um mundo ordenado por imitação da ordem verdadeira, que é a ordenação e harmonia dos inteligíveis ou ideias. O sensível *participa* do inteligível por imitação, como cópia de um modelo. Participação significa: 1) o sensível tem como causa formal o inteligível, dele recebe, por intermédio do demiurgo, a estruturação e ordenação das coisas; 2) tanto no sensível como no inteligível o conhecido e aquele que conhece são de mesma natureza ou participam da mesma natureza. Assim, o sensível é conhecido por sensação (*aísthesis**), enquanto o inteligível é conhecido por intelecção (*nóesis*): o sensível — corporal — é conhecido corporalmente (pelas sensações), enquanto o inteligível — incorporal — é conhecido intelectualmente (pela *nóesis*).

Ora, se o sensível é cópia do inteligível; se no sensível as coisas são sujeitos de predicados ou substâncias com várias qualidades; se no sensível as coisas são simples ou compostas; e se o sensível participa (mesmo que imperfeitamente) do inteligível, então o inteligível deve possuir as mesmas características encontradas na cópia sensível, caso contrário não teria sido o modelo para ela. Mas essa semelhança entre ambos é problemática. De fato, para que uma coisa sensível, composta de elementos e de partes, dotada de múltiplos predicados ou qualidades, possa imitar uma ideia ou dela participar é preciso que essa pluralidade de predicados, qualidades, partes e elementos que a compõem pressuponham a existência de uma pluralidade ou multiplicidade de ideias que o demiurgo combinou, juntou, separou e ordenou em conformidade com o modelo inteligível; além disso, não existe uma única coisa sensível para cada espécie ou gênero de coisa e sim uma multiplicidade de coisas de mesma espécie ou de mesmo gênero (ou seja, em nosso mundo não há o homem, e sim homens; não há a brancura e sim coisas brancas; não há a justiça, mas ações justas etc.). Mas, desde Parmênides, sabemos que o múltiplo é incompreensível, contraditório, irracional e impossível, não podendo existir no plano inteligível. Se o ser é um e único, não há como afirmar que as coisas sensíveis participam do inteligível, tanto porque há uma única ideia para múltiplas coisas sensíveis, como, mais grave ainda, cada coisa sensível é, em si mesma, uma multiplicidade e não poderia imitar a unidade simples e indecomponível da ideia. Ora, se as coisas sensíveis não participam das ideias, não há como explicar que, percebendo-as, nossa alma pressinta que elas não são a realidade plena e que algo, mais além delas, é o verdadeiro real. A diferença ontológica entre o sensível e o inteligível é tal que não temos como explicar que busquemos o segundo a partir do primeiro.

Há, portanto, três questões a resolver: a) podem as ideias ter as propriedades do ser eleata e ser modelos para a pluralidade sensível? b) podem as ideias ser modelos de uma pluralidade de coisas sensíveis que imitam uma única ideia? c) podem as ideias ser modelos de coisas que, em si mesmas, também são uma multiplicidade de qualidades, partes e elementos? Disso trata o *Parmênides*, discutindo a ideia do Uno.

No início do diálogo, a questão que o jovem Sócrates coloca ao velho Parmênides é a de saber como a multiplicidade sensível poderia ter como modelo a unidade do inteligível e dela participar. A célebre pergunta do jovem Sócrates é: como duas camas sensíveis poderiam participar da ideia una-única da cama? Como "duas" pode ser cópia de "uma"? Como "duas" pode participar de "uma"? A tarefa do velho Parmênides é mostrar a Sócrates que a indagação não encontrou o bom ponto de partida (ou que não foi ainda encontrada a boa pergunta), pois Sócrates está querendo forçar o mundo inteligível a colocar-se de acordo com o mundo sensível. Em lugar de indagar se existe a ideia de "uma cama", pois "uma" já pressupõe o Uno, deve-se indagar se a ideia do Uno existe. A boa pergunta é: existe a ideia do Uno?

O jovem Sócrates examinará primeiro as consequências de se dizer "o Uno é" e, a seguir, as consequências da negação: "o Uno não é". Um percurso longo e complexo (que não podemos examinar aqui e que tem dado muito trabalho aos intérpretes) tem como resultado a seguinte conclusão: se o Uno é (existe), então é um ser e pressupõe a ideia de ser; se o Uno é um ser, então pressupõe a ideia do Mesmo (o Uno é idêntico a si mesmo); se o Uno é idêntico a si mesmo, então é diferente das ideias de ser e de Mesmo, já que cada uma delas possui identidade própria e, neste caso, o Uno pressupõe a ideia de Outro (a ideia do Uno é outra que as demais ideias, é diferente delas, embora delas participe). Quando uma ideia *pressupõe* outra, isso significa que em sua definição essa outra ideia comparece como um predicado dela (o Uno é ser; é o Mesmo; é Outro) e essa predicação indica que uma ideia *participa* da essência de uma outra. Ora, se a ideia do Uno é, e se o Uno participa das ideias do Ser, do Mesmo e do Outro, então há várias ideias e por isso a ideia do Uno pressupõe a ideia de Múltiplo, já que a predicação ou a participação envolvem várias ideias. Desta maneira, chegamos a um pequeno grupo de ideias absolutamente simples e originárias, que participam umas das outras e são as ideias fundamentais das quais todas as outras participarão: Ser, Uno, Mesmo, Outro e Múltiplo. Chegando a esse ponto, o diálogo encontra uma aporia evidente: como o Uno pode participar do Múltiplo? O diálogo termina nessa aporia e o velho Parmênides recomenda ao jovem Sócrates que conserve a teoria das formas inteligíveis, mas procure defini-las melhor e justificá-las melhor, empregando a dialética.

8. A TEORIA DA PARTICIPAÇÃO DAS IDEIAS

Observemos que cada uma das ideias mencionadas no *Parmênides* se apresenta com sua contrária: Uno-Múltiplo, Mesmo-Outro. Parece, porém, não haver uma ideia contrária à do ser, isto é, o não ser. A ideia do ser participa das outras quatro porque as recebe como predicados: é una, é idêntica a si mesma, é diferente das demais ideias e coexiste com uma multiplicidade de outras ideias. No entanto, as oposições Uno-Múltiplo e Mesmo-Outro permanecem sem que se possa dizer que há participação entre essas ideias, pois tal participação implicaria que cada um dos opostos pode ser predicado ao seu par contrário (o Uno é Múltiplo, o Múltiplo é Uno; o Mesmo é o Outro, o Outro é o Mesmo) e isso seria equivalente a dizer que uma ideia contém o seu contrário e se destruiria. Não só isso. Como cada ideia participa da ideia de ser e como cada uma delas é contrária às outras, será preciso dizer que quando uma ideia participa da ideia de ser a sua contrária deve participar da ideia de não ser. Dessa maneira, o fluxo e a contradição heraclitianos invadiriam o inteligível.

Para resolver essa aporia, uma solução é encontrada em outro diálogo, o *Sofista* (no qual terá lugar o parricídio do pai Parmênides). Colocando em cena o jovem Sócrates e o Estrangeiro de Eleia, Platão leva este último a afirmar que é preciso admitir a existência do não ser. A grande inovação platônica ocorrerá agora. Que inovação é essa? Ela é dupla: de um lado, Platão aplicará ao pensamento eleata a distinção que Górgias descobrira entre o verbo *ser* com sentido existencial e com sentido de verbo de ligação; de outro, recusará que o não ser seja o contraditório do ser e, deixando de ser contraditório ao ser, poderá existir, ser pensado e dito.

No *Sofista*, as ideias originárias são um pouco diferentes das cinco ideias originárias apresentadas no *Parmênides*. São elas: ser, Movimento, Repouso, Mesmo e Outro. Aqui, a ideia do Múltiplo apresenta-se na de Movimento, e a do Uno, na de Repouso, de maneira que a oposição entre o ser e o não ser inclui a oposição entre a imobilidade eleata (a ideia de Repouso, inseparável da ideia de Uno) e a mobilidade heraclitiana (a ideia de Movimento, inseparável da ideia de Múltiplo).

Indaguemos o que são o Uno (ou o Repouso), o Outro, o Mesmo e o Múltiplo (ou o Movimento) com relação à ideia do ser. Essas ideias são diferentes da própria ideia do ser, embora participem dela (todas elas são ou existem; a ideia de ser é predicada a elas) e ele participe delas (são predicadas a ele: é uno, é o mesmo, é outro que as outras ideias, coexiste juntamente com várias ideias). Assim, a ideia do ser é o que ela é por diferença em face das demais ideias, por *não ser* o que as outras ideias são. E este "não ser o que as outras ideias são" é a ideia do não ser. Uma ideia é o que ela é e não é o que as outras ideias são, ou seja, não se confunde com as outras.

O que é, pois, a ideia do não ser? Não é o nada. É a ideia do diferente, do outro. Quando digo "a mesa não é a cadeira", a cadeira, enquanto outro que não a mesa, é o não ser da mesa, ela *é* o que *não é* a mesa. Assim, o não ser é a alteridade, a diferença e, como tal, sua ideia existe. O não ser é a ideia de Outro. Está morto o pai Parmênides.

A palavra usada por Platão para expor esse modo de relacionamento entre as ideias é a mesma que o vimos empregar no *Timeu* para explicar a relação entre o sensível e o inteligível, qual seja, participação (*méthexis**): no caso das ideias, como estamos observando desde o *Parmênides*, participar é guardar sua essência ou natureza própria e receber outras ideias como predicados que não alteram a essência ou a natureza da ideia, mas definem qualidades ou propriedades que ela possui. Assim, a ideia do Uno participa das ideias do ser, do Mesmo, do Outro ou do não ser, do Múltiplo, isto é, guardando sua identidade, a ideia do Uno recebe como predicados as outras ideias, participa delas (o Uno é — participa do ser; o Uno é idêntico a si mesmo — participa do Mesmo; o Uno é outro que as outras ideias — participa do Outro ou do não ser; o Uno é uma dentre várias ideias — participa do Múltiplo). Assim também a ideia do ser participa das demais ou as recebe como seus predicados e por isso o ser é uno, o mesmo, o outro dos demais, mais uma ideia entre as outras ideias e diferente delas, portanto, um não ser para elas, pois ele é o que elas não são. Todas as ideias existentes participam destas primeiras e, pela predicação, participam umas das outras.

Que significa a teoria da participação ou da *méthexis*? Antes de mais nada, que é preciso compreender que os dois sentidos do verbo *ser* operam simultaneamente em cada ideia e em todas as ideias. Mas significa também que:

1) as ideias se comunicam e se relacionam sem alterar sua identidade, sem perder sua essência;

2) a relação não é apenas aquela que a linguagem estabelece ao usar o verbo ser como verbo de ligação, isto é, a relação não é apenas lógica, mas também de essência ou ontológica; participar significa tomar parte, fazer parte de uma essência, existir nela. A unidade faz parte do ser, assim como a identidade, a alteridade e a multiplicidade; a existência faz parte do Uno, assim como a identidade, a alteridade e a multiplicidade; a existência e a unidade fazem parte do Outro, assim como a identidade e a multiplicidade; a existência, a unidade e a alteridade fazem parte do Mesmo, assim como a identidade e a multiplicidade etc.

3) o não ser é o nome para designar a diferença entre as ideias, isto é, dizer o não ser é o mesmo que dizer que "o cavalo não é o homem", "a mesa não é a cadeira". O não ser não é o nada nem o contraditório do ser, mas a delimitação e determinação de uma ideia em sua relação com ideias diferentes, cada uma delas sempre idêntica a si mesma;

4) todas as demais ideias, sejam elas quais forem, terão as características das cinco originárias (existência, unidade, identidade, multiplicidade e diferença ou alteridade). Assim, por exemplo, a ideia da beleza, além de suas qualidades ou predicados essenciais específicos, será sempre um ser (ou uma realidade existente), una (ou única e inconfundível com outras), a mesma (ou idêntica a si mesma), múltipla (é uma entre várias ideias ou coexiste com a multiplicidade delas) e outra que outras ideias ou a negação das outras ideias (a beleza não é o amor, não é a coragem, não é a piedade). A ideia da beleza participa das ideias do Ser, do Uno, do Mesmo, do Outro, do Múltiplo e do não ser. Sem essa participação, a ideia da beleza não seria possível nem concebível, não existiria.

Que é, agora, a dialética? Como na *República*, é um movimento intelectual ascendente para conhecer o inteligível, mas agora sabemos que ele deve levar ao conhecimento da ideia do Bem, das cinco ideias originárias e da participação entre as ideias, pois uma ideia é uma unidade ou uma síntese de várias ideias que constituem sua essência. O movimento dialético deve propiciar também o conhecimento de todas as ideias derivadas e será tarefa da dialética descendente levar a ele. Há, pois, como vimos, dois procedimentos dialéticos, o de subida às ideias matrizes de todas as outras e o de descida em direção às ideias derivadas. Na dialética ascendente pratica-se uma análise (o diálogo que separa opinião e verdade) para determinar a essência de uma coisa, captando quais os predicados ou qualidades, isto é, quais ideias participam interna e necessariamente dela e quais devem ser afastadas porque são incompatíveis ou contraditórias com ela, não participando de sua essência. Na dialética descendente se faz algo diferente. Em lugar de ir retirando as qualidades incompatíveis com a essência procurada, vão-se reunindo as que são compatíveis com ela ou que a constituem. Na dialética ascendente, busca-se a intuição direta da ideia. Na dialética descendente, busca-se a definição da ideia pela reunião de seus predicados essenciais.

No *Filebo*, Platão volta a discutir a noção de ideias originárias. Possivelmente sob a influência crescente dos jovens pitagóricos na Academia, nesse diálogo as ideias originárias têm forte conotação matemática e o problema do Não Ser já não é a grande preocupação de Platão, que agora está menos interessado em apresentar a participação entre ideias originárias e muito mais em explicar como se dá a gênese de ideias a partir das ideias originárias e quais são as propriedades que necessariamente cada ideia e toda ideia deve possuir.

Quais são as ideias originárias propostas pelo *Filebo*? São quatro princípios formadores das demais ideias: o indeterminado ou ilimitado, o limite ou determinado, a causa produtora e o misto. O limite dá medida e harmonia ao que era indeterminado; o misto é o que resulta da imposição de um limite ou medida ao indeterminado; a causa produtora ou causa eficiente é o que leva o limite a impor medida ao indeterminado. A definição do indefinido e a proporção ou harmonia interna dão forma ao inteligível e indicam que o conceito pitagórico de número (unidade e proporção) tornou-se uma referência importante para Platão. Os quatro princípios originários explicam por que as ideias matrizes de todas as outras são as ideias do Bem, do Belo, do Justo e do Verdadeiro, nas quais os princípios estão plenamente realizados. Elas são as causas que impõem limite, determinação e medida ao indeterminado, dando-lhe forma e sentido e, dessa maneira, criam todas as ideias. Toda ideia é boa (isto é, nada lhe falta), bela (isto é, sua composição é harmoniosa), justa (isto é, as relações entre seus constituintes respeita a hierarquia) e verdadeira (isto é, mostra sua essência). É boa, bela, justa e verdadeira porque é delimitada (determinada e harmoniosa) ou uma medida (seja como limite, seja como moderação).

9. DA DIALÉTICA ASCENDENTE À PRÁTICA DA DIALÉTICA DESCENDENTE

Nos primeiros diálogos platônicos até à *República*, a dialética é a arte de perguntar e responder aplicada ao exame da essência da coisa cuja definição é procurada, e Platão se refere a essa arte chamando-a de "método divino" para conhecer o inteligível. A única diferença entre os primeiros diálogos e a *República* é o procedimento do dialético: naqueles, a investigação se esforça por estabelecer inicialmente um acordo entre os vários interlocutores para a obtenção de um enunciado único de onde partir; na *República*, o dialético não se preocupa em conseguir o acordo dos interlocutores sobre um enunciado inicial, mas conduz a investigação em conformidade com a natureza da coisa procurada, buscando uma realidade verdadeira incondicionada, situada acima de toda controvérsia e conhecida numa visão intelectual direta que contempla a unidade da forma única, para além de toda multiplicidade.

Enquanto na *República* a descrição sublinha a dialética ascendente e simplesmente menciona a dialética descendente como tarefa de quem retorna à caverna depois de haver contemplado a verdade, no *Parmênides*, no *Sofista* e no *Filebo* a ênfase recai sobre a dialética descendente, cuja tarefa é: 1) determinar qual é a essência ou ideia de uma coisa encontrando o limite que a diferencia de todas as outras; 2) buscar a causa que impõe o limite ao que estava indeterminado; e 3) definir o misto, isto é, de quais ideias uma ideia complexa participa. Estabelecer limite, diferenciar e encontrar os componentes de uma ideia significa, literalmente, *definir a ideia*, ou seja, determinar seu contorno ou limite, sua composição interna e sua diferença em face de outras ideias. Ou como explica Sócrates, no *Fedro*, trata-se de analisar e dividir a partir de uma forma até chegar aos constituintes últimos de uma realidade: "Ser capaz de detalhar por espécies, observando as articulações naturais; aplicar-se a dividir sem quebrar nenhuma das partes".

A dialética descendente parte de uma primeira definição da coisa procurada — definição obtida pelo acordo dos interlocutores — e procura a espécie ou o gênero a que pertence a coisa assim definida. A divisão ou análise dos constituintes de uma espécie ou de um gênero deve ser feita de tal maneira que, ao percorrer o caminho na direção inversa, indo do elemento simples à complexidade da espécie ou do gênero, a ideia ou a forma da coisa procurada seja percebida numa definição completa. A dialética opera seja como arte de combinar as ideias simples para chegar às ideias complexas ou compostas, seja como arte de decompor ideias complexas em simples. Torna-se arte da ligação correta ou da síntese correta entre ideias, separando o que não pode estar unido (e que, em geral, aparece unido na *pístis* e na *dóxa*) e unindo o que parece separado e deve estar unido. Dessa maneira, a dialética se torna a arte de relacionar ideias e o método para fazer as atribuições ou predicações corretas na ligação de um sujeito com seus predicados, isto é, o método para chegar às definições verdadeiras.

No *Político*, Platão assim explica o procedimento dialético:

> As pessoas não têm o costume de dividir as coisas por espécies para estudá-las [...], mas a boa regra seria, quando percebemos um certo número de coisas que possuem alguma comunidade, não abandoná-las antes de haver distinguido no seio dessa comunidade todas as diferenças que constituem as espécies, e não se desencorajar quanto às dessemelhanças de todo tipo que podem ser percebidas numa multiplicidade, não interrompendo a busca até que se tenha encerrado numa semelhança única todos os traços de parentesco que elas escondem, ou até que se as tenha envolvido na essência de um gênero.

No *Sofista*, Platão expõe as três alternativas possíveis para a dialética em sua etapa descendente:

a) pode buscar ideias separadas mas, à medida que avança, mostrar que se trata de uma única ideia que abarca todas as outras relacionadas com ela, e que permanecem independentes e separadas entre si porque também se relacionam, individualmente, com outras ideias. A ideia é uma unidade de ideias independentes que também podem entrar na composição de outras;

b) pode buscar uma única ideia que reúna muitas outras ideias, mas, à medida que avança, mostrar que se trata de ideias que permanecem completamente separadas entre si e não podem ser reunidas numa única ideia. Um conjunto de ideias diferentes forma uma pluralidade heterogênea de ideias independentes;

c) pode buscar uma ideia que reúna outras ideias mantendo-as separadas entre si, mas, à medida que avança, mostrar que se trata de uma ideia que reduz à unidade todas as outras que se relacionam com ela, formando uma totalidade. A ideia é uma totalidade perfeita que sintetiza várias ideias que só fazem sentido porque são elementos dessa ideia total.

Há, portanto, três resultados possíveis: no primeiro caso, a ideia é um gênero que possui espécies diferentes; no segundo, é um gênero e como tal é diferente de outros gêneros; no terceiro, é o ser ou essência plena da coisa procurada.

Qual é a finalidade da dialética descendente? Conhecer as articulações necessárias que constituem a realidade. Quando, no *Político*, Platão afirma que é preciso não se desencorajar nem interromper a busca até que todas as semelhanças e diferenças percebidas numa multiplicidade sejam examinadas e colocadas sob a unidade da mesma espécie inteligível, essa afirmação tem um sentido preciso: a tarefa do dialético só termina quando são conhecidas as relações internas entre os constituintes de uma ideia ou de uma forma e quando, novamente, são conhecidas as articulações necessárias entre as formas ou espécies que constituem um gênero e, por fim, quando as diferenças entre os gêneros são conhecidas. A dialética deve alcançar a estrutura invisível e inteligível da realidade no seu todo.

Como método da definição verdadeira, a dialética é o caminho para descobrir quais ideias participam de outras e quais não podem participar de outras. Participação, como vimos, significa: encontrar ideias que constituem necessariamente uma essência, sem que tais ideias constituintes percam sua própria identidade ou individualidade. Cada ideia simples é determinada (possui sentido e realidade própria) e cada ideia composta ou complexa também é determinada (é uma essência com propriedades e qualidades próprias e exclusivas), mas sua determinação vem de sua participação em outras ideias.

Que significa dizer que todas as ideias, simples ou complexas, participam da ideia do Bem? Que é o Bem? É o que é completo e perfeito em si mesmo, permanecendo imutável e idêntico a si mesmo porque nada lhe falta que o faça mudar. Participar da ideia do Bem significa que a ideia é perfeita ou completa em si mesma, nada lhe faltando que a obrigue a transformar-se. Que significa dizer que uma ideia participa da ideia do Belo? O Belo é a perfeição da harmonia entre as partes de um todo e um todo que não possui nenhuma deformação ou desequilíbrio. Participar da ideia do Belo significa dizer que a ideia é uma harmonia perfeita de elementos constituintes. Que significa dizer que uma ideia participa da ideia de Justo? O Justo é a ordenação hierárquica e proporcional das partes componentes de um todo no qual o superior domina, comanda e dirige os inferiores. Participar da ideia do Justo significa dizer que na ideia as partes estão ordenadas segundo uma dependência e subordinação necessária de seus elementos, numa hierarquia em que o elemento principal ou dominante dirige os demais. Que significa dizer que uma ideia participa da ideia da Verdade? A Verdade é a perfeita identidade, concordância, conveniência e correspondência entre uma essência e uma existência, entre sua inteligibilidade e sua realidade, excluindo toda contradição. Participar da ideia da Verdade significa que a ideia mostra, de maneira evidente, a unidade e identidade entre sua essência e sua existência, sua inteligibilidade e sua realidade.

A dialética descendente, também conhecida como método da composição, opera por um processo criado por Platão e conhecido como o método da divisão (*diaíresis**). No ponto de partida tem-se uma opinião na qual coisas ou elementos díspares, heterogêneos e dispersos são tomados como uma coisa única e é preciso fazer a triagem para saber se efetivamente formam ou não a coisa (correspondem ou não à ideia da coisa) e quais constituem ou participam da essência ou definição da coisa ou dela não participam. No ponto de partida tem-se, portanto, uma opinião a que faltam o bom, o belo, o justo e o verdadeiro. A passagem da opinião à essência ou à ideia se faz tomando as várias coisas díspares e dispersas ou os vários elementos díspares e dispersos, impondo-lhes uma ordem em que se distribuem por dicotomias, isto é, em pares de opostos ou em pares de semelhantes (mas que são diferentes, embora semelhantes). A cada par de opostos ou de semelhantes sucede um outro que se deriva do anterior ou se acrescenta ao anterior e, no processo de divisão e redivisão dos pares, um dos lados do par é sempre abandonado em favor de outro. O critério para abandonar um dos termos do par é sua distância maior da essência da coisa procurada, se comparado à do outro termo. O termo escolhido, por sua vez, é novamente dividido em dois pares e numa nova separação toma-se apenas um dos lados, que volta a ser dividido até que se chegue a um termo que já não possa ser dividido em dois. Deixando de lado todos os termos que foram abandonados (isto é, dos quais não partiram novas divisões) e contemplando apenas os termos que se conservaram (isto é, dos quais partiram divisões), tem-se o conjunto dos elementos que constituem a definição da essência da coisa procurada. Esse processo, conhecido como dicotomia (ver *dikhotomía**) ou árvore da divisão, teria, graficamente, o seguinte aspecto:

```
                    x
                ┌───┴───┐
              não a     a
                    ┌───┴───┐
                  não b     b
                        ┌───┴───┐
                      não c     c
                            ┌───┴───┐
                          não d     d
                                ┌───┴───┐
                              não e     e
                                    ┌───┴───┐
                                  não f     f
```

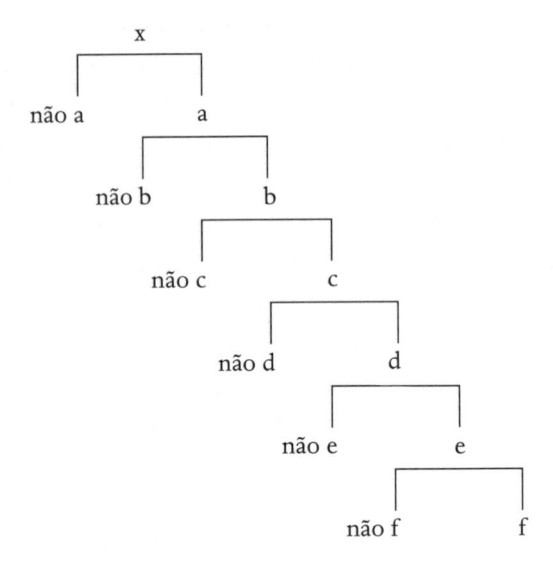

A definição será: a essência de x é f, e, d, c, b e a.

Assim, a dialética descendente se realiza em duas etapas: na primeira, trata-se de reduzir a uma única opinião geral várias opiniões dispersas, de modo a permitir a comunicação entre os interlocutores do diálogo (em lugar de cada um continuar a dizer algo diferente sobre alguma coisa, todos tomam o mesmo ponto de partida ou aceitam uma opinião comum); na segunda etapa, trata-se de considerar a opinião comum sob a forma de uma definição geral que diz a que espécie ou a que gênero pertence a coisa cuja definição está sendo procurada; na terceira etapa, trata-se de conhecer os constituintes da espécie ou do gênero, separando os que lhes pertencem dos que não lhes pertencem depurando ou purificando a espécie ou o gênero de todos os elementos contraditórios e heterogêneos. Nessa terceira etapa, a tarefa principal do dialético é distinguir o que é acidental do que é essencial para a coisa buscada (por isso um dos termos dos pares de opostos é abandonado).

A cada divisão (dicotomia) o que estava sob a ideia do Indeterminado torna-se mais determinado ou delimitado, ficando sob a ideia do Limite, até que se consiga a determinação completa do objeto, isto é, a essência ou a definição verdadeira da coisa procurada, que, sendo sempre uma ideia complexa, coloca-se sob a ideia do Misto. Por isso a essência a que se chega é uma ideia boa, bela, justa e verdadeira na qual está unido o que a *pístis* e a *dóxa* costumam separar e está separado o que elas costumam juntar.

A *diaíresis* é uma arte dificílima porque é preciso que a divisão apanhe as articulações necessárias de uma ideia sem despedaçá-la e sem fragmentá-la em partes heterogêneas que não poderão ser unificadas pela definição. Por isso, a cada passo, o dialético precisa fazer uma escolha rigorosa e exata e, periodicamente, precisa recapitular o trajeto já realizado. Uma técnica, vimos, é uma atividade regulada que impõe ordem ao desordenado. Desordem é a oposição e o conflito dos contrários; desordem é a junção de contrários que deveriam estar separados. A dialética descendente é uma técnica para ordenar conceitualmente a desordem sensível. O conflito dos contrários decorre de sua distância com relação às suas ideias. A dialética fará o conflito cessar conduzindo os opostos às suas respectivas ideias e fazendo com que estas sirvam de regra e critério para separar os opostos e unir os semelhantes.

Vejamos um exemplo de dialética descendente.

Tomemos o *Político*. O ponto de partida para a procura da definição — o que é o político? — é dado pela busca do que seja a política — o que é a política? No início, encontramos um conjunto indeterminado ou ilimitado de coisas (no caso, um conjunto indeterminado de atividades) que costumam receber o nome de política — a atividade dos arautos, a dos magistrados, a dos chefes militares, a dos adivinhos, a dos cidadãos em assembleia, a economia, isto é, as atividades dos comerciantes, agricultores e artesãos etc. É preciso reuni-las para entender por que todas são consideradas políticas. Uma vez reunidas, vê-se que todas são indiscriminadamente consideradas políticas simplesmente porque todas elas acontecem na *pólis*. É preciso, então, discriminá-las, isto é, dividi-las. Faz-se, agora, uma divisão que separa imediatamente algumas que não são propriamente políticas, embora se realizem na *pólis* — comércio, agricultura, medicina, náutica, artesanato etc. —, impondo-se um primeiro limite ao campo ilimitado das atividades. Ou seja, a divisão determina o aparecimento de um par: atividades realizadas na *pólis* em vista da própria *pólis* e atividades realizadas na *pólis* em vista dos próprios agentes. Este segundo termo do par é abandonado porque nele a *pólis* não é tomada como fim e, portanto, tais atividades não são verdadeiramente políticas. A seguir, uma nova delimitação divide as atividades que são realizadas em vista da *pólis* em atividades diretamente políticas e atividades auxiliares da política (as do arauto, do adivinho, do militar etc.). Este segundo termo é deixado de lado porque não é a política e sim um auxílio para ela. As atividades diretamente políticas são, então, divididas num novo par: atividades que são um saber e atividades que são exercícios de funções. Estas são deixadas de lado porque só podem ser realizadas se soubermos o que é a política. Resta, portanto, o outro termo do par e com essa última divisão chega-se a uma primeira definição: a política é uma ciência.

No entanto, as ciências se dividem em práticas e teóricas e a política pertence ao campo destas últimas. Ora, as ciências teóricas se dividem em ciências críticas, que julgam normas e ações, e ciências normativas, que prescrevem coisas e ações, e a política pertence a estas últimas. Todavia, as ciências que prescrevem o que se deve fazer também se dividem em duas e, assim, o diálogo prossegue dividindo os tipos de ação, para saber quais são e quais não são políticas. A definição da ciência política se faz separando-a de outras que disputam seu lugar: retórica, guerra e direito; e distinguindo-a das funções de governo. Essas distinções permitem chegar à definição da essência da política ou à sua ideia, mostrando que a divisão nos leva a concluir que a política é a ciência que sabe reunir os contrários (os diferentes tipos de homens cujas naturezas estão em conflito) e transformar a discórdia em concórdia (sabendo estabelecer medidas ou proporções, isto é, impondo moderação entre as naturezas opostas dos que vivem na Cidade). Em outras palavras, a política é a ciência do justo ou da mistura harmoniosa, proporcional. Chegando a essa definição, pode-se definir o político: aquele que possui a ciência política ou a ciência dos laços divinos, isto é, das diferenças e afinidades entre as almas ou caracteres, e tece o tecido da Cidade, determinando medidas ou proporções para unir as almas semelhantes, distinguir as dessemelhantes e reunir as semelhantes e para estabelecer laços convenientes entre todas elas, dando-lhes funções próprias para a felicidade de todos e conservando as medidas por meio das leis.

No *Sofista*, parte-se de um conjunto de afirmações sobre o que seja um sofista (caçador de jovens ricos, comerciante atacadista de ciências e técnicas, produtor varejista de ciências e técnicas, atleta do discurso, contraditor) para, de divisão em divisão, determinar a espécie e o gênero a que pertence e chegar à definição, em cujo centro se encontra, desde o início do diálogo, a arte da persuasão e da imitação:

> Assim, essa arte da contradição que, pela parte irônica de uma arte fundada apenas na opinião, pertence à espécie da mimética, e, pelo gênero que produz simulacros, faz parte da arte de criar imagens, essa parte da criação humana que se realiza pro-

priamente pelo discurso e por meio dele produz ilusões, eis aquilo que podemos dizer que é a raça e o sangue do genuíno sofista.

Como procede a dialética descendente?

Em sua obra *Os diálogos de Platão*, Victor Goldschmidt apresenta o procedimento platônico realizando-se em quatro etapas principais (ainda que, em alguns diálogos, haja mais algumas):

1ª etapa: as imagens ou opiniões. Cada interlocutor responde à pergunta "o que é...?" oferecendo uma opinião ou imagem da coisa procurada. Essa etapa é, na verdade, o começo de todos os diálogos, tanto os anteriores ao *Parmênides* e ao *Filebo* quanto os posteriores a eles (vimos esta etapa acontecer no *Laques*, no *Banquete*, no *Mênon*).

2ª etapa: a definição provisória (ou que poderíamos chamar de definição nominal). Tomando as diferentes imagens ou opiniões oferecidas, que abrem um campo indeterminado e ilimitado de caminhos possíveis, toma-se uma delas que, assim, limita o indeterminado inicial e interrompe a proliferação de imagens ou opiniões. No *Político*, por exemplo, há duas definições provisórias ou iniciais: o político é o pastor do rebanho humano e o político é o que tem a ciência do governo; no *Sofista*, duas definições iniciais limitam a indeterminação do ponto de partida: a sofística é definida como "arte da aquisição" e "arte da imitação".

3ª etapa: a divisão dicotômica e a essência. De posse de uma primeira definição (ou de duas, se for o caso), procede-se à divisão dialética, isto é, à separação dos opostos ou contrários, que fazem parte da espécie ou do gênero propostos pela definição provisória, para encontrar a espécie própria e o gênero próprio a que pertence a coisa procurada. Se houver duas definições provisórias, uma delas será afastada em benefício da outra. Assim, no *Político*, a definição do político como pastor do rebanho humano será afastada, pois somente um deus poderia ser capaz de conduzir os homens sem que estes se rebelassem contra ele. No *Sofista*, a definição do sofista pela arte de aquisição também será afastada em proveito da arte da imitação. Valendo-se da terminologia usada por Platão no *Sofista* e no *Político*, Goldschmidt designa essa terceira etapa de eliminação dos "parentes" (ou semelhantes) e dos "rivais" (os diferentes que pretendem ocupar o lugar da coisa procurada). Por exemplo, no caso da política, será preciso distingui-la da economia e da estratégia, da magistratura e do direito, que são seus "parentes", e separá-la da *paideía* dos antigos poetas, da retórica e da sofística, que são suas "rivais"; no caso do político, será preciso distingui-lo dos magistrados, dos arautos, dos juízes, dos chefes militares, que são "parentes", e separá-lo do tirano, do demagogo, do escriba e sobretudo do sofista, que são seus "rivais". No caso do *Sofista*, se a sofística for uma "arte de aquisição", será preciso distingui-la de outras que lhe são aparentadas (por exemplo, a aquisição por meio da fabricação) e de outras que com ela rivalizam (por exemplo, pode-se adquirir por meio da caça, da pesca ou da palavra). Se, porém, a sofística for "arte da imitação", será preciso separá-la de suas "parentes" (por exemplo, a mímica ou a pintura) e de outras que são suas "rivais" (por exemplo, a dialética). Os "parentes" são aquelas coisas ou aquelas atividades que, por estar muito próximas do que está sendo procurado, podem embaralhar e confundir o pensamento. Os "rivais", porém, são os simulacros, as contrafações da essência procurada e impedem chegar a ela.

4ª etapa: a ciência (*epistéme*). De posse da delimitação do objeto, chegamos à sua definição real distinguindo seu ser — o que ele é — do seu não ser — o que ele não é. No caso da sofística, por exemplo, se relermos a definição oferecida (que citamos acima), saberemos que o sofista pratica uma arte de imitação pela palavra, que produz simulacros e não conhecimentos; portanto, sabemos que ele não é um sábio, mas "imitação do sábio'.

10. O SIGNIFICADO DA DIALÉTICA PLATÔNICA

Com a dialética, Platão inaugura no pensamento ocidental a ideia da razão como atividade intelectual ou ciência. Ascendente ou descendente, a dialética é um método de determinação do indeterminado (a ideia de Limite imposto à ideia de Ilimitado) e de apreensão intelectual da essência como ideia complexa ou composta de outras (isto é, guiada pela ideia de Misto). A razão conquista a ciência examinando uma a uma e, sob a forma de pares de contrários ou opostos, as qualidades e propriedades atribuídas a alguma coisa. Separando e unindo qualidades, a dialética purifica a essência, liberando-a de toda contradição interna para apreendê-la em sua identidade real (a exigência parmenidiana é transformada em princípio do conhecimento verdadeiro, mas passando pela exigência heraclitiana de enfrentar o Uno como Múltiplo e este como unidade dos opostos).

A purificação da essência para conhecê-la como ideia verdadeira realiza-se pela divisão dicotômica que diferencia (situando-as em lados contrários) as qualidades que participam do ser de uma essência (aquelas pelas quais ela é um ser, una, idêntica a si mesma) e as que dela estão excluídas (aquelas que são outras que ela, que são o que ela não é). Dessa maneira, o *Parmênides* e o *Filebo* se complementam: as ideias de Ser, Uno, Mesmo, Outro, Múltiplo e Não Ser permitem estabelecer o modo como a ideia de Limite delimita ou determina a ideia de Indeterminado-Ilimitado e alcança a essência sob a forma do Misto.

Porque estamos na dialética — isto é, na luta dos contrários — a ciência é alcançada pela exclusão e eliminação dos "parentes" (os semelhantes que participam de um mesmo campo de realidade) e dos "rivais" ou "pretendentes" (imagens, opiniões ou simulacros que pretendem ocupar o lugar da essência procurada). A dialética é uma ascese espiritual sob dois aspectos inseparáveis: purifica nossa alma (elimina imagens e opiniões sensíveis para fazê-la ascender à pura *nóesis*, ao conhecimento intelectual) e purifica a essência (elimina seus "parentes" e "rivais") para que possa ser intuída, na dialética ascendente, e definida, na dialética descendente. Por superar desordem e conflito, ordenando por separação e reunião, distinguindo o verdadeiro e o falso, a dialética é uma *therapeia*, uma terapia de alma contra o veneno e a máscara do *phármakon* retórico.

II. O PROBLEMA DO ERRO E A VERDADE

Do ponto de vista da teoria do conhecimento, o erro pareceria algo inexplicável. De fato, se em cada grau de conhecimento há perfeita correspondência entre a natureza daquele que conhece e a natureza da coisa conhecida, como dizer que aquele que conhece não conhece alguma coisa? Como, por exemplo, dizer que alguém que sente frio não tem a sensação do frio e que erra dizendo que sente frio? Ou como dizer que aquele que conhece o caminho que leva de Atenas a Esparta e, de fato, percorre esse caminho tem apenas uma opinião e não conhece realmente o caminho? Dizer que a sensação e a opinião, comparadas à ciência, são maneiras de conhecer imperfeitas é diferente de afirmar que são erros, pois, afinal, o que é o erro? É dizer de alguma coisa aquilo que ela não é. Ora, quem sente frio e quem sabe o caminho de Atenas a Esparta nada diz que não seja o que é, que não seja real.

Mas, que significa dizer que o erro é afirmar de alguma coisa aquilo que ela *não é*? Significa dizer que alguma coisa encontra-se mesclada ao não ser. Por conseguinte, uma teoria do erro deve explicar, em primeiro lugar, como é possível o não ser e, em segundo, como podemos confundi-lo com o ser. Exatamente por isso o *Sofista* é dedicado a mostrar em que sentido há o não ser e por que, sob certas condições, pode ser confundido com o ser.

No *Sofista*, portanto, completa-se a teoria platônica do conhecimento. No *Filebo* e no *Teeteto*, Platão afasta a sensação, impedindo-a de apresentar-se como conhecimento verdadeiro; no *Crátilo* e no *Fedro*, afasta a linguagem e sobretudo a escrita, considerando-as instrumentos precários e inadequados para o conhecimento verdadeiro; na *Carta Sétima* e na *República*, expõe a teoria dos modos ou graus do conhecimento e a ideia da verdade; no *Parmênides* e no *Filebo*, apresenta a teoria da participação das ideias que fundamenta a dialética descendente como ciência da definição verdadeira. Faltava, porém, a exposição das causas do erro. Nada mais adequado, platonicamente, do que expô-las no diálogo dedicado ao sofista.

O sofista "imita o sábio", conclui o Estrangeiro de Eleia que conversara com o jovem Sócrates. Qual a mímese praticada pelo sofista? Aquela que, manipulando a contrariedade e oposição das opiniões ou dos discursos, produz simulacros: assim como a culinária simula a dietética e o cosmético simula o remédio, assim também a sofística simula a dialética, apresentando uma aparência da verdade. Numa palavra, o sofista mente. A mentira sofística consiste em dizer de alguma coisa o seu não ser, tomá-la pelo que ela não é, atribuindo-lhe como predicado o seu outro, roubando-lhe seu ser próprio ou sua identidade. A mentira sofística é a forma exemplar do falso.

A ciência nos conduz à verdade porque nos leva a conhecer a relação interna necessária entre uma essência e seus componentes, isto é, a relação interna necessária entre o ser da ideia e as qualidades que dela participam (as ideias que, necessariamente, participam de uma outra); também nos ensina a distinguir as ideias ou a conhecer a identidade de cada uma delas, bem como suas articulações necessárias com outras; e conhece quais as relações impossíveis entre ideias, ou seja, as contradições.

Recapitulemos brevemente a maneira como no *Sofista* Platão emprega a descoberta de *Górgias* acerca dos sentidos do verbo *ser*. Esse verbo tem um sentido existencial ("x é") e um sentido predicativo ("x é uno"). Mas, unindo esses dois sentidos, Platão sublinha que o verbo *ser* é o verbo para a expressão da identidade: dizer que "x é" significa dizer que "x é x", o sujeito e o predicado são idênticos. Tendo mostrado como e por que existe a ideia do não ser, ou seja, a ideia de Outro, o *Sofista* mostra que dizer "x é x" significa, simultaneamente, dizer que "x não é não x", ou seja, x não pode ser o outro de si mesmo; e tendo mostrado que existe a ideia do Múltiplo, mostra também que dizer "x é x" significa simultaneamente dizer que "x não é y, nem z", ou seja, x é outro que os outros. Qual a diferença entre dizer "x não é não x" e dizer "x não é y nem z"? No primeiro caso, a identidade de x se opõe essencialmente ao seu contraditório, a um contrário determinado ou ao *seu contrário*, isto é, não x. No segundo caso, a identidade de x permite distingui-lo de quaisquer outras coisas existentes que são diferentes dele. No primeiro caso, ter-se-ia uma proposição do seguinte tipo: "O bem não é o não bem"; e, no segundo: "O político não é o comerciante nem o estrategista". O erro, portanto, seria dizer que "o bem é o não bem" e que "o político é o comerciante ou o estrategista". No primeiro caso, temos efetivamente o nada; no segundo, uma confusão que impede conhecer uma essência ou uma ideia. A sensação e a opinião correta encontram-se nesse segundo caso; mas o sofista encontra-se no primeiro.

O erro é uma falha no conhecimento da identidade e da composição de uma essência. Chama-se ignorância, quando involuntário; mentira ou falsidade, quando voluntário. A falha consiste em atribuir a uma essência predicados ou qualidades que não lhe pertencem e não podem pertencer-lhe, de sorte que a ideia parece participar de ideias estranhas ao seu ser ou incompatíveis com ele. É uma *falha na predicação*, que leva a dar à essência predicados que são seu não ser, o seu outro, o que ela não é. O ato de predicar chama-se juízo (afirmar ou negar alguma coisa de outra coisa), de sorte que o erro se localiza no juízo.

A sensação e a opinião são fontes de erro porque nelas não sabemos o que predicar a alguma coisa, pois falta-lhes o conhecimento verdadeiro da participação das ideias, que permite conhecer a a composição dos predicados das coisas sensíveis. Na sensação e na opinião, confundimos predicados ou qualidades porque a mobilidade incessante das coisas e as alterações contínuas de nosso corpo nos fazem confundir o que sentimos e o que pensamos. Na opinião, somos acostumados de tal maneira com as aparências das coisas e com o que os outros nos dizem que continuamente confundimos uma essência com seus "parentes" e "rivais", isto é, não encontramos a delimitação ou determinação para o campo indeterminado das coisas que são semelhantes à coisa percebida ou dita, nem as que são diferentes dela. Sem conhecer a participação das ideias que constituem uma ideia ou essência (isto é, sem a verdadeira predicação ou definição) não podemos conhecer uma coisa sensível, pois esta é cópia da coisa inteligível, ou seja, a realidade e o sentido da coisa sensível encontram-se na forma ou estrutura inteligível e invisível da qual a coisa percebida é uma manifestação ou expressão material temporária. Falha da predicação situada no juízo, a causa própria do erro é a pretensão de querer conhecer o sensível desconhecendo o inteligível e de tomar o sensível pelo inteligível.

Podemos agora definir o erro: uma falha involuntária da predicação ou um engano involuntário do juízo e cuja causa é a confusão entre o sensível e o inteligível ou o desconhecimento da essência inteligível. E o falso é o erro deliberado ou voluntário.

O que é verdade? O juízo correto, aquele que afirma da ideia o que ela é (seu ser) e nega-lhe o que ela não é (seu não ser). A verdade é a evidência: o olhar espiritual do intelecto vê a ideia em sua inteireza, em sua plenitude, apreende a totalidade das qualidades e propriedades que a constituem e sabe o que dela está excluído necessariamente, ou seja, o que a contradiz internamente e que, se nela estivesse presente, a destruiria. A evidência é o conhecimento da determinação completa de uma ideia, sem que reste algo indeterminado ou não conhecido. Por isso a verdade é a percepção intelectual da delimitação de uma essência, ou seja, o conhecimento de sua identidade, da diferença entre ela e outras e da ausência de contradição entre seus predicados.

O que é *uma* ideia? O que é *a* Ideia?

Não têm sido poucos os desentendimentos entre os intérpretes da obra platônica ao responder a essa questão. De fato, levando em consideração diálogos em que Platão distingue dois mundos, o sensível e o inteligível, e diálogos sobre a reminiscência e a imortalidade da alma, muitos intérpretes consideram que o filósofo concebe a ideia e as ideias como uma realidade à parte, separada do mundo físico, um Mundo das Ideias. Outros intérpretes, porém, assinalam que a duplicação de mundos acarreta problemas insolúveis para outras teorias platônicas e sublinham o fato de que, nos últimos diálogos da maturidade e nos da velhice, Platão se volta inteiramente para questões suscitadas pela experiência de seu tempo, recorrendo às ideias como explicação do sentido dessa experiência. Para esses intérpretes, a ideia é um paradigma ou um modelo intelectual perfeito, um conceito determinado que se encontra em nossa mente e que serve para explicar o único mundo existente, que é o mundo físico ou natural. Nesse caso, a reminiscência não significa contemplação da verdade num mundo distinto do mundo físico, mas significa inatismo: as ideias verdadeiras são inatas, nascemos com elas porque decorrem do simples fato de que possuímos inteligência ou razão, ainda que se encontrem em estado virtual e precisem ser atualizadas pela própria razão, a qual, por sua própria força pensante, é capaz de encontrar em si mesma a verdade, sem depender da experiência sensorial para isso. A ideia seria, portanto, a estrutura real e inteligível das coisas existentes quando a elas aplicamos a razão ou o pensamento e a reminiscência é simplesmente o esforço intelectual para despertar ideias verdadeiras, adormecidas pela sensação e pela opinião. Em suma, na primeira interpretação, é preciso levar em conta os elementos religiosos, místicos e teológicos no pensamento de Platão e colocar a reminiscência no plano da reencarnação e de um conhecimento prévio de um mundo espiritual, existente em si mesmo. Na segunda, nada há de religioso, místico e teológico na reminiscência e nas ideias, mas tudo se explica pela natureza e pelo funcionamento da mente humana.

Não vamos entrar nessa difícil e interminável ou interminada discussão. Para nossos fins, bastará que consideremos que a Ideia (e uma ideia) é:

• *uma noção lógica*: um conceito que nos permite formular juízos verdadeiros; é o pensamento verdadeiro sobre alguma coisa, expresso num juízo;

• *uma entidade real ou ontológica*: um ser, ou melhor, o ser verdadeiro, o ente real, a essência real e verdadeira, quer a consideremos uma realidade separada do mundo sensível, quer a consideremos a realidade invisível ou a estrutura inteligível das coisas sensíveis e de suas relações. Ela é a *forma*, entendida como essência, natureza própria, estrutura completa ou perfeita de alguma coisa e que só pode ser alcançada pelo pensamento;

• *um paradigma epistemológico*: um modelo ou arquétipo ideal, imitado pelas coisas sensíveis, que só podem ser conhecidas se tivermos o conhecimento prévio do paradigma que imitam. É por participação no paradigma que a coisa sensível pode tornar-se conhecida, pois ele nos ensina o que a coisa sensível é, como é, o que vale e para que serve, quer consideremos o paradigma um modelo existente em si mesmo num mundo inteligível, quer o consideremos um conceito universal existente no pensamento por meio do qual conhecemos as coisas sensíveis particulares. É preciso que saibamos o que é *a* saúde para dizermos "isto é sadio", "isto é doente"; ou que saibamos o que é *a* virtude para dizermos "isto é virtuoso", "isto é vicioso"; ou que saibamos o que é *o* amor para dizermos "isto é amável" ou "isto é odioso";

• **uma causa eficiente ou produtora**: a ideia é uma realidade que cria e produz outras realidades (outras ideias) e produz em nós o desejo do conhecimento e da virtude; nossa razão (ou nosso intelecto) é uma realidade de mesma natureza que as ideias (imateriais, imortais, inteligíveis, atividades) e por isso pode conhecê-las (pois só o semelhante conhece o semelhante). As ideias são de mesma natureza que nossa razão (ou nosso intelecto) e por isso podem agir sobre ela (somente o semelhante age sobre o semelhante), causando em nós o conhecimento e a virtude;

• **uma causa final**: agindo à distância, a ideia é desejada pelos seres existentes como um fim ou uma finalidade. Os humanos aspiram à verdade, isto é, ao Belo, Bom e Justo; sua vida intelectual e moral é guiada pelo desejo de conhecer as ideias da Beleza, Bondade e Justiça, fins aos quais os humanos tendem intelectual e eticamente. As ideias são o que move o desejo da alma, são formas de amor ou Eros. Por isso no *Banquete* a filosofia é amor da *formosura*, isto é, da perfeição das *Formas*.

A Ideia (e uma ideia) é um princípio lógico, ontológico, epistemológico e causal que garante a inteligibilidade do mundo, a verdade das coisas e do conhecimento, a perfeição ou justeza das ações morais, políticas e técnicas.

TEORIA DA ALMA (PSICOLOGIA) E DA VIDA VIRTUOSA (ÉTICA)

A distinção entre o sensível e o inteligível é ontológica (há duas ordens diferentes de realidade, quer se conceba uma delas como a estrutura invisível das coisas que aparecem aos sentidos, quer se conceba que há dois mundos diversos, um espiritual e outro, material) e é lógica ou epistemológica (seus objetos são conhecidos de maneiras diferentes). Essa distinção reaparece na teoria platônica da alma, *psykhé*.

No *Timeu*, depois de oferecer o mito da origem do mundo, isto é, a cosmologia ou a fabricação do mundo sensível pelo demiurgo, Platão mostra que o mundo é um cosmo, uma totalidade ordenada e coerente, porque é um organismo vivo ou vivente, ou seja, é animado, possui alma. *Psykhé* é vida ou o princípio vital que anima um ser ou lhe dá vida e, porque a vida é movimento ou mudança, *psykhé* é o princípio da autoatividade e da autoconservação do cosmo. Ela é a Alma do Mundo. Além de princípio das mudanças e da conservação, a Alma do Mundo é a fonte do conhecimento, pois com os mesmos elementos com que a fabricou o demiurgo fabricou a alma humana e a colocou num corpo. Participando da Alma do Mundo, a alma humana individual, além de ser o princípio vital do corpo, está destinada por natureza ao conhecimento.

Também no *Fedro* a exposição sobre a alma humana é feita por meio de um mito, pois, explica Sócrates, somente um deus poderia definir a essência da alma, enquanto os homens podem apenas oferecer uma imagem aproximada dela por ser ela tão diferente do corpo e das coisas. Nesse diálogo, ao narrar o Mito do Cocheiro, Sócrates explica que, no princípio, havia uma única alma universal e dela provieram as almas dos deuses e as dos homens. Inicialmente, fragmentos da Alma do Mundo permaneceram junto à abóbada do universo, de onde contemplavam a verdade ou as ideias. Com o movimento circular ou rotatório do universo, esses fragmentos foram se desprendendo da abóbada e, numa longa queda, ao encontrar fragmentos de matéria, nele fizeram pousada. O conjunto de uma alma e um corpo chama-se homem. A alma humana é, pois, uma natureza intermediária entre o divino e o mundo, destinada ao conhecimento, mas por sua ligação com o corpo também pode cair no erro e ser arrastada pelas paixões, que a distanciam de sua destinação natural. *Psykhé* é princípio da vida mental e espiritual ou o princípio cognoscente. A alma é o que, em nós, conhece e permite conhecer. Nesse sentido, diversamente do *Timeu*, em que todos os seres possuem alma ou são vivos, ainda que somente os homens possuam o princípio do conhecimento, no *Fedro*, somente os homens são dotados de alma, pois esta é identificada à razão, alojada num corpo e diferente dele. Mas, como no *Timeu*, também no *Fedro* a encarnação da alma faz dela a sede dos apetites, dos desejos e da afetividade.

Em todos os diálogos em que trata da alma humana, Platão a apresenta como uma natureza intermediária entre o sensível e o inteligível, participando da primeira pelo corpo e da segunda pela inteligência ou razão. Porque participa das Formas, a alma participa da eternidade delas, ou seja, é imortal. A *psykhé* é o divino em nós ou, como escreve Platão, é o que em nós "é semelhante ao divino" não só pela racionalidade, mas também pela imortalidade. Por ser imortal, a alma humana é individual. Sua individualidade é justamente o que torna tão difícil (se não quase impossível) aos homens defini-la, uma vez que a Ideia ou a Forma é definível por ser universal, possuindo as mesmas qualidades e propriedades em todos os seres que dela participam ou sendo sempre a mesma para uma pluralidade de coisas singulares. No caso da alma humana, não se pode definir a alma em geral e encontrá-la sempre idêntica a si mesma em todos os homens. Ela não é um universal como as outras ideias, mas uma singularidade, diferente em cada ser humano. Por isso as principais exposições platônicas sobre a imortalidade da alma costumam ser feitas sob a forma de mitos, já que não se pode encontrar sua definição teórica ou epistêmica.

Apesar da individualidade de nossa alma, podemos conhecer certas características universais da alma humana, pois é impossível que a faculdade de conhecer não possa conhecer alguma coisa de si mesma. Não podemos definir a alma de Sócrates, de Platão ou de qualquer outro ser humano, mas podemos conhecer propriedades e funções, atividades e passividades que pertencem a alguma coisa que designamos com a expressão "alma humana". É possível, portanto, alguma ciência da alma, ou seja, a psicologia.

Assim como o médico conhece as partes do corpo localizando-as e conhecendo as funções de cada uma delas, assim também o psicólogo conhece a alma encarnada num corpo, conhecendo sua localização e suas funções.

A PSICOLOGIA E A ÉTICA NA *REPÚBLICA*

Em decorrência de suas relações com o corpo, a alma humana não é uma unidade simples, mas é múltipla, conforme a função que realize. Seguindo a tradição médica, Platão situa cada função da alma numa região do corpo e também seguindo a tradição médica, que denominava os órgãos de "partes", chama de parte da alma a cada uma das funções psíquicas. A alma possui três partes ou funções principais: conservação do corpo, proteção do corpo e conhecimento

No Livro IV da *República*, o exame e a classificação das funções psíquicas têm como ponto de partida duas constatações: a primeira é que não sabemos se cada operação que executamos — desejar ou apetecer, irritar-se ou enraivecer-se, compreender ou conhecer — é realizada por um elemento da alma ou pela alma inteira; a segunda é que "o mesmo sujeito, na mesma parte e relativamente ao mesmo objeto, não pode produzir ao mesmo tempo efeitos contrários". Ou seja, se alguém tem sede, seu corpo sequioso produz na alma o desejo de beber água e "a alma do sequioso, na medida em que sente a sede, não quer outra coisa que não seja beber", sendo impossível que a alma queira, ao mesmo tempo, não beber. Em outras palavras, um sujeito não pode ser contraditório consigo mesmo, sob pena de autodestruir-se, tornando-se o não ser de si mesmo. No entanto, a experiência mostra inúmeras situações em que, apesar da sede ou da fome, decidimos não beber nem comer. Visto que uma mesma parte não pode ser contraditória consigo mesma, querendo e não querendo ao mesmo tempo a mesma coisa, o que *impele a* beber e a comer e o que *impede de* beber e de comer não pode ser realizado pela mesma parte ou pela mesma função. É preciso, portanto, concluir que cada uma dessas operações depende de uma parte ou função diferente e, por conseguinte, que a alma possui partes ou funções. Assim, lemos no Livro IV da *República*:

> Não é, portanto, sem motivo que consideraremos que são duas partes, distintas uma da outra, chamando àquela pela qual raciocina de parte racional da alma, e àquela pela qual ama, tem fome e sede e esvoaça em torno de outros desejos, de parte irracional e concupiscente, companheira de certas satisfações e desejos. [...] Por conseguinte, vamos distinguir na alma essas duas partes. Porém, a da cólera, pela qual nos irritamos, será uma terceira [parte], ou de mesma natureza que essas duas?

A experiência mostra, prossegue Sócrates, que muitos homens ficam com raiva de si mesmos, irritam-se e se censuram por terem cedido ao impulso da concupiscência ou dos desejos. Assim sendo, a cólera (ou a raiva) não se confunde com a parte concupiscente. Por outro lado, a experiência também mostra que as crianças já nascem cheias de irritabilidade ou de irascibilidade, mas que nem sempre alcançam o uso da razão e que a maioria só chega a raciocinar muito mais tarde. Deve-se, portanto, concluir que a raiva (ou a cólera) é uma parte distinta da parte racional. Dessa maneira, chega-se à descrição das três funções da alma:

• a parte ou função apetitiva ou concupiscente, situada "entre o diafragma e o umbigo", ou no baixo-ventre, busca comida, bebida, sexo, prazeres, isto é, tudo o que é necessário para a conservação do corpo e para a geração de outros corpos. Essa parte é irracional e mortal, terminando com a morte do corpo;

• a parte ou função colérica ou irascível, situada "acima do diafragma na cavidade do peito", se irrita ou se enraivece contra tudo quanto possa ameaçar a segurança do corpo e tudo quanto lhe cause dor e sofrimento, incitando a combater os perigos contra a vida. Protetora do corpo, essa parte também é mortal e irracional;

• a parte ou função racional, situada na cabeça (face e cérebro), é a faculdade do conhecimento. Parte espiritual e imortal, é a função ativa e superior da alma, o princípio divino em nós.

Cada uma das funções psíquicas realiza impulsos e tendências que lhe são próprios e em cada uma é possível observar que Platão mantém firmemente a comunidade de natureza entre a alma e as coisas em cuja direção ela se move, de sorte que há coisas que movem o apetite, outras que movem a proteção e outras, o conhecimento. A distinção das coisas segundo a função da alma será decisiva na ética platônica, pois assim como na teoria do conhecimento o erro decorre da confusão quanto às coisas que devem ou podem ser predicadas a outras e as que não devem nem podem ser predicadas a outras, assim também na ética, o vício decorrerá da confusão quanto aos objetos de cada uma das partes ou funções psíquicas. Além disso, como vimos, uma função pode opor-se a outra — uma impele a beber e a comer e outra impede de beber e de comer — e essa oposição entre o que impele e o que impede mostra que não há simples diferenças de funções, mas que pode haver conflito e contrariedade entre elas, ponto que é também de suma importância para a ética.

Após apresentar a divisão das partes da *psykhé* em duas funções passionais, irracionais e mortais e uma função ativa, racional e imortal, Platão indaga se é possível um homem ser virtuoso, isto é, praticar o bem e as virtudes, se for comandado pela concupiscência ou pela raiva. Responde negativamente. O primeiro motivo para a negativa decorre da ideia de justiça, desenvolvida no Livro IV, ou seja, a justiça exige que o melhor comande o pior e que o superior comande o inferior. Visto que a parte melhor e superior da alma é sua parte racional, haveria injustiça se o comando das ações estivesse a cargo das partes concupiscente e colérica. A *areté* é a excelência de alguma coisa, o melhor realizado no grau máximo e não pode haver *areté* sob o comando das partes menos excelentes. O segundo motivo é de origem socrática: as paixões do desejo e da cólera fazem com que os apetites e impulsos violentos de nosso corpo obscureçam nossa inteligência, impedindo-a de conhecer e de realizar sua atividade própria, e o vício é ignorância; portanto, quem não exerce a razão não conhece a virtude e não pode ser virtuoso. Assim sendo, a vida ética ou virtuosa dependerá exclusivamente da parte racional da alma.

Mas há ainda um terceiro motivo, agora histórico e social, para Platão haver respondido negativamente à pergunta se um homem pode ser virtuoso se comandado pelo prazer concupiscente ou pela ira. De fato, numa sociedade predominantemente aristocrática, como foi a grega, o ideal aristocrático é agonístico, isto é, o valor na guerra e nos combates, a coragem do guerreiro. Nas epopeias de Homero, a *Ilíada* e a *Odisseia*, que serviram durante séculos para a educação dos jovens gregos, a *areté* mais alta, como vimos em capítulos anteriores, é a coragem do jovem guerreiro para morrer no campo de batalha na flor da idade. Ora, o sentimento responsável pela coragem é a cólera ou a ira, que julga desonroso não revidar uma ofensa ou uma afronta (tanto assim que a *Ilíada* narra a Guerra de Troia a partir de um episódio determinado, conhecido como "a cólera de Aquiles"). Assim, ao dizer que um homem em quem a raiva ou a ira é mais poderosa do que a razão não é um homem virtuoso, Platão diz aos gregos que eles ignoram a ideia da virtude e que não sabem o que é a verdadeira excelência.

Qual a tarefa ética da parte racional? Dominar as outras duas partes, e harmonizá-las com a razão. O domínio da razão sobre a concupiscência é uma virtude e seu nome é temperança (*sophrosýne*) — a moderação. A alma temperante ou moderada é aquela que não cede a todos os impulsos e prazeres, e sim modera seus apetites, impondo-lhes a medida oferecida pela razão. O domínio da razão sobre a parte irascível ou colérica é decisivo. De fato, Platão considera que a parte racional não exerce diretamente seu poder sobre a parte concupiscente, mas age sobre ela por intermédio da parte irascível ou colérica, pois somente o sentimento de autoproteção e de defesa da vida pode dominar os impulsos cegos da concupiscência. Sob o domínio da razão, a parte irascível saberá discernir o que é bom e mau para a vida de seu corpo, não só deixará de lançar-se indiscriminadamente a todo e qualquer combate que imagine importante para a vida corporal (saberá quando e por que um combate deve ser travado e quando deve ser evitado), como ainda guiará a função apetitiva ou concupiscente na escolha do que é bom para a vida, impedindo-a de entregar-se a prazeres que a destruirão. A virtude própria da alma colérica guiada pela razão é a honra ou coragem (*thymós*) ou a prudência (*phrónesis*).

Finalmente, a alma será virtuosa se a parte racional for mais forte e mais dominadora do que as outras duas, se não sucumbir aos apelos do apetite e da cólera, isto é, se não ceder aos apelos irracionais das paixões. Sua virtude própria é o conhecimento. Assim, um homem é virtuoso ou excelente quando vive a vida justa: aquela em que cada função da alma realiza sua própria excelência ou virtude sob a conduta e a direção da parte superior, a razão. Sob a direção da parte racional, a parte raivosa se torna prudente e domina os impulsos cegos do apetite, tornando temperante a parte concupiscente. A vida viciosa é aquela na qual nenhuma das partes da alma consegue realizar a excelência ou virtude que lhe é própria porque a hierarquia de comando não é obedecida e por isso é uma vida injusta, desordem interior e violência contra si e contra os outros. Nela, ora os apetites dominam a parte racional ou parte colérica, fazendo-as se enganar de objeto e de movimento, colocando-as uma contra a outra; ora a parte colérica domina a parte racional confundindo-a com a parte concupiscente e, ainda uma vez, enganando-se de objeto e de movimento. Há desordem, guerra interior e conflitos com os outros homens porque as funções da alma estão confundidas e pretende-se o impossível, isto é, que a função apetitiva realize a finalidade da função irascível ou da função racional, ou que a função colérica realize as funções das outras duas partes, ou, o que é pior, que a parte racional se reduza aos impulsos do apetite e da cólera.

A FILOSOFIA COMO VIDA VIRTUOSA

Para enfatizar a atividade ética como esforço, luta e exigência de domínio pela parte superior e melhor, no *Fedro*, Sócrates narra o Mito do Cocheiro, narrativa suscitada pelo desacordo entre Sócrates e Fedro a propósito do discurso do sofista Lísias contra Eros. O amor é desejo e todo desejo é louco e delirante, pontificara Lísias, acusando Eros pela desmedida das paixões e dos vícios. O amado que não ama é superior ao amante, pois aquele que ama está doente, mas aquele que não ama está são e pode curar o amante, dissera Lísias. Ao que Sócrates indagara a Fedro qual poderia ser a superioridade de quem não ama e se Lísias não teria confundido as coisas supondo que aquele que não corresponde ao amor de alguém não ama, quando, talvez, devesse supor que simplesmente ama alguma outra coisa e não o amante. Seria preciso, então, indagar se há apenas uma espécie de amor e de desejo, ou se há várias, e se aquele que não ama quem o ama não estaria simplesmente amando e desejando outra coisa. Também seria preciso indagar, prosseguira Sócrates, se todos os desejos e amores se equivalem, ou se é possível distinguir entre o desejo ou o amor dos prazeres sensuais e efêmeros e o desejo ou amor das coisas belas, boas e eternas. Mais importante ainda, Sócrates propusera a Fedro a questão: todo delírio (*manía*) é um mal? Existe apenas uma espécie de delírio ou existem várias?

Ora, diz Sócrates, há várias espécies de delírios e muitos deles são inspirados diretamente pelos deuses: o delírio profético, inspirado por Apolo Delfo, "que suplanta em perfeição e dignidade a arte humana dos augúrios"; o delírio purificador, inspirado por Dionisos, "que oferece remédios e refúgio contra o sofrimento"; o delírio poético, inspirado pelas Musas, "que transporta a alma jovem e inocente a um mundo novo", oferecendo-lhe a dádiva da poesia; e há o delírio erótico, inspirado por Eros, "o deus alado", enviado pelos deuses "ao amante e ao amado, não para alguma utilidade material, mas para a felicidade de ambos". O amor inspirado pelo divino, porque não procura a satisfação do amante e sim a do amado, faz com que os amantes se dediquem ao bem mútuo, descobrindo na beleza do corpo de cada um o indício da beleza de suas almas e, na beleza destas, o indício da causa que as faz belas e boas, descobrindo que são espíritos imortais, parentes do divino e da verdade. O delírio erótico ou amor inspirado pelo divino é o conhecimento que os amantes alcançam da natureza e excelência das almas dos amados, conhecimento que os eleva à própria origem dessa excelência, isto é, à descoberta de que a alma bela e boa é aquela que já contemplou a verdade, dela se lembra e deseja contemplá-la novamente. Quando amante e amado são de mesma natureza, imortais e perfeitos, amam em cada um a verdadeira sabedoria e seu amor é filosofia.

Nem todo delírio, portanto, é um mal. E nem todo desejo e amor é um mal. Como distinguir um desejo e amor virtuosos de outros que são doença e vício? Para responder, Sócrates narra o Mito do Cocheiro. "A alma é como uma força ativa que unisse um carro puxado por uma parelha alada e conduzido por um cocheiro [...] pois, outrora, a alma possuía asas", assim inicia-se o mito.

> A Alma do Mundo governa a matéria inanimada e manifesta-se no universo de múltiplas formas. Quando perfeita e alada, plana nos céus e governa a ordem universal. Mas quando perde as asas, rola através dos espaços sem fim até juntar-

-se a um sólido qualquer e aí fica pousada. Quando reveste a forma de um corpo terrestre, este começa a mover-se, graças à força que lhe comunica a alma. Esse conjunto de alma e corpo é o que chamamos de ser vivo e mortal.

Ser alado significa ter em si mesmo o princípio do movimento, isto é, da vida e por isso, alada, a *psykhé* universal ou a Alma do Mundo é imortal, pois é vida e causa de vida. Ser alado é participar da natureza imortal do divino, é ter o poder de elevar o que é pesado rumo às alturas, onde habita o que "é belo, sábio e bom", alimentando, desenvolvendo e fortalecendo os seres alados. Embora nascida da perda das asas pelos fragmentos da Alma do Mundo, nossa alma tem a lembrança das asas e Eros, o deus que os deuses chamam de Pteros, é, como diz este nome divino, aquele que dá asas aos mortais para que retornem às alturas da verdade e conservem a imortalidade de sua melhor parte. Por isso a alma é atraída pelo amor do divino ou delírio erótico: deseja alçar-se às alturas da verdade, porque somente ali encontra alimento para suas asas.

Qual a diferença entre a alma imortal dos deuses e a alma imortal dos homens? Narrando o mito, diz Sócrates:

> Os cavalos e cocheiros das almas divinas são bons e de boa raça. Os das almas humanas, mestiços. O cocheiro que os governa conduz uma parelha na qual um dos cavalos é bom e de boa raça, enquanto o outro é de má raça e natureza contrária. Assim, conduzir o nosso carro é ofício difícil e penoso.

Como deve proceder o cocheiro diante da parelha? Precisa saber como cada um dos cavalos pode ser governado e dirigido. O cavalo de boa raça, de corpo harmonioso e belo, sóbrio e cheio de honradez, não suporta ser batido e só atende ao comando pela palavra. Com ele, o cocheiro deve conversar. O cavalo de má raça, de corpo torto e disforme, amigo da soberba e da lascívia, só obedece ao chicote e ao açoite. Nele, o cocheiro precisa bater. Quando o cocheiro "vê uma coisa amável", que lhe aquece a alma, enchendo-a de desejo, o bom cavalo se refreia, mas o de má raça corcoveia, arrasta o outro, mais o cocheiro, obrigando-os a se entregar à volúpia, ainda que o cocheiro e o bom cavalo tivessem resistido furiosamente. No entanto, quando o cocheiro vê a coisa amável, sente-se atraído por ela, ela lhe traz à lembrança a essência da beleza e da bondade e ele a vê "no santo pedestal, ao lado da sabedoria". Essa visão o assusta, ele recua, puxando violentamente o carro para trás, mas o cavalo bom, honrado e valoroso, com relinchos e puxões, força o cocheiro a não se esquecer do amado e a voltar. Fortalecido pela coragem, o cocheiro controla o carro, bate no cavalo da má raça até que sangre e se torne humilde, obedecendo ao condutor. O cocheiro é a alma racional, o corcel de boa raça, que força a subida, é a parte honrosa ou valorosa da alma, o de má raça, que puxa o carro para baixo, a parte concupiscente que, pelo desejo de gozar um prazer imediato e irrefletido, troca o amor pela verdade pelo amor às aparências.

O Mito do Cocheiro reúne, numa nova versão, o Mito da Caverna e o Mito de Er ou da Reminiscência, expondo com maior clareza a unidade entre conhecimento, psicologia e ética. De fato, o cocheiro, como o prisioneiro da caverna, parte em busca da luz da verdade e, como no Mito de Er, realiza a viagem porque se lembra do que, uma vez, contemplou. A força da razão sobre a cólera — fazendo surgir a coragem e a prudência — e sobre a concupiscência — fazendo surgir a moderação e a temperança — é a mesma na *República* e no *Fedro*. Neste, porém, uma nova ideia articula mais profundamente ética e filosofia: a alegoria do delírio erótico ou o amor da Beleza, quando amante (a alma) e amado (o belo) se fundem na felicidade perfeita. Lembrando-se vagamente da Beleza outrora contemplada, o filósofo a reconhece nas coisas belas (isto é, elevando-se da multiplicidade sensível à unidade perfeita das ideias) e dela se lembrando cada vez mais vivamente, seu espírito recupera as asas. Por que a filosofia é delírio de inspiração divina? Porque, à medida que aumenta em sabedoria e em virtude, o espírito do filósofo torna-se alado, mas, preso a um corpo (imagens e opiniões, apetites e paixões), não pode voar; por isso dirige o olhar para o alto, "esquecendo os negócios terrenos e dando a impressão de delirante".[2]

Na *República*, a ideia de justiça (hierarquia de comando entre as funções da alma) preside a exposição da psicologia e da ética. No *Fedro*, esse lugar é ocupado pela ideia da beleza, sob o governo do desejo ou de Eros. A presença de Eros faz com que num outro diálogo, o *Fédon*, Platão, retomando a teoria do delírio divino (profético, místico, poético e erótico), afirme que as três funções da alma são desejosas e desejantes.

A diferença entre elas encontra-se no objeto de seus desejos e no modo como desejam. A parte concupiscente deseja coisas perecíveis, que podem destruí-la sem que ela o perceba; e seu modo de desejar é o desejo de posse, imaginando que ficará saciada se possuir o objeto desejado, acabando, afinal, possuída por ele. A parte raivosa ou irada deseja a fama, a honra e a glória, que também podem ser perecíveis e destruir a vida, se procuradas sem medida e sem conhecimento; seu modo de desejar é o desejo da boa opinião dos outros a nosso respeito, correndo o risco de, para obter a boa opinião alheia, perder seus próprios objetivos, caindo na infâmia, na desonra e na vanglória. A parte racional deseja o bem e a verdade, os bens imperecíveis; seu modo de desejar não é a posse (como na concupiscência) nem a busca da opinião alheia (como na cólera), mas é o desejo de participar da natureza ou da essência do objeto amado, as ideias. Por isso somente ela é capaz de oferecer e impor limites e medidas aos desejos das outras duas, tornando-as virtuosas. A moderação deve ser imposta aos desejos para que haja virtude e, agora, *sophrosýne* ocupa o lugar que a justiça tivera na *República* e a beleza, no *Fedro*.

Que significa dizer que todas as funções da alma são desejantes? Significa, em primeiro lugar, que Eros é o motor da alma, da vida apetecente, da vida corajosa e da vida intelectual; em segundo, que a virtude depende da qualidade dos objetos aos quais desejamos nos unir por amor, e que fazemos uma escolha entre os objetos perecíveis da paixão e os imperecíveis da razão; em terceiro, que a liberdade ou a autarquia reside no poder da razão para governar as paixões, dando às faculdades apetitiva e irascível bons objetos de desejo; e, em quarto, que a virtude é conquistada num combate interior entre os desejos irracionais e os racionais.

Embora a psicologia e a ética recebam exposições diversas, em todas elas Platão estabelece uma relação precisa entre *areté*, *dýnamis*, *epistéme* e *tékhne*. A *areté*, excelência ética, é o "ser bom" e o "viver bem". Os mitos platônicos evidenciam que a *areté* é uma *dýnamis*, uma virtualidade ou potencialidade da alma que precisa ser atualizada. A atualização é feita pela *tékhne dialektiké* como *paideía*, cujo pressuposto é a ciência, a *epistéme*, que indica qual é a *areté* de cada função da alma — qual a excelência de cada uma delas — e qual a boa hierarquia entre essas funções. A virtude é o bem humano. Esse bem é a harmonia interior estabelecida entre as funções da alma sob a ação da parte racional e por isso mesmo a virtude é inseparável do conhecimento e a vida virtuosa é a vida filosófica.

Racionalidade e moralidade distanciam a virtude platônica da tradição e da sofística. Na tradição homérica, a virtude é a afirmação de si e por isso a coragem do jovem guerreiro era a excelência; na tradição dos Sete Sábios, a virtude era o senso da medida e da limitação e por isso a prudência era a excelência; na sofística, a virtude era o talento para sair-se bem nos assuntos públicos e privados e por isso a excelência era o domínio persuasivo da palavra. Em Platão, a virtude é o equilíbrio interior e a autarquia, a independência, que somente o saber pode trazer.

A IMORTALIDADE DA ALMA

Platão afirma que a alma racional é imortal. As provas da imortalidade da alma variam de diálogo para diálogo, à medida que a influência de Sócrates vai diminuindo e a dos pitagóricos vai aumentando sobre sua filosofia. Por isso, na *Apologia*, a questão de saber se há uma vida após a morte e que tipo de vida será fica em suspenso. Sócrates não parece muito empenhado em discutir o assunto. Num diálogo de juventude, como o *Mênon*, a noção de que conhecer é lembrar sugere que a alma seja imortal, mas o tema também não é desenvolvido nessa obra. Ao contrário, nos diálogos da maturidade e da velhice, Platão discute em profundidade essa questão, aceitando a teoria órfico-pitagórica da reencarnação ou transmigração das almas e a da filosofia como purificação ou ascese espiritual para vencer a "roda dos nascimentos".

As principais provas da imortalidade da alma são oferecidas no *Fédon*, no *Fedro*, na *República* e nas *Leis*, podendo ser assim resumidas:

• *prova pela reminiscência*: a alma pode conhecer a verdade porque se recorda ou se lembra dela, e a reminiscência da verdade pressupõe que esta tenha sido contemplada numa outra vida;

• *prova pela simplicidade*: o que é composto por natureza tende a separar-se, as partes dividindo-se e distanciando-se, de sorte que o composto morre ou desaparece; ora, a parte racional é imaterial e simples como as ideias e, por sua simplicidade, não pode desfazer-se, separar-se, desaparecer ou morrer;

• *prova pela participação da alma na ideia de vida*: a alma é o sopro vital, o princípio de vida de todas as coisas e, portanto, não pode receber nem participar do que é contrário à sua ideia ou à sua essência, isto é, a morte;

• *prova pelo princípio do movimento daquilo que move a si mesmo*: aquilo que é movido por outro deixa de se mover quando a causa do movimento cessa; a alma não é movida por nada, mas move todas as coisas e move a si mesma; o que move a si mesmo é inengendrado e o que é inengendrado é imortal;

• *prova pela imutabilidade do incorpóreo*: somente os corpos aumentam ou diminuem, mudam-se nos seus contrários e podem ser destruídos pela ação de outros corpos, mas o que é imaterial ou incorpóreo não aumenta nem diminui e nada há que possa destruí-lo de fora; a alma, sendo imaterial, não sofre transformações em sua essência e por isso permanece sempre; sendo eterna, é imortal.

Aparentemente, as provas da imortalidade da alma estariam em contradição com a teoria da transmigração ou da reencarnação, pois esta pressupõe que a alma seja afetada pelos vícios do corpo, pelas paixões da concupiscência e da cólera, não sendo portanto imutável nem simples e não podendo ser imortal. Na verdade, porém, o peso do corpo e das paixões sobre a alma, que leva Platão a dizer que o corpo é prisão da alma, não destrói sua imortalidade. A essência da alma não é transformada pelo corpo, mas prejudicada por ele, isto é, o corpo pode criar obstáculos para que a alma realize plenamente sua natureza e é por este motivo que está submetida à "roda dos nascimentos", destinada a libertar-se cada vez mais dos elementos corpóreos para, finalmente, não mais precisar nascer.

A POLÍTICA: O ESTADO IDEAL E O GOVERNANTE--FILÓSOFO

Com Platão, inauguram-se, no pensamento ocidental, algumas ideias sobre a política que, com variações em cada época, permanecem até nossos dias. Assim, é platônica a ideia de que os regimes políticos se distinguem pelo número e pela qualidade dos que governam ou dos que detêm o poder: a monarquia, em que o poder pertence a um só (*mónas*) e a honra é a qualidade do governante; a aristocracia, em que o poder pertence a um pequeno grupo considerado uma elite ou os melhores (*áristoi*) cuja qualidade é a *areté* agonística ou a excelência guerreira; e a democracia, em que o poder pertence ao povo (*démos**) e cujos cidadãos possuem a liberdade como qualidade principal. Também é platônica a ideia de corrupção ou degradação dos regimes políticos ou de que cada forma política possui uma forma degradada ou perversa, um simulacro ou contrafação: à corrupção ou degradação da monarquia corresponde a tirania; à da aristocracia, a oligarquia; à da democracia, a anarquia ou a ausência de comando ou de governo. Os regimes políticos, quando mal conduzidos, transformam-se em suas versões perversas ou pervertidas. Vem de Platão o estabelecimento da sequência dos regimes políticos e de sua corrupção: a monarquia, regime inicial, se transforma em aristocracia, esta em democracia, regime final; e o movimento de degradação se realiza na direção inversa, isto é, a democracia, degenerando em anarquia, faz surgir a oligarquia que, por sua vez, degenera em tirania. A política se realiza, portanto, num tempo cíclico no qual o movimento de passagem das formas legítimas é inverso ao da passagem das ilegítimas. E é também platônica a ideia de que a política não é uma arte ou uma técnica, mas uma ciência e, como tal, pode ser ensinada. Essa ciência orienta e dirige a prática política, isto é, as atividades e funções de governo que, sendo práticas, são técnicas.

A herança platônica foi construída sobre o legado das ideias políticas tipicamente gregas, mas que a tradição mantivera dispersas. Coube a Platão reuni-las e sistematizá-las. Em primeiro lugar, a ideia de que a finalidade da política não é o exercício do poder, mas a realização da justiça para o bem comum da cidade; em segundo, a ideia de que o homem livre (e somente o homem, estando excluídos aqui os escravos, os estrangeiros, os velhos, as crianças e as mulheres) só é livre na *pólis* e participando da vida política, de sorte que a ética é um aspecto ou uma dimensão essencial da política, já que o indivíduo é sempre o cidadão. Por conseguinte, em terceiro, a ideia de que a verdadeira vida ética só é possível na *pólis* e que a moral individual e privada é inferior à ética pública. Como consequência, em quarto lugar, a ideia de que o homem deve ser educado e formado para ser antes de tudo e sobretudo um cidadão e que a política é a verdadeira e suprema *paideía*, definidora da *areté*.

Resta, agora, examinarmos as ideias propriamente platônicas e já podemos prever que, sendo um crítico do sofista, Platão não aceitará que a *paideía* política seja a retórica e a capacidade para vencer argumentos em público, e não aceitará que a política seja uma técnica de governo, mas a conceberá como ciência que deve orientar e dirigir a técnica governamental. Também podemos prever, pelo fracasso das viagens a Siracusa e pela injusta morte de Sócrates, que Platão não será um grande admirador da democracia nem da tirania, considerando esta o resultado inevitável daquela.

De fato, só compreenderemos o sentido do empreendimento platônico se tivermos em mente o que se passa na Atenas do século IV a.C., perpassada pela Guerra do Peloponeso, pelas lutas internas, por fases de tirania e de demagogia. A situação da Cidade é descrita e criticada com cores fortes no Livro VIII da *República*, em que Platão apresenta a democracia como anarquia.

Vimos que na *Oração fúnebre*, pronunciada no início da Guerra do Peloponeso, Péricles elogiara a democracia ateniense, dizendo-a sem modelo e modelo para toda a Hélade. Nesse elogio, ele enfatizara a liberdade, a igualdade política, a participação nos assuntos públicos, a moderação dos costumes e a correção da vida pública e da vida privada, e atribuíra os méritos de Atenas à qualidade de suas leis e ao respeito delas por todos os cidadãos.

No Livro VIII da *República*, como se tomasse o que dissera Péricles, Platão descreve uma Cidade em que a liberdade é licença para se fazer o que se quer, a igualdade é promiscuidade e injustiça porque trata da mesma maneira o igual e o desigual, a participação é demagogia, a correção dos costumes é uma falsa aparência que encobre todo tipo de corrupção e vício, a qualidade das leis não se conserva porque elas são mudadas incessantemente segundo os interesses dos poderosos e não há respeito algum por elas — os filhos desrespeitam os pais, os maridos tratam as esposas como prostitutas e as esposas tratam os maridos como amantes temporários, os alunos desrespeitam os mestres e estes os ensinam a desrespeitá-los, os condenados não cumprem as penas, os inocentes são condenados enquanto os culpados são inocentados, os cidadãos se comportam como estrangeiros e estes, como senhores da cidade — e a justiça é indulgência para toda contravenção. Reina a *anomía* (o desrespeito ao *nómos*, à lei). Diante disso, compreende-se que os cidadãos se revoltem, zombem das leis não escritas e escritas, detestem os magistrados e as assembleias, recusem ser governados. Reina a *anarchía* (a falta de comando): os cidadãos não querem o senhorio da lei nem dos homens. Nessas condições, reina a desordem moral, sobretudo entre os jovens, que passam a desprezar a temperança e a prudência, a amar a adulação e a insolência. O julgamento de Platão é claro e preciso: essas calamidades não são um acidente do regime democrático, mas estão contidas na essência da democracia. A política platônica será, portanto, antidemocrática.

As exposições mais completas de Platão sobre a política encontram-se na *República*, no *Político* e nas *Leis*. As que ficaram com maior perenidade no pensamento ocidental são as da *República*, embora o perfil do governante, traçado no *Político*, tenha se mantido até a grande ruptura representada por *O príncipe*, de Maquiavel, no século XVI.

A CIDADE JUSTA

A questão proposta pela *República* é: o que é a justiça?

O diálogo, que transcorre entre Sócrates, dois irmãos de Platão (Glauco e Adimanto) e um comerciante, Polemarco, é interrompido pelo aparecimento de vários atenienses, que passam pela casa de Polemarco, e pela intervenção violenta do sofista Trasímaco. No início do diálogo, Polemarco diz que a justiça é dar a cada um o que lhe é devido (pensamento típico do comerciante, que logo pensa em dívidas que devem ser pagas e mercadorias que devem ser entregues). Polemarco exprime o senso comum. Trasímaco, porém, afirma que a justiça é o poder do mais forte, seja porque este tem meios para dominar os mais fracos, seja porque os mais fracos encontram formas astuciosas para se fazerem mais fortes e dominar os fortes. Glauco afirma que a justiça é praticada somente porque os homens temem os castigos se forem injustos e, a propósito, narra o Mito do Anel de Giges. Durante uma tempestade, o pastor Giges descobre, na caverna em que se refugiara, um anel de ouro perdido e o apanha. Na companhia de outros pastores, dirige-se à corte, onde devem prestar contas ao rei. No caminho, por acaso, Giges gira o anel no dedo, tornando-se invisível. Ao perceber o efeito do anel, ao chegar ao palácio, Giges seduz a mulher do rei, usa a invisibilidade para matá-lo, toma o poder e passa a governar sem que ninguém saiba que chegou ao poder de maneira fraudulenta e ilegítima. Seu governo é aceito sem ser questionado, todos o tomando por um governante legítimo. Assim, conclui Glauco, não é preciso ser justo, basta parecer justo.

Chegados a este ponto, em que prevalece a indeterminação, isto é, a multiplicidade dispersa de imagens e opiniões, os vários interlocutores, como de hábito, procuram defender suas posições com um novo campo de indeterminação: enumeram pessoas justas ou injustas, ações justas ou injustas, ofícios justos ou injustos, multiplicando sem fim as imagens e as opiniões sobre o justo e o injusto. Sócrates intervém, praticando a ironia, criando dificuldades e contradições para cada imagem e opinião apresentada, até que, perplexos, os interlocutores aceitam a sugestão socrática: começar não com casos de justiça e injustiça, mas procurando algo que se possa dizer que é justo e por que é justo. Delimitando o campo da investigação, afastando "parentes" e "rivais" da justiça, a teoria da justiça exposta na *República* desenvolve e prepara aquela que acabamos de ver na psicologia e na ética: a justiça ou virtude, no homem, é o governo dos apetites e da cólera pela razão; essa mesma teoria, antes de ser aplicada ao indivíduo, é aplicada à Cidade, concebida como um conjunto hierarquizado de funções, cada qual com sua *dýnamis* e sua *areté*.

A *pólis* possui três classes sociais: a econômica (agricultores, comerciantes e artesãos), a militar ou dos guerreiros e a legislativa ou dos magistrados. Na democracia, todos os membros de todas as classes governam; na aristocracia, os guerreiros ocupam a posição de magistrados; na monarquia, em geral um guerreiro ou um rico agricultor ou um rico comerciante acabam sendo o rei. Como se observa, diz Platão, as funções das classes estão embaralhadas e não é por acaso que as cidades são injustas ou mal governadas.

A classe econômica está encarregada da sobrevivência da Cidade, suprindo as necessidades básicas da vida. Como na alma, essa classe se caracteriza pela concupiscência, pela sede de riqueza e de prazeres. Se ela governar (como acontece numa oligarquia, ou numa monarquia em que o rei vier dessa classe, ou na democracia, em que essa classe participa do governo com mais poder do que as outras porque é mais numerosa e conta com mais votos), a Cidade estará voltada para a acumulação de riquezas, para uma vida de luxos e prazeres e para lutas econômicas sem fim, aumentando o número de miseráveis e reduzindo o número de abastados. A injustiça é evidente, pois a finalidade da Cidade está confundida com a má atualização da *dýnamis* da classe econômica.

A classe militar ou dos guerreiros, menos numerosa do que a primeira, está encarregada da proteção da Cidade. Porém, essa classe se caracteriza pela cólera e pela temeridade, pelo gosto dos combates, pela invenção de perigos para ter o prazer de lutar e buscar fama e glória. Se ela governar (como acontece em oligarquias, aristocracias, em monarquias em que o rei é eleito entre os soldados, ou numa democracia, em que essa classe participa das assembleias, e sobretudo na tirania, cuja origem é sempre militar), lançará a cidade em guerras intermináveis, tanto externas quanto internas. A injustiça é evidente, pois a finalidade da Cidade está confundida com a má atualização da *dýnamis* dos guerreiros.

A classe dos magistrados, de todas a menos numerosa, está encarregada de dar as leis e de fazê-las cumprir pela Cidade. Porém, essa classe, que se caracteriza pelo uso da razão, pode estar dominada pelas outras duas classes, mais numerosas do que ela e dispondo de instrumentos para controlar os magistrados. A classe econômica os controla pela corrupção; a classe militar os controla pelo medo. Além disso, se os magistrados não possuírem a ciência da política e não conhecerem a ideia da justiça, qual há de ser a qualidade das leis e do governo? A injustiça também é evidente, pois a hierarquia das funções está embaralhada e a *areté* dos magistrados não consegue realizar-se.

Se a justiça — *díke* — e a virtude — *areté* — existem somente quando a razão governa a concupiscência e a cólera, então a Cidade deve ser governada somente pelos magistrados. Mas, para isso, várias condições devem ser preenchidas e a primeira delas é que a Cidade se encarregue da educação de todas as crianças, mesmo quando algumas permanecerem com suas famílias. Essa educação deve ter como objetivo determinar as capacidades e os limites de atuação de cada uma das classes sociais.

Assim, a classe econômica dos agricultores-comerciantes-artesãos deve ser educada para ter como função exclusiva a sobrevivência da Cidade e viver de acordo com limites estabelecidos pelo magistrado, impedindo que a busca das riquezas, luxos e prazeres perverta a Cidade. Para isso, deverá ser educada para a frugalidade e a temperança, que se tornam, portanto, virtudes cívicas. Como essa classe é muito apegada aos bens materiais, convém que ela os tenha, pois do contrário lutará para consegui-los e trará desordem à Cidade. O magistrado deve fixar por lei que a classe econômica tenha o direito à propriedade privada (com limites) e a constituir uma família. Em lugar de tentar inutilmente extirpar o egoísmo e os apetites dessa classe, o governante deve apenas moderá-los por meio das leis e usá-los para o bem da Cidade.

Por seu turno, a classe militar ou dos guerreiros terá como função exclusiva a proteção da Cidade contra perigos internos e externos. Essa classe será formada a partir de um exame de seleção, feito após um período em que a mesma educação foi dada a todas as crianças da Cidade. Nessa seleção, as menos dotadas irão ser membros da classe econômica, enquanto as mais dotadas receberão a educação dos guardiães. Numa grande inovação, Platão afirma que a educação inicial será dada igualmente aos meninos e às meninas, e que as crianças dos dois sexos passarão pela seleção, de sorte que poderá haver mulheres na classe militar. O argumento platônico é claro: um Estado que não usa as aptidões das suas mulheres é um Estado pela metade, incompleto. Aos guardiães é dada a educação tradicional dos guerreiros gregos: ginástica para o corpo, música (poesia, harmonia) para o espírito, dança e artes marciais. Os guardiães devem considerar que sua casa é a Cidade, por isso não terão casa própria, nenhuma propriedade privada, nem família: homens e mulheres viverão em comunidade, seus bens serão comuns, o sexo será livre (não havendo casamento) e as crianças deverão ser consideradas filhas da comunidade inteira, de modo que qualquer adulto deve tratar toda criança como seu filho, e cada criança tratar quaisquer adultos como seus pais. Em outras palavras, Platão elimina a causa que dá origem à aristocracia de sangue e hereditária, impedindo que os guardiães constituam linhagens e que estas rivalizem. A educação dos guardiães é propriamente uma educação cívica, pois eles só existem como pessoas públicas para o bem público. Desta maneira, a razão (o magistrado) impõe aos guerreiros as virtudes que lhes são próprias: a coragem e a honradez. Os guerreiros devem ser semelhantes a um cão de guarda: carinhosos para os seus, terríveis para o inimigo.

Finalmente, a classe dos magistrados deve ser a classe dos governantes propriamente ditos. Sua função é promover e manter a justiça, tanto pela qualidade das leis como pelo controle que exercem sobre as outras duas classes. Por esse motivo, a seleção dos magistrados e sua educação é a mais importante e a mais rigorosa, se comparada à das duas outras classes. Acompanhemos a educação dos magistrados, pois ela inclui, até uma certa etapa, a dos agricultores-comerciantes-artesãos, prossegue com a dos guardiães e segue sozinha para a formação do político propriamente dito.

Até a idade de sete anos, todas as crianças, de todas as classes e de ambos os sexos, recebem a mesma educação: ginástica, dança, jogos para aprendizado dos rudimentos da matemática e da leitura, poesia épica para conhecimento dos heróis (mas Platão expulsa Homero e Hesíodo de sua Cidade porque descrevem os deuses e heróis com vícios que não servem à educação do cidadão). Aos sete anos, as crianças passam por uma seleção: as menos dotadas ficam com famílias da classe econômica, enquanto as mais dotadas prosseguirão. Agora, são alfabetizadas, iniciam os estudos das artes marciais e o treino militar (com novos conhecimentos matemáticos, necessários à arte da guerra), que irão até os vinte anos, quando os rapazes e as moças passarão por novos exames e nova seleção. Os menos dotados ficarão na classe dos guardiães, enquanto os mais dotados iniciarão os estudos para a administração do Estado. Estudam, agora, as matemáticas: aritmética, geometria, estereometria, astronomia e música, isto é, acústica e harmonia. É o aprendizado das ciências dianoéticas, puramente intelectuais, de formação do raciocínio discursivo e do pensamento hipotético-dedutivo. Aos trinta anos, uma nova seleção é feita. Os que se mostrarem menos aptos ocuparão funções subalternas da administração pública e de comando militar; os mais aptos iniciarão o estudo principal, para o qual foram preparados durante trinta anos: a dialética. Aos 35 anos, serão submetidos a uma nova prova; se aprovados, iniciam os estudos da ética, da física e da política. Passarão continuamente por exercícios e provas que fortaleçam o intelecto e a moral, já ocuparão alguns postos de alta administração até que, aos cinquenta anos, passam pelo exame final. Se aprovados, tornam-se magistrados e dirigentes políticos. Os aprovados, portanto, são filósofos.

Os dirigentes políticos, conhecedores das ideias, portadores da ciência política e da mais alta racionalidade, formam a pequena elite intelectual que governa a Cidade segundo a justiça. A razão domina a coragem que domina a concupiscência. A Cidade justa é, pois, aquela onde o filósofo governa, o militar defende e os que estão ligados às atividades econômicas proveem a sociedade. O Estado justo possui quatro virtudes cívicas, três delas que correspondem a cada uma das classes — temperança, coragem e prudência — e a quarta, mais importante e da qual dependem as outras três: a justiça (harmonia e hierarquia das funções). A razão governa a Cidade, que por isso é virtuosa e perfeita, isto é, excelente.

Podemos compreender, então, por que a Cidade injusta é uma degeneração da Cidade justa: na timocracia (*thymós*: ímpeto de cólera e coragem), os militares usurpam o poder que cabia aos filósofos; na plutocracia (*ploûtos*: riqueza, fortuna, bens materiais), a classe econômica usurpa o poder. Tanto a timocracia como a plutocracia são formas de oligarquia (uma é militar, a outra, econômica), nas quais os que não estão preparados para governar tomam o poder e governam para satisfazer aos seus interesses e não aos da Cidade. Provocando a revolta popular, esses governos fazem surgir a democracia que é, afinal, uma anarquia, pois nela ninguém está preparado para conduzir o Estado. Essa anarquia acaba levando a massa dos cidadãos a pedir socorro a um homem poderoso, que conhece o manejo das armas e das palavras, e que, tomando o poder, institui a tirania, anunciando o fim da Cidade.

A exposição da teoria política possui um alcance filosófico sem precedentes. De fato, se articularmos o Mito da Caverna e a teoria do conhecimento à psicologia e à ética, veremos que a realização do conhecimento perfeito e da vida virtuosa surge como causa e efeito da perfeição da *pólis*. É clara a relação entre os graus do conhecimento e as etapas da formação dos membros da Cidade, assim como é claro o perfeito isomorfismo entre a alma individual e a estrutura da Cidade e, portanto, entre a virtude individual e a virtude da própria Cidade.

A CIÊNCIA DO POLÍTICO

No *Político* o caminho percorrido por Platão é diferente. Na *República*, o objeto da investigação era a busca do Estado perfeito. No *Político*, será a do governante perfeito, que saberá governar em qualquer Cidade, tenha ela o regime político que tiver. Por isso, na *República*, o paradigma era oferecido pela matemática, enquanto no *Político* será dado pela medicina, pois o governante deverá curar as doenças da cidade (conflitos e desordem). O diálogo examinará todas as imagens e opiniões que os gregos possuíam sobre o político e, praticando a *diaíresis* ou a divisão da dialética descendente, Platão mostrará que a política é um conhecimento teórico e não uma simples prática para conduzir os homens.

A abertura do *Político* é uma retomada do *Sofista*: o Estrangeiro indaga ao jovem Sócrates se, tendo definido o sofista, não desejaria, agora, definir o político. Essa abertura possui três significados simultâneos: um significado literário, pois, invocando um outro diálogo, Platão cria no leitor o sentimento de que as conversas entre o Estrangeiro e o jovem Sócrates foram longas e diversificadas, ao mesmo tempo que sugere a continuidade da própria obra platônica em sua maturidade; um significado político, uma vez que o sofista, historicamente, foi uma figura decisiva da *paideía* democrática de Atenas e, portanto, inseparável das discussões sobre a política; e um significado teórico-dialético, pois a definição do sofista como imitador do sábio sugere que o campo no qual se deve procurar a definição do político há de ser o da sabedoria ou da ciência, oferecendo, assim, o mote para a pergunta que inicia o novo diálogo: o político pode ser colocado entre os sábios? Pergunta pertinente ainda noutro nível, pois os célebres Sete Sábios da Grécia, venerados pela tradição helênica, eram todos políticos.

A pergunta inicial abre um campo indeterminado: qual sabedoria é a política? Prática ou teórica? Ciência das mãos ou do intelecto? Ora, diz o Estrangeiro, é evidente que o governante não realiza trabalhos manuais e, portanto, sua ciência deve ser teórica. Qual teoria, porém? A inteligência teórica ou contemplativa pode ser crítica — julga coisas e ações — ou diretiva — orienta, coordena e dirige coisas e ações. É evidente, prossegue o Estrangeiro, que a política é uma ciência diretiva ou dirigente. Mas, se assim é, o político possui "parentes" (por exemplo, os magistrados e sacerdotes) e possui "rivais" (por exemplo, arautos, adivinhos, sofistas, capitães). O que os distingue do político? O fato de que transmitem ordens e fazem cumprir ordens, mas não as produzem, não são criadores das leis fundadoras da *pólis*; além disso, suas ordens nem sempre se dirigem à Cidade como um todo, mas a partes dela, enquanto o político, se possuir realmente a ciência diretiva, dirige-se à Cidade inteira e dirige a Cidade por inteiro.

Uma ciência diretiva perfeita é aquela que, além de referir-se à totalidade dos seres que serão governados por ela, também encontra em si mesma a origem das normas, regras e leis, não se subordinando a nenhuma outra. É autodiretiva ou autodirigente, diz o Estrangeiro. Normas, regras, ordens e leis criadoras não criam qualquer coisa: criam a vida coletiva, criam os viventes que irão viver juntos, produzem a alma da *pólis* ou a própria *pólis* como um ser vivo, pois dotada de alma (as leis, normas e regras). O que são seres vivos que vivem juntos? Rebanhos. Quem é o dirigente do rebanho? O pastor. Quem é, pois, o político? Pastor do rebanho humano.

"Cometemos um grave erro", declara o Estrangeiro ao espantado jovem Sócrates. De fato, um pastor é diferente, por natureza, do rebanho, e o político é de mesma natureza que o rebanho conduzido por ele, uma vez que ele e o rebanho são humanos. Assim sendo, o título de Pastor de Homens só cabe ao deus e não ao homem. A observação platônica reafirma o que as tragédias dramatizavam: a origem da *pólis* e de suas leis é humana e não divina. Assim, o diálogo cometeu "um erro" para que pudesse, a seguir, demonstrar a humanidade da política.

Examinemos, porém, a figura do Pastor de Homens. Sendo um deus, tem o poder absoluto para governar e o faz segundo o Bem e a Virtude, cujas ideias conhece. Os humanos não possuem esse conhecimento, não podem prever tudo nem regular tudo e, por isso, não podem ter o governo absoluto. Se o político pretendesse o governo absoluto deixaria de ser político, mas nem por isso tornar-se-ia um deus: simplesmente, tornar-se-ia tirano e governaria no simulacro, pois, no lugar do Bem e da Virtude, sua ação colocaria a força.

Para um grego, o que Platão afirma é evidente e não precisa de comentário nem interpretação. Por quê? Porque a palavra *tyrannikós** significa: aquele que possui qualidades excepcionais — físicas, psíquicas, militares, oratórias — que o colocam acima de todos os outros. Por ser superior, mais e maior do que os outros, é que o tirano tem na própria vontade a única fonte para seu poder. Não possuindo termo de comparação com outros humanos e não podendo guiar-se pelo que dizem e fazem os que lhe são inferiores, só encontra em si mesmo a origem das regras, leis e ordens. Porém, sendo um homem e não um deus, desconhece o Bem e a Virtude. Como estas não são o guia de sua vontade nem dão conteúdo a ela, resta-lhe apenas um caminho para impô-la: a força.

Dessa maneira, a definição do político como Pastor dos Homens desemboca no seu contrário absoluto, isto é, no seu simulacro, de modo que, em lugar de oferecer a definição do ser do político, ela nos deu o seu não ser. Eis por que o Estrangeiro diz a Sócrates que ambos cometeram um grande erro.

A passagem pela figura do tirano, se serviu para afastar a imagem do Pastor de Homens, serviu ainda para uma outra coisa. Se o tirano é aquele que, usando a força, faz de sua vontade lei, fica claro que a lei é o substituto que os humanos encontraram para suprir a ausência do conhecimento perfeito do Bem e da Virtude. Ou seja, embora o tirano não seja o político, sua figura indica que, para os humanos, governar é instituir a lei como substituto do Bem e da Verdade (como cópia dessas ideias) e que, na tirania, não há propriamente lei, mas a força nua da vontade pessoal como substituto da lei (cópia da cópia, simulacro do Bem e da Verdade). Graças à figura do tirano, o Estrangeiro proporá uma nova definição do político: é o legislador. Ora, o tirano não governa sem leis. Como distingui-lo do legislador político? Em primeiro lugar, pela fonte de lei: no tirano, ela se origina da vontade; no político, do intelecto. Em segundo, pela atitude dos governados: a lei tirânica é obedecida por medo; a lei política, porque livremente aceita.

Será a lei o melhor caminho para definir o político? Definido como legislador, essa definição suscita novas indagações. Quem pode fazer as leis? Quais os critérios para diferenciar a lei boa da má? Como explicar situações em que a legalidade produz injustiça (lembremos da morte de Sócrates) e a ilegalidade poderia salvar a cidade (lembremos dos amigos Harmódio e Aristogitão assassinando o governante tirânico)? Dada a diferença entre os homens, como encontrar leis que sejam igualmente boas e justas para todos? Dizer que a "democracia é o império da lei" garante sua justiça e bondade?

Para responder a essas novas perguntas, o Estrangeiro propõe o exame das legislações existentes, isto é, das Constituições ou *politeíai* (ver *politeía**) existentes de fato. O que as distingue? Dois critérios: o do número de governantes (um, alguns, todos) e o das qualidades dos governantes (honra, na monarquia; excelência moral, na aristocracia; liberdade, na democracia). Ora, observam o Estrangeiro e o jovem Sócrates, esse exame em nada nos ajuda, pois em cada um desses regimes políticos escutamos os cidadãos colocando exatamente as mesmas perguntas a respeito das leis. Assim sendo, a mera existência de leis escritas não define o político, mas oferece, no máximo, uma de suas funções. Ao defini-lo como legislador, encontramos um predicado do político, mas não sua essência.

Esse predicado, aliás, em lugar de nos ajudar a avançar na definição, pode ser um obstáculo a ela. De fato, se o político for um legislador e fixar de uma vez por todas as leis (o código escrito), com o passar do tempo acabaria tornando-se injusto. De fato, sabemos que, sendo humano, não pode prever nem regular tudo. Sabemos também que o mundo em que vivemos está sujeito ao devir e nele os humanos, as cidades, a vida e as ações mudam sem cessar. Fixar as leis de uma vez por todas significa imobilizá-las num mundo móvel e forçar sua repetição rotineira para situações nas quais não poderão aplicar-se, de tal modo que aplicá-las será uma injustiça. O que a experiência tem mostrado? Que diante de situações novas que exigem respostas novas, ágeis, rápidas, inteligentes, a lei não pode ser respeitada, e alguns, para o bem da Cidade, agem contra a legislação, como o médico que receita um remédio intolerável ao paciente ou o capitão de um navio que força os passageiros a aceitar uma nova rota para evitar forte tempestade. Visto que o resultado costuma ser satisfatório, a Cidade habituar-se-á à ação excepcional contra, fora ou acima de suas leis, o que suscita o aparecimento dos tiranos. Não basta, portanto, que o político seja legislador. Com isso, Platão, sem o dizer diretamente, coloca em dúvida que os Sete Sábios teriam sido sábios por terem sido legisladores. Ainda uma vez, como na referência ao tirano, vemos o filósofo — numa discussão aparentemente muito abstrata — interpretando a história e o presente de sua sociedade.

O diálogo parece haver chegado a um impasse. As duas grandes imagens que os gregos possuíam do político — o pastor e o legislador — revelaram-se incapazes de oferecer a definição procurada. Visto que estamos numa aula de filosofia, em que o Estrangeiro está ensinando ao jovem Sócrates como procurar aquilo que não sabe, um recurso pedagógico é proposto. Para ensinar crianças a ler, diz o Estrangeiro, os pedagogos, em lugar de ensinar-lhes as letras isoladas, ensinam-lhes palavras-chave em que podem localizar e identificar as letras e, depois, compor e ler palavras novas. Essas palavras-chave são paradigmas, isto é, exemplos que enfatizam a estrutura ou a forma das palavras, oferecem uma totalidade organizada que facilita a compreensão, pois, afinal, ninguém fala, lê e escreve letras, mas palavras. Procuremos, então, um paradigma para o político, sugere o Estrangeiro, visto que os do pastor e do legislador não nos ajudaram a encontrar sua essência.

O paradigma sugerido é a arte da tecelagem. Que é a tecelagem? A arte de lidar com fios para produzir uma trama ou um tecido. Essa arte possui uma arte auxiliar: a de cardar, que separa e desembaraça os fios para que sejam postos nas mãos do tecelão. Este realiza duas ações: torce os fios para obter a urdidura e enlaça os fios para obter a trama ou o tecido. Tecer, portanto, é urdir e tramar, torcer e enlaçar. A tecelagem é a arte dos laços.

Que faz o político? Encontra na Cidade várias artes e ciências: a jurídica, a militar, a pedagógica, a econômica, a retórica. São para ele o que a arte de cardar é para a de tecer, ou seja, auxiliares preliminares de sua ação. O político as apanha e com elas faz a urdidura da Cidade: separadas, ele as reúne, torcendo cada uma delas para que sirvam à trama a ser tecida. De que é feita uma Cidade? De pessoas cujos caracteres ou temperamentos são diferentes (sanguíneos, coléricos, fleumáticos e melancólicos, como diz a medicina). A urdidura consistirá em educar cada um desses caracteres para que adquiram a virtude que lhes é própria: aos sanguíneos, a virtude da prontidão; aos coléricos, a virtude da energia ou coragem; aos fleumáticos, a virtude da moderação; aos melancólicos, a virtude do conhecimento. Graças às artes e ciências auxiliares, o político educa os cidadãos, urdindo os fios da Cidade (torce a natureza de cada um para que alcance a virtude que lhe é própria). Educados ou urdidos os cidadãos, o político tecerá o tecido da Cidade, enlaçando os fios, isto é, criando laços de amor, amizade, matrimônio, companheirismo, solidariedade entre os caracteres opostos. Unirá moderados e enérgicos, velozes e intelectuais, impedindo laços entre os de mesmo caráter (pois tais laços não só enfraquecem o caráter pela repetição contínua dos mesmos traços como ainda os leva a formar partidos, facções e seitas e a lutar entre si). Aos cidadãos assim enlaçados, o político lhes atribui a função de fazer e aplicar as leis, distribuindo, segundo seus caracteres, as magistraturas, os cargos e funções públicos. O político é um artesão que fia e tece as almas para que realizem sua *areté* e a da Cidade.

Se o político é um artesão, não deveria ser considerado um técnico? Mas a política não foi definida como ciência? Qual é, pois, a ciência do político e que define sua essência? A ciência dos caracteres humanos, de suas concordâncias e discordâncias, do que é bom ou excelente para cada um deles e do que os prejudica e vicia. O político possui a ciência das almas humanas. De posse dessa ciência, pratica uma técnica, a dos laços humanos. Com essa ciência, diz o Estrangeiro, ele realiza o mais magnífico e excelente de todos os tecidos. Abrange, em cada Cidade, todo o povo, escravos ou homens livres, estreita-os na sua trama, governa e dirige, assegurando à Cidade, sem falta e sem desfalecimento, toda a felicidade de que pode desfrutar.

Para um grego, a escolha do paradigma da tecelagem é imediatamente compreensível, e quem lesse o *Político* entenderia logo o que Platão quis dizer ao escolhê-lo. Para nós, quase vinte e cinco séculos depois de Platão, a escolha desse paradigma parece casual, sem muito sentido, talvez mera astúcia literária. Vejamos por que Platão o escolheu e por que os gregos podiam compreendê-lo sem problemas.

Na mitologia grega, a deusa Atena (padroeira de Atenas) é filha de Zeus e de Métis. Quando Métis estava grávida de Atena, foi-lhe dito que teria uma filha e, a seguir, um filho que roubaria o poder de Zeus. Este, para evitar a perda do poder, decidiu livrar-se de Métis, devorando-a. No interior de Zeus, Métis iniciou o trabalho de parto. Desesperado com a dor que invadia sua cabeça (pois ali estava Métis), Zeus pediu ao ferreiro dos deuses, Hefesto, que lhe arrebentasse a cabeça para acabar com a dor. Ao abrir-se a cabeça de Zeus, dela saltou, armada, a guerreira Palas Atena. Por ter nascido da violência, tornou-se patrona da guerra, mas por haver saído da cabeça de seu pai, tornou-se a deusa da razão e da sabedoria, patrona das artes, das ciências e da filosofia. Sendo filha de Métis, herdou de sua mãe a astúcia, o golpe de vista, o senso da oportunidade, a arte da simulação e sobretudo a arte dos laços, sendo patrona dos tecelões e das bordadeiras. Assim, duas deusas possuem a tecelagem como um de seus emblemas: Métis e Atena. Ao escolher o paradigma da tecelagem, Platão mantém a patrona de Atenas, mas altera profundamente o sentido mítico dessa patronagem.

De fato, vimos, no Capítulo 3, quando nos referimos às técnicas, que Métis é a deusa da inteligência prática e patrona dos médicos, capitães, caçadores, sofistas e políticos. Por seu turno, sua filha, Atena, é a deusa da inteligência teórica, da sabedoria especulativa, patrona dos sábios e filósofos.

Ao escolher o paradigma da tecelagem para definir o político, Platão realiza duas operações. Primeiro, faz-se compreender por seus contemporâneos, pois conserva o político sob uma arte da Métis protegida por Atena; segundo, destrói a imagem que seus contemporâneos possuíam do político, pois não o define pela *arte* de tecer e sim pela *ciência* dos laços, isto é, transfere-o da astúcia prática de Métis para os braços especulativos de Atena, a sábia. Faz do político, filósofo. Realizando um percurso diverso do que percorrera na *República*, Platão apresenta o que lhe faltava para a construção da Cidade justa ou perfeita: a essência do agente político.

OS SOCRÁTICOS MENORES

Canta uma lenda que Sócrates teria sonhado com um majestoso cisne que o seguia bicando-lhe o calcanhar. Ao despertar, disseram-lhe que estava à sua procura um jovem. Ao vê-lo, Sócrates teria dito: "Eis o meu cisne". O jovem era Platão.

Essa fábula costuma ser narrada para distinguir Platão de outros discípulos de Sócrates que passaram à história com o nome de "socráticos menores".

Mescla dos ensinamentos de Sócrates e dos procedimentos retóricos dos sofistas, as posições dos socráticos menores encaminham-se decididamente para uma orientação moral da filosofia, pondo em dúvida a possibilidade de enfrentar racionalmente as questões especulativas que, na mesma época, ocuparam Platão e Aristóteles. Agruparam-se em três escolas: a megárica, a cínica e a cirenaica.

OS MEGÁRICOS

Euclides de Megara, possivelmente seguidor dos eleatas e, mais tarde, discípulo de Sócrates, cuja morte presenciou, abriu sua casa aos que desejavam continuar as discussões filosóficas, nela dando abrigo ao jovem Platão. É considerado o fundador da Escola Megárica, de que são representantes Eubúlides de Mileto, Estilpão e Diodoro Crono. O vínculo de Euclides com os eleatas deu aos megáricos sua principal característica, qual seja, a tentativa para unir o ensinamento de Sócrates e o de Parmênides, identificando, com o nome de Deus, Sabedoria ou Intelecto, o Bem (a virtude socrática) e o Uno (parmenidiano).

Euclides negava realidade a tudo que fosse contrário ao Bem e à sua unidade, portanto, recusava não só o que aparecia à experiência sensorial, isto é, o sensível, o movimento ou devir e a multiplicidade corporal, mas também a pluralidade das ideias ou essências inteligíveis (pluralidade que será proposta por

Platão). Afirmava a unidade da virtude, ainda que designada com vários nomes; e mantinha a declaração socrática da identidade entre razão e vida virtuosa, o vício sendo, portanto, ignorância do verdadeiro Bem.

Recusando a multiplicidade empírica das coisas sensíveis tanto quanto a pluralidade das essências inteligíveis, Euclides recusa também a dialética como procedimento para alcançar a verdade, uma vez que o dialético opera com os contrários e, portanto, com o embate entre o ser e o não ser, embate que um parmenidiano não pode admitir, pois o não ser não existe. Na mesma linha, recusa a dialética atenuada daqueles que consideram o conhecimento uma comparação entre os diferentes para chegar ao que lhes é comum, essa comunidade sendo, então, a definição unitária e verdadeira de uma multiplicidade dada. Ora, diz Euclides, ou os termos em comparação já são idênticos às coisas comparadas, não havendo necessidade da comparação porque já se conhecem as próprias coisas, ou os termos e as coisas são completamente diferentes e a comparação é impossível.

Os sucessores de Euclides, empregando procedimentos da retórica sofística, desenvolveram argumentos no estilo de Zenão de Eleia, isto é, combateram a pluralidade e o devir por meio da redução ao absurdo do múltiplo e do movimento. Desses argumentos, três são os mais conhecidos porque serão incessantemente discutidos por toda a filosofia posterior até nossos dias. O primeiro, desenvolvido por Eubúlides sob várias formas, é conhecido como o "argumento do mentiroso" e o "sorites do monte de areia"; o segundo, apresentado por Estilpão, refere-se à impossibilidade da predicação quando o predicado é diferente do sujeito; e o terceiro, talvez o mais célebre de todos, foi desenvolvido por Diodoro Crono contra a ideia do possível, e conhecido como *kyrieúon*, o vitorioso, o triunfador, o imbatível ou, como passou a ser designado pela tradição, o Dominador.

O "argumento do mentiroso" é assim reproduzido por Cícero: "Se dizes que mentiste, e de fato mentiste, dizes a verdade porque mentiste, ou, então, mentiste porque dizes o falso e, neste caso, dizes a verdade ao dizeres que mentiste". Em suma, tu invalidas o princípio lógico da contradição, pois ao mesmo tempo mentes e não mentes. Trata-se de um *paradoxo* do tipo que, mais tarde, será chamado de *indecidível* e para o qual a lógica de nossos dias buscará solução distinguindo entre a afirmação causadora do paradoxo, isto é, a afirmação ilimitada de "digo que menti", válida para *todas* as asserções passadas feitas por alguém, incluindo sua asserção presente, e a afirmação limitada de "digo que menti", isto é, referente a uma asserção determinada feita por alguém num momento determinado sobre um assunto determinado. O argumento de Eubúlides tem como pressuposto que as palavras que alguém diz e as coisas referidas por essas palavras são idênticas, ou seja, aquele que fala está implicado na linguagem que está falando no momento mesmo em que fala — dizer "eu minto quando eu digo que minto e por isso digo a verdade quando digo que estou mentindo" coloca no mesmo plano duas afirmações — "eu minto" e "eu digo que minto" —, de tal maneira que dizer alguma coisa ("eu minto") e falar sobre o que foi dito ("digo que eu menti") estariam no mesmo plano de realidade. O objetivo do argumento megárico é simplesmente o de invalidar a suposição de que possamos usar a linguagem para o conhecimento verdadeiro.

O "sorites do monte de areia", reproduzido por Diógenes de Laércio em *Vidas e doutrinas dos filósofos ilustres*, consiste em provar que, se tirarmos um grão de areia de um monte, este não perde sua identidade de monte e, por conseguinte, não pode desaparecer se tirarmos seus grãos um a um; portanto, conclui o argumento, não há o monte de areia como multiplicidade de grãos. Uma outra versão do argumento vai no sentido inverso, ou seja, em lugar de indagar em que momento deixamos de ter o monte, indaga em que momento teríamos um monte: com dois grãos, dez ou mil? Esse argumento afirma que a experiência não nos dá o conhecimento do contínuo nem do descontínuo e, portanto, não podemos determinar quando uma coisa se transforma em outra. Consequentemente, não podemos conhecer o devir ou o movimento.

O argumento de Estilpão se baseia no princípio de identidade, de acordo com o qual uma coisa é sempre idêntica a si mesma e não podemos dizer dela outra coisa senão que ela é ela mesma. Por exemplo, não podemos dizer "o cão corre", pois a identidade do sujeito "cão" impede que lhe seja atribuído um predicado, "o correr", diferente dele. Por outro lado, se "cão" e "correr" fossem idênticos, não se poderia dizer "o cavalo corre" nem "o leão corre", uma vez que, neste caso, estaríamos dizendo que o cavalo e o leão são cães. Admitida uma pluralidade de predicados para uma pluralidade de sujeitos, a linguagem e o pensamento desembocarão em absurdos.

Finalmente, o Dominador de Diodoro Crono. Dele não possuímos a versão original, mas várias versões oferecidas por outros filósofos que não cessaram de discuti-lo. A versão mais conhecida pode ser considerada aquela que, tempos mais tarde, será encontrada no estoico Epicteto e em Cícero, para quem o argumento de Diodoro consiste em estabelecer a identidade entre o possível e o real, isto é, que não há o possível, mas apenas o próprio real. Na versão de Cícero, o argumento diz:

> Do que é possível, não pode seguir algo impossível. Ora, é impossível que o que passou seja alheio ao que tem sido. Mas se, num momento anterior, tivesse sido possível alguma coisa diferente do que foi, do possível teria nascido o impossível; então, o que é diferente do que foi não era possível em nenhum momento. Consequentemente, é impossível que possa acontecer alguma coisa que não aconteça realmente.

A versão mais antiga, anterior à que acabamos de mencionar, encontra-se numa obra de Aristóteles, o *Da interpretação* (capítulo 9), podendo ser assim resumida: uma vez que se admite que toda proposição é verdadeira ou falsa e que está excluída uma terceira possibilidade (isto é, que não seja nem verdadeira nem falsa), esse princípio aplica-se tanto aos acontecimentos futuros como aos passados e presentes. Isso significa que uma proposição sobre o futuro pode ser ou verdadeira ou falsa — o exemplo dado por Aristóteles é: se digo que amanhã haverá uma guerra, essa proposição será verdadeira, se houver guerra, e falsa, se não houver guerra. Ora, de acordo com o Dominador, isso significa que uma proposição presente sobre um acontecimento futuro não é, no presente, nem verdadeira nem falsa, mas indeterminada e, portanto, ela não respeita o princípio segundo o qual toda proposição ou é verdadeira ou é falsa, e não há terceira alternativa. Deve-se portanto concluir que as proposições que se referem a coisas ou acontecimentos possíveis não respeitam as leis do pensamento.

Além disso, como prossegue Diodoro, na versão de Epicteto, toda proposição verdadeira sobre o passado não pode tornar-se falsa — tendo havido uma guerra, a proposição passada que dizia "haverá guerra" não será meramente possível ou indeterminada, mas será sempre verdadeira, determinada e necessária (e o mesmo deve ser aplicado à proposição passada "não haverá guerra", se não tiver havido uma guerra). Por quê? Porque, se assim não for, seria preciso admitir que uma proposição verdadeira sobre o passado se tornaria falsa no presente, ou que, falsa no passado, se tornaria verdadeira no presente. Mais do que isso. Uma proposição passada sobre um possível que nunca se realizará não se refere a um possível, e sim a um impossível; e uma proposição passada sobre um possível que se realizou, também não se refere a algo possível, e sim a um necessário, isto é, a algo que necessariamente ocorreu.

Fundamentalmente, Diodoro afirma que toda ética que pretenda fundar-se numa deliberação da vontade para escolher entre ações possíveis esbarra na impossibilidade mesma de deliberar, pois a ação possível é futura, mas não se pode deliberar sobre o futuro porque este é necessário ou impossível e ninguém pode deliberar sobre o necessário (pois não depende de nossa vontade) e o impossível (pois nunca poderá acontecer). O Dominador declara que tudo é necessário e nada é meramente possível.

Dessa afirmação podemos compreender o início do argumento na versão de Cícero, isto é, que do possível não pode seguir um impossível. De fato, o que o argumento afirma é que só é possível o que realmente acontece e, portanto, só é possível o que é realmente necessário, pois se algo fosse possível e não se realizasse nunca, seria um impossível e seria preciso dizer que, do possível, resulta o impossível, o que é absurdo. Assim, de acordo como o Dominador, o possível (isto é, aquilo que pode ser ou deixar de ser) é logicamente indeterminado (não é verdadeiro nem falso) e realmente inexistente, uma vez que, se puder existir, será necessário, e, se não puder, será impossível.

Ora, o possível é a marca do devir, do vir a ser. Se não há o possível, não há movimento, mudança nas coisas, nem deliberação e escolha na ação humana.

Como podemos observar, a expressão "socráticos menores" não é muito adequada para avaliarmos a importância desses filósofos, pois os paradoxos de Eubúlides e de Estilpão e o argumento do Dominador propõem dificuldades que a filosofia não cessará de discutir até hoje. Talvez a designação dos megáricos como "menores" se deva ao fato de terem afirmado a impossibilidade do conhecimento teórico ou especulativo e de terem escolhido o ideal do sábio impassível diante do mundo ilusório, sereno diante da inutilidade da especulação.

Essa mesma atitude encontraremos nos cínicos e cirenaicos.

os cínicos

Antístenes de Atenas, inicialmente discípulo de Górgias e professor de oratória dos jovens ateniense abastados, tornou-se seguidor de Sócrates e, no ginásio de Kynosargos ou Cinosargos — local de que Hércules era o patrono —, fundou a escola que recebeu o nome de *cínica*, seja por causa do nome do lugar, pois *kynós argos* significa "cão ágil", seja por seu estilo de vida e conduta "canina". Canina, tanto pelo ideal do sábio que vence fadigas sem contas e vence monstros, à maneira de Hércules, como pelo ideal da simplicidade, do despojamento daquele que vence prazeres e dores por sua força de ânimo, mas também pelo seu descaramento e desrespeito às convenções sociais. De fato, no vocabulário grego, *kyon* (cão) vem sempre associado às imagens da caça e da fidelidade, mas também às da desfaçatez ou falta de vergonha do animal no cio que se satisfaz publicamente, perambula pelas ruas e come restos, sem necessidade de teto nem de conforto.

O que Antístenes mais admirava em Sócrates era a independência de caráter e a simplicidade de vida, uma vida virtuosa que, no dizer do primeiro cínico, não carecia de conhecimentos especulativos, matemáticos ou cosmológicos, mas da força de ânimo para a vida moral autossuficiente.

Opondo-se a Platão, Antístenes afirmava só existirem as coisas corporais ou sensíveis e recusava a existência de essências inteligíveis, constando que teria dito: "Platão, vejo o cavalo e não a cavalidade". Ao que o socrático maior teria respondido: "É que não tens olhos [do espírito] para vê-la". Existindo apenas o corporal ou sensível, Antístenes propõe uma teoria da definição em que esta deve exprimir a natureza de uma coisa *composta* (o composto é a marca própria do que é corporal) e, portanto, definir é enumerar os *elementos simples* do composto, dos quais, porém, não é possível oferecer definição por serem simples. Além disso, como se observa na anedota sobre a "cavalidade", Antístenes afirmava que só existem os seres individuais (toda coisa corpórea é uma individualidade complexa) não havendo essências ou entidades universais. Consequentemente, não é possível formular juízos ou proposições universais, como por exemplo "o homem é bom", não só porque "o homem" e "o bom" não existem, como também porque, se existissem, cada qual deveria ser uma essência determinada e, nesse caso, haveria contradição em atribuir uma essência (a bondade) a uma outra essência (a humanidade).

O Sócrates dos cínicos, portanto, não é o filósofo especulativo, mas ético. Aquele que ensinou que a virtude é o único bem, medida para avaliar a falsidade do que os homens chamam de bens, como os prazeres que, na realidade, são males, pois distraem a alma e a afastam do bem verdadeiro. Para alcançar a virtude, dizem os cínicos, é preciso distanciar-se das necessidades criadas pelos próprios homens, nas quais eles se enredam buscando satisfazê-las de tal maneira que criam dependências com relação aos outros, escravizando-se para conseguir falsos bens e evitar falsos males.

A ética cínica é uma revisão dos valores tradicionalmente aceitos pela *pólis*. Entre as afirmações de Antístenes, Diógenes de Laércio menciona aquelas que indicam a distância tomada com relação à Cidade:

> O sábio não vive segundo as leis de sua pátria, mas conforme à virtude (Diógenes de Laércio, s/d, t. II, p. 7).

> A virtude é a mesma para o homem e a mulher (idem, ibidem).

Tal como Antístenes a formula, a ética cínica pode ser assim resumida: somente a virtude é o bem, o vício é o mal e todo o resto é indiferente. Bom é o que é conforme à natureza de um homem e a única coisa conforme à sua natureza é sua força de ânimo. Disso resulta, em primeiro lugar, que o prazer, enfraquecendo o ânimo, corrompe a alma, sendo por isso vício e, pior, loucura; em segundo, que fortuna ou pobreza, liberdade ou escravidão, saúde ou doença, honra ou vergonha, em si mesmas, são indiferentes, nem boas nem más. Porque o prazer corrompe e enlouquece, o modelo de vida é a existência laboriosa e infatigável de Hércules: aquele que trabalha sem cessar e aceita trabalhos considerados impossíveis de realizar. O trabalho do sábio é o domínio completo de suas paixões que lhe traz independência e felicidade.

Acreditam os cínicos que a virtude pode ser ensinada. Cabe ao filósofo reformar-se a si mesmo para poder transmitir aos outros a virtude, e o sábio é um "condutor de homens", censurando e criticando os que sucumbem ao vício, sejam eles plebeus ou reis. O ensino cínico, porém, difere daquele praticado pelo Sócrates platônico, não se realizando pela dialética ou discussão de opiniões contrárias, pois entre interlocutores que pensam coisas opostas nenhum acordo é possível e a contradição entre os opositores não significa que um deles estaria na verdade e o outro no erro. De fato, a contradição indica que nenhum dos interlocutores encontrou a identidade da coisa de que fala. O ensino se faz por instrução do mestre moral ao aprendiz que aspira a dominar as paixões. Isso significa que não se pode ensinar o ato virtuoso propriamente dito, mas exercícios que conduzam a ele, uma vez que, dizem os cínicos, "a virtude está nos atos, não nos discursos e pensamentos". Por esse motivo, o ensinamento cínico se faz por meio de alegorias (em geral, retiradas das personagens de Homero) e aforismos que são, via de regra, ensinamentos diretos sobre como agir, ou, então, críticas violentas a opiniões e preconceitos herdados.

Partindo da oposição que os sofistas haviam estabelecido entre natureza (*phýsis*) e convenção (*nómos*), mas não aceitando a conclusão sofística de que tudo era convencional e nada natural, os cínicos circunscrevem a convenção às leis e aos valores da *pólis* e os rejeitam em nome de uma vida conforme à natureza. Donde a adoção dos princípios da simplicidade de vida, da recusa de chão, teto e família, da vida cívica e do politeísmo, da aceitação da mendicância, da nudez e da indiferença aos insultos dos cidadãos. Esses princípios se encarnam na própria figura de Antístenes, vestido apenas com um manto rústico, carregando a sacola de alimentos e segurando um bordão. Como escreveu um autor, "o cinismo foi o maior assalto aos valores" em toda a Antiguidade, com seu intransigente amor à "vida natural".

Desse assalto aos valores, a figura paradigmática é Diógenes, o Cínico, que declarava não pretender ser o médico das doenças de sua sociedade, mas um "cão selvagem".

Filho de um banqueiro de Sínope, onde nasceu, Diógenes viveu a maior parte de sua vida em Atenas e Corinto, escreveu várias obras (perdidas) das quais a mais importante recebeu o título de *A pantera*. Conhecemos Diógenes de Sínope muito mais por anedotas do que por seus escritos, e por isso dele sabemos muito mais o que pensavam seus escandalizados contemporâneos do que o que ele próprio pensava e dizia. Dessas anedotas, quatro são as mais conhecidas.

A primeira delas narra que, apoiado num bordão, vestido com trapos e carregando uma sacola de alimentos, viu uma criança nua bebendo água nas mãos. Arrancou os trapos, jogou fora o bordão e a sacola e, perseguido por estar nu, passou a "vestir-se" com um tonel que lhe servia de casa. A segunda conta que, posto à venda como escravo e notando um comprador potencial, teria dito ao vendedor: "Venda-me para ele, pois anda precisado de um senhor". A terceira, talvez a mais conhecida, refere-se ao diálogo que teria tido com Alexandre, o Grande. Senhor do mundo, vendo a miséria do filósofo, Alexandre indagou o que poderia fazer em seu favor, ao que Diógenes respondeu: "Não me tires o que não me podes dar. Sai da frente, pois estás a me tirar a luz do sol". A última, mais difundida entre os filósofos, conta que Diógenes, segurando uma lanterna acesa em plena luz do dia, andava pelas ruas de Atenas à procura de um homem "verdadeiramente justo", sem jamais encontrá-lo.

Essas anedotas são significativas por si mesmas. Nelas vemos o cínico em ação: na primeira, a busca da "vida natural"; na segunda, o desprezo pelos verdadeiros escravos, que são os escravos morais; na terceira, o desrespeito pela insolência dos que se julgam detentores de todo poder; na quarta, a desmoralização dos atenienses e da *pólis*, contra a qual Diógenes defendia a comunidade de mulheres e filhos, a paz e o exemplo da sabedoria dos animais, que não se envergonham de seus costumes enquanto os atenienses deveriam envergonhar-se dos seus. Seu discípulo, Crates, teria, segundo relato de Diógenes de Laércio, oferecido a descrição da *pólis* ideal:

> Em meio à fumaça cor de vinho, ergue-se Besácia, grande e bela cidade, a cidade dos cínicos, à qual não chega nenhum parasita e nenhum tolo, nem guloso à procura de prostitutas. É rica em tomilho, alho, figo e pão, alimentos que não suscitam guerra alguma entre os homens, e nela ninguém toma das armas por desejo de riqueza, fama ou glória (Diógenes de Laércio, s/d, t. II, p. 34).

OS CIRENAICOS

A terceira escola socrática menor foi fundada por Aristipo de Cirene, cidade em que parece ter conhecido as ideias de Protágoras, tendo, posteriormente, vivido em Atenas e frequentado o círculo de Sócrates. Após a morte do mestre e uma viagem a Siracusa, retornou a Cirene, onde fundou sua escola. Segundo narrativa de Diógenes de Laércio, indagado como teria ido de Sócrates a Dionísio, tirano de Siracusa, Aristipo teria respondido: "Fui ao primeiro para me instruir e ao segundo para rir". Narra ainda Diógenes de Laércio que, criticado por se fazer pagar pelos ensinamentos, contrariando o princípio de Sócrates, que jamais recebera pelo que ensinava, o cirenaico teria dito: "Sócrates recebia pão e vinho e a proteção dos Grandes de Atenas; eu só conto comigo mesmo". E a um pai, que se escandalizara quando Aristipo lhe pedira cinquenta dracmas para educar-lhe o filho, exclamando que com tal quantia poderia comprar um escravo, o filósofo teria retrucado: "Compra-o, então, e terás dois em tua casa".

Como para os megáricos e os cínicos, também para os cirenaicos a questão ética é mais importante do que a discussão especulativa e cosmológica. A esta se dedicam apenas quando diretamente relacionada com os problemas morais. Segundo testemunhos de Sexto Empírico e de Sêneca, a obra de Aristipo dividia-se em cinco partes: estudo das coisas que devem ser evitadas e das que devem ser desejadas (problema do bem e do mal); estudo das paixões; estudo das ações; estudo das causas naturais (física) e estudo da verdade (lógica).

A relação das duas últimas partes com as três primeiras torna-se logo evidente quando vemos que Aristipo, em conformidade com o ensino de Protágoras, afirma que todo conhecimento provém da sensação e que esta é o único critério da verdade: uma sensação enquanto tal é sempre verdadeira (vejo a luz, sinto calor, sinto um gosto ou um cheiro), mas ela nunca ensina a natureza própria daquilo que é sentido ou percebido. Consequentemente, não há verdade fora da experiência sensível e não há conhecimento inteligível de essências que existiriam em si e por si mesmas. Em outras palavras, conhecemos apenas o que é percebido e tal como nos aparece na sensação — conhecemos *fenômenos*, ou seja, o aparecer das coisas para nós.

Esse ensinamento da lógica é confirmado por um outro, vindo da física. Há duas e apenas duas formas de movimento: uma ativa, fonte e causa do movente, e outra, passiva, isto é, o movido. Na sensação, o movimento ativo é realizado pelo objeto exterior e o passivo, pelo sujeito que recebe a impressão externa. Por isso, a sensação permite nomear tanto o sensível que a provoca — cor, som, odor, textura, sabor — como o sensório que a recebe — visão, audição, olfato, tato, paladar — e o modo como se dá a recepção — prazer, dor, desejo, temor, cólera, amor, ódio etc. Ora, é próprio da sensação ser instantânea, não subsistindo nem antes nem depois do encontro dos dois movimentos e, por conseguinte, deve-se afirmar que nada é (no sentido de uma permanência das coisas no ser), mas tudo *se gera* (está num devir permanente, num fluxo incessante de aparição e desaparição). Só é real o instante presente da sensação ou o *agora*. E neste só há o *fenômeno*, o aparecer do sensível à nossa sensibilidade.

A sensação, causa de nossas paixões, determina nossos sentimentos e estados emocionais que, na verdade, reduzem-se a três: a dor, semelhante ao movimento de um mar tempestuoso; o prazer, semelhante ao ligeiro movimento das ondas sob brisa suave; e a calma, sem dor nem prazer, semelhante à calmaria de um mar sem ventos nem brisas. O primeiro é desagradável e sentido como o mal, enquanto o terceiro é indiferente; somente o segundo, agradável, produz o sentimento de felicidade. Consequentemente, a sabedoria ou virtude não é a calma e sim o prazer, e sábio é aquele capaz de conseguir não só o maior número de prazeres, mas também o máximo que cada um deles pode realizar no agora, porque a sensação é sempre atual e não dispomos de prazeres passados nem futuros (seria, aliás, uma contradição nos termos falar em sensação passada ou futura). "Só o presente é nosso, não o momento passado nem aquele que aguardamos porque um já está destruído e do outro não sabemos se será", teria dito o cirenaico.

Em *Vidas e doutrinas dos filósofos ilustres*, assim se refere Diógenes de Laércio aos cirenaicos:

> Os que se apegaram aos ensinamentos de Aristipo e tomaram o nome de cirenaicos professavam as seguintes opiniões: há dois estados d'alma: a dor e o prazer. O prazer é um movimento doce e agradável; a dor, um movimento violento e penoso. Um prazer não difere de outro, um prazer não é mais agradável do que outro. Todos os seres vivos buscam o prazer e fogem da dor. Por prazer, entendem o do corpo, que tomam por um fim, e não o prazer consistindo no repouso consistindo na privação da dor e na ausência de perturbação [...]. Acreditam que o fim e a felicidade são diferentes porque o fim é sempre particular e a felicidade é um conjunto de prazeres particulares [...]. Dão à ausência de prazeres e dores o nome de estados intermediários ou indiferentes (Diógenes de Laércio, s/d, t. I, pp. 116-7).

Embora o prazer seja sempre bom, há diferentes graus de prazer, assim como há diferentes maneiras de aumentá-lo pela combinação de vários prazeres, bem como formas de conseguir prazer pela eliminação da dor ou pela diminuição da intensidade dela. O corpo, por si mesmo, não é capaz de realizar essas operações de aumento do prazer e diminuição da dor, pois elas exigem uma arte para serem conseguidas. É preciso exercitar o juízo para consegui-lo. A filosofia é esse exercício do juízo para avaliar sensações e valores emocionais, para medir prazer e dor, aumentar o primeiro e diminuir ou eliminar a segunda. Arte de viver, a filosofia é a primeira condição para a verdadeira felicidade, ensinando ao sábio, em cada circunstância, como adaptar-se ao presente e dele retirar sempre o melhor, limitando seus desejos e fortalecendo seu autodomínio, que lhe garantirão o que é mais difícil e raro: um contentamento contínuo numa realidade feita de instantes.

Diógenes de Laércio escreve:

[Para os cirenaicos] a sabedoria é um bem, mas não é por si mesma uma virtude, ela o é por seus efeitos [...]. Segundo esses filósofos, pode-se conhecer a natureza das paixões, mas não sua origem. Não se preocupavam com a metafísica porque, com toda a evidência, nada se pode saber [sobre as coisas em si]; em contrapartida, estudavam a lógica, ciência útil [...]. Ademais, nada é, por natureza, justo, belo ou feio: o uso e o costume é que decidem sobre isto. O filósofo, porém, evitará cometer um crime, por princípio, e não por medo dos castigos ou para receber recompensas, mas porque é sábio.

5. Aristóteles: a filosofia como totalidade do saber

ESPANTO, APORIA E DIÁLOGO

Na abertura da *Metafísica* encontramos a primeira das mais famosas afirmações de Aristóteles: "Todos os homens desejam por natureza saber". Mais adiante, nesse mesmo primeiro livro, lemos a segunda de suas afirmações célebres:

> Que [a filosofia] não é uma ciência prática, é evidente pelos que primeiro filosofaram. Pois os homens começam e começaram sempre a filosofar movidos pelo espanto (*tò thaumázein*) [...]. Aquele que se coloca uma dificuldade e se espanta reconhece sua própria ignorância. Por isso, o que ama os mitos (*philómythos*) é, de certa maneira, filósofo (*philósophos*), pois o mito está repleto de espantoso. De sorte que, se filosofaram para fugir da ignorância, é claro que buscavam o saber em vista do conhecimento, e não em vista de alguma utilidade.

Tò thaumázein é o espanto cheio de admiração. Admirar é mirar, olhar para, contemplar. Contemplação, em grego, se diz *theoría*, do verbo *theoréo*, que significa observar, examinar, contemplar e cujo correspondente, em latim, é o verbo *specio*, de onde vem a palavra especulação. A filosofia, espanto admirativo, é contemplação ou saber teórico, especulação ou saber especulativo. Por esse motivo, na primeira afirmação da *Metafísica*, depois de enunciar que por natureza os homens desejam saber, Aristóteles prossegue escrevendo que a melhor prova disso está no prazer que sentimos em ver as coisas, "mesmo fora de qualquer utilidade" e "mesmo quando não nos propomos nenhuma ação". O espanto admirativo desperta nosso desejo natural de conhecer e é para nós causa de prazer, pois todo desejo busca o prazer. A filosofia é desejo de conhecer e prazer no conhecimento. Mas há uma pequena cláusula decisiva no trecho final do texto aristotélico: se filosofaram para fugir da ignorância, escreve Aristóteles, então buscaram o saber por ele mesmo e não em vista de algum outro fim. Isso significa que, sendo conhecer pelo prazer de conhecer, a filosofia é um fim em si mesma. Ora, ser livre, diz Aristóteles em várias de suas obras, é ter o poder de dar a si mesmo seu próprio fim e ser para si mesmo seu próprio fim. Por isso a filosofia é o único de todos os saberes que é verdadeiramente livre, pois somente ela é seu próprio fim. A teoria é o saber em vista do próprio saber.

Ao colocar o espanto admirativo como causa iniciante do conhecimento e ao indicar que o prazer cognitivo trazido pelas sensações decorre da capacidade diferenciadora e discriminadora dos nossos sentidos, Aristóteles se afasta de Platão, pois não recorre à reminiscência e às Ideias para explicar a origem e a possibilidade do conhecimento. De fato, como lemos no final do trecho da *Metafísica* acima citado, o espanto admirativo nos faz reconhecer nossa ignorância e desejar fugir dela. Em outras palavras, o espanto pelo mundo produz um espanto interior, qual seja, a descoberta de nossa ignorância, e é esse duplo espanto que causa o desejo de conhecer.

No entanto, como observa o helenista Pierre Aubenque, em *O problema do ser em Aristóteles*, embora o desejo de conhecer seja uma tendência natural dos humanos, a abertura da *Metafísica* também afirma que a filosofia, nascida do espanto, não é um impulso espontâneo, mas nasce de uma pressão sobre nossa alma, causada por uma aporia, isto é, por uma dificuldade que nos parece insolúvel. Certamente, foi o espanto em ver a água mudar de estado que pode ter despertado em Tales a busca da *phýsis*, mas também certamente foi a aporia da incomensurabilidade entre o lado e a diagonal do quadrado que forçou os pitagóricos a encontrar uma nova concepção da unidade, ainda que não pudessem, com ela, solucionar a aporia do número irracional ou desproporcional. Assim, a filosofia descreve um movimento em que o primeiro espanto tira os humanos de sua ignorância satisfeita para fazê-los cair em novos espantos, ou seja, em aporias com as quais uma nova ignorância é reconhecida e um novo movimento, iniciado. A crise aberta pela oposição entre eleatas e heraclitianos é a melhor demonstração de que o espanto não é algo que se encontra no passado da filosofia, mas é parte essencial de sua própria história. Como escreve Aubenque, para Aristóteles, "se a pressão das coisas determina a origem e o sentido da busca, é ela também que a anima e sustenta em seus diferentes momentos".

Por que a filosofia caminha de espanto em espanto? Porque, diz Aristóteles, ela é constrangida a isso pela força da verdade e pela necessidade de acompanhar os fenômenos, o *phainómenon**, aquilo que aparece e se põe diante de nós, dando-se a conhecer. Eis por que, por exemplo, Parmênides, apesar de sua doutrina, foi forçado a reconhecer a multiplicidade e a pluralidade dos opostos no plano da opinião. Pelo mesmo motivo, os atomistas, embora materialistas, foram obrigados, por sua própria doutrina, a admitir o imaterial, isto é, a existência do vazio. Assim, o espanto faz com que, de aporia em aporia, os filósofos não cessem de dialogar com o mundo e com as coisas.

O diálogo se realiza também entre os próprios filósofos. Impressiona o leitor de Aristóteles o fato de que em todas as suas obras, a cada novo assunto, o filósofo escreva uma espécie de história da filosofia, um apanhado das opiniões (*tà endóxa*) dos antecessores sobre o problema investigado. Como um médico, Aristóteles começa sempre pela anamnese, isto é, pela recordação que permite diagnosticar o estado presente e justifica essa maneira de proceder escrevendo, no Livro II da *Metafísica*:

> A investigação da verdade é, num sentido, difícil e, noutro, fácil. A prova disso é que ninguém pode alcançar plenamente a verdade, mas ninguém erra inteiramente, e cada um diz algo sobre a natureza em si mesma; individualmente, essa contribuição não é nada ou é pouca coisa, mas o conjunto de todas as contribuições forma um resultado fecundo. De sorte que, verdadeiramente, o caso é aqui semelhante ao que costumamos exprimir com um provérbio: "Quem há de errar ao flechar uma porta?". Nesse sentido, a investigação da verdade é, sem dúvida, fácil; porém o alcançar o todo sem poder alcançar uma parte mostra sua dificuldade.

Aristóteles não apresenta as opiniões dos filósofos numa sequência cronológica, mas numa sequência de aporias, em que cada filósofo responde a outro, mostrando a filosofia como diálogo filosófico. O acordo entre os filósofos é o primeiro sinal da verdade; seu desacordo, o da falsidade de suas opiniões. Desenvolver uma aporia e recolher a opinião dos antecessores significa, em primeiro lugar, que o filósofo terá que passar pelos mesmos problemas que seus antecessores e, em segundo, que o diálogo dos filósofos é uma ascese ou depuração da verdade, não como um progresso inelutável, mas como um trabalho sempre renovado.

Encontramos no espanto admirativo, isto é, na aporia e na história das aporias, a primeira razão para que a obra aristotélica se realize como investigação e exposição de todos os saberes: onde houver uma aporia, há filosofia e por isso a filosofia concerne à totalidade dos saberes.

A segunda razão para que a filosofia, com Aristóteles, surja como pluralidade e totalidade dos conhecimentos decorre de sua ideia do que seja o objeto filosófico por excelência: o ser. Ora, escreve ele no Livro IV da *Metafísica*: "O ser se diz de muitas maneiras", isto é, possui muitos sentidos e muitas maneiras de ser, cabendo à filosofia conhecer todas elas.

No quarto livro da *Metafísica*, Aristóteles reafirma o que dissera no Livro I, isto é, que a filosofia é a totalidade do saber. Entretanto, diz ele, o saber teórico diferencia-se segundo o objeto ou a natureza do ser contemplado ou examinado pelo conhecimento. Desse ponto de vista, o conjunto dos saberes teóricos divide-se em três grandes saberes ou ciências teóricas: a física (que estuda os seres que possuem em si mesmos o princípio de seu movimento e de seu repouso, isto é, as causas de todas as suas transformações qualitativas, quantitativas, de lugar e tempo, de geração e perecimento); as matemáticas (que estudam os seres imóveis, isto é, não sujeitos às transformações ou ao devir, ainda que não existam separadamente dos seres físicos dos quais são as superfícies, as figuras, os volume etc.); e a filosofia primeira (*próte philosophía*), a mais alta das ciências teóricas (que estuda o ser enquanto ser, sem determiná-lo neste ou naquele aspecto, e enquanto imóvel, isto é, não submetido ao devir). As ciências teóricas abrangem, pois, os conhecimentos dos seres naturais (a física compreendendo a biologia, botânica, zoologia, psicologia, cosmologia, enfim, todos os seres da natureza), os conhecimentos matemáticos (aritmética, geometria, astronomia, acústica, harmonia ou música) e o conhecimento dos primeiros princípios e das primeiras causas de todas as coisas (o ser puro e imóvel).

O que são as ciências teóricas? Aquelas cujos objetos existem independentemente da vontade e da ação dos homens e que por isso só podem ser contemplados por nós. Todavia, não constituem a totalidade do saber.

Na abertura da *Ética a Nicômaco* (no Livro I), Aristóteles nos fala de um outro conjunto de ciências que, sendo ciências, são teóricas, mas não são teoréticas, isto é, seu objeto de conhecimento é alguma coisa que depende da vontade e da ação humanas. Trata-se das ciências da ação ou das ciências teóricas sobre as práticas humanas.

> Toda arte (*tékhne*), toda investigação (*méthodos*), toda ação (*práxis*) e toda escolha racional (*proaíresis*) tendem para algum bem [...]. Mas observa-se, de fato, uma certa diferença entre os fins: uns consistem nas atividades, outros em certas obras, distintas das próprias atividades.

Com estas palavras, Aristóteles inicia a distinção clássica entre as duas grandes modalidades da ação humana: a ação que tem seu fim em si mesma e a ação que tem como fim a fabricação de uma obra. Trata-se da distinção entre a *práxis*★ e a *poíesis*★.

A *poíesis* é a arte ou técnica: agricultura, metalurgia, tecelagem, carpintaria, olaria, navegação, pintura, escultura, arquitetura, medicina, todos os artesanatos, poesia, dança, retórica. A *práxis* compreende a ética e a política. Ora, na *Metafísica*, Aristóteles afirma que o ser e o saber mais excelentes são aqueles que são livres, isto é, aqueles que não dependem de outros para existir e que têm em si mesmos seu próprio fim. A mesma ideia aplica-se às ciências práticas: são mais excelentes as ações cujo fim se encontra nelas mesmas e menos excelentes aquelas cujo fim lhes é exterior. A *práxis*, sendo a ação que tem em si mesma seu fim, é, portanto, superior à *poíesis*, na qual a ação é realizada em vista de outro ou em vista de outra coisa, tendo seu fim fora de si, ou seja, na obra. E, na *práxis*, a política é superior à ética. Aliás, a política é superior a todas as outras formas de ação, pois, escreve Aristóteles na *Ética a Nicômaco*,

> é ela que dispõe, entre as ciências, quais são necessárias nas Cidades, que tipo de ciência cada cidadão deve aprender e até onde seu estudo deve chegar [...]. Visto que a política se serve das ciências práticas e legisla sobre o que deve e não deve ser feito, a finalidade dessa ciência englobará os fins de todas as outras ciências, donde resulta que o fim da política é o bem propriamente humano.

A filosofia, totalidade de todos os saberes — teoréticos e práticos —, possui como pontos extremos mais altos a filosofia primeira, cujo objeto é o ser enquanto ser e cuja finalidade é o saber pelo saber, e a política, cujo objeto são as ações humanas que visam ao bem humano. Recobre e percorre, assim, o ponto mais alto da especulação pura (cujo objeto independe da vontade e da ação humanas) até alcançar o ponto mais alto da ação pura (cujo objeto depende inteiramente de uma decisão humana racional, voluntária e livre). E o critério da superioridade teorética e prática é o mesmo: a liberdade ou independência (a *autárkeia**) daquilo ou daquele que dá a si mesmo seu próprio sentido e finalidade e que tem em si mesmo seu próprio sentido e finalidade.

A tarefa gigantesca de adquirir todos esses saberes, organizá-los, classificá--los, indicar como podem ser adquiridos e ensinados constitui a obra de Aristóteles, legando ao pensamento ocidental a ideia de que a filosofia é a totalidade dos conhecimentos possíveis para os seres humanos.

A esse respeito, escreve Monique Canto-Sperber:

> Aristóteles é um colosso no conjunto do pensamento antigo. Ninguém depois dele pôde rivalizar com a extensão de suas investigações científicas e a profundidade de suas investigações filosóficas. Por sua vida cheia de episódios contrastantes, acabada com sua morte num semiexílio, pela enorme influência que teve sobre seus numerosos discípulos e pela posteridade, bastante desigual conforme os períodos, que iria conhecer seu pensamento, sua personalidade é a imagem dessa época filosófica que conclui a filosofia grega clássica (M. Canto-Sperber, "Aristote", in M. Canto-Sperber, org., 1997, p. 303).

Mas, o que significa essa força enciclopédica que jamais seria igualada na história da filosofia? Na verdade, quando falamos em enciclopédia precisamos evitar uma impressão enganosa sobre a obra aristotélica, pois poderíamos supor que se trata de uma sequência de textos sobre os mais variados assuntos, sem nexos internos, quando, na realidade, trata-se da mais gigantesca sistematização dos conhecimentos, em conformidade com suas articulações e relações necessárias. Enciclopédica pelo volume monumental, a obra aristotélica procura a unidade invisível que estrutura e sustenta a multiplicidade dos fenômenos e dos conhecimentos. Como escreve Pierre Rodrigo:

A menor experiência nos oferece uma multiplicidade móvel de aspectos da realidade sensível. Mais ainda. Ela nos lança nessa multiplicidade, sem que jamais possamos nela encontrar a escapatória de um recurso a alguma instância imutável para que produzamos o sentido dessa multiplicidade, isto é, sua razão de ser. A força especulativa de Aristóteles foi a de haver enfrentado, em todos os campos de sua reflexão filosófica, a exigência de unidade do múltiplo que — é essa a condição humana — nosso espanto pelo mundo nos impõe (P. Rodrigo, 1997, p. 5).

A VIDA

Aristóteles nasceu em 384 a.C. na pequena cidade de Estagira (hoje Starvos), na costa noroeste da península da Calcídia. Estagira era uma cidade grega: foi fundada e colonizada por gregos e ali se falava um dialeto do jônico. Sua mãe, Festis, era originária de Cálcis, onde Aristóteles viveria seus últimos dias; seu pai, Nicômaco, era médico e, como tal, pertencia a uma família e a uma corporação médica (pois os ofícios eram aprendidos e transmitidos por herança aos membros das corporações), a corporação dos Asclepíades (de Asclépios, deus patrono da medicina). Perdeu o pai com a idade de sete anos e foi educado pelo tio e tutor, Proxeno. Nicômaco era o médico de cabeceira de Amintos, rei da Macedônia, e é possível que Aristóteles tenha passado a primeira infância na cidade imperial de Pela, capital da Macedônia. Muito possivelmente, também recebeu do pai e do tutor o início da formação em medicina, pois, sendo um asclepíada, estava destinado a seguir o mesmo ofício de seu pai. Muitos atribuem a esses primeiros anos de formação o interesse que Aristóteles manifestará, durante toda sua vida e em sua obra, pelas coisas da natureza, pela biologia, pelo estudo das plantas e dos animais, dos astros e da alma.

Aos dezoito anos, Aristóteles transfere-se para Atenas, onde passará a frequentar a Academia de Platão. Aí permaneceu durante vinte anos, até a morte do mestre, cujo pensamento o influenciou decisivamente, e, ainda que possuísse um gênio próprio e muito independente e que viesse a criticar Platão, Aristóteles recebeu a marca indelével do platonismo. Num poema dedicado a Eudemo, Aristóteles assim se refere a Platão:

O homem que os maus não têm sequer permissão para louvar, que, sozinho, ou o primeiro entre os mortais, demonstrou claramente com o exemplo de sua vida e com o rigor de seus argumentos que o homem se torna bom e feliz ao mesmo tempo. A ninguém, até agora, foi permitido tanto alcançar.

Com a morte de Platão, Aristóteles deixa a Academia. Esta ficara sob a direção de um dos discípulos mais próximos de Platão, Espeusipo, que fez predominar nos ensinamentos da escola e em suas obras o pensamento que Platão desenvolvera nas *Leis*, obra em que a influência do orfismo pitagórico fora marcante e crescente. Com isso, Espeusipo tornara a Academia um grande centro matemático e astronômico, afirmando que somente por meio das matemáticas o homem chega a conhecer a realidade última das coisas — as ideias — como proporções perfeitas com as quais Deus ordenou o mundo, de sorte que a realidade última é o número e a unidade. Aristóteles discordou dessa concepção que tende a identificar filosofia e matemática. Sua origem médica e naturalista não se adaptava ao matematismo místico que começava a tomar conta da Academia e, com os sentimentos antimacedônicos, que se espalharam em Atenas após o saque de Olinto, em 348 a.C., Aristóteles, acompanhado de um outro membro da escola, Xenócrates, transferiu-se para a Eólida, para as cidades de Assos e Atarneu. Essas cidades eram governadas por Hérmias (para quem dois discípulos de Platão haviam escrito uma constituição), com cuja filha adotiva, Pítia, Aristóteles veio a se casar.

Hérmias patrocinara a criação de uma escola platônica por dois platônicos de Asso, Erasto e Corisco (os autores da constituição escrita), e durante três anos Aristóteles ensinou nessa escola onde foi seu aluno Teofrasto, que viria a tornar-se seu mais importante discípulo. Dessa época parece datar o primeiro escrito contra o pitagorismo da Academia, o *Sobre a filosofia*.

Hérmias tinha grande interesse político numa unificação entre a Macedônia e a Pérsia, mas conspirações palacianas acabaram fazendo-o ser assassinado e Aristóteles transferiu-se para a cidade de Mitilene. Do período de Mitilene datam suas primeiras obras no campo da biologia, havendo nelas muitas referências a observações sobre plantas e animais próximos da lagoa de Pirra, ilha de Lesbos, de onde era originário Teofrasto. Foi de Mitilene que, em 342 a.C., Filipe da Macedônia o chamou a Pela, para ocupar-se da educação de Alexandre, então com catorze anos.

Não sabemos que educação Aristóteles ministrou a Alexandre. Pelos escritos políticos aristotélicos, porém, podemos inferir que, pelo menos, duas ideias foram transmitidas a Alexandre: a de que a Grécia não sobreviveria dividida em cidades rivais, mas precisava ser pacificada sem recorrer a um governo central; e a de que a Macedônia era mais grega do que oriental, que havia diferenças profundas entre os gregos e os "bárbaros" e que não era possível unificá-los, pois os primeiros estavam, por natureza e por costume, habituados à liberdade enquanto os segundos eram, por natureza e por costume, afeitos ao despotismo.

Ao que tudo indica, Alexandre não aceitou essas ideias. Para a instrução de Alexandre, parece que Aristóteles escreveu duas obras de que só restaram uns poucos fragmentos: *Da monarquia* e *Da colonização*. Dessa época, também ao que parece, dataria o início da composição de sua mais gigantesca obra política e que também se perdeu, dela restando referências em outros autores e uns poucos fragmentos: as *Constituições*, um exame histórico e político de todas as formas de governo e de poder existentes na Grécia (125 constituições ao todo).

Quando Alexandre subiu ao trono e iniciou a conquista do Oriente, Aristóteles permaneceu durante algum tempo em Pela. Todavia, quando Alexandre mandou matar, sob a acusação de traição, o historiógrafo Calístenes, amigo de Aristóteles e que acompanhara o jovem rei à expedição militar à Pérsia, o filósofo se sentiu em perigo, pois a condenação de Calístenes se devera às críticas que fizera à imposição aos gregos da pompa despótica oriental por Alexandre, e poder-se-ia supor uma inspiração aristotélica nessa crítica. Aristóteles transferiu-se, então, para Atenas, onde fundou o Liceu, em 335 a.C. Mesmo de Atenas, Aristóteles acompanhou de perto as atividades político-militares de Alexandre, pois mantinha uma correspondência constante com o chanceler da Macedônia, Antipater, com o qual as relações eram tão íntimas que, em seu testamento, Aristóteles o nomeou seu executor testamentário.

Situado, provavelmente, entre o monte Licabetos e o Ilissos, num bosque dedicado às Musas e a Apolo Lício, o lugar preferido de Sócrates, o Liceu (que Aristóteles dirigiu de 335 a 323 a.C.) possuía um edifício, um jardim e uma alameda para passeio — em grego: *perípatos*, passeio por onde se anda conversando —, motivo pelo qual a escola aristotélica foi chamada peripatética (ver *peripatetikós**), seja como referência à alameda, seja como referência ao fato de que Aristóteles e os estudantes passeavam por ali, discutindo animadamente filosofia.

Do mesmo modo que a Academia, o Liceu também praticava a vida comunitária, mas a disciplina escolar era mais rígida do que na escola de Platão. Todas as manhãs, Aristóteles dava as aulas sobre os assuntos filosóficos mais difíceis aos alunos mais adiantados (eram os cursos chamados de acroamáticos — em grego: *akroamatikós**, ensino oral para os iniciados numa matéria); à tarde e à noite dava lições abertas para um público mais vasto sobre questões de retórica e dialética (eram os cursos exotéricos, isto é, abertos aos não iniciados). Esses dois tipos de cursos eram acompanhados por Teofrasto e Eudemo, que faziam o papel de monitores, explicando as lições aos que tinham dificuldade para acompanhá-las, e também com a função de escribas, anotando o que Aristóteles dizia para que este, depois, escrevesse uma obra. Muito do que sabemos dos ensinamentos de Aristóteles e muito do que sabemos das obras que se perderam devem-se às anotações de Eudemo e Teofrasto, conservadas depois do fim do Liceu.

A diferença entre os dois tipos de cursos não era de caráter religioso ou místico, isto é, não era provocada pela exigência de segredos transmitidos aos iniciados em mistérios, mas devia-se ao fato de que matérias mais abstratas, como lógica, física, matemática e teologia, exigiam estudos mais profundos, que interessavam a um pequeno número, enquanto as questões de retórica e dialética, em Atenas, atraíam um público maior, que não precisava de grande preparo.

Foi nesse período que Aristóteles compôs suas obras mais importantes, recolheu os conhecimentos que existiam em toda a Grécia, colecionou numa biblioteca centenas de manuscritos e mapas, e criou um museu para ilustrar as aulas com espécimes de plantas e animais, recolhidos em todo o império de Alexandre. Também nesse período, Aristóteles fixou uma classificação das ciências por ordem de complexidade, dificuldade e dependência interna para orientar a formação do currículo escolar do Liceu, e essa classificação é a que permanece no pensamento ocidental, até nossos dias, tendo, durante séculos, determinado o currículo de todas as universidades europeias até o século xix de nossa era.

Com a morte de Alexandre, em 323 a.C., ressurgiram sentimentos antimacedônicos profundos em Atenas, inflamados pelos discursos inigualáveis de Demóstenes. Combinando-se o fato de que Aristóteles tinha ligações com a Macedônia e que o Liceu não era bem-visto pela Academia nem pela escola de retórica de Isócrates (ambas se consideravam as verdadeiras representantes do pensamento grego e ateniense), os atenienses começam a julgar Aristóteles suspeito de traição e foi acusado de impiedade. Segundo disse ele, "para evitar que um novo crime fosse cometido contra a filosofia" (o primeiro fora a morte de Sócrates), abandonou Atenas, estabelecendo-se em Cálcis, na Eubeia.

Alguns meses depois, vítima de uma doença do estômago que o acompanhara durante muito tempo, veio a morrer, em 321 a.C., com a idade de 63 anos. Nesse mesmo ano, Demóstenes, desgostoso com os conluios atenienses e macedônios, suicidou-se. Essas duas mortes são emblemáticas: testemunham o declínio e fim da *pólis*, a cidade independente que tanto Aristóteles como Demóstenes consideravam a forma mais alta e perfeita da vida política.

Pouco sabemos do aspecto exterior de Aristóteles. Sócrates, como sabemos, era extremamente feio, mas sedutor. Platão, extremamente belo, elegante, de hábitos frugais e ascéticos. Ao que parece, Aristóteles era baixo, tinha as pernas tortas, os olhos pequenos e gaguejava. Mas consta que era muito elegante no vestir e no andar, que gostava de boa mesa e de prazeres e, sobretudo, que era dotado de fino humor, gostava de brincar e caçoar, fazendo-o menos com palavras e mais com o jeito de olhar. Deu à amizade o lugar mais alto em sua ética.

A OBRA

Pelo menos cinco são as principais dificuldades para o conhecimento das obras de Aristóteles:

1) As obras conhecidas até os meados do século I a.C. eram as exotéricas, isto é, poemas, cartas, diálogos e transcrições dos cursos abertos ao grande público. Isso se deve ao fato de que os amigos e discípulos de Aristóteles, no período em que houve um forte sentimento antimacedônico em Atenas, retiraram do Liceu as obras acroamáticas (isto é, os textos provenientes do ensino filosófico mais profundo de Aristóteles) e as transferiram para a casa de Corisco, amigo e discípulo do filósofo. Eram emprestadas e devolvidas, lidas apenas por um grupo particular de amigos. Quando o círculo aristotélico se desfez pela morte dos vários discípulos e amigos, a obra ficou guardada numa adega, na casa de Corisco, sem que ninguém a lesse por quase três séculos. Assim, as primeiras citações e referências que possuímos de Aristóteles, feitas pelos seus primeiros leitores gregos e romanos, referem-se às obras exotéricas, tidas como se fossem todo o pensamento de Aristóteles e nas quais ele ainda aparece como um típico discípulo de Platão, tanto pela forma (diálogos e cartas) como pelo conteúdo (questões éticas e políticas).

2) A partir dos meados do século I, porém, começa a acontecer um fato

inverso ao primeiro. As obras acroamáticas foram recolhidas da casa de Corisco, levadas para a biblioteca de Apélicon, em Téos, e, quando das expedições militares romanas, Silas se apropriou da biblioteca e as obras foram levadas para Roma. Em Roma, juntaram-se os dois conjuntos — as exotéricas e as acroamáticas —, sob os cuidados de Andrônico de Rodes, que redigiu o catálogo das obras, formando o *Corpus aristotelicus* e encarregando-se da primeira edição completa. Ora, o Aristóteles, até então desconhecido, das obras filosóficas mais profundas e originais fascinou os leitores, que por isso começaram a dar pouca atenção às obras exotéricas e de juventude. O resultado foi que, pouco a pouco, essas obras passaram a ser negligenciadas, esquecidas e, finalmente, se perderam. Hoje, só as conhecemos por citações e interpretações dos primeiros que as haviam lido. Existe, pois, o problema de saber: qual a relação que o próprio Aristóteles estabelecera entre os dois conjuntos de obras; quais as obras exotéricas e de juventude que, embora citadas por outros autores, não representam o pensamento definitivo de Aristóteles; quais dessas obras expuseram ideias que o filósofo conservou em sua maturidade etc.

3) Mas a própria edição de Andrônico foi problemática. De fato, as obras trazidas a Roma eram heterogêneas: além dos textos exotéricos e acroamáticos, havia notas de aulas que não se sabe se pertenciam ao próprio Aristóteles ou a algum discípulo, assim como havia notas que não se sabia se eram contemporâneas a Aristóteles ou posteriores à sua morte. Como editor, Andrônico fez cortes, escreveu glosas que acrescentou aos textos, corrigiu outros, deslocou alguns e reescreveu outros. Preocupado em agrupar as obras em conformidade com a classificação do saber proposta por Aristóteles, Andrônico desconsiderou a cronologia e a distinção entre exotéricas e acroamáticas. O efeito mais conhecido da organização e disposição das obras é o aparecimento de um termo que não fora empregado por Aristóteles e que, no entanto, iria tornar-se o título do conjunto mais importante de sua obra: *metafísica*, isto é, os escritos que vêm *depois* dos de física ou os escritos sobre o que *está além* da física (pois o sufixo grego *meta* pode significar tanto "depois", numa sequência espacial ou temporal, como "além", isto é, superior ou mais digno). Não só a palavra jamais foi usada por Aristóteles como não é certo que os textos que Andrônico reuniu sob essa palavra constituíam, para Aristóteles, peças de um conjunto único (além de várias peças não serem da autoria do filósofo). Caso semelhante ocorreu com o conjunto denominado *Órganon**, palavra grega que significa instrumento, sob

o qual Adronico reuniu obras julgadas de lógica, mas, não só jamais Aristóteles usou essa palavra (e aliás não usou a palavra "lógica" e sim "analítica") como também uma dessas obras, as *Categorias*, trata da substância e seus predicados, e deveria estar no conjunto de "metafísica". Além de Andrônico, outros doxógrafos e comentadores propuseram reuniões e classificações dos textos e, no século xx, o helenista Richard Sorabji distinguiu três tendências principais nos antigos que recolheram e sistematizaram a obra aristotélica: a) a de Andrônico e Porfírio (século iii d.C.), que enfatizaram a ideia de sistema e lógica (e, nesta, as *Categorias*) e afirmaram uma diferença profunda entre Platão e Aristóteles; b) a dos filósofos neoplatônicos (a partir do século iii d.C.), que enfatizaram as obras de física, lógica e retórica e afirmaram a harmonia entre Platão e Aristóteles; c) a dos filósofos estoicos, que enfatizavam a lógica e a ética, aproximaram Platão e Aristóteles e criticaram ambos. Nos dois primeiros decênios do século xx, Werner Jaeger propôs que fossem abandonadas as organizações das edições anteriores da obra e propôs uma classificação e sistematização em termos cronológicos e evolutivos, dividindo a obra em três períodos: 1) o dos vinte anos passados na Academia, em que Aristóteles seria um platônico, ainda que com algumas críticas a Platão; 2) o das viagens a Asso, Mitilene e Pela, momento em que Aristóteles rompe com o platonismo e concebe suas doutrinas fundamentais de metafísica e epistemologia; 3) o da fundação do Liceu, quando Aristóteles abandona as investigações metafísicas para dedicar-se às questões empíricas e da ação. Atualmente, porém, estudos filológicos e históricos tornaram a classificação de Jaeger problemática e, sob certos aspectos, inaceitável. Assim, por exemplo, pode-se supor que as obras de juventude sejam, exatamente, as mais antiplatônicas, pois Aristóteles estaria marcando sua diferença e independência com relação ao mestre e, na maturidade, quando sua individualidade era inquestionável, poderia ter retomado temas e conceitos platônicos; também se sabe, hoje, que as investigações empíricas mais importantes no campo da biologia, da botânica, da meteorologia foram feitas durante as viagens e, portanto, no segundo período Aristóteles teria tido menos interesse pelas questões metafísicas e epistemológicas e muito mais pelas empíricas e científicas.

4) Com a cristianização do Império Romano e a filosofia julgada heresia pelos Padres da Igreja, a obra aristotélica caiu quase no esquecimento. Quando os Padres da Igreja, a partir do século iii, passaram a considerar a filosofia um instrumento de legitimação da doutrina cristã, interessaram-se pelos sistemas

filosóficos tardios ou do helenismo (o neoplatonismo e o estoicismo). Sorabji observa que, no momento em que os cristãos decidem apoderar-se da filosofia, serão os filósofos gregos (Porfírio, Jâmblico, Proclo, Simplício, Damácio) que reagirão violentamente contra a apropriação, mas ela será feita porque vários de seus discípulos haviam-se convertido ao cristianismo e começavam a fazer comentários nos quais alteravam as obras de Platão e Aristóteles para torná-las aceitáveis à Igreja. Como, para muitos cristãos, cristianismo e neoplatonismo eram idênticos, os aristotélicos cristãos não tiveram dúvida: neoplatonizaram Aristóteles e o puseram em perfeita harmonia com Platão.

5) O *Corpus aristotelicus*, que passara de Roma para a biblioteca de Alexandria, ficou do lado bizantino do Império Romano, que seria invadido e dominado pelos árabes. Como consequência, o *Corpus* acabou sendo conservado, lido e traduzido pelos pensadores árabes. Durante a Idade Média, será por intermédio dos árabes — com a conquista da região do Mediterrâneo e da Península Ibérica e com os contatos com os europeus, durante as Cruzadas — e dos judeus — também do Mediterrâneo e da Península Ibérica — que a obra aristotélica voltará a ser lida na Europa, mas já traduzida para o árabe e para o hebraico. Assim, durante vários séculos, a obra de Aristóteles existiu em árabe, hebraico e latim eclesiástico, de modo que a obra não era lida no original. Além disso, nem tudo quanto Aristóteles escreveu era aceitável para a Igreja (por exemplo, para o filósofo o mundo não foi criado) e as autoridades eclesiásticas nunca tiveram dúvida nem escrúpulo em censurar partes da obra, esconder outras tantas em bibliotecas de monastérios, proibindo sua leitura (quem leu o romance de Umberto Eco *O nome da rosa* pode ter uma ideia do que a Igreja fazia com a obra aristotélica). Ao mesmo tempo, porém, por causa de teólogos da importância de santo Tomás de Aquino, por exemplo, que se inspiraram fundamentalmente em Aristóteles, este passou a ser considerado o Filósofo (era assim, aliás, que ele era citado e referido nos tratados medievais). Esse reconhecimento, no entanto, nem sempre foi benéfico para a obra aristotélica, pois como o pensamento filosófico cristão medieval é uma teologia e esta é baseada em verdades reveladas, tal pensamento é dogmático (isto é, trabalha com verdades estabelecidas e inquestionadas), tomando a Bíblia e os autores aceitos pela Igreja como autoridades. Com isso, Aristóteles tornou-se uma autoridade, suas ideias foram convertidas em doutrinas dogmáticas e o sentido de sua obra (que era o do espanto admirativo, fonte da pesquisa, da indagação, da busca) ficou soterrado durante

séculos sob o peso de uma autoridade que lhe deram e que ele (como filósofo e como grego) certamente jamais teria admitido.[1]

Muitas obras se perderam definitivamente (como é o caso do estudo das 125 constituições gregas), outras foram encontradas somente no século XIX (como é o caso de *A constituição de Atenas*), outras ainda estão sendo procuradas, outras estão sendo recompostas a partir de fragmentos de citações e outras ainda têm a autoria questionada (como, por exemplo, o famoso livro *Problemas*, muito citado e usado na Idade Média e na Renascença). A recomposição da obra original ou do *Corpus aristotelicus* foi e tem sido uma tarefa muito difícil não só por todos os problemas que acabamos de apontar, mas também porque há escritos de cursos ministrados por Aristóteles que foram redigidos pelos alunos (como Teofrasto) e o estilo e o vocabulário são diferentes dos do filósofo; além disso, as obras foram escritas em períodos diferentes e quando Andrônico de Rodes e, depois dele, outros fizeram a compilação e a organização em conjuntos de livros temáticos, textos de datas diferentes e com ideias diferentes foram agrupados numa mesma obra. E assim por diante.

Estamos de volta ao mesmo problema que examinamos ao estudar Platão: qual é o verdadeiro Aristóteles? No caso presente, a dificuldade se distribui em três níveis diferentes: a) o problema referente aos textos de Aristóteles, isto é, ao fato de que não possuímos todos os seus escritos; b) o problema referente ao modo como chegou ao cristianismo, isto é, sob a forma de comentários neoplatônicos, traduções e comentários árabes, parte em grego, parte em latim, parte em árabe, parte em hebraico; c) o problema dos cinco grandes Aristóteles, isto é, de cinco interpretações de Aristóteles que se transformaram em modelos obrigatórios de interpretação da obra: o "árabe", de Averróis e Avicena, o "cristão", de santo Tomás, o "dogmático", de Kant, o "lógico-especulativo", de Hegel, e o "metafísico", de Heidegger.

Diante destas dificuldades, voltamos a propor o que dissemos no caso de Platão: em primeiro lugar, que a obra aristotélica é constituída pelo conjunto dos textos de Aristóteles e de seus leitores-intérpretes; em segundo, que o pensamento de Aristóteles está situado historicamente, isto é, suas preocupações filosóficas são expressão e interpretação das questões que seu tempo lhe propunha; em terceiro, que, além das respostas oferecidas, Aristóteles formulou questões que ainda fazem sentido em outras épocas e por isso ele não cessa de ser lido e reinterpretado; em quarto lugar, a permanência de Aristóteles se deve por mais um motivo, qual seja: ao distinguir e classificar todos os gêneros de conhecimentos, ele estruturou o modo como, durante quase vinte séculos, o Ocidente ensinou e fez filosofia e ciência, organizou os currículos universitários e diferenciou teoria e prática.

1) Obras perdidas das quais há partes ou fragmentos e de que se encontram referências em outros autores ou na doxografia antiga:

• Poemas variados.

• *Eudemo*, diálogo sobre a alma, muito próximo das ideias de Platão no *Fédon* (reminiscência, imortalidade, imaterialidade da alma).

• *Protréptico*, carta dirigida ao príncipe Temisão, de Chipre, sobre o que é a filosofia, também muito próxima de Platão (dualismo do sensível e do inteligível, unidade da ética e da política, teoria órfico-pitagórica do corpo como túmulo da alma) e que terminava com o elogio da vida do sábio.

2) Obras acroamáticas, divididas em cinco grupos, escritas a partir de 347 a.C.:

• *Sobre a filosofia*, diálogo dividido em três partes e no qual Aristóteles se apresenta como uma das personagens que conduz a discussão. Já anuncia as primeiras diferenças com Platão. A primeira parte é histórica, isto é, um resumo de tudo o que se havia feito em filosofia até então, começando com os egípcios e o orfismo oriental; a segunda parte já realiza uma crítica da teoria das ideias, de Platão; na terceira, Aristóteles apresenta sua própria filosofia e uma ideia que será central em sua obra, a do Primeiro Motor Imóvel.

• Escritos de *lógica*, conhecidos como *Órganon* (título que, como vimos, não foi dado pelo próprio filósofo; *órganon* significa instrumento), contendo: *Categorias*, sobre os termos ou predicados do ser nas definições e proposições; *Sobre a interpretação*, sobre a proposição e o juízo; *Primeiros analíticos*, sobre o raciocínio e a inferência; *Segundos analíticos*, sobre os processos de prova, a definição, a divisão e o conhecimento dos princípios do pensamento; *Tópicos*, sobre a dialética e a arte da refutação baseada em premissas prováveis; *Refutações sofísticas*, contra os argumentos dos sofistas.

• Escritos de *metafísica* (termo que, como vimos, também não foi empregado por Aristóteles). Contém catorze livros. Não forma um conjunto uniforme e sistemático, como se fosse uma obra única, mas sim uma coleção de escritos de épocas diferentes, muitos deles sendo anotações dos alunos durante os cursos orais. De um modo geral, os textos da *Metafísica* são indagações e questões sobre problemas filosóficos que Aristóteles discutia e investigava com seus alunos, motivo pelo qual as partes da obra não possuem uma sequência rígida, muitas perguntas estão sem resposta e não se pode falar numa "doutrina" (infelizmente, os medievais a cristalizaram numa doutrina dogmática, retirando a vivacidade e a inquietação filosófica que a animava). De todo modo, os escritos referem-se àquilo que Aristóteles considerava a "ciência dos primeiros princípios de todas as coisas" e que, para ele, só poderia ser buscada depois de todas as outras (donde o *metafísica*: depois das coisas da natureza). Desses escritos, os mais antigos formam os livros A, B, M, N e o livro Delta, o qual se refere explicitamente ao que o filósofo entende por "filosofia primeira". Os livros, tais como hoje os conhecemos, estão assim distribuídos: Livro I, sobre a ciência, os quatro princípios da metafísica, crítica das teorias dos predecessores; Livro II, sobre a dificuldade da investigação da verdade; contra uma série infinita de causas; as diversas espécies de investigação; o conceito de natureza como ponto de partida da investigação; Livro III, quinze dúvidas em torno dos princípios e da ciência que se fundamenta neles; Livro IV, solução de dúvidas; apresentação do princípio de contradição; Livro V, sobre termos e expressões usados com diferentes sentidos; Livro VI, sobre o campo da metafísica em comparação com o de outras ciências; Livros VII e VIII, a doutrina da substância; Livro IX, doutrina da potência e do ato; Livro X, do uno e do múltiplo; Livro XI, retoma trechos dos Livros III, IV e V, acrescenta a doutrina do movimento e a do infinito; Livro XII, as diversas espécies de substâncias, a sensível mutável e a suprassensível; Livros XIII e XIV, as matemáticas, teoria das ideias e dos números (crítica ao platonismo), teologia.

• Escritos de física ou filosofia natural, contendo oito livros de *Física*, quatro livros *Sobre o céu*, dois livros *Sobre a geração e a corrupção* e quatro livros *Sobre os meteoros*; um conjunto dedicado aos animais: *História dos animais* (história no sentido grego do termo, portanto significando: observação e investigação), *Sobre a geração dos animais*, *Sobre a transmigração dos animais*, *Sobre os movimentos dos animais*; três livros agrupados com o título *Sobre a alma* que estudam as funções psíquicas e, agrupados num conjunto designado em latim *Parva naturalia* (*Pequenas naturezas*), estudos sobre a percepção, a memória, o sonho, o sono e a vigília, os sonhos proféticos, a vida curta e a vida longa, a morte, a respiração.

• Escritos de ética e política, contendo três tratados de ética, a *Ética a Eudemo*, a *Grande ética* (possivelmente não de Aristóteles, mas de algum estoico) e a principal obra, a *Ética a Nicômaco* ou *Ética nicomaqueia*, em dez livros. A *Política* está distribuída em oito livros, três dos quais escritos na época em que Aristóteles vivia em Asso: Livro I, sobre a família; Livro II, críticas às teorias políticas dos predecessores; Livro III, conceitos fundamentais da política, natureza dos Estados e dos cidadãos, vários tipos de Constituições, a monarquia; Livro IV, novamente sobre os vários tipos de Constituições; Livro V, sobre as mudanças e revoluções nos Estados; Livro VI, sobre a democracia e suas instituições; Livro VII, sobre a Constituição ideal; Livro VIII, sobre a educação do cidadão. Encontrado no século XIX, o livro *A constituição de Atenas* descreve a instauração da democracia em Atenas e a forma das instituições.

• Escritos sobre as artes e sobre a história, contidos nos três livros da *Arte retórica*, sobre a natureza da retórica, sobre a maneira de suscitar as paixões e sobre a organização das partes do discurso e das exposições escritas e orais; em um livro da *Arte poética*, que nos chegou incompleta, contendo apenas a parte sobre a origem e a natureza da tragédia (certamente, traria considerações sobre a poesia épica, lírica, bucólica, sobre as odes e elegias, e sobre a origem e natureza da comédia — é sobre esta última que Umberto Eco inventa o livro oculto e censurado, em *O nome da rosa*). No caso da história, os discípulos escreveram obras orientadas diretamente por Aristóteles: Teofrasto escreveu uma história da filosofia natural ou da cosmologia (que serve, como vimos, como uma das principais fontes da doxografia sobre os pré-socráticos), Eudemo escreveu uma história da matemática e da astronomia e Meno escreveu uma história da medicina. Essas três obras são citadas aqui porque fazem parte do *Corpus aristotelicus*.

Além dessas obras e das que se perderam (as exotéricas), existem notícias de obras das quais não há nenhum fragmento, como a tradução de Homero que ele teria feito para Alexandre, um estudo sobre o vocabulário das línguas dos "bárbaros" (e que teria sido, portanto, o primeiro livro ocidental de filologia, isto é, de estudo da origem e derivação das palavras), um estudo sobre a guerra e os direitos territoriais dos Estados, listas das apresentações dramáticas em Atenas e listas dos vencedores dos Jogos Olímpicos e Píticos. Grande quantidade de obras apócrifas foi atribuída a Aristóteles e somente estudos críticos, históricos e filológicos puderam negar-lhe a autoria. Dessas obras, a mais importante, pelo uso contínuo que foi feito dela durante a Idade Média e a Renascença, são os *Problemas* (sobre assuntos variados, como a melancolia, a magia etc.), *Sobre o espírito* (que trata de psicologia e fisiologia) e a *Economia* (resumo da primeira parte da *Política*).

A inteligência de Aristóteles é simplesmente espantosa. Como escreveu o historiador da filosofia Zeller, Aristóteles foi

> uma cabeça universal com igual poder para a filosofia especulativa e para a pesquisa empírica. Foi o fundador da filosofia, tal como a entendemos, e seu maior expoente em seu tempo.

OS CAMPOS DO SABER

No Livro VI da *Metafísica* e no Livro I da *Ética a Nicômaco*, como já vimos no início deste capítulo, Aristóteles apresenta a finalidade do conhecimento ou ciência — *epistéme* — e da ação — *práxis* e *poíesis* —, ao mesmo tempo que apresenta os princípios de cada uma delas. O conhecimento de todos os seres, das modalidades de ações humanas e dos artefatos produzidos pelos homens chama-se filosofia. Para Aristóteles e para o Ocidente, até o século XIX de nossa era, filosofia e ciência eram uma só e mesma coisa.

Toda ciência, diz Aristóteles, investiga os princípios, as causas e a natureza dos seres que são seu objeto de estudo. "Só há ciência quando conhecemos pelas causas" é o lema fundamental de Aristóteles (e do pensamento ocidental). No Livro I dos *Segundos analíticos* lemos:

> Consideramos que possuímos uma ciência de modo absoluto, e não de modo acidental como nos sofistas, quando julgamos conhecer a causa pela qual a coisa é, sabendo que ela é a causa disso e que é impossível que o efeito seja diferente do que ele é.

No entanto, o fato de as ciências possuírem em comum o procedimento — *méthodos**— de busca dos princípios e das causas, não as torna iguais, pois diferem conforme a natureza do ser ou objeto que investigam, ou, como diz Aristóteles no Livro IV da *Metafísica*, há uma só ciência para cada gênero de ser. Essa diferença da natureza das coisas investigadas faz com que os princípios e as causas em cada ciência sejam diferentes dos das outras e permitem classificá-las em três grandes grupos: teoréticas, cujo fim é a verdade, práticas, cujo fim é o bem humano, e produtivas ou poiéticas, cujo fim é uma obra.

As ciências teoréticas são aquelas que investigam os princípios e as causas de seres ou coisas que existem na natureza independentemente da vontade e da ação humanas e cujo curso se desenvolve naturalmente e por si mesmo, sem nenhuma participação dos homens. Porque tais seres existem sem a interferência humana, os homens só podem contemplá-los, isto é, conhecê-los teoricamente. O cientista teorético é aquele que registra, descreve, interpreta e classifica os princípios e causas dos objetos ou seres naturais (entendendo-se por natural tudo que é "de acordo com a *phýsis*", isto é, o que existe por natureza), investigando os princípios de que tais seres dependem para existir e para ser como são. Tais princípios são universais (existem em todos os tempos e lugares) e necessários (jamais poderão ser diferentes do que são), ou são tão regulares e frequentes que podemos tomá-los como universais e necessários. Depois de investigados os princípios e as causas e de haver mostrado qual é a natureza própria de tais seres, o filósofo deve deduzir as consequências ou os efeitos universais e necessários que decorrem da existência e atuação desses seres. Por último, o filósofo deve realizar as demonstrações, isto é, mostrar de maneira inequívoca e correta como os seres estudados se vinculam aos seus princípios e como desses seres decorrem consequências ou efeitos necessários.

Que princípio serve de guia para Aristóteles determinar quais são as ciências teoréticas? O movimento. De fato, vimos que o pensamento grego, de seus inícios até Platão, ocupa-se com o problema da identidade e da mudança, com o imóvel-idêntico e o móvel-mutável. Que faz Aristóteles? Recusa que só haja ciência do imutável ou imóvel, afirma que os seres se diferenciam pela presença ou ausência de movimento e classifica as ciências teoréticas segundo essa diferença. Temos, então:

• a física, ou ciência dos seres que possuem em si mesmos o princípio do movimento e do repouso. São ciências físicas teoréticas: a ciência da natureza (que nos séculos vindouros seria chamada de filosofia natural e que nós, hoje, chamamos de física), a biologia (estudo dos animais e das plantas) e a psicologia (pois *psykhé* é um tipo de movimento e de repouso).

• as matemáticas, ou ciência dos seres imóveis e separados de qualquer matéria, tendo apenas formas, mas essas formas só existem, de fato, impressas na matéria. As matemáticas estudam, assim, aquelas coisas ou aqueles seres que, embora tenham existência nas coisas físicas, podem ser estudados em si mesmos, sem relação com a materialidade em movimento. São ciências matemáticas teoréticas: a aritmética (que estuda os números e suas operações), a geometria (que estuda pontos, linhas, superfícies e figuras), a música ou acústica (que estuda os ritmos e as proporções dos sons) e a astronomia (que estuda os astros imperecíveis). As matemáticas são um estudo teorético de entidades imóveis do ponto de vista da qualidade e da quantidade, mas que possuem um tipo de movimento que não afeta seu ser: o movimento local. É assim que os astros, cuja essência é eterna e imperecível, realizam um movimento local, o movimento circular eterno. Que significa, porém, falar em movimento local no caso da geometria? Tomemos um ponto geométrico: se esse ponto se deslocar, formará uma linha; se a linha se deslocar, formará uma superfície; se a superfície se deslocar, formará uma figura. Ora, ponto, linha, superfície e figura são imateriais (existirão em coisas materiais, por exemplo, numa esfera de cobre, num cubo de madeira, numa vara de pescar, no tampo de uma mesa de mármore, mas não são nenhum desses objetos). O matemático separa ou abstrai a forma da matéria e estuda esse movimento local ou deslocamento espacial de seres imateriais. Isso significa que cada ser matemático é, em si mesmo, imóvel ou imutável. Tomemos, agora, o caso da aritmética. Podemos somar duas laranjas e duas maçãs e ter quatro frutas que foram geradas de sementes e que desaparecerão ao serem consumidas, mas os números 2 e 4 e a operação da soma permanecem idênticos a si mesmos, independentemente da matéria "fruta".

• a filosofia primeira ou teologia ou metafísica. Por que três nomes para a terceira ciência teorética? Porque Aristóteles usa as duas primeiras expressões — *próte philosophía* e *philosophía theologikhé* — em contextos diferentes e, como vimos, os primeiros editores da obra empregam a expressão *metà tà physiká*. Quando a ciência teorética se refere ao "estudo dos primeiros princípios de todos os seres", ou ao "estudo do ser enquanto ser" sem nenhuma determinação particular, ou sem nenhuma referência a um determinado tipo de ser, o termo empregado por Aristóteles é filosofia primeira. Quando se refere aos primeiros princípios de todas as coisas, ao ser imutável que é princípio do mundo, ao ser absolutamente necessário, às "causas das coisas visíveis entre as coisas divinas", Aristóteles usa o termo *theologikhé*, que significa conhecimento das coisas divinas. Finalmente, quando os editores classificaram a obra, distinguiram o estudo da "substância imóvel e independente" e o estudo das substâncias móveis que são o objeto da física, empregando a expressão *metà tà physiká**, isto é, os entes além da física. A terceira ciência teorética é a mais nobre e mais importante das ciências teoréticas, porque fornece os primeiros princípios dos quais dependem os princípios das matemáticas e da física, sendo a mais universal de todas, pois o ser estudado por ela não é nenhum ser particular (físico, biológico, psíquico, geométrico, aritmético, astronômico), mas o "ser enquanto ser", isto é, os atributos essenciais do ser que é fundamento de todos os seres. Como escreve Aristóteles, a essa ciência compete: "considerar o ser enquanto ser, isto é, simultaneamente, sua essência e os atributos que lhe pertencem enquanto ser".

As ciências práticas, ao contrário das teoréticas, são aquelas cujo princípio ou causa é o homem como agente da ação e cuja finalidade é o próprio homem. São aquelas ciências nas quais o agente, a ação e a finalidade da ação são uma só e mesma coisa, ou, como se costuma dizer, os três elementos da atividade são inseparáveis ou imanentes. Essas ciências se referem à *práxis* como algo propriamente humano, uma atividade que não produz algo diferente do agente e cuja causa é a vontade humana entendida como escolha deliberada, refletida e racional. Como a causa ou princípio da ação é a vontade racional, as ciências práticas diferem das teoréticas porque, além de não serem contemplativas, seu objeto não é necessário e sim possível, e não é universal e sim particular. Possível, porque esse objeto — a ação, a *práxis* — é aquilo que pode acontecer ou deixar de acontecer, uma possibilidade que depende da vontade racional do agente. Particular, porque acontece de uma maneira determinada, pois uma ação ou um acontecimento dependem das características pessoais do agente, das circunstâncias em que ele age e da finalidade da ação no momento em que foi realizada. Apesar de o objeto da *práxis* ser possível e particular e não necessário e universal, Aristóteles fala em ciências práticas porque podemos conhecer as causas e os princípios das ações humanas, a regularidade e constância delas porque há nelas algo que lhes confere uma certa necessidade e uma certa universalidade: a finalidade. As ações verdadeiramente racionais e refletidas são aquelas que se realizam para alcançar um fim, o Bem. Este, evidentemente, não possui a universalidade de um princípio teorético ou de uma causa teorética, mas é uma referência estável e geral, válida para todos, e oferece regras constantes para o agente escolher entre várias ações possíveis. A regra do Bem determina que é bom ou é um bem aquilo que contribui para aumentar ou conservar a independência ou autarquia do agente. A regra do Bem enuncia que tudo que torne o agente menos dependente de outros ou de outras coisas é bom ou um bem. O Bem é a medida da independência e da autossuficiência de alguém. As ciências práticas são:

• a ética, que estuda a ação do homem enquanto alguém que deve ser preparado para viver na Cidade, estabelece os princípios racionais da ação virtuosa, isto é, da ação que tem como finalidade o bem do indivíduo enquanto ser sociável que vive em relação com outros;

• a política, que estuda a ação dos homens enquanto seres comunitários ou sociais, procurando estabelecer, para cada forma de regime político, os princípios racionais da ação política, cuja finalidade é o bem da comunidade ou o bem comum. A política, como vimos anteriormente, é mais nobre e mais geral do que a ética, pois (para um grego) o indivíduo só existe como cidadão (sua humanidade é sua cidadania) e por isso "o bem propriamente humano" só é trazido e conseguido pela política.

As ciências produtivas se referem a um tipo particular de ação humana: a ação fabricadora. Essa ação, como vimos, chama-se, em grego, *poíesis* e por isso as ciências produtivas também são conhecidas com o nome de ciências poiéticas. A *poíesis* difere da *práxis* porque nela o agente, a ação e o produto da ação são termos diferentes e separados, ou, como diz Aristóteles, a finalidade da ação está fora dela, na obra, no artefato, num objeto ou numa ação dirigida a um outro (como o médico que age em vista do doente ou o poeta que escreve uma tragédia em vista do espectador). As ciências produtivas ou poiéticas lidam não só com o possível (o que pode ser ou deixar de ser) e com o particular (o que existe num tempo e num lugar determinados), mas sobretudo com o contingente, como vimos ao estudar a concepção grega de técnica. São conhecimentos e atividades que se realizam para vencer o acaso. Como no caso da *práxis*, também na *poíesis* podemos encontrar um ponto de referência (um critério ou regra ou padrão) que ofereça uma certa necessidade e uma certa universalidade para a ação produtora ou fabricadora e esse ponto também é uma finalidade: o fim e critério da ação é o modelo ou o paradigma daquilo que se vai fabricar ou daquilo que se vai fazer (como no caso do médico, que não fabrica alguma coisa, mas realiza uma obra ao agir durante o diagnóstico e a cura tendo como modelo o corpo sadio; ou o do poeta que escreve um poema seguindo regras e prescrições de composição segundo as quais sua obra será avaliada). O paradigma ou modelo ou exemplo oferece às técnicas um conjunto de procedimentos corretos graças aos quais podem operar com regularidades e constâncias e se tornar mais racionais, menos inseguras e menos instáveis, mais capazes de dominar a contingência. As ciências produtivas ou poiéticas são aquelas que se referem, cada uma delas, a um aspecto particular da capacidade fabricadora ou técnica dos humanos e por isso são tão numerosas quanto nossas possibilidades produtivas: agricultura, metalurgia, tecelagem, serralheria, marcenaria, carpintaria, sapataria, olaria, culinária, pintura, escultura, engenharia, arquitetura, medicina, estratégia ou guerra, navegação, caça, discussão, poesia (drama ou tragédia, comédia, poesia épica, lírica) etc. Dessas ciências, Aristóteles nos deixou dois exemplos com a *Arte retórica* e a *Arte poética*.

As ciências mais altas e nobres são as teoréticas ou contemplativas, tanto porque correspondem ao que há de mais próprio em nós (o desejo de conhecer), tendo seu fim em si mesmas, como por causa de seus objetos (universais e necessários). A seguir, vêm as ciências práticas e, por último, as produtivas (não nos esqueçamos de que a sociedade grega é escravista. Nela predominam os valores aristocráticos, mesmo quando o regime político é democrático, por isso o trabalho manual — as técnicas — não é uma ocupação elevada, mesmo quando realizado por um homem livre, e não há, na língua grega, uma palavra para designá-lo, usando-se o vocábulo *pónos*, que significa pena, fadiga, esforço e dor). O monumento que é o *Corpus aristotelicus* revela que não houve um único aspecto dos conhecimentos humanos que Aristóteles não tenha investigado e elaborado filosoficamente, estabelecendo, para o pensamento ocidental, todos os campos do saber ou do que passou a ser chamado de filosofia, isto é, todos os conhecimentos teóricos e práticos de que os seres humanos são capazes. Mas não só isso. A obra de lógica ou o *Órganon* mostra também que Aristóteles estabeleceu os princípios e as formas de todos os conhecimentos e discursos, determinou as regras do pensamento e do discurso científicos, assim como aquelas do pensamento e linguagem próprios da argumentação sobre opiniões (a dialética) e daqueles praticados em todas as artes ou técnicas.

AS OBJEÇÕES A PLATÃO

Embora em todas as obras da maturidade de Aristóteles encontremos objeções específicas a cada um dos temas tratados por Platão, na base de todas elas encontram-se as objeções à teoria platônica das ideias e por isso, para melhor compreendermos em que e como Aristóteles se distingue e se separa de seu mestre, vamos tomar seus principais argumentos críticos encontrados no capítulo 9 do

Livro I da *Metafísica*, ainda que várias críticas se encontrem espalhadas em obras diferentes.

A crítica geral de Aristóteles às formas platônicas dirige-se à incapacidade dessa teoria para resolver as aporias que pretendera enfrentar, isto é, assegurar um conhecimento universal e necessário da realidade, alcançando a inteligibilidade das coisas ao conhecer a unidade invisível que dá sentido à multiplicidade visível dispersa e desordenada. Ora, ao dar às Formas um estatuto ontológico forte — elas são o ser — e separá-las num mundo inteligível eterno à parte, Platão impossibilitou que elas pudessem explicar o mundo sensível, pois nada há em comum entre eles. O sensível se reduz a uma aparência degradada ou a uma deformação do inteligível e o filósofo é convidado a abandoná-lo em lugar de compreendê-lo. Epistemologicamente, a teoria das Ideias é inútil.

Suponhamos, porém, prossegue a crítica aristotélica, que as Formas não constituam um mundo inteligível separado e que as coisas sensíveis participem de suas ideias, de tal maneira que chegamos a estas últimas pela depuração das primeiras. Ora, neste caso é preciso admitir que as Formas não são realidades em si mesmas e sim a unidade inteligível da multiplicidade sensível. Assim sendo, ontologicamente, a teoria das Ideias é inútil.

Em resumo: se as Ideias forem uma realidade à parte, não servem para o conhecimento de nosso mundo; e se servirem ao conhecimento de nosso mundo, não podem ser uma realidade em si mesmas.

Se acompanharmos o longo texto do capítulo 9 de *Metafísica* I, as críticas de Aristóteles à teoria platônica das Ideias podem ser agrupadas em seis argumentos principais, cujo resumo nos é oferecido pelo historiador da filosofia García Morente, em suas *Lições preliminares de filosofia*:

1) Duplicação desnecessária da realidade: a duplicação do mundo sensível num mundo inteligível não resolve as dificuldades colocadas para a filosofia por Heráclito e Parmênides, tanto assim que Platão foi obrigado a "matar o pai Parmênides" para dar consistência à multiplicidade e composição das ideias, não podendo manter a simplicidade eleata ("o ser é; o não ser não é"); em outras palavras, as aporias encontradas nas coisas sensíveis se repetem para as ideias (identidade, multiplicidade, diferença, unidade etc.).

2) A participação não tem fundamento: se duas coisas sensíveis particulares são ditas semelhantes porque participam da mesma ideia, para dizermos que uma coisa particular é o que é porque participa de uma ideia com a qual

tem a semelhança da cópia com o modelo, será preciso encontrar uma terceira ideia da qual a coisa e a primeira ideia participem para que se possa dizer que a coisa e a ideia são semelhantes; mas, para dizer que uma ideia participa de outra, precisaremos de uma quarta ideia que sirva de modelo às outras duas e assim indefinidamente, de sorte que a teoria da participação não tem fundamento, prolongando-se ao infinito. Assim, por exemplo, para dizer que João e Pedro são homens porque participam da ideia de Homem, será preciso mostrar, primeiro, como e por que sabemos que cada um deles participa dessa ideia. Diremos que João e a ideia de Homem possuem algo semelhante; ora, esse "algo semelhante" só pode ser uma outra ideia da qual João e a ideia de Homem participam; mas, para dizer que a ideia de Homem participa de outra ideia, novamente precisamos encontrar o "algo semelhante entre elas e, assim, precisamos de uma terceira ideia, prosseguindo ao infinito nessa procura.

3) Se há uma ideia para cada coisa, então é preciso haver as ideias das relações, já que as coisas se relacionam; mas uma relação não é uma coisa ou uma essência e por isso não é ideia de nada e, portanto, não pode haver ideia de relação. Ora, sem a ideia da relação não há como justificar as relações entre as coisas.

4) Se há ideia de tudo o que existe positivamente, isto é, se há ideia para tudo ser positivo, terá que haver ideia para o negativo (por exemplo, se há ideia da beleza, tem que haver ideia da não beleza, isto é, da fealdade); também terá que haver ideia do que as coisas deixaram de ser ou não são mais (por exemplo, se há ideia de uma coisa pequena, tem que haver ideia da mesma coisa grande, quando ela cresce, de sorte que é preciso haver uma ideia para cada tamanho de cada coisa). Dessa maneira, não só temos ideias dos positivos, mas também dos negativos e temos que ter ideias não só de um estado ou situação de cada coisa, mas de todos os estados que ela tiver (uma ideia para cada momento de seu devir), e isto para cada coisa e para todas as coisas, de sorte que o número das ideias se estenderá ao infinito, multiplicando inutilmente o número de ideias.

5) A teoria das ideias não explica a gênese das coisas: as ideias são acabadas e eternas, podem dar a razão do que as coisas são, mas não explicam por que e como as coisas vêm a ser; mesmo invocando o demiurgo do *Timeu*, não se tem a resposta, pois o mundo que o demiurgo fabrica é um mundo pronto e acabado, a cópia integral do mundo acabado das ideias, sem que saibamos como esse mundo sensível pode continuar dando origem às coisas, pois não há ideias em movimento e em transformação, nem ideias perecendo que servissem de causa

e explicação para a gênese e perecimento das cópias sensíveis. Por esse motivo, enquanto para Platão a noção de "gênero" tinha o sentido de reunião dos semelhantes, em Aristóteles ela terá o sentido forte de gênese, geração, causa.

6) As ideias impedem que o mundo das coisas tenha inteligibilidade: de fato, se somente as ideias são inteligíveis e dotadas de pleno sentido racional, o mundo sensível não tem sentido, é irracional e incompreensível e, portanto, tudo o que se passa nele é irracional e sem sentido. Nesse caso, as técnicas, a moral, a política, as artes, a vida e tudo o que acontece no mundo das coisas não pode ser conhecido nem compreendido. As ideias roubam o sentido do mundo, em vez de dar-lhe sentido.

Como dissemos, a argumentação aristotélica segue duas direções: na primeira, ontológica, volta-se contra a existência do mundo das ideias; na segunda, epistemológica, contra os efeitos cognitivos de admitir-se tal existência.

Com relação ao primeiro tipo de argumentação, isto é, concernente à ontologia platônica, Aristóteles critica os argumentos de Platão em defesa de um mundo das Ideias. Quais são os argumentos platônicos? Bréhier, em sua *História da filosofia*, assim os resume:

> Conhecem-se os três argumentos platônicos para demonstrar a existência das ideias: o uno acima do múltiplo (uma multiplicidade de objetos possuindo a mesma propriedade, a beleza, por exemplo, exige que essa propriedade se sobreponha a todos); os argumentos extraídos do conhecimento (uma definição geométrica, por exemplo, implica a existência de seu objeto, pois mostra sua gênese); e, finalmente, o argumento da permanência da representação da coisa depois que esta desaparece, o que implica afirmar que o objeto do conhecimento, isto é, a ideia, não pode estar submetida ao devir das coisas sensíveis, tendo por isso uma existência à parte (Bréhier, 1977, p. 155).

Como responde Aristóteles a esses três argumentos ontológicos? No que toca ao primeiro, escreve ele, o uno invocado por Platão não é um ente ou um ser, mas uma qualidade (no exemplo, a beleza não é um ser, mas uma qualidade dos seres), pois se for um ente ou um ser não pode ser predicado a um outro ente ou ser (seria o mesmo, por exemplo, que se disséssemos "Sócrates é Cálias", "círculo é triângulo"). No que se refere ao segundo, replica Aristóteles, é preciso considerar como se faz uma definição. Ora, a definição de uma coisa é feita colocando-a sob um gênero e sob uma espécie (por exemplo, defino o homem dizendo que pertence ao gênero dos animais e à espécie dos bípedes) e, portanto, um definido é sempre uma composição de um gênero e pelo menos uma espécie (homem = animal bípede; homem = animal racional; homem = animal bípede racional etc.). Ora, se o definido (a ideia) for uno, não pode ser definido (não pode ser distinguido por gênero nem espécie) e se for composto (se pertencer a um gênero e a uma espécie) não será uno no sentido platônico, faltando-lhe algo que garante sua existência como ideia. Por fim, quanto ao terceiro ponto, isto é, a permanência da representação da coisa desaparecida, explica Aristóteles, ela significa apenas que nosso pensamento a conserva e não que ela seria uma realidade em si, fora de nossa alma racional.

A outra direção dos argumentos aristotélicos é epistemológica e, como dissemos acima, consiste em mostrar que, recorrendo à existência das ideias como entidades separadas do sensível, estamos condenados a não conhecer as coisas sensíveis, pois tudo que as faz ser sensíveis não pode ser conhecido (não há ideias com as propriedades sensíveis, senão também seriam sensíveis e não ideias) e tudo o que delas podemos conhecer é o que possuem em comum com as ideias, de modo que delas conheceríamos seus aspectos ou finalidades não sensíveis.

O mundo das Ideias é, no fim das contas, um mero duplo verbal do mundo sensível, uma duplicação irreal, desnecessária e perigosa, pois torna o nosso mundo e a nossa vida sem sentido. Aristóteles se esforçará para mostrar que o inteligível está no sensível, que é possível uma ciência verdadeira do sensível, isto é, um conhecimento universal e necessário das coisas sensíveis. Platão, segundo Aristóteles, teria ficado tão impressionado com o mobilismo heraclitiano que teria admitido como inquestionável o fluxo ou o devir incessante descritos por Heráclito, uma ausência de identidade, unidade e permanência tais que impossibilitariam uma ciência das coisas, ciência que somente seria encontrável colocando fora deste mundo um outro, onde Heráclito não tivesse razão.

Como observa Jean Bernhardt, a grande diferença entre os dois filósofos encontra-se no fato de que Platão desejava explicar por que o mundo sensível é tal como é, encontrando a resposta fora dele; Aristóteles, ao contrário, deseja compreender como o mundo é o que é e por que funciona como funciona, encontrando seu sentido nele mesmo. Sob este aspecto, a diferença entre ambos já se anuncia de maneira inequívoca na abertura da *Metafísica*, pois, como vimos, ao fazer do espanto admirativo pelo mundo e por nossa ignorância a origem do desejo de conhecer, Aristóteles afasta a reminiscência como causa da busca da verdade que nos arrastaria para fora e para longe de nosso mundo, único real. Para Aristóteles, trata-se de mostrar, em primeiro lugar, que o próprio movimento é racional e pode ser explicado de modo universal e necessário, e, em segundo, que, no mundo sensível, o particular (que muda sem cessar) e o universal e necessário (que permanece sempre idêntico a si mesmo) estão entrelaçados, sendo tarefa da filosofia demonstrar como esse laço é possível, qual sua causa e qual sua significação racional.

Ao mesmo tempo, como vimos pela diferença entre ciências teoréticas, práticas e produtivas, Aristóteles afirma, contra Platão, que existe toda uma região da vida humana que permanece contingente e particular (ética, política, técnica) e nem por isso seria sem sentido e irracional. Platão havia tentado fazer da ética e da política ciências teoréticas, universais e necessárias. Para ele a ideia do Bem como universal e necessária, a ideia da Justiça como universal e necessária e o comando da razão sobre o indivíduo e sobre a Cidade fariam da ética e da política ciências teoréticas. Pelo contrário, diz Aristóteles, as ações humanas, mesmo quando feitas por uma vontade racional, permanecem contingentes, dependem de escolhas e de situações concretas e não há como submetê-las à ideia universal do Bem e da Justiça. Será pelo conhecimento de ações boas e justas que definiremos o Bem e a Justiça como valores ou regras gerais de conduta, e não o contrário.

Como veremos a seguir, se usarmos a terminologia de Aristóteles, diremos que a forma (o *eîdos*) é o que há de universal no indivíduo sensível e que sua individualidade tem como causa a matéria, que singulariza um ser (*esta* casa, *este* homem, *esta* estátua), mas esse ser é o que ele é (é *esta* coisa e não uma *outra*), porque a forma determina a identidade de uma coisa, determina o que ela é em sua essência, e se encontra na própria coisa, cabendo ao pensamento separar intelectualmente a forma (universal) e a coisa (singular), isto é, separar a forma da materialidade da coisa. A ideia da coisa não está num mundo de ideias, mas na própria coisa e pode ser separada — abstraída — dessa coisa pelo pensamento. Porque o pensamento é capaz de fazer essa abstração, pode conhecer o universal, necessário e idêntico que se encontra no próprio sensível e não fora dele ou acima dele.

Assim, cabe, antes de tudo, saber como nosso pensamento opera, como nosso pensamento pensa, que princípios segue ou obedece, pois, se soubermos como pensamos e por que pensamos como pensamos, poderemos saber como e por que o pensamento é capaz de ciência sem abandonar o sensível. Essa tarefa de nos mostrar o que é o pensamento pensando, quais são as operações e as formas que o pensamento possui, que regras e normas ele segue ao pensar, independentemente do conteúdo pensado, é a tarefa da lógica.

A LÓGICA OU *ÓRGANON*

Quando observamos a classificação aristotélica das ciências, percebemos que a lógica não faz parte de nenhuma ciência. O motivo é simples: a lógica não é o conhecimento teorético nem prático de nenhum ser, de nenhum objeto. O que é a lógica? Como indica o termo grego que foi dado ao conjunto dos escritos lógicos de Aristótetes, *Órganon*, a lógica é um instrumento do pensamento para pensarmos corretamente. Não se referindo a nenhum ser, a nenhuma coisa, a nenhum objeto, a lógica não se refere a nenhum conteúdo, mas à forma ou às formas do pensamento ou às estruturas do raciocínio em vista de uma prova ou de uma demonstração. Convém lembrarmos que não só o termo *órganon* não foi usado por Aristóteles, como também ele não usou o termo "lógica", palavra empregada pela primeira vez pelos filósofos estoicos e por Alexandre de Afrodisia. A palavra empregada por Aristóteles foi *analíticos*, *analytikós*, do verbo *analýo*, que significa: desfazer uma trama, desembaraçar fios, desembaraçar-se de laços, dissolver para encontrar os elementos, examinar em detalhe e no pormenor, remontar às causas ou às condições. Os *Analíticos* buscam os elementos que constituem a estrutura do pensamento e da linguagem, seus modos de operação e de relacionamento.

A lógica é o que devemos estudar e aprender antes de iniciar uma investigação filosófica ou científica, pois somente ela pode indicar qual é o tipo de proposição, de raciocínio, de demonstração, de prova e de definição que uma determinada ciência deve usar. Por esse motivo, a lógica é dita uma disciplina vestibular, um conhecimento que deve anteceder aos outros conhecimentos, sendo por isso uma propedêutica (de *pro*, antes de, em favor de, e *paideía: propaideía*).

A lógica é uma disciplina que fornece as leis ou regras ou normas ideais do pensamento e o modo de aplicá-las na pesquisa e na demonstração da verdade. Nessa medida, é uma disciplina normativa, pois dá as normas para bem conduzir o pensamento na busca da verdade.

A lógica é também uma disciplina da prova, pois estabelece os fundamentos necessários de todas as demonstrações ou de todos os raciocínios demonstrativos de caráter universal e necessário. Dada uma certa hipótese, a lógica permite verificar suas consequências necessárias; dada uma certa conclusão, a lógica permite verificar se é verdadeira ou falsa.

A lógica é geral e intemporal, pois as leis e formas do pensamento não dependem do tempo e do lugar, nem das pessoas e circunstâncias, mas são universais, necessárias e imutáveis como a própria razão.

Os tratados lógicos aristotélicos estão agrupados em três conjuntos, segundo o tipo de assunto investigado:

1) *Primeiros analíticos*, em que Aristóteles apresenta a estrutura geral de todos os raciocínios: o silogismo (ver *syllogismós**) e todas as suas variedades;

2) *Segundos analíticos*, em que Aristóteles estuda um tipo determinado de silogismo, o silogismo científico, isto é, aquele que tem a preocupação com a verdade;

3) *Tópicos* e *Refutações sofísticas*, em que Aristóteles estuda os modos do raciocínio que, apesar de estarem colocados na forma de silogismos corretos, não satisfazem a uma ou mais condições do pensamento científico. Nos *Tópicos*, Aristóteles examina os silogismos dialéticos; nas *Refutações sofísticas*, os silogismos falsos.

Antecedendo a estes três conjuntos, encontram-se duas obras gerais preliminares que oferecem os elementos que devem entrar em todos os silogismos. São elas: *Categorias*, que oferece os termos, e *Da interpretação*, que estuda a proposição. Como observamos ao nos referirmos às obras do filósofo, as *Categorias* talvez não devessem estar agrupadas junto aos textos lógicos e sim aos de metafísica, uma vez que tratam primordialmente da ideia de substância ou de essência (*ousía**). Como, porém, a tradição consagrou essa obra no conjunto dos escritos de lógica, iremos mantê-la aqui.

Do ponto de vista cronológico, ao que tudo indica, Aristóteles teria escrito primeiro as *Categorias* e parte dos *Tópicos* (Livros II a VII), e só mais tarde, ao estudar a regras do raciocínio, escreveu os dois *Analíticos*.

AS CATEGORIAS OU TERMOS

As *Categorias* dedicam-se a uma vasta análise e exposição da linguagem, tanto a que empregamos usualmente como aquela usada pela filosofia, partindo da distinção entre as "coisas ditas em combinação" (isto é, frases ou proposições) e as "coisas ditas sem combinação" (isto é, palavras). São estas que Aristóteles designa como categorias ou termos, definindo-as como "coisas que servem para designar outras". A palavra *kategoría* vem do verbo *kategoréo*, que significa: falar contra, acusar, revelar, tornar visível, dar a conhecer, exprimir, significar e afirmar. *Kategoría* significa: acusação, indicação, atributo de alguma coisa, predicado. Percebemos por que Aristóteles a emprega para designar os termos ou palavras: vinda do vocabulário jurídico, a categoria é um sinal, um índice, um indicador de alguma coisa que serve para revelar, dar a conhecer, tornar visível alguma coisa, torná-la compreendida. As categorias são por isso "coisas que servem para designar outras". São índices do que uma coisa é ou faz, de como ela é se comparada com outras, de onde ela está ou esteve, do que lhe acontece em decorrência da ação de uma outra sobre ela etc. São os gêneros supremos de predicados de uma coisa ou de um sujeito.

Termos ou categorias são, pois, os gêneros das palavras tomadas quando ainda não combinadas com outras e que são a condição de tudo quanto dizemos ou pensamos, levando Aristóteles a dizer na *Metafísica* que "o ser se diz de muitas maneiras". São elas:
- substância ou essência, *ousía* (por exemplo, homem)
- quantidade (por exemplo, dois metros de comprimento)
- qualidade (por exemplo, branco)
- relação (por exemplo, o dobro, a metade)
- onde, isto é, lugar (por exemplo, em casa)
- quando, isto é, tempo (por exemplo, ontem)
- como, isto é, posição (por exemplo, sentado)
- posse (por exemplo, está armado, ou seja, tem armas)
- ação (por exemplo, corta)
- paixão ou passividade (por exemplo, está cortado).

Do ponto de vista gramatical, as categorias correspondem ao substantivo, adjetivo, advérbio e verbo. Essa unidade entre gramática e lógica indica não só a unidade entre linguagem e pensamento, mas também a unidade entre dizer, pensar e ser. De fato, no Livro v da *Metafísica*, Aristóteles escreve:

Visto que a predicação afirma às vezes o que uma coisa é, às vezes sua qualidade, às vezes a sua quantidade, às vezes sua relação, às vezes o que faz ou o que sofre, e às vezes o lugar em que está ou o tempo, segue-se que tudo isto são modos do ser.

As categorias, portanto, são "modos do ser" ou as muitas maneiras em que ele é e pelas quais o dizemos. Referem-se a determinações (propriedades ou predicados) pertencentes a um ser e das quais o pensamento deverá servir-se para conhecê-lo e exprimi-lo. Além disso, Aristóteles marca nitidamente a diferença entre as categorias, de tal maneira que não só não se confundem entre si como sobretudo não podem ser tomadas como intercambiáveis. Em outras palavras, os predicados ou propriedades da qualidade são diferentes dos da quantidade e não podem ser substituídos por propriedades ou predicados desta última. O mesmo se passa com o lugar e o tempo, a ação e a paixão, e com as demais categorias. Tratar o lugar como se fosse tempo, ou o tempo como se fosse lugar, ou tratar a ação como se fosse passividade e a paixão como se fosse atividade é uma das causas mais frequentes dos erros de pensamento e de linguagem. Esse aspecto é de grande relevância por dois motivos principais: em primeiro lugar, a distinção categorial é um elemento de enorme importância para verificar se uma proposição, um raciocínio ou uma demonstração são verdadeiros ou falsos, pois sabemos que serão falsos se as diferenças entre categorias não estiverem respeitadas; o erro que confunde categorias recebe um nome que se tornou célebre em toda a história da Filosofia: *metábasis éis allô génos*, "confusão dos gêneros" (ou, como dizem lógicos e epistemólogos, hoje em dia, "erros categoriais"). Em segundo, porque sendo as categorias modos do ser e gêneros supremos dos modos de ser, Aristóteles poderá demonstrar que as ciências não podem mesclar nem confundir os gêneros, estabelecendo com isso um princípio científico que ficará conhecido com a expressão "incomunicabilidade dos gêneros" e que se refere sobretudo à qualidade e à quantidade, de um lado, e ao lugar e ao tempo, de outro. Enfim, um último aspecto importante da teoria categorial afirma que toda categoria, por ser um gênero, possui sempre dois termos extremos contrários. Por exemplo: a qualidade "calor" possui dois extremos contrários, o quente e o frio; toda quantidade possui um máximo e um mínimo que são extremos contrários ou opostos; e assim por diante. E, entre os extremos contrários, há graus que indicam a passagem de um a outro. Essa oposição dos termos extremos é decisiva para a teoria aristotélica do devir ou do movimento, pois este consistirá sempre na passagem de um extremo oposto ao outro. Há, porém, uma categoria que não possui extremos contrários ou opostos: a substância ou essência. Ela pode receber predicados opostos, vindos das demais categorias, mas ela própria não possui contrário, pois seu contrário seria a não substância, a não essência, o não ser.

Na verdade, dentre as categorias, a da substância/essência é muito especial, pois é aquela a que as outras são predicadas ou atribuídas. De fato, a diferença entre a categoria da substância/essência e as demais está consagrada na distinção aristotélica entre substância e acidente. Este é algo atribuído à substância/essência, que é, assim, o substrato ou o suporte de todas as outras categorias ou acidentes, recebendo-os como propriedades ou como suas maneiras de ser. As principais características da substância/essência são:

1) não é predicado de outras categorias ou não pode ser predicada a outras. Em linguagem aristotélica, a substância é o que *não está* num sujeito, ou seja, ela não é um atributo ou um predicado de um sujeito, mas é o próprio sujeito, o qual recebe os predicados. Trata-se do que Aristóteles chama de substância primeira (*próte ousía*) ou a coisa na sua individualidade (por exemplo, Sócrates, esta casa, este homem);

2) pode ser predicada a um sujeito sem ambiguidade quando for substância segunda, isto é, quando for o gênero ou a espécie a que o sujeito pertence (por exemplo, "Sócrates é homem", em que a substância "homem" é predicada a "Sócrates" para indicar a espécie a que ele pertence);

3) como substância primeira ou *próte ousía* é sempre individual;

4) não tem contrários nem graus (não posso, por exemplo, dizer que este homem é não homem; também não posso dizer que um homem é mais ou menos homem do que outro, a não ser, por exemplo, quando, metaforicamente, quero dizer que este homem possui qualidades morais superiores às de um outro, mas, neste caso, o termo que está sendo comparado não é "homem" e sim a qualidade de um certo homem);

5) admite qualidades contrárias e graus, quando se trata da relação entre uma substância primeira — o indivíduo — e uma substância segunda — o gênero ou a espécie a que o indivíduo pertence (assim, por exemplo, o adulto é "mais homem" do que a criança, a rosa é "mais flor" do que o botão).

As categorias, embora sejam os predicados que aparecerão nas proposições, são, enquanto termos não combinados com outros, o que nossa sensação ou o nosso pensamento captam direta e imediatamente numa coisa, não precisando de nenhuma demonstração ou prova (por isso são *kategoría*, isto é, índice ou sinal imediato que "acusa" o que a coisa é). As categorias nos dão a apreensão direta e imediata de entidades simples, que, por isso, não podem ser analisadas, isto é, desmembradas em partes para verificação e prova. Por esse motivo, Aristóteles diz que as categorias não são verdadeiras nem falsas, pois o verdadeiro e o falso é o que pode ser analisado, demonstrado e provado. Somente quando uma categoria for "combinada com outras", isto é, entrar numa proposição ou num juízo, é que se fará demonstração e prova. A prova se refere à proposição ou ao juízo e não à categoria, pois o verdadeiro e o falso se referem aos vínculos ou ligações entre as categorias. Ou, como dirá Aristóteles, há verdade quando o que deve estar junto está ligado e o que deve estar separado está desligado; e há falso quando estão juntos os que deveriam estar separados ou estão separados os que deveriam estar unidos.

Os termos ou categorias são dotados de duas propriedades lógicas: a extensão e a compreensão. Extensão é o conjunto dos objetos designados por um termo. Compreensão é o conjunto das propriedades que este mesmo termo indica ou significa. Por exemplo: uso "homem" para falar de Pedro, Paulo e João, ou uso "metal" para falar de ouro, prata, platina, ferro e cobre. A extensão do termo "homem" será o conjunto de entes que podem ser chamados de homens; a extensão do termo "metal" será o conjunto de entes que podem ser chamados de metais. Se, porém, eu tomar "homem" e disser que é: animal, vertebrado, mamífero, bípede, mortal e racional, essas propriedades formam a compreensão do termo "homem". Se eu tomar "metal" e disser que é bom condutor de calor, reflete a luz etc., tenho a compreensão desse termo.

É importante observar que quanto maior a extensão de um termo (mais entes são designados por ele) menor a sua compreensão, e, ao contrário, quanto maior a compreensão (maior número de propriedades) menor a extensão. Vimos a extensão e a compreensão de "homem". Se tomarmos "Pedro" veremos que a extensão é a menor possível (um só ente), mas a compreensão é a maior possível ("Pedro" tem todas as propriedades de "homem" e mais as suas próprias propriedades enquanto uma determinada pessoa).

Essa distinção permite classificar os termos em: gêneros (extensão maior, compreensão menor), espécies (extensão média e compreensão média) e indivíduos (extensão menor e compreensão maior).

PROPOSIÇÕES E JUÍZOS

No *Da interpretação*, Aristóteles parte de cinco grandes distinções: o nome (substantivo), o verbo, o discurso, a proposição e o par afirmação-negação. Antes, porém, define a fala e a escrita como símbolos da alma, isto é, a fala é a expressão direta e imediata de estados da alma, a escrita, sua expressão indireta e mediata. Vemos, assim, que contrariamente a Platão, cuja desconfiança pela linguagem era decisiva, Aristóteles apoia-se nela como expressão direta (ou indireta, no caso da escrita) da vida psíquica, dos sentimentos e pensamentos.

O nome (*ónoma*) é um "som vocal que possui uma significação convencional e sem relação com o tempo". O verbo (*rhêma*) "é o que acrescenta à sua própria significação, a do tempo" e é "signo do que se diz de uma outra coisa", isto é, dos predicados de um sujeito. O discurso (*lógos*) "é um som vocal que possui significação convencional e no qual cada parte, tomada separadamente, possui significado como enunciação, mas não como afirmação ou negação". O discurso não é, pois, natural, mas por convenção; e distingue-se da proposição porque enuncia alguma coisa sem se preocupar com o verdadeiro ou o falso, como é o caso, por exemplo, da prece, que é um discurso, mas não é verdadeira nem falsa. A proposição (*prótasis*) é um discurso declarativo (*lógos apophantikós*) que se realiza pela afirmação ou pela negação, reúne o nome e o verbo, corresponde a um pensamento (*nóema*), opera por composição (reunião) ou divisão (separação) e a ela se aplica a distinção entre o verdadeiro e o falso. Finalmente, a afirmação declara que uma coisa se refere a outra ou está unida a outra, enquanto a negação declara que uma coisa está separada de outra.

Este conjunto de distinções permite compreender que, enquanto as *Categorias* são uma teoria dos termos, o *Da interpretação* é uma teoria da proposição e, visto que a proposição declara algo que corresponde a um pensamento, há entre dizer e pensar uma relação íntima. O pensamento realiza uma operação — o juízo, *tò kritikón* — que se exprime verbalmente na proposição (*prótasis*). É o juízo que reúne (afirma) ou separa (nega) e é ele que é verdadeiro ou falso. Verdadeiro quando une o que está unido na realidade e separa o que está separado na realidade; falso, no caso contrário. Com isso, pode-se dizer que a proposição é uma figuração do pensamento e da realidade: figura o juízo (coloca o pensamento na linguagem) e figura a realidade (declara o que está unido e o que está separado na realidade). O juízo é uma afirmação ou uma negação que o pensamento realiza indo diretamente à realidade e a proposição é a expressão verbal do juízo.

Conservando a distinção que Górgias e Platão haviam feito acerca do verbo ser, ou entre o sentido existencial e o relacional desse verbo, Aristóteles afirma que há três tipos principais de proposições:

1) a que exprime um juízo existencial. Por exemplo: "Sócrates é". "Jasão não é";

2) a que exprime um juízo predicativo ou uma predicação, isto é, a atribuição de alguma coisa a um sujeito por meio da cópula ou do verbo de ligação "é". Por exemplo, "Um homem é justo; um homem não é justo";

3) a que exprime uma ação ou uma paixão (passividade) do sujeito. Por exemplo: "Um homem anda; um homem não anda", "Um homem está ferido; um homem não está ferido".

Pela expressão verbal, ou proposição, percebe-se que a primeira e fundamental distinção do juízo é sua divisão em proposições afirmativas e negativas e Aristóteles considera as afirmativas superiores às negativas, porque nos dão uma informação real e maior sobre as coisas de que falam. A proposição afirmativa é aquela que "atribui alguma coisa a alguma coisa" e a negativa é a que "separa alguma coisa de alguma coisa", sem nos dizer o que a coisa é ou possui.

A classificação das proposições (e, portanto, também dos juízos) as distingue inicialmente sob três aspectos:

1) pela *qualidade*: afirmativas ("Sócrates é homem") e negativas ("Sócrates não é persa").

2) pela *quantidade*: universal ("Todos os S são P") e particular ("Alguns S são P"; ou "Este S é P"). A quantidade também pode exprimir-se negativamente numa universal ("Nenhum S é P") ou numa particular ("Alguns S não são P"; "Este S não é P"). Duas diferenças, quanto à quantidade, aparecem entre o *Da interpretação* e os *Primeiros analíticos*. Como o *Da interpretação* está mais preocupado com o juízo ou a proposição existencial, Aristóteles apresenta, além da proposição particular ("Alguns S"), a proposição singular, isto é, aquela cujo predicado é um único indivíduo ("Um S", "Sócrates é mortal"). Essa quantidade não aparece nos *Primeiros analíticos*; em contrapartida, nesta obra Aristóteles coloca, juntamente com os universais e os particulares, os juízos indeterminados, isto é, aqueles cuja quantidade (universal ou particular) ainda não foi determinada ("O prazer é um bem", por exemplo).

3) pela *modalidade*: necessárias, isto é, aquelas em que o predicado está

incluído necessariamente na essência da coisa, fazendo parte de sua substância (por exemplo: "Todo triângulo é uma figura de três lados"); não necessárias ou impossíveis, isto é, aquelas em que o predicado não pode de modo algum ser atribuído ao sujeito (por exemplo: "Nenhum triângulo é uma figura de quatro lados"); e possíveis, isto é, aquelas em que o predicado pode ser ou deixar de ser atribuído ao sujeito (por exemplo: "Alguns homens são justos").

As proposições ou os juízos podem combinar os três aspectos. Assim, podemos formular juízos ou proposições afirmativos, universais e necessários ou negativos, universais e necessários; juízos ou proposições afirmativos, particulares e possíveis ou negativos, particulares e possíveis. E assim por diante. Via de regra, como veremos, as proposições ou juízos necessários tendem a ser universais afirmativos, enquanto os impossíveis tendem a ser universais negativos; e as proposições ou juízos possíveis tendem a ser particulares, tanto afirmativos como negativos.

Aristóteles preocupou-se em mostrar que as proposições se relacionam entre si e que essa relação é de dois tipos: de oposição e de dependência. Para definir as oposições e dependências, Aristóteles estabelece um critério considerado a verdadeira inauguração ou fundação da lógica ocidental: a de que nosso pensamento, seja qual for o conteúdo pensado, obedece a três princípios lógicos sem os quais não há pensamento. Esses princípios são:

a) princípio de identidade (A é A, isto é, uma coisa é sempre e necessariamente idêntica a si mesma);

b) princípio de não contradição (A é A e não pode ser não A, isto é, é impossível que uma coisa seja idêntica a si mesma e contrária a si mesma, ao mesmo tempo e na mesma relação);

e) princípio do terceiro excluído (A é ou x ou não x, e não há terceira possibilidade, isto é, dadas duas proposições cujos predicados são contrários, uma delas é verdadeira e a outra falsa, não havendo terceira possibilidade).

Com a introdução desses três princípios, chegamos a um quarto aspecto da classificação das proposições:

4) pela *relação*: contraditórias, isto é, quando se tem uma proposição universal afirmativa e uma proposição particular negativa cujos sujeitos e cujos predicados são os mesmos em ambas (por exemplo: "Todos os homens são mortais" e "Alguns homens não são mortais"); e quando se tem uma proposição universal negativa e uma proposição particular afirmativa cujos sujeitos e cujos predicados são os mesmos em ambas (por exemplo: "Nenhum homem

QUALIDADE	QUANTIDADE	MODALIDADE	RELAÇÃO
Afirmativas	Universais	Necessárias	Contrárias
Negativas	Particulares	Impossíveis	Contraditórias
	Singulares	Possíveis	Subalternas
	Indeterminadas		

é irracional" e "Alguns homens são irracionais"); contrárias, isto é, quando são opostas duas proposições universais, uma delas sendo afirmativa e a outra, negativa (por exemplo: "Todos os homens são mortais" e "Nenhum homem é mortal"); e quando são opostas duas proposições particulares, uma delas afirmativa e a outra, negativa (por exemplo: "Alguns homens são justos" e "Alguns homens não são justos"); subalternas, isto é, quando há uma relação de subordinação ou de dependência entre uma proposição universal afirmativa e uma particular, afirmativa, e entre a proposição universal negativa e a particular negativa (por exemplo: "Todos os homens são mortais" e "Sócrates é mortal"; ou "Nenhum homem é irracional" e "Sócrates não é irracional").

Os medievais sistematizaram essas relações referindo-se a elas com a expressão "quadrado dos opostos", indicando a qualidade e quantidade das proposições com as vogais a, e, i, o:

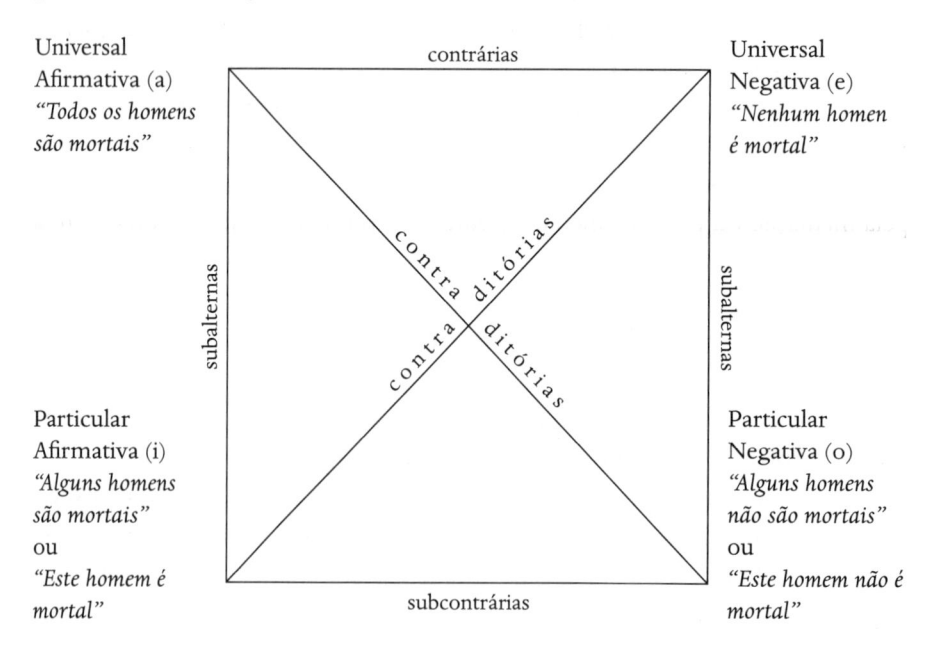

Universal Afirmativa (a)
"Todos os homens são mortais"

contrárias

Universal Negativa (e)
"Nenhum homen é mortal"

subalternas

contraditórias

subalternas

Particular Afirmativa (i)
"Alguns homens são mortais"
ou
"Este homem é mortal"

subcontrárias

Particular Negativa (o)
"Alguns homens não são mortais"
ou
"Este homem não é mortal"

Essa classificação dos juízos ou das proposições em seus quatro aspectos principais permite a Aristóteles classificar um juízo ou uma proposição pela combinação dos aspectos. Assim, um juízo (ou proposição) é chamado assertórico ou categórico quando é afirmativo ou negativo; hipotético, quando sua afirmação ou negação depende de uma condição (se... então...); disjuntivo, quando comporta duas possibilidades que dependem dos acontecimentos (ou... ou...). O juízo universal necessário afirmativo é chamado apodítico e é aquele empregado nas demonstrações das ciências teoréticas. Os juízos particulares hipotéticos e disjuntivos são chamados juízos possíveis, e são empregados sobretudo nas ciências práticas e produtivas, pois, nestas, o que é afirmado ou negado depende das circunstâncias e dos acontecimentos. Em outras palavras, o *juízo apodítico* é aquele que é necessário em qualquer tempo e lugar, enquanto o *juízo possível* é aquele que depende de condições específicas para se realizar. Por exemplo, "Todos os homens são mortais" é apodítico; mas "Se a educação for boa, ele será virtuoso" e "Amanhã choverá ou não choverá" são possíveis.

OS ANALÍTICOS E A TEORIA DO SILOGISMO

Nos *Primeiros analíticos*, Aristóteles expõe a doutrina do raciocínio ou da inferência. Inferir é obter uma proposição a partir de uma ou de várias proposições que a antecedem e que são sua explicação ou sua causa. A proposição inferida é uma conclusão que já estava implicitamente contida na proposição inicial ou nas proposições iniciais e que o raciocínio explicita. Por isso o raciocínio é uma operação do pensamento considerada *mediata*, isto é, chega a uma conclusão pela mediação ou por intermédio de outras proposições ou juízos. Enquanto a categoria é imediata (eu a percebo ou conheço diretamente, sem precisar fazer inferência), o raciocínio é mediato.

A forma mediata do pensamento ou raciocínio é chamada por Aristóteles de silogismo (em grego, *syllogismós** significa: raciocínio; vem do verbo *syllogízo*, que significa reunir, juntar pelo pensamento, conjeturar). A doutrina do silogismo é a grande invenção da lógica ou da analítica aristotélica e dela depende a doutrina do pensamento científico como pensamento demonstrativo, pois "analítica" é o procedimento ou o método mediante o qual devemos encontrar as condições que permitem afirmar que uma certa conclusão é verdadeira ou falsa, isto é, o procedimento que nos conduz a determinar as premissas que levaram à conclusão e que por isso são as causas dessa conclusão. Nos *Primeiros analíticos* é exposta uma teoria geral de todos os silogismos, não importando se são ou não científicos. Nos *Segundos analíticos*, Aristóteles se ocupará exclusivamente com os silogismos científicos. Em ambos, o filósofo analisa, isto é, vai aos elementos, às causas e às condições do ato mental e verbal de ligar, isto é, do silogismo.

O silogismo é o raciocínio dedutivo. Dedução é o movimento que o pensamento realiza indo de uma afirmação universal verdadeira (ou de uma negação universal verdadeira) para os casos particulares que dela dependem. A definição aristotélica do silogismo é:

> um argumento no qual certas coisas, tendo sido supostas (como verdadeiras), alguma coisa diferente resulta da necessidade de sua verdade, sem ser necessário recorrer a algum termo exterior que a verifique.

Ou ainda:

> um discurso em que, postas certas coisas, outras se derivam delas necessariamente.

O silogismo, por ser raciocínio, possui duas características principais:

1) é *mediato* (diferentemente das categorias, que, como vimos, são uma apreensão imediata da coisa pelo pensamento), ou seja, o silogismo exige um percurso mental e verbal até que se possa chegar à conclusão verdadeira;

2) é *necessário*, pois é dedutivo, ou seja, as consequências a que chega a conclusão são necessárias porque o ponto de partida é uma verdade necessária. Por isso Aristóteles considera que há um tipo de silogismo superior a outro: o silogismo ostensivo (*deiktikós*: o que mostra ou diz diretamente a coisa significada) é superior ao hipotético, ou seja, o silogismo que parte de proposições assertóricas é superior ao que parte de proposições possíveis. Hipotéticos são silogismos que partem de uma proposição condicional "Se..." e a conclusão diz: "Então...". Os ostensivos mostram, ostentam aquilo que afirmam ou negam.

O exemplo clássico do silogismo ostensivo é:

Todos os homens são mortais. (Todos os S são P).
Sócrates é homem. (X é S).
Logo, Sócrates é mortal. (Logo, X é P).

No silogismo, a primeira proposição é chamada premissa maior; a segunda, premissa menor; a terceira, conclusão. Um silogismo é uma composição de premissas das quais é inferida uma conclusão, graças a um termo, chamado médio, que liga dois termos contidos nas premissas e que são denominados termo maior ou extremo maior e termo menor ou extremo menor. A inferência consiste em demonstrar que o termo menor está contido no termo maior graças à mediação feita pelo termo médio. Para que a inferência seja obtida, o silogismo deve obedecer a um conjunto longo e complexo de regras, sem as quais suas conclusões não terão o menor valor. Vamos exemplificar aqui algumas dessas regras, tomando o silogismo clássico que apresentamos acima:

1) A premissa maior deve conter o termo maior (ou extremo maior) e o termo médio. No caso, mortal e homem.

2) A premissa menor deve conter o termo menor (ou extremo menor) e o termo médio. No caso, Sócrates e homem.

3) A conclusão deve conter o termo menor e o termo maior (no caso, Sócrates e mortal) e não deve nunca conter o termo médio (no caso, homem), pois a função do termo médio é ligar o maior ao menor ou ligar os extremos (portanto, permitir a inferência). O termo médio é a chave da demonstração, pois é ele o responsável pela ligação entre dois conceitos ou dois fatos.

A ideia geral do silogismo é:

A é verdade de B (é verdade que todos os homens são mortais).
A é verdade de C (é verdade que Sócrates é homem).
Logo, B é verdade de C (é verdade que Sócrates é mortal).

Exemplifiquemos, agora, com juízos negativos:

Nenhum anjo é mortal (A é verdade de B).
Miguel é anjo (A é verdade de C).
Miguel não é mortal (B é verdade de C).

O silogismo só realiza a inferência ou a ligação entre os extremos por meio do termo médio e por isso a arte demonstrativa do silogismo estará em saber encontrar o termo médio, sem o qual não há ligação nem demonstração possível. Somente quando o maior e o menor possuem uma relação claramente definida com o médio é que a ligação se efetiva, de sorte que dependerá da predicação, que faz a inclusão ou a exclusão do termo médio no menor, para que a conclusão seja formulada. As ciências investigam e procuram o termo médio do campo de objetos que estudam, pois dele depende que este campo seja demonstrável e demonstrado. Em outras palavras, o termo médio é a *causa* que liga o menor ao maior e exatamente por isso Aristóteles dirá que uma ciência precisa determinar não apenas os princípios e definições de seus objetos, mas também saber determinar o termo médio de seus silogismos, pois somente assim se realiza a finalidade científica, qual seja, conhecer pela causa. No exemplo clássico, sabemos que Sócrates é mortal por causa de sua humanidade, ou, em outras palavras, é o ser homem que causa a mortalidade de Sócrates.

Obedecidas todas as regras para a formulação de um silogismo, a demonstração estará feita. São oito as principais regras demonstrativas do silogismo:

1) o silogismo deve ter um termo maior, um menor e um médio; e só deve ter três termos, nem mais, nem menos;

2) o termo médio deve aparecer nas duas premissas e deve, pelo menos em uma das premissas, ser tomado em toda a sua extensão, isto é, pelo menos uma vez, deve ser tomado como universal (por exemplo, se eu disser: "os nordestinos são brasileiros" e "os paulistas são brasileiros", não poderei concluir coisa alguma, pois o termo médio, "brasileiros", foi tomado com extensão particular nas duas vezes em que apareceu e nenhuma vez em toda sua extensão universal);

3) nenhum termo pode ser mais extenso na conclusão do que nas premissas, pois, neste caso, concluiremos mais do que o permitido, uma vez que um dos termos que aparecem na conclusão não esteve presente nas premissas (em outras palavras, pelo menos uma das premissas deve ser universal, seja afirmativa, seja negativa);

4) a conclusão não pode conter o termo médio, já que este tem a função de ligar os extremos e são estes que devem aparecer na conclusão;

5) se as duas premissas forem negativas, nada poderá ser concluído, pois o termo médio não estabeleceu nenhuma ligação entre os extremos;

6) duas premissas afirmativas devem ter uma conclusão afirmativa, o que é evidente por si mesmo;

7) a conclusão sempre acompanha a parte mais fraca, isto é, se houver uma premissa negativa, a conclusão será negativa; se houver uma premissa particular, a conclusão será particular; se houver uma premissa particular negativa, a conclusão deverá ser particular negativa;

8) nada se conclui de duas premissas particulares, sejam elas afirmativas

ou negativas (por exemplo, se eu disser "Miguel é anjo; Alguns anjos têm asas", não poderei concluir que "Miguel tem asas", pois não sei se ele faz parte dos "alguns" da segunda premissa); esta regra é uma consequência da regra 2.

Essas regras dão origem ao que Aristóteles chama de figuras (*schémata*) e modos do silogismo. Existem quatro figuras e 64 modos. As figuras se referem à posição ocupada pelo termo médio nas premissas. Os modos se referem à natureza das proposições que constituem as premissas.

Na primeira figura, o termo médio é sujeito na maior e predicado na menor; na segunda figura, é predicado nas duas premissas; na terceira, é sujeito em ambas; e na quarta, é predicado na maior e sujeito na menor. Os modos dependem da quantidade (universal, particular), da qualidade (afirmativa, negativa) e da modalidade (necessárias, impossíveis, possíveis) das premissas. Embora, ao todo, haja 64 modos, destes, somente 10 são considerados concludentes, isto é, silogismos verdadeiros nos quais uma dedução é realmente feita. A combinação das quatro figuras e dos 10 modos oferece 19 formas de silogismos válidos.

Aristóteles considerava os silogismos da primeira figura os mais perfeitos e afirmou que, quando se tivesse um silogismo de outra figura e se desejasse ter certeza de que estava correto, dever-se-ia tentar convertê-lo a um modo da primeira figura, como uma espécie de verificação.[2]

Se empregarmos as letras inventadas pelos medievais, podemos examinar alguns modos de silogismos da primeira figura, isto é, quando o termo médio é sujeito na premissa maior e predicado na premissa menor:

No modo aaa (isto é, todas as proposições são universais afirmativas):
Todos os homens são mortais.
Todos os atenienses são homens.
Todos os atenienses são mortais.

No modo eae (universal negativa, universal afirmativa, universal negativa):
Nenhum astro é perecível.
Todas as estrelas são astros.
Nenhuma estrela é perecível.

No modo aii (universal afirmativa, particular afirmativa, particular afirmativa):

Todos os homens são mortais.
Sócrates é homem.
Sócrates é mortal.

No modo eio (universal negativa, particular afirmativa, particular negativa):
Nenhum tirano é amado.
Dionísio de Siracusa é tirano.
Dionísio de Siracusa não é amado.[3]

A excelência da primeira figura vem do fato de que, nela, o termo médio, sendo sujeito na maior, tem o papel de uma substância à qual é atribuído um predicado (ou a ela negado, se a premissa for negativa). Esse sujeito se torna um predicado na menor e por isso o que era sujeito-substância na maior se torna uma qualidade ou uma propriedade de um outro sujeito na menor. Isto é, ele é incluído no outro sujeito, de tal modo que a ligação entre os dois termos extremos torna-se evidente por si mesma (ou a exclusão e falta de ligação, se a premissa maior for negativa).

A premissa maior coloca uma substância tomada como espécie à qual é atribuída a pertinência a um gênero (nos quatro exemplos dados acima: espécie homem e gênero mortalidade; espécie astros e gênero imperecibilidade; espécie homem e gênero mortalidade; espécie tirano e gênero desamor). A premissa menor coloca um novo sujeito como parte integrante da espécie que estava na maior (nos quatro exemplos dados acima: atenienses e espécie homem; estrelas e espécie astros; Sócrates e espécie homem; Dionísio e espécie tirania) ou, então, o exclui dessa espécie, se a premissa for negativa. A conclusão mostra que, pela mediação da espécie, o segundo sujeito faz parte do gênero a que pertence o primeiro sujeito (ou dele está excluído, se a premissa for negativa). Ora, para Aristóteles, a ciência é sempre demonstração das ligações entre indivíduos, espécies e gêneros ou da inclusão do indivíduo numa espécie e desta num gênero e, por isso, a primeira figura é a mais própria para a investigação científica. Por essa razão, quando uma ciência, por motivos que lhe são peculiares, tiver que operar com as outras figuras, deverá sempre buscar traduzir seus silogismos num modo da primeira figura, pois com isso haverá certeza de que a demonstração é correta e verdadeira.

Sei o que uma coisa individual é se eu souber a que espécie pertence. Sei o que uma espécie é se eu souber a que gênero pertence. A inclusão da espécie no gênero e do indivíduo na espécie determinando a causa dessa inclusão, isto é, o intermediário que responde pela inclusão, é o que Aristóteles chama de ciência. Por isso, o silogismo é o instrumento para demonstrar essa inclusão ou a exclusão (no caso de o particular não pertencer àquela espécie, e a espécie não pertencer àquele gênero). Assim, dado o gênero, infiro a espécie, dada a espécie, infiro o particular e o individual.

O silogismo é uma demonstração por dedução. Isto é, vai sempre do universal ao particular. Mas há ciências que operam por indução, isto é, vão dos casos particulares ao universal. Deve, portanto, haver silogismos para a indução, mesmo porque (como veremos ao tratar da teoria do conhecimento) os primeiros objetos das ciências são sempre obtidos por indução.

É preciso compreender o que Aristóteles entende por particular nas ciências indutivas. Nelas, particular não é o indivíduo (este homem, Sócrates, esta rosa), mas é a espécie (o homem, a flor) e a indução é o movimento que nos leva das espécies aos gêneros (animal, vegetal).

Que faz Aristóteles? Afirma que, após o exame de exemplos individuais, passamos à espécie, que é o objeto particular de uma ciência determinada; afirma também que o número de espécies é determinado ou limitado, podendo-se por isso realizar uma indução completa ou perfeita, isto é, em que todos os casos particulares são examinados (ou seja, todas as espécies) e deles podemos passar ao gênero. Chegados ao gênero, podemos fazer o percurso inverso, deduzindo dele as espécies e delas, os indivíduos.

Na dedução, um termo extremo é deduzido de outro por meio do termo médio. Por exemplo: deduzo que o homem é mortal por intermédio do animal, ou deduzo a mortalidade humana por meio da animalidade à qual o homem pertence, depois de haver demonstrado a mortalidade animal. Na dedução, portanto, é a relação dos termos extremos com o médio que permite relacionar os extremos entre si.

Não é o que acontece na indução. Aqui, o termo médio será inferido de um dos extremos por meio do outro extremo. Por exemplo:

Homem, cavalo e mula (primeiro termo extremo) são animais sem bílis (termo médio).

Homem, cavalo e mula são animais de longa vida (segundo termo extremo).

Portanto, todos os animais sem bílis (termo médio) são de longa vida (segundo termo extremo).

Como sabemos, na dedução, o termo médio jamais aparece na conclusão, enquanto na indução ele aparece, pois esta se realiza por comparação entre o médio e um extremo, depois de haver sido feita uma relação entre os dois extremos, No caso, "homem, mula e cavalo" aparecem nas duas premissas e o médio aparece numa única premissa, voltando a aparecer na conclusão. Por isso, a indução é julgada imperfeita e deve ser submetida, após a sua conclusão, à dedução. Teríamos, então:

Todos os animais sem bílis são de longa vida.
O homem, o cavalo e a mula são animais sem bílis.
O homem, o cavalo e a mula são animais de longa vida.

Essa diferença entre a dedução e a indução é o que leva Aristóteles, na teoria do conhecimento, a dizer que a ordem da investigação é diferente da ordem da exposição ou demonstração: a investigação se faz por indução e a demonstração, por dedução. Pelo mesmo motivo, ele pode dizer que, na ciência, a ordem cronológica de aquisição dos conhecimentos não é a ordem epistemológica de sua demonstração, ou seja, embora na ordem cronológica a indução venha primeiro e o silogismo dedutivo venha depois, na ordem epistemológica a dedução silogística vem primeiro, a palavra "primeiro", aqui, significando "princípio ou fundamento", ou seja, o fundamento da verdade de uma indução encontra-se na dedução, ainda que, cronologicamente, a dedução venha depois dela. É a demonstração que fundamenta ou sustenta a verdade da indução. Assim, a indução é primeira na ordem cronológica da aquisição de conhecimentos, mas a dedução é primeira na ordem lógica de demonstração dos conhecimentos.

Em outras palavras, como veremos na teoria do conhecimento, Aristóteles mostra que começamos sempre na sensação (percepção das coisas singulares) e só depois passamos à intelecção (conhecimento dos universais), porém o filósofo sublinha que o que é primeiro *para nós* não é o que é primeiro *em si* e para a ciência, pois esta parte de princípios, causas e gêneros universais. Assim, o percurso psicológico do conhecimento e o percurso demonstrativo da ciência são inversos.

AS CONDIÇÕES DA CIÊNCIA. DISTINÇÃO ENTRE CIÊNCIA E DIALÉTICA

Os *Segundos analíticos* já não tratam de todos os tipos possíveis de silogismos, mas somente dos silogismos científicos. Aqui, aprofunda-se a diferença com relação a Platão, pois Aristóteles não considera a dialética o método ou o instrumento do conhecimento científico, como julgara seu mestre.

Aristóteles distingue silogismos dialéticos e silogismos científicos. Silogismos dialéticos são aqueles cujas premissas se referem a coisas prováveis, possíveis, contingentes, verossímeis, isto é, a coisas que podem ser ou não ser, que podem ser de uma maneira ou de outra, que podem acontecer ou não acontecer. Se as premissas são prováveis, possíveis ou verossímeis, a conclusão também o será. Silogismos científicos, ao contrário, são aqueles cujas premissas são universais e necessárias e cujas conclusões são universais e necessárias, ou seja, não admitem o "pode ser ou não ser", "pode acontecer ou não acontecer", "pode ser assim ou de outra maneira", "é provável que seja assim".

O silogismo dialético é aquele que comporta argumentações contrárias, como as dos sofistas e mesmo como as de Sócrates nos diálogos platônicos. Suas premissas são opiniões ou se referem a coisas contingentes que não são objeto de ciências, mas de persuasão. Por isso, a dialética é uma discussão entre opiniões e argumentos contrários, cuja conclusão é obtida pela força persuasiva maior de um argumento ou de uma opinião sobre outros. Nos *Tópicos*, lemos: "Provável é o que parece aceitável a todos, ou à maioria, ou aos sábios e, entre estes, ou a todos, ou à maioria, ou aos mais ilustres". Visto que Aristóteles, diferentemente de Platão, não despreza a opinião, nada há de depreciativo em localizar a dialética na *dóxa*, embora isso signifique retirá-la do campo das ciências teoréticas. A dialética torna-se, com Aristóteles, arte da discussão e da persuasão (na retórica) e exercício preparatório para a lógica e para a ciência porque ela aponta os três princípios do pensamento (identidade, não contradição, terceiro excluído), o papel da predicação (as categorias, os sentidos do verbo *ser*) e os diferentes tipos de juízos e proposições (afirmativos, negativos, universais, particulares, necessários, impossíveis, possíveis, assertóricos, hipotéticos, apodíticos). Mas ela apenas aponta para isso, pois esses elementos são somente pressupostos por ela, cabendo à analítica explicitá-los e expor as regras de suas operações para que a ciência caminhe com segurança.

A ciência não é dialética porque não admite contradições, contrariedades, oposições, negações, possibilidades, verossimilhanças e acordos por persuasão. No silogismo científico, as premissas se referem ao universal e necessário, que não é objeto de refutação nem de persuasão, mas de demonstração. O silogismo científico é aquele no qual as premissas obedecem a quatro condições necessárias, sem as quais seriam meras opiniões:

1) as premissas devem ser verdadeiras (não podem ser prováveis ou verossímeis, nem falsas) e necessárias (não podem ser possíveis nem contingentes);

2) as premissas devem ser primárias ou primeiras, isto é, indemonstráveis, pois, se tivéssemos que demonstrar as premissas, iríamos de regressão em regressão ao infinito, sem demonstrar coisa alguma;

3) as premissas devem ser mais inteligíveis do que a conclusão, pois a verdade desta última depende da absoluta compreensão e clareza que tenhamos das premissas de que ela depende;

4) as premissas devem ser causas da conclusão, isto é, devem estabelecer as coisas ou os fatos que causam a conclusão, de tal maneira que quando as conhecemos também conhecemos as causas da conclusão e, mais do que isso, quando as conhecemos, conhecemos também a causa de nosso conhecimento verdadeiro da conclusão, pois "conhecer é conhecer pelas causas".

Assim, as premissas de uma ciência devem ser verdadeiras e necessárias, indemonstráveis ou principais, inteligíveis e causais. As premissas científicas são de três tipos: 1) axiomas; 2) postulados; 3) definições. Axiomas são verdades indemonstráveis e imediatamente evidentes para todos, como, por exemplo, os três princípios do pensamento (identidade, contradição, terceiro excluído) ou afirmações como "o todo é maior que as partes". Postulados são pressuposições de uma ciência, nas quais ela se baseia para estudar seu objeto (por exemplo, o movimento e o repouso são os postulados dos seres físicos). As definições são, para Aristóteles, as premissas mais importantes de uma ciência. Que é uma definição?

Nos *Segundos analíticos*, Aristóteles ocupa-se longamente com as definições, pois devem responder a quatro perguntas fundamentais que constituem uma ciência: "o quê?" "por quê?" "se?" e "o que é?". Essas quatro perguntas se referem ao termo médio, sem o qual não há silogismo nem demonstração. A definição oferece o conceito da coisa, sua essência, por meio das categorias (substância, qualidade, quantidade, posição, relação, tempo, lugar, ação, paixão) e de sua inclusão necessária num gênero e numa espécie. O conceito de um indivíduo será a consequência do conceito de seu gênero e de sua espécie. A definição deve oferecer a essência da coisa, isto é, suas propriedades essenciais e necessárias, seja enquanto gênero, seja enquanto espécie geral, seja como espécie particular conhecida por sua inserção no gênero e na espécie geral. O termo médio é o atributo essencial da coisa e por isso a definição consiste em encontrar para um sujeito (uma substância) seus atributos essenciais (seus predicados ou categorias).

A tese absolutamente aristotélica, tese que distingue Aristóteles de todos os seus predecessores e que o faz ser considerado o pai da ciência ocidental, é a de que só há ciência do universal e não do particular ou do individual. Já vimos (ao falar da indução) que quando uma ciência se refere ao particular este não é o indivíduo singular, mas a espécie, isto é, o particular científico é sempre alguma coisa geral. Por que só há ciência do universal? Porque o particular ou o individual depende de circunstâncias variadas, de acidentes e acasos, do que poderia ser ou deixar de ser ou do que poderia ser de outra maneira. Falta ao particular aquilo que é o núcleo da ciência: o necessário. E também porque não há como delimitar e definir completamente um particular que, como vimos, é um termo cuja compreensão é infinita, adquirindo e perdendo incessantemente predicados ou propriedades. A frase famosa de Aristóteles sobre a ciência é:

> A ciência conhece o homem e não Sócrates ou Cálias. Sem dúvida, o que eu souber sobre o homem me ajudará a conhecer melhor Sócrates ou Cálias, mas conhecê-los já não é ciência.

Assim, por exemplo, a física demonstrará que existe uma espécie de movimento (o movimento para baixo) que é próprio da essência dos corpos pesados ou graves. Com isso, vendo uma pedra cair, saberei por que cai, pois incluirei essa pedra singular na espécie dos graves ou pesados e a ciência se refere a estes últimos e não à pedra singular.

Se tomarmos a divisão por gênero e espécies, compreenderemos melhor a posição aristotélica. Por exemplo:

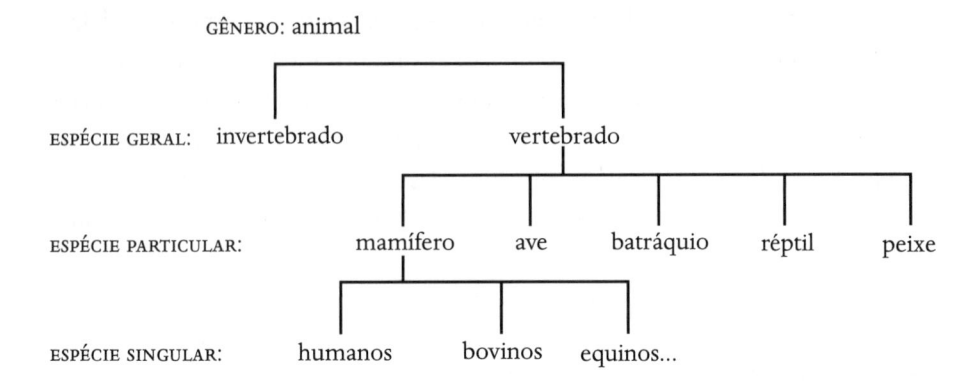

```
GÊNERO:              animal
                ┌──────┴──────┐
ESPÉCIE GERAL:  invertebrado  vertebrado
                       ┌────────┬────────┬────────┬────────┐
ESPÉCIE PARTICULAR:  mamífero  ave    batráquio  réptil  peixe
                  ┌──────┼──────┐
ESPÉCIE SINGULAR: humanos bovinos equinos...
```

Uma ciência vai do seu gênero mais alto às suas espécies mais singulares (a "espécie ínfima") e cada espécie é um gênero para suas subordinadas. Por que uma ciência interrompe a investigação nas espécies particulares e não desce até o indivíduo? Por dois motivos principais: em primeiro lugar, a distinção entre duas espécies de um mesmo gênero se faz pelo que Aristóteles designa *diferença específica*, isto é, pelos atributos ou pelas propriedades essenciais próprias e exclusivas daquela espécie (além das que possui em comum com as outras do mesmo gênero), de tal modo que conhecer uma espécie é conhecer suas diferenças específicas, válidas para todos os membros da espécie; e não há diferenças específicas entre os indivíduos da mesma espécie. Em segundo, as diferenças entre os indivíduos de uma espécie são *acidentais*. Por exemplo, um homem pode nascer em Atenas ou em Esparta, sem deixar, por isso, de ser homem; pode ser alto ou baixo, gordo ou magro, branco ou negro, esperto ou lerdo, mas nenhuma dessas qualidades afeta sua essência de humano, e humano é a espécie, não o indivíduo. Dessa maneira, posso dizer que, por exemplo, conheço Sócrates se eu souber que é: um ser, animal, vertebrado, mamífero, bípede, humano, mortal (por ser animal), racional (por ser humano), que pertence à espécie dos filósofos e à espécie dos atenienses. Todo o restante que eu souber de Sócrates são os acidentes não científicos: data de nascimento e morte, família, ocupação (pedreiro e soldado), feio, muito falante e curioso, assassinado por Atenas etc. Assim, embora do ponto de vista da realidade só exista o indivíduo (substância primeira), do ponto de vista científico só interessam o gênero e a espécie (substâncias segundas).

Quando, portanto, Aristóteles afirma que só há ciência do universal ou do geral, está afirmando que uma ciência só se ocupa com essências universais ou gerais (gêneros e espécies), isto é, com os atributos (ou propriedades) essenciais de uma coisa, sem se ocupar com os predicados acidentais ou contingentes.

Um predicado (ou atributo ou propriedade) essencial é aquele sem o qual a coisa não é o que ela é; aquele que, se for retirado da coisa, ela deixa de ser o que ela é. Um predicado (ou atributo ou propriedade) acidental é aquele que a coisa pode ter ou deixar de ter sem com isto ter sua essência afetada. Um indivíduo (esta mesa, esta rosa, Sócrates) é uma mescla de propriedades essenciais (as de sua espécie) e acidentais (as suas particularidades enquanto indivíduo e que são somente suas). A diferença entre os indivíduos é, portanto, acidental. Ora, a ciência investiga o necessário e afasta o acidental. Uma vez que o indivíduo é mescla de necessidade (a essência da espécie) e acidentalidade, dele não pode haver ciência.

A tarefa da definição é oferecer a essência e a diferença específica essencial e por isso não existe definição científica do indivíduo ou do individual. A ciência deve, por meio da demonstração, oferecer a definição procurada de uma espécie, partindo da definição geral do gênero (que deve ser dada como ponto de partida e não deve nem precisa ser demonstrada) e dos axiomas e postulados referentes a este gênero. A demonstração deve provar que o gênero possui os atributos que sua definição e os axiomas afirmam que ele possui, isto é, deverá provar que os atributos são das espécies do gênero e são elas o objeto da definição a que se chega na conclusão.

A ciência possui, portanto, três objetos:

1) os axiomas e postulados que fundamentam a demonstração;

2) a definição do gênero, cuja existência é admitida sem demonstração;

3) os atributos do gênero, a respeito dos quais caberá provar que são de fato atributos do gênero e que serão de suas espécies (estas, numa etapa seguinte, serão o gênero indemonstrável que será o ponto de partida de novas demonstrações).

A definição que serve de ponto de partida para uma ciência é a definição do gênero, enquanto todas as outras definições serão obtidas pelo processo de prova ou demonstração, isto é, pelos silogismos científicos que, por sua vez, obedecem a todas as regras que foram expostas nos *Analíticos*.

O silogismo será científico se e somente se suas premissas forem:

1) *verdadeiras* para todos os casos particulares de seu sujeito;

2) *essenciais*, isto é, a relação entre sujeito e predicado é necessária, seja

porque o predicado está contido na essência do sujeito (por exemplo, a linha está contida na essência do triângulo), seja porque o predicado é uma propriedade essencial do sujeito (por exemplo, curvo não pode ser definido sem estar referido à linha), seja porque existe uma relação causal entre o sujeito e o predicado (por exemplo, "equidistante do centro" é o predicado que causa o sujeito "círculo", cuja circunferência tem todos os pontos equidistantes do centro). Em outras palavras, a definição que serve de premissa estabelece ou a *inerência* do predicado ao sujeito ou a *causalidade* do predicado sobre o sujeito;

3) *próprias*, isto é, pertencerem exclusivamente aos objetos ou sujeitos daquela ciência e a nenhuma outra; por isso, por exemplo, não podemos buscar as premissas da geometria na aritmética ou na biologia, nem as premissas da astronomia na psicologia. Em outras palavras, o termo médio do silogismo científico se refere a atributos essenciais dos sujeitos ou objetos daquela ciência determinada e de nenhuma outra. Quando erramos e usamos premissas de uma ciência para uma outra, Aristóteles diz que cometemos uma *metábasis éis allô génos*, isto é, erramos de gênero (ou cometemos um erro categorial), e tudo que demonstrarmos estará errado porque comprometido por um erro de princípio;

4) *universais ou gerais*, isto é, nunca se referem aos indivíduos em sentido estrito, mas às espécies e aos gêneros.

A lógica é o instrumento para o pensamento verdadeiro. Que é a verdade? É a correspondência entre a predicação feita pelo pensamento (no juízo, na definição e no silogismo) e as coisas. Quando há essa correspondência? Quando o que o pensamento afirma (reúne predicados num sujeito) é exatamente aquilo que, nas próprias coisas, está unido, ou quando o que o pensamento nega (separa um predicado de um sujeito) é exatamente aquilo que, nas próprias coisas, está separado. Eis por que se diz que, com Aristóteles, a verdade vai deixando de ser (como já começara a deixar de ser em Platão) *alétheia* e vai-se tornando *orthótes**,[4] isto é, correção ou adequação do pensamento à realidade.

No Livro IV da *Metafísica*, Aristóteles escreve:

Negar aquilo que é, e afirmar aquilo que não é, é falso, enquanto afirmar o que é, e negar o que não é, é verdadeiro.

No Livro VI, lemos:

O verdadeiro e o falso não estão nas coisas, mas no pensamento.

A METAFÍSICA

Se fôssemos seguir a classificação aristotélica das ciências, não poderíamos iniciar pela metafísica, mas deveríamos terminar nela. Entretanto, como Aristóteles afirma que a ordem que seguimos para adquirir os conhecimentos não é a mesma que seguimos para fazer as demonstrações científicas, e como, aqui, estamos procurando adquirir um conhecimento cujo objeto é a filosofia aristotélica, vamos começar pela metafísica, porque nesta se encontram os conceitos ou as ideias mais gerais de que dependem todas as outras desenvolvidas pelo filósofo nas demais ciências. É, portanto, por um motivo didático e não lógico que começaremos pela metafísica.

Aristóteles, como mencionamos no início deste capítulo, abre a *Metafísica* com uma afirmação célebre:

> Todos os homens por natureza desejam saber. O prazer causado pelas sensações é a prova disto, pois, mesmo fora de qualquer utilidade, elas nos agradam por elas mesmas, e, mais do que todas as outras, as sensações visuais. De fato, não só para agir, mas mesmo quando não nos propomos nenhuma ação, a vista é, por assim dizer, o que preferimos a todo o resto. A causa disto é que a vista é, de todos os sentidos, o que nos faz adquirir mais conhecimentos e nos mostra o maior número de diferenças.

Nessa passagem, Aristóteles nos oferece uma indicação preciosa do que seja conhecer: discriminar, diferenciar, distinguir e reunir. Por outro lado, o elogio da visão (que já encontramos em Platão, no Mito da Caverna) estará na base do elogio da *theoría*, isto é, da visão intelectual como a forma mais alta do conhecimento e que é, justamente, a filosofia primeira, a mais alta entre as ciências teoréticas e também superior às ciências práticas e produtivas. Se a filosofia primeira ou metafísica deve ser o ponto mais alto do conhecimento humano, diz Aristóteles, temos primeiro que perguntar se tal ciência é possível e em que condições é possível.

O que é a filosofia? Responde Aristóteles:

> Concebemos a filosofia como possuindo a totalidade do saber, tanto quanto isso é possível, sem ser a posse de uma ciência de cada objeto determinado. Aquele que chega a conhecer as coisas mais árduas e que apresentam grande dificuldade para

o conhecimento humano, este é um filósofo. Além disso, aquele que conhece com maior exatidão as causas e é o mais capaz de ensiná-las é, em todas as espécies de ciências, filósofo e, entre todas as ciências, aquela que é escolhida exclusivamente por ela mesma, sem nenhuma outra finalidade e nenhuma outra utilidade senão o conhecimento ou o saber, é a ciência mais filosófica, na qual o conhecimento não busca resultados. A filosofia é também a ciência mais elevada, aquela que não se subordina a nenhuma e à qual todas se subordinam; aquela que não recebe leis de nenhuma outra, mas dá leis a todas as outras; aquela que não obedece a nenhuma outra, mas é obedecida por todas.

Assim, a filosofia não é a posse de uma ciência determinada e sim uma atitude determinada no conhecimento, pois filósofo é aquele que, em cada ciência, conhece o mais árduo e mais difícil, e que, em cada ciência, conhece perfeitamente as causas, sendo por isso capaz de ensiná-las. A ciência filosófica ou a atitude filosófica é a mais elevada por ser a mais desinteressada, não tendo outro fim senão a si mesma ou o saber enquanto saber. Por isso mesmo é a mais livre ou independente de todas as ciências, pois não recebe leis de nenhuma e as dá a todas, não se subordina a nenhuma e subordina todas as outras. E por legislar as demais ciências, é a mais normativa de todas, a mais geral ou universal, a ciência suprema. A filosofia é uma atitude de conhecimento, mas também um saber que se dirige ao conhecimento das causas e dos princípios de todas as ciências, portanto, de todas as coisas.

Ora, se a filosofia não é a posse de uma ciência determinada e sim o conhecimento do que torna possíveis as ciências, que estatuto dar à filosofia primeira como *ciência teorética*?

É POSSÍVEL A METAFÍSICA COMO CIÊNCIA?

Se a filosofia possui as características que Aristóteles lhe atribui, por que indagar se a filosofia primeira ou metafísica é possível? Não é evidente que ela deve ser possível uma vez que sem ela nenhum outro saber seria possível?

A pergunta de Aristóteles, porém, é necessária, e diz respeito a uma aporia aparente que poderia ser suscitada pela resposta oferecida por ele à pergunta sobre a possibilidade da filosofia primeira como *ciência*. Essa resposta tem ocupado comentadores e intérpretes nos últimos vinte e quatro séculos, cada qual dando-lhe um sentido diferente, indo desde aqueles que consideram que Aristóteles teria admitido a impossibilidade da metafísica como ciência até os que consideram que todas as outras investigações aristotélicas nada mais são do que consequências da ciência metafísica e que sua obra seria, afinal, por inteiro, uma metafísica. De onde provém a aporia? De três afirmações de Aristóteles, feitas no início do Livro IV da *Metafísica*. Embora longo, o trecho em questão merece ser citado:

> Há uma ciência que contempla o ser enquanto ser e o que lhe corresponde de seu. E essa ciência não se identifica com nenhuma das que chamamos [ciências] particulares, pois nenhuma das outras especula em geral sobre o ser enquanto ser, mas, tendo separado uma parte dele, consideram os acidentes desta [...]. E visto que buscamos os princípios e as causas mais altas, é evidente que serão princípios e causas de certa natureza enquanto tal. Por conseguinte, se também os que buscavam os elementos dos seres buscavam esses princípios, também os elementos teriam que ser do ser não acidental, mas enquanto ser. Por isso devemos também compreender as primeiras causas do ser enquanto ser. Porém, o ser se diz em vários sentidos, ainda que relacionado a uma só coisa e a certa natureza única, e não equivocamente [...]; porém todo ser se diz ordenado a um só princípio. Com efeito, uns se dizem seres porque são substâncias (*ousíai*[5]); outros, porque são afecções (*páthe*) da substância; outros porque são caminhos até a substância, ou corrupções, ou privações ou qualidades da substância [...]. Por isso também dizemos que o não ser é não ser [...]. Porém, sempre a ciência trata propriamente do primeiro e daquilo de que dependem as demais coisas e pelo qual elas se dizem. Por conseguinte, se isso [o primeiro] é a substância (*ousía*), o filósofo terá que conhecer os princípios (*arkhás*) e as causas (*aítias*) [...] E são tantas as partes da filosofia quantas forem as substâncias. Portanto, uma delas será necessariamente filosofia primeira, e a outra, filosofia segunda.

A esse texto precisamos acrescentar um outro que também faz parte da aporia. No final do capítulo 1 do Livro VI da *Metafísica*, Aristóteles afirma que há "três filosofias teoréticas: a matemática, a física e a teologia" e explica a presença da teologia dizendo que "se em algum lugar está o divino, esse lugar é a natureza e é preciso que a mais valiosa [das ciências] se ocupe com o mais valioso". A seguir, coloca a questão:

Poder-se-ia, com efeito, duvidar se a filosofia primeira é universal ou se ela trata de um gênero ou de alguma natureza em particular (como vemos nas matemáticas, em que a a geometria e a astronomia têm por objeto um gênero particular da quantidade enquanto a matemática universal é comum a todas). Pois bem, se não há nenhuma outra substância afora as constituídas pela natureza, a física será a ciência primeira; porém, se há alguma substância imóvel, esta será anterior e [o objeto] da filosofia primeira, e universal, precisamente por ser primeira.

Se reunirmos os dois textos aristotélicos, notaremos que Aristóteles parece fazer três afirmações diferentes sobre o objeto da filosofia primeira. De fato, no Livro IV, o filósofo afirma que a filosofia primeira é a ciência do ser enquanto ser e que justamente por isso não se confunde com nenhuma das ciências particulares, as quais tomam sempre um aspecto determinado do ser ou um ser determinado. A segunda afirmação do Livro IV, porém, enuncia que a filosofia primeira é a ciência dos primeiros princípios de todas as coisas e que o primeiro é a substância ou a essência (*ousía*). Mas, no Livro VI, uma terceira afirmação aparece: a filosofia primeira é a teologia, isto é, seu objeto é a substância imóvel, o divino na natureza. A diferença visível entre cada uma dessas três afirmações sugeriu a muitos comentadores que Aristóteles não teria conseguido determinar o objeto da ciência mais elevada e mais livre, e que essa dificuldade do filósofo simplesmente indicaria que a metafísica é impossível como ciência.

Que dizem esses comentadores?

A primeira afirmação de Aristóteles (ciência do ser enquanto ser) significa que o objeto da ciência suprema é o ser enquanto ser, no entanto, em várias passagens dos *Analíticos* e da *Metafísica*, o filósofo afirma que o ser não é um gênero (aliás, é exatamente por isso que a filosofia primeira não se confunde com as demais ciências particulares). Ora, os *Segundos analíticos* afirmam que toda ciência tem como ponto de partida a definição de um gênero (o gênero supremo dos objetos que serão investigados por ela). Assim, se o ser enquanto ser não é um gênero, não é objeto de ciência e a metafísica, não tendo objeto, não será possível como ciência. Eis por que, argumentam alguns intérpretes, ao lermos a *Metafísica*, nela vemos Aristóteles tratando da essência ou da substância, mas não do próprio ser. Em outras palavras, ao deslocar a investigação do estudo do ser enquanto ser para o da substância ou essência, Aristóteles teria passado da universalidade indeterminada do ser a um gênero supremo de ser, a primeira das categorias. Ainda com relação à primeira afirmação, muitos comentadores lembram que, nos *Analíticos*, Aristóteles prova que não é possível uma ciência do que é puramente acidental. Ora, os acidentes existem, eles *são*, e, por conseguinte, fazem parte do ser enquanto ser, tanto assim que o Livro IV menciona as afecções do ser, se refere à qualidade, à privação, ao perecimento e até mesmo ao não ser como maneiras pelas quais o ser enquanto ser se diz. Todavia, prosseguem os comentadores, como dos acidentes ou afecções não pode haver ciência, há aspectos do ser enquanto ser incompatíveis com a própria ideia aristotélica de ciência. Consequentemente, a metafísica é impossível como ciência, pois seu objeto extravasa o quadro científico proposto por Aristóteles.

Com relação à segunda afirmação, de acordo com a qual a ciência mais alta trata dos primeiros princípios de todas as coisas, lembram vários comentadores que, nos *Analíticos*, Aristóteles declara que uma ciência deve partir dos indemonstráveis, isto é, de princípios que são o fundamento dos conhecimentos dessa ciência e que, por isso mesmo, não podem ser submetidos à prova, porque prová-los significaria aceitar que não são evidentes em si e por si mesmos e que até poderiam ser tidos como falsos se sua verdade não for demonstrada. Ora, como pode a metafísica ser *ciência* dos primeiros princípios de todas as ciências, se, justamente, os princípios são indemonstráveis? Em outras palavras, uma ciência é sempre demonstrativa, fundando-se em indemonstráveis. Como, então, a metafísica seria ciência dos indemonstráveis ou a demonstração do que não pode ser demonstrado, pois um princípio demonstrável não é um princípio? Assim, de duas, uma: ou a metafísica é ciência, mas seu objeto não podem ser os princípios; ou os princípios são o objeto da metafísica e ela não pode ser a ciência [demonstrativa] deles. Portanto, a metafísica como ciência é impossível. Se fosse possível, tudo seria demonstrável e não haveria princípios supremos de todas as coisas.

Quanto à terceira afirmação, pela qual a ciência suprema é a filosofia teológica, esses intérpretes argumentam recordando que, pela primeira afirmação de Aristóteles, a metafísica pretende ser a ciência do ser enquanto ser, mas a teologia é ciência de um tipo determinado de ser, o ser divino. Portanto, a filosofia primeira ou teológica trataria de um aspecto ou de um gênero de ser, e não do ser enquanto ser. Nesse caso, ela seria ciência, mas ela não teria o objeto que Aristóteles lhe havia dado — não trataria do ser enquanto ser e sim de um ser determinado, o divino na natureza — e, por conseguinte, como ciência do ser em sua universalidade máxima ela não é possível.

Vários comentadores, entretanto, não admitem tais conclusões nem que a metafísica esteja aprisionada numa aporia introduzida por seu próprio criador. Afirmam que a metafísica é possível, que Aristóteles a realizou e que, para tanto, é preciso, antes de tudo, compreender que a filosofia primeira, por ser a ciência suprema, é diferente das demais, a ela não podendo ser aplicadas todas as ideias contidas nos *Analíticos*, referentes às demais ciências particulares. Como argumentam esses intérpretes?

Com relação à primeira afirmação (o objeto da filosofia primeira é o ser enquanto ser), argumentam mostrando que a filosofia primeira ou metafísica estuda as categorias tendo em seu centro a categoria da substância, isto é, seu objeto são aqueles atributos ou propriedades que toda e qualquer substância ou essência possui sem que seja necessário referi-la a um gênero nem ao tipo específico de um ser determinado. As demais ciências estudam os gêneros e as espécies, o que não é o caso da metafísica, porque as categorias não são gêneros nem espécies, mas o que se pensa e se diz do ser enquanto ser. Em outras palavras, os intérpretes recusam identificar as categorias, expostas nas *Categorias*, e os gêneros supremos, propostos nos *Analíticos*. Que para as demais ciências as categorias operem como gêneros supremos não significa que este seja seu sentido primordial ou propriamente metafísico.

Ainda em relação à primeira afirmação, tais intérpretes refutam os que introduzem o acidente no conceito de ser enquanto ser para recusar que a metafísica seja possível como ciência lembrando que Aristóteles faz duas distinções, no que respeita ao acidente. Numa delas, ele distingue o ser enquanto verdadeiro do não ser enquanto falso, e o acidente não é um tipo de ser, mas é não ser, nada. Numa outra distinção, todavia, Aristóteles distingue entre existir e acontecer e, por essa distinção, o acidente ou o acidental pode ser estudado pela metafísica: o acidental não é um ser nem uma qualidade ou propriedade do ser, mas um encontro entre uma qualidade (por exemplo: branco) e um ser (por exemplo: flor). O acidental é um acontecimento e não um ser. Não há ciência *do* acidente, mas isso não significa que não haja ciência *sobre* o que seja o acidental.

No que respeita à segunda afirmação (a filosofia primeira estuda os primeiros princípios de todas as coisas) os intérpretes assinalam que Aristóteles distingue duas maneiras de conhecer: a intuição e a dedução, isto é, a apreensão intelectual direta e imediata de uma verdade e o raciocínio demonstrativo para prova de uma verdade. As ciências são demonstrativas ou dedutivas porque provam seus objetos, e não demonstram os princípios, pois são princípios justamente porque indemonstráveis e, como tais, são objeto de intuição. O objeto da filosofia primeira são justamente os indemonstráveis conhecidos intuitivamente. Que faz Aristóteles? Em primeiro lugar, coligindo as opiniões dos antecessores, mostra que tais princípios operavam no pensamento dos outros filósofos, mas não haviam sido explicitamente formulados por eles e o objeto da metafísica é explicitá-los. Em segundo lugar, por meio de refutações, e não de demonstrações, tira as consequências da não aceitação de tais princípios, isto é, os absurdos resultantes da rejeição de princípios como os de contradição e identidade. A filosofia primeira é uma ciência, mas não uma ciência demonstrativa como as outras porque seus objetos (o ser, as categorias e os princípios) não são susceptíveis de demonstração. São intuições racionais. Esse conhecimento intuitivo assegura as condições para as outras ciências e permite refutar todo pensamento que não aceitar as intuições racionais como ponto de partida das deduções e demonstrações.

Finalmente, com relação à terceira afirmação (a metafísica como filosofia teológica ou como ciência da substância imóvel, anterior às outras substâncias) os comentadores se dividem: alguns oferecerão argumentos que foram empregados pelos teólogos cristãos quando se apropriaram da obra aristotélica; outros fundarão seus argumentos em estudos filológicos e em outros textos aristotélicos que permitem distinguir filosofia primeira e teologia.

Os intérpretes que seguem as pegadas da tradição cristã lembram que Aristóteles distingue as substâncias segundo o anterior (*próteron*) e o posterior (*hýsteron*). Essa distinção possui dois sentidos: um, mais evidente, é o sentido cronológico ou temporal do "antes" e "depois"; e outro, menos evidente, compreendido apenas pelo pensamento, é o sentido ontológico em que anterior significa "independente" e posterior significa "dependente". Por exemplo: na *Política*, Aristóteles afirma que a *pólis* é anterior aos indivíduos porque o todo é anterior às partes. Evidentemente, do ponto de vista cronológico, os indivíduos isolados existiram antes de criar a vida em comum na *pólis*. Esta, porém, é a finalidade natural dos seres humanos, que, por natureza, desejam a vida boa, justa e feliz. É como finalidade e expressão mais alta do humano no homem que a *pólis* é anterior aos indivíduos; são estes que dependem dela e não ela, deles. Exatamente da mesma maneira procede a filosofia teológica: estudando o ser enquanto ser, chega ao ser primeiro, àquele que é ontologicamente anterior a todos os outros, o divino. Assim, o divino não é um tipo ou gênero de ser, mas o princípio supremo e a causa primeira da existência dos seres.

Os intérpretes que se baseiam nos estudos filológicos e nos demais textos de Aristóteles começam lembrando o contexto em que o filósofo introduz a teologia no Livro VI. Dizem eles: Aristóteles indaga se a filosofia primeira é universal ou se ela trata de um gênero determinado de ser, oferecendo como analogia a diferença entre geometria e astronomia, de um lado, e matemática universal, de outro. Essa analogia é aplicada à filosofia teológica, isto é, os mitos, a teologia astral, a teologia órfica são teologias particulares (como a geometria e a astronomia são ciências particulares da quantidade) cuja condição se encontra na teologia universal (como a matemática é a ciência universal da quantidade absolutamente tomada). Essa analogia, porém, não se refere à filosofia primeira, tanto porque a teologia é introduzida em comparação com a física — portanto, como ciência determinada — como porque o ser enquanto ser não é um gênero, ainda que este, quando for o divino, seja o gênero supremo de todos os gêneros. Numa palavra, esses intérpretes recusam a identificação entre teologia e filosofia primeira e com isso afastam o próprio problema criado por essa identificação indevida.

A metafísica ou filosofia primeira é, portanto, uma ciência, embora deva ser diferente de todas as outras pela forma do conhecimento (a intuição) e pelo seu objeto (princípios, causas e o ser tomado em sua universalidade absoluta) como, aliás, Aristóteles já o dissera ao apresentá-la como a mais difícil, a mais universal e a mais livre. Ela é ciência, em primeiro lugar, porque existem alguns princípios que são válidos para todos os conhecimentos e para todas as realidades (por exemplo, os princípios de identidade, de contradição e do terceiro excluído são válidos para todos os conhecimentos e todos os objetos ou coisas) e não pertencem a esta ou àquela ciência particular, mas à ciência universal. Em segundo, porque existem gêneros e espécies de realidades ou entidades, cada qual com sua própria essência, seus princípios e suas causas e deles dizemos que são (existem), pois o ser se diz de muitas maneiras. O mesmo se dá com uma outra noção longamente investigada por Aristóteles para explicitar qual o sentido de "o ser enquanto ser": a do Uno, pois todo ente e cada um dos entes é uma unidade. Ora, se reunirmos todos os sentidos em que o ser é dito e todos os sentidos em que o Uno é dito, veremos que, afinal, não se referem a nenhum ente particular, mas dizem aquilo que é universalmente necessário para que cada ente seja. Ser e Uno, compreendidos nessa significação totalmente universal, são o objeto da metafísica, que dá a razão última da unidade do múltiplo no mundo, que nos espanta e enche de admiração. Qual é a unidade do múltiplo primeira e universal? A unidade das múltiplas maneiras de ser, das múltiplas maneiras de dizer o ser ou dos múltiplos sentidos do ser enquanto ser é a substância ou essência, a *ousía*. Por isso, no Livro VII da *Metafísica*, Aristóteles escreve:

> É evidente [...] que o ser primeiro, e não o ser em alguma determinação, mas o ser absolutamente, é a substância (*aplôs ê ousía*). "Primeiro" se diz em vários sentidos — quanto ao enunciado, quanto ao conhecimento, quanto ao tempo —, mas em todos eles é primeiro a substância [...]. O que outrora, agora e sempre se procurou e sempre ficou em suspenso, "o que é o ser?", equivale a indagar "o que é a substância?" [...]. Por isso também nós temos que estudar sobretudo e em primeiro lugar e, por assim dizer, exclusivamente, o que é o ser entendido dessa maneira.

O SABER METAFÍSICO: A SUBSTÂNCIA

Dizer que a metafísica conhece o ser enquanto ser significa dizer que investiga a *ousía*, a substância ou a essência como princípio ou causa imanente da multiplicidade, da mudança e da unidade, e de sua inteligibilidade. A substância (*ousía*) é o ser tomado em vários sentidos:

1) no de princípio ou *arkhé**: a substância ou o ser é o princípio ontológico, lógico e epistemológico de todos os seres. Princípio ontológico: a substância é o que faz haver ser. Princípio lógico: a substância é o que vem antes de todos os seres, não como um ser cronologicamente anterior aos outros, mas como a condição lógica para que se diga que há seres. Princípio epistemológico: a substância é o que permite haver ciência dos seres. Assim, a substância é a *arkhé*, isto é, o princípio ou o fundamento da realidade e do conhecimento.

2) no de causa ou *aítia**.[6] Causa possui quatro sentidos para Aristóteles, pois a palavra grega *aítia* significa, literalmente, aquilo ou aquele que é responsável pela existência de alguma coisa, aquilo ou aquele que responde por alguma coisa ou se responsabiliza por ela. Os quatro sentidos de causa ou *aítia* são: a) a causa que responde pela forma ou essência que uma coisa possui e que

Aristóteles denomina de *causa formal*; b) a causa que responde pela matéria de que a coisa é feita, denominada pelo filósofo de *causa material*; c) a causa que responde pela presença de uma forma numa matéria ou pela determinação de uma matéria por uma essência e que recebe o nome de *causa eficiente ou motriz*; e d) a causa que responde por a coisa ser tal como é, ou seja, que diz o por quê e o para quê de uma coisa, dizendo qual a finalidade ou o fim que a faz existir e ser tal como ela é; essa causa recebe o nome de *causa final*. Assim, a forma, a matéria, a finalidade e a inscrição de uma forma numa matéria são as causas da essência da coisa. A substância é causa das coisas ou dos entes nesses quatro sentidos. Dessa maneira, ela é a causa por excelência.

3) no de substrato ou *hypokeímenon**, isto é, de suporte de propriedades essenciais. Trata-se da substância como sujeito de inerência de predicados ou das demais categorias que são suas afecções ou seus acidentes. A substância não é uma qualidade, nem uma quantidade, nem um lugar, nem um tempo (nem qualquer das outras categorias), mas é o que permite às qualidades, quantidades, lugares, tempos existir. As qualidades e quantidades devem existir em alguma coisa e esta coisa é uma substância como suporte ou substrato ou sujeito de qualidades e quantidades. Assim também "onde", "quando", "agente", "paciente" são propriedades que só têm existência num suporte ou num sujeito. É isso que Aristóteles quer significar quando afirma que a substância é separável ou tem existência separada enquanto as outras categorias só têm existência numa substância, ou quando diz que uma substância é um sujeito ou aquilo de que tudo pode ser afirmado (pode receber os predicados ou atributos ou propriedades), mas não pode ser afirmado de um outro sujeito, isto é, uma substância nunca é um predicado ou um atributo ou uma propriedade, pois ela é o sujeito, o próprio sujeito. É exatamente por isso que ela é o primeiro na ordem dos enunciados, na do tempo e na do conhecimento.

4) no de *essência* ou *tò ti en eînai*, isto é, aquilo que a coisa é, respondendo às perguntas "o que é isso que é?" ou "que é para um ente ser este ente e nenhum outro?": é a individualidade e a unidade numérica de uma coisa naquilo que ela é em si e por si mesma (e que os medievais chamarão de "quididade"). A essência é a natureza da coisa, aquilo pelo que ela é o que ela é e aquilo sem o qual a coisa deixa de ser o que ela é, ou simplesmente deixa de ser. Como essência, a substância é a unidade real e inteligível de propriedades necessárias que determinam aquilo que uma coisa é tomada em si mesma, (afastadas todas as

propriedades acidentais que ela pode ter ou deixar de ter) e que dizem o que a coisa é dizendo qual é sua finalidade ou sua função. Sob esse aspecto, Aristóteles afirma que, em sentido absoluto, uma substância é a essência individual ou uma realidade individual, um *tóde ti*, um "isto".

À pergunta: o que existe?, a resposta é: substâncias individuais ou essências individuais (Sócrates, Aquiles, esta rosa, esta casa).

À pergunta: qual é o objeto da metafísica?, a resposta é: o conhecimento da substância como princípio (*arkhé*), causa (*aítia*), substrato (*hypokeímenon*) e essência (*ousía*). É porque sei, metafisicamente, que a substância é princípio, causa, sujeito e essência que, diante de alguma coisa singular, poderei dizer: "*Isto* é uma substância". Torna-se mais claro, agora, por que nas *Categorias* Aristóteles teve o extremo cuidado de distinguir substância primeira e substância segunda, isto é, o sujeito singular (Sócrates, Aquiles, esta margarida, este cavalo) e os gêneros e espécies (homem, vegetal, animal). De fato, embora em sentido absoluto substância se diga dos indivíduos, ao distinguir substância primeira e segunda Aristóteles pretende conferir um sentido aos universais, isto é, aos gêneros e às espécies que, como vimos, são as condições de toda definição científica. Assim, as substâncias segundas são responsáveis pela inteligibilidade da essência individual ou pela substância primeira tomada como essência porque somente o gênero e a espécie nos dizem quais são as propriedades absolutamente necessárias que uma coisa individual deve possuir para ser o que ela é e qual a finalidade ou função que define seu ser. Que uma coisa seja branca ou amarela é acidental, mas é necessário que possua qualidade (no caso, cor); que uma coisa seja grande ou pequena é acidental, mas é necessário que possua quantidade (no caso, tamanho); que uma coisa esteja aqui ou ali é acidental, mas é necessário que esteja em algum lugar. E assim com cada uma das categorias que não são substância. Mas não só isso. À medida que um gênero se especifica, as propriedades necessárias da espécie vão sendo determinadas de tal maneira que uma substância individual possa ser conhecida como a reunião das propriedades essenciais (de sua espécie) e das propriedades acidentais (de sua existência singular). Podemos, então, dizer que a *realidade* pertence à substância primeira mas que sua *inteligibilidade* lhe é dada pela substância segunda, pois a definição de uma coisa se faz pela sua inclusão em um gênero e numa espécie, dos quais há ciência.

MATÉRIA E FORMA

Ao coligir e comentar as opiniões dos filósofos sobre o ser ou substância, Aristóteles observa a disparidade das posições filosóficas: para alguns, como os "fisiólogos", o princípio substancial é um elemento material ou são vários elementos materiais (a água ou o ar, ou o fogo, como nos filósofos jônicos, ou as raízes elementares de Empédocles, ou as sementes de Anaxágoras, ou os átomos de Leucipo e Demócrito); para outros, como os eleatas e os pitagóricos, o princípio substancial é imaterial; enfim, para os platônicos, o princípio substancial é a pura forma inteligível. Em contrapartida, para as pessoas comuns, substância é a coisa concreta e o indivíduo. Aristóteles dirá que ninguém e todos estão certos. Ninguém, porque cada um toma apenas um aspecto da realidade e o considera como se fosse a realidade inteira. Todos, porque, de fato, matéria, forma e individualidade são princípios substanciais, desde que tomados conjuntamente.

Existem três princípios substanciais ou três tipos de substâncias. Aquela totalmente desprovida de propriedades ou atributos, totalmente indeterminada e da qual nada podemos dizer, é a matéria (*hýle**) pura. A matéria é a substância como *hypokeímenon*, isto é, como suporte, substrato ou sujeito capaz de receber determinações ou propriedades justamente porque em si mesma e por si mesma ela não possui nenhuma. Aquela totalmente determinada, que possui eterna e imutavelmente as mesmas propriedades ou atributos, é a forma (*eîdos*) pura. A forma é a substância como essência e é ela que determina a matéria, dando-lhe propriedades ou atributos. E aquela, intermediária, que é um composto (*sýnolon*) de matéria e forma, é a substância primeira ou os indivíduos da natureza.

Visto que a substância é causa, a matéria é a causa material dos seres naturais e a forma, a causa formal desses seres. A forma individualiza a matéria ao determiná-la com propriedades ou atributos, conferindo-lhe uma essência determinada. Essa causalidade da forma ou causalidade formal é o que leva Aristóteles a afirmar que a causa formal é o princípio de produção dos seres, isto é, da essência deles. Em alguns textos, porém, Aristóteles parece considerar a causa material ou a matéria como princípio de individuação dos seres, e numerosos intérpretes julgam que esse é um ponto controverso da metafísica aristotélica. Em outras palavras, quem individualiza: a matéria ou a forma? Na verdade, não há contradição entre os textos aristotélicos e podemos compreender sob que aspecto a causa material também é individualizadora. Vejamos como isso se dá.

Na natureza, a matéria pura, sem nenhuma forma, totalmente indeterminada, não existe enquanto tal; a forma pura, sem nenhuma matéria, também não existe enquanto tal. Se a matéria pura sem forma e se a forma pura sem matéria existissem, voltaríamos a Platão. Para Aristóteles, só existem realmente na natureza a matéria com forma e a forma com matéria, pois só existem realmente as substâncias individuais que são compostas de matéria e forma. A matéria pura e a forma pura são conceitos que o pensamento estabelece para poder compreender a realidade. Sob essa perspectiva, devemos dizer que a matéria pura e a forma pura são substância em sentido fraco. De fato, como vimos, a substância é o suporte de predicados ou propriedades, é a essência conhecida pela definição por gênero e espécie, é princípio e causa dos seres. Ora, a matéria pura é suporte, princípio e causa, mas não é a essência; e a forma é a essência, a causa e o princípio, mas não é o suporte. Além disso, substância, para Aristóteles, é o que existe em si e por si (isto é, não depende das demais categorias para ser) e é o que subsiste em si e por si; e é evidente que a matéria pura e a forma pura não preenchem essas características da substância. Isso significa que cada um desses dois princípios tomado isoladamente não pode ser o princípio e a causa da individuação dos seres, isto é, das substâncias individuais concretas. Que diz, então, Aristóteles?

A matéria pura, indeterminada, recebe a forma ou as formas. Ao receber a forma, organiza-se nos quatro elementos do sensível (quente, frio, seco, úmido), que se determinam sob o aspecto da qualidade, da quantidade, do lugar, do tempo, da relação, da posição, da ação e da paixão, isto é, recebem como propriedades as demais categorias. Essa matéria já informada, ou seja, qualificada e quantificada, localizada e temporalizada, chama-se *matéria segunda* e é ela que Aristóteles considera um princípio de individuação dos seres juntamente com a forma, isto é, um indivíduo surge quando formas cada vez mais determinadas se inscrevem na matéria segunda.

Ora, devemos notar que algo se passa quando não consideramos a matéria e a forma em sua pureza absoluta, mas já relacionadas na matéria segunda. De fato, embora a forma seja o princípio de diferenciação da matéria (nos quatro elementos e nos nove predicados categoriais), a individuação dos seres naturais depende do concurso simultâneo da forma e da matéria segunda. Que se passa, então? Para que o indivíduo "Sócrates" exista, que forma a matéria segunda precisa receber? A forma do homem. Para que uma matéria segunda receba a forma do homem, que forma também precisa receber? A forma do animal. Que significa isso? Significa que a forma contribui com o aspecto universal de uma substância — sua essência definida por sua espécie e seu gênero — enquanto a matéria segunda contribui com os aspectos particulares de uma substância — as características particulares que um indivíduo possui quando considerado do ponto de vista dos nove predicados categoriais ou dos acidentes atribuídos a uma matéria segunda. Assim, por um lado, a forma é geral ou universal (o vegetal, o animal, o mineral) e o que torna uma mesma forma diferente de indivíduo para indivíduo é a matéria segunda na qual ela se inscreve. Por outro lado, entendida como essência de um indivíduo, a forma é inteiramente individual (a forma de Sócrates não é a animalidade, a humanidade, a mortalidade e sim o ser individual de Sócrates). Isso significa que, dependendo da perspectiva em que observemos uma substância primeira (ou o indivíduo), diremos que a matéria é o individual determinado pela universalidade formal do gênero e da espécie, dos quatro elementos e dos predicados categoriais, mas, sob outra perspectiva, diremos que a matéria é o geral e que o individual é a forma *desta coisa* ou *deste ser* determinado, isto é, sua essência propriamente dita. Uma substância individual é, portanto, a matéria segunda informada. A forma diferencia ou distingue os seres segundo a espécie e o gênero, enquanto a matéria segunda fornece as condições para sua individualidade, mas, ao mesmo tempo, a matéria segunda é uma generalidade que se individualiza quando recebe uma forma cada vez mais determinada, que vai da universalidade do gênero e da espécie à determinação da essência plenamente individual, ou o que Aristóteles chama de *tóde ti*, o "isto" ou "esta coisa".

As formas, como vemos, não existem num mundo separado de ideias, mas estão inscritas na matéria. Isso não impede, porém, que Aristóteles afirme a existência de uma forma pura, separada de toda a materialidade: o divino, objeto da filosofia teológica.

Para entendermos por que existem substâncias individuais e por que existe uma forma pura precisamos passar a um outro aspecto da metafísica aristotélica.

O DEVIR: POTÊNCIA E ATO

A matéria é a causa material dos seres ou aquilo de que a coisa é feita (a matéria de uma mesa é a madeira ou o ferro; a de uma estátua, o mármore ou o bronze; a de um discurso, as palavras; a de uma dança, o corpo do dançarino e seus os gestos; etc.). A forma é a causa formal dos seres (a mesa é a forma da madeira ou do ferro; a estátua, a forma do mármore ou do bronze; uma tragédia, uma poesia épica ou um tratado de medicina ou de filosofia, são as formas de um discurso ou de um texto; a dança, a forma do corpo do dançarino, isto é, certos gestos feitos num certo ritmo e numa certa sequência; etc.). Qual é, porém, a causa final de cada um desses seres? E qual é a causa eficiente, ou aquela que inscreve uma forma numa matéria?

A forma, diz Aristóteles, é imutável, pois os quatro elementos, os gêneros e as espécies, e a essência de um indivíduo determinado não podem alterar-se sem desaparecer. Ora, sabemos, por experiência, que as coisas mudam e que os seres mudam de forma, isto é, se trans-formam. A semente é uma forma que se transforma em árvore; o ovo é uma forma que se transforma em pássaro; a madeira é uma forma que se transforma em mesa, em cadeira, porta; o feto é uma forma que se transforma em criança; etc. Por que há mudança ou devir? Responde Aristóteles: porque é da natureza da matéria alterar-se, mudando de forma. Assim, o princípio da mudança (do devir ou do movimento, *kínesis**) é a matéria. Por isso os seres compostos de matéria e forma mudam ou estão submetidos ao devir. Propriamente falando, devemos distinguir dois tipos de mudança: a mudança radical ou transformação, quando uma matéria perde uma forma e recebe ou ganha outra diferente da primeira; e a mudança como desenvolvimento ou desdobramento de uma forma contida numa matéria. Mas para que os seres se transformam ou se desenvolvem? Em vista do que eles mudam? E não só isso. A experiência mostra, em primeiro lugar, que uma matéria não recebe qualquer forma — não é possível dar a forma da mesa à água ou ao fogo —, mas recebe uma forma que lhe é adequada; e, em segundo, que os seres não mudam ao acaso, arbitrariamente, e sim de uma maneira regular, constante — a semente de uma oliveira não se transforma num pássaro ou num peixe, nem mesmo se desenvolve como uma outra espécie de árvore (não se torna uma macieira, por exemplo).

A causa eficiente, diz Aristóteles, é o instrumento para a mudança, mas não é a causa profunda da mudança. Para que a causa eficiente opere, são necessárias certas precondições, sem as quais ela não poderia agir. Ou seja, para que a causa eficiente faça uma matéria mudar de forma ou desenvolver sua forma, algo mais é requerido, além da mera causa motriz ou instrumental. A explicação aristotélica dessas precondições ou dos pré-requisitos do movimento-devir mostrarão como nosso filósofo é um grego e como Parmênides e Platão deixaram nele sua marca.

Todo ser, diz Aristóteles, move-se ou muda porque aspira ou deseja a perfeição, isto é, realizar plenamente sua essência. Todo ser aspira à identidade total consigo mesmo. Assim, *a primeira precondição para que a causa eficiente opere é dada pela causa final*, ou seja, é porque a finalidade dos seres é realizar plenamente sua essência, aspirando pela identidade e pela imobilidade, que eles não cessam de mudar, pois, de mudança em mudança, cada ser se aproxima indefinidamente de sua finalidade ou de sua forma perfeita. Ora, se o princípio ou a causa da mudança é a causa material — entendida como aquilo "a partir do que" há mudança —, mas também é a causa final — entendida como aquilo "em vista do que" há mudança —, é preciso dizer que a matéria sempre possui um fundo que ainda não foi determinado pela forma ou que ela está sempre inacabada por uma falta de identidade que procura suprimir-se como falta ou carência de forma, uma tendência ou um apetite que se explica porque a perfeição imóvel da forma é a finalidade do movimento ou da mudança. A matéria mutável é uma imperfeição em busca da perfeição, um inacabamento em busca do acabamento, pois um fim é o término de um movimento.

Ora, como um ser "sabe" qual é sua finalidade? Como um ser "conhece" sua perfeição imutável? Pela forma. A causa formal determina para um ser a perfeição ou o acabamento de sua essência. Isso significa, portanto, que a causa final exprime a causa formal como finalidade de uma coisa ou de um ser e guia as operações da causa eficiente. A causa final sendo aquilo em vista do que a coisa muda, Aristóteles afirma que essa causa é primeira ou a razão profunda da mudança.

Sobre a importância da causa final, Aristóteles escreve em *Partes dos animais*:

> Em todo devir natural observamos várias causas, por exemplo, a causa em vista da qual e a causa a partir da qual se faz a mudança; aqui também é preciso determinar

qual é a primeira e qual é a segunda. Parece que a primeira causa deve ser aquela que chamamos "em vista do que"; com efeito, ela é a razão e a razão é princípio tanto dos produtos da arte como dos da natureza [...]. Há, pois, dois tipos de causalidade: a finalidade e a necessidade. E quando tratamos delas é preciso absolutamente dar conta de ambas [...] é evidente também que aqueles que não tratam dessas duas causalidades não tratam, por assim dizer, da natureza.

Para compreendermos como Aristóteles explica a ação conjunta das quatro causas, precisamos, agora, examinar dois conceitos fundamentais da metafísica (e da física) aristotélica: o conceito de ato (*enérgeia**) e o de potência (*dýnamis**). A forma de um ser é ato ou atualidade; é a *enérgeia*, a essência da coisa tal como ela é aqui e agora. A matéria de um ser é potência ou potencialidade, a *dýnamis*, a aptidão ou a capacidade da coisa para o que ela pode vir a ser no tempo. Quando uma matéria recebe uma forma, não a recebe inteiramente pronta, acabada, atualizada, mas a recebe como uma possibilidade, como uma potencialidade que deve ser atualizada. Por exemplo, quando o macho e a fêmea se unem, surge na matéria a forma do feto, que é o ser futuro em potência; essa potência deverá ser atualizada no tempo pela *dýnamis* da matéria do feto, até que se torne uma criança, depois um adolescente e depois um adulto, realizando inteiramente a forma que estava potencialmente contida em sua matéria. A criança é um ser humano em ato e que, em potência, é jovem; o jovem é um ser humano em ato e que, em potência, é adulto. Cada ser surge, portanto, com a forma atual (o que esse ser é) e com a forma acabada ou completa potencialmente contida na matéria (o que esse ser poderá ou deverá ser). A unidade da causa formal e da causa material é realizada pela causa eficiente, à qual cabe atualizar a forma potencialmente contida na matéria, de tal modo que um ser não muda de forma, mas passa da forma em estado menos perfeito ou acabado para a forma em estado mais perfeito ou acabado. A matéria, como suporte, é passiva: recebe a forma atual e a potencial e é "puxada" pela causa final para atualizar a potencialidade, graças às operações da causa eficiente.

Isso significa, em primeiro lugar, que para a matéria a causa final é o movimento (pois é ele que atualiza uma potência e é vista dessa atualização que a matéria se move ou é movida pela causa eficiente); e, em segundo, que para o movimento a causa final é a forma (pois é esta que completa o movimento e é em vista dessa completude que ele se realiza). O movimento é, portanto, causa final da causa material e a causa formal é a causa final do movimento. Que significa essa unidade entre causa formal e causa final?

A forma, por ser sempre um ato ou *enérgeia*, é o real (o atual); a matéria, por ser sempre uma potência ou *dýnamis*, é o virtual (o que está à espera de vir a ser). A cada momento, uma substância tem a realidade da sua forma e a possibilidade contida em sua matéria, de sorte que o que ela vier a ser, a nova forma que ela tiver, já está presente como uma possibilidade desta substância porque é uma potencialidade inscrita pela forma em sua matéria. O real é mais perfeito (acabado, atual) do que o virtual (inacabado, potencial) e por isso a forma é mais perfeita do que a matéria e a "empurra" para a atualização do possível. O devir é o movimento de passagem do virtual ao real e, a cada momento, um real contém virtualidades que deverão (ou poderão) ser atualizadas.

A explicação aristotélica se refere à realidade inteira, isto é, a ação das quatro causas se realiza nos seres naturais, nas ações humanas e nas coisas artificiais ou nos produtos da técnica. Assim, por exemplo, na *Física*, Aristóteles diz que "o animal vem do animal por intermédio da semente", de modo que a causa material é o corpo da mãe, a causa formal, o corpo do pai e a causa eficiente, os movimentos do corpo do macho sobre o da fêmea, e a causa final, o novo animal contido em potência na semente, que é a forma atual do futuro animal. Na *Ética*, afirma que um homem se torna virtuoso atualizando seu *éthos* (seu caráter) por meio da vontade racional e do hábito, que são as causas eficientes da ação moral. Na *poíesis**, diz Aristóteles, "a casa vem da casa por meio do artífice", isto é, o artífice é a causa eficiente do artefato, de tal modo que "a casa" (a forma da habitação) vem "da casa" (o projeto no intelecto do artesão) pela ação do pedreiro como agente que atualiza na matéria a forma da casa ou fabrica a casa dando forma à matéria. Assim também o bronze é um metal em ato que contém em potência a estátua (é causa material da estátua); a estátua é, em ato, a forma (ou causa formal) que o escultor impôs à matéria e que esta, em potência, podia receber; o escultor é a causa eficiente da estátua cuja causa final será a função que seus usuários lhe atribuirão. Podemos compreender melhor o que diz Aristóteles, se regressarmos ao que dissemos sobre a medicina grega, na qual a causa final é a saúde, a causa eficiente é o médico, a causa material, o corpo doente que potencialmente contém a saúde, e a causa formal, a natureza do paciente. Ou, como diz o filósofo, "a saúde [do paciente] vem da saúde [a forma no intelecto do médico] por meio do médico". Podemos, aliás, ir mais longe e dizer que a formação médica de Aristóteles o fez compreender as ações da natureza a partir das ações técnicas, de tal maneira que, na *Metafísica*, ele pode afirmar que as coisas técnicas são geradas e que as coisas naturais são *produzidas*, isto é, tanto num caso como noutro o mais importante é conceber o movimento como um *processo causal* de atualização de potencialidades em direção a uma finalidade determinada, isto é, a realização da forma.

Assim, o devir existe, é necessário, racional, inteligível e pode ser conhecido. A causa final do devir é a atualização plena das potências da forma que estão aprisionadas na matéria; a causa eficiente é o instrumento dessa atualização. O devir é realização (tornar-se real); é formação (receber forma); é atuação ou atualização (tornar-se ato).

Com a metafísica da potência e do ato Aristóteles pode indicar onde se encontra o engano de heraclitianos, eleatas e Platão. Embora suas filosofias sejam contrárias ou diferentes, concebem o devir da mesma maneira: julgam que o fluxo dos seres ou o movimento das coisas se realiza como passagem de *um ato a outro ato*, de uma forma atual a outra forma atual. Ora, como a forma atual é a essência de um ser aqui e agora, supor que o devir seja mudança de um ato em outro ato é o mesmo que supor que uma essência se torna outra ou que um ser se torne o que ele não é, e que, portanto, o devir é mudança de um ser no seu não ser, ou passagem do ser ao não ser e do não ser ao ser. Não surpreende, então, que tanto para aceitar como para recusar o devir Heráclito, Parmênides e Platão tivessem invocado a contradição como constitutiva da mudança ou da alteração dos seres. De fato, se um ato se mudasse noutro ou uma forma se mudasse noutra, haveria contradição (teríamos que afirmar que A é A e não A). A passagem, porém, se faz da *potência ao ato* e a potência é aquilo que pertence à forma por sua relação com a matéria, é compatível com ela, não a destrói, mas a concretiza. O devir é racional porque seu núcleo é a potência e não a forma, como, equivocadamente, pensaram Heráclito, Parmênides e Platão. Em outras palavras, o devir é provocado pela matéria como potencialidade ou possibilidade de formas que se desenvolvem temporalmente. A matéria informada ou a forma materializada são atos que conservam potências em seu interior. Assim, no Livro v da *Metafísica*, Aristóteles escreve:

> A potência é, pois, o princípio do movimento ou da mudança, que está num outro ser ou num mesmo ser enquanto outro.

Que significa essa afirmação um tanto enigmática? Comecemos com a afirmação de que o princípio da mudança ou do movimento "está num outro ser". Tomemos, por exemplo, o caso da medicina: a arte de curar não pertence ao doente que está sendo curado, mas está num outro ser, no médico; porém, para que a ação deste outro sobre o doente seja possível é preciso que o doente tenha a saúde em potência, isto é, tenha nele próprio seu outro estado ou sua outra condição, pois se a saúde não estiver potencialmente nele, o médico nada poderá fazer. Tomemos também um fato natural: para que vejamos alguma coisa não basta que tenhamos olhos, mas é preciso que haja a coisa externa que afeta nossos olhos, é preciso uma ação de um outro ser em ato — a forma da coisa externa — sobre nosso corpo; todavia, se nossos olhos não tivessem neles próprios a potência de ver ou a possibilidade de atualizar a aptidão para ver, a coisa externa não os afetaria e não haveria visão.

Examinemos agora a segunda parte da afirmação aristotélica, isto é, que o princípio do movimento ou da mudança "está no mesmo ser enquanto outro". O exemplo mais evidente é o da semente que tem em si mesma a potência para tornar-se outra coisa, isto é, árvore, mas também são desse tipo o doente que possui em si mesmo a potência de tornar-se sadio, ou o dos olhos que, se estiverem fechados ou no escuro, nem por isso deixam de possuir em si mesmos a potência da visão. No entanto, a afirmação aristotélica não se refere apenas a esse tipo de passagem e sim a todas as outras mudanças que uma coisa pode sofrer. Por exemplo, de quente tornar-se fria, ou vice-versa; de pequena tornar-se grande, ou vice-versa. Ora, quando estudamos as categorias, vimos que, com exceção da substância, todas as outras possuem termos extremos contrários e o movimento ou o devir é a passagem de um extremo a outro, passando pelos pontos intermediários. Isso significa que a atualização de uma potência decorre do fato de um ser possuir nele mesmo a possibilidade de tornar-se outro sem perder sua substância ou sua essência, passando de um extremo a outro.

Se a potência — ou, como às vezes diz Aristóteles, o ser em potência — é o princípio do movimento ou do devir — aquilo a partir do que há um vir a ser —, todavia ela só tem sentido porque há o ato ou o ser em ato. O ato, diz Aristóteles, é para uma coisa o existir realmente. Por esse motivo, o filósofo afirma que o ato é *anterior* à potência e isso deve ser entendido em três sentidos principais: em primeiro lugar, o ato é anterior à potência do ponto de vista do conhecimento, pois é por ele que podemos saber quais são as potencialidades de um ser; em segundo, a anterioridade é cronológica, no sentido de que uma substância individual possui em ato as propriedades de sua espécie, caso contrário a atualização das potências seria cega e arbitrária; em terceiro, há anterioridade do ato à potência porque esta só pode ser atualizada pela ação de um ato, isto é, um ser em potência só atualiza sua potencialidade graças à ação de um outro ser em ato. Esse terceiro sentido da anterioridade é de grande relevância, como veremos a seguir, porque com ele Aristóteles indica que todo movimento precisa de um motor em ato que desencadeie a atualização de uma *dýnamis* no movido. O exemplo da ação da coisa externa sobre nossos olhos explicita essa ideia.

Mas, por que a forma, a atualização das potências, o desejo de imobilidade ou de imutabilidade dirigem o devir? Por que o devir acontece em vista de uma finalidade ou de um término? Por que Aristóteles não se limita a explicar o devir pelo princípio "a partir do qual", mas acrescenta o princípio "em vista de"?

Para responder a essa pergunta devemos passar ao último aspecto da metafísica aristotélica, quando seu objeto é o divino e a filosofia primeira se ocupa com a teologia, isto é, com a existência de uma forma pura ou de um ato puro, despojado de potencialidades que precisariam ser atualizadas.

O DIVINO: O DESEJÁVEL-DESEJADO

Uma ação perfeita ou um ato perfeito, diz Aristóteles, é aquele que tem em si mesmo a sua própria finalidade ou o seu próprio acabamento. É por isso que, na *Física*, Aristóteles fala na superioridade da natureza com relação à técnica, uma vez que nesta última a finalidade é exterior ao técnico ou à sua ação fabricadora e, na *Ética a Nicômaco*, considera que contemplar intelectualmente (ou conhecer) é um ato mais perfeito do que agir, e agir é mais perfeito do que fabricar (a teoria é mais perfeita do que a ação e a ação é mais perfeita do que a fabricação). Um ser é perfeito quando todas as suas potencialidades estão atualizadas e, estando completo ou terminado, não mais precisa mover-se nem ser movido. Ora, sob este aspecto, Aristóteles dirá que nem sempre a natureza consegue sozinha realizar completamente uma atualização e precisa do socorro ou do auxílio da técnica (como vimos, por exemplo, no caso das doenças que não se curam sozinhas, mas precisam da intervenção do médico, ou como vemos no caso da produção de alimentos, graças à agricultura), de sorte que também é preciso dizer que, em certos casos, a técnica é superior à natureza. No entanto, mais importante do que demarcar a superioridade variável da natureza e da técnica é observar que essa relação só pode ser estabelecida porque, como vimos acima, ambas agem, operam ou procedem da mesma maneira, isto é, pela articulação das quatro causas como processo de atualização de potências.

A realização final ou o ato final é denominado *entelékheia**, entelequia, isto é, o ato que encontra e realiza seu fim, pois, em grego, fim se diz: *télos**. A entelequia é: 1) o que faz uma potência atualizar-se; e 2) a atualidade perfeita ou completa de um ser ou o estado daquilo que chegou ao seu acabamento. Para cada ser (cada indivíduo, cada espécie, cada gênero) existe sua entelequia própria, dada pelo seu *télos* próprio. Assim, a entelequia da semente é a árvore; a do feto humano é a pessoa; a dos olhos é ver; a do peixe é nadar; a da ave é voar. A natureza e os humanos se movem e se atualizam sempre tendo em vista um *télos*, uma finalidade. Sem o *télos*, nenhuma potência é atualizada e sem o ato, nenhuma forma se realiza. O *télos* é a causa (final) do devir, o ponto no qual um movimento termina.

Poderíamos supor que com a ideia de entelequia ou de finalidade Aristóteles introduziria um animismo ou um antropomorfismo na natureza. Não é, porém, o caso. Na *Física*, Aristóteles declara com ênfase que "a natureza não delibera", portanto, a finalidade natural não é uma escolha racional e voluntária que as coisas teriam em vista de algo. Isso significa, em primeiro lugar, que Aristóteles, diferentemente de Platão, não admite uma Alma do Mundo e, em segundo, que Aristóteles demarca claramente a distinção entre ação racional deliberada e ação natural, embora ambas sejam ações por finalidade.

De fato, as ações da natureza, diz Aristóteles, são *por necessidade*, isto é, uma coisa natural é capaz de produzir sempre um só e mesmo efeito, ainda que o efeito possa ir de um extremo oposto ao outro extremo oposto que definem seu gênero. Ao contrário, as ações ou atos racionais são *por vontade* e, por serem deliberações voluntárias, são escolhas entre possíveis contrários e seus efeitos são múltiplos, variáveis de indivíduo para indivíduo ou num mesmo indivíduo, conforme as circunstâncias. Isso significa que a atualização natural de uma potência não é uma escolha entre várias potências possíveis ou entre duas potências contrárias igualmente possíveis, e sim a realização necessária de uma única potência determinada. A potência natural não é um possível e sim uma virtualidade necessária contida na matéria que recebeu uma forma determinada. É exatamente por isso que no processo natural a causalidade sempre produz um único efeito necessário. No entanto, a diferença entre o que age por necessidade e o que age por vontade não anula o fato de que os seres naturais possuem tendências ou inclinações irracionais (isto é, involuntárias) e que os seres vivos possuem apetites também irracionais (isto é, involuntários). A atualização necessária (e não por escolha voluntária) de uma tendência, de uma inclinação ou de um apetite potenciais é a finalidade de um ser natural, envolvendo a atualização de todas as suas potencialidades para o acabamento da sua forma.

O *télos*, isto é, a causa final, é o motor do movimento. Não é o próprio movimento, pois este é o resultado da relação entre matéria, forma e causa eficiente. Além disso, o movimento se faz em vista de alguma coisa e, portanto, não pode ser o fim e sim o que leva ao fim. O motor é o que move um ser. O motor é, pois, um ser em ato ou uma forma, isto é, a forma acabada ou final é motor, pois é ato; a *enérgeia* é *entelékheia*. A matéria é móvel, pois é potência, *dýnamis*. A causa eficiente ou motriz move o ser móvel guiada pela entelequia, isto é, pela forma acabada como causa final ou como motor. E esse processo, exceto nas ações e fabricações humanas, é necessário ou irracional, isto é, não se realiza por escolha, mas segundo uma necessidade inscrita na tendência, na inclinação ou no apetite natural de cada ser.

Ora, quando olhamos para a natureza percebemos que a forma sozinha não tem o poder para atualizar plenamente a matéria, despojando-a de todas as potencialidades. Há sempre um fundo potencial que a forma não domina, tanto assim que, chegado um ser ao seu ponto de maturidade ou de acabamento, em vez de tornar-se imóvel (isto é, perene), começa a mover-se no sentido contrário, a ir perdendo sua forma até perecer ou morrer. Ou seja, a matéria não sustenta a forma acabada e esta não tem como forçar a matéria a sustentá-la para sempre. A geração e corrupção estão inscritas necessariamente nos seres naturais ou na matéria segunda dos quatro elementos.

Em contrapartida, quando estudamos os céus ou o mundo celeste, percebemos que há uma harmonia tão grande entre sua matéria e sua forma que os astros são incorruptíveis e realizam um único movimento, o mais perfeito de todos, isto é, o movimento circular ou rotatório, que não tem começo nem fim. Os céus são imperecíveis, sua matéria é praticamente toda atual ou atualizada; sua forma praticamente imutável em sua circularidade ou rotação.

Em outras palavras, Aristóteles concebe a realidade como uma ordem hierarquizada de seres ou substâncias que vão do mais imperfeito ou inacabado ao mais perfeito ou acabado. O mais imperfeito é a matéria indeterminada ou pura potencialidade e o mais perfeito é a forma inteiramente determinada ou pura atualidade. Entre a imperfeição absoluta do que não tem forma e a perfeição absoluta do que só possui forma, instalam-se todos os seres compostos de matéria e forma, também hierarquizados por graus de perfeição: são mais imperfeitos os mais materiais porque mais indeterminados ou potenciais, e são mais perfeitos os mais formais porque mais determinados ou atuais. O mundo se divide em três grandes esferas de realidade: o mundo sublunar, o mundo celeste e o Primeiro Motor Imóvel (ou o divino). O mundo sublunar ou terrestre é o mundo sensível da matéria e dos seres compostos de forma e matéria segunda — os quatro elementos; o mundo supralunar ou celeste é o dos seres compostos de forma e de uma matéria muito especial, muito leve e pura, incorruptível, o quinto elemento — o éter; o divino, porém, é forma pura ou ato puro.

Os seres do mundo sublunar buscam a identidade e tendem ou se inclinam para a incorruptibilidade e regularidade perfeitas dos céus, que aparecem, assim, como se fossem o motor da natureza. Essa tendência ou inclinação se manifesta, por exemplo, no caráter cíclico das estações do ano, no movimento completo de um elemento (a água se evapora e o vapor se liquefaz novamente), na contínua geração dos seres vivos para perpetuar a espécie e o gênero apesar da corrupção dos indivíduos etc. No entanto, os céus também se movem (ainda que seu movimento não seja um devir, mas uma perene repetição) e por isso ainda não são o motor perfeito, pois este deve ser ato puro, que jamais teve ou terá potencialidades, isto é, que jamais teve ou terá que se mover para atualizar-se. Os céus se movem inclinados à imobilidade desse motor imóvel e é este que também inclina os seres sublunares ao movimento. Esse Ato Puro, essa Forma Pura, esse Motor Imóvel é o divino ou o deus.

O deus é, portanto, a causa final, o *télos* do mundo, movendo-o a distância, de longe. O Primeiro Motor Imóvel age à distância. Isso significa que ele não estabelece nenhum contato direto com o mundo celeste e com o mundo sublunar, porque somente a causa eficiente é que, para operar, precisa estar em contato direto com aquilo sobre o que ela opera — em outras palavras, o deus não cria o mundo, não gera o mundo nem fabrica o mundo, pois não é causa eficiente e sim causa final que age à distância. Como fim é algo desejável, algo a que um ser aspira, algo a que um ser tende ou se inclina, procura cegamente, segundo a necessidade natural, ou racionalmente, segundo a deliberação da vontade. O Primeiro Motor, sendo imóvel e ato puro, nada deseja, pois nada lhe falta — ou como dizem os antigos e repete Aristóteles: só o deus é feliz —, mas é desejado por todos os seres do universo que se fatigam e se esforçam no movimento. Aristóteles diz que o divino é o Desejável. O desejante — os seres do mundo — deseja o desejável. Mover-se para atualizar todas as potências é desejar o imóvel, e por isso o devir é desejo. Esse desejo ou inclinação se exprime no que Aristóteles chama de *mímesis*, ou imitação.

O helenista francês Pierre Aubenque considerou a imitação como a tendência dos seres sensíveis e celestes a emular o Primeiro Motor, isto é, a fazer exatamente como ele faz, embora jamais podendo alcançar a mesma condição própria do *télos* perfeito. Sob essa perspectiva, a imitação estaria relacionada com a carência de perfeição ou com as privações que a matéria impõe ao desejo da forma de alcançar a plenitude: a imitação seria a operação dos seres carentes de pura atualidade buscando a atualidade perfeita.

Essa interpretação, porém, foi refutada pelo helenista brasileiro Cláudio Veloso, em seu estudo sobre a imitação em Aristóteles, *Aristóteles mimético*. Veloso mostra que o substantivo *mímesis* deriva-se do verbo *mimeómai*, que significa simular (parecer com), emular (fazer como) e identificar (ser e fazer como). Observa também que tanto o verbo como o substantivo pressupõem alguma identidade ou alguma semelhança entre o imitado e o imitante e que por isso mesmo a imitação não envolve, como acontecia em Platão, a ideia de um modelo a ser seguido, pois o imitar decorrer de uma identidade ou de uma semelhança entre os seres ou as ações que estão numa relação imitativa. Aristóteles emprega o verbo *mimeómai* com os sentidos de emulação e simulação, mas emprega o substantivo *mímesis* somente com o sentido de simulação, porém esta última não significa dissimulação, logro e engano — como era o caso da imitação em Platão —, e sim indica uma semelhança, uma parecença, uma analogia que faz com que um ser se comporte *como se fosse um outro, parecendo-se com outro*. Emular significa tomar a decisão de fazer como um outro, ou seja, envolve deliberação e vontade. Ora, Aristóteles insiste sempre que "a natureza não delibera" e, por conseguinte, nela não pode haver emulação. Assim, na *práxis*, alguém pode *emular* as virtudes de um outro, imitando-as, isto é, *fazendo exatamente como* o outro faz. Na física, porém, um ser pode simular imobilidade por meio da regularidade, constância e acabamento de um movimento determinado, imitando a plenitude do Ato Puro, isto é, *fazendo como se fosse* também puro ato ou parecendo ser ato completo. Além disso, Aristóteles afirma, numa célebre passagem da *Política*, que "a natureza nada faz em vão" e seria contradizer essa tese afirmar que os seres naturais se movem *porque* não conseguem a imobilidade, pois isso tornaria vão o movimento e vã sua existência. Assim, diz Veloso, não são os *seres naturais* que se movem para imitar o Primeiro Motor, e sim o *movimento* que imita (simula) a imobilidade. A perenidade do movimento é o que imita a eternidade do imóvel. É dessa maneira, por exemplo, que animais e humanos se esforçam ou se fatigam na geração de seus semelhantes porque esse movimento os faz perenes como espécie e como gênero.

Uma passagem de Aristóteles nos auxilia a compreender essa mímese:

> Para os viventes, a operação mais natural de todas [...] é a de produzir um outro ser igual a si mesmos: um animal produz um animal, uma planta, outra planta, para participar, tanto quanto possível, do eterno e do divino. Todos aspiram a isso e é este o fim pelo qual levam a cabo tudo o que realizam por natureza [...]. Visto que os viventes não podem, por continuidade, participar do divino e do eterno, pois nenhum dos seres corruptíveis permanece idêntico e numericamente uno, então cada um participa na medida em que é possível participar, uns mais outros menos, e permanece não ele e sim outro semelhante a ele, e não [permanece] uno enquanto indivíduo ou quanto ao número e sim uno quanto à espécie.

A FILOSOFIA: IMITAÇÃO DO DIVINO

Como os demais seres da natureza (sublunares e supralunares), também os humanos desejam e imitam o Primeiro Motor Imóvel. Enquanto seres naturais, simulam a atualidade e perenidade do divino; enquanto seres naturais racionais dotados de intelecto e de vontade, emulam a perfeição do divino.

O divino ou o deus, sendo ato puro e motor imóvel, não pode ser movido por nada, pois, se fosse movido, ou teria alguma potência para atualizar ou seria passivo, precisando de um ser exterior que o movesse rumo ao fim de seu movimento. Se se movesse, seria imperfeito, pois não seria completo; e seria material, pois só a matéria é potência móvel. Sendo ato puro, o divino não possui nenhuma passividade, potencialidade ou materialidade. É forma pura, inteligência pura ou intelecto puro. Ora, quando exemplificamos o ato da visão como atualização da potência vidente dos olhos pela ação da forma visível das coisas, dissemos que Aristóteles concebe o conhecimento intelectual de maneira semelhante. Em outras palavras, quando nosso intelecto atualiza a potência de conhecer, ele o faz porque recebe a ação de uma forma inteligível atual que põe em movimento o pensamento. Isso significa que tanto a visão corporal como a visão intelectual são potencialidades que precisam de um ato externo que as atualize. Ora, no caso do Ato Puro, não há potencialidade alguma para ser atualizada e fazê-lo pensar. Assim, que há de pensar um ser que é pura atividade e pura inteligência? Não pode pensar nada que esteja fora de si, pois, neste caso, receberia a ação de um ser externo que o forçaria a atualizar alguma ideia que nele houvesse em potência. Assim, o deus pensa a si mesmo, isto é, nele, a inteligência e o inteligível são uma só e mesma coisa. É pensamento de si mesmo como pensamento.

É na filosofia que os humanos mais imitam o divino. Em primeiro lugar, porque nela o ser humano atualiza sua forma — é um ser primordialmente racional, inteligente e que, como lemos na abertura da *Metafísica*, "deseja por natureza conhecer". O conhecimento é sua natureza, sua forma. Em segundo, porque, na filosofia, a ideia aristotélica de atividade aparece com plenitude. De fato, Aristóteles distingue movimento e atividade — o primeiro se faz em vista de um fim e é sempre sinal de uma imperfeição porque é passagem de alguma coisa a algo outro ou ao que ela ainda não era, mas a atividade é seu fim em si mesma e sinal de uma perfeição alcançada ou de uma identidade. Ora, na atividade do conhecimento (seja na percepção sensorial, seja no saber intelectual), não há uma passagem a algo diverso (a não ser no caso do aprendizado, em que é diferente fazer o movimento de aprender e completá-lo, isto é, entre estar aprendendo e ter aprendido), mas há identidade e continuidade do mesmo ato. Ou, como diz o filósofo, quem vê é o mesmo que viu, quem pensa é o mesmo que pensou. Essa identidade e continuidade própria do conhecimento é a maior possível na contemplação ou na teoria, quando não há distância entre o ato e o fim realizado por ele, e por isso a filosofia é o que nos torna mais semelhantes ao divino. Em terceiro lugar, porque, para Aristóteles (que, neste aspecto, é um perfeito discípulo de Platão e Sócrates), a qualidade de nosso pensamento depende dos objetos que estamos pensando e, portanto, um pensamento que pensa ideias puras está pensando formas puras ou imutáveis, acabadas, perfeitas, imperecíveis, seu pensamento possuindo as mesmas qualidades de seu objeto. Em quarto, porque as ideias verdadeiras, sendo universais e necessárias, possuem a identidade e a imutabilidade do que é plenamente atual.

A filosofia é, assim, para os humanos, o que mais os aproxima do divino. A teoria é superior à prática e à produção porque é um estado atual de contemplação da verdade, sem potências e sem passividades. Somos o que pensamos e quando pensamos o inteligível (os conceitos que são as formas puras das coisas), somos inteligíveis, isto é, intelecto ativo e em ato. A contemplação é nossa maneira de emular o divino.

Sob esta perspectiva, a preocupação de Aristóteles com a história da filosofia, isto é, com a exposição das opiniões (*tà endóxa*) ganha novo sentido. Ao reunir o que foi pensado, Aristóteles atualiza a totalidade do pensamento humano, dá-lhe uma totalização que imita (agora no sentido de simular) a plenitude do pensamento divino.

FILOSOFIA DA NATUREZA: A FÍSICA E A BIOLOGIA

A metafísica colocou-nos diante do imóvel, ao mesmo tempo que nos explicou as causas universais do movimento dos seres compostos de matéria e forma.

Nos *Meteorológicos*, os objetos da filosofia natural são assim enumerados: as causas primeiras da natureza e do movimento (estudados na *Física*); o movimento ordenado dos astros (estudado no *Do céu*); o número e natureza dos elementos materiais, suas propriedades e transformações recíprocas, sua geração e corrupção (estudados no *Da geração e corrupção*); o estudo dos seres vivos ou animados (contido no *Partes dos animais* e *Geração dos animais*); o estudo sobre a natureza da alma e seus movimentos (contido no *Da alma* e nos tratados psicofisiológicos conhecidos como *Parva naturalia*); e o estudo das exalações atmosféricas que explicam os fenômenos meteorológicos, entre quais Aristóteles coloca os cometas e a Via Láctea (contido nos *Meteorológicos*). Assim, a filosofia da natureza pode ser dividida em dois grandes campos: o da física (que estuda a *phýsis* de todos os seres sublunares, isto é, da região situada da Terra às imediações da Lua) e o da astronomia (que estuda o movimento rotatório uniforme e ordenado dos astros, situados da Lua até o final do mundo, isto é, a última esfera das estrelas fixas).

A física estuda os seres que têm em si mesmos a causa ou o princípio do movimento. Dizer que têm em si mesmos a causa do movimento é dizer que são seres dotados de matéria, portanto, de potência ou possibilidade de mudança. A filosofia da natureza trata dos seres que passam da potência ao ato, pois não existe passagem de um ato a outro ato (como já observamos, isto seria dizer que A é A e não A, ferindo o princípio da contradição). Matéria, forma e privação (ou potência) são os princípios do movimento dos seres naturais ou das substâncias físicas. A matéria dos seres físicos é a matéria segunda, isto é, a matéria que recebeu a forma dos quatro elementos — terra, fogo, água e ar — cada um dos quais composto de duas qualidades fundamentais: seco e frio, para a terra; seco e quente, para o fogo; úmido e frio, para a água; e quente e úmido, para o ar. Todas as substâncias primeiras naturais, isto é, todos os seres individuais, são combinações dos quatro elementos e de proporções variadas de suas qualidades.

Se a ciência é conhecimento das causas e pelas causas, quais são as causas do movimento ou da passagem da potência ao ato? São quatro:

1) a matéria ou causa material enquanto dotada potencialmente de forma, isto é, enquanto privada da plena atualidade de sua forma e buscando por ela ou enquanto *dýnamis*;

2) a causa eficiente que faz a matéria atualizar suas potencialidades; é a operação de um agente que propicia a atualização de uma potência;

3) a forma ou causa formal, que define uma essência e por isso determina o que deve acontecer na matéria para que a *dýnamis* seja atualizada; a forma ou é um ato que leva à atualização de uma potência em outra coisa (por exemplo, a forma da coisa visível atualiza a potência de ver dos olhos) ou orienta a atualização da potência contida na matéria de uma substância determinada (por exemplo, a atualização do feto em criança ou da semente em árvore); é a *enérgeia* ou o ato que determina a sucessão contínua de movimentos que a atualizam;

4) a *entelékheia* ou causa final própria daquele ser que deve atualizar as suas potências contidas na sua matéria para alcançar sua finalidade própria; a entelequia é a causa final próxima, isto é, a finalidade própria de um ser determinado ou o término do movimento de um ser determinado. Ou, como se lê na *Física*, "a entelequia do ser que estava em potência, segundo o que é este ser, é o movimento" — a causa final de um ser em potência é o movimento, e a causa final do movimento é um ato. A entelequia é um "móvel em ato" ou o "ato comum do motor e do movido". Como explica o filósofo, o ato de ensinar é diferente do

ato de aprender — o primeiro é uma ação de quem possui ciência; o segundo é uma paixão de quem recebe ciência —, porém a atualização da ciência naquele que não a possui exige que haja um só ato, comum ao que ensina e ao que aprende, e esse ato comum é o movimento como entelequia. A cada momento, um ser é em ato (semente, criança, cinzento, ignorante) e em potência (árvore, adulto, negro, sábio). O movimento é a passagem, em atos sucessivos, do todo da potência ao todo da forma, do estado inicial não A (ou privação da forma A) ao estado final A (ou plena atualização da forma A). Por isso o movimento é definido em sua generalidade como um processo ou a passagem de um estado de privação a um estado de aquisição. Como ao estar em movimento um ser não está inteiramente em ato nem inteiramente em potência, mas parcialmente em ato e parcialmente em potência, e como o movimento é ato para a matéria e não para a forma, Aristóteles também define o movimento como "ato imperfeito", para significar que há um ser atual ou real, mas que esse ser está ou é incompleto ou inacabado.

Em resumo: o princípio *a partir do qual* há movimento é a causa material como *dýnamis*; o princípio que propicia a atualização de uma potência ou *pelo qual* o movimento se realiza é a causa eficiente; o princípio que guia o movimento ou *do qual* o movimento recebe a direção, é a forma como *enérgeia*; e o princípio *em vista do qual* o movimento se realiza é a causa final ou a forma completa como *entelékheia*. O movimento, ato comum do movente e do movido, é ato imperfeito porque, embora a cada instante seja uma atividade, é um processo, uma passagem e não um estado completo e acabado.

Assim como existem quatro causas do movimento, existem quatro tipos de movimento ou *kínesis* e sua classificação segue a tábua das categorias:

1) movimento substancial ou segundo a substância, isto é, geração e perecimento ou corrupção;

2) movimento qualitativo ou segundo a qualidade, isto é, alteração qualitativa;

3) movimento quantitativo ou segundo a quantidade, isto é, aumento ou diminuição;

4) movimento local ou segundo o lugar, isto é, a locomoção ou mudança de lugar.

Esses movimentos, porque se realizam segundo suas categorias próprias, são distintos entre si, não se confundem e não se combinam, pois "os gêneros não se comunicam". Todavia, todos os movimentos possuem quatro aspectos em comum: exigem um motor e um móvel e são temporais e contínuos, porque a mudança não é um salto brusco de um ser para outro contrário a ele, mas a passagem gradual de um ser em potência a um ser em ato pelo desenvolvimento ou desdobramento de suas potencialidades. Na verdade, pelas explicações aristotélicas, embora o movimento segundo o lugar seja um tipo determinado de movimento, também ele poderia ser considerado um aspecto comum a todos os movimentos, pois nenhum ser existe sem o lugar. Numa linguagem que não é a de Aristóteles, mas que facilita nosso entendimento, podemos dizer que todo movimento se realiza no espaço e no tempo e que essa realização é um processo contínuo de relação entre um motor e um móvel.

O movimento local é, na verdade, causa dos outros, pois um ser aumenta ou diminui conforme se aproxime ou se afaste de uma matéria; nasce ou morre conforme os elementos constituintes se reúnam num só lugar ou se separem deste lugar; altera-se conforme se aproxime ou se afaste do lugar onde sua forma se realiza. Eis por que, no pensamento ocidental, pouco a pouco o movimento tenderá a reduzir-se ao movimento local (isto é, quando falamos em movimento, sempre pensamos em mudança de local ou translação).

Como vimos, o movimento parte de um estado inicial de carência ou privação e chega ao ponto final de realização da forma. Em geral, o movimento é designado pelo seu *télos* ou pelo estado final a que chega; assim, por exemplo, enegrecimento é o movimento do que tende do branco para o negro; conhecimento, movimento do que tende da ignorância para o saber; envelhecimento, do que tende da juventude para a velhice; crescimento, do que tende do pequeno para o grande; etc. Todo movimento se realiza segundo a regra da categoria ou do gênero, isto é, se efetua entre dois extremos opostos ou contrários ou é a passagem entre dois polos contrários — se algo, por exemplo, enegrece, é porque, no polo inicial, não é negro, e se diminui é porque no polo inicial não é pequeno —, visto que vai do que a coisa ainda não é para aquilo em que ela se tornou. Isso significa que o movimento se realiza segundo normas ou leis fixas e necessárias, determinadas pelas categorias e pelos extremos dos gêneros. Além disso, como decorre das potencialidades da matéria segunda, realiza-se conforme as qualidades de cada um dos elementos, portanto, em conformidade com as qualidades da água, da terra, do fogo e do ar.

A preponderância do movimento local explica por que a física aristotélica desenvolve uma teoria dos *lugares naturais*. Lugar, para Aristóteles, é "o limite do corpo continente e o contorno do corpo contido", isto é, Aristóteles não pensa num espaço homogêneo e vazio onde os corpos se deslocariam (tal ideia do espaço só será formulada no século XVII, com Galileu e Descartes). O lugar (ou o "espaço") não é a matéria nem a forma nem o intervalo entre corpos, mas é "o limite, *péras**, do corpo envolvente" em cujo interior se encontra o corpo envolvido; é, portanto, a região ocupada pelo corpo, seu contorno externo e o contorno do corpo maior onde ele está contido. *Lugar natural* é o local onde um ser realiza perfeitamente sua forma e sua finalidade. Por isso, os corpos tendem a buscar seu lugar natural, que faz parte da *entelékheia* de cada corpo.

Para compreendermos a teoria aristotélica do lugar natural precisamos levar em consideração os demais movimentos. De fato, segundo Aristóteles, os quatro tipos de movimento se dividem em duas espécies: o movimento natural e o movimento violento. O movimento natural é aquele que um ser realiza espontaneamente para atualizar suas potências, enquanto o movimento violento é aquele imposto de fora sobre um ser para que realize um movimento que não lhe é próprio ou natural. O movimento natural é o que se realiza em conformidade com o lugar natural dos corpos. Por exemplo: o movimento para cima ou para o alto é próprio dos corpos leves (nos quais predominam o fogo e o ar), cujo lugar natural é o alto; o movimento para baixo é próprio dos corpos graves ou pesados (nos quais predominam a terra e a água), cujo lugar natural é o centro da Terra. Se, portanto, alguém tomar uma pedra (que é um grave e deveria ir para baixo) e a lançar em linha reta para que permaneça no ar até chegar ao objetivo, o movimento imposto à pedra é violento, pois não é o seu movimento natural. A física aristotélica nos permite, assim, alcançar um conceito muito nítido do que seja a violência: impor a um ser algo contrário à sua natureza.

De acordo com o lugar natural, existem três tipos de movimentos locais naturais: 1) o movimento circular ou rotatório, em torno do centro do mundo; 2) o movimento ascendente ou para o alto, partindo do centro do mundo; 3) o movimento descendente ou para baixo, rumando para o centro do mundo (para Aristóteles, o mundo é circular e seu centro é a Terra). Os dois últimos movimentos são retilíneos e isto significa que não apenas são movimentos que possuem um começo e um fim, mas também são movimentos contrários. O movimento circular ou rotatório, em contrapartida, é eterno, não tem começo nem fim e não possui contrário.

A natureza, no mundo sublunar, é constituída por corpos que realizam o movimento retilíneo para cima ou para baixo; são seres mortais, pois seu movimento tem começo (nascimento) e fim (corrupção ou morte). O mundo supralunar ou celeste, formado pelos sete céus ou sete esferas celestes (contendo os astros), realiza o movimento circular ou rotatório, porque os astros são eternos e incorruptíveis, tal movimento sendo natural à matéria de que são feitos — o éter ou quinto elemento ou quinta-essência —, movimento que não é de passagem da potência ao ato, mas apenas local. Os astros repetem eternamente o mesmo deslocamento, sem sofrer alterações qualitativas ou quantitativas. Todavia, considerado sob a perspectiva dos quatro elementos, o mundo sublunar também realiza um movimento circular, ainda que imperfeito, pois os elementos realizam ciclos completos, retornando à sua condição inicial ao fim de cada ciclo (como, por exemplo, a água que sobe, se evapora, se condensa e volta a descer como chuva).

Os movimentos para o alto e para baixo são próprios das quatro essências ou quatro elementos que compõem os corpos naturais (água, ar, terra e fogo). Como o lugar natural é definido pelo peso do corpo, compreendemos que os corpos nos quais predomina a terra, o lugar natural seja para baixo (uma pedra, lançada na água, afunda); naqueles em que predomina a água, o lugar natural tende a ser a superfície, mas ainda sob a água (os peixes permanecem na superfície sob a água, não descendo para o centro do mundo); naqueles onde predomine o ar, o lugar natural é para cima (uma bolha de ar aberta na água sobe para fora e acima da superfície); naqueles em que predomine o fogo, o lugar natural também é para o alto, pois o fogo arde sempre para o alto. Assim, o centro do mundo é a terra, depois vem a água, depois o ar, e por último o fogo, que constitui o ponto mais alto do mundo sublunar e a última esfera do sensível antes do início do mundo celeste ou das sete esferas de éter.

O mundo de Aristóteles tem a Terra como centro. Em grego, a Terra se diz *Gêa* e por isso o mundo aristotélico é geocêntrico. A Terra é uma esfera em repouso no centro do universo. À sua volta estão as sete esferas concêntricas dos sete céus, a última das quais, ou o Primeiro Céu, é formada pelas estrelas fixas, onde estão os seres mais perfeitos, diretamente voltados para o amor ao Primeiro Motor, e que não se movem nem mesmo circularmente. Cada esfera contém um astro ou um planeta e, com exceção da esfera fixa do Primeiro Céu, todas realizam um movimento de rotação à volta da Terra. No Sétimo Céu, que é o último (o mais próximo da Terra), estão o Sol e a Lua (considerados planetas), também imutáveis, mas cada qual com seu movimento circular próprio.

Como terra, água, ar, fogo e éter são a totalidade dos elementos-essências de todos os seres possíveis do universo, e como esses elementos-essências são lugares naturais de todas as coisas existentes, o mundo é todo feito de lugares naturais e elementos-essências. Disto se conclui que o mundo ou o cosmo:

1) é finito, isto é, tanto o número de elementos e lugares é finito como o mundo termina no Primeiro Céu das estrelas fixas, além do qual está o Primeiro Motor imaterial;

2) é pleno, isto é, totalmente ocupado pelas cinco essências e seus lugares naturais, de sorte que o vazio ou o vácuo não existe. Aristóteles irá marcar o Ocidente, até o século XVII, com a negação do vácuo (a frase célebre que permanece no pensamento científico ocidental é: "a natureza tem horror ao vazio"). As provas aristotélicas da inexistência do vácuo são: se houvesse vazio, não haveria movimento, pois no vácuo os seres permanecem em repouso; a expansão e contração dos corpos ou a condensação e rarefação da água e do ar não criam um vazio, pois o lugar deixado por uma matéria ou por um corpo é imediatamente preenchido por outro, uma vez que o lugar é apenas o limite do corpo continente e o contorno do corpo conteúdo, e não um espaço sem matéria;

3) é perfeito, pois nada lhe falta. É verdade que os seres sublunares são imperfeitos e buscam, pelo movimento, a perfeição de sua forma atualizada plenamente, mas o mundo, visto como um todo, contém toda a matéria e toda a forma de que necessita, não sendo senão perfeito;

4) é único, pois fora dos cinco elementos-essências e seus lugares naturais, não há outra coisa para fazer um outro mundo;

5) é eterno, pois se não o fosse, ou teria que vir do nada, mas, como já diziam os pré-socráticos, do nada, nada vem, ou teria que ser criado pelo Primeiro Motor, mas este, sendo ato puro, é completo, não carece de nada, não precisa de nada e não teria para que ou por que criar o mundo. Se criasse o mundo, o Primeiro Motor, isto é, Deus, seria um ser carente, precisando de alguma coisa e deixaria de ser Deus. Além disso, sendo perfeito, não iria criar uma coisa imperfeita e carente como a matéria; sendo ativo, não iria criar um ser passivo como a matéria. Uma causa é semelhante ao seu efeito, por isso Deus não pode ser causa material, formal e eficiente do mundo, mas só pode ser causa final transcendente que move sem tocar no movido. Não tendo vindo do nada e não tendo sido criado a partir do nada, o mundo é eterno.

O tempo (o "quando") existe no mundo para contar ou calcular o movimento, pois o tempo "são as partes do movimento". Assim como as coisas são o seu próprio lugar, também são seu próprio tempo, isto é, os instantes sucessivos. O mundo é eterno, o tempo é eterno (isto é, existe sempre) e as coisas que são no tempo é que são temporais ou em movimento. Como o tempo "é o número ou a medida do movimento", é contado como o *quantum* de instantes de que uma coisa precisa para realizar um dos quatro movimentos ou vários deles simultaneamente. Como o *quantum* é o instante específico de cada gênero ou espécie, para cada gênero ou espécie de ser haverá uma contagem diferente do tempo, pois o instante de cada um deles é diferente dos outros. O dia e a noite, por exemplo, são os instantes do Sol; nove meses é o instante do ovo para ser feto e para nascer um humano; etc. Portanto, o tempo, como o lugar, é algo qualitativo, pois varia com a qualidade do ser que está sendo medido.

Se meditarmos sobre esses aspectos do *kósmos*, perceberemos que neles um tema central é a finitude (do ponto de vista da qualidade, da quantidade, do lugar, do tempo e da finalidade). Ora, fomos acostumados pela tradição cristã a considerar o infinito mais perfeito do que o finito. Todavia, no pensamento antigo e particularmente no de Aristóteles, a avaliação do finito e do infinito é exatamente oposta à nossa. De fato, infinito é *ápeiron**, o que não tem *péras*, limite, contorno, definição. É indeterminado, impensável, indizível e, sobretudo, como indica o prefixo negativo *a*, é uma carência ou uma privação, pois é o *sem* começo, *sem* fim, *sem* forma, *sem* conteúdo, *sem* qualidade, *sem* quantidade, *sem* determinação e, por isso mesmo, o que *não* pode ser, *nem* ser dito *nem* pensado. Sob essa perspectiva, os antigos e Aristóteles consideram imperfeito o que é infinito e perfeito o que é finito, isto é, o que está completo e acabado. Aliás, a nossa palavra *infinito* é também uma palavra negativa e não positiva, indicando falta ou ausência de alguma coisa, pois deriva do latim *infinitus*, por oposição ao que tem definição ou está definido, o *definitus*, isto é, o *finitus*. E a nossa palavra *perfeição* vem do latim *perfectio*, derivada do verbo *perficere*, que significa completar, acabar, terminar o que havia para ser feito. É perfeito o que está acabado, completo e terminado, portanto, aquilo cujo fim está alcançado e definido.

Porque Aristóteles distingue os movimentos — natural e violento —, os lugares — para baixo, para cima, retilíneo, circular — e o instante — para cada gênero ou espécie, um tempo que lhe é próprio — é que se diz que a física ou filosofia da natureza aristotélica é qualitativa e não quantitativa, como será, a partir do século XVII, isto é, uma física em que cada tipo de ser natural possui leis que lhe são próprias e específicas.

"A natureza nada faz em vão": eis um dos lemas centrais da filosofia aristotélica. Isso significa que o acaso não pode ser colocado entre as causas e os princípios. Tudo é causal ou por necessidade, ou por finalidade ou por ambas. No entanto, o mundo ou cosmo comporta a presença do acaso ou a fortuna (*týkhe*) tanto pela escolha entre possíveis contrários, na ação deliberada dos seres humanos na *práxis* e na *poíesis*, como pela ação espontânea irracional da natureza. O exemplo do acaso na natureza é o surgimento ou a geração de monstros, que são definidos por Aristóteles como "a forma que se enganou de matéria ou a matéria que se enganou de forma".

O acaso ou fortuna, porém, como já dissemos, não é uma quinta causa, acrescida às quatro causas fundamentais do movimento, mas é uma "causa" em sentido fraco, que Aristóteles designa como *causa acidental* ou *por acidente*. Assim, por exemplo, uma pedra, ao cair, pode ferir um passante. Este ferimento é um acidente, mas a queda da pedra continua sendo necessária porque é de sua natureza realizar o movimento para baixo, o centro da Terra sendo sua finalidade. Um homem pode ir ao mercado para comprar hortaliças e ali encontrar um devedor que lhe paga a dívida; este pagamento é acidental, uma fortuna feliz, uma sorte. Um homem de temperamento sanguíneo, se estiver numa festa e alguém o provocar, poderá exaltar-se numa briga. Esta briga é um acidente, mas ela também aconteceu tanto por acidente (a pessoa que provocou a outra poderia não ter ido à festa; a pessoa provocada poderia ter usado sua vontade racional para não entrar na briga) como por necessidade ou por natureza (uma pessoa de temperamento sanguíneo está predisposta por natureza a se exaltar quando provocada). O acidente é o encontro de duas séries causais de acontecimentos necessários. Em outras palavras, cada série é perfeitamente necessária, mas o encontro delas é fortuito. É assim, por exemplo, que é necessário que uma pedra caia e que um homem ande, porém é por fortuna ou por acaso que uma pedra caia sobre a cabeça de um homem que está andando.

Aristóteles define o acaso ou fortuna (*týkhe*) como "a causa por acidente com relação a um fim". Não há acidente na causa material, na formal e na eficiente, mas apenas na causa final, pois o acidente, como vimos na metafísica, é um acontecimento e este, um encontro fortuito ou inesperado. A noção de acidente permite afirmar a existência do acaso sem negar a existência da causalidade. O acaso não é incausado, mas uma causa cujo fim é acidental, ou seja, meramente possível ou contingente. Assim, por exemplo, uma pessoa cava a terra para nela plantar uma semente e, por acaso, encontra um tesouro que ali estava escondido.

Embora os seres celestes sejam os mais perfeitos e superiores a todos os outros, Aristóteles considera o estudo da vida (*bíos**) o ponto mais alto e interessante da filosofia da natureza (certamente, sua origem numa família de médicos teve este efeito sobre seu pensamento), e algumas de suas contribuições à biologia permanecem até hoje, como a classificação dos seres vivos por gêneros e espécies (feita na *História dos animais*) e a própria ideia da vida como automovimento e trans-formação interna de um ser. Foi o primeiro a referir-se aos seres vivos como seres orgânicos, pois, como vimos, *órganon* significa instrumento, e Aristóteles considera as partes que compõem um ser vivo como seus órgãos, isto é, instrumentos para a conservação da vida. Não só isso. Um órgão define uma função e, no caso dos seres vivos, Aristóteles considera que conhecemos a essência quando somos capazes de determinar a função de cada uma das partes e do todo. Sabemos o que uma coisa é quando sabemos para que serve ou em vista do que ela age. São seres vivos: plantas, animais e humanos.

Todos os seres vivos têm, como os demais seres, matéria e forma; porém a forma dos seres vivos é algo muito especial: é o seu princípio vital. A forma ou princípio vital é a alma, *psykhé**. O corpo do ser vivo é um órgão feito de órgãos. Os órgãos são instrumentos do corpo, e o corpo é instrumento ou órgão da alma. A alma é, assim, a *entelékheia* do corpo, a forma ou substância formal do corpo.

A alma, sendo a forma ou a *entelékheia* do corpo, orienta e conduz a matéria dos seres vivos à realização de sua finalidade, isto é, à atualização de todas as suas potencialidades. Os seres vivos estão hierarquizados segundo graus de complexidade e de perfeição de sua finalidade. Os graus são definidos pelo número e qualidade de funções que os seres vivos realizam (essas funções são as almas que cada ser vivo possui).

No primeiro grau estão as plantas, dotadas de alma nutritiva e reprodutiva, sendo por isso capazes de nutrição e reprodução, concluindo nessas atividades sua finalidade primordial. Os animais possuem essas duas almas e mais duas: a alma locomotora e a alma sensitiva, sendo por isso dotados de locomoção e sensação, motivo pelo qual experimentam os sentimentos de prazer e dor e conhecem o desejo, *órexis**, isto é, o apetite pelo que é prazeroso. Os humanos, por fim, possuem as quatro primeiras almas e uma quinta, a alma racional, que os faz dotados de pensamento e vontade, por isso, neles, além do desejo como apetite irracional, há também o desejo racional, *boúleusis**, que se costuma traduzir por vontade. Há continuidade na escala vital natural, e cada gênero ou espécie superior deve possuir as almas dos inferiores, mais as que lhe são próprias, como se houvesse uma integração de cada grau inferior pelo superior. O mundo da vida é, como toda a natureza, um *kósmos* hierarquizado ou ordenado por graus de perfeição dos seres.

Aristóteles classifica os animais em quatro grandes gêneros, dois pelo modo de geração e reprodução (vivíparos e ovíparos) e dois pela presença ou ausência do sangue (sanguíneos e não sanguíneos). Do ponto de vista da geração existe, ainda, a classificação dos que são produzidos sem relação sexual (vermíparos). Apesar destas diferenças, todos os animais são compostos dos quatro elementos (ar, água, terra, fogo) e suas qualidades (frio, úmido, seco e quente), que se combinam e se distribuem em seus órgãos, embora a proporção dos elementos e de suas qualidades seja diferente em cada gênero e em cada um predomine um dos elementos sobre os outros. A carne (seja como epiderme, seja como músculo) é a sede da sensação do corpo inteiro e de cada órgão, isto é, a sede da alma sensitiva. A vida é uma forma de calor, e o portador do calor chama-se *pneûma** (como se vê, Aristóteles conserva a concepção médica das funções vitais como processos de cocção ou de cozimento). O *pneûma* introduz nos seres vivos a quinta-essência ou o quinto elemento, o éter, o sopro vital invisível e imperecível que o gerador passa ao gerado de mesmo gênero e de mesma espécie. O pai (a mãe é somente o receptáculo, para Aristóteles) gera a vida transmitindo o *pneûma*. A sede do calor vital é o órgão central de uma espécie. Nos animais sanguíneos, como os humanos, o *pneûma* se localiza no coração, sede da vida.

Por que o pai, e não a mãe, é o gerador ou o transmissor do *pneûma*? Por que o pai dá a progenitura, enquanto a mãe dá apenas o corpo? A explicação fisiológica de Aristóteles teve tamanha aceitação que foi transformada numa doutrina dogmática pela Igreja (durante a Idade Média) e, até hoje, fora dos círculos científicos, ainda é considerada verdadeira (em lugar de ser vista como consequência do modo como os homens da antiga Grécia consideravam a mulher). Qual é a explicação aristotélica? A vida é calor; para o *pneûma* ser transmitido, precisa ferver; ora, explica Aristóteles, o sexo da fêmea é frio e por isso ela não pode ferver o sangue para transmitir a vida, enquanto o sexo do macho é quente e capaz de esquentar o sangue para a transmissão do *pneûma* (vem daí a ideologia de que as mulheres são frias ou frígidas e que as prostitutas são uma espécie de monstro, porque, embora sejam mulheres, fervem sem procriar).

Embora isto seja uma regra geral para todos os sanguíneos e embora para todos os animais (sanguíneos ou não) a geração implique o mesmo desenvolvimento, isto é, o mesmo movimento para todos os seres (verme, ovo, estrutura orgânica, nascimento), cada gênero e cada espécie realiza de maneira diferente a reprodução, dependendo de sua forma orgânica, de seu hábitat, modo de vida, modo de locomoção e modo de geração. Na escala dos seres vivos, o ponto mais alto é o homem.[7]

OS HUMANOS: PSICOLOGIA E TEORIA DO CONHECIMENTO

A psicologia e a teoria do conhecimento aristotélicas estão expostas no *Da alma* (em grego, *Perì psykhês*; em latim, *De anima*). A teoria do conhecimento também está exposta no Livro I da *Metafísica*.

Que é a alma? No *De anima*, Aristóteles escreve:

> É necessário que a alma seja substância e forma de um corpo físico que tem a vida em potência; mas a substância como forma é ato [entelequia] e a alma, portanto, é o ato [entelequia] de um corpo que tem a vida em potência.

Como para Platão, também para Aristóteles a alma não é simples, mas complexa, pois possui uma pluralidade de funções e cada uma destas é designada como *psykhé*. Pelo número de funções e pela quantidade de operações que uma função é capaz de realizar, as almas estão hierarquizadas, cada grau superior da hierarquia pressupondo os graus inferiores, de sorte que, num processo de integração contínua, cada um inclui os anteriores e será incluído pelos posteriores:

• alma ou função nutritiva e reprodutiva, existente em todos os seres vivos ou animados; opera para conservar e reproduzir a vida; nessa função não há nenhum exercício de conhecimento;

• alma ou função sensitiva, existente somente nos animais e surgindo com diferentes capacidades à medida que se sobe na escala dos seres vivos. A ordem de aparição dessas capacidades é: tato, paladar, olfato, audição e visão. Essa alma ou função dá início ao conhecimento: a sensação (*aísthesis**). Além do conhecimento sensível ou sensorial, a alma sensitiva possui mais duas funções: a de sentir prazer e dor, e no homem, além do prazer e da dor, tem a função de imaginar e lembrar;

• alma ou função locomotora-apetitiva, existente nos animais dotados de sensação e memória: é o que faz buscar os objetos de prazer e fugir dos que causam dor, ou seja, realiza o movimento do apetite ou desejo; no homem, o apetite ou desejo refere-se não só à sensação, mas também à imaginação. Essa função apetitiva é considerada locomotora porque incita à mudança de lugar no corpo daquele que busca alguma coisa ou foge dela;

• alma ou função intelectual ou intelectiva, exclusiva do homem, responsável pelo conhecimento intelectual. Essa função subdivide-se em duas: intelecto passivo, quando o conhecimento depende dos objetos oferecidos pela sensação, pela memória, pela imaginação e pelo apetite; intelecto ativo, quando o conhecimento depende exclusivamente da atividade do próprio pensamento.

Nutrição, reprodução, sensação, imaginação, memória, apetite/desejo e pensamento são os movimentos próprios da alma, cada qual com sua finalidade própria e que, no homem, se reúnem numa única finalidade: realizar sua natureza ou sua forma humana enquanto ser racional. Todas as almas têm, enquanto movimento, funções vitais no duplo processo da vida, isto é, no crescimento e na depauperação vital. É essa dupla função que estabelece a continuidade e a hierarquia dos seres animados, pois, em cada grau, essa dupla função se realiza de modo cada vez mais perfeito e completo.

Convém observar que, sendo a alma *entelékheia* do corpo e o corpo sendo *órganon* da alma, ambos são inseparáveis, e o estudo da psicologia faz parte da filosofia da natureza e, nesta, faz parte da biologia. Isso não significa, porém, que a alma racional não possa ser estudada por si mesma, pois Aristóteles considera o pensamento separável da matéria e concebe o ato intelectual como expressão perfeita da alma racional. No entanto, diversamente de Platão, Aristóteles considera que, embora o pensamento e a sensação sejam diferentes, não são opostos, havendo continuidade de um para o outro e não a ruptura suposta por seu mestre.[8] Aliás, a sensação é o início de todo conhecimento e de determinação dos objetos de cada ciência, tanto assim que Aristóteles afirma que se um dos cinco sentidos do corpo humano desaparecesse, com ele desapareceria uma ciência inteira, isto é, aquela que trataria dos objetos trazidos pela experiência sensorial desse sentido.

SENSAÇÃO E IMAGINAÇÃO

Sensação é um ato. Pensamento também é um ato. A sensação é o ato dos sentidos; o pensamento, o ato do intelecto. A sensibilidade só existe atualizada na sensação; o intelecto só existe atualizado no pensamento. A sensibilidade é a potência para ter sensações e só existe enquanto a sensação é o ato de sentir. O intelecto é a potência para ter pensamento e só existe enquanto o pensamento é o ato de pensar. Os humanos são, portanto, potencialmente dotados de sensibilidade e intelectualidade. A esse respeito, Monique Canto-Sperber escreve:

> A contribuição notável da psicologia aristotélica diz respeito à análise da sensação. Esta, com efeito, dá um paradigma da maneira como Aristóteles define, em geral, as faculdades mentais, mostrando que sua atualização depende da identidade do ato no motor e no movido e da ideia de que existe um ato único e comum ao motor e ao móvel. Dessa maneira, Aristóteles encontra os meios para definir a relação entre uma causa física e um estado mental [...]. A concepção aristotélica da faculdade racional desenvolve o mesmo tipo de análise mostrando de que maneira a razão também requer a percepção e a imaginação. Ora, a percepção só é possível num corpo vivo dotado de alma, corpo capaz de se nutrir e de reproduzir. Na medida em que os diferentes poderes da alma se condicionam uns aos outros, sensibilidade e imaginação não são obstáculos ao conhecimento, mas mediações necessárias (M. Canto-Sperber, "Aristote", in M. Canto-Sperber, org., 1997, p. 373).

Como as potências de sentir e de pensar são atualizadas em seus atos? O que são a sensação e o pensamento? No *Da alma*, Aristóteles escreve:

> O sentido é a faculdade apta a receber as formas sensíveis sem a matéria, da mesma maneira que a cera recebe a impressão do anel sem o ferro ou o ouro [...]. O ato do sensível e o ato do sentido são um só e mesmo ato, embora seus conceitos não sejam os mesmos. Por exemplo, o caso do ato do som e o ato da audição [...]

quando passa ao ato o ser capaz de ouvir e que ressoa um objeto sonoro, então a audição em ato e o som em ato se produzem simultaneamente; diremos que há, de um lado, audição e, de outro, ressonância.

O sensível, isto é, o objeto externo que pode ser sentido, atuando ou agindo sobre os órgãos dos sentidos, atualiza a potência de sentir e causa a sensação, quando o sentido recebe a forma do sensível sem sua matéria.[9] Para que haja sensação é necessário, portanto, o sensível (ou a forma do sensível) e o sentido (ou a aptidão ou potência de sentir de um órgão corporal). Como a sensação é o ato do sensível sobre a potência dos sentidos, é preciso levar em consideração a pluralidade de formas do sensível, ou seja, que há sensíveis, no plural, pois deve haver uma semelhança entre o motor (o sensível em ato) e o movido (cada um dos sentidos). Aristóteles os classifica em três tipos:

1) Sensíveis próprios, isto é, aqueles que afetam de modo determinado um órgão sensorial específico. Assim, a cor age sobre a vista; o odor age sobre o olfato; o som age sobre a audição; o sabor age sobre o paladar; a textura dos objetos age sobre o tato. Os sensíveis próprios exprimem a diferença intrínseca entre as propriedades das coisas e a diferença intrínseca entre os cinco sentidos. Com eles, estamos no campo da discriminação e diferenciação das propriedades.

2) Sensíveis comuns, isto é, aquelas qualidades ou propriedades dos objetos sensíveis que não atuam sobre um único sentido ou que não são percebidas por apenas um dos cinco sentidos, mas como que por todos eles de uma só vez, como é o caso do movimento, do repouso, do número, da unidade, da figura, do tamanho, do tempo. Na verdade, os sensíveis comuns são percebidos por um sexto sentido, o sentido comum, que se encontra presente nos outros cinco e os faz perceber como uma só coisa aquilo que lhes vem por sensações diferentes em cada órgão ou aquilo que lhes vem simultaneamente por vários órgãos. O sentido comum é a unidade ou síntese dos cinco sentidos num sexto sentido que nos faz sentir a unidade da coisa sensível sob a multiplicidade das sensações próprias a cada um dos sentidos, ou seja, os sensíveis comuns e o sentido comum realizam a unificação sensorial da diversidade das sensações próprias a cada um dos cinco sentidos. São eles que nos permitem sentir uma coisa sob a multiplicidade das sensações próprias de cada sentido.

3) Sensíveis acidentais ou concomitantes, isto é, quando sentimos ou percebemos uma coisa pelos sentidos específicos e pelo sentido comum e ainda sabe-

mos algo mais sobre ela, algo que não está dado diretamente pela sensação. Por exemplo, percebo uma coisa de duas pernas, com um rosto, de cor branco-rosada, com duas mãos, correndo, sorrindo, e digo "estou vendo o filho de Cálias". É por acidente que a coisa percebida é o filho de Cálias, pois o que, por necessidade, estou percebendo são cores, figuras, tamanhos, movimento, número (de mãos ou pernas, no caso) etc.

A sensação não acontece ao acaso nem arbitrariamente, mas obedece a princípios necessários:

1) Para que um sensível afete um órgão do sentido é preciso que tenha uma certa intensidade, caso contrário não será sentido ou percebido (por isso não vemos a cor dos objetos minúsculos ou dos objetos muito distantes, nem ouvimos sons muito fracos etc.).

2) Um sensível é um composto de forma e matéria segunda, portanto, constituído por combinações de quente, frio, seco e úmido, por variações de quantidade, lugar, posição etc. É um princípio necessário da sensação que a proporção da combinação ou composição das propriedades contrárias num sensível não pode ser a mesma que a existente no órgão do sentido. Em outras palavras, para que um objeto seja sentido como quente ou frio, por exemplo, não pode estar numa combinação ou proporção de quente-frio igual à da mão, isto é, ambos não podem estar na mesma temperatura, mas um deles deve estar mais quente ou mais frio que o outro.

3) Todavia, a proporção de combinação dos contrários num sensível não pode ser excessivamente diferente da proporção dessa combinação no órgão do sentido, pois se a diferença entre ambos for muito elevada, o sensível não será sentido ou percebido e, pior do que isto, poderá destruir o órgão do sentido (excesso de luz cega; excesso de calor destrói o tato; excesso de som ensurdece etc.).

4) Os sentidos especiais (isto é, os que sentem um sensível próprio) precisam sempre de um meio ou de um intermediário para se atualizar (por exemplo, sem a mediação da luz, o olho não enxerga; sem a mediação da pele, o tato não sente; sem a mediação do ar, o ouvido não pode ouvir um som). O meio, porém, não pode ser um sensível próprio, mas deve ser transparente como a luz (para o olho), como o ar (para o som), como a pele (para o tato) etc. Isto é, na linguagem aristotélica, deve ser diáfano.

5) O sentido comum não apenas percebe os sensíveis comuns e os sensíveis acidentais, mas também percebe a própria sensação, sente a sensação. O senti-

do comum é o que me faz saber que vejo (não o próprio olho), que ouço (não o próprio ouvido), que toco (não o próprio tato) etc. O sentido comum, por ser a síntese ou unidade da multiplicidade de sensações e o conhecimento da sensação enquanto tal, é propriamente a *percepção*, isto é, o sabermos que temos uma sensação.

6) O sentido comum tem também a função de discriminar entre dois órgãos dos sentidos e seus sensíveis. De fato, a sensação é o ato do sensível sobre a potência do órgão sensorial e a operação que atualiza essa potência torna o sensível e a sensação idênticos. Por exemplo, vejo o branco, isto é, o que sinto em meus olhos é exatamente a mesma forma que o sensível colorido possui, ou seja, a sensação como ato único e comum do sensível e do órgão sensorial estabelece a identidade entre a forma do sensível e o que é sentido pelo órgão sensorial, pois este recebe a forma do sensível que o afeta. Ora, se tenho, agora, a sensação de um sensível como branco e, por alguma razão, logo a seguir, tenho a sensação do mesmo sensível como negro, a visão não pode saber que se trata de duas sensações do *mesmo* objeto, mas será experimentada como duas visões de dois sensíveis diferentes, pois uma visão é o ato do sensível branco sobre os olhos e a outra é o ato do sensível negro sobre os olhos. A visão discrimina dois atos, mas não pode, sozinha e por si mesma, saber que são dois atos causados pelo mesmo objeto ou unificar os dois atos de visão num só objeto sensível. A discriminação e a unificação dos atos de visão são feitas pelo sentido comum, que possui, de um lado, as noções comuns de brancura e negrura, e de outro, a capacidade de síntese, de sorte que pode nos fazer saber que se trata de uma sensação diferente (brancura e negrura) do mesmo sensível. Essas operações de discriminação, unificação e identificação são sempre realizadas pelo sentido comum, seja com respeito a um ou a vários órgãos dos sentidos. Isso significa que há sempre *conhecimento* e que esse conhecimento é *sensorial*, ou seja, é realizado no plano da própria sensação.

Vemos, assim, a distância entre Platão e Aristóteles, pois o primeiro não só não estudou a sensação, por julgá-la falsa e obstáculo ao pensamento, como também jamais admitiu, como Aristóteles admite, que haja um *saber sensível*. Este, para Aristóteles, possui duas características principais: é sempre verdadeiro e é uma *apercepção*. Em primeiro lugar, uma sensação é sempre verdadeira (mesmo quando tenho uma ilusão), pois o meu órgão do sentido reage sempre de modo certo e necessário ao sensível. A ilusão é o *juízo* que emito *sobre* uma sensação e decorre das condições em que o sensível afeta o sentido. Assim, por exemplo, posso julgar que vi fantasmas à noite, porém, durante o dia percebo que o que julguei serem fantasmas são galhos de árvores; mas ter visto formas distorcidas e em movimento foi uma sensação verdadeira, foi o que realmente vi. Enganei-me quando julguei minha sensação visual, dizendo que as formas móveis que via eram fantasmas. Em segundo lugar, a sensação, graças ao sentido comum, é um conhecimento, isto é, uma percepção em que sabemos que temos uma sensação. Em outras palavras, é uma *apercepção*, ou seja, consciência da sensação. E é exatamente o sentido comum, como função de síntese, que pode nos levar ao engano no momento de emitir um juízo sobre uma sensação. Esse engano, porém, não está na sensação mas numa outra faculdade mental, derivada dela ou derivada do sentido comum: a imaginação.

Imaginação (*phantasía**, da mesma família do verbo *phantázo* e *phainestai*, que significa aparecer) designa tanto um processo mental de fazer aparecer a imagem de uma coisa que foi percebida como designa a própria aparição dessa coisa aos meus sentidos. Ou seja, *phantasía* tanto pode ser um acontecimento inteiramente mental — faço aparecer em minha mente a imagem de uma coisa que percebi e que está ausente — como pode ser a operação de síntese feita pelo sentido comum para oferecer a imagem uma de uma coisa percebida numa multiplicidade simultânea de sensações específicas a cada órgão dos sentidos. É neste segundo caso que pode haver erro, engano ou ilusão, isto é, o sentido comum pode enganar-se ao oferecer a imagem uma da coisa multiplamente sentida. Ora, Aristóteles mostra que esse engano se deve, justamente, ao outro significado da imaginação como processo mental de fazer aparecer uma imagem de uma coisa ausente ou da qual não estamos tendo sensações. Em outras palavras, quando o processo mental que produz na mente uma imagem se confunde ou se embaralha com o processo de síntese da sensação numa imagem única do sentido comum, pode haver erro. Quando as duas funções da imaginação estão separadas, não há erro em nenhuma delas.

A imaginação entendida como sentido comum está diretamente ligada à sensação. Porém, a imaginação entendida como processo mental de fazer aparecer uma imagem está ligada à memória. É neste segundo significado que Aristóteles trata especificamente da imaginação, dizendo que a *phantasía* é o processo psíquico que acontece na ausência do objeto sensível. A imaginação não cria uma imagem, mas presentifica ou reproduz as imagens vindas da sensação, organizando-as e estabilizando-as.

Na sensação-percepção, a alma movimenta-se por intermédio do corpo, recolhendo as sensações; esse movimento da alma repercute nela mesma e no corpo, a percepção ou a sensação sendo conservadas ou permanecendo em estado potencial neles. Seja no sono, quando o corpo se libera das sensações, seja na memória ou reminiscência, quando a alma ativa potencialidades nela guardadas, a imaginação se realiza, atualizando o que estava em potência. No sono, a imaginação se realiza por meio do sonho; na memória, por meio da lembrança. A imaginação possui, portanto, quatro funções: 1) formar imagens persistentes das coisas, em contraste com as imagens efêmeras da sensação; 2) ativar a memória; 3) sonhar, quando o espírito, livre das exigências dos estímulos exteriores, pode examinar-se internamente por meio das imagens; e 4) suscitar e conservar o desejo.

De fato, a alma sensitiva ou função sensitiva permite a atualização da imaginação e da memória, ao lado do conhecimento; mas permite também a atualização do movimento do desejo ou do apetite, pelas sensações de prazer e dor. Essas duas modalidades de sensações desencadeiam no corpo e na alma dois movimentos diferentes. No corpo, o movimento de busca do prazer e fuga da dor é o apetite ou desejo (seja como um movimento suscitado no próprio interior da alma em direção a alguma coisa externa, em grego *órexis**, seja como um movimento ou impulso suscitado na alma por alguma coisa externa, em grego *hormé**), impulso natural para agarrar e possuir alguma coisa ou para afastá-la e destruí-la. Na alma racional ou na faculdade racional, e desejo não é um impulso apenas, mas é o movimento da deliberação e da escolha, é vontade ou desejo racional, *boulèsis*, uma tendência ou um movimento que não se dirige a qualquer fim ou a qualquer objeto, como o apetite, e sim a um objeto ou um fim determinado pela razão e que é um bem. O apetite e o desejo são movidos porque há uma carência, uma falta a ser preenchida — algo no interior do próprio ser o leva a mover-se — e aquilo que os preencherá é o motor que os move: é o objeto apetecido ou desejado oferecido pela imaginação, seja orientada apenas pela sensação (apetite), seja orientada pela razão (vontade).

A imaginação tem, assim, um papel intermediário fundamental, pois é ela que, por meio das imagens (atuais ou lembradas), estabelece uma ponte entre a função sensitiva e a função racional, ou entre a sensação e a razão. Também é ela que estabelece a ponte entre o apetite/desejo (sensível) e a vontade (racional). Os objetos da vontade racional (no desejo) e os objetos da razão (no pensamento) são, antes de quaisquer outros, as imagens trazidas pela *phantasía*. "A alma nunca pensa sem uma imagem", afirma Aristóteles.

O PENSAMENTO

Os seres humanos são seres racionais dotados de linguagem. Vimos, em capítulos anteriores e no estudo da lógica e da metafísica aristotélicas, que para os pensadores gregos linguagem e pensamento são inseparáveis e que essa unidade se exprime na palavra *lógos*, que significa ao mesmo tempo discurso e pensamento. Não foi por acaso, aliás, que os editores mais antigos da obra de Aristóteles denominaram "lógica" os escritos em que o estudo das formas do pensamento é também um estudo das formas da linguagem. Para Aristóteles, os humanos não são simplesmente dotados de voz (*phóne*), pois dela também são dotados muitos animais, e sim dotados de linguagem, isto é, não só são capazes de se comunicar (como a maioria dos animais), mas também de exprimir uns para os outros significados, opiniões, valores e ideias. A linguagem é, por assim dizer, o corpo do pensamento, sua manifestação visível e sua dimensão comunitária. Por esse motivo, Aristóteles considera que aquele que não consegue ouvir e responder, argumentar e compreender, ensinar e aprender, participar de um diálogo é *álogos*, isto é, ou é desprovido de razão ou está desprovido dela e é louco.

Como examinamos vários aspectos da linguagem ao estudarmos a lógica, aqui vamos ocupar-nos com o pensamento sem fazer uma referência direta à linguagem.

Para compreendermos a concepção aristotélica da função intelectual, devemos fazer algumas observações preliminares.

O intelecto, exatamente como a sensação, recebe ou capta apenas a forma do objeto e não sua matéria. Ou seja, o que o olho vê é uma cor, o que o ouvido ouve é um som, o que o tato sente é uma rugosidade ou lisura. Quando vejo uma rosa, o que afeta meus olhos não é sua materialidade, mas sua forma (sua cor, sua figura, seu tamanho), meu olfato sente o seu perfume, meus dedos sentem o macio de suas pétalas, mas a rosa, com sua materialidade, permanece fora de mim, um outro ser, diferente do meu. Assim também se passa com as ideias das coisas: o intelecto apreende a forma intelectual delas, isto é, seu significado, seu conceito, mas não a materialidade em que podem estar inscritas (como é o caso, por exemplo, das ideias matemáticas). O motivo para isto é ontológico, ou seja, se conhecer (pela sensação ou pelo intelecto) é um ato capaz de apreender o ato da coisa conhecida ou aquilo que ela é, então, conhecer é captar a forma atual da coisa. Além disso, as relações de causalidade, como já vimos ao falarmos da geração dos seres, só são possíveis entre os semelhantes e, assim sendo, o semelhante conhece o semelhante. Como conhecer é um ato, sua causa também é um ato e somente as formas são atos. Isso significa que, na sensação, por exemplo, é porque a vista e o visível possuem semelhança (são seres luminosos ou iluminados) que a visão é possível; assim também, no pensamento, deve haver semelhança entre o pensante e o pensado. Ou seja, o pensamento é o ato comum do intelecto e do inteligível, exatamente como a sensação é o ato comum do sensível e do sentido. O pensante (o intelecto) é um ato e o pensado (o inteligível, a ideia) também deve ser um ato, isto é, uma forma. Essa forma é, inicialmente, a imagem mental oferecida ao intelecto para que nela atualize a forma inteligível, isto é, a ideia ou o conceito das coisas de que a imagem é a forma sensível.

No entanto, há algumas diferenças de natureza entre a sensação e o intelecto, pois, caso contrário, seriam uma única função da alma. Antes de mais nada, Aristóteles afirma que o órgão do sentido não perdura sem o corpo, mas que o intelecto perdura sem o corpo. Disso provém uma segunda diferença entre ambos: as sensações podem enfraquecer-se e mesmo desaparecer com a velhice ou com a doença de algum órgão, mas nenhum acontecimento corporal afeta a função intelectual. Ou, como diz Aristóteles, sentir, lembrar, amar, odiar e raciocinar não são afecções do intelecto e sim do sujeito que possui intelecto, de sorte que, desaparecido o sujeito, essas afecções desaparecem, mas não desaparece o intelecto.

Qual a consequência dessas duas diferenças? Embora seja o ato de sentir e embora realize a atividade do sentido comum, a sensação tem um fundo sempre passivo porque depende do ato do sensível sobre a potência do órgão do sentido. Sentir é uma passividade tanto quanto uma atividade: é uma ação como ato dos sentidos e do sentido comum; mas é uma passividade porque cada sentido e o sentido comum precisam receber de fora a forma externa dos sensíveis, que é o motor do movimento ou o impulso para a atualização sensorial. O intelecto é mais do que isto. Embora, como a sensação, comece como misto de atividade e passividade, é capaz de atividade pura, realizando-se sem a intervenção do corpo e de qualquer função corporal. Entretanto, a concepção do intelecto como pura atividade ou como ato puro é problemática, pois Aristóteles considera que todo conhecimento se inicia na sensação e que sem esta não há conhecimento possível. Em outras palavras, o problema consiste em saber como o intelecto pode ser um puro ato se depende da sensação, portanto, de um objeto externo que o afete e o atualize. Como evitar dizer que o intelecto é sempre passivo? Ou que, como a sensação, a intelecção tem um aspecto passivo e um outro, ativo, mas que essa atividade não se desvincula de um fundo de passividade porque o objeto a ser pensado é trazido ao intelecto e o afeta ou age sobre ele?

É este o centro e o problema maior da psicologia e da teoria do conhecimento de Aristóteles.

Se considerarmos as funções psíquicas, diremos que há três: sensibilidade (sensação, memória e imaginação), que conhece a forma do sensível; intelecção, que conhece a forma inteligível potencialmente contida na forma do sensível; e intuição intelectual (*noûs*), que conhece imediata e diretamente formas inteligíveis, sem passar pela mediação da sensibilidade ou das formas sensíveis. É ela que é inteiramente ativa.

Vimos, pela lógica, que o pensamento possui leis próprias, independentemente do conteúdo pensado. Vimos, ali, que o pensamento é capaz de tornar-se objeto para si mesmo, analisando-se a si mesmo, conhecendo suas próprias formas. Vimos, também, quais são as maneiras pelas quais o pensamento pensa: categorias, proposições, juízos, silogismos, definições, conceitos. Vimos que, na metafísica, os conteúdos que preenchem as categorias, as proposições, os juízos, os silogismos, as definições e os conceitos, são "o ser enquanto ser" e vimos que, na física, o conteúdo pensado são os seres "enquanto tem em si mesmos a causa do movimento". Ora, todas essas maneiras de pensar e todos esses conteúdos pensados não nos vieram diretamente das sensações, nem nos foram dados por um mundo inteligível de ideias. Como chegamos aos conceitos ou ideias da lógica, da metafísica, da física, da psicologia? Se examinarmos como se dá o conhecimento matemático teremos uma primeira resposta. Na matemática, o pensamento opera com figuras, proporções, harmonias que só existem inscritas nos seres materiais, mas ali estão em potência, só se atualizando quando são abstraídas pelo ato do intelecto, que as separa da materialidade e as pensa sem ela, como entidades separadas ou independentes, imóveis e incorruptíveis. Nossa pergunta pode, então, ser, em parte, respondida por meio dessa analogia com a matemática: assim como os seres matemáticos são formas inteligíveis potencialmente contidas nos seres materiais e atualizadas pelo intelecto que as separa da matéria, assim também as sensações e as imagens contêm potencialmente as ideias ou os conceitos, ou formas inteligíveis, que o intelecto atualiza. Dessa maneira, todo conhecimento começa na sensação e torna-se independente dela à medida que o intelecto passa a operar apenas com as formas inteligíveis. Todavia, isso ainda não nos explica como é possível a intuição intelectual. De fato, a resposta acima nos diz como o intelecto opera a partir da sensação ou da imaginação, mas não nos diz como ele pode conhecer direta e imediatamente ideias que não lhe são apresentadas a partir das formas sensíveis, e essas ideias são da maior relevância, pois constituem o conteúdo dos primeiros princípios e das primeiras causas, condições de toda ciência, e algumas delas se referem ao divino ou às coisas divinas, desprovidas de matéria e das quais não se pode ter sensação. Nosso problema é duplo: por um lado, o de como o intelecto, cujo ato é atualizado pelas formas dos sensíveis, pode também ser atualizado por outra coisa que não a sensação (e isso numa filosofia que não admite um mundo inteligível em que os inteligíveis seriam realidades em si que agiriam sobre o intelecto); por outro, o de saber o que Aristóteles entende por intelecto ativo, que não recebe seus objetos nem de fora nem de outra função ou faculdade psíquica. Recomecemos, portanto. Um ser só passa da potência ao ato pela ação de um outro ser em ato. Assim, sem o Ato Puro ou Primeiro Motor, o universo inteiro não se moveria, não buscaria atualizar-se; sem o carpinteiro, a árvore nunca se atualizaria em mesa; sem o médico, o doente não recuperaria a saúde; sem o macho e a fêmea, a semente nunca germinaria. Da mesma maneira, no conhecimento, a sensibilidade é o ato que atualiza a potencialidade da razão, fazendo-a pensar; mas também o intelecto atualiza na sensibilidade os inteligíveis no sensível. Um ato só atualiza outro de duas maneiras: ou porque é a causa material, formal e eficiente desse segundo ato (os dois atos são de mesma natureza) ou porque é a causa final desse outro ato. Neste segundo caso, os dois atos ou são de mesma natureza (como na *práxis*, em que a ação e o fim da ação são de mesma natureza) ou não precisam ser de mesma natureza (como na *poíesis*, em que o artesão e o artefato não são de mesma natureza), mas, neste segundo caso, deve haver no ser potencial alguma coisa que o torne apto a realizar a finalidade externa que lhe está sendo dada. No caso do conhecimento intelectual, porque é da natureza da alma racional conhecer, o ato de conhecimento pode ter como finalidade ou término o ato do próprio pensamento, de sorte que a causa final é a forma do próprio pensamento. Enquanto conhecimento, a sensação é o ato que finaliza a relação entre um sensível e um sentido, ou entre um sensível e o sentido comum; da mesma maneira, o pensamento é o ato que finaliza a relação do intelecto com o inteligível. Como atos cognitivos, sensação e intelecção são completos ou finais, são aquilo em vista do que há atualização. É preciso, então, distinguir dois aspectos na função intelectual: seu aspecto passivo, quando recebe as formas apreendidas pela sensação, e seu aspecto ativo, quando atualiza nas formas sensíveis as puras formas inteligíveis (como o matemático que separa da forma sensível de um círculo a pura ideia geométrica do círculo). Assim, o intelecto passivo precisa da sensibilidade para atualizar-se; e o que há de comum ou de semelhante entre a sensibilidade e o intelecto passivo é a *forma* do sensível que o intelecto capta como contendo potencialmente uma forma inteligível, a qual somente o próprio intelecto, agora ativo, pode atualizar. A sensação é, portanto, a ocasião para que o intelecto passivo receba uma forma e se atualize como intelecto, devendo, a seguir, ser o ato que atualiza a forma inteligível contida potencialmente na forma do sensível. É este o primeiro sentido de *intelecto ativo*. Resta porém o outro sentido, no qual a atividade intelectual não está articulada à sensação.

Chegados a esse ponto, vemos que nosso problema ressurge: qual é o ato que atualiza nosso *intelecto ativo*, isto é, quem ou o que atualiza aquela parte do intelecto que opera sem qualquer referência à sensibilidade? Mas não só isso. A expressão intelecto ativo parece empregada por Aristóteles para significar um intelecto sempre em ato, pois, do contrário, seria uma potencialidade que algum outro ato atualizaria. Ou seja, em muitos textos, o filósofo dá a entender que o intelecto ativo não é apenas aquele que realiza o ato em que são atualizadas as formas inteligíveis contidas nas formas sensíveis (isto é, aquele que encontra as ideias universais e as essências que estão potencialmente contidas nas imagens gerais das coisas, formadas na imaginação), mas é sobretudo aquele que conhece por intuição direta os princípios, as causas e as coisas divinas imateriais, ou seja, aquele que conhece puras ideias. Portanto, cabe perguntar: o que é e onde está esse intelecto inteiramente atual ou ativo? E não podemos responder que ele é o Primeiro Motor Imóvel ou que está no deus porque Aristóteles não admite nenhuma relação causal entre o divino e o humano que nos permitisse supor que o deus nos transmitiria o conhecimento das verdades primeiras agindo sobre nosso intelecto, mesmo porque, se o deus agisse sobre nós, teria que agir sobre uma potencialidade nossa e, neste caso, teríamos que dizer que os humanos só possuem intelecto passivo que pode ser atualizado ou pelas formas sensíveis ou pelos inteligíveis enviados pelo deus, e por isso mesmo não têm nenhum intelecto propriamente ativo ou sempre ativo.

Todos os comentadores da filosofia de Aristóteles reconhecem ser este um problema ao qual o filósofo não deu uma resposta satisfatória, sendo por isso uma aporia autêntica, que vinte e quatro séculos de comentários não puderam solucionar.

Vejamos o texto do *De anima* que se encontra na origem dessa aporia e que esteve subentendido por nós até aqui:

> Visto que em toda a natureza existe algo que é matéria e próprio desse gênero de coisas (e é isso que é em potência em todas as coisas), e algo que é causa eficiente porque produz todas as coisas [...], é necessário que na alma também existam essas diferenças. Há, pois, um intelecto potencial, na medida em que se converte em todas as coisas, e um intelecto ativo, na medida em que as produz todas e que é uma espécie de estado semelhante ao da luz: em certo sentido, também esta converte as cores em potência em cores em ato. E esse intelecto está separado, é impassível e sem composição, e possui uma essência intacta: o agente é sempre superior ao paciente e o princípio é superior à matéria [...]. Separado [da matéria] é unicamente aquilo que é, e somente isso é imortal e eterno.

Por que a colocação de Aristóteles é aporética? Onde está a aporia? Ela se encontra em pelo menos três aspectos.

Em primeiro lugar, se o intelecto ativo é aquela parte da alma humana racional que é um ato sem potencialidades (caso contrário, seria intelecto passivo), como pode haver um ato puro no mundo sublunar, isto é, no mundo dos compostos de matéria forma, como é o caso dos humanos?

Em segundo, admitir duas partes ou duas faces para o intelecto (uma passiva e outra ativa) seria supor que o intelecto é um composto, mas Aristóteles diz textualmente que o intelecto ativo é sem composição e impassível, e sabemos que somente os seres materiais são compostos e que o intelecto é imaterial. Como um ser imaterial poderia ser composto de uma parte passiva e outra ativa?

Em terceiro, se o intelecto ativo é puro ato, não poderia ser alma de um corpo, pois o corpo é sempre potencialidade e, neste caso, teríamos que admitir que a parte imaterial e imortal do intelecto é justamente aquela que não nos pertence e que, enquanto humanos, somos mortais de corpo e alma. No entanto, o texto do *De anima* que citamos acima parece sugerir essa conclusão, pois distingue o sujeito mortal (que tem afecções) e o intelecto imortal (que é possuído por esse sujeito, mas não sofre as suas afecções), de tal maneira que a parte imortal da alma não nos cabe, pois somos o sujeito composto mortal. Mas, por outro lado, se o intelecto ativo não nos pertencer enquanto função de nossa alma, então, não poderemos compreender a afirmação do início do texto do *De anima* de que a distinção entre potência e ato deve existir na alma humana por ser uma distinção existente em todos os seres da natureza. Assim, ou o intelecto inteiramente separado do sensível, eterno, impassível e imortal é o intelecto divino e não o humano, ou, como sugere uma outra passagem do *De anima*, ele é humano, mas possui "algo mais divino".

Tomando essa última passagem aristotélica, na tentativa de resolver a aporia, a helenista Monique Canto-Sperber propõe a introdução de dois elementos, um vindo da psicologia, e outro, da filosofia primeira. A psicologia aristotélica sublinha a importância de um ponto fixo para o movimento, pois não pode haver movimento se não houver um ponto imóvel no qual o movimento se inicia e um outro, também imóvel, no qual o movimento termina. Assim como para os seres físicos, em geral, a imobilidade do centro da Terra e a imobilidade da última esfera dos astros são pontos de referência dos movimentos, e, na psicologia, a alma é o ponto fixo do movimento do corpo, enquanto o ponto fixo do movimento anímico ou psíquico é o Primeiro Motor Imóvel, situado fora da natureza. E não precisamos supor uma relação causal direta entre ambos porque o Primeiro Motor, na qualidade de causa final, pode simplesmente agir à distância, sem nos tocar, uma vez que a causa que precisa do contato direto é a causa eficiente. A alma deseja o desejável, isto é, deseja a imobilidade do ato puro e é esse desejo que a movimenta da sensação à intelecção. Dessa maneira, como já vimos ao falar da filosofia como imitação do divino, a contemplação ou especulação, na qual intelecto e inteligível são um só e mesmo ato, emula ou imita a atualidade imóvel da inteligência divina. O intelecto em ato (humano) é a razão teorética, na qual não há diferença entre pensamento e pensado.

Essa explicação, no entanto, se nos diz por que o intelecto aspira à atividade pura e à imobilidade, contudo não nos diz de que maneira isso se realiza. Ou melhor, ela nos explica como e por que o Primeiro Motor é inteligência pura ou inteiramente ativa, mas não por que nós humanos temos um intelecto em ato, capaz de conhecer diretamente as verdades primeiras sem a mediação sensorial.

Queremos ainda propor mais uma observação que, de certa maneira, nos impede de aceitar sem restrições a explicação de Canto-Sperber.

No texto do *De anima*, Aristóteles compara o intelecto ativo e o ato da luz (esta converte todas as cores potenciais em cores atuais). No pensamento de Aristóteles, a luz é e está sempre em ato (uma luz em potência não é luz, é treva). Isso lhe permite distinguir a luz e a coisa luminosa ou iluminada, ou seja, a coisa cuja potencialidade colorida foi atualizada. Vimos também que a sensação visual só pode se atualizar se a forma do visível atualizar a potência da visão e que isso só pode acontecer se a forma visível for atualizada pela luz. Assim sendo, não vemos a luz e sim o iluminado ou o luminoso — distinção que o latim dos pensadores medievais consagrará como a diferença entre *lux* (a luz ou fonte luminosa que faz ver) e *lúmen* (a coisa iluminada que pode ser vista). Sob essa perspectiva, o que o texto do *De anima* parece propor é que a diferença entre intelecto ativo e intelecto passivo é a mesma entre *lux* e *lúmen*, entre o ato luminoso, que faz pensar, e a forma iluminada, que pode ser pensada, e que a diferença entre sensação e intelecção estaria no fato de que, na primeira, a forma iluminada é exterior ao olho, enquanto na segunda é interior ao próprio intelecto, pois o que recebe a luz é o intelecto passivo o qual, iluminado pela luz do intelecto ativo pode pensar o que é puramente intelectual ou o que é puramente inteligível. Essa observação não supera nenhuma das aporias assinaladas acima, porém permite, pelo menos, compreender por que Aristóteles sublinha, por um lado, a diferença entre a atualização sensorial e a intelectual, e, por outro, concebe o intelecto ativo como separado das funções corporais e, sob este aspecto, como "algo mais divino". Além disso, se nos recordarmos do sentido platônico da analogia entre a luz e o inteligível, a diferença entre Aristóteles e Platão também se comprova aqui, uma vez que, em termos aristotélicos, a luz não é a Ideia e sim o próprio intelecto.

Essa aporia explica, por exemplo, o chamado "averroísmo", isto é, a interpretação dada pelo filósofo medieval árabe Averróis ao problema, afirmando que o intelecto ativo é um intelecto universal (como a luz) e que o intelecto passivo é individual ou singular, uma função da alma de certos seres naturais dotados de corpo e vida. Dessa maneira, quando Aristóteles fala no "divino em nós" não estaria afirmando que *temos* um intelecto ativo, imortal ou eterno, e sim que *recebemos* uma iluminação vinda do intelecto ativo e que essa iluminação é o "divino em nós". Isso significa também que somos seres inteiramente mortais, nossa alma desaparecendo quando desaparece aquilo de que ela é o *órganon*. Eis por que o "averroísmo" foi considerado uma heresia pelos teólogos da Igreja Católica Romana.

Dificuldades ou aporias como estas são frequentes (com outros conteúdos e para outras questões) na filosofia. Longe de invalidar o esforço dos filósofos, são elas que fazem a filosofia possuir uma história, na qual cada filósofo, como diz Aristóteles na *Metafísica*, tenta resolver as aporias que lhe foram deixadas pelos predecessores. O problema deixado por Platão era o de saber como o inteligível pode explicar o sensível. Aristóteles resolveu este problema, mas deixou um outro que os filósofos seguintes terão que resolver.

Graficamente, a psicologia e a teoria do conhecimento de Aristóteles podem ser representadas da seguinte maneira:

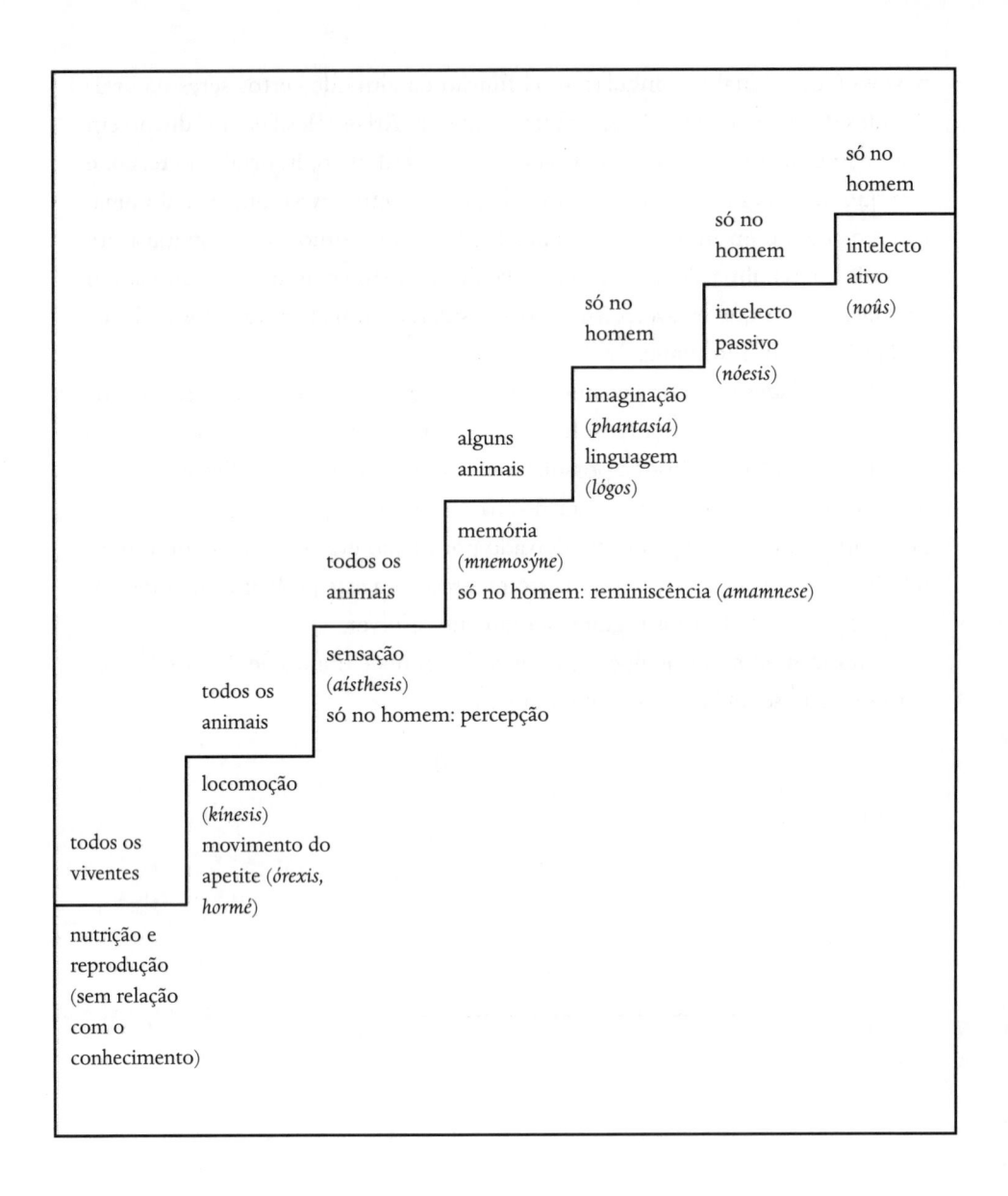

						só no homem
					só no homem	intelecto ativo (*noûs*)
				só no homem	intelecto passivo (*nóesis*)	
			alguns animais	imaginação (*phantasía*) linguagem (*lógos*)		
		todos os animais	memória (*mnemosýne*) só no homem: reminiscência (*amamnese*)			
	todos os animais	sensação (*aísthesis*) só no homem: percepção				
todos os viventes	locomoção (*kínesis*) movimento do apetite (*órexis, hormé*)					
nutrição e reprodução (sem relação com o conhecimento)						

A TEORIA DO CONHECIMENTO

Se reunirmos os ensinamentos aristotélicos contidos na lógica, na psicologia e na abertura da metafísica, veremos que a teoria do conhecimento deve responder a algumas questões fundamentais: qual a relação ou diferença entre sensação e ciência, qual a relação ou diferença entre o início do conhecimento e o início da ciência, e como se dá a aquisição de conhecimentos? A primeira questão consiste em compreender tanto por que a sensação é condição da ciência como a diferença entre o conhecimento sensível dos particulares e o conhecimento inteligível dos universais, uma vez que só há ciência do universal. A segunda consiste na distinção aristotélica entre o que é primeiro para nós e o que é primeiro na ciência, isto é, a diferença entre o início do conhecimento por meio das sensações e o início de uma ciência por meio de princípios e axiomas, uma vez que a ciência é conhecimento dos princípios e das causas e por meio dos princípios e das causas. A terceira consiste em determinar quais as qualidades e disposições psíquicas que permitem a alguém passar da ignorância ao estado de saber, uma vez que o desejo de saber é natural em todos os humanos.

Compreenderemos as respostas de Aristóteles a essas questões se observarmos que sua teoria do conhecimento possui três características principais:

1) Procura os instrumentos que permitam conhecer as coisas particulares, pois são elas a única e verdadeira realidade, ainda que para conhecê-las tenhamos que passar pelo universal (o ser, a substância, a essência, o movimento, as quatro causas etc.). A passagem pela definição e pelo conceito, pelo universal necessário, visa alcançar o conhecimento do particular, pois só este existe realmente. Não podemos ter ciência de Sócrates ou Cálias, mas é para conhecê-los que precisamos ter a ciência do homem.

2) Baseia-se na ideia de que o mundo é uma totalidade hierarquicamente organizada e racional que pode ser conhecida graças a certos princípios válidos tanto para as coisas como para o pensamento, tais como o princípio de contradição, de identidade, do terceiro excluído, ou os princípios de classificação dos seres por gêneros e espécies segundo a diferença específica, e os três grandes pares de conceitos da metafísica e da física, quais sejam, matéria-forma, potência-ato, essência-acidente. Somos seres naturais aos quais é possível, pelo lugar que ocupamos na escala do *kósmos*, conhecer a realidade sob todos os seus aspectos.

3) Admite uma solidariedade natural entre coisas (a unidade de cada ser),

conceitos que delas formamos (o inteligível presente em cada sensível) e discursos nos quais as exprimimos (a lógica). A afirmação constante de Aristóteles de que o ser se diz de muitas maneiras exprime essa articulação interna entre realidade, pensamento e linguagem, articulação que o leva a definir o verdadeiro e o falso conforme o juízo una ou separe o que realmente está unido ou separado (verdadeiro) ou separe e una o que está unido ou separado na realidade (falsidade). É a solidariedade interna ou a articulação necessária entre os seres, os pensamentos e os discursos que nos permitem conhecer e comunicar a realidade, pois o verdadeiro saber ou a ciência, insiste Aristóteles, é o que pode ser ensinado ou transmitido e só o pode porque pode ser demonstrado segundo regras e normas comuns ao pensamento, à linguagem e à realidade.

Conhecer é reunir os componentes de uma coisa singular, ou de uma substância real, unir os semelhantes e separar os discordantes, para formar o conceito ou a definição dessa coisa singular. Para isto, começamos com os dados dispersos da experiência — a sensação —, passamos a uma primeira síntese desses dados empíricos — o sentido comum e a imaginação auxiliada pela memória — e chegamos a uma primeira unidade racional que nos oferece os atributos ou predicados essenciais e acidentais desta coisa — a razão. O percurso do conhecimento é, portanto, o caminho que vai das sensações às imagens e percepções, destas às palavras, e destas aos conceitos, juízos, proposições e silogismos. Todavia, esse é o percurso "segundo nós", isto é, conforme às nossas disposições e potencialidades psíquicas que nos fazem começar na sensação e terminar na demonstração. Não é este, porém, o percurso "segundo as coisas", isto é, de acordo com a ciência, pois esta deve começar com os princípios universais, conhecidos por intuição intelectual. Assim, a razão, operando com princípios, axiomas, definições e demonstrações, formula juízos sobre as coisas, tomadas numa unidade superior que é a dos gêneros e espécies, por meio dos quais voltamos à coisa singular, mas desta vez tendo o seu conceito verdadeiro.

Nas duas pontas do conhecimento. isto é, na sensação e na intuição intelectual (*noûs*), nunca há erro e falsidade, somente verdade, pois o erro, como vimos, é um fato do juízo, quando reunimos em ideia o que está separado na realidade ou quando separamos em ideia o que está reunido na realidade. Na sensação e na intuição intelectual não formulamos juízos, mas temos o contato direto com a própria coisa (na sensação, temos o contato direto com suas propriedades sensíveis; na intuição intelectual, com suas propriedades inteligíveis). Entre a sensação e a intuição, realiza-se a ciência (demonstração causal) como inferência de uma conclusão a partir dos dados abstraídos das sensações e fundada nos princípios conhecidos por intuição.

O conhecimento cresce em qualidade, quantidade e complexidade à medida que avança dos objetos muito simples aos muito complexos, abstrai os acidentes para recolher as essências, generaliza os casos individuais para obter um universal genérico ou específico, formula os juízos ou predicações por meio da inserção dos novos casos individuais nos gêneros e nas espécies e realiza cada um desses procedimentos sob a orientação das normas lógicas de cada ciência.

Resta-nos, por fim, considerar o processo de aquisição do conhecimento. No início do processo, somos como um pedaço de cera ao qual não foi dada forma e no qual nada foi gravado (somos uma "tábula rasa"), e conhecer é apenas a potencialidade de nossa alma — somos seres sensíveis em potência e seres intelectuais em potência. As coisas sensíveis atualizam nossa sensibilidade e passamos ao ato da sensação; as imagens mentais atualizam nosso intelecto e passamos ao ato da intelecção. Assim, apoiando-se na experiência, nossa razão realiza nossa natureza, pois, como lemos na abertura da *Metafísica*, somos seres que, por natureza, desejam saber. Este, de acordo com o *Da alma*, deve ser entendido em três sentidos: 1) como pura potência ou aptidão para conhecer, ligada à natureza humana; 2) como aptidão determinada para um certo conhecimento, ou seja, a modificação de uma aptidão geral num hábito determinado, adquirido por aprendizado; e 3) como exercício efetivo ou ato de saber. O exemplo oferecido por Aristóteles é o da leitura: temos a potencialidade de ler; adquirimos a capacidade ou hábito de ler, por aprendizado; e quando compreendemos a forma e o sentido dos signos escritos estamos na posse da ciência da leitura ou somos leitores em ato.

Esse triplo sentido do saber assinala algo de grande importância, ou seja, que a passagem da sensação e da imaginação para a intelecção não se dá espontaneamente e sim por aprendizado. Por sua vez, o lugar conferido à aprendizagem possui dois significados: em primeiro lugar, significa que a ciência é a aquisição de um hábito, ou seja, é a passagem de uma aptidão (potencial) a uma disposição (atual); em segundo, que essa aquisição só é possível porque uma característica fundamental da ciência é justamente o poder ser ensinada ou transmitida.

A ÉTICA E O JUSTO MEIO

Aristóteles é o criador da filosofia prática. Não que antes dele as questões éticas não houvessem sido discutidas e tratadas, pois vimos que são elas o centro da preocupação de Protágoras e da filosofia socrático-platônica. Todavia, Protágoras supusera que a ética é uma técnica e Platão, opondo-se ao sofista, a concebera como parte integrante da vida contemplativa, portanto como um saber teorético de mesmo tipo que a ontologia ou a matemática. Aristóteles é o fundador da filosofia prática porque demarcou o campo da ação humana e distinguiu, pelo método e pelo conteúdo, o saber prático e a técnica fabricadora, assim como o saber teorético e o prático.

A ética é uma ciência prática ou uma ciência da *práxis* humana, isto é, um saber que tem por objeto a ação. Difere, portanto, da metafísica ou filosofia primeira e da física ou filosofia da natureza, que são ciências teoréticas, ciências que não criam seus objetos, mas apenas os contemplam. No entanto, há um ponto comum entre a ética e as ciências teoréticas, uma vez que o homem é um ser natural que segue os princípios e as causas de acordo com a *phýsis*: como tudo na natureza, o homem age tendo em vista um fim ou uma finalidade e, portanto, ao agir, atualiza potências para realizar plenamente sua forma. Em outras palavras, embora a *práxis* seja objeto de um saber prático, seu pressuposto é a natureza humana tal como a metafísica, a física e a psicologia a conhecem.

Na abertura da *Ética a Nicômaco*, como vimos, Aristóteles escreve:

> Toda arte (*tékhne*) e todo procedimento (*méthodos*), assim como toda ação (*práxis*) e toda escolha (*proaíresis**) tendem para algum bem, segundo a opinião geral. Por isso declara-se, com razão, que o bem é aquilo para o que todas as coisas tendem. Mas há uma diferença entre os fins: alguns consistem em atividades; outros, em obras distintas das próprias atividades.

Temos aqui a distinção entre as ciências práticas e as produtivas, isto é, as atividades que possuem nelas mesmas os seus fins (a ética e a política) e aquelas cujo fim é uma obra diferente das próprias atividades realizadas para produzi-las (as artes ou técnicas). Apesar dessa diferença, há um aspecto comum a todas as atividades humanas: têm como finalidade um bem. No caso da ética, esse bem é o do indivíduo que se prepara para viver com os outros na *pólis*, pois, escreve Aristóteles, o bem propriamente humano é a finalidade da política:

Mesmo que haja identidade entre o bem do indivíduo e o da Cidade, é manifestamente uma tarefa mais importante e perfeita apreender e preservar o bem da Cidade, pois o bem é, certamente, amável mesmo para o indivíduo isolado, mas é mais belo e divino aplicado a uma estirpe e a uma Cidade.

Assim, embora a ética considere o indivíduo enquanto tal, seu escopo é alcançá-lo vivendo na *pólis* e a política será definida por Aristóteles como ciência prática arquitetônica, isto é, aquela que oferece os princípios e fins da vida moral, pois somente na Cidade os homens podem alcançar o bem propriamente humano. Qual é o bem ético do indivíduo, fim ao qual todo indivíduo aspira? A vida feliz, o bem viver e o bem agir, ou a felicidade (*eudaimonía**). Como alcançá-la? Eis a primeira questão da ética.

A FELICIDADE

Como toda ciência prática, a ética deve determinar a essência do fim a ser alcançado, a essência do agente e das ações e os meios para realizá-las. Em outras palavras, deve definir a felicidade, a natureza humana como *éthos** e as virtudes, ou, como diz Aristóteles, um tratado de filosofia prática não pretende apenas conhecer o que é o bem, mas visa sobretudo saber como nos tornamos bons.

Por que a felicidade (*eudaimonía*) é o conteúdo do bem ético ou a finalidade da ação moral? Um bem, diz Aristóteles, é mais perfeito do que outros quando procurado por si mesmo e não em vista de outra coisa, e a felicidade é um bem deste gênero, diferentemente da honra, da riqueza, do prazer e da inteligência, que são buscados como meios para outros fins. Um bem é mais perfeito do que outros pelo seu grau de autossuficiência (*autárkeia*), isto é, quando o escolhemos por ele mesmo e não em vista de outra coisa ou, como escreve Aristóteles, "aquilo que, à parte de todo o resto, torna a vida desejável e não carece de nenhum outro" é um bem mais perfeito do que qualquer outro. E a felicidade é um bem desse gênero, pois ela não é buscada em vista de outra coisa e sim as outras coisas é que são buscadas como meios para ela.

Mas, o que é um bem para o homem? Perguntar "o que é?" alguma coisa é buscar o gênero a que ela pertence. A que gênero de vida refere-se o bem ético ou a felicidade? Um bem é sempre uma virtude, ou seja, uma excelência — uma *areté* — e a felicidade não é um estado de espírito subjetivo e sim, como lemos no Livro I da *Ética a Nicômaco*,

> consiste numa atividade da alma de acordo com a virtude (*areté*) [...] e isto numa vida realizada plenamente [...], e assim, a felicidade não é obra de um só dia, nem de pouco tempo, mas de uma vida inteira.

O bem ético pertence ao gênero da vida excelente e a felicidade é a vida plenamente realizada em sua excelência máxima. Por isso não é alcançável imediata nem definitivamente, mas é um exercício cotidiano que a alma realiza durante toda a vida. A felicidade é, pois, a atualização das potências da alma humana de acordo com sua excelência mais completa, a racionalidade. Por ser uma atividade conforme à virtude ou à excelência, não é uma posse ou uma maneira de ser conseguidas de uma vez por todas, mas um agir que dura a vida inteira.

Se tal é a essência do fim ético, é preciso determinar, agora, a essência do agente e das ações éticas.

A CRÍTICA A PLATÃO

Assim como o ser se diz de muitas maneiras, segundo as categorias, assim também o Bem se diz de muitas maneiras: segundo a substância, o bem é a atividade pura (o divino ou o intelecto); segundo a qualidade, é a excelência ou virtude; segundo a quantidade, é justa medida, sem excesso e sem falta; segundo a ação e a paixão, é o desejo racional. Eis por que Aristóteles critica Platão por formular a ideia universal do Bem como uma entidade inteligível separada do sensível, isto é, a Forma universal da Bondade, como se o Bem fosse o mesmo para todos os seres e como se pudesse ser alcançado apenas pela via teorética. Para cada ser, diz Aristóteles, o bem é de natureza diferente e "se há alguma coisa que seja o fim de todos os nossos atos, essa coisa será o bem realizável, e se houver várias coisas, serão elas". Ora, os fins se distinguem conforme sejam fins para outra coisa ou fins para si mesmos. Sendo a felicidade um fim em si mesma e para si mesma, ela é o Bem Supremo e, como tal, é um bem prático e não teorético, é uma ação e não uma ideia contemplativa.

A PECULIARIDADE DA AÇÃO HUMANA

As ações humanas não são como as operações naturais, isto é, na natureza, cada ser segue necessariamente as exigências impostas por sua matéria e por sua forma e, como vimos, essas operações são necessárias, isto é, possuem sempre as mesmas causas, produzem sempre os mesmos efeitos e cada operação produz um único efeito (a água umedece e o fogo esquenta). Ao contrário, as ações humanas são possíveis e não necessárias, pois decorrem de uma deliberação e de uma escolha voluntária entre alternativas contrárias, de sorte que os efeitos são variáveis e múltiplos, dependendo da escolha feita (pode haver guerra, mas também pode não haver; pode haver amizade, mas também pode não haver; pode haver temperança, mas também pode não haver; um bem pode ser alcançado, mas também pode não ser conseguido). Exatamente por isso a ética não pode ser uma ciência teorética demonstrativa que trabalharia com proposições universais necessárias. Além disso, por envolver deliberação e escolha, as ações humanas se referem ao tempo futuro, e vimos que Aristóteles coloca os juízos referentes ao futuro como juízos possíveis (hipotéticos e disjuntivos) e não há ciência teorética (universal e necessária) do possível, pois este é contingente.

Por que as ações humanas estão no campo do contingente? Por três motivos principais: em primeiro lugar porque o homem tem uma vontade deliberativa para escolher a ação; em segundo, porque a escolha se refere ao futuro e este é meramente possível e não necessário; e, em terceiro, sobretudo, porque o homem é um ser misto, pois é, por natureza, tanto um ser dotado de vontade racional como um ser que possui apetites, inclinações e tendências irracionais, podendo por isso haver contrariedade e mesmo contradição entre o que a vontade quer e o que o apetite incita ou excita, sem que se possa determinar de antemão qual deles será mais forte e qual será o efeito da ação.

Assim, a ação ética pertence ao gênero das ações que têm em si mesmas sua finalidade e que se referem ao possível.

A PAIXÃO

Para compreendermos a presença decisiva da contingência como um elemento constitutivo das ações humanas não basta considerarmos a vontade e o tempo futuro como seus determinantes, mas precisamos também levar em conta o papel do apetite ou do desejo, isto é, da paixão.

O que é o desejo (*órexis*, se movido por algo exterior; *hormé*, se impulsionado do interior)? É nossa inclinação natural para buscar o prazer e fugir da dor, segundo o modo como somos afetados pelos objetos na sensação, ou conforme os imaginemos segundo suas imagens retidas na memória. Porque depende da maneira como as coisas ou os outros seres humanos nos afetam, o desejo é a marca de nossa passividade, realizando movimentos internos à nossa alma e movimentos internos e externos ao nosso corpo para obter o que causa prazer e afastar o que causa dor. É a paixão, o *páthos**. O desejo é causado por uma afecção externa ou por sua imagem interiorizada e é causa dos nossos sentimentos ou de nossas emoções, constituindo nossa afetividade natural.

A paixão é um acidente, pois as categorias se dividem em dois grandes grupos: a substância e os acidentes ou predicados atribuídos a ela, entre os quais se encontram a paixão e a ação. Ora, uma paixão é um acidente ou um predicado que tem a peculiaridade de ser sempre contingente. Em primeiro lugar, porque, como diz a própria definição da contingência, depende do encontro fortuito ou casual de nosso corpo com os objetos de prazer e dor; em segundo, porque, dependendo do estado de nosso corpo e de nossa alma, um mesmo objeto tanto pode causar prazer como dor. Não sabemos, portanto, quando e como encontraremos os objetos de prazer e dor, e não sabemos também em que condições um objeto causará prazer ou dor. Se nos lembrarmos da distinção aristotélica entre movimento natural e violento, teremos que dizer que a paixão é um movimento natural e violento. Natural, porque somos feitos de matéria e esta é sempre carente, desejante, passiva, buscando vencer a carência e a passividade; natural também porque possuímos uma alma sensitiva e apetitiva e a afetividade nos é inerente. Violento, porque a paixão pode suscitar movimentos contrários ao bem de nossa natureza, oscilando entre o excesso e a falta, entre a busca desenfreada do prazer e a fuga desesperada da dor. Por sua naturalidade, ela é o núcleo de nossa vida ética ou feliz; e por sua violência, ela está na origem de todos os vícios humanos.

A presença da paixão como um elemento essencial da ação moral faz com que a tarefa da ética seja educar nosso desejo para que não se torne vício e colabore com a ação feita por meio da virtude. Em outras palavras, Aristóteles não expulsa a afetividade, mas busca os meios pelos quais o desejo passional se torne desejo virtuoso.

O AGENTE ÉTICO E A VIRTUDE

Aristóteles não é Platão. Isso significa que a educação ética, destinada a nos fazer adquirir o hábito da virtude, não atribuirá à razão o poder que Platão lhe dera para controlar, dominar e governar os desejos nascidos da concupiscência e da cólera. Como procede Aristóteles?

O desejo é uma inclinação natural, uma propensão interna de nosso ser. É um movimento (uma tendência a alguma coisa) cuja origem é dupla: por um lado, o objeto externo contingente que nos afeta; por outro, nosso caráter, nossa índole ou nosso temperamento. Caráter ou índole, em grego, se diz *éthos** e por isso a ética se refere ao estudo do caráter para determinar como pode tornar-se virtuoso.

Vindo de uma família e de uma corporação de médicos, Aristóteles classifica os homens segundo a tipologia de caracteres estabelecida pela medicina grega. Como vimos, ao estudar o *Corpus hippocraticus*, somos formados por dois componentes: os quatro elementos (terra, água, fogo e ar, cada um deles composto de duas entre as quatro qualidades, isto é, quente, frio, seco e úmido) e os quatro "sucos" ou humores (sangue, fleuma, bílis amarela e bílis negra). Nosso caráter é nosso temperamento, isto é, o modo como se temperam os quatro elementos e os quatro humores, havendo sempre a predominância de um deles sobre os outros, disso resultando, como vimos, os quatro caracteres fundamentais: sanguíneo, fleumático, colérico e melancólico, cada um dos quais podendo ser, pelo menos, de dois tipos, conforme a predominância das duas qualidades que compõem cada um dos quatro elementos (e cada um dos caracteres possui subdivisões ou subtipos, conforme as circunstâncias tenham atuado no momento de nossa concepção ou de nosso nascimento, ou conforme as circunstâncias de nossa vida — por exemplo, uma doença — tenham afetado nosso caráter fundamental). Cada caráter ou temperamento possui desejos diferentes, pois para cada um deles os objetos de prazer e dor são diferentes. Pelo mesmo motivo, cada caráter determina ou causa paixões diferentes e está mais propenso a determinadas doenças, a determinados vícios e a determinadas virtudes. No entanto, em todos eles, o vício é sempre o excesso ou a falta entre dois pontos extremos opostos (assim, por exemplo, temeridade é excesso de coragem; e covardia é falta de coragem). Dizer que o vício é excesso ou falta significa dizer que ele é *hýbris**, falta de medida ou de moderação.

Podemos então dizer que a causa material da ação é o *éthos*, a causa formal, a natureza racional do agente, a causa final, o bem e a causa eficiente, a educação. A unidade das quatro causas é a virtude.

O que é a virtude? A medida entre os extremos contrários, a moderação entre os dois extremos, o *justo meio*, nem excesso nem falta. Como vimos, ao estudar os pré-socráticos, medida não tem apenas um sentido quantitativo, mas sobretudo qualitativo, significando moderação. Moderar é pesar, ponderar, equilibrar e deliberar, é a ação que institui a medida, o *métron*, para aquilo que, por si mesmo e em si mesmo, não possui ou não conhece medida ou limite. Na ética aristotélica, a medida moderadora é o médio, *méson*, ou *mesótes**, o justo meio. A ética é, pois, a ciência prática da moderação ou, como diz Aristóteles, da prudência (*phrónesis*). A virtude é virtude de caráter ou força do caráter educado pela moderação para o justo meio ou a justa medida.

Assim, no Livro II da *Ética a Nicômaco*, Aristóteles escreve:

> A virtude é uma disposição constante para agir de um modo deliberado, consistindo numa medida relativa a nós, racionalmente determinada e tal como seria determinada pelo homem prudente.

A virtude não é uma inclinação (o desejo é inclinação natural), mas uma disposição (*héxis*). Não é uma aptidão, como julgara Platão, ao considerar a *areté* uma *dýnamis* a ser atualizada pela *tékhne* fundada na *epistéme*, segundo as funções da alma. Para Aristóteles, a virtude é um hábito adquirido ou uma disposição constante e permanente para agir racionalmente em conformidade com uma medida humana, determinada pelo homem prudente. A tarefa da ética é orientar-nos para a aquisição desse hábito, tornando-nos virtuosos e, se possível, prudentes. Que hábito é esse? O exercício da vontade sob a orientação da razão para deliberar (*boúleusis**) sobre os meios e escolher (*proaíresis**) os fins nas ações que permitam satisfazer o desejo sem cair em extremos. Por isso a curiosa afirmação de Aristóteles, no Livro II da *Ética a Nicômaco*, de que nos tornamos bons praticando atos bons:

> Adquirimos as virtudes graças a uma atividade anterior, como também acontece nas outras artes. As coisas que devemos aprender antes de fazê-las são as que aprendemos fazendo-as. Por exemplo, chega-se a construtor, construindo, a tocador de

lira, tocando. Da mesma maneira, realizando ações justas nos tornamos justos, realizando ações temperadas, nos tornamos temperantes, realizando ações corajosas, nos tornamos corajosos.

O desejo é paixão, *páthos*, passividade, submissão aos objetos exteriores que nos afetam e aos impulsos e inclinações interiores, determinados por nosso temperamento. A virtude é ação, atividade da vontade que delibera e escolhe segundo a orientação da razão, a qual determina os fins racionais de uma escolha, com vista ao bem do agente, isto é, sua felicidade. O virtuoso é feliz porque prudente e prudente porque moderador e moderado.

Em si mesmos, os desejos não são bons nem maus; em si mesmas, as coisas desejadas não são boas nem más. O desejo torna-se mau e o objeto torna-se mau quando não se submetem à medida racional; tornam-se bons quando se submetem a essa medida. Por isso, diz Aristóteles, não nascemos bons, mas nos tornamos bons com os atos bons, pois atualizam nossa potencialidade para a razão e para a felicidade.

O QUE ESTÁ E O QUE NÃO ESTÁ EM NOSSO PODER

Para determinar a essência da ação moral ou da ação virtuosa, Aristóteles distingue ações involuntárias e voluntárias, introduzindo uma inovação de grande envergadura. Com efeito, Sócrates e Platão concebiam os apetites e desejos como involuntários porque irracionais, passionais e frutos da ignorância do agente. Aristóteles, ao contrário, os considera voluntários, pois entende a vontade como espontaneidade natural, isto é, aquilo que a natureza de um ser o leva naturalmente a querer e a realizar e, no caso do homem, aquilo que, além de espontâneo, é consciente (sei que sinto cólera, sei que sinto prazer ou dor, sei que faço algo para sentir uma certa emoção etc.). Qual a diferença entre um ato involuntário e um voluntário? O ato involuntário é aquele realizado sob duas circunstâncias apenas: sob constrangimento ou coação (quando somos forçados a uma ação pelo poder de uma força externa) ou por ignorância das circunstâncias nas quais agimos (Édipo mata voluntariamente um agressor e, involuntariamente, mata Laio, seu pai, pois ignora ser seu filho). O ato voluntário, ao contrário, é: 1) realizado por escolha e não por necessidade natural, isto é, poderia ser diferente do que é porque o agente poderia agir de modo diferente ou, como diz Aristóteles, o agente é princípio de ações contrárias possíveis; 2) realizado espontaneamente e não por constrangimento, isto é, o princípio da ação se encontra no próprio agente e não fora dele; e 3) realizado sem ignorância das circunstâncias ou com conhecimento das circunstâncias e das consequências da ação, mesmo que esse conhecimento seja equivocado (como Édipo, que julga matar um agressor quando está matando seu pai). As operações da natureza são involuntárias e por isso necessárias. As ações humanas, quando não constrangidas nem ignorantes, são escolhas voluntárias. Operar por necessidade e agir por vontade são, portanto, atos distintos. A questão agora é saber quando e sob quais condições um ato voluntário é ético.

Para responder a essa questão, Aristóteles introduz a pergunta ética por excelência: *o que está e o que não está em nosso poder quando agimos?* Em outras palavras, o que depende de nós e o que não depende de nós numa ação? O ato ético voluntário é aquele que depende inteiramente de nós no momento da ação. As circunstâncias em que se realizará não dependem de nós, pois, como vimos, são contingentes. Como fazer para que, em qualquer circunstância, possamos agir eticamente, isto é, ter o pleno poder sobre nossa ação, ainda que não tenhamos poder sobre as circunstâncias que nos levam a agir? Adquirindo uma disposição interior (*héxis*) constante que nos permita responder racional ou prudentemente a situações que não foram escolhidas nem determinadas por nós, isto é, realizando um ato voluntário feito por e com virtude. Portanto, feito com escolha deliberada, com moderação e reflexão sobre os meios e os fins, em vista da excelência ou do melhor.

Além da ideia de disposição constante adquirida, a definição aristotélica da virtude introduz dois elementos essenciais da ação virtuosa: a ação voluntária virtuosa é uma escolha preferencial (*proaíresis*) proveniente de uma deliberação racional (*boúleusis*). Com essas duas noções, explicita-se o sentido da ação ética como aquela que está em nosso poder.

No *Da interpretação*, Aristóteles afirma que não deliberamos sobre o necessário nem sobre o acaso, isto é, sobre o que depende da natureza ou da Fortuna, nem deliberamos sobre o passado e sobre o impossível, pois sobre eles não temos poder algum. Deliberamos, portanto, sobre o possível e o futuro. No Livro III da *Ética a Nicômaco*, Aristóteles declara, novamente, que não deliberamos sobre todas as coisas. Sobre o que deliberamos? Sobre as coisas que dependem de nós e que podemos realizar ou "sobre as coisas que podem vir a ser por nosso intermédio e que não são sempre do mesmo modo". Não deliberamos, portanto, sobre a natureza, a eternidade do mundo, a necessidade (*anánke*), a fortuna (*týkhe*) e o impossível, mas sobre o que depende de nossa razão e de nossa ação. Deliberamos sobre aquilo que podemos escolher e escolhemos aquilo que a deliberação nos mostrou ser o *preferível*. Deliberamos, portanto, a respeito dos preferíveis e não dos necessários, dos possíveis e não dos impossíveis nem dos que acontecem por acaso. O que é o possível? Aquilo que pode acontecer ou deixar de acontecer, aquilo que ocorre nos mais das vezes, mas em que há o indeterminado. O possível é, pois, o que acontece com frequência ou na maioria das vezes, mas poderia não acontecer e por isso é algo cujo desenlace é indeterminado ou contingente. O que é deliberar sobre o possível? É deliberar sobre aquilo cujo desenlace é contingente porque depende inteiramente de nossa ação, exigindo que calculemos e pesemos os prós e contras, as consequências das alternativas de conduta. Ou, como escreve Aristóteles:

> Deliberamos sobre coisas que dependem de nós [...] e [a deliberação] acontece nas coisas que, embora se produzam com frequência, permanecem incertas quanto ao seu cumprimento, bem como naquilo cujo desenlace é indeterminado.

Além disso, explica Aristóteles, não deliberamos sobre os fins, mas sobre os meios, isto é, deliberamos *em vista do* fim e não *sobre* o fim, pois este é o objeto do desejo que o concebe como um bem. Assim como o médico não delibera se deve curar um doente e sim quais são os meios para curá-lo, assim também o agente moral não delibera sobre um bem, mas sobre os meios para alcançá-lo, ou, "tendo posto o fim, investigam o como e por que causas ele será" e, se forem vários os meios pelos quais será alcançado, "examinam por qual deles vem a ser mais facilmente e melhor". O que é, então, o ato moral por virtude? Responde o terceiro livro da *Ética a Nicômaco*:

> O objeto da escolha estando entre as coisas que estão em nosso poder, um objeto do desejo sobre o qual deliberamos, a escolha será um desejo deliberado das coisas que dependem de nós, pois, uma vez que tenhamos decidido em consequência de uma deliberação, desejaremos em conformidade com nossa deliberação.

A escolha é um *desejo deliberado* sobre o que está em nosso poder, e não um desejo passional, que busca o impossível ou segue a necessidade natural. A *proaíresis* é, portanto, o desejo como *boúleusis*, isto é, o fim deslocado pelo processo de deliberação para os meios realizáveis, ou seja, é o desejo de realizar uma ação determinada que permitirá alcançar o fim desejado. Trata-se do desejo estreitamente articulado ou associado ao intelecto ou à razão, uma afetividade consciente e não cega, pois, diz Aristóteles, uma escolha deliberada é um desejo acompanhado de reflexão e a virtude é o acordo entre o desejo e a razão. Consequentemente, virtude e vício são atos voluntários, dependendo da natureza da deliberação e da escolha preferencial, e a virtude é a preferência voluntária racional que tem por objeto um bem verdadeiro, conforme à natureza ou caráter do agente e conforme à medida racional determinada pelo homem prudente.

O que é um ato bom ou um ato virtuoso? É o ato que obedece a três regras:

1) o agente conhece ou sabe o que faz;

2) o agente escolhe a ação e a executa por si mesmo, isto é, o agente é o princípio da ação;

3) o agente realiza a ação, graças a uma disposição interior e permanente, isto é, por virtude, e por isso a excelência do agente é o fim da ação.

O helenista inglês David Ross resume o processo da ação virtuosa nos seguintes passos sucessivos: desejo, percepção, deliberação, escolha preferencial, ato.

A é desejável.
Percebo que posso conseguir A por meio de B ou de C.
Delibero sobre B e C.
Escolho C como preferível.
Realizo C e alcanço A.

Ou então:

A é desejável.
Percebo que posso alcançar A por meio de B, mas que preciso, primeiro, alcançar o próprio B.
Percebo que posso alcançar B por meio de C ou de D.

Delibero sobre C e D.
Escolho D como preferível.
Realizo D, alcanço B. Realizo B e alcanço A.

Essa sequência permite à vontade realizar o silogismo prático. Neste, a premissa maior se refere a um preceito ou a um fim desejável, a premissa menor é um fato (ou são fatos) constatado(s) pela percepção sensível, e a conclusão é uma máxima prática deliberada que conduz à ação ou à abstenção.
Por exemplo:

A coragem é um bem (premissa maior; preceito geral).
Nesta situação X (por exemplo, alguém está preso sob uma acusação falsa), é preciso coragem ou a coragem será boa (premissa menor; percepção de um fato).
Posso agir com coragem escolhendo B (por exemplo, dar um testemunho verdadeiro sobre o acusado) ou C (por exemplo, pegar em armas e libertar o acusado) (deliberação baseada nas duas premissas).
B é preferível porque é conforme à lei, enquanto C é uma ação temerária (escolha deliberada ou desejo deliberado).
Dar um testemunho verdadeiro em situações como a situação X é conforme à lei e pode efetivamente livrar alguém de uma acusação falsa (conclusão; máxima prática de ação).
Dou testemunho verdadeiro (ação ética).
O silogismo prático permite introduzir um conceito a que ainda não nos havíamos referido, o de *akrasía*, a incontinência ou a impotência para governar-se a si mesmo, a fraqueza da vontade e a força do apetite.
Em seu estudo sobre a ética aristotélica, *A ordem do mundo e a possibilidade da ação em Aristóteles*, o helenista brasileiro Alberto Alonso Muñoz examina longamente o conceito de *akrasía* e do comportamento acrático e explica que "o fenômeno da *akrasía* ocorre apenas quando há dois desejos conflitantes, um deles deliberado, mas mais fraco, e outro bruto e mais forte", de sorte que

> Uma forma de acrático, portanto, será aquela em que o incontinente, embora tenha deliberado e deseje fazer o que decidiu, tem um desejo não deliberado mais forte daquilo que é o oposto do escolhido e que, eventualmente, terá consequências também opostas (A. A. Muñoz, 1998, p. 125).

Sabemos que prazer e dor são naturais e determinantes do desejo. Sabemos também que prazer e dor podem ser excessivos ou deficientes. Sabemos, ainda, que a virtude é a medida justa do desejo e que o vício é ausência de medida ou moderação. Alberto Muñoz sublinha que temperança e continência, intemperança e incontinência são dois opostos distintos, ou seja, a incontinência ou *akrasía* não é a intemperança. De fato, o intemperante é o que *prefere* os excessos de prazeres ou de dores e os *escolhe calculadamente*, mas o incontinente é o que cai no excesso de prazer ou de dor *contrariamente à escolha deliberada ou ao pensamento*. É aquele que fraqueja e não consegue manter uma resolução e no qual o desejo de prazer corporal excessivo é mais forte do que a decisão de manter-se no limite razoável.

Para Platão, como vimos, a *akrasía* provinha da ignorância, pois fazemos o mal somente por ignorância do bem. Para Aristóteles, porém, a fraqueza da vontade se manifesta quando sabemos qual é o bem e não conseguimos realizá-lo. Como Aristóteles a explica? A *akrasía* é o poder do *páthos* sobre a vontade.

Estamos agora em condições de distinguir *páthos* e *areté*, paixão e virtude. A paixão se move na contingência; é por ela que somos postos diante dos contrários e é por ela que somos colocados diante de possíveis sobre os quais ela não tem poder nenhum. No dizer de um comentador, Michel Meyer, o *páthos* é o que escapa da identidade consigo mesmo, é a presença de uma distância entre um sujeito e si mesmo, uma alternância e uma alternativa que pode colocar alguém contra si mesmo. A virtude, prossegue o comentador, "é o lugar da identidade do sujeito, que atualiza suas disposições, as exerce, as pratica. [...] A virtude exige reflexão ali onde a paixão se desloca irrefletidamente. A razão é uma paixão refletida, contida, subordinada a um fim pensado" (M. Meyer, "Posface", 1989, pp. 150-1). A paixão exprime a diferença no interior do sujeito, dividindo-o em inclinações contrárias, enquanto a virtude exprime sua identidade, sua natureza íntegra e sua excelência.

Por isso mesmo, a classificação aristotélica das virtudes consiste em apanhar uma paixão, situar seus extremos contrários e definir a medida racional que está conforme à natureza do agente, pois este é, antes de tudo e sobretudo, um ser racional:

Quadro das virtudes morais

Sentimento ou paixão (por natureza)	Situação em que o sentimento ou a paixão são suscitados (por contingência)	Vício (excesso) (por deliberação e escolha)	Vício (falta) (por deliberação e escolha)	Virtude (justo meio) (por deliberação e escolha)
prazeres	tocar, ter, ingerir	libertinagem	insensibilidade	temperança
medo	perigo, dor	covardia	temeridade	coragem
confiança	perigo, dor	temeridade	covardia	coragem
riqueza	dinheiro, bens	prodigalidade	avareza	liberalidade
fama	opinião alheia	vaidade	humildade	magnificência
honra	opinião alheia	vulgaridade	vileza	respeito próprio
cólera	relação com os outros	irascibilidade	indiferença	gentileza
convívio	relação com os outros	zombaria	grosseria	agudeza de espírito
conceder prazer	relação com os próximos	condescendência	tédio	amizade
vergonha	relação de si com outros	sem-vergonhice	timidez	modéstia
sobre a boa sorte de alguém	relação dos outros consigo	inveja	malevolência	justa apreciação
sobre a má sorte de alguém	relação dos outros consigo	malevolência	inveja	justa indignação

A PRUDÊNCIA E O PRUDENTE

No Livro VI da *Ética a Nicômaco*, Aristóteles explica o que é a prudência (*phrónesis*) e o que é o homem prudente (*phrónimos*), escrevendo:

> Quanto à prudência, poderíamos apreender [o que ela é] considerando quais homens qualificamos de prudentes. É nossa opinião que é prudente aquele que é capaz de bem deliberar sobre as coisas boas e úteis para si, e isso não de maneira parcial, como, por exemplo, que coisas são boas para a saúde e para a força física, mas com respeito ao bem-viver em sua totalidade. São também prudentes aqueles que sabem calcular em vista de algum fim honesto relativamente ao qual não há nenhuma arte. De maneira, geral, o homem prudente é aquele que sabe deliberar [...]. A prudência não é nem ciência nem arte. Não é uma ciência porque o objeto do agir pode ser diferentemente do que ele é; não é uma arte porque agir e fabricar são diferentes quanto ao gênero. A prudência é uma disposição prática, estável e razoável concernente às coisas boas e más para o homem.

É porque a virtude é a medida ou o justo meio que a *phrónesis* ou prudência é condição e coroamento de todas as virtudes: sabedoria prática que lida com o contingente e com o tempo, com aquilo que pode ser de outra maneira e com aquilo de que não há arte, isto é, regras preestabelecidas. O prudente, explica Aristóteles, não delibera sobre este ou aquele bem, mas possui a disposição prática para bem deliberar em qualquer circunstância porque delibera sobre a totalidade do bem-viver. Justamente por isso, é capaz de dar regras, normas e preceitos de conduta. É, ainda, aquele que, em cada situação, para a qual não há arte nem regra, é capaz de fazer a deliberação correta, percebendo com clareza a qualidade do fim e dos meios, a conveniência entre eles, pois é capaz de determinar e reconhecer em cada ação o justo meio ou a medida, ou a norma do bem-agir a ser seguida pelo desejo.

A *phrónesis* orienta a *proaíresis*, isto é, a deliberação racional ou escolha preferencial porque é capaz de discernir o bom e o mau nas coisas e as relações convenientes entre meios e fins. A prudência tem esse papel relevante porque nela as três condições para que um ato seja virtuoso estão preenchidas e, por isso, com ela percebemos melhor a finalidade da ética, qual seja, tornar um homem agente, e o agente, autossuficiente. Em outras palavras, a prudência garante a um agente a *autárkeia*, oposta absolutamente à passividade ou à paixão, pois nesta última somos dirigidos por uma outra coisa que não nós mesmos. A *autárkeia* (independência ou liberdade) nasce da *autonomía*, isto é, da situação própria de quem é senhor de si porque obedece à regra de vida que deu a si mesmo.

Temos agora todos os elementos para a definição da virtude ética: é uma disposição interior constante que pertence ao gênero das ações voluntárias feitas por escolha deliberada sobre os meios possíveis para alcançar um fim que está ao alcance ou no poder do agente e que é um bem para ele. Sua causa material é o *éthos* do agente, sua causa formal, a natureza racional do agente, sua causa final, o bem do agente, sua causa eficiente, a educação do desejo do agente. É a disposição voluntária e refletida para a ação excelente, tal como praticada pelo homem prudente.

Com a prudência, passamos das virtudes éticas àquelas que Aristóteles chama de virtudes dianoéticas ou intelectuais.

AS VIRTUDES INTELECTUAIS E A FELICIDADE PERFEITA

Além das virtudes éticas, que se referem às funções sensitiva e apetitiva da alma em sua relação com o corpo, existem virtudes que se referem apenas à função racional ou intelectiva, e que Aristóteles denomina de virtudes *dianoéticas* ou intelectuais. Em outras palavras, trata-se da *areté* ou da excelência e perfeição da alma racional. Como explica o helenista Pierre Aubenque, Aristóteles concebe uma cisão no interior da razão entre a teoria e a prática, ou entre a sabedoria (*sophía*) e a prudência (*phrónesis*), entre a contemplação e a ação. No entanto, para deixar manifesto que essa cisão não significa que a sabedoria não seja uma maneira de agir e que a prudência não seja uma maneira de saber, o filósofo introduz o conceito de virtudes dianoéticas:

> Chamando-as dianoéticas, Aristóteles quer simplesmente exprimir que essas virtudes concernem menos ao caráter (*éthos*) e mais ao pensamento em geral. Não é, pois, [como era para Platão] pela diferença entre a *diánoia* e o *noûs*, entre o discursivo e o intuitivo, que passa a cisão essencial [da alma racional] e sim pelo pensamento do contingente e o pensamento do necessário (P. Aubenque, 1963, pp. 147-8).

Como virtudes, as dianoéticas são disposições constantes adquiridas; como dianoéticas, essas virtudes são disposições intelectuais cujos pontos extremos são a prudência e a sabedoria teorética. Cada uma dessas virtudes intelectuais existe, inicialmente, em potência na alma racional e cada uma delas, em condições próprias, será atualizada para realizar a plenitude de sua forma, passando de aptidões potenciais a disposições atuais constantes adquiridas.

Para compreendermos as virtudes intelectuais, devemos retomar duas noções gregas a que já nos referimos em vários capítulos anteriores: *lógos* e *médo*. *Lógos*, como vimos ao estudar a técnica, deriva do verbo *légo* (ou, no infinitivo, *légein*) que, na linguagem corrente dos gregos, significa reunir, juntar, contar, calcular e distribuir, de onde provêm as significações de linguagem e pensamento. *Médo* (ou *médomai*) é cuidar, pesar, ponderar, equilibrar, moderar, medir. Nas virtudes éticas, a vontade racional é exatamente o cálculo moderador que encontra o justo meio entre dois extremos e, entre várias virtudes, calcula o valor mais alto para orientar a escolha. As virtudes dianoéticas incluirão esse primeiro sentido de *lógos* e *médo*, porém a ele acrescentarão outros, de tal maneira que possam abarcar todas as disposições para o conhecimento.

Vimos que Aristóteles define o conhecimento como inclinação natural ou desejo natural. Sendo um desejo, pode ter excesso e falta: o excesso, por exemplo, pode desembocar na sofística, que pretende tudo conhecer e tudo ensinar, enquanto a falta desemboca na ignorância satisfeita. O conhecimento, portanto, também deve ser tratado sob a perspectiva do justo meio e como disposição virtuosa da alma intelectiva ou racional para a verdade.

Como para Platão, também para Aristóteles as virtudes intelectuais são as mais desejáveis. Porém, diferentemente de Platão, o quadro dessas virtudes é muito mais amplo, abrangendo os vários sentidos de *lógos* e *médo*. Disposições da alma racional para o conhecimento verdadeiro no plano teorético, prático e produtivo, tendo como referencial a existência de regras (cálculos e medidas) para seu exercício, são virtudes dianoéticas: sabedoria prática ou prudência (*phrónesis*), arte (*tékhne*), ciência (*epistéme*), inteligência (*noûs*) e sabedoria (*sophía*). Que são elas?

A sabedoria prática (*phrónesis*) é a disposição racional para a boa deliberação, segundo a regra certa da virtude.

A arte (*tékhne*) é a disposição racional para produzir coisas em conformidade com certas regras e modelos.

A ciência (*epistéme*) é a disposição racional para conhecer o universal e eterno; é ensinável ou comunicável a outros.

A inteligência (*noûs*) é a disposição racional para apreender, sem demonstração, a verdade dos primeiros princípios de onde parte a ciência.

A sabedoria teorética (*sophía*) é a disposição racional nascida da união da ciência com a inteligência para o conhecimento das coisas mais elevadas.

Assim como a prudência é a condição e a forma mais alta das virtudes éticas, assim também a sabedoria teorética é a condição e a forma mais alta das virtudes dianoéticas. No Livro x da *Ética a Nicômaco*, Aristóteles apresenta as razões dessa superioridade, articulando-as à principal, qual seja, a felicidade perfeita. A *sophía* ou a vida contemplativa é a atividade superior e mais perfeita do que todas as outras porque se realiza pela parte divina em nós (o intelecto agente, o *noûs theoretikós*) e seu objeto são as coisas divinas imperecíveis, portanto, um bem perene. Além disso, é realizada de maneira mais contínua, "pois somos capazes de nos dedicar à contemplação de maneira mais contínua do que realizando qualquer outro tipo de ação". A natureza de seu objeto e sua continuidade fazem da contemplação a causa maior do prazer, e a felicidade é inseparável do prazer, de sorte que, não havendo prazer maior do que conhecer, não há felicidade maior do que a do conhecimento. Mais do que isso. Na vida teorética, o desejado e o desejar são idênticos, realizando o sentido mais alto da ação, isto é, aquele no qual a ação é amada nela mesma e por ela mesma, sem buscar fora de si o que possa completá-la. Por esse motivo, nela a plena autarquia, a autossuficiência e a independência são quase totalmente possíveis, pois além de não depender de nada exterior, mas apenas da ação intelectual, o sábio, embora seja feliz na companhia dos amigos e vivendo na *pólis*, não está impedido de agir (ou seja, de pensar) quando estiver sozinho e a solidão não o impedirá de conhecer, enquanto no caso das virtudes éticas a autossuficiência plena é impossível, tanto porque são necessários os objetos de desejo e prazer como porque são necessários os outros seres humanos. Enfim, somente nela a felicidade, inseparável do lazer ou do ócio, é possível, pois em todas as virtudes práticas ou éticas as ações concernem à vida social e política, a práticas e trabalhos, deveres e tarefas que temos para com os demais e que não terminam nunca, enquanto na virtude contemplativa estamos isentos de fadiga e pena, numa vida de paz e sossego, que é a felicidade perfeita. Com Aristóteles, rompe-se, portanto, a unidade profunda que Platão concebera entre o político e o sábio, ruptura que se deve tanto à distinção entre teoria e prática ou entre as disposições da alma racional como às condições históricas da filosofia aristotélica, elaborada e escrita quando a *pólis* (como comunidade cívica independente) não mais existe e o poder imperial de Alexandre domina o mundo.

> Essa vida [puramente intelectual ou dianoética] é muito elevada para a simples condição humana e só poderá ser vivida enquanto houver algo divino em nós [...]. Se o intelecto é algo divino em comparação com o humano, a vida de acordo com o intelecto é igualmente divina em comparação com a vida humana. Não se deve, pois, escutar os que aconselham os humanos, por serem humanos, a limitar seu pensamento às coisas humanas, e por serem mortais, às coisas mortais, mas, na medida do possível, o humano deve imortalizar-se e viver de acordo com sua parte mais nobre, porque mesmo que esta parte seja pequena por seu volume, por sua força e valor ultrapassa todo o resto.

Ocupar-se com as coisas divinas, vimos, é a definição aristotélica da filosofia primeira e, assim, o mais virtuoso e o mais feliz dos humanos é o filósofo.

A afirmação da superioridade das virtudes intelectuais sobre as éticas poderia levar-nos a supor que Aristóteles teria retornado ao platonismo, isto é, à ideia de que a alma racional deve dominar e comandar a sensitiva e a apetitiva. Não é, porém, o caso. Em primeiro lugar, porque a racionalidade das virtudes éticas encontra-se nelas mesmas e não num comando externo — a prudência, embora dianoética, é uma virtude eminentemente prática. Em segundo, porque Aristóteles coloca todas as virtudes, práticas e dianoéticas, sob um princípio que não é platônico: o prazer.

O prazer, diz Aristóteles, é como a visão: um ato completo em si mesmo. Surge e desaparece sem geração e sem corrupção, sem apresentar nenhuma das formas do movimento (*kínesis*), pois realiza-se no instante, não é algo incompleto e inacabado, não tende para nada senão para ele próprio. O prazer não é *transição* da potência ao ato, da *dýnamis* à *enérgeia*, mas é *enérgeia* ou ato em si mesmo e por si mesmo. Não é um devir, não possui um começo e um término, mas é um instante pleno e completo que acontece e desaparece. Para cada um de nossos sentidos há um prazer que lhe é próprio, assim como há um prazer próprio em cada uma de nossas atividades (falar, fabricar, pensar), alcançando sua plenitude ou perfeição quando o órgão que o experimenta (sentidos, fala, imaginação, memória, inteligência) está em perfeita saúde e em perfeitas condições para realizar sua função, ao mesmo tempo que o objeto experimentado também se encontra no estado de sua maior perfeição. Aspiramos ao prazer porque desejamos viver, e a vida é uma atividade que recebe do prazer um suplemento, um "algo a mais" que aumenta a atividade e o desejo de viver. Por isso, sem atividade não há prazer e sem prazer a atividade diminui, tendendo mesmo a desaparecer.

É esse laço entre o prazer e a vida, entre ele e a atividade, entre ele e a perfeição do órgão e do objeto de satisfação que permite a Aristóteles afirmar que o prazer é inseparável da virtude, que esta é uma forma de prazer superior por ser capaz de prolongá-lo, tornando-o um ato menos fugaz. O laço que une virtude e prazer explica, enfim, por que as virtudes intelectuais são superiores às morais, pois nelas o prazer é mais intenso, mais vivo, mais longo e duradouro.

TRANSIÇÃO DA ÉTICA PARA A POLÍTICA: JUSTIÇA E AMIZADE

O filósofo concretiza as virtudes intelectuais; o prudente, as virtudes éticas. Não é possível ser filósofo sem ser prudente, mas é possível ser prudente sem ser filósofo. A razão dessa diferença encontra-se na concepção hierarquizada que Aristóteles possui sobre o mundo e o homem, isto é, no fato de que um grau superior pressupõe a presença dos graus inferiores, mas estes não podem incluir o grau superior. A sabedoria teorética, superior à sabedoria prática, a inclui; a sabedoria prática, inferior à teorética, não a inclui e pode existir sem esta última. A prudência, escreve Aristóteles no sexto livro da *Ética a Nicômaco*, "tem a ver com as coisas humanas e com aquelas que se referem à deliberação, pois a obra do prudente é a boa deliberação".

A obra do prudente é a moderação, isto é, encontrar a medida e a regra correta (*orthòs lógos*) para a escolha virtuosa. Sendo da ordem da ação, sua obra exige o conhecimento do universal e do particular e "de preferência, o que se refere ao singular". Para isto, depende da ciência arquitetônica, isto é, daquela ao qual os seus fins (éticos) estão subordinados, portanto, depende da política. Embora as essências da prudência e da política sejam diferentes, "são uma só e mesma disposição", qual seja, a disposição legislativa ou normativa. O vínculo entre a ética e a política é constituído não só pela subordinação dos bens individuais ao bem comum, mas também pela identidade da disposição do prudente e do político, isto é, daquele que modera ou legisla, oferecendo a medida e a regra correta. O político perfeito ou excelente é o prudente.

Ora, há uma virtude ética que diz respeito diretamente à lei: a justiça. "O justo é o que é conforme à lei e respeita a equidade; o injusto é o que viola a lei e a falta à equidade", lemos no Livro v da *Ética a Nicômaco*. As leis se referem ao bem da comunidade política e são justas as ações que tendem a produzir e a conservar a felicidade dessa comunidade. Assim entendida, a justiça é a virtude completa ou inteira, pois quem a possui é capaz de usá-la para si e para os outros. No entanto (como no caso da relação entre prudência e política), justiça e virtude são idênticas como disposição, mas suas essências são diferentes. Em outras palavras, Aristóteles recusa a identidade (platônica) de essência entre virtude e justiça.

Prudência e justiça nos encaminham, portanto, da ética para a política, mas, além disso, preparam a compreensão da mais alta virtude ética, que será, também, noutra forma, a mais alta virtude política: a amizade entre os iguais e semelhantes, a *philía*★.

O lugar ocupado pela amizade na exposição aristotélica é muito sugestivo: situa-se nos Livros VIII e IX da *Ética a Nicômaco*, após a análise de um vício (a falta de domínio sobre si mesmo, a *akrasía* ou incontinência) e antes da análise do prazer ou da fruição (*hedoné*). Por que este lugar? Porque *akrasía* e *philía* dizem respeito ao prazer, mas de modo contrário (como se observa no quadro das virtudes morais, na p. 453). A primeira busca obter seu próprio prazer; a segunda, dar prazer a outrem. Quando, na busca imoderada do próprio prazer, prometo prazer a outrem para, na realidade, fazê-lo dar-me prazer, a *akrasía* simula a *philía*. Essa simulação na verdade é uma dissimulação, um simulacro da verdadeira amizade. É por este risco da dissimulação de um vício numa virtude que Aristóteles expõe, numa sequência contínua, a incontinência, primeiro, e a amizade, a seguir.

A definição da amizade é curiosa. Aristóteles a define como "uma certa virtude, ou não existe sem virtude; além disso, é o que há de mais necessário para viver". A definição é curiosa porque não sabemos exatamente se a amizade é uma virtude ou algo que pressupõe a existência de virtudes, sendo, então, uma consequência da vida virtuosa. Porém, visto que o filósofo afirma que ela é indispensável à vida, teríamos que admitir que é condição e não consequência da vida virtuosa. Na verdade, não há ambiguidade na definição porque, de fato, a amizade é uma virtude, é condição da vida virtuosa e é consequência da vida virtuosa. "Sem amigos, a vida não vale a pena ser vivida", escreve Aristóteles.

O que é a amizade? É benevolência mútua, cada um desejando o bem do outro; benevolência que não pode permanecer ignorada, mas deve ser conhecida e reconhecida pelas partes envolvidas na relação; e tem como condição e finalidade a virtude, jamais a utilidade ou a obrigação. Só pode existir entre os iguais e semelhantes por caráter, isto é, somente entre os virtuosos.

> A amizade perfeita é aquela entre os virtuosos que são semelhantes na virtude, pois tais amigos desejam-se reciprocamente o bem enquanto são bons e são bons por si mesmos. Porém, os que desejam o bem a seus amigos por amor a eles são os amigos por excelência, [...], sua amizade persiste enquanto forem bons e a virtude é uma disposição estável. Cada um é bom, simultaneamente, de modo absoluto e para seu amigo, pois os bons são, ao mesmo tempo, absolutamente bons em si mesmos e úteis uns aos outros [...]. São agradáveis uns aos outros, porque cada um encontra prazer nas ações que exprimem seu caráter e nas que são de mesma natureza que ele [...]. Toda amizade, com efeito, tem como fonte o bem ou o prazer, seja em sentido absoluto, seja para aquele que ama, isto é, em razão da semelhança.

Os maus, diz Aristóteles, não sentem o menor prazer na companhia uns dos outros e não se unem para se fazerem reciprocamente o bem.

A amizade pressupõe que cada amigo deseje a mesma coisa com sua alma inteira: fazer desinteressadamente o bem ao amigo, desejar-lhe longa vida, desejar viver em sua companhia, compartilhar as mesmas ideias, opiniões e gostos, compartilhar alegrias e tristezas — deseja ao outro o que deseja para si próprio.

A amizade só existe entre os prudentes e os justos, sendo por isso condição e consequência da vida justa, que é a vida na comunidade política. Compreendemos, então, por que *philía* e *akrasía* são contrárias, pois esta última usa a comunidade política para servir ao seu próprio interesse e prazer, podendo arruiná-la (como o fez Alcibíades, lançando a *pólis* na terrível guerra contra Siracusa) e traí-la (como o fez Alcibíades, abandonando a derrotada Atenas por sua inimiga, Esparta). A *akrasía* é o vício próprio dos tiranos, daqueles que não amam ninguém e por ninguém são amados.

Mas Aristóteles possui ainda um outro motivo, mais profundo, para fazer da amizade uma virtude e a mais alta virtude ética. De fato, a ética visa educar o desejo e nos ensinar o valor da autonomia. O prudente é aquele que não depende das coisas e dos outros para agir, mas que encontra dentro de si os meios da ação sobre as coisas, sobre os outros e com os outros. O ideal da autonomia é o ideal da autarquia, isto é, da independência e autossuficiência. Ora, diz Aristóteles, somente o Primeiro Motor Imóvel é autárquico, somente o deus é plena e totalmente autossuficiente e independente e por isso somente ele é plenamente feliz ou bem-aventurado. Os homens não podem ter essa plenitude, mas podem desejá-la (e a desejam) e podem imitá-la, isto é, emulá-la e simulá-la. Como os homens imitam a autarquia divina? Pela amizade. Com efeito, juntos, os amigos formam uma unidade mais completa e mais perfeita do que os indivíduos isolados e, pela ajuda recíproca e desinteressada, fazem com que cada um seja mais independente do que se estivesse só. A amizade é nossa parte no divino, a maneira como a ação humana imita a autarquia divina e faz a *pólis* imitar a autarquia do *kósmos*.

A POLÍTICA

Pelo que acabamos de ver sobre a amizade e o ideal da autarquia, já podemos antecipar o papel da política para Aristóteles.

Na abertura da *Ética a Nicômaco*, como vimos, Aristóteles, ao prosseguir examinando a diferença entre as ciências produtivas e as práticas, conclui que, além de as práticas serem superiores às produtivas, a política é superior à ética. A política, diz o filósofo, orienta a ética, pois o homem só é verdadeiramente autárquico na *pólis*, e orienta também as ciências produtivas ou as artes, pois somente a Cidade diz o que deve ser produzido para o bem de cada um e de todos. A política é, assim, aquela ciência prática cujo fim é "o bem propriamente humano" e esse fim é o bem comum. Por isso a política é a ciência prática arquitetônica, isto é, aquela que estrutura as ações e as produções humanas.

Se Aristóteles deixou sua marca no pensamento ocidental por causa da lógica, da metafísica e de sua teoria do conhecimento, e se, até o século XVII, sua física e psicologia, e até o século XVIII, sua biologia foram mantidas em seus aspectos fundamentais, é com sua teoria política que ele marca mais profundamente o Ocidente. Suas ideias políticas, até hoje, só foram abandonadas por alguns filósofos no correr de vinte e quatro séculos, e só foram criticadas em profundidade em três ocasiões: no século XVI, por Maquiavel; no século XVII, por Hobbes e Espinosa; e no século XIX, por Marx e, mesmo assim, cada um deles reconheceu aspectos da teoria aristotélica que se conservam intactos e verdadeiros. Em nossos dias, a maioria dos pensadores políticos cristãos ainda é aristotélica e, sob vários aspectos, a sociologia conserva as ideias aristotélicas, sobretudo a sociologia nascida com Emile Durkheim.

Dentre as teses aristotélicas que permaneceram na tradição do pensamento político, destacam-se três que serão, exatamente, objeto das críticas dos pensadores que mencionamos acima e que foram a causa das críticas que esses pensadores receberam de suas sociedades, impregnadas de aristotelismo político:

• o Estado justo ou perfeito é uma comunidade uma e indivisa;
• a finalidade do Estado é o bem comum;
• os governantes (seja um só, sejam alguns ou todos os cidadãos) devem ser virtuosos porque são espelhos para os governados, que os imitam; seus vícios, por isso, corrompem os governados e destroem o Estado.

Falar na permanência das ideias políticas aristotélicas não significa, porém, dizer que a totalidade dessas foi conservada tal como Aristóteles as pensara nem que os conteúdos específicos que ele propusera na Grécia Clássica foram mantidos, e sim que alguns dos princípios que ele definiu como princípios da vida e da prática políticas foram mantidos no Ocidente, exceto naqueles pensadores que, embora reconhecendo os méritos do filósofo, romperam com a tradição aristotélica e que, como vimos, foram poucos.

Que princípios são estes?

1) *O homem, animal naturalmente político*

O homem é um animal político (*zóon poliktikon*) por natureza, ou seja, é da natureza humana buscar a vida em comunidade e, portanto, a política não é por convenção (*nómos*), mas por natureza (*phýsei*).

No Livro I da *Política*, lemos:

> É manifesto, a partir disso, que a Cidade faz parte das coisas naturais e que o homem é por natureza um animal político, e que aquele que está fora da Cidade [...] ou é um ser degradado ou um ser sobre-humano.

463

Como observa o helenista Francis Wolff, dizer que a *pólis* é natural e que o homem é naturalmente político não significa dizer que a Cidade é a primeira comunidade humana na ordem do tempo,

> pois a natureza de um ser não é necessariamente aquilo que aparece nele em primeiro lugar. É assim que os homens falam naturalmente, sem falar desde o nascimento, mas nascem com a capacidade de falar inscrita neles e realizarão sua essência ao falar [...]. O homem é pois naturalmente político, o que significa que há em sua natureza uma tendência a viver em cidades, e que ao realizar essa tendência o homem tende para seu próprio bem (F. Wolff, 1999, p. 84).

O homem é um animal político ou naturalmente político porque é um ser carente e imperfeito que necessita de coisas (para desejar) e de outros (para se reunir), buscando a comunidade como o lugar em que, com os seus semelhantes, alcance completude. Se fosse sem carências, seria um deus e não precisaria da vida comunitária; se fosse uma besta selvagem nem sequer sentiria a falta de outros. Por não ser um deus nem uma besta feroz, o homem é um animal político. Além disso, como explica Aristóteles, "a natureza nada faz em vão" e se deu ao homem a linguagem não foi apenas para comunicar sentimentos de prazer e dor (como a maioria dos animais), mas para exprimir em comum a percepção do bom e do mau, do útil e do nocivo, do justo e do injusto, ou seja, para exprimir em comum a percepção dos valores.

2) *As comunidades cronologicamente anteriores à Cidade*

As duas formas comunitárias cronologicamente anteriores à comunidade política são, em primeiro lugar, a família ou o lar (*oîkos*), isto é, a comunidade doméstica, constituída pela relação conjugal ou pelo poder marital do homem sobre a mulher, pela relação entre senhor e escravo ou pelo poder despótico do senhor sobre o escravo, e pela relação parental ou o poder paterno do pai sobre seus filhos. E, em segundo, a aldeia ou o vilarejo, organizado em lares ou famílias e linhagens, preenchendo duas funções, a da administração da justiça (ou arbitragem) e das cerimônias religiosas (ou organização dos cultos comuns).

Essas comunidades são as primeiras a despertar os laços de afeição e preparam seus membros para a *philía* propriamente dita, que só se realiza na Cidade.

3) *A comunidade política*

A comunidade política é o fim a que tendem a comunidade familiar e a comunidade de aldeia (diríamos, a comunidade social) e, por ser o fim (*télos*) das outras comunidades, é anterior a elas do ponto de vista lógico e ontológico, embora lhes seja posterior do ponto de vista cronológico. Em outras palavras, um fim é sempre anterior às ações para chegar a ele. Sendo a comunidade política o fim das outras comunidades, ela é lógica e ontologicamente anterior a elas, como o todo é anterior às partes.

Francis Wolff salienta os três aspectos principais da definição aristotélica da comunidade política: é um certo tipo de comunidade, é constituída em vista de um certo bem e, dentre todas as comunidades, é a mais soberana ou autárquica e inclui as outras.

A *pólis* é um tipo de comunidade: sua causa material são os lares, linhagens e vilarejos; sua causa formal é sua constituição ou seu regime (*politeía*); sua causa final é o viver bem ou a vida justa entre aqueles que por isso estão ligados pela amizade ou pela afeição, isto é, por laços que permitem distinguir entre um "nós" (os amigos) e um "eles" (os inimigos).

A *pólis* é constituída em vista de um certo bem: pois toda comunidade se define pela finalidade que agrupa ou reúne seus membros e uma finalidade, para os humanos e para a ação humana, é sempre um bem.

A *pólis* é a mais soberana ou a mais autárquica das comunidades e inclui as outras: a cidade é qualitativamente mais alta (é a mais soberana) e quantitativamente mais extensa (inclui todas as outras), e por isso sua finalidade é o bem humano supremo, a vida feliz.

A comunidade política, isto é, a *pólis* (a Cidade, o Estado) distingue-se da família ou lar e do vilarejo (ou da vida social) pelo tipo de poder ou de autoridade próprio a cada uma dessas comunidades. Este ponto é uma das maiores contribuições de Aristóteles ao pensamento político, pois foi ele o primeiro a demonstrar que a política não é a simples continuidade da família e da reunião de famílias, ainda que na família existam embrionariamente ou em potência as três principais formas de regimes ou constituições políticas. De fato, o poder do marido sobre a mulher é o poder de um ser livre sobre outro ser livre que é seu igual (é o poder que existirá na *pólis* aristocrática e na *pólis* constitucional ou popular), o do pai sobre os filhos, o de um ser livre sobre outros que, embora livres por natureza, são seus desiguais (é o poder que existirá na *pólis* monárquica ou na realeza), e o poder do senhor sobre o escravo, o de um ser livre sobre outro, não livre e inteiramente desigual — é o poder despótico (é aquele existente na tirania). No entanto, o poder político não se confunde com o doméstico: o poder marital e o paterno são permanentes e pressupõem alguma desigualdade, o dos cidadãos é transitório e todos são iguais; o poder despótico é privado e definido apenas pela vontade pessoal e pelos interesses do senhor, o político é público, definido por leis e exercido entre os iguais (o despotismo ou a tirania é o governo de um só, que trata as coisas públicas como coisas privadas, governa para atender aos seus próprios interesses, e a política desaparece sob a *akrasía* do *tyrannikós*).

4) *As constituições e os regimes políticos*

As Cidades ou Estados se distinguem pelo tipo de Constituição (*politeía*), isto é, pelo tipo de autoridade e de governo, ou, como lemos no Livro III da *Política*, é "uma certa ordem das diversas magistraturas, especialmente a que é suprema entre todas [...] o governo da cidade". Assim, como explica Sérgio Cardoso em "Notas sobre a tradição do 'governo misto'", a *politeía* deve ser compreendida

> como a organização das magistraturas ou poderes exercidos pelos cidadãos, considerando-se, porém, especialmente os poderes soberanos, visto que é [...] pelo caráter do governo (*politeuma*) que se determina a qualidade, ou a natureza, da constituição de uma cidade (S. Cardoso, "Notas", in N. Bignotto, org., 2000, pp. 33-4).

Por esse motivo, a pergunta inicial deve ser: "quem governa?". Ou seja, quais cidadãos ocupam o poder soberano? Temos, assim, a distinção fundamental: o governo de um só, baseado na honra e na glória do governante, é a realeza; o governo de alguns, baseado na virtude ética dos governantes, é a aristocracia; o governo de todos, baseado na liberdade e na igualdade de todos perante a lei, é o regime constitucional ou popular. Cada Constituição (forma do regime) está de acordo com a constituição (caráter-temperamento) de seus membros e corresponde ao modo como eles esperam alcançar o fim da vida política, que é a vida justa e o bem comum.

O Estado ou *politeía*, como tudo o que existe no mundo sublunar, está submetido ao perecimento e à corrupção e por isso cada regime político possui sua forma contrária ou corrompida: a tirania (para a realeza), a oligarquia (para a aristocracia) e a democracia (para o regime constitucional ou popular).

5) *Os cidadãos*

Para Aristóteles, como para todos os gregos da época clássica, a vida ética (o bem-viver) só se realiza plenamente na Cidade, pois a comunidade política torna possíveis as virtudes individuais e coletivas, as virtudes morais e intelectuais. À Cidade cabe, portanto, a educação dos cidadãos.

Embora a Cidade seja natural, isso não significa que a natureza a produza espontaneamente. Assim como a *phýsis* dá ao indivíduo o desejo, isto é, a inclinação natural para o bem — mas a ética precisa intervir como ação voluntária e deliberada para que essa finalidade seja alcançada por meio das virtudes —, assim também o Estado (ou *pólis*) nasce da ação deliberada e voluntária dos homens, e por isso a política não é uma ciência teorética e sim uma ciência prática, em que a ação tem a si mesma como seu fim. Assim como ninguém nasce virtuoso, mas se torna virtuoso, assim também ninguém nasce cidadão, mas se torna cidadão pela educação, que atualiza a inclinação potencial e natural dos homens à vida comunitária ou social.

Quem são os cidadãos? Os homens adultos livres nascidos no território da Cidade (ou do Estado). Estão excluídos da cidadania: as mulheres, as crianças, os muito idosos, os estrangeiros e os escravos. Isso não significa que não possuam direitos, e sim que não possuem direitos políticos; excetuando o caso dos escravos, que não possuem direito algum e dependem inteiramente dos favores do senhor.

Ser cidadão não é votar para ter representantes. Ser cidadão é participar diretamente do governo (das magistraturas, das Assembleias, dos tribunais) e votar diretamente nos assuntos públicos postos em discussão para deliberação. Portanto, ser cidadão é ter poder legislativo, judiciário e deliberativo. Um Estado (ou *pólis*) assume sua forma ou constituição pela organização das magistraturas e pela da magistratura principal a que todas outras estão subordinadas e com a qual todas elas estão articuladas, ou seja, a magistratura principal é o governo da Cidade.

Aristóteles defende uma tese que perdurará no Ocidente até o século XVIII: a do escravo por natureza. A natureza faz alguns homens fisicamente robustos, predispostos para o trabalho braçal e com pequena capacidade intelectual e moral, e faz outros menos robustos, mais aptos para os estudos, para o comando, para a vida política. Os primeiros são escravos por natureza e os segundos, livres por natureza. No entanto, Aristóteles é obrigado a reconhecer que há escravos por conquista. Embora afirme que tal escravatura é injusta, não escreve nada que possa contribuir para aboli-la, permanecendo, assim, um grego com os preconceitos e ideologias de sua época e sociedade.

O que é um escravo? A resposta de Aristóteles é surpreendente: é um instrumento dotado de voz (ou de palavra, *lógos*). Se nos lembrarmos da classificação das funções da alma, entenderemos a definição aristotélica: o escravo é um humano cuja alma não vai além da imaginação, sendo incapaz do uso pleno da razão. Por isso, por natureza, o escravo deve ser dirigido e comandado.

Apesar da clareza conceitual na definição do escravo, ao lermos os livros da *Política*, percebemos que Aristóteles, afinal, não se sente muito à vontade com relação à escravatura, tanto assim que estabelece uma série de condições para aceitá-la:

a) nem sempre a distinção entre homem livre natural e escravo natural é clara e por isso nem todo filho de um escravo natural será escravo natural;

b) a escravatura por conquista não é natural, não é justa e, se mantida, pelo menos uma regra os gregos devem respeitar, qual seja, nenhum grego escraviza outro grego;

c) os interesses do senhor e do escravo são os mesmos — o primeiro garante a vida do segundo, o segundo garante o sustento e a riqueza do senhor — e por isso o senhor não deve tratar o escravo como simples coisa ou animal, mas deve reconhecer que possui uma alma (ainda que só seja atualizada até à imaginação) e argumentar com ele (pois ambos são dotados de discurso ou palavra), em vez de simplesmente dar-lhe ordens;

d) deve ser dada a todo escravo a esperança de emancipação. O que é claro para os escravos por conquista, mas é surpreendente, no caso do escravo natural, pois, se o escravo é por natureza, como poderia mudar de natureza e tornar-se livre? Aristóteles nunca respondeu a essa questão.

6) *As duas modalidades da justiça: partilha e participação*

Antes de estudar as Constituições políticas, Aristóteles, como dissemos, estuda o lar, o *oîkos*, e o conjunto de lares que formam o vilarejo ou a aldeia. Esse estudo, porque se refere ao *oîkos*, é a *oikonomía**, isto é, a economia ou estudo das formas e relações de propriedade, do trabalho e da produção da riqueza e de sua circulação e é feito com dois intuitos principais.

Em primeiro lugar, visa estabelecer uma relação natural entre o modo como a economia está organizada e o melhor tipo de Constituição política para ela, pois, como veremos, o conceito-chave da política aristotélica (como na platônica) é o de justiça e esta dependerá do exame da forma de aquisição e distribuição da riqueza na *pólis*.

Em segundo, estabelecer a diferença entre o *despótes* e o cidadão (o privado e o público) e garantir, com isto, a verdadeira liberdade do cidadão ou liberdade política, isto é, estar livre das preocupações econômicas, dos negócios e do trabalho. Pois, em sentido pleno, ser um cidadão, para Aristóteles, não é nascer na Cidade nem poder processar e ser processado em conformidade com a lei nem descender de outros cidadãos, e sim participar do governo. Por isso, na realeza, somente um é cidadão e os outros são súditos; na aristocracia, somente alguns são cidadãos; e, no regime constitucional, todos são cidadãos.

A diferença entre os regimes é estabelecida por dois critérios: pelo número de cidadãos, isto é, pelo número dos que exercem a autoridade e o poder político, e pela excelência específica (*areté*) que é valorizada nos governantes. Um só e a honra como *areté* nos dão a realeza; um só e o vício contrário à honra (vilania) nos dão a tirania. Alguns e as virtudes éticas nos dão a aristocracia; alguns e o privilégio conferido à riqueza com seus vícios (prodigalidade e avareza) nos dão a oligarquia. Todos e a igualdade nos dão o regime constitucional ou popular; todos e o privilégio conferido à pobreza com seus vícios (grosseria, inveja, malevolência) nos dão a democracia. A tirania é o governo do interesse de um só e não é política senão no nome; a oligarquia é o governo dos ricos; a democracia, o governo dos pobres. Um regime é normal, correto ou bom e justo quando o governo é exercido para o bem de todos; é anormal, incorreto, mau e injusto quando é exercido em proveito próprio. Com isso temos o *princípio* da constituição política, isto é, aquilo que determina por que há regimes em que um só governa e outros em que alguns ou todos governam. Esse princípio é a *virtude política*, isto é, a capacidade e disposição para comandar para o bem de todos, ou seja, para assegurar o cumprimento da finalidade da Cidade, a autarquia coletiva ou felicidade do bem-viver comum.

GOVERNO	PARA TODOS	VIRTUDE	PARA SI	VÍCIO
um só	realeza	honra	tirania	vilania
alguns	aristocracia	virtudes éticas	oligarquia	riqueza excessiva
todos	popular ou constitucional	liberdade e igualdade	democracia	pobreza excessiva

Independentemente de sua Constituição, toda Cidade existe para cumprir seu fim e esse cumprimento será mais ou menos perfeito em decorrência do tipo de Constituição. A finalidade da política sendo o bem comum e a vida justa, o valor essencial da política, aquele valor (*axía**) que serve para medir todos os demais valores (*axíai*) da Cidade, é a justiça (*díke*). Que é a justiça? A igualdade entre os iguais e a desigualdade entre os desiguais. A justiça política consiste em duas ações principais: igualar os desiguais, ou seja, criar os iguais; e determinar que o tratamento desigual dos desiguais é justo. Essas duas ações são realizadas por duas formas da justiça: a justiça principal ou fundante, que é a justiça distributiva; e a justiça secundária ou fundada, que é a justiça comutativa.

A justiça distributiva se refere ao modo como a Cidade faz a partilha dos bens entre os cidadãos: riquezas, honrarias (cargos), fama, glória. Essa justiça, porque deve criar os iguais e tornar justo o tratamento desigual dos desiguais, opera geometricamente e não aritmeticamente. Ou seja, por exemplo, se a Cidade tiver dez toneladas de trigo para distribuir aos cidadãos durante uma guerra ou uma epidemia, se ela dividir o trigo aritmeticamente em porções iguais, dará a todos a mesma quantidade de trigo, sem considerar, por exemplo, o tamanho de uma família, se alguém possui outros alimentos, se alguém tem dinheiro para comprar alimentos em outra Cidade. Neste caso, a Cidade será injusta, porque estará dando tratamento igual aos desiguais. Para ser justa, deve dar a cada um segundo suas necessidades, dividir proporcionalmente o trigo e igualar os desiguais, dando-lhes tratamento desigual. E assim deve ser com todos os bens que distribuir, sejam eles riquezas, cargos, fama ou glória. Em cada caso, a necessidade, o mérito, o retorno para o bem da Cidade do que ela distribuiu devem ser as regras da distribuição. A justiça distributiva deve impedir o crescimento das desigualdades (econômicas, sociais, intelectuais, de opinião etc.), pois são estas as causas da corrupção de uma Cidade, isto é, as causas das sedições e revoltas que destroem a Cidade e lhe dão uma Constituição pior do que a que possuía. A justiça fundante é aquela que define a regra da proporcionalidade entre os cidadãos, criando os iguais pelo tratamento desigual dos desiguais.

A justiça comutativa corrige erros da justiça distributiva e sobretudo corrige erros e delitos nas relações entre os cidadãos (furto, roubo, rapina, violência física como ferimento e assassinato, estupro, adultério, injúria, calúnia etc.). É a aplicação das regras do direito ou das leis definidas pela justiça distributiva.

Existem dois tipos de bens: os que podem ser partilhados ou distribuídos (as riquezas) e os que são indivisíveis, só podendo ser participados. A justiça distributiva se refere ao partilhável, mas o poder (*krátos*) é indivisível e, portanto, participável. Isso significa que ninguém, enquanto indivíduo ou grupo, pode reivindicar a partilha do poder — seja como querem os defensores da oligarquia, que afirmam que o poder deve ser distribuído segundo a riqueza (ou o interesse privado), seja como querem os defensores da democracia, que afirmam que o poder deve ser distribuído segundo a liberdade de cada um, pois, novamente, falam em nome do indivíduo e não da Cidade como comunidade una e indivisa. O poder não sendo partilhável e sim participável, deve haver uma justiça que realize o participável e é a justiça política propriamente dita.

Quando o governo pertence a um, a alguns ou a todos, não está *distribuído* entre os cidadãos, pois, neste caso, teríamos cidadãos desiguais, alguns com mais e outros com menos poder. O poder é indivisível e participável e todos os cidadãos (isto é, todos os governantes — um só, alguns, todos) possuem o mesmo poder. Isso significa que, na realeza, um só é cidadão e os demais são súditos (transferiram o poder ao rei); na aristocracia, alguns são cidadãos e os demais formam a plebe (sem poder e sem cidadania); no regime constitucional ou popular todos são cidadãos. A divisão se estabelece entre cidadãos e não cidadãos, a justiça política referindo-se apenas aos primeiros. Dos não cidadãos cuidam a justiça distributiva e a comutativa, garantindo-lhes direitos individuais e privados, uma vez que não possuem participação no poder ou direitos políticos. A Cidade justa, portanto, é aquela que preenche quatro condições: 1) quem governa, o faz para todos e em vista do bem de todos; 2) todos os cidadãos (um só, alguns, a massa) possuem o mesmo poder; 3) a justiça distributiva é praticada baseada nos bens da economia e dos valores morais e intelectuais da cidade; 4) a justiça comutativa é exercida como o remédio legal e legítimo para corrigir injustiças.

7) A corrupção dos regimes e a Cidade justa ou perfeita

Como já dissemos, poucas vezes Aristóteles foi contestado, sobretudo depois que foi transformado em "filósofo oficial" da Igreja Católica Romana, que julgava heresia ir contra as ideias d'O Filósofo. Já vimos algumas dessas ideias: a da comunidade política como natural, finalidade suprema dos seres humanos, realização do bem comum e da vida justa, as ideias de justiça, as formas de regimes ou Constituições e seus critérios. Quatro outras ideias políticas, contestadas por poucos, são legadas por Aristóteles: 1) a teoria das causas da corrupção dos regimes políticos e dos remédios para corrigi-la ou impedi-la; 2) a teoria do regime justo; 3) a teoria do regime misto; e 4) a teoria das virtudes políticas ou cívicas.

Cada forma política tem uma causa própria para sua corrupção. A realeza degenera em tirania porque o rei começa a acumular riquezas e poderes, a ter um exército próprio, acreditando que pode tudo quanto queira. A população se revolta e, como está habituada a ser governada por um só, acredita que basta substituir o rei por um outro. Esse outro, porém, é escolhido por ser *tyrannikós*, isto é, aquele que é superior a todos os outros no manejo das armas, no comando de homens e no uso persuasivo de argumentos. Ao escolher um homem superior a todos os outros para substituir o rei, a população cria a tirania, pois este escolhido desejará exercer por si mesmo e segundo seus poderes pessoais o poder político. O remédio contra a corrupção da realeza em tirania deve ser encontrado nas exigências legais e legítimas feitas ao rei: não permitir que acumule riquezas, não permitir que forme um exército particular, obrigá-lo a ser leal às leis e a ser íntegro na aplicação da justiça distributiva e comutativa.

A aristocracia degenera em oligarquia quando os aristocratas se tornam demagogos para obter para si os favores populares e quando formam facções rivais que se combatem, enfraquecendo o poder. As honras começam a ser dadas somente para alguns (honras são os cargos), as desigualdades e rivalidades crescem e um grupo rico e poderoso toma o poder, passando à oligarquia. Os remédios aqui são semelhantes aos anteriores, acrescidos de mais dois: os governantes devem zelar para manter relações de confiança e solidariedade com a população e mostrar grande capacidade administrativa.

O regime constitucional ou popular degenera em democracia porque os dirigentes se transformam em demagogos, querendo os favores populares e permitindo que os ricos se aliem contra o governo; os ricos, por sua vez, distribuem riquezas e promessas ao povo para obter seus favores e se aliam aos pobres (a quem fazem favores) para que estes, cujo número é maior do que o restante, derrubem os governantes. Por isso, diz Aristóteles, a democracia é o governo dos pobres conduzidos pelos ricos. Os remédios aqui são os mesmos dos dois casos anteriores, acrescidos de mais dois: os cidadãos não podem permitir que a desigualdade econômica tome conta da Cidade, provocando a revolta dos pobres, e não podem permitir a aliança entre pobres e ricos contra o governo.

Da análise da corrupção dos regimes, surge a teoria aristotélica do regime justo ou perfeito, isto é, aquele que, por realizar da melhor maneira a finalidade da vida política, está menos sujeito às revoltas, às facções, à demagogia e às alianças entre oligarcas e democratas. Para que a Cidade justa seja realmente possível, ela precisa levar em consideração três aspectos materiais que assegurem sua autarquia perante outras Cidades, pois ela nasce para dar autarquia a seus cidadãos e só pode fazê-lo se ela própria for autárquica.:

a) *a população* (ou a demografia): não pode ser muito numerosa, pois se houver excesso populacional, a Cidade não produzirá os bens necessários a todos os seus membros (alimentos, habitações, vestuários, instrumentos suficientes) e dependerá de outras Cidades ou de um grupo poderoso que a dominará e fará os suprimentos da Cidade conforme aos seus próprios interesses e não aos dela;

b) *o território*: deve ser suficientemente vasto para assegurar trabalho, habitação, lazer para todos, mas não tão vasto que alguns possam apropriar-se de parte dele para acumular riquezas e fechá-lo com fortificações e exércitos particulares. Deve ter fácil acesso ao mar por causa do comércio e da comunicação, mas deve ser naturalmente propício à proteção e à fortificação, para não ficar sob o perigo de invasões;

c) *as classes sociais*: a Cidade deve combinar as qualidades de seus cidadãos para que todas as funções essenciais possam ser preenchidas da melhor maneira por eles próprios. A Cidade precisa ter agricultores, artesãos, guerreiros, comerciantes, um grupo abastado que possa dedicar-se integralmente à política sem visar aos seus interesses pessoais, sacerdotes, magistrados, juízes, professores das artes e dos ofícios e de educação liberal (as ciências).

Levadas em consideração essas condições materiais, trata-se, agora, de definir o mais importante, ou seja, a qualidade da Constituição. A crítica aristotélica da oligarquia, da democracia e da tirania já nos deixa saber que a Constituição não pode aceitar como critério o interesse individual ou grupal, nem deve conceber o poder como um bem partilhável segundo tal interesse. Por outro lado, as considerações materiais deixam perceber que a realeza só é adequada a vastos territórios, a impérios e não a Cidades. Restam, portanto, as Constituições aristocráticas e populares.

Em *Aristóteles e a política*, Francis Wolff examina o percurso aristotélico para a formulação da Cidade justa, começando por lembrar que a palavra "democracia", na Grécia clássica, possui um sentido pejorativo que lhe é dado não só pelos oligarcas e aristocratas, mas pelo próprio significado da palavra, uma vez que, nessa época, *démos* não significa "o povo", e sim o populacho pobre facilmente seduzido pelos demagogos. Assim, diz o helenista, Aristóteles critica e combate a democracia, mas não o regime popular. Para compreendermos, portanto, a formulação aristotélica, precisamos levar em conta a questão política tal como é colocada pelo filósofo, qual seja,

> que tipo de regime é o *mais* capaz de tomar as melhores decisões para a Cidade? Esse regime será justo [...] não porque nele o poder é justamente repartido, nem somente porque visa ao interesse geral, mas porque seu modo de governo o torna mais capaz de *alcançar* esse bem. E a resposta de Aristóteles a esta questão é também sem ambiguidades: é o *regime popular*, isto é, aquele no qual as deliberações são efetuadas coletivamente pelo conjunto do povo (F. Wolff, 1999, p. 122).

Assim, ao responder à pergunta sobre qual é a extensão do poder ou da soberania popular, Aristóteles afirma que o povo deve ter a soberania judiciária e deliberativa. Duas objeções podem ser erguidas à sua tese: a da "tecnocracia" e a da aristocracia. A primeira, de estilo platônico, exigiria que o soberano fosse o competente, aquele que tem o saber e pode decidir; a segunda exprime o temor de que a mediocridade ou a ausência de *areté* popular comprometa o valor do regime. À primeira objeção, Aristóteles responde que a política é arte e que numa arte o julgamento cabe ao usuário (causa final da ação) e não ao produtor (mera causa eficiente), portanto, os usuários da Cidade, isto é, os cidadãos são os que podem julgar o que é melhor para ela e por isso devem ter o poder judiciário e deliberativo. Uma assembleia popular, explica Aristóteles, traz consigo uma pluralidade de opiniões e de pontos de vista que, comparados à opinião e ao ponto de vista de um só ou de alguns, permitem uma percepção mais ampla e uma compreensão mais vasta dos problemas sobre os quais cabe deliberação ou julgamento. A política pede experiência e prudência e não ciência. À segunda objeção, responde que o argumento aristocrata confunde o valor do corpo político e o de cada indivíduo, isto é, um corpo político possui uma excelência coletiva que não é definida pela excelência de cada um dos indivíduos. Resta, porém, uma terceira objeção, também de cunho aristocrático: não se faria injustiça aos melhores não lhes dando, por mérito e por direito, os cargos de comando? Não seria justo que a riqueza, a nobreza, a liberdade, a virtude guerreira ou a virtude da justiça tivessem o comando? A resposta de Aristóteles é dupla: em primeiro lugar, diz ele, se uma dessas qualidades devesse valer mais que as outras, uma parte da Cidade se sentiria injustiçada; em segundo, todas essas qualidades são necessárias à Cidade e a única maneira de essa multiplicidade agir como uma unidade para o bem comum é assegurar a soberania ao povo, uma vez que todas essas qualidades encontram-se no povo tomado *coletivamente*.

A unidade da multiplicidade — cerne do pensamento aristotélico, como vimos no início deste capítulo — é alcançada politicamente somente no regime popular. Uma vez que neste todos são cidadãos, as virtudes políticas devem ser adquiridas por todos, cabendo à Cidade, por meio da educação política ou cívica, atualizar essa disposição nos cidadãos. É bem verdade que haverá multiplicidade — aos guerreiros cabe a coragem, aos membros das classes econômicas, a temperança, aos aristocratas abastados, a liberalidade e a magnificência, aos juízes, a agudeza de espírito, aos sacerdotes, o respeito próprio, aos professores, as virtudes intelectuais —, mas haverá também unidade, isto é, virtudes propriamente políticas: prudência, justiça, clemência e liberalidade. No topo delas, a amizade.

8) *O regime misto*

A tradição tendeu a interpretar o regime misto aristotélico aproximando-o de Platão. Como consequência, nessa tradição, Aristóteles teria afirmado que o melhor Estado é um regime que combina o que há de melhor na realeza, na aristocracia e no regime popular. Da aristocracia, o regime perfeito receberia o critério das virtudes ou excelências dos governantes; do regime popular, receberia o critério da liberdade e da igualdade. Da aristocracia, receberia o grupo que pode dedicar-se integralmente aos assuntos políticos; do regime popular, receberia o conhecimento que todos os cidadãos têm sobre estes assuntos, podendo vigiar, controlar e fiscalizar o governo. E da realeza receberia o critério da unidade e indivisibilidade do poder, assim como o exercício da prudência.

Essa formulação, porém, não é aristotélica. Para compreendermos o regime misto proposto por Aristóteles, precisamos compreender como foi que Aristóteles chegou à ideia do regime justo perfeito, que acabamos de ver. Como observa Sérgio Cardoso, a ideia de regime misto é elaborada por Aristóteles a partir do exame de dois regimes corruptos ou desviados, isto é, a oligarquia e a democracia, ou seja, do regime dos ricos para os ricos e do regime dos pobres para os pobres.

Ora, é justamente esta dedução da natureza específica das constituições desviantes que nos põe na direção do que há de mais original no trabalho de investigação de Aristóteles: seu esforço no sentido de devolver a esses regimes alguma significação "política". [...] ao especificar suas determinações próprias a partir da indicação da base econômico-social que os sustenta, o filósofo poderá também considerar o modo específico pelo qual entendem estabelecer um espaço comum, ou ainda, a maneira pela qual ricos e pobres entendem legitimar suas pretensões políticas. [...] oligarquia e democracia não aparecem para o filósofo apenas como espaço da irracionalidade das paixões e da injustiça, mas surgem determinadas por alguma aspiração de universalidade, ordem e legitimidade [...] (S. Cardoso, "Notas", in N. Bignotto, org., 2000, p. 36).

O regime misto é uma mistura de oligarquia e democracia na qual se procura realizar o justo meio entre os dois grupos opostos que dividem a Cidade, ou seja, tomando-se a *pólis* realmente existente, com suas condições materiais e sociais, e com suas divisões, trata-se de encontrar uma ordenação capaz de realizar o bem comum da Cidade. A *politeía* se define, então, como regime de todos os homens livres (ricos e pobres), que buscam verdadeiramente um bem comum, promovendo a integração e comunicação das duas partes fundamentais. Sob essa perspectiva, a ideia de regime misto, resposta concreta a uma realidade concreta, modifica a finalidade da política. De fato, no exame do regime justo ou perfeito, a finalidade da política não é a virtude de cada um de seus cidadãos, mas "a própria efetivação da *pólis* como comunidade ativa de todos os cidadãos", da qual decorrerá a virtude de seus membros. Para isso, o regime misto se ordena de tal maneira que os interesses das duas partes contrárias (ricos e pobres) se submetam aos interesses de todos, sem negar a particularidade e rivalidade dos interesses respectivos, mas definindo um justo meio pelo qual possam ser limitados e moderá-los em nome do interesse de todos. Por isso o regime misto é aquele em que o governo cabe às leis. Ou é "o governo da lei", isto é, não é governo da ciência, nem o governo do Bem, nem o dos melhores, nem o da virtude, mas a moderação entre as partes antagônicas da Cidade por meio da lei.

Dessa maneira, no quadro que apresentamos na p. 469, o regime constitucional ou popular é o regime misto e é ele que Aristóteles chama propriamente de *politeía*, para distingui-lo daqueles em que o governante não é um "misto", mas uma classe social ou um indivíduo determinados.

9) *A cristianização da política aristotélica*

Entre Platão e Aristóteles as diferenças são claras. Em primeiro lugar, o governante aristotélico jamais será o filósofo, mas o prudente, uma vez que a política é *práxis* humana e não "ciência divina". Em segundo, a *pólis* existe para o bem dos cidadãos e não o contrário, motivo pelo qual Aristóteles delimita com precisão a esfera pública de atuação do Estado, impedindo-o de regular e dirigir a esfera privada. Em terceiro, a *pólis* não é governada pela razão teorética, mas pela sabedoria prática de seus cidadãos e pelos laços de amizade que souber criar entre eles. Apesar dessas diferenças, e apesar da diferença histórica e cultural entre a Grécia clássica e o cristianismo, o pensamento político cristão, fundindo as concepções gregas e romanas, mesclou as ideias de Platão e Aristóteles e as colocou em consonância com o princípio bíblico-teológico (segundo o qual "todo poder vem do Alto" e é um favor divino, uma graça concedida aos governantes), produzindo um paradigma político dotado das seguintes características:

• o poder cabe a um só e a monarquia é o regime político perfeito (como diz a Bíblia, "um só rebanho e um só pastor") e, num regime misto ou justo, o monarca deve ser eleito pela comunidade de seus pares;

• o governante, dotado de intelecto e vontade, deve ser educado para o poder e essa educação consiste em incutir-lhe as virtudes políticas preconizadas por Platão e Aristóteles;

• a qualidade do regime (justo ou injusto; bom ou mau) depende das virtudes ou vícios do governante e não das instituições políticas. O governante, isto é, o príncipe, é um espelho de virtudes ou de vícios no qual se refletem as virtudes ou vícios dos órgãos de governo;

• a sociedade (o corpo político) será justa ou injusta, boa ou má dependendo das virtudes ou vícios do governante porque, sendo o príncipe um espelho, os governados imitam suas qualidades positivas ou negativas, espelhando-as;

• o regime corrupto é aquele no qual há conflitos entre facções, a hierarquia não é respeitada e as virtudes não são imitadas.

Como se observa, entre as ideias aristotélicas e platônicas e as cristãs medievais há enorme distância.

AS ARTES: RETÓRICA E POÉTICA

Fechando a arquitetura das ciências aristotélicas na sua ordem descendente, encontramos as ciências produtivas ou poiéticas, aquelas em que o agente, a ação e o resultado da ação são diferentes ou estão separados. As artes ou técnicas são, pois, aquelas práticas que têm o fim fora de si mesmas e por isso são inferiores à *theoría* e à *práxis*, que possuem seu fim em si mesmas.

Na técnica, a causa eficiente é o técnico ou o artífice; a causa material, aquilo de que a obra é feita; a causa formal, aquilo que dá à obra sua forma acabada; a causa final, o uso a que a obra está destinada ou o seu usuário. A causa mais importante é a causa final — tanto pelas razões da metafísica aristotélica (isto é, o lugar ocupado pelo *télos* e pela entelequia) como por sua teoria sociopolítica, que concebe a naturalidade da escravatura e considera o trabalho manual, mesmo nos homens livres, um gênero de vida inferior ao dos que fruem o ócio, pois não só o trabalho é fadiga, pena, esforço, como ainda envolve a dependência do trabalhador à vontade do usuário.

A noção da forma como modelo ou paradigma é essencial nas ciências produtivas, pois é ela que guia e orienta o trabalho do técnico/artesão. Existe um *eîdos*, uma forma acabada e perfeita, que serve de exemplo, modelo e guia para a causa eficiente. Dizemos que a obra está realizada quando o *eîdos* foi inscrito na matéria, graças à mediação do técnico/artesão. Assim, por exemplo, a saúde é um *eîdos*, a forma perfeita de um corpo, e cabe ao médico atualizá-la no paciente, retirando dele a doença e colocando, em seu lugar, a forma da saúde.

Técnicos e artífices trabalham guiados por dois critérios. Em primeiro lugar, a forma ou *eîdos*, que devem colocar numa matéria (a saúde no corpo doente, a estátua no bronze, no mármore ou na madeira, a poesia ou a tragédia nas palavras, as cores sobre o tecido, sobre a cerâmica ou sobre a madeira para uma pintura, o cálice na prata, a ânfora na areia soprada etc.); em segundo, as regras ou preceitos de cada arte, segundo os quais a matéria pode receber a forma que lhe foi determinada pela finalidade de seu uso; essas regras nascem da combinação entre a experiência (*empeiría**) e o modelo (*eîdos*) e constituem o saber ou a ciência própria do técnico, isto é, o método (*méthodos*).

Vem de Aristóteles a frase célebre "A arte imita a natureza". O filósofo não diz que a arte é *imitação* da natureza e sim que a *imita*. E, como vimos, imitar tanto pode significar emular (fazer como um outro faz) ou simular (parecer-se com o outro, fazer como se fosse o outro). A arte ou a técnica pertence ao campo de *mimeómai* e de *mímesis*.

A arte imita a natureza não significa que aquela copia esta, e sim que a atividade técnica segue os mesmos princípios que a natureza e que, obedecendo às quatro causas, o artesão fabrica alguma coisa ou realiza uma atividade determinada, atualizando uma potencialidade na matéria, exatamente da mesma maneira como na natureza são geradas as coisas naturais. Além desse primeiro sentido, a arte imita a natureza simulando os movimentos e processos naturais para oferecer à natureza soluções que, deixada a si mesma, ela não conseguiria encontrar (como no caso da medicina, quando o médico se defronta com uma doença que a natureza do paciente, por si mesma, não consegue vencer; ou como é o caso da agricultura, que força a natureza a produzir frutos em quantidade, qualidade e variedade que, por si mesma ou sozinha, ela não produziria). Sob esse aspecto, Aristóteles dirá que a técnica é um estratagema tanto para vencer um obstáculo natural como para obter um efeito que a causalidade natural não tem força ou poder para realizar. Não sendo um saber teórico e sim prático, a técnica é a experiência guiada pela razão prática, isto é, por conhecimentos particulares colocados como máximas, regras e preceitos gerais que permitem ao técnico opor-se ao acaso e mesmo vencê-lo, pois sua atividade se realiza no campo do contingente, do possível e do provável. Assim, se a virtude própria do agente ético e político é a prudência, a do técnico é a habilidade e a astúcia para, como o prudente na ação, agarrar o momento oportuno.

Dos escritos de Aristóteles sobre as ciências produtivas (com exceção de referências esparsas sobre a medicina, nas obras de biologia e psicologia, sobre a arte bélica, nas obras políticas) só nos restaram dois: a *Arte retórica* e a *Arte poética* (incompleta), portanto, artes da palavra. Com esses dois escritos, Aristóteles deixou fixadas para o Ocidente as regras da argumentação persuasiva (retórica) e as regras dos gêneros literários (poética). Tudo quanto foi escrito depois sobre a arte da persuasão e sobre o que será chamado de literatura, ainda que ampliado, renovado, adaptado a novas circunstâncias históricas e sociais, foi escrito a partir de Aristóteles.

A RETÓRICA

Que é a retórica? No Livro I da *Arte retórica*, Aristóteles escreve:

É evidente que a retórica não pertence a um gênero definido, mas acontece-lhe como à dialética, pois é útil; sua tarefa não consiste em persuadir, mas em reconhecer os meios de persuasão mais pertinentes para cada caso, como também ocorre em todas as outras artes (pois não é próprio do médico fazer alguém sadio e sim dirigir-se para esse fim até onde seja possível [...]), o próprio dessa arte é reconhecer o convincente e o que parece ser convincente, do mesmo modo que corresponde à dialética reconhecer o silogismo e o silogismo aparente.

A *arte* retórica, portanto, não é a ação de persuadir, mas de conhecer ou reconhecer os meios adequados para persuadir e distingui-los dos que são apenas aparentemente persuasivos. Embora não pertença a um gênero definido, a retórica é útil porque, sublinha muitas vezes Aristóteles, ela é indispensável à política ou aos discursos públicos proferidos em assembleia durante o processo deliberativo. Por causa dessa importância cívica Aristóteles critica duplamente seus predecessores: uns, por terem identificado a arte com a própria atividade persuasiva; outros, por terem reduzido os procedimentos retóricos aos litígios judiciários (ou aos discursos nos tribunais), deixando de lado seu aspecto eminentemente político.

De maneira muito breve, os pontos mais importantes da retórica aristotélica podem ser assim resumidos:

1) Distinção entre os meios de persuasão: os meios não retóricos (isto é, o testemunho, a confissão sob tortura, as provas documentais) e os meios propriamente retóricos.

2) Definição e distinção dos meios retóricos: os que se baseiam no caráter (*éthos*) do orador, que procura persuadir graças à opinião favorável que o ouvinte tem daquele que fala e não sobre o assunto que está sendo tratado; os que se baseiam nas paixões dos ouvintes e operam aumentando o grau das paixões que servirão para a persuasão; e os que se baseiam na força do argumento empregado. Neste caso, a força pode ser obtida por dois meios: pelo exemplo e pelo entimema. O exemplo serve para ilustrar e provar um argumento com fatos da experiência, facilmente identificados pelo ouvinte, além de servir para engrandecer ou apequenar o caso tratado. O entimema é um silogismo longo do qual são omitidas várias passagens ou demonstrações intermediárias, de modo a ficar com algumas premissas e a conclusão, sem que o ouvinte tenha de pensar em todo o percurso demonstrativo, que, aliás, o orador não apresentou; o ouvinte

escuta como se a prova completa tivesse sido realizada diante dele. O silogismo retórico difere do silogismo lógico-científico porque nele a dedução é feita a partir da verossimilhança e de indícios e não de premissas universais e necessárias, uma vez que a retórica se move no campo do provável e do plausível.

3) Definição e descrição dos gêneros de discurso: o deliberativo (próprio do discurso político), no qual o orador tem que persuadir o ouvinte sobre alguma coisa futura ou um acontecimento futuro e fazê-lo acreditar que essa coisa ou esse acontecimento será útil ou prejudicial, persuadindo-o, assim, a fazer uma determinada escolha em vez de outra igualmente possível; o judiciário, no qual o ouvinte é um juiz (tanto um juiz institucionalmente falando, isto é, que ocupa o cargo de juiz num tribunal, como um juiz informal, isto é, qualquer um que seja convidado a julgar o assunto em discussão) e se refere a uma coisa passada ou a um acontecimento passado, devendo o orador persuadir o ouvinte de que a coisa ou o acontecimento foram justos ou injustos, dependendo de o orador estar defendendo ou acusando alguém; e o demonstrativo, que se refere às coisas ou acontecimentos presentes, o objetivo do orador sendo louvar ou condenar, elogiar ou censurar (quando elogia ou louva, o discurso é chamado epidítico; quando condena ou censura, é chamado de vitupério).

GÊNERO / OCASIÃO	ASSUNTO	TEMPO	FINALIDADE
Deliberativo/política	bom/mau; útil/nocivo	futuro	influenciar a escolha
Judiciário/tribunais	justo/injusto	passado	influenciar o julgamento
Demonstrativo/ celebrações dos vivos ou dos mortos (epidítico; vitupério)	belo/feio; digno/infame	presente	comover

Depois dessas classificações minuciosamente descritas e exemplificadas, Aristóteles oferece as regras específicas para cada tipo de discurso, regras de estilo e elegância ou do decoro próprio a cada um, pois o orador que se enganar de gênero ou confundir preceitos de vários gêneros não conseguirá a persuasão (e, pior, será ridicularizado pelos que dominam a arte).

Há, entretanto, um aspecto da retórica aristotélica que precisamos sublinhar porque ganhou tal importância que, em Roma, com Cícero e Quintiliano, e daí por diante, tornou-se nuclear em todos os tratados de arte retórica.

Vimos, ao estudar a ética, que o apetite e o desejo produzem ou despertam em nós as paixões. Aristóteles ensina que a ação primordial da retórica é tocar as paixões, despertá-las, provocá-las, pois o orador não se dirige ao intelecto do ouvinte ou do destinatário e sim ao seu ânimo. Persuadir é comover, emocionar, pôr em movimento o *páthos*, suscitando no ouvinte medo, cólera, ódio, amor, piedade, tristeza, alegria, generosidade, inveja etc. E o próprio orador consegue esses efeitos se, além do estilo e dos argumentos, ele próprio parecer apaixonado no que defende e no que acusa, no que promete ou nas ameaças que faz. Porque o *éthos* do orador e o do ouvinte submergem no *páthos*, pouco a pouco, com os oradores romanos (Cícero e Quintiliano sobretudo), a retórica se tornou inseparável da ética, passando a ser vista como o melhor instrumento para educar as paixões e chegar à virtude. Ou, como explicam, a retórica age com três operações sobre o *páthos* ou o ânimo: comover (*movere*), ensinar (*docere*) e deleitar (*delectare*).

Aristóteles jamais imaginaria que isto pudesse acontecer, pois a ética é *práxis* e a retórica é *poíesis*. No entanto, ele próprio admitia que o mestre de ética deveria começar pela persuasão para conseguir formar os hábitos virtuosos e, com isto, criou as condições para que ética e retórica acabassem inseparáveis. O retórico imita sentimentos e paixões e por essa imitação suscita no ouvinte paixões e sentimentos que este, por si mesmo, não teria. Se o retórico for professor de moral, usará a imitação dessas paixões para a educação do caráter.

Uma outra herança aristotélica, presente sobretudo nos medievais, resulta da combinação entre a *Arte retórica* e um dos livros do *Órganon*, os *Tópicos*: a assimilação gradual da dialética e da retórica, assimilação também não prevista por Aristóteles, mas suscitada por ele. Na abertura dos *Tópicos*, ele escreve:

> A finalidade deste tratado é encontrar um método que nos garanta argumentar sobre todo e qualquer problema colocado e evitar, quando sustentamos um argumento, que digamos algo que lhe seja contrário [...]. Possuiremos perfeitamente nosso método quando formos capazes, como o somos na retórica e na medicina, de realizar, com as possibilidades de que dispomos, o fim proposto.

Os *Tópicos* realizam para a dialética o mesmo estudo minucioso que a *Arte retórica* realiza para a oratória, estudando os *topói*, isto é, os lugares (também chamados de lugares-comuns) ou os temas próprios da discussão e argumentação dialética. O que teria levado os medievais a assimilar as duas obras? Em primeiro lugar, certamente, o fato de ambos tratarem de artes da linguagem ou dos discursos. Em segundo, o fato de que Aristóteles, embora diferenciasse as duas disciplinas, costuma compará-las. Em terceiro, e talvez mais importante, porque ambas se referem ao provável, ao possível e ao verossímil, pois não são ciências teoréticas. O mais curioso, porém, foi o que os medievais acabaram fazendo com a própria dialética: eles a assimilaram ao discurso científico e a transformaram no procedimento empregado para a discussão e argumentação filosófica. O que, para Aristóteles, certamente seria inconcebível.

A POÉTICA

A *Arte poética*, tal como a conhecemos, possui uma introdução geral em que Aristóteles distingue a poesia (trágica, lírica, cômica, épica) e dois tipos de prova ou demonstração: a filosofia, de um lado, e a história, de outro; e o restante trata da tragédia, uma vez que as outras partes da obra se perderam (alguns intérpretes, aliás, julgam que Aristóteles nunca a completou).

Poesia, diz Aristóteles, é toda arte que imite (emule ou simule) caracteres, paixões e ações. Pintura, escultura, teatro (tragédia, comédia), epopeia, lírica, dança, música são poesia. Ela realiza essa imitação por meio de narrativas (na poesia), de ações e gestos (no teatro), de gestos (na dança), de sons e ritmos (na música), de cores, formas e figuras (na escultura e na pintura) etc.

A poesia, ao contrário da filosofia, não é um conhecimento teórico da natureza humana, mas imita ações e sentimentos, feitos e virtudes, situações e vícios dos seres humanos. No entanto, a poesia é diferente da história, embora esta também seja uma narrativa de feitos e situações de seres humanos, das virtudes e dos vícios dos acontecimentos humanos narrados. A diferença está no fato de que a poesia visa, por meio de uma pessoa ou de um fato, falar dos humanos em geral (cada pessoa, na poesia, não é ela em sua individualidade, mas é ela como exemplo universal, positivo ou negativo, de um *tipo* humano) e a falar de situações em geral (por exemplo, por meio do relato dramático de *uma* guerra, fala sobre *a* guerra), enquanto a história se refere à individualidade concreta de cada pessoa e de cada situação. A poesia trágica não fala de Édipo ou de Electra, de Medeia ou de Jasão, mas do destino humano; a epopeia não fala de Helena, Ulisses, Aquiles ou Agamenon, mas de tipos humanos. A história, ao contrário, fala de pessoas singulares e situações particulares. Por isso, diz Aristóteles, a poesia está mais próxima da filosofia do que a história, porque a primeira visa uma universalidade e a segunda nunca se dirige ao universal, mas ao particular. Filosofia e poesia se distinguem não só porque uma é ciência teorética e a outra, poiética, mas também porque a linguagem da primeira é o *lógos* (a demonstração) enquanto a da segunda é o *mýthos* (a narração). História e poesia, por seu turno, se distinguem porque o *mýthos* (a narrativa) em cada uma delas é diverso: na história, refere-se ao que, de fato, aconteceu; na poesia, ao que poderia ou pode acontecer.

Depois das distinções iniciais entre poesia, filosofia e história, Aristóteles distingue prosa e poesia. A distinção não se faz, como poderíamos supor, entre linguagem métrica ou versificada e linguagem não métrica e não versificada, pois, explica o filósofo, pode haver prosa metrificada (como os poemas de Parmênides e de Empédocles) e pode haver poesia não em versos, como a melodia instrumental. Prosa é a linguagem que *diz diretamente* as coisas; poesia a que *imita as coisas* (ações, paixões, feitos, gestos, figura). Os gêneros poéticos são, então, apresentados:

• na prosa: narração, diálogo e discursos retóricos;

• na poesia: a) quando se combinam linguagem, ritmo e melodia, temos a tragédia, a comédia, a epopeia, a lírica, a elegia; b) quando se combinam ritmo e melodia, temos a música instrumental; c) quando só há ritmo, temos a dança; d) quando se combinam figura, traço e cor, temos a pintura e a escultura.

Aristóteles descreve cada um desses gêneros, oferece suas regras específicas, as boas qualidades de estilo, a origem e finalidade de cada um. Certamente, iria escrever (ou escreveu e se perdeu) com detalhes sobre cada espécie poética, mas conhecemos apenas o livro dedicado à tragédia.

O campo da poesia, observa Paul Ricoeur, no ensaio "Uma retomada da *Poética* de Aristóteles", refere-se a um trio: *mímesis*, *mýthos* e *kátharsis**. Nela, a *mímesis* tem um sentido diverso do que possui nas outras artes ou técnicas, porque se aproxima da *práxis* e da ética: o objeto da imitação são as ações humanas enquanto virtuosas ou viciosas. A especificidade da *mímesis* poética tem consequências para o *mýthos* poético, isto é, a narrativa refere-se a um conjunto de ações virtuosas ou viciosas, formando o que, hoje, chamamos de enredo, que possui uma estrutura diferente na poesia épica (que narra feitos heroicos) ou lírica (que narra estados de alma) e na tragédia ou na comédia, pois as duas últimas exigem que a ação não seja relatada, mas apresentada, ou seja, a ação é um espetáculo. A *kátharsis*, por seu turno, tem uma função ético-pedagógica, pois a poesia (epopeia, lírica, tragédia, comédia, música, dança) deve atuar sobre o ânimo ou o *páthos* do ouvinte (na música e na poesia que, na Grécia, não era lida, mas recitada ou declamada) e do espectador (no teatro, na dança, na escultura e na pintura), fazendo-o sentir as paixões narradas-apresentadas e permitindo-lhe, ao senti-las, imitá-las em seu interior, isto é, vivê-las como suas e, assim, liberar-se delas, purificando-se.

Vemos, assim, que arte retórica e arte poética guardam relação com a ética, porque todas elas estão dirigidas à esfera das paixões e ações humanas.

O que é a tragédia? Aristóteles assim a define:

> Imitação de uma ação grave e completa em si mesma, que tenha uma certa amplitude; uma linguagem adornada em proporção diferente conforme suas diferentes partes; que se desenrole por meio de personagens que *atuem* em cena, *não narrem*; e que produza, em cada caso, piedade e terror e a purificação destas paixões.

Essa definição contém as regras e finalidade da tragédia, que Aristóteles desenvolverá no primeiro livro da *Poética* e que se tornaram regras obrigatórias da tragédia, até que, no século XVI, Shakespeare as mudasse.

Que regras deve seguir o gênero trágico?

1) *Regra da unidade*: a ação trágica deve desenrolar-se com continuidade, tendo começo, meio e fim sem que essa ordem possa ser alterada, pois qualquer alteração muda o sentido da ação (essa regra acabou, mais tarde, sendo traduzida na seguinte: a ação deve se passar num único local e num único dia).

2) *Regra da verossimilhança*: o objeto da tragédia não é o verdadeiro, mas o verossímil, aquilo que poderia acontecer em geral, isto é, imita (simula) o que poderia acontecer ou ter acontecido, sem se preocupar com que tenha efetivamente acontecido.

3) *Regra da catarse* (purificação): a tragédia tem uma finalidade educativa e formadora do caráter e das virtudes, por isso deve suscitar no espectador paixões

que imitem (simulem e emulem) as que ele sentiria se, de fato, os acontecimentos trágicos acontecessem e deve, a seguir, oferecer remédios para essas paixões, fazendo o espectador sair do teatro emocionalmente liberado ou no governo de suas emoções. O espectador deve aprender, pela imitação (isto é, pelo espetáculo oferecido), o bem e o mal das paixões, o que podem fazer de terrível ou benéfico para os humanos.

Comentando a *Poética*, no ensaio "De Aristóteles a Poe", Umberto Eco escreve:

> Aristóteles não fala [como, durante séculos, se pensou] de critérios de medida e ordem, ou de equilíbrio orgânico, mas de um outro critério: o elemento fundamental da tragédia é o enredo, e o enredo é a imitação de uma ação cuja finalidade, cujo *télos*, é seu efeito, seu *érgon*. Este *érgon* é a *kátharsis*. Bela — ou bem-sucedida — é a tragédia que sabe provocar a mais completa purificação. Portanto, o efeito catártico é uma espécie de coroamento final do empreendimento trágico, que não reside na tragédia enquanto discurso escrito ou representado, mas enquanto discurso recebido (U. Eco, "D'Aristote: à Poe", in Bárbara Cassin, org., 1992).

A tragédia, arte catártica, é uma espécie de medicina da alma. Escreve Aristóteles:

> O sentimento que se apresenta em certas almas de forma violenta existe, de certo modo, em todas. Por exemplo, a piedade e o temor, e ainda o entusiasmo,[10] pois esta paixão também produz suas vítimas. Mas, sob a influência das melodias sagradas, quando sentiram os efeitos dessas melodias, vemos tais almas, que foram excitadas até ao delírio místico, restauradas, como se tivessem encontrado a cura e a purificação. O mesmo tratamento deve ser aplicado aos que estão inclinados para a piedade, para o terror ou outra paixão, bem como a todos os outros, desde que sejam susceptíveis de padecer tais paixões. Todos esses necessitam ser purificados de algum modo e suas almas necessitam ser aliviadas ou satisfeitas.

A tragédia desce ao fundo terrível, ao abismo das paixões humanas. É um meio poderoso de autoconhecimento e autorrespeito e, diz Aristóteles, só não atinge o homem grosseiro e vulgar, pois este, quando superficial, gosta dos finais felizes (como diríamos dos que gostam das novelas de televisão: gostam do happy end).

Notas

1. O NASCIMENTO DA FILOSOFIA (pp. 15-52)

1. Diógenes de Laércio, cuja vida, personalidade, formação, origem e obras permanecem um mistério para os estudiosos, escreveu *Vidas, doutrinas e sentenças dos filósofos ilustres*, compêndio sistemático que reúne fragmentos originais e trechos citados por outros filósofos, além de dados biográficos dos filósofos antigos. Por seita, Diógenes de Laércio entende uma escola de pensamento formada pelos mestres fundadores, discípulos imediatos e seguidores tardios que repetem, mesmo com modificações, as ideias dos fundadores. O *Vidas...* é considerado um dos mais importantes conjuntos de doxografia do pensamento antigo. Fala-se em doxografia e doxógrafo porque a obra expõe as opiniões dos filósofos, e, em grego, opinião se diz *dóxa*.

2. Cientificismo: atitude teórica que considera que as ciências podem descrever, explicar e interpretar completamente a realidade (natural e humana) e podem ser aplicadas para mudar a realidade, de sorte que podemos dominá-la completamente. Esta crença no absoluto poder explicativo e prático das ciências predominou no final do século XIX e início do século XX.

2. OS PRÉ-SOCRÁTICOS (pp. 53-128)

1. *Péri Phýsei*, título provavelmente da autoria de Aristóteles e não do próprio Anaximandro.

2. Os três fragmentos transcritos são tradução do original feita por José Cavalcante de Souza, helenista. Encontram-se no volume *Os pré-socráticos* da coleção Os Pensadores (citada na bibliografia).

3. Os gregos se referiam à necessidade com três termos diferentes que, no mito, corres-

pondiam a três divindades: *anánke, moîra* e *týkhe*. *Anánke* é a necessidade cósmica, isto é, as leis e regras necessárias que governam todas as coisas e o curso do mundo. *Moîra* é a necessidade entendida como destino de cada um e de cada coisa. *Týkhe* é o acaso, a fortuna, a boa ou má sorte. Poderíamos supor que *týkhe* seria o oposto da necessidade da *anánke* e da *moîra* e, sendo acaso ou contingência, não deveria figurar juntamente com o necessário. Todavia, *týkhe* é também necessidade no sentido de que sua ação não está sob nosso poder e cai sobre nós e sobre as coisas inevitavelmente, ainda que esse inevitável seja algo inesperado para nós. A lei necessária da *týkhe* ou da fortuna é: rebaixar os grandes e engrandecer os pequenos, empobrecer os ricos e enriquecer os pobres. E como essa ação cria outros grandes e outros ricos, irá também rebaixá-los e empobrecê-los. Ver estes três termos no Glossário.

4. Tradução de José Cavalcante de Souza, "Parmênides de Eleia", in *Os pré-socráticos*, coleção Os Pensadores.

5. Temos dificuldade para acompanhar o argumento de Zenão porque fomos habituados (pelo pensamento filosófico-científico do século XVII) a pensar no espaço como um meio neutro, homogêneo e quantitativo, diferente do tempo. Não é o caso dos gregos. Não falam em espaço, mas em lugar e lugares. Um lugar é idêntico ao corpo que o ocupa e se desloca com este corpo, de tal modo que o tempo de deslocamento e o lugar são uma só e mesma coisa. É a identidade entre lugar e instante que Zenão usa em seu argumento. Os gregos também não pensam no tempo como meio homogêneo, mas falam em períodos e instantes qualitativamente diferentes (ontem, hoje, amanhã, depois, agora, antes, nunca). O caráter qualitativo do instante e do lugar sustentam a aporia proposta por Zenão.

6. A argumentação opera com a noção de limite e ilimitado como qualidades da unidade. Se for limitada, mas divisível ao infinito, torna-se ilimitada (primeira aporia). Se for limitada, mas indivisível, entre ela e outra há o vazio (segunda aporia).

7. Em nossa sociedade, fomos acostumados a distinguir técnica e arte. Técnica é a aplicação de um conhecimento com finalidade prática e instrumental. Arte é a criação desinteressada de coisas belas pela fantasia e imaginação. Para os antigos gregos e romanos arte e técnica eram a mesma coisa, tanto assim que a palavra latina *ars* é a tradução da palavra grega *tékhne*. Para a sociedade greco-romana técnica ou arte é toda ação humana que fabrica alguma coisa que não existia na natureza: agricultura, arquitetura, pintura, literatura, medicina, oratória, gramática, carpintaria, serralheria, todo tipo de artesanato, tudo isto é arte ou técnica. Arte-técnica significa: produção de uma obra, um objeto, um artefato. A distinção entre as artes-técnicas era feita a partir da diferença entre atividade manual (artes mecânicas) e intelectual (artes liberais). A pintura e a escultura, por exemplo, eram artes mecânicas, enquanto a poesia e o teatro eram artes liberais. Ver *tékhne*, no Glossário.

3. OS SOFISTAS E SÓCRATES: O HUMANO COMO TEMA E PROBLEMA (pp. 129-206)

1. O mito narra que Uranos (o céu) estava deitado sobre Reia ou Gaia (a terra) sem lhe dar descanso, forçando-a ao sexo permanente, devorando os filhos ao nascer, pois um deles o suplantará e tomará o poder. Nasce Zeus. A deusa Métis ensina a Reia um estratagema: esconder a criança, enrolar pedras num pano e dá-las a Uranos para que as devore, salvando Zeus. E Métis ensina a

Zeus um estratagema que o fará vencer Uranos e tornar-se rei dos deuses: fabrica uma espada com a forma de uma foice e a dá a Zeus recomendando-lhe ficar escondido, à espreita, esperando o momento rápido em que Uranos se separa levemente de Gaia; quando este momento chegar, num golpe certeiro e único, Zeus deve cortar o pênis de Uranos, separando-o definitivamente de Gaia. Cortando a força de Uranos, Zeus se torna rei dos deuses do Olimpo. Métis tem três filhos: Skótos (sombra, treva, ausência de luz), Poros (o estratagema, o que sabe encontrar um caminho onde não há caminho, onde há *aporia*) e Tekmar (o que produz sinais e indícios para percorrer um caminho e chegar ao fim do percurso). Métis dá origem, portanto, à oposição primordial que define a técnica: a oposição entre a treva ou a aporia e o estratagema astucioso, que se vale de sinais e índices para resolver dificuldades. Métis engravida de Zeus, que teme a criança que irá nascer e por isso engole Métis. Esta dá à luz a criança no interior do corpo de Zeus e a faz sair, adulta e armada, pela cabeça do pai: é Atena, protetora da razão e das técnicas.

2. Como tudo o mais na Grécia Antiga, também a medicina se dividiu em escolas ou tendências diferentes, ainda que a Escola Hipocrática seja a fonte comum de todas elas. Entre as diferenças mais importantes, duas são as mais conhecidas e as mais mencionadas: 1) a diferença entre os "metódicos" e os "empíricos", isto é, entre os que estabelecem uma relação necessária entre a teoria e a prática e os que julgam que "cada caso é um caso", confiando apenas na experiência; 2) a diferença entre os que concebem a terapia ou a terapêutica como ação do semelhante sobre o semelhante — *homeopathía* — e os que concebem a cura como luta entre os contrários ou os diferentes — *allopathía*. Esta segunda diferença levará a duas concepções opostas do remédio — *pharmákon* —, pois para os defensores da semelhança o remédio é uma poção que contém o mesmo que há na doença, mas em proporções diferentes, enquanto os defensores da diferença concebem o remédio como um veneno que contém o oposto da doença e pode destruí-la.

3. Já vimos que a tradução desta palavra por "virtude" é pobre e não dá conta da ideia nela contida, isto é, de um ideal humano integral, da formação do homem excelente ou o melhor. *Areté* é excelência, mérito, valor. Alguns helenistas observam que a *areté* possui um conteúdo agonístico ou competitivo, mesmo no contexto não aristocrático. Ou seja, a noção de valor, excelência, mérito, pressupõe uma comparação, avaliação e distinção dos indivíduos, classificados como melhores ou piores, capazes ou incapazes.

4. A Guerra do Peloponeso é a luta entre Atenas e Esparta pelo império grego, envolvendo, aos poucos, todas as cidades, à medida que estas se aliam a um ou outro lado. A "Oração de Péricles" é o elogio de Atenas contra Esparta, cujos valores são aristocrático-militares: vida simples e frugal para fortalecer o corpo, valorização da coragem contra os conhecimentos teóricos, elogio da pobreza (a famosa "pobreza espartana"), rígida separação social entre os dirigentes político-militares e o restante da população (artesãos, comerciantes, lavradores), desprezo pela linguagem e pela discussão (o célebre laconismo espartano) e valorização exclusiva da ação decidida por uns poucos chefes. Péricles contrapôs os valores de Atenas aos de Esparta. Ora, os aristocratas atenienses possuem valores semelhantes aos espartanos e por isso a *Oração fúnebre*, ao atacar Esparta, também ataca a aristocracia de Atenas.

5. Assim chamados para distinguir-se dos "socráticos maiores", isto é, Platão e Aristóteles. Foram fundadores de três escolas: a Megárica, de Euclides de Megara, dedicada a assuntos lógicos; a Cirenaica, de Aristipo de Cirene, interessada em resolver o problema da felicidade e da conduta moral; e a Cínica, de Antístenes, conhecida pela ideia de que o sábio é aquele que vence

as paixões, não se submete ao prazer e não foge da dor. Todas elas se preocupam com a questão da definição (problema considerado tipicamente socrático), mas privilegiam a prática moral e não a teoria.

6. Daqui por diante, iremos empregar frequentemente a palavra ciência, mas convém, desde logo, não imaginar que, para os gregos, ela tenha o mesmo sentido que para nós. Ciência, *epistéme*, é o conhecimento das coisas por meio de conceitos universais (válidos em todos os tempos, lugares e para todos os homens) e necessários (o que não pode ser diferente do que é; o que deixaria de ser o que é e como é se fosse diferente). A *epistéme* nos dá a essência necessária de uma coisa, dizendo o que ela é, por que é, como é e para que é. A *epistéme* pode usar a observação, se seu objeto exigir (como na biologia), ou pode usar apenas o raciocínio (como na matemática). É teoria (contemplação) e não prática (aplicação). Não existe para ser aplicada, embora permita tirar consequências práticas. Não é trabalho de pesquisa em laboratórios, mas elaboração puramente conceitual de ideias. É a filosofia, quando esta estuda uma realidade determinada ou particular.

7. Sócrates fizera, um pouco antes, o relato de suas andanças, após ter ouvido o oráculo de Delfos: procurara os sábios — sofistas, cosmologistas, magistrados, poetas, dramaturgos, artesãos, professores das artes corporais — perguntando-lhes "o que é...?" aquilo que faziam ou diziam, descobrindo que não possuíam respostas sobre a essência dos ofícios, saberes e características em que eram especialistas. Possuíam meras opiniões. Se o oráculo lhe dissera que era ele o mais sábio dos homens, isto se devia ao fato de haver descoberto ser o único que sabia nada saber. As conversas pelas ruas, banquetes e praças nada mais foram do que a procura de homens sábios e a descoberta da ignorância. Sócrates, porém, com humor, sugere que talvez sejam mesmo sábios e que ele não soube perceber tal sabedoria porque a sua é puramente humana e a deles, talvez, divina.

4. PLATÃO E O NASCIMENTO DA RAZÃO OCIDENTAL (pp. 207-327)

1. As Musas, filhas de Zeus e Mnemosýne (a Memória), eram protetoras do pensamento, da linguagem e da poesia: Calíope, protetora da poesia épica, Clio, protetora da história, Érato, protetora da lírica coral, Euterpe, protetora da música, Melpômene, protetora da poesia trágica ou da tragédia, Polímnia, protetora da retórica, Tália, protetora da comédia, Terpíscore, protetora da dança, e Urânia, protetora da astronomia.

2. Se relermos o *Banquete* à luz do que nos diz o *Fedro*, não só encontraremos essa mesma concepção do amor como ainda entenderemos uma passagem que não parecia muito significativa. Lembremos que ao narrar a Gluco o banquete, Apolodoro conta que Sócrates chegara atrasado porque, a caminho, subitamente ficara imóvel, extático, parecendo receber uma revelação. Sabemos, agora, que Sócrates estava tendo um delírio erótico, uma inspiração de amor divino. Do ponto de vista literário, portanto, antes mesmo de nos contar o que se passará no banquete, quando o amor será o assunto, Platão já nos diz, sem dizê-lo explicitamente, o que é o verdadeiro amor.

5. ARISTÓTELES: A FILOSOFIA COMO TOTALIDADE DO SABER (pp. 328-486)

1. Um dos aspectos mais curiosos (e sugestivos) da aristotelização da teologia cristã aparece na polêmica que atravessou toda a Idade Média: a luta contra o averroísmo. O Aristóteles árabe é sobretudo o traduzido e comentado por Averróis, portanto, o de duas obras que interessaram Averróis mais do que todas outras, o *Tratado da alma* (conhecido na tradução latina como *De anima*) e a *Metafísica*. Esse Aristóteles é apresentado afirmando a existência de uma única inteligência ativa, ou de um único intelecto agente, eterno e o mesmo para todo o gênero humano; consequentemente, a parte individual de nossa alma é a que está ligada ao nosso corpo e morre com ele, enquanto a parte imortal não é individual, mas comum a todos os homens. Ora, isso é negar um dogma central do cristianismo, qual seja, a individualidade da alma imortal. Os teólogos medievais não hesitaram, então, em distinguir um Aristóteles "verdadeiro" — o que está em conformidade com a teologia cristã — e um Aristóteles "herético" — o do averroísmo.

2. Como se observa, o silogismo é um sistema demonstrativo muito complexo. Os medievais, que acabaram transformando a lógica numa ciência (coisa que ela não era para Aristóteles), inventaram vários procedimentos para memorizar as regras do silogismo. Assim, criaram dezenove palavras artificiais, reunidas em versos, que permitiam saber quais eram os modos de cada figura e em qual modo da primeira figura os modos das outras figuras poderiam ser convertidos. Usavam as vogais para indicar a qualidade e quantidade das proposições (*a* para a universal afirmativa, *e* para a universal negativa, *i* para a particular afirmativa, *o* para a particular negativa) e usavam quatro consoantes iniciais para indicar em que modo da primeira figura a conversão seria feita. Assim, a primeira figura possuía quatro modos: Barbara, Celarent, Darii e Ferio (as consoantes usadas eram sempre B, C, D e F). Desta maneira, um modo da segunda figura, por exemplo, Baroco, seria conversível em Barbara; um da terceira, por exemplo, Disamis, seria conversível em Darii; um da quarta, por exemplo, Fesapo, seria conversível em Ferio, e assim por diante. Eis a lista medieval: 1ª figura: Barbara, Celarent, Darii, Ferio; 2ª figura: Baroco, Cesare, Camestres, Festino; 3ª figura: Bocardo, Darapti, Disamis, Datisi, Feapton, Ferison; 4ª figura: Bramantip, Camenes, Dimaris, Fesapo, Ferison.

3. aaa é Barbara; eae é Celarent; aii é Darii; eio é Ferio.

4. Donde: ortodoxia, opinião correta; ortopedia, correção dos pés; ortodontia, correção dos dentes etc.

5. O termo aristotélico *ousía* recebeu duas traduções para o latim: Sêneca e santo Agostinho empregam um neologismo, isto é, um termo inexistente no latim, *essentia*; e o primeiro grande tradutor latino de Aristóteles, Boécio, o traduziu por *substantia*. *Substantia* (derivado de *substana*, particípio presente de *substare*, e significa suporte, que se sustenta a si mesmo) provavelmente foi escolhida por Boécio ao traduzir *Categorias*, porque ali Aristóteles diz que a *ousía* recebe todas as outras categorias como predicados e não é predicada a nenhuma, de sorte que ela é o suporte de predicados ou de acidentes. *Essentia* provavelmente foi escolhido porque, na *Metafísica*, Aristóteles diz que a *ousía* nos dá o que há de mais íntimo e necessário num ser e a expressão usada por ele foi: *tò tí en eînai*, *eînai* sendo o infinitivo do verbo *eimí*, ser. Em latim, o verbo ser se diz *esse* e por isso a expressão *tò tí en eînai* foi traduzida por *essentia*, a essência da coisa. Porém, como a expressão de Aristóteles literalmente traduzida (*tò tí en eînai*) em latim é *quod quid est* (aquilo que algo é), também se fala da essência como a *quididade*.

6. A nossa ideia de causa é mais pobre ou mais limitada do que a dos gregos e a de Aristóteles. Para nós, causa é somente a causa eficiente, isto é, aquela que produz um efeito que é sua consequência (o fogo é causa da fumaça, o calor é causa da dilatação dos corpos, o frio pode ser causa da pneumonia etc.). Para os gregos e Aristóteles, causa ou *aítia* é o que é responsável por toda a realidade de uma coisa. Por exemplo, se eu tomar uma mesa, direi que a causa material é a madeira; a causa formal, a forma da mesa; a causa eficiente, o carpinteiro ou marceneiro; a causa final, o uso que a mesa terá. A causa se refere ao que a coisa é, como é, por que é e para que é.

7. Observemos que Aristóteles é continuísta, mas não é evolucionista, isto é, não pensa numa evolução ou transformação das espécies. Para ele, cada espécie animal é fixa, possui sua forma própria, seus movimentos próprios e sua finalidade própria. O semelhante sempre gera o semelhante e por isso não se pode passar de um gênero ou de uma espécie para outra por meio da geração.

8. Porque a sensação é uma forma real de conhecimento e porque pensamos a partir do que a sensação nos oferece, diz-se que Aristóteles é um empirista, diferentemente de Platão, que seria um intelectualista. Que quer isto dizer? *Empeiría*, em grego, quer dizer: experiência, e experiência sensorial. Empírico é o conhecimento adquirido pela prática, pela repetição e pela memória e que nos vem por meio de nossos órgãos dos sentidos, isto é, da sensação. Como Aristóteles afirma que nossos conhecimentos começam com os objetos oferecidos pelas sensações, é considerado empirista. Platão, separando radicalmente sensação (*eikasía, pístis, dóxa*) e intelecto (*diánoia, noûs* ou *nóesis*), e julgando a primeira sempre falsa ou sujeita à falsidade e o segundo, sempre verdadeiro e independente de todos os dados sensoriais, é considerado intelectualista. Veremos, porém, ser descabida a classificação de Aristóteles como empirista.

9. Podemos simplificar essa explicação dizendo que, quando percebo uma fogueira, meu olho não queima, quando percebo uma orquestra tocando, meu ouvido não toca os instrumentos. Não "entra" em meu corpo a materialidade do fogo, não "entra" em meu corpo a materialidade de violinos e pianos, mas a luz do fogo, o calor do logo, o som da música. Quando penso numa fogueira, não tenho minha razão em chamas; quando penso num concerto sinfônico, não tenho meu pensamento tocando piano ou sendo a orquestra.

10. Entusiasmo, *enthousiasmós*, é uma palavra grega que significa ser possuído por um deus (*théos*), receber um deus ou um espírito divino. É o êxtase místico ou o que, logo a seguir, no texto, Aristóteles chama de delírio religioso. O entusiasmo é uma das formas do que Platão, no *Fédon* e no *Fedro*, havia chamado de *manía* ou de delírio divino.

Glossário de termos gregos

Adikía: Ver *díke*.

Agón: Assembleia, reunião; lugar de reunião, assembleia ou arena para os jogos públicos; os próprios jogos; concurso, luta, torneio; ação militar, combate, batalha; processo judiciário, luta judiciária. Por extensão: luta em geral, debate, objeto de uma luta ou de um debate. Por extensão: momento crítico, momento de decisão. Por extensão, referindo-se a estados de espírito, agonia: angústia, ânsia de, medo, inquietação. *Agonistikós*: que concerne à luta, que convém à discussão; aquele que ama os debates e as discussões.

Agorá: Assembleia, assembleia do povo, reunião do povo em assembleia, reunião dos soldados em assembleia; discurso perante a assembleia. Por extensão: lugar de reunião, praça pública. Em Atenas era um conjunto de construções, alamedas e jardins, onde se localizavam as instituições políticas, religiosas e judiciárias da cidade, com locais para o mercado de bens negociados ou vendidos por cada corporação; donde: praça do mercado; venda pública.

Aíresis: Ação de agarrar, de tomar com as mãos; por extensão; escolha, eleição, busca daquilo que se prefere; escolha de um objeto de estudo, de uma doutrina. Motivo de uma escolha, de uma preferência, condição proposta, proposta ou proposição. Ver *diaíresis*, *proaíresis*.

Aísthesis: Percepção pelos sentidos, sensação; percepção pela inteligência, sensibilidade ou o conhecimento sensível-sensorial; órgãos dos sentidos. *Aistherikós*; que tem a faculdade de sentir, de perceber pelos sentidos.

Aítia: A causa como motivo ou razão de alguma coisa, donde autoria e responsabilidade. Vem do vocabulário jurídico, significando, inicialmente, imputação e reputação; negativamente: acusação, censura. Ser causa é responder por alguma coisa, responsabilizar-se por ela como autor ou como motivo dela. A causa é o que responde por alguma coisa. Sentido material: produzir alguma coisa em vista de um fim. Sentido lógico: a razão ou explicação de uma consequência ou de uma conclusão. Sentido físico: a origem a um efeito. Sentido ético-político: o motivo pelo qual uma ação é realizada.

Akmé: Indica, inicialmente, a ponta aguda e cortante de um objeto; figuradamente: olhar agudo e penetrante. A seguir, refere-se ao momento em que algo ou alguém chegou ao seu ponto mais alto de força e potência; o momento, após a floração, em que a árvore produz frutos; flor da idade, força da idade, maturidade, pleno desenvolvimento. Por extensão, indica o instante em que alguma coisa ou alguém encontrou seu momento oportuno para agir, para falar, para fazer alguma coisa. A idade de maturidade intelectual — quarenta a cinquenta anos.

Akousmatikós: Disposto a ouvir, a escutar. Vem de *ákousma*: o que se escuta (música, relato, ruído, boato, ensinamento) e o que se faz escutar (músicos, cantores, narradores, professores). O verbo *akoúo* significa: ouvir; ser ouvinte ou discípulo; aprender ouvindo; escutar; ouvir falar; dar ouvidos, no sentido de entender.

Akroamatikós: Que concerne à audição, ao ensino oral ou verbal. Vem de *akróama*: o que se ouve com prazer, o que encanta os ouvidos (palavra, canto); o homem que se faz escutar. Diz-se acroamático o ensino oral esotérico que os filósofos davam ao círculo de alunos de filosofia. *Akróasis* significa: ação de escutar, ação de dar ouvido e, por extensão, obedecer; audição de uma leitura, de um recitativo, de uma narrativa ou de um ensinamento.

Alétheia: Verdade, realidade. Palavra composta pelo prefixo negativo a- e pelo substantivo *léthe* (esquecimento). É o não esquecido, não perdido, não oculto; é o lembrado, encontrado, visto, visível, manifesto aos olhos do corpo e ao olho do espírito. É ver a realidade. É uma vidência e uma evidência, na qual a própria realidade se revela, se mostra ou se manifesta a quem conhece. A palavra grega difere de duas outras que vieram, com ela, formar a ideia ocidental da verdade: a palavra latina *veritas*, que se refere à veracidade de um relato; e a palavra hebraica *emunah*, que significa confiança numa palavra divina. *Alethés*, o verdadeiro, significa: o não esquecido, o não escondido; donde: sincero, veraz, justo, equitável, verídico, franco ou não dissimulado.

Állos, Álle, Állo: Outro, outra, os outros, o resto, de outro tipo, diferente, estrangeiro. A expressão de Aristóteles *metábasis eis állo génos* significa: tornar um gênero por outro, não perceber a diferença, confundir. O advérbio *álle* significa: em um outro lugar, de uma outra maneira, diversamente. A conjunção adversativa *allá* significa: mas, por outro lado, entretanto.

Anámnesis: Ação de trazer à memória ou à lembrança; lembrança, recordação. Ver *mnemosýne*. Reminiscência. Na prática médica, o momento em que o paciente auxilia o médico no diagnóstico, lembrando-se de todos os acontecimentos que antecederam a doença e todos os sintomas do início da doença. Platão faz da reminiscência o centro de teoria do conhecimento, momento em que o intelecto se recorda de haver contemplado a verdade ou as ideias que já se encontram na alma como ideias inatas, isto é, ideias com que nascemos e de que precisamos lembrar.

Anánke: A necessidade como constrangimento ou coerção; destino inevitável e inelutável determinado pelos deuses; necessidade física ou natural; lei na natureza. Inicialmente indica os laços de sangue que determinam o destino individual pelos laços do parentesco, da família e da estirpe; a necessidade significa que não se pode negar a origem e o destino que ela impõe a alguém; juridicamente, que não se pode negar a herança a alguém e alguém não pode recusar-se a receber a herança da família (estes sentidos são próprios de uma sociedade aristocrática e é desta necessidade-destino que falam as tragédias gregas). Necessidade é a ordem das coisas estabelecidas pela divindade como lei; lei da natureza. Coisas e humanos são forçados ou constrangidos a ser como são e a agir como agem por força da necessidade (divina, natural). Opõe-se ao acaso. Personificada, é a deusa Ananke.

Ánthropos: O humano por oposição ao divino; o gênero humano; o homem e a mulher como gênero diferente dos animais; os homens, os humanos. Quando as palavras se referem à diferença sexual: *anér* é homem; *gyné* é mulher.

Apáte: Engano, logro, fraude, traição; artifício, astúcia, ardil; sedução mentirosa através do discurso ou da oratória e que ilude nossos verdadeiros desejos; mentira pela palavra sedutora que nos lisonjeia e nos adula; adulação. Ver *peithó*.

Ápeiron: Palavra composta pelo prefixo negativo *a*- e pelo substantivo *péras* (limite, fronteira, extremidade, término). Sem fim, imenso, ilimitado, infinito, inumerável, incalculável, interminável, indeterminado.

Aporía: Palavra composta do prefixo negativo *a*- e pelo substantivo *póros* (passagem, via de comunicação, caminho, trajeto). *Póros* pertence a uma família de palavras como *poreúo*, que significa fazer passar, transportar, conduzir a algum lugar, realizar um trajeto; e *porízo*: abrir caminho, encontrar passagem, dar passagem a, transmitir. Por extensão, significam chegar a uma conclusão, deduzir, inferir. *Aporía* significa: incapacidade de encontrar caminho ou trajeto; falta de uma via ou um meio de passagem; impossibilidade de chegar a um lugar; por extensão: impossibilidade de deduzir, concluir, inferir. A *aporía* é uma dificuldade insolúvel.

Areté: Mérito ou qualidade nos quais alguém é o mais excelente; excelência do corpo; excelência da alma e da inteligência. Virtude é sua tradução costumeira porque foi traduzida para o latim por *virtus*, que significa, inicialmente, força e coragem e só depois, excelência e mérito moral e intelecutal. A *areté* indica um conjunto de valores (físicos, psíquicos, morais, éticos, políticos) que forma um ideal de excelência e de valor humano para os membros da sociedade, orientando o modo como devem ser educados e as instituições sociais nas quais esses valores se realizam. A *areté* se refere à formação do *áristos*: o melhor, o mais nobre, o homem excelente.

Aristói: (plural de *áristos*): Os melhores, os mais bravos, os mais excelentes. *Áristos* é o superlativo derivado do substantivo *aristeús* que inicialmente indicava aqueles que têm os primeiros postos e os primeiros lugares, os grandes chefes militares que cercavam um rei e formavam sua corte; a seguir, passou a significar os homens mais valorosos na guerra e, por extensão, os melhores ou excelentes. A *aristokratía* era, portanto, o poder ou o *krátos* dos melhores, os aristocratas.

Arithmós: Inicialmente, grande quantidade a ser arranjada ou ordenada. A seguir, número, significando o ordenamento harmonioso ou a harmonia proporcional das coisas bem ordenadas. A aritmética é a ciência dos números, entendidos como ordenação harmoniosa e proporcional das coisas numeradas ou arranjadas racionalmente.

Arkhé: O que está à frente. Esta palavra possui dois grandes significados principais: 1) o que está à frente e por isso é o começo ou o princípio de tudo; 2) o que está à frente e por isso tem o comando de todo o restante. No primeiro significado, *arkhé* é fundamento, origem, princípio, o que está no princípio ou na origem, o que está no começo de modo absoluto; ponto de partida de um caminho; fundamento das ações e ponto final a que elas chegam ou retornam. No segundo significado, *arkhé* é comando, poder, autoridade, magistratura; coletivamente significa: o governo; por extensão, reino, império. Com este segundo sentido, *arkhé* compõe as palavras que se referem às três formas do comando político: *monarkhía* (*mónos*: um) ou o comando de um só; *oligarkhía* (*olígos*: pouco numeroso, uns poucos) ou o comando de alguns ou de um pequeno número de famílias; *anarkhía* (a-: não) ou o não comando, a falta de comando. Os dois sentidos estão fundidos na cosmologia e, posteriormente, na metafísica de Platão e Aristóteles. É o princípio absoluto, eterno, idêntico e incorruptível de todas as coisas e que governa/comanda a realidade.

Áskesis: Exercício, prática, ginástica, profissão laboriosa, meditação. Inicialmente, refere-se à ação laboriosa para trabalhar materiais brutos, a fim de suavizá-los e modelá-los. A seguir, refere-se ao labor ou trabalho dos ginastas para fortalecer e agilizar o corpo. Finalmente, por extensão, passou a significar exercícios, práticas, trabalhos espirituais ou de meditação para fortalecer o espírito, moldá-lo, torná-lo ágil e sutil. Na filosofia, é usado para indicar o processo de elevação espiritual, de desenvolvimento do intelecto sem interferência e sem perturbação dos desejos corporais e dos conhecimentos sensoriais.

Átomos: Palavra composta do prefixo negativo *a*- e do verbo *témno* (cortar, dividir). O não cortável, o não divisível, o indivisível; o que não pode ser cortado nem dividido; partícula ou corpúsculo indivisível. Átomo.

Átopos: Palavra composta do prefixo negativo *a*- e do substantivo *tópos* (lugar). Sem lugar, deslocado.

Autárkeia: Autarcia. Palavra composta de *autós* (este aqui, este mesmo, eu mesmo, tu mesmo, ele mesmo; por si mesmo, de si mesmo, espontaneamente) e *arkéo* (ser suficiente, bastante). A autarcia é a autossuficiência e a independência para existir, agir e julgar. É o ideal mais alto da ética e da política porque significa liberdade. É livre quem encontra em si mesmo o princípio de sua existência e de sua ação e possui por si mesmo o poder para agir e julgar.

Autonomía: Palavra composta de *autós* e do substantivo *nómos*. A palavra *nómos* se origina no campo social para indicar aquilo que se recebeu numa partilha e que se tem o direito de usar ou de dispor como se quiser; deste primeiro sentido, *nómos* passa a significar costume, regra, norma, lei. Autonomia significa o direito de dirigir-se e governar-se por suas próprias leis ou regras; independência. Difere da autarcia apenas porque se refere aos costumes e às leis, enquanto esta se refere ao modo de ser de quem é livre ou independente. *Autónomos*: o que se rege por suas próprias leis, independente, autônomo.

Axía: Preço, valor, salário, recompensa, mérito; situação de acordo com o mérito; donde: honra, dignidade, valor, estima. É um valor que serve de medida para outros valores, isto é, um valor a partir do qual se estabelecem as equivalências entre coisas, entre pessoas, entre situações, cargos e postos. A justiça, a beleza, a bondade, a liberdade etc. são tipos de *axía*.

Bíos: A vida, a existência; o tempo de vida, a duração da existência; gênero de vida, meio de vida ou recursos para viver; o mundo humano onde se vive; o lugar onde se vive; biografia ou relato de uma vida.

Boulé: Conselho dos Quinhentos, aberto a todos os homens atenienses com mais de trinta anos. Reunia-se diariamente, fiscalizava os funcionários e as finanças das cidades, preparava a agenda da *ekklesía* e a presidia. Seus membros eram os *bouleutaí*, conselheiros escolhidos por sorteio em cada uma das *phylé*, com mandato de um ano e sem reeleição.

Boúleusis: Deliberação, consulta, meditação que examina várias escolhas possíveis; na linguagem do direito: ação judiciária contra um crime premeditado e contra a fraude política.

Daímon: Em sentido próprio: um deus, uma deusa, uma divindade; potência divina; donde: destino, sorte, infortúnio. Depois de Homero: deuses menores, almas dos mortos, espíritos inferiores, demônio no sentido de entidades tutelares e protetoras dos vivos. Por extensão: um espírito, um gênio ligado a uma cidade com seu protetor, ou a uma pessoa, definindo seu caráter e seu destino; gênio bom, gênio mau (em português, este sentido permanece quando nos referimos ao bom ou mau gênio/caráter de alguém).

Demiourgós: Palavra formada de *démos*, povo, e *órgon*, ação, obra, trabalho. Ver *démos*. Demiurgo é todo aquele que realiza um trabalho ou uma obra para outros, exercendo um ofício manual. Por extensão, todo aquele que produz ou cria alguma coisa (orador, médico, carpinteiro, escultor, dançarino, músico etc.). É o artífice ou artesão. Como a primeira obra, numa cidade, é a produção das leis, o primeiro magistrado era chamado de demiurgo. Usa-se também para referir-se à divindade criadora ou artífice do mundo. O verbo *demiourgéo*, derivado de *demiourgós*, significa trabalhar para o povo, e *demiourgía* é o trabalho manual ou artesanal feito para o público, fabricação, produção.

Démos: Originariamente indica a porção de um território habitado por um grupo ou comunidade. A seguir, ganha o sentido étnico de população ou povo de um país. Em seguida, recebe o sentido político de povo (por oposição ao rei e à aristocracia) e de conjunto dos cidadãos (na democracia). Em Atenas, com a reforma de Clístenes, o *démos* é uma subdivisão da *phylé* ou tribo. Em sentido genérico: o povo, os cidadãos.

Despótes: Pai de família, ou chefe de família. A família é a casa, *oîkos*, entendida como o conjunto de todas as pessoas (esposa, filhos), escravos, animais, bens móveis e bens imóveis (terra, edificações, plantações etc.). O *despótes* é o chefe de casa, tendo poder absoluto de vida e morte sobre tudo o que lhe pertence e obedecendo apenas à sua própria vontade. Na política, o déspota é o que governa sem as leis, fazendo sua vontade e seus desejos terem o poder de lei; seu governo é chamado despótico.

Diaíresis: Na dialética descendente platônica, o método da divisão em gêneros e espécies para chegar à ideia. Vem do verbo *diairéo*: dividir, separar em peças e pedaços, separar uma coisa de outra, dividir em muitas partes; distinguir, determinar, definir; donde: explicar com precisão, esclarecer. O método da divisão é aquele da definição de uma ideia separando-a de outras e colocando-a em sua espécie e em seu gênero próprio. Neste sentido, além de significar divisão e separação (*diairéo*), implica também fazer uma seleção e uma escolha (ver *aíresis*).

Dialektiké: Discussão ou conversa por meio de perguntas e respostas, habilidade para discutir e argumentar por meio de perguntas e respostas; por extensão: método ou arte de argumentação que opera com opiniões contrárias. Esta palavra provém do verbo *dialégo*, que significa: escolher, separar, distinguir, triar, falar, explicar. Na voz média, *dialegómai*, o verbo significa: conversar, dialogar, entreter-se com alguém, dar e receber informações, discutir uma questão com alguém, fazer valer um argumento numa discussão em favor ou contra alguém ou alguma coisa. Para Platão, a dialética é o diálogo como método para separar, distinguir e escolher os elementos que constituem a definição verdadeira de uma coisa (sua essência ou ideia); partindo de opiniões contrárias, a dialética vai separando opinião (*dóxa*) e conhecimento ou ciência (*epistéme*) para permitir a intuição intelectual de uma ideia ou a definição de uma essência. Ideia e essência não comportam elementos contrários nem contraditórios e a função do método dialético é afastar os contrários e contraditórios que se encontram nas opiniões dos que dialogam. Para Aristóteles, porém, a dialética não é um método de conhecimento, mas uma arte de discussão e argumentação referente a assuntos que são apenas prováveis ou verossímeis, isto é, assuntos sobre os quais só podemos ter opiniões e não ciência verdadeira. A arte dialética ensina a tornar um argumento ou opinião mais fortes, mais prováveis ou verossímeis que seus contrários.

Diánoia/Dianóesis: Raciocínio, pensamento que opera por inferência ou por etapas até chegar à conclusão verdadeira, raciocínio dedutivo e/ou indutivo. Para melhor compreensão, ver *noûs, nóesis*. É o conhecimento discursivo ou racional como atividade da inteligência na ciência, diferente da intuição direta e imediata das ideias. Faculdade de pensar como reflexão, meditação, disposição atenta da inteligência, raciocínio.

Díke: Justiça (personificada na deusa Díke, a Justiça, a Vingança, o Castigo). Inicialmente, *díke* significa: uso, maneira ou modo de ser e de agir, à maneira de, ao modo de, costume. A seguir, o uso e o modo de ser ou agir se torna uma regra de conduta, a norma correta de ser e agir, ganhando assim o sentido jurídico de certo, justo, conforme às leis e ao direito; donde: justiça. Por extensão, refere-se ao processo judiciário ou ao julgamento de uma ação para saber se está ou não conforme à justiça, à lei, ao direito. No plural, significa a consequência de um julgamento: decreto, punição, recompensa. A função de *Díke* é impor uma regra de equilíbrio entre os seres e punir a transgressão da regra. Estabelece uma medida justa para avaliar o modo de ser e de agir dos homens e, a seguir, por extensão, é vista como impondo medida a todas as coisas do mundo (natural e humano). A palavra *díkaios* significa: o que está conforme à regra, o que é conveniente e adequado ao direito; honesto, justo, legítimo, tratamento merecido, castigo merecido. Por extensão, refere-se a tudo o que se realiza em conformidade com uma regra (um escritor pode ser *díkaios*, um cavalo pode ser *díkaios*, um juiz deve ser *díkaios* etc.). O oposto de *díke* é *adikía*: o que não está conforme à regra, à lei, ao uso, ao direito, à justiça; o injusto, o desmedido, o desequilibrado, o desnaturado. Quem age de acordo com sua natureza é *díkaios* e está sob a *díke*; quem age de modo contrário à sua natureza é *ádikos* e está sob a *adikía*. A cosmologia tenderá a identificar a *phýsis* (ver *phýsis*) e *díke* para afirmar que a natureza segue regras de ordem, constância, frequência, regularidade, unindo e separando com justeza e equilíbrio todas as coisas — é uma primeira formulação da ideia de lei natural. Para Anaximandro, a separação das coisas do interior do *ápeiron* é *adikía* e seu retorno a ele, *díke*. Esta palavra deriva-se do verbo *deíknymi* quando este significa: 1) mostrar, apontar, fazer, ver; 2) indicar, dar a conhecer pela palavra; 3) provar pelo gesto e pela palavra. Trata-se do gesto e da palavra daquele que tem autoridade para impor a regra ou lei e tem autoridade para julgar.

Dikhotomía: Divisão em duas partes iguais; vem do verbo *dikhotoméo*: cortar em dois, dividir em dois, separar em dois. A *diaíresis* opera por dicotomias, em Platão.

Dóxa: Opinião, crença, reputação (isto é, boa ou má opinião sobre alguém), suposição, conjetura. Esta palavra possui dois sentidos diferentes por ser usada em dois contextos diferentes: o contexto político, no qual foi usada inicialmente, e o contexto filosófico, a partir de Parmênides e Platão. Deriva-se do verbo *dokéo*, que significa: 1) tomar o partido que se julga mais adequado para uma situação; 2) conformar-se a uma norma estabelecida pelo grupo; 3) escolher, decidir, deliberar e julgar segundo os dados oferecidos pela situação e segundo a regra ou norma estabelecida pelo grupo. Era este o seu sentido na assembleia dos guerreiros que deu origem à assembleia política, na democracia. Como a escolha e decisão se davam a partir do que era percebido, dito e convencionado pelo grupo, *dóxa* ganha também o sentido de uma modalidade de conhecimento e, agora, articula-se ao verbo *doxázo*, que significa: ter uma opinião sobre algumas coisas, crer, conjeturar, supor, imaginar, adotar opiniões comumente admitidas. É neste segundo sentido que *dóxa* pode ter o sentido pejorativo de conhecimento falso, preconceito, conjetura sem fundamento, sem convenção, arbitrária.

Doxographía: Coleção escrita das opiniões ou doutrinas de um pensador e das opiniões sobre um determinado pensador. É composta de *dóxa* e *graphé* (signo gravado, escrita). Esta documentação é recolhida pelo doxógrafo que coleta as doutrinas-opiniões de um autor e o que foi escrito sobre ele por outros.

Dýnamis: Aptidão, capacidade, faculdade, potencialidade ou possibilidade para alguma coisa. Força da natureza, força moral, fecundidade do solo, eficácia de um remédio, valor de uma moeda, valor ou significado de uma palavra. Força militar. Força e poder para influenciar o curso de alguma coisa. É da mesma raiz do verbo *dýnamai*, que significa: 1) ter poder para, ter capacidade e autoridade para; 2) ter valor, ter significação); 3) na matemática: elevar um número ao quadrado, ao cubo, aumentando sua potência; 4) potência. Quando usado como verbo impessoal significa "é possível". A *dýnamis* se refere a um poder, a uma força ou potência de alguém ou de alguma coisa a quem torna possível certas ações. É possibilidade ou capacidade contida na natureza da coisa ou da pessoa. Em Aristóteles, significa aquilo que um ser pode vir a tornar-se no tempo, graças a uma potencialidade que lhe é própria. Na filosofia aristotélica, é a razão e racionalidade do devir, o poder para ser, fazer ou tornar-se alguma coisa.

Eîdos e *Idéa*: Inicialmente, na linguagem comum dos gregos, significa o aspecto exterior e visível de uma coisa: a forma de um corpo, a fisionomia de uma pessoa. A seguir, na linguagem filosófica (com Platão), passa a significar a forma imaterial de uma coisa, a forma conhecida apenas pelo intelecto ou pelo espírito, a ideia ou a essência puramente inteligível de uma coisa. Significa também a forma própria de uma coisa que a distingue de todas as outras, seus caracteres próprios; por exemplo, a doença é um *eîdos*, uma forma que o médico reconhece. A palavra *eîdos* vem de uma raiz que aparece sob três formas: *eid-, *oid- e *id-. De *eid- forma-se, além de *eîdos*, o verbo *eídomai*, que significa: mostrar-se, fazer-se ver. De *oid- forma-se *oîda* (infinitivo *eidénai*), perfeito do verbo ver que significa saber (por ter visto), conhecer. De *id- forma-se o aoristo do verbo ver, *ideîn* e o substantivo *idéa* com o mesmo sentido de *eîdos*: aspecto externo, aspecto visível, forma visível, caracteres próprios de alguma coisa, maneira de ser. Com Platão, *idéa* passa a significar: princípio geral de classificação dos seres, forma ideal concebida pelo pensamento. Com Aristóteles, *idéa* significa conceito abstrato diferente das coisas concretas. *Eîdos*, a forma inteligível, *idéa*, o conceito, *ideîn*, ver, e *oîda*/*eidénai*, saber (por ter visto), conhecer, criam a tradição filosófica do conhecimento como visão intelectual ou visão espiritual, e da verdade como visão plena ou evidência. A ideia é a realidade verdadeira que o pensamento vê. Em oposição a *eîdos* está *eídolon*: imagem, reprodução, cópia, ídolo, fantasma, simulacro.

Eikasía: Representação, imagem, conjetura, comparação. O verbo *eikázo* significa: representar, desenhar os traços, retratar, pintar a imagem, comparar uma coisa com outra semelhante, conjeturar sobre uma coisa a partir de outra. O verbo *eíko* significa: ser semelhante, assemelhar, parecer, ter o ar de. Da mesma raiz vem *eikón*: ícone, imagem (retrato, pintura, escultura), imagem refletida no espelho, simulacro, fantasma. Para Platão, as coisas sensíveis são como o *eikón* e por isso o grau mais baixo do conhecimento é a *eikasía*.

Eirôneia: Ação de interrogar fingindo ignorância. É a primeira parte do método socrático, quando Sócrates interroga o interlocutor como se nada soubesse do assunto discutido.

Ekklesía: A assembleia aberta a todos os homens atenienses com mais de dezoito anos. Organismo soberano da cidade, votava sobre todas as questões principais da paz e da guerra e elegia os funcionários mais importantes. Era convocada regularmente e seu poder era superior ao da *boulé*.

Élenkhos: Argumento para refutação, prova para refutar uma argumentação, apresentação de provas, comprovação, refutações, interrogatório para encontrar provas. Na segunda parte do diálogo socrático, Sócrates interroga o interlocutor para que este ofereça argumentos e provas do que diz. Sócrates comenta, refuta, aceita parcialmente e interroga novamente até que se chegue à ideia ou à definição da coisa procurada.

Empeiría: Experiência, sabedoria adquirida por experiência. É um conhecimento prático, oposto ao conhecimento teórico. É o conhecimento técnico que possuem os médicos, artesãos, engenheiros, agrimensores, militares, retóricos, caçadores etc.

Enérgeia: Força em ação, força em ato, atividade (por oposição a *dýnamis*, que é força potencial). O verbo *energéo* significa: agir, produzir, realizar, executar, dirigir ativamente, agir sobre alguma coisa, operar. Em Aristóteles, a *enérgeia* é própria da forma, daquilo que a coisa é em seu presente ou atualidade.

Entelékheia: Composta do prefixo *en-* (em, com, dentro, por meio de) e de um derivado de *télos*, fim (ver *télos*): atividade, energia agindo para certo fim, energia agente e eficaz, o que está atualmente em ação. Para Aristóteles, a *entelékheia* é: 1) o que faz uma potência ser atualizada; 2) a atualidade completa de um ser; 3) a atualização como realização da finalidade que um ser possui por natureza.

Epistéme: Ciência; conhecimento teórico das coisas por meio de raciocínios, provas e demonstrações; conhecimento teórico por meio de conceitos necessários (isto é, daquilo que é impossível que seja diferente do que é; o que não pode ser de outra maneira, ser diferente do que é) e universais (isto é, válidos para todos em todos os tempos e lugares). Opõe-se à *empeiría*. O verbo *epístamai*, da mesma família de *epistéme*, significa: saber, ser apto ou capaz, ser versado em (portanto, inicialmente, este verbo não distinguia nem separava *epistéme* e *empeiría*, mas referia-se a todo conhecimento obtido pela prática ou pela inteligência, referia-se à habilidade). A seguir, passa a significar: conhecer pelo pensamento, ter um conhecimento por raciocínio e, com Aristóteles, passa a significar investigar cientificamente.

Eristikós: Que ama a disputa pela disputa, que ama a discussão pela discussão. A *tékhne eristiké*, a arte erística, isto é, a erística, é a arte da discussão; os erísticos são os que amam a controvérsia. Adjetivo derivado de *éris*, a querela a mão armada, a discórdia, combate resultante de uma querela. Personificada, Éris é a Discórdia, filha da noite.

Éthos/Êthos: Essas duas palavras derivam de uma mesma raiz que assume, em cada uma delas, vocalismo diferente: *éthos* (e breve fechado) e *êthos* (e longo aberto). *Éthos* significa: costume, uso, hábito; e o verbo *eíotha*: ter o costume, ter o hábito. *Êthos* significa: caráter, maneira de ser de uma pessoa, índole, temperamento, disposições naturais de uma pessoa segundo seu corpo e sua alma, os costumes de alguém (animal, homem, uma cidade) conforme à sua natureza. *Éthos* se refere ao costumeiro; *êthos* se refere ao que se faz ou se é por características naturais, próprias de alguém ou de alguma coisa, o caráter de alguém ou de alguma coisa. O *êthos* é tratado pela ética, que estuda as ações e paixões humanas segundo o caráter ou a índole natural dos seres humanos.

Eudaimonía: Felicidade, prosperidade, abundância de bens. O verbo *eudaimonéo* significa: ter êxito, conseguir, ser feliz. Esta palavra é composta pelo prefixo *eu-* que indica: de origem nobre, algo bom ou justo, algo benevolente, em boa ordem, a boa causa, a bondade, a perfeição — em suma, *eu-* dá um sentido positivo, bom, belo, justo às palavras que o acompanham. *Daímonia* (ver *daímon*) faz parte de um conjunto de palavras ligadas à relação entre as divindades e os homens: inspirações, presságios, prodígios, benfeitorias divinas para os homens. Como a ação dos deuses também pode ser malévola e vingativa, passa-se ao emprego do prefixo *eu-* e à palavra *eudomanía* para significar exclusivamente a ação boa, benevolente, favorável. A seguir, a palavra passa a referir-se às qualidades positivas e excelentes de alguém, isto é, passa a referir-se apenas aos próprios homens como capazes de felicidade e capazes de uma relação ativa e positiva com o divino. *Eudaimonía* é a felicidade como perfeição ética, como resultado da vida virtuosa. Relaciona-se com *eupraxía*: a ação boa, bela e justa; a ação virtuosa.

Gê: A terra. A palavra *gê* aparece como primeiro elemento em muitos compostos: *geometréo* (medir a terra), *geometría* (geometria), *geoponía* (trabalho na terra), *georgía* (cultivo da terra, agricultura), *geographía* (descrição da terra). Sob uma outra forma, *Gaia*, é o nome da deusa Terra.

Génos: Nascimento, tempo, lugar e condição do nascimento, origem, descendência, reunião dos seres criados que têm uma origem comum, família, parentesco, classe ou grupo social, povo ou nação, geração. Por extensão, com Platão e Aristóteles: gênero e espécie, isto é, conceitos gerais para a classificação das ideias (Platão) e dos seres (Aristóteles). O gênero é o todo em relação às partes (espécies e indivíduos) e uma espécie pode ser gênero para subespécies e indivíduos. A palavra *génos* provém da mesma raiz de *génesis* (força produtora, causa, princípio, origem, geração, criação, gênese) e do verbo *gígnomai* (nascer, acontecer, devir, produzir-se, tornar-se, vir a ser). *Génos* indica a proveniência de alguma coisa e seu pertencimento a um todo. Inicia-se com o sentido concreto de nascimento e pertencimento de um indivíduo a um grupo (família, tribo, nação etc.) e torna-se um conceito abstrato para indicar um todo que explica a causa e as características das partes que lhe pertencem.

Gnómon: Agulha de um relógio de sol; clepsidra; esquadro; paralelogramo complementar de outro paralelogramo ou de um triângulo; no plural: os cinco primeiros números ímpares da cosmologia pitagórica. Inicialmente se referia a pessoas e não a coisas; significava aquele que discerne ou distingue coisas ou as diferencia e as julga. Julgar pressupõe ter um critério ou uma regra para avaliar e discernir as coisas, e, por este motivo, a palavra *gnómon* passa a indicar algo que sirva de regra ou de medida para diferenciá-las. A partir deste sentido, objetos que permitem discernir e medir tornam-se *gnómon*: a agulha do relógio do sol e a clepsidra, que permitem distinguir as horas do dia, a passagem do dia à noite; por extensão, os objetos e seres matemáticos. Esta palavra se relaciona a *gnóme*, que se refere apenas aos seres humanos significando a faculdade de conhecer e reconhecer alguma coisa por meio de sinais que diferenciam esta coisa de outras. É o bom senso e por isso, no plural, significa o conjunto de sentenças, máximas e regras oferecidas pelos homens de bom senso, pelos prudentes ou sábios morais.

Gonía: Aparece como segundo elemento de compostos como *theogonía*, geração dos deuses e *kosmogonía*, geração de seres materiais ou do cosmos. Provém de uma raiz que, sob vocalismos diferentes, aparece em palavras como *gónos*, a ação de engendrar e procriar, o sêmen genital, os órgãos da geração, o gerado (filho e filha); *goneús*, o genitor; *génos*, a estirpe (ver *génos*); *génesis*, a gênese; *gígnomai*, vir a ser. *Génesis* refere-se à geração em geral, *gónos* à geração humana propriamente dita. Nesses dois casos, trata-se de geração sexualmente determinada. Como se vê, toda essa família de palavras pertence a um mesmo campo de significação relativo aos seres que nascem por geração ou procriação.

Heteronomía: Palavra composta de *heterós*, o outro dentre dois, e *nómos*, cunhada na linguagem filosófica como antônimo de autonomia. Significa a submissão à lei ou norma imposta por outrem, diferente da sua ou mesmo oposta a ela.

Hodós: Ver *méthodos*. Caminho, via, percurso, rota. Em sentido figurado: maneira ou modo de fazer alguma coisa; procedimento.

Homoioméreia: Palavra composta de *hómoios* (semelhante, igual de mesma natureza, de mesmo gênero, comum a todos, que concerne igualmente a todos, igual) e *méros* (parte, porção, pedaço). Significa um todo formado de partes ou porções iguais ou análogas. Aristóteles afirma que a *phýsis* de Anaxágoras eram as homeomerias.

Homónoia: Palavra composta de *homó-*, que vem de *hómoios* (semelhante, igual, de mesma natureza, o mesmo, a mesma, que concerne igualmente a todos, comum a todos, que convém à natureza de, igual a, de mesma força, de mesmo valor), e *noia*, que vem de *noéo* (ter no espírito, ter no pensamento). *Homónoia*: conformidade ou comunidade de pensamentos e sentimentos, unanimidade, concórdia, união. Refere-se ao ideal da unidade pan-helênica ou à união de todos os gregos.

Hormé: Assalto, ataque, impulso violento, ímpeto, ardor, instinto, desejo. Vem do verbo *ormáo*: empurrar, pôr em movimento, iniciar uma guerra com o primeiro ataque, lançar-se na direção de alguma coisa, precipitar-se sobre alguma coisa para agarrá-la. Este verbo indica um movimento forte ou violento na direção de alguma coisa para possuí-la, atacá-la, agarrá-la. *Hormé* é o desejo como apetite natural, instinto, impulso. Ver *órexis*.

Hýbris: Tudo o que ultrapassa a medida, excesso, desmedida; em geral, indica algo impetuoso, desenfreado, violento, um ardor excessivo. Nos seres humanos é insolência, orgulho, soberba, presunção.

Hýle: Inicialmente, bosque, floresta, árvore, material para construção. Desse primeiro sentido, passa-se ao de matéria de que uma coisa é feita e, daí, para matéria como aquilo de que as coisas são feitas, ou a matéria em geral. O termo *hilozoísmo* é inventado para referir-se às concepções filosóficas que atribuem à matéria o poder ou a capacidade para se transformar por si mesma, ou seja, para mudar de forma ou passar por diferentes formas. Esse termo costuma ser empregado para se referir à força da *phýsis* para estar em devir por si mesma.

Hypokeímenon: Sujeito, substrato, suporte, fundamento. Vem de *hypokeímai*, que significa: estar estendido sob, servir de base ou de fundamento, alicerce e suporte; estar colocado sob os olhos ou sob a mão, à disposição de; estar proposto ou posto como base ou fundamento, ser admitido como princípio. Aristóteles afirma que a substância — o que existe em si e por si mesmo — é o *hypokeímenon* que é o suporte, a base, o fundamento onde se assentam os atributos ou predicados da *ousía*, da essência. É o sujeito que recebe os predicados.

Isegoría: Palavra composta de dois elementos: *ise-*, que vem de *isos* (igual, igual em número e em força; igualmente repartido, ter parte igual; justo, equitável, equilibrado, nivelado), e *-goría*, derivada do verbo *agoreúo* (falar em público, falar numa assembleia, discursar em público). É o direito de cada cidadão de dizer sua opinião na assembleia democrática. É a liberdade de expressão que cada um possui e de que todos os cidadãos desfrutam.

Isonomía: Palavra composta por *ise-* (ver *isegoría*) e *-nomía*, vinda de *nómos* (ver *nómos*). Inicialmente, significa repartição igual; a seguir, significa igualdade de direitos perante a lei no regime democrático.

Kairós: Em sentido amplo, significa justa medida ou medida conveniente. Com relação ao tempo, significa momento oportuno, momento certo, tempo favorável, tempo certo, instante favorável; boa ocasião, oportunidade, circunstância favorável ou oportuna. É o tempo como algo rápido e efêmero que deve ser agarrado no momento certo, no instante exato, porque, do contrário, a ação não poderá ter sucesso e fracassará.

Kátharsis: Purificação. Vem da linguagem da medicina, na qual significa purgação. Na linguagem religiosa, refere-se às cerimônias de purificação a que se submetiam os iniciados. Na linguagem ético-moral significa o alívio do ânimo que deixa exprimir suas paixões para liberar-se delas. A palavra doença (na medicina) é *páthos* e esta mesma palavra (na ética) significa paixão. Por este motivo a palavra *kátharsis*, que vem da medicina (purgar a doença), é usada na ética com o sentido de purificação do ânimo através da liberação do peso das paixões. Aristóteles atribui à tragédia a capacidade de produzir a *kátharsis*.

Kínesis: Movimento; ação de mover ou de mover-se; mudança; agitação da alma; movimento da dança; movimentos da alma. O verbo *kinéo* significa mover, agitar, revolver, pôr em movimento, deslocar, mudar de lugar, perturbar, empurrar, excitar, estimular, mudar, modificar, alterar. A palavra movimento, em grego, indica toda modalidade de alteração ou de mudança: mudança de qualidade, de quantidade, de lugar, de tempo, de ânimo; é o devir como nascimento, desenvolvimento e perecimento de um ser e todas as mudanças sofridas por ele ou causadas por ele. A locomoção é um tipo de *kínesis*, mas não é todo o movimento. Envelhecer, rejuvenescer, amarelecer, diminuir, aumentar, alegrar-se, entristecer-se etc., são *kinéseis* (movimentos).

Kosmogonía: Palavra composta cujo primeiro elemento é *kósmos* (ver *kósmos*) e o segundo *-gonía* (ver *-gonía*). *Kosmogonía* é a narrativa da origem do *kósmos* através das relações sexuais entre os deuses ou os elementos naturais enquanto forças vitais que engendram ou procriam todos os seres.

Kosmología: Palavra composta por *kósmos* (ver *kósmos*) e um segundo elemento *-logía*, derivado de *lógos* (ver *lógos*). *Kosmología* é a explicação racional sobre a origem e ordem do mundo natural ou natureza, sobre as causas das transformações, geração e perecimento de todos os seres.

Kósmos: Bom ordenamento de coisas e pessoas; boa ordem; arranjo conveniente e adequado; disciplina; organização do cerimonial religioso, organização do Estado; ordem estabelecida; princípio ordenador e regulador das coisas; ordem do mundo e, por extensão, mundo. Inicialmente esta palavra indica a ação dos seres em conformidade com um comportamento estabelecido; a seguir, significa a ação humana organizadora que produz uma ordem nas coisas ou nas instituições; por extensão, refere-se à ordem e organização da natureza ou do mundo.

Krátos: Força ou vigor do corpo, potência da força corporal; por extensão: força ou potência de dominação. A seguir, força ou potência de um chefe ou de um rei; autoridade soberana; finalmente: poder. O verbo *kratéo* significa: ser forte e potente; por extensão: ser senhor, dominar, reinar, governar, comandar, ordenar, tornar-se senhor, assenhorear-se do poder. Ainda: vencer uma luta, vencer numa disputa, vencer numa argumentação; prevalecer, ter força de lei, ter a força de um costume; ter mais razão do que outro. A palavra *krátos* dá origem ao elemento *kratía*, empregado na composição de palavras que designam quem tem o poder ou o governo num regime político. Assim, uma oligarquia (ver *arkhé*) pode ser uma *aristokratía* (*áristos*: o mais excelente, o melhor, o mais nobre), isto é, o governo ideal dos melhores e mais poderosos, ou pode ser uma *ploutokratía* (*ploûtos*: riqueza, fortuna em ouro, prata e dinheiro), isto é, o governo dos mais ricos. A *demokratía* é o governo do *démos*, o poder popular ou governo de todos os cidadãos.

Léthe: Esquecimento; personificado é Léthe, filha de Éris, guardiã da planície por onde correm as águas do Esquecimento.

Lógos: Esta palavra sintetiza vários significados que, em português, estão separados, mas unidos em grego. Vem do verbo *légo* (no infinitivo: *légein*) que significa: 1) reunir, colher, contar, enumerar, calcular; 2) narrar, pronunciar, proferir, falar, dizer, declarar, anunciar, nomear claramente, discutir; 3) pensar, refletir; ordenar; 4) querer dizer, significar, falar como orador, contar, escolher; 5) ler em voz alta, recitar, fazer dizer. *Lógos* é: palavra, o que se diz, sentença, máxima, exemplo, conversa, assunto da discussão; pensar, inteligência, razão, faculdade de raciocinar; fundamento, causa, princípio, motivo, razão de alguma coisa; argumento, exercício da razão, juízo ou julgamento, bom senso, explicação, narrativa, estudos; valor atribuído a alguma coisa, razão íntima de uma coisa, justificação, analogia. *Lógos* reúne numa só palavra quatro sentidos: linguagem, pensamento ou razão, norma, ou regra, ser ou realidade íntima de alguma coisa. No plural, *lógoi*, significa: os argumentos, os discursos, os pensamentos, as significações; *-logía*, que é usado como segundo elemento de vários compostos, indica: conhecimento de, explicação racional de, estudo de. Diálogo, dialética, lógica são palavras da mesma família de *lógos*. O *lógos* dá a razão, o sentido, o valor, a causa, o fundamento de alguma coisa, o ser da coisa. É também a razão conhecendo as coisas, pensando os seres, a linguagem que diz ou profere as coisas, dizendo o sentido ou o significado delas. O verbo *légo* conduz à ideia de linguagem porque significa reunir e contar: falar é reunir sons; ler e escrever é reunir e contar letras; conduz à ideia de pensamento e razão porque pensar é reunir ideias e raciocinar é contar ou calcular sobre as coisas. Esta unidade de sentidos é o que leva os historiadores da filosofia a considerar que, na filosofia grega, dizer, pensar e ser são a mesma coisa.

Maieutiké: Arte de realizar um parto. A palavra *maieuía* significa parto; *maieútria*, parteira; o verbo *maieúo* significa realizar o parto auxiliando a parturiente. O *maieutikós* é o parteiro que conhece a arte ou técnica do parto. Platão criou a palavra *maieutiké* para referir-se ao "parto das ideias" ou "parto das almas" realizado pelo método socrático. A mãe de Sócrates era parteira.

Mesótes: Justo meio, justa medida. *Mésos* significa: situado no meio, parte do meio ou centro de um corpo, o que fica no centro entre dois extremos. Na música, *he mése* é a nota central da harmonia das cordas da lira, a partir da qual se estabelecem as proporções ou harmonias. *Tó méson* é o meio ou centro de um objeto ou de um corpo, de uma assembleia; é o intervalo temporal igual entre dois extremos. O verbo *médo* significa: medir, regular, conter na justa medida. O substantivo *médon* significa o chefe, o rei, o magistrado ou juiz, aquele que tem autoridade para impor uma medida, uma regra, uma norma. *Mesótes* é o termo empregado por Aristóteles para definir a virtude como justo meio entre paixões extremas, como medida ou moderação dos extremos.

Metà tà physiká: Metafísica, termo cunhado por Andrônico de Rodes (por volta de 50 a.C.) para designar os tratados de Aristóteles classificados após os tratados sobre a física. São os livros que Aristóteles designou coma Filosofia Primeira (*Próte Philosophía*) e que se referem ao estudo do ser enquanto ser, isto é, antes que seja determinado com a forma dos seres físicos, matemáticos, psíquicos, artificiais ou técnicos etc. Ver *ontología*.

Méthexis: Participação. Composta do prefixo *metá-* e *éxis*. O prefixo *metá-* significa: estar no meio de, vir depois de, em seguida, após, entre, em comunidade com, por meio de, com. Este prefixo, quando compõe outras palavras, possui três sentidos: 1) comunidade ou participação; 2) sucessão no tempo ou espaço; 3) entre, no meio. *Éxis* significa: posse, ação de possuir, maneira ou modo de ser, constituição ou temperamento, estado habitual da alma. Por sua composição, *méthexis* designa a comunidade ou participação de seres que possuem o mesmo modo de ser. Deriva-se do verbo *metékho*: ter parte, partilhar, participar de alguma coisa, compartilhar. Termo usado por Platão para designar a forma da relação entre as ideias e a relação do nosso intelecto com o inteligível. A teoria da participação afirma que seres de mesma natureza participam de qualidades comuns e compartilham propriedades comuns. Todas as ideias participam das ideias de Bem, Ser, Uno, Mesmo, Outro, Múltiplo, Ilimitado, Limitado, Causa, Mistura. Nosso intelecto é de mesma natureza que as ideias (elas e ele são inteligíveis, imateriais) e por isso conhecer é participar das ideias. Em Aristóteles, *méthexis* significa compreender (a parte compreendida ou contida no todo, participando do todo).

Méthodos: Método, busca, investigação, estudo feito segundo um plano. É composta de *metá-* e *odós* (via, caminho, pista, rota; em sentido figurado significa: maneira de fazer, meio para fazer, modo de fazer). *Méthodos* significa, portanto, uma investigação que segue um modo ou maneira planejada e determinada para conhecer alguma coisa; procedimento racional para o conhecimento seguindo um percurso fixado. *Methodeúo*: seguir de perto, seguir uma pista, caminhar de maneira planejada, usar artifícios e astúcias, é um derivado de *méthodos*.

Métis: Deusa que personifica a inteligência prática, engenho e astúcia para solucionar dificuldades, prudência, expediente para enfrentar uma situação complicada, maquinar ardis e armadilhas. É uma qualidade psicológica que combina intuição, rapidez, engenho e astúcia. Quem a possui, possui também o golpe de vista que permite agarrar o *kairós*.

Mímesis: Imitação, ação de imitar, representação, ação de reproduzir, de figurar.

Mnemosýne ou *Mnéme*: Memória, lembrança, recordação, faculdade da memória ou de lembrar. Personificada, Mnemosýne ou Mnéme é a mãe das Musas, protetora dos poetas e dos videntes.

Moîra: O destino de cada um, a necessidade que rege o curso das coisas. É uma palavra da mesma família de *méros*, parte (ver *homoioméreia*). A *moîra* é a parte ou quinhão que cabe a cada um e, por extensão, o destino. Cloto, Láquesis e Átropos são as Moiras, filhas da noite, as vingadoras.

Morphé: Forma, forma do corpo, figura, aparência externa por oposição à essência interna (*eîdos*).

Mýthos: Mito, palavra proferida, discurso, narrativa; rumor; notícia que se espalha, mensagem; conselho, prescrição. O verbo *mythéomai* significa: dizer, conversar, contar, narrar, anunciar (um oráculo), designar, nomear, dizer a si mesmo, deliberar em si mesmo. O historiador Heródoto emprega a palavra *mýthos* para referir-se a relatos confirmados por testemunhas, tradição. Platão e Aristóteles, porém, empregam *mýthos* para referir-se a narrativas ou relatos fabulosos, portanto, com o sentido de fábula, lenda. Pouco a pouco, *mýthos* passa a significar o lendário e irreal, ficção, mentira, relato não histórico. Nessa acepção, *mýthos* opõe-se a *lógos*.

Neîkos: Ódio, discórdia, disputa, querela, discordância, luta, combate, injúria.

Nóesis: Ver *noûs*.

Nómos: Regra, lei, norma. O primeiro sentido desta palavra é aquilo que se possui por partilha, aquilo que se usa porque atribuído por uma partilha; por extensão: uso, costume, conforme ao uso ou ao costume. Esta conformidade ao costume passa a significar a norma ou regra costumeira de um comportamento de um grupo, as convenções sociais que o grupo estabelece para seus membros. Mais adiante: opinião geral, máxima geral, regra de conduta. Por extensão da regra e da máxima geral: uso ou costume com força de lei; ainda: o direito, o que se faz segundo o direito ou conforme ao direito. *Nómos* opõe-se a *phýsis* (ver *phýsis*): o *nómos* é o que é por convenção, por acordo e decisão dos humanos, enquanto *phýsis* é o que é por natureza, por si mesmo independentemente da decisão ou vontade dos homens. Os sofistas dirão que tudo é pelo *nómos*, tudo é por convenção.

Noûs (ou *nóos*): Faculdade de pensar, inteligência, espírito, pensamento, intelecto, reflexão, intenção racional, maneira de ver pelo pensamento, sentido racional de um discurso. O verbo *noéo* significa: colocar no espírito, refletir, compreender, meditar; ter bom senso ou razão; ter um sentido ou uma significação. O substantivo *nóema* significa: fonte do pensamento ou da inteligência, reflexão, projeto, desígnio. O substantivo *nóesis* significa: ação de colocar no espírito, concepção, inteligência ou compreensão de alguma coisa, faculdade de pensar, espírito. Opõe-se a *aísthesis* (conhecimento através dos sentidos, sensibilidade). Anaxágoras designa como *noûs* o ser inteligente que põe a natureza em movimento e faz existir o *kósmos*. Com Platão e Aristóteles *noûs*, *nóesis*, *nóema*, *nóia* indicam o intelecto e a atividade intelectual; *nóesis* significa a intuição intelectual, o conhecimento direto e imediato da verdade de uma essência ou de um princípio.

Oikonomía: Ver *oîkos*. Direção e administração dos negócios da casa ou da família.

Oîkos: Casa, habitação; por extensão: propriedade, bens, haveres. Os derivados de *oikeîos* são: o que é propriedade da casa ou da família (edifícios, terras, plantações, animais, escravos, objetos, instrumentos agrícolas e de artesanato); *oikeiótes*: parentesco, parentela, a família (ancestrais, descendentes, pai, mãe, filhos, marido, mulher, irmãos, tios, tias, primos); *oíkema*: edifício da casa propriamente dita. *Oîkos* é a instituição social casa-família. *Oikonomía* é a direção, administração e governo da casa-família pelo chefe da família, o *despótes* (ver *despótes*). Como se observa, a economia não se refere à gestão da produção-comércio da cidade ou do Estado (como ocorre atualmente), mas se refere à propriedade-produção-comércio-riqueza dos indivíduos privados ou às relações entre os chefes das famílias.

Ontología: Como Aristóteles afirmou que a Filosofia Primeira estuda o ser enquanto ser, Jacobus Thomasius, filósofo alemão do século XVII, propôs o nome *Ontologia* para a obra aristotélica que a tradição chama de *Metafísica*. O termo cunhado tem como segundo elemento *-logía* (ver *lógos*) e como primeiro *onto-*, que proveio do particípio *ón-óntos* do verbo *eimí* (que significa ser, existir e se opõe a *gígnomai*, vir a ser, devir e também a *phaínomai*, parecer). Substantivado, o particípio de *eimí* significa: 1) no singular neutro, *tò ón*, substantivo abstrato, o que é em si mesmo e existe em si mesmo e, por extensão, o ser; 2) no masculino plural, *hoi óntes*, os que são, os viventes; 3) no neutro plural, *tà ónta* (no jônico, *tà eónta*), as coisas que são, existem, os bens, os recursos.

Órexis: Apetite, desejo, ação de tender para alguma coisa. O verbo *orégo* significa: tender, estender, oferecer, apresentar, dar, estender-se, alongar-se, agarrar com as mãos, estender as mãos para agarrar, visar a, aspirar a, querer alcançar algo, tocar, expandir-se de alegria. Aparentemente, *órexis* seria o mesmo que *hormé* (ver *hormé*), mas *hormé* é o desejo como instinto quase incontrolável que é suscitado pela presença de algo externo enquanto *órexis* é o desejo como um apetite vindo do interior daquele que deseja alguma coisa, suscitado no próprio desejante, algo que faz parte da natureza do desejante.

Órganon: Instrumento, órgão. Instrumento de trabalho, instrumento de guerra, instrumento musical; matéria sobre a qual se trabalha; órgão do corpo. Por extensão: obra que serve de instrumento para o pensamento ou para a discussão. Neste sentido a lógica de Aristóteles recebeu o título de *Órganon*.

Orthótes: Direção em linha reta, justeza, exatidão, retidão, conformidade. É derivada do adjetivo *orthós*, que significa: reto, correto, direto, em linha reta; por extensão: justo, sensato, conforme ao certo ou a correto, verídico, real, verdadeiro (donde: ortodoxia, opinião ou doutrina correta; ortopedia, pés corretos ou direitos, correção dos pés e do andar; ortodontia, correção dos dentes etc.). A partir de Platão e de Aristóteles, *orthótes* é a qualidade do juízo verdadeiro sobre uma ideia ou uma essência; é a conformidade ou adequação entre o pensamento e o pensado.

Ousía: Essência, ser, realidade. Substantivo abstrato derivado *ón*, *óntos*, particípio presente de *eimí*, ser. Em latim, o verbo *esse* (ser) corresponde ao grego *einai* (infinito de *eimí*, eu sou); também em latim, *essentia* corresponde ao grego *ousía*.

Paideía: Educação ou cultivo das crianças, instrução, cultura. O verbo *paideúo* significa: educar uma criança (*paîs-paidós* em grego), instruir, formar, dar formação, dar educação, ensinar os valores, os ofícios, as técnicas, transmitir ideias e valores para formar o espírito e o caráter, formar para um gênero de vida. Da mesma família é a palavra *paideía*, ação de educar, educação, cultura.

Páthos: Paixão ou sentimento; emoção; aquilo que se sente; aquilo que se sofre ânimo agitado por circunstâncias exteriores; perturbação do ânimo causada por uma ação externa; acontecimentos ou mudanças nas coisas causadas por uma ação externa ou por um agente externo; passividade humana ou das coisas; doença (donde: patológico, patologia); emoção forte causada por uma impressão externa (donde: patético); passividade física e moral; sofrimento. O verbo *páskho* significa: ser afetado de tal ou qual maneira, experimentar tal ou qual emoção ou sentimento, sofrer alguma ação externa, padecer (em oposição a agir). Oposto a *práxis* (ver *práxis*).

Peithó: Faculdade ou talento para persuadir, eloquência persuasiva, discurso persuasivo, doce e suave persuasão. O verbo *peítho* significa: persuadir, convencer para que alguém faça de bom grado alguma coisa; seduzir por palavras, súplicas e preces; apaziguar e suavizar por palavras e súplicas; excitar e estimular alguém a aceitar uma opinião ou a fazer alguma coisa; confiar, entregar-se, fiar-se, deixar-se persuadir e convencer, ceder à palavra de alguém, crer na palavra de alguém. *Peithó* não pretende enganar com seduções falsas e por isso se opõe a *apáte* (ver *apáte*), sedução mentirosa. *Peithó* e *apáte* são centrais na retórica. Personificada, Peithó é a deusa da boa persuasão e da boa eloquência.

Péras: Termo, fim, limite, extremidade. O que não tem limite é *á-peiron* (ver *ápeiron*).

Peripatetikós: Palavra que indica a filosofia aristotélica (filosofia peripatética). Deriva-se do verbo *peripatéo*, composto de *peri-* (à volta de, em torno de, a respeito de, sobre ou em vista de) e *patéo* (pisar, marchar, caminhar, andar, percorrer). *Peripatéo* significa: circular, ir e vir, passear conversando. *Perípatos* significa: passeio, conversa durante um passeio ou caminhada. Aristóteles e seus alunos estudavam filosofia passeando pelos jardins do liceu, conversando enquanto caminhavam, donde chamar-se a filosofia aristotélica de peripatética.

Phainómenon: O que aparece, o que é visível, o que brilha diante dos olhos, fenômeno. Vem do verbo *phaíno*: fazer brilhar, fazer ver, indicar, fazer conhecer, dar a conhecer, anunciar, pressagiar, explicar, mostrar-se, aparecer. O fenômeno é aquilo que aparece e se mostra aos nossos olhos e pode ser conhecido. É o objeto do conhecimento perceptivo, visual.

Phantasía: Ação de se mostrar, aparição, imagem, coisa própria a provocar a imaginação; ação de figurar alguma coisa pela imaginação, imaginar, fantasiar; faculdade de representar coisas ao espírito por meio de imagens. O verbo *phantázo* significa: fazer ver por imagem, fazer ver a aparência, dar a ilusão, mostrar-se, aparecer em imagem, imaginar, figurar ou reproduzir os traços de alguém ou de alguma coisa. *Phántasma* é a imagem que está no espírito ou que aparece ao espírito, mas sem consistência de uma coisa real. *Phantastikós* é o que concerne à imaginação; aquele que é capaz de imaginar; aquele que é capaz de criar ilusões.

Pharmakéus: Aquele que prepara e administra medicamentos, médico; aquele que prepara poções mágicas, curandeiro, envenenador, mágico.

Phármakon: Fármaco, toda substância que pode produzir uma alteração benéfica ou maléfica na natureza de um corpo; remédio, poção, droga, veneno, cosmético, unguento, poção ou filtro mágico, sortilégio. Esta palavra sintetiza vários sentidos opostos: remédio, veneno, máscara, magia. Vem do verbo *pharmásso*, que significa produzir alterações (boas ou más) com a ajuda de drogas: medicar, envenenar, enfeitiçar, mascarar, tingir. Platão afirma que a linguagem é um *phármakon*.

Pharmakós: Feiticeiro, envenenador, mago, curandeiro.

Philía: Amizade, viva afeição, amor (sem ideia de sensualidade), sentimento de reciprocidade entre os iguais. O verbo *philéo* significa: sentir amizade por alguém, amar com amizade, tratar como amigo, ajudar, auxiliar, amar de coração, dar sinais de amizade, acolher com prazer; procurar, buscar, perseguir para encontrar; agradar-se com, ter agrado em; estar quite com, relacionar-se de igual para igual.

Philosophía: Filosofia, amor pelo saber, amizade à sabedoria, procura ou busca do saber. Composta de *philos* e *sophía* (ver *philía*; ver *sophía*).

Phrónesis: Prudência ética, sabedoria moral, inteligência razoável ou sensatez. O verbo *phronéo* significa: ter a faculdade para pensar e sentir, isto é, para viver; estar no bom senso; estar no pleno uso da razão (em oposição à insensatez ou à loucura); ser sábio e prudente, ser sensato; ter bons sentimentos, ter sentimentos nobres e elevados. É a mais alta qualidade moral e se opõe à *hýbris* (ver *sophrosýne*).

Phýsis: Natureza. Possui três sentidos principais: 1) processo de nascimento, surgimento, crescimento (sentido derivado do verbo *phýomai*); 2) disposição espontânea e natureza própria de um ser; características naturais e essenciais de um ser; aquilo que constitui a natureza de um ser; 3) força originária criadora de todos os seres, responsável pelo surgimento, transformação e perecimento deles. A *phýsis* é o fundo inesgotável de onde vem o *kósmos*; e é o fundo perene para onde regressam todas as coisas, a realidade primeira e última de todas as coisas. Opõe-se a *nómos*.

Pístis: Fé, confiança em alguém, dar crédito, crença, ter por verdadeiro em virtude da fé, crença ou confiança; meio de inspirar confiança ou fé.

Pléron: Pleno, espesso, cheio, sem intervalo, sem vazio, completo.

Pneûma: Ar, sopro de ar ou vento; hálito, respiração, sopro de vida, sopro vital. Por extensão: espírito.

Poíesis: Ação de fabricar, fabricação. Confecção de um objeto artesanal. Composição de uma obra poética. O verbo *poiéo* significa: fabricar, executar, confeccionar (obras manuais), compor (obras intelectuais como um poema), construir, produzir (no trabalho agrícola), provocar (riso, doença, vergonha, pobreza, lágrimas, riqueza), fazer (sacrifícios aos deuses, a guerra, o bem ou o mal a alguém); agir com eficácia produzindo um resultado (um remédio, uma arma, um artefato). Aristóteles explicita o sentido principal da *poíesis* como uma prática na qual o agente e o resultado da ação estão separados ou são de natureza diferente. A *poíesis* liga-se à ideia de trabalho como fabricação, construção, composição e à ideia de *tékhne* (ver *tékhne*).

Pólis: Cidade; cidade-estado; reunião dos cidadãos em seu território e sob suas leis. Dela se deriva a palavra política (*politikós*: o cidadão, o que concerne ao cidadão, os negócios públicos, a administração pública).

Politeía: Constituição de um Estado, forma do regime político ou do governo, conjunto das instituições públicas e de suas leis; qualidade e direito de cidadão, daquele que vive na *pólis* e dela participa; política.

Póros: passagem, caminho, via de comunicação (por água ou por terra); ponte; conduto, passagem nas diversas partes do corpo (veias, artérias, poros, canais dos órgãos da sensação etc.); meio ou expediente para chegar a um fim, recurso ou engenho para chegar a um fim, para solucionar uma dificuldade; ação de passar através, trajeto. Personificado, Poros é o deus filho de Métis e pai de Eros, o amor; é o engenho astucioso que soluciona dificuldades encontrando caminhos. O que não possui caminho ou solução é *áporos* (ver *aporía*).

Polymátheia ou *Polymathíe*: Grande saber, abundância de conhecimentos. Palavra composta de *poly-* (de *polýs*, muito) e um elemento derivado da mesma raiz de *mantháno*, aprender. Segundo Heráclito (fragmento 40): "A muita instrução [*polymathíe*] não ensina a ter inteligência".

Práxis: Ação, ato (por oposição a fabricação, *poíesis*); atividade (por oposição a paixão, passividade, *páthos*); realização; maneira de agir e maneira de ser. O verbo *prátto* (no infinitivo: *práttein*) significa: percorrer um caminho até o fim, chegar ao fim, alcançar o objetivo, executar, cumprir, realizar, agir, conseguir, fazer acontecer alguma coisa, fazer por si mesmo. Aristóteles explicita o sentido de *práxis* afirmando tratar-se daquela prática na qual o agente, o ato ou ação e o resultado são inseparáveis. Trata-se da ação no campo ético e político. A *práxis* difere da *poíesis* e se opõe ao *páthos*.

Proaíresis: Escolha preferencial ou dos preferíveis; a escolha moral e o ato voluntário do agente ético e político. Palavra composta pelo prefixo *pro-* (antes de, diante de, perante, de preferência a, como consequência de, precedentemente a) e de *aíresis* (ver *aíresis*). A *proaíresis*, segundo Aristóteles, é a escolha racional de uma ação pela avaliação de seu valor moral; é preparada pela *boúleusis* (ver *boúleusis*). Para Platão, a *proaíresis* oferece o conjunto dos princípios pelos quais guiamos nossas ações éticas e políticas. O verbo *proairéo* significa: escolher de preferência, preferir para escolher, tomar partido.

Protréptico: Exortação. A primeira parte do diálogo socrático quando o filósofo exorta os interlocutores à busca do conceito ou da ideia verdadeira.

Pseudés: Mentiroso, enganador; falso, errôneo; mentira.

Pseûdos: Mentira, falsidade; erro, engano, logro; fraude, dissimulação, enganação.

Psykhagogía: Sedução da alma pelo prazer, pelo divertimento; condução das almas por aquele que evoca o reino das sombras; encantamento da alma fascinada por palavras de sedução. Palavra composta de *psykh-* (de *psykhé*) e *-agogía* (da mesma raiz do verbo *ágo*: conduzir, dirigir, guiar, comandar, levar consigo, arrastar, empurrar, atrair). Da mesma família é a palavra *agogeús*, condutor, guia, o que puxa por uma coleira, que transporta, que atrai. Górgias afirma que as palavras podem ser um remédio e uma consolação para a alma e propõe a psicagogia como medicina da alma ou terapia moral contra a infelicidade. Platão critica a psicagogia como sedução que impede a purificação da alma e a atividade da inteligência.

Psykhé: Alma, psique; sopro de vida; princípio da vida; o vivente; caráter, temperamento; sede dos desejos, sentimentos e pensamentos. Personificada, Psyché simboliza a imortalidade e é atormentada por Eros.

Rízoma: Tufo de raízes. No plural, *rizómata*, raízes. Em sentido figurado: fundamento ou elemento de todas as coisas. A palavra *riza* significa raiz, fonte de alguma coisa, origem, cepa. É a *phýsis* de Empédocles.

Semeíon: Signo ou marca distintiva pela qual se reconhece alguém ou alguma coisa; donde signo celeste (as constelações), selo ou sinete (de um rei, de um chefe militar, de um sacerdote), bandeira, placa em estradas (para indicar a direção) e em edifícios (para indicar a finalidade), comunicação naval por meio de bandeirolas e gestos. *Semeíon* é também o sinal ou vestígio deixado por animais, donde indício e, na linguagem judiciária, produzir provas oferecendo os indícios; na linguagem médica, indício ou sinal visível de alguma coisa ou de algum acontecimento visível. *Sema* é signo ou marca e sinal. O verbo *semaíno* significa: 1) marcar com um signo ou com um sinal distintivo para reconhecimento; 2) manifestar-se sob a forma de um sinal ou de um sintoma.

Sophía: Sabedoria. Inicialmente significa habilidade manual para as artes e técnicas. A seguir, a sabedoria moral ou prudência do homem razoável e sensato. Finalmente, passa a significar o conhecimento teórico em seu ponto de mais alta perfeição. O verbo *sophízo* significa: tornar hábil, prudente, sábio.

Sophistés: Sofista. Inicialmente significa todo aquele que é excelente numa arte ou técnica, que pratica o *sophízein* para tornar-se hábil, sensato e prudente. Em Atenas, a partir da segunda metade do século V a.C., significa mestre de filosofia e eloquência. Com Platão, passa a designar pejorativamente o sofista. O verbo *sophízomai* possui, além dos sentidos anteriores (ver *sophía*), o sentido de tornar-se astucioso e engenhoso para enganar com palavras, e é neste significado que é aplicado ao sofista. Na voz média, *sophízomai*, este verbo significa raciocinar ardilosa e fraudulentamente, sendo aplicado ao sofista com este sentido.

Sophós: Sábio. Correspondendo aos sentidos iniciais de *sophía* e *sophízomai*, *sophós* era aquele que possuía habilidades manuais, técnicas, artísticas. Depois, tornou-se o homem sensato e prudente, instruído numa arte ou numa ciência. Com este sentido, era usado para designar os Sete Sábios da Grécia. Posteriormente, passa a designar aquele que, pelo intelecto, possui o mais perfeito conhecimento teórico ou científico da realidade. Coincide com o filósofo por oposição ao sofista, ao técnico e ao político.

Sophrosýne: Estado de saúde e perfeição do corpo e do espírito. Moderação, temperança, bom senso, prudência, frugalidade. O verbo *sophronízo* significa: tornar moderado, temperante, prudente; aprender a conter desejos, impulsos e paixões. *Sophronéo* é ser sóbrio, modesto, simples, temperante, moderado nos apetites e desejos. Estas palavras se derivam de *sáos*: intacto, bem conservado, são e salvo; alguém seguro com quem se pode contar sempre de maneira certa. A *sophrosýne* é o ideal ético do sábio, pois significa a integridade física e psíquica daquele que sabe moderar seus apetites e desejos e pratica a *phrónesis*.

Spérmata: Sementes. Na cosmologia de Anaxágoras, as sementes que saem da *phýsis* (que é uma mistura primordial) pela ação do *Noûs* contêm, em cada uma delas, todos os elementos que estão presentes no universo. São germes ou grãos de todas as coisas. O verbo *spermatízo* significa: procurar, fecundar, engendrar, de modo que todas as sementes são *phýsis*, pois engendram, fecundam e procriam todas as coisas da natureza.

Syllogismós: Silogismo. Raciocínio cuja conclusão é inferida das premissas. O verbo *syllogízo* significa: reunir, juntar, reunir pelo pensamento; *syllogé*: reunião, ajuntamento de coisas ou de homens, assembleia para tomar uma decisão ou tirar uma conclusão; e *sýllogos*: ação de reunir homens numa assembleia, de consultar os que estão reunidos; colóquio, conversa; palavra e pensamento dos que estão reunidos; juntar as próprias ideias para pensar.

Tékhne: Arte manual, técnica; ofício, profissão; habilidade para fabricar, construir ou compor alguma coisa ou artefato; habilidade para decifrar presságios; habilidade para compor com palavras (poesia, retórica, teatro). Obra de arte. Produto da arte. A *tékhne* se apresenta por meio de obra ou objetos: o médico é um técnico cuja obra é produzir a saúde, assim como o arquiteto faz a casa e o oleiro faz o vaso de cerâmica; o dramaturgo é um técnico que produz como obra uma peça teatral, assim como o poeta produz o poema e o pintor, o quadro; o capitão produz a viagem da embarcação, como o tecelão produz o tecido. Tudo que se referir à fabricação ou produção de algo que não é feito pela própria natureza é uma técnica, cujo campo é o artefato ou o objeto de arte, isto é, o artifício, seja o utensílio, o instrumento, a arma ou o poema. Com exceção do político e do sábio, todos os outros ofícios são técnicos. Com exceção da teoria, da ética e da política, todas as práticas são técnicas.

Télos: Fim, finalidade, conclusão, acabamento, realização, cumprimento; resultado, consequência; chegar a um termo previsto; ponto culminante, cume, cimo, alvo; formação e desenvolvimento completos, pleno acabamento; plenitude de poder de alguma coisa, soberania; o que deve ser realizado ou cumprido; o que é completo em si mesmo. O *télos* pode ser natural, isto é, determinado pela *phýsis* ou pela *ousía* de um ser. O *télos* também pode ser uma decisão humana, uma convenção estabelecida segundo o *nómos*. O *télos* é o que permite avaliar ou determinar o valor e a realidade de alguma coisa.

Theogonía: Teogonia, narração da geração dos deuses. Palavra composta por *théos* (deus, o divino) e *-gonía* (ver *-gonía*).

Theología: Teologia, conhecimento teorético racional das coisas divinas e da divindade. Composta de *théos* (deus, o divino) e *-logía* (ver *lógos*).

Theoría: Teoria, ação de ver, observar, examinar para conhecer; contemplação do espírito, meditação, estudo; especulação intelectual por oposição à prática. Deriva-se do verbo *theoréo*: observar, examinar, contemplar. Inicialmente, este verbo se refere aos espectadores que contemplam os jogos olímpicos e os comandantes que passam em revista as tropas. A seguir, passa a significar os que contemplam com os olhos da inteligência ou do espírito e, portanto, que examinam ideias, conceitos, essências, com o significado de raciocinar, pensar, demonstrar, julgar, meditar e refletir. A teoria é o conhecimento pelo conhecimento, sem preocupação com seu uso instrumental, com sua aplicação, com as técnicas.

Týkhe: A fortuna, o acaso, a boa ou má sorte; as vicissitudes da vida, acidentes, acasos, felicidades e infelicidades; indica o fortuito, acidental, casual, inesperado; a adversidade. Personificada, Týkhe é a deusa Fortuna, representada sobre uma roda que ela faz girar ao acaso, distribuindo, caprichosa e arbitrariamente, seus favores, benefícios ou malefícios. É o acaso, a contingência.

Tyrannikós: Tirânico, o que é relativo ao *týrannos*. Historicamente a palavra *týrannos* registra dois sentidos diversos: 1) o rei, o soberano. Ver, por exemplo, o nome da tragédia de Sófocles: *Oidípos týrannos*, Édipo-Rei; 2) aquele que, aproveitando de sua superioridade militar, intelectual, capacidade de persuasão, toma o poder pela força e o exerce segundo sua vontade pessoal. Deste sentido deriva aquele com que usamos esta palavra modernamente.

Bibliografia

I. O NASCIMENTO DA FILOSOFIA (PP. 15-52)

BARNES, J. "Les Penseurs préplatoniciens". In: CANTO-SPERBER, M. (org.) *Philosophie grecque*. Paris, PUF, 1997.
BORHEIM, G. *Os filósofos pré-socráticos*. São Paulo, Cultrix, 1977.
BRÉHIER, E. *História da filosofia*. São Paulo, Mestre Jou, 1977, vol. 1, t. 1.
BURNET, J. *Early Greek Philosophy*. Londres, 1920. Tradução francesa, citada: *L'Aurore de la philosophie grècque*. Paris, Payot, 1952. Tradução brasileira: *O despertar da filosofia grega*. São Paulo, Siciliano, 1994.

CANTO-SPERBER, M. (org.). *Philosophie grecque*. Paris, PUF, 1997.
CASSIN, B., LORAUX, N., PESCHANSKI, C. *Gregos, bárbaros, estrangeiros*. Rio de Janeiro, Editora 34, 1993.
CHÂTELET, F. (org.). *História da filosofia. Ideias e doutrinas*. Rio de Janeiro, Zahar, 1973. Vol. 1: *A filosofia pagã, do século VI a.C. ao século II d.C.*
_____. *Histoire des idéologies*. Paris, Hachette, 1978, vol. 1.
COLLI, G. *O nascimento da filosofia*. Campinas, Editora da Unicamp, 1988.
CORNFORD, F. M. *From Religion to Philosophy*. Nova York, Harper and Brothers, 1957.
_____. *Principium sapientiae: as origens do pensamento filosófico grego*. Lisboa, Fundação Calouste Gulbenkian, 1975.

DETIENNE, M. *Les Maîtres de vérité dans la Grèce archaïque*. Paris, Maspéro, 1981. Tradução brasileira: *Os mestres da verdade na Grécia arcaica*. Rio de Janeiro, Jorge Zahar, 1988.
DIÓGENES DE LAÉRCIO. *Vie, doctrines et sentences des philosophes illustres*. Paris, Garnier, s/d. Tradu-

ção brasileira: Diógenes de Laércio, *Vidas e doutrinas dos filósofos ilustres*, Brasília, Editora da UnB, 1987.

ENTRALGO, P. L. *La medicina hipocrática*. Madri, Alianza Editorial, 1970.

FARRINGTON, B. *Science and Politics in the Ancient World*. Nova York, Harper and Brothers, 1940.
FINLEY, M. *Politics in the Ancient World*. Cambridge, Cambridge University Press, 1983. Tradução brasileira: *A política no mundo antigo*. Rio de Janeiro, Zahar, 1985.
FREDE, M. *Essays in Ancient Philosophy*. Oxford, Clarendon Press, 1987.

GLOTZ, G. *La Cité grecque*. Paris, Albin Michel, 1968. Tradução brasileira: *A cidade grega*, São Paulo, Difel, 1980.
_____. *História econômica da Grécia*. Lisboa, Cosmos, 1946/1973.

HADOT, P. *Qu'est-ce que la philosophie antique?* Paris, Gallimard, 1995.
HEGEL, G. W. *History of Philosophy*. Nova Jersey, Humanities Press, 1974, t. 1.
HEIDEGGER, M. *Essais et conférences*. Paris, Gallimard, 1965.

JAEGER, W. *Paidéia. Los ideales de la cultura griega*. México/Buenos Aires, Fondo de Cultura, 1957. Tradução brasileira: *Paideia: a formação do homem grego*. São Paulo, Martins Fontes, 1986.

MONDOLFO, R. *El pensamiento antiguo*. Buenos Aires, Losada, 1952. Tradução brasileira: *O pensamento antigo*. 3 vols. São Paulo, Mestre Jou, 1971.
_____. *El genio helénico*. Buenos Aires, Columba, 1960.
MOSSÉ, C. *Les Institutions grecques*. Paris, Armand Colin, 1967. Tradução portuguesa: *As instituições gregas*. Lisboa, Edições 70, 1985.

NIETZSCHE, F. *El nacimiento de la tragedia*. Madri, Alianza, 1973. Tradução brasileira: *O nascimento da tragédia*, Companhia das Letras, São Paulo, 1992.
_____. *El nacimiento de la filosofía en la época trágica de los griegos*. Madri, Aguilar, 1932. Tradução portuguesa: *A filosofia na idade trágica dos gregos*. Lisboa, Edições 70, 1987.

PEREIRA, M. H. R. *Estudos de história da cultura clássica*. Lisboa, Fundação Calouste Gulbenkian, 1970. Vol. 1: *Cultura grega*.
PESSANHA, J. A. M. "Do mito à filosofia". In: *Os pré-socráticos*. São Paulo, Abril Cultural, 1978 [Coleção Os Pensadores].
PETERS, F. E. *Termos filosóficos gregos. Um léxico histórico*. Lisboa, Fundação Calouste Gulbenkian, 1974.

REALE, G. & ANTISERI, D. *Historia del pensamiento filosófico y científico*. Barcelona, Editorial Herder, 1988.
REY, A. *La Jeunesse de la science grecque*. Paris, La Renaissance du Livre, 1933.
RIVAUD, A. *Histoire de la philosophie*. Paris, PUF, 1960.
ROBIN, L. *La Pensée grecque*. Paris, Albin Michel, 1948.

SOUZA, J. C. DE. "Para ler os fragmentos dos pré-socráticos". In: *Os pré-socráticos*. São Paulo, Abril Cultural, 1978 [Coleção Os Pensadores].

VERNANT, J.-P. *Mythe et pensée chez les grecs*. Paris, Maspéro, 1965. Tradução brasileira: *Mito e pensamento entre os gregos*. Rio de Janeiro, Paz e Terra, 1990.

———. *Les Origines de la pensée grecque*. Paris, PUF, 1962. Tradução brasileira: *As origens do pensamento grego*. São Paulo, Difel, 1972.

VERNANT, J.-P.; VIDAL-NAQUET, P. *Mythe et tragédie en Grèce ancienne*. Paris, Maspéro, 1972. Tradução brasileira: *Mito e tragédia na Grécia antiga*. 2 vols. Brasiliense, São Paulo, 1988.

VILHENA, V. M. *Panorama do pensamento filosófico*. Lisboa, Cosmos, 1958, vol. 2.

WINDELBAND, W. *Historia de la filosofía antigua*. Buenos Aires, Editorial Nova, 1955.

2. OS PRÉ-SOCRÁTICOS (PP. 53-128)

Todas as obras mencionadas na bibliografia do Capítulo 1.

ABBAGNANO, N. *História da filosofia*. Lisboa, Editorial Presença, 1969, vol. 1.

BARNES, J. "Les Penseurs préplatoniciens". In: CANTO-SPERBER, M. (org.). *Philosophie grecque*. Paris, PUF, 1997.

KIRK, G. S., RAVEN, J. E. & SCHOFIELD, M. *Os filósofos pré-socráticos*. Lisboa, Fundação Calouste Gulbenkian, 1994.

MORENTE, M. G. *Lições preliminares de filosofia*. São Paulo, Mestre Jou, 1980.

SPINELLI, M. *Filósofos pré-socráticos. Primeiros mestres da filosofia e da ciência grega*. Porto Alegre, EDIPUCRS, 1998.

ZELLER, E. *Outlines of the History of Greek Philosophy*. Londres, Kegan and Paul, 1931.

Recomendamos a leitura dos fragmentos dos pré-socráticos na edição de G. Borheim (citada) e na do volume *Os pré-socráticos*, da coleção Os Pensadores (citada).

3. OS SOFISTAS E SÓCRATES: O HUMANO COMO TEMA E PROBLEMA (PP. 129-206)

Todas as obras mencionadas na bibliografia dos Capítulos 1 e 2.

BRISSON, L. "Les Sophistes". In: CANTO-SPERBER, M. (org.). *Philosophie grecque*. Paris, PUF, 1997.

CASSIN, B. *Ensaios sofísticos*. São Paulo, Siciliano, 1990.

CASTORIADIS, C. *Les Carrefours du labyrinthe*. Paris, Seuil, 1974. Tradução brasileira: *Encruzilhadas do labirinto*. 3 vols. Rio de Janeiro, Paz e Terra, 1987-1990.

CORNFORD, F. M. *Before and after Socrates*. Nova York/Londres, Cambridge University Press, 1970. Tradução brasileira: *Antes e depois de Sócrates*. São Paulo, Princípio, 1994.

DETIENNE, M. *Clisthène, l'Athénien. Sur la représentation de l'espace et du temps en Grèce de la fin du VI siècle à la mort de Platon*. Paris, Macula, 1983.

FARRINGTON, B. *La ciencia griega*. Barcelona, Igaria, 1979. Tradução brasileira: *A ciência grega*. São Paulo, Ibrasa, 1961.

FINLEY, M. *Democracia antiga e moderna*. São Paulo, Paz e Terra, 1985.

GOLDSCHMIDT, V. *Les Dialogues de Platon*. Paris, PUF, 1963.

GUTHRIE, W. K. C. *The Sophists*. Nova York/Londres, Cambridge University Press, 1971. Tradução francesa: *Les Sophistes*. Paris, Payot, 1976. Tradução brasileira: *Os sofistas*. São Paulo, Paulus, 1995.

JONES, P. V. (org.). *O mundo de Atenas. Uma introdução à cultura clássica ateniense*. São Paulo, Martins Fontes, 1997.

LORAUX, N. "A tragédia grega e o humano". In: NOVAES, Adauto (org.). *Ética*. São Paulo, Companhia das Letras, 1992.

_____. *A invenção de Atenas*. Rio de Janeiro, Editora 34, 1994.

MERLEAU-PONTY, M. "Eloge de la philosophie". In: *Eloge de la philosophie et autres essais*. Paris, Gallimard, 1960. Tradução portuguesa: *Elogio da filosofia*. Lisboa, Guimarães, s/d.

MOSSÉ, C. *Histoire d'une démocratie: Athène*. Paris, Seuil, 1971. Tradução brasileira: *Atenas: a história de uma democracia*. 2ª edição. Brasília, Editora da UnB, 1982.

PESCHANSKI, C. D. "Humanidade e historiografia grega, V-I a.C". In: NOVAES, Adauto (org.). *Ética*. São Paulo, Companhia das Letras, 1992.

ROMILLY, J. DE. *Problèmes de la démocratie grecque*. Paris, Hermann, 1975.

STONE, E. F. *O julgamento de Sócrates*. São Paulo, Companhia das Letras, 1982.

VERNANT, J.-P. & DETIENNE, M. *Les Ruses de l'intelligence. La mètis des grecs*. Paris, Flammarion, 1974.

VLASTOS, G. "Socrate". In: CANTO-SPERBER, M. (org.). *Philosophie grecque*. Paris, PUF, 1997.

VILHENA, V. M. *O problema de Sócrates. O Sócrates histórico e o Sócrates de Platão*. Lisboa, Fundação Calouste Gulbenkian, 1984.

WOLFF, F. *Socrate*. Paris, PUF, 1985. Tradução brasileira: *Sócrates. O sorriso da razão*. Brasiliense, São Paulo, 1982.

Recomendamos a leitura, na edição bilíngue grego-inglês da coleção Loeb Classical Library, Harvard University Press, das obras do *Corpus hippocraticus*, da comédia *As nuvens*, de Aristófanes, e de *As memoráveis*, de Xenofonte. Recomendamos também a leitura do diálogo de Platão *Apologia de Sócrates*.

4. PLATÃO E O NASCIMENTO DA RAZÃO OCIDENTAL (PP. 207-327)

Todas as obras mencionadas na bibliografia dos Capítulos 2 e 3.

ANDRADE, R. G. DE. *Platão. O cosmo, o homem e a cidade. Um estudo sobre a alma*. Petrópolis, Vozes, 1994.

BRISSON, L. "Les Socratiques". In: CANTO-SPERBER, M. (org.). *Philosophie grecque*. Paris, PUF, 1997.

CAMBRIANO, G. *Platone e le tecniche*. Turim, Einaudi, 1971.
CANTO-SPERBER, M. "Platon". In: CANTO-SPERBER, M. (org.). *Philosophie grecque*. Paris, PUF, 1997.
CHÂTELET, F. *Platão*. Lisboa, Rés, s/d.
_____. *El pensamiento de Platón*. Barcelona, Editorial Labor, s/d.
CORNFORD, F. M. *The Republic of Plato*. Oxford, Oxford University Press, 1977.
_____. *Plato's Cosmology*. Oxford, Oxford University Press, 1937.
CROMBIE, I. M. *An Examination of Plato's Doctrines*. 2 vols. Londres, Routledge & Kegan Paul, 1935. Tradução espanhola citada neste volume: *Análisis de las doctrinas de Platón*. 2 vols. Madri, Alianza, 1988.

FIELD, G. C. *The Philosophy of Plato*. Oxford, Oxford University Press, 1949 [2ª edição, 1969].
_____. *Plato and his Contemporaries*. Londres, Methuen, 1930 [3ª edição, 1967].
FREIDLÄNDER, P. *Plato*. Nova York, Pantheon Books. vol. 1, 1958; vol. 2, 1969.

GOLDSCHMIDT, V. *Les Dialogues de Platon*. Paris, PUF, 1963.
_____. *A religião de Platão*. São Paulo, Difusão Europeia do Livro, 1963.
_____. *Questions platoniciennes*. Paris, Vrin, 1970.
GRISWOLD JR, C. L. (org.). *Platonic Writings. Platonic Readings*. Nova York, Routledge, 1988.

HAVELOCK E. *Preface to Plato*. Oxford, Blackwell, 1963. Tradução brasileira: *Prefácio a Platão*. Campinas, Papirus, 1996.
HEIDEGGER, M. *A questão platônica da verdade*. Lisboa, Rés, s/d. Esse ensaio de Heidegger também pode ser encontrado na edição francesa de *Questions*. Gallimard, Paris, 1958.

KOYRÉ, A. *Introduction à la lecture de Platon*, Paris, 1962. Tradução brasileira: *Introdução à leitura de Platão*. São Paulo, Martins Fontes, 1974.
KRAUT, R. H. (org.). *The Cambridge Companion to Plato*. Cambridge, Cambridge Universty Press, 1992.

MATOS, V. *O acesso à filosofia platônica*. Coimbra, Atlântida, 1963.

PESSANHA, J. A. "A água e o mel". In: NOVAES, Adauto (org.). *O desejo*. São Paulo, Companhia das Letras, 1990.

RAVEN, J. E. *Plato's Thought in the Making*. Cambridge, Cambridge University Press, 1965.
RIVAUD, A. *As grandes correntes do pensamento antigo*. Coimbra, A. Amado, 1962, cap. IV.
ROBIN, L. *Platon*. Paris, PUF, 1947.
ROSS, D. *Plato's Theory of Ideas*. Oxford, Oxford University Press, 1962.

SHOREY, P. *What Plato Said*. Chicago, University of Chicago Press, 1968.
SCHÜL, P. M. *Études platoniciennes*. Paris, PUF, 1960.
STRAUSS, L. *The City and Man*. Chicago, University Press of Chicago, 1978.

TAYLOR, A. E. *Plato*. Oxford, Oxford University Press, 1937.

VLASTOS, G. *Platonic Studies*. Princeton, Princeton University Press, 1973.

WATANABE, L. A. *Platão por mitos e hipóteses*. São Paulo, Moderna, 1996.
WOLFF, E. "Trios — Deleuze, Derrida, Foucault, historiens du platonisme". In: CASSIN, Bárbara (org.), *Nos grecs et leurs modernes*. Paris, Seuil, 1992.

Recomendamos a leitura dos seguintes diálogos:

Mênon. Tradução de Jorge Paleikat. Porto Alegre, Globo [reeditado pela Ediouro, São Paulo, s/d].
Banquete. Tradução de José Cavalcante de Souza. In: *Platão*. São Paulo, Abril Cultural, 1972 [Coleção Os Pensadores].
Fédon. Tradução de Jorge Paleikat. In: *Platão*. São Paulo, Abril Cultural, 1972 [Coleção Os Pensadores].
Sofista. Tradução de Jorge Paleikat. In: *Platão*. São Paulo, Abril Cultural, 1972 [Coleção Os Pensadores].
Político. Tradução de Jorge Paleikat. In: *Platão*. São Paulo, Abril Cultural, 1972 [Coleção Os Pensadores].
A República. Tradução de Maria Helena da Rocha Pereira. Lisboa, Fundação Calouste Gulbenkian, s/d.
Górgias. Tradução de Jaime Bruna. São Paulo, Difel, 1986.
Mênon, Banquete, Fedro. Tradução de Jorge Paleikat. Porto Alegre, Globo [reeditado pela Ediouro, São Paulo, s/d].

Recomendamos também a leitura de:

HERÓDOTO. *História*. 2 vols. Rio de Janeiro, Editora Jackson, 1964 [Clássicos Jackson]; ou a edição da Editora da UnB, Brasília, 1985.
TUCÍDIDES. *História da Guerra do Peloponeso*. Livro I. Tradução e apresentação de Kua Amaral de Almeida Prado. Estabelecimento do texto grego por Jacqueline de Romilly. São Paulo, Martins Fontes, 1999.

5. ARISTÓTELES: A FILOSOFIA COMO TOTALIDADE DO SABER (PP. 328-486)

Todas as obras mencionadas na bibliografia dos Capítulos 2, 3 e 4.

ACKRILL, J. L. *Aristotle the Philosopher*. Oxford, Clarendon Press, 1981.
ANSCOMBE, G. E. *Three Philosophers*. Cambridge, Cambridge University Press, 1961.
AUBENQUE, P. *Le Problème de l'être chez Aristote*. Paris, PUF, 1966.
_____. *La Prudence chez Aristote*. Paris, PUF, 1963.
_____ (org.). *Concepts et catégories dans la pensée antique*. Paris, Vrin, 1980.
_____ (org.). *Études sur la métaphysique d'Aristote*. Paris, Vrin, 1979.

BARNES, J. *Aristotle*. Oxford, Oxford University Press, 1982.
BARNES, J.; BRUNSCHWICG, J.; BURNYEAT, M. & SCHOFIELD, M. (orgs.). *Science and Speculation. Studies in Hellenistic Theory and Practice*. Cambridge, Cambridge University Press, 1982.
BERTI, E. & VALDITARRA, L. M. (orgs.). *Etica, politica. Studi su Aristotele e la presenza nell'età moderna*. Roma, 1989.

CANTO-SPERBER, M. "Aristote". In: CANTO-SPERBER, M. (org.) *Philosophie grecque*. Paris, PUF, 1997.
CARDOSO, S. "Que república? Notas sobre a tradição do 'governo misto'". In: BIGNOTTO, N. (org.). *Pensar a república*. Belo Horizonte, Editora da UFMG, 2000.

ECO, U. "D'Aristote: à Poe". In: CASSIN, Bárbara (org.). *Nos grecs er leurs modernes*. Paris, Seuil, 1992.

FREDE, M. "Aristotle. Categories and Metaphysics". In: *Essays in Ancient Philosophy*. Clarendon Press, Oxford, 1987.

GOLDSCHMIDT, V. *Temps physique et temps tragique chez Aristote*. Paris, Vrin, 1978.

HAMELIN, O. *Le Système d'Aristote*. Paris, Vrin, 1920.

IRWIN, T. *Aristotle's First Principles*. Oxford, Oxford University Press, 1988.

JAEGER, W. *Aristotle*. Oxford, Oxford University Press, 1948.

LIARD, L. *Lógica*. São Paulo, Companhia Editora Nacional, 1965.

MANSION, A. *Introduction à la physique d'Aristote*. Louvain, Institut Supérieur de Philosophie de Louvain, 1945.
MANSION, S. *Le Jugement d'existence chez Aristote*. Louvain, Institut Supérieur de Philosophie de Louvain, 1945.
MEYER, M. "Aristote ou la Rhétorique des Passions". In: *Aristote. Rhétorique des passions*. Paris, Rivages, 1989. Tradução brasileira: "Aristóteles ou a retórica das paixões". In: *Aristóteles. Retórica das paixões*. São Paulo, Martins Fontes, 2001.

MOHAMMED ALAL SINACEVR (org.). *Penser avec Aristote*. Paris, Eres, 1991.
MUÑOZ, A. A. *A ordem do mundo e a possibilidade da ação em Aristóteles*. São Paulo, USP, 1998. Tese de doutorado apresentada ao Departamento de Filosofia da Faculdade de Filosofia, Letras e Ciências Humanas [inédita].

PORCHAT PEREIRA, O. *Ciência e dialética em Aristóteles*. São Paulo, Editora da Unesp, 2001.

RICOEUR, P. "Une Reprise de la poétique d'Aristote". In: CASSIN, Bárbara (org.). *Nos grecs et leurs modernes*. Paris, Seuil, 1992.
ROBIN, L. *Théorie platonicienne des idées et des nombres d'après Aristote*. Paris, Alcan, 1908.
RODRIGO, P. *Aristote*. Paris, Ellipses, 1997.
ROSS, W. D. *Aristotle*. Nova York, Dover Publications, 1955. Tradução portuguesa: *Aristóteles*. Lisboa, Publicações Dom Quixote, 1987.

VELOSO, C. W. *Aristóteles mimético*. São Paulo, USP, 1999. Tese de doutorado apresentada ao Departamento de Filosofia da Faculdade de Filosofia, Letras e Ciências Humanas.
VIANO, C. A. *La logica di Aristotele*. Turim, Einaudi, 1955.

WOLFF, F. *Aristóteles e a política*. São Paulo, Discurso Editorial, 1999.

ZINGANO, M. *Razão e sensação em Aristóteles. Um ensaio sobre* De Anima III, 4-5. Porto Alegre, L&PM, 1998.

Recomendamos a leitura dos seguintes textos de Aristóteles:

Metafísica (Livro I). Edição trilíngue (grego, latim e castelhano) por V. G. Yebra. Madri, Gredos, 1990. Tradução brasileira de Leonel Vallandro, Porto Alegre, Globo, 1969.
Ética a Nicômaco (Livros I, II, V, VI VIII e IX). Tradução de Leonel Vallandro e Gerd Bornheim. *Aristóteles*. São Paulo, Abril Cultural, 1972 [Coleção Os Pensadores].
Política (Livros I, II, III, IV, V, VI). Tradução do francês de Roberto Leal Pereira. São Paulo, Martins Fontes, 1991-2000.
Arte retórica (livro I). Tradução, introdução e notas por Quintín Racionero. Madri, Editorial Gredos, 1994.
Arte poética. Arte retórica. Tradução portuguesa feita do francês por A. P. de Carvalho. São Paulo, Difel, 1964.
Arte poética (Introdução). Tradução de Eudoro de Souza. *Aristóteles*. São Paulo, Abril Cultural, 1972 [Coleção Os Pensadores]. Tradução portuguesa do francês por A. P. de Carvalho: *Arte poética. Arte retórica*. São Paulo, Difel, 1964.

Crédito das ilustrações

Getty Images: p. 1
Museu da Acrópole, Atenas: pp. 2 (inv. 856, © Fundo arqueológico), 16
Museu Britânico: pp. 3, 5, 6, 8
Museu do Louvre: pp. 4, 19
Museu de História da Arte, Viena: p. 7
Museu Nacional de Atenas: pp. 9, 10, 11, 12, 13, 14, 17, 21, 24
Museu de Arte Metropolitan: pp. 15, 22, 23
Museu de Rodes: p. 18
Museu de Delfos: p. 20

Índice remissivo

Academia, 51, 115, 136, 212, 214, 220, 222, 226, 275, 334-7, 340

ação, 35-7, 39-46, 61, 83, 104, 108, 122, 135, 137, 140-7, 149, 155, 158, 163-5, 171-2, 180, 189, 196, 226, 228, 238, 244, 250, 253, 258, 260, 264, 267, 269, 282, 300, 302, 311, 313-4, 320, 324, 329, 332, 340, 346-7, 349-50, 359-60, 364, 376, 381, 393, 397-8, 400-2, 407, 416, 428, 430, 440-4, 446-51, 454-5, 457, 459, 462, 465, 467, 474, 478-80, 485-6, 493-4, 496-8, 504

acaso, 83, 102, 121, 141, 144, 151-2, 164, 220, 263, 305-6, 350, 395, 416-7, 423, 448-9

acidente, 152, 201, 361, 377-8, 383, 385-6, 390, 394, 416, 437, 439, 444

acroamático, 337, 339

acusmático, 77

adivinho, 40-4, 89, 103, 165, 265, 281, 310

água, 30, 33, 35, 43, 55-7, 59-63, 65, 72, 75, 81, 84, 86, 109-13, 116-7, 119, 146-7, 152, 251, 265, 293, 323, 329, 392, 395, 404, 409, 411-4, 418, 443

alma, 26, 47, 57, 63, 65-6, 68-9, 72, 76-7, 84-6, 104-5, 124, 126, 147, 152, 154-7, 164, 176-8, 181, 185-6, 189-90, 194, 196, 199-201, 203, 208-11, 220-1, 225, 231, 233-4, 242-8, 250, 252-8, 260-9, 271, 282, 285, 288, 290-302, 306, 309, 314, 321-2, 329, 334, 343-4, 355, 363, 402, 408, 417-21, 426-7, 431-3, 435, 439, 442, 444, 446, 455-6, 458, 461, 468, 485-6, 505, 510

amizade, 15, 68, 109, 126, 184, 191, 198, 203, 209, 212, 314, 338, 443, 460-2, 465, 475, 477

amor, 21, 33, 35, 46, 109, 111, 121, 125, 139, 175, 180, 207-12, 255-6, 265, 274, 290, 296-300, 314, 323, 325, 413, 461, 482, 490

análise, 39, 42, 275-6

anamnese, 155, 164, 189, 197, 199, 330

anarquia, 133, 302-3, 309

aparência, 29, 40, 49, 82, 92, 94, 103-6, 108, 114, 123, 148, 168, 170, 188, 192, 201, 220-1, 234-5, 240, 249, 252, 255, 261, 266, 286-7, 299, 304, 352

apetite, 186, 231, 233, 291, 294-6, 299, 305, 307, 396, 403, 418, 420, 426-7, 443-4, 447, 482

apolíneo, 27-8, 66
aporia, 97-100, 103, 163, 198, 230, 272, 328-9, 330-1, 352, 382-3, 386, 432-5, 488-9
ar, 30, 33-4, 59-64, 75, 84, 86, 110-3, 116-8, 120, 124, 392, 409, 411-4, 418, 423, 445, 509
areté, 489
aristocracia, 16-8, 67, 79-80, 101, 107, 115, 127, 131-2, 137-9, 141, 156-9, 161-2, 166, 178, 212-4, 295, 302-3, 306, 308, 312, 351, 465-6, 469, 471-5, 489, 494, 497
aritmética, 24, 73, 78-9, 132, 185, 252, 255, 308, 331, 348, 380
arquitetura, 127, 141, 332, 351, 488
arte, 18, 24-5, 29, 31, 52, 86, 96, 108, 117, 127, 136, 140-2, 145, 150-2, 154, 160-2, 164-5, 167-8, 171-2, 176, 186, 193, 209, 218, 231, 233-4, 256, 276-7, 281-4, 307-8, 314-5, 326, 332, 343, 345, 351, 354, 375, 397, 400, 440, 446, 454, 456, 462, 473-4, 478-86, 488, 497-8, 500, 505, 511
artesanato, 16-7, 132, 134, 281, 332, 488, 507
ascese, 66, 285, 301, 331
assembleia, 24, 41-3, 45, 68, 88, 131-4, 158-9, 161-2, 169, 178-80, 205-7, 213-4, 232, 281, 304, 306, 467, 474, 480, 493
astrologia, 20, 24
astronomia, 20, 24, 58, 95, 112, 154, 172, 178, 185, 209, 252, 255, 308, 331, 345, 348, 380, 384, 388, 408, 490
ato, 84, 233, 253, 261, 287, 322, 344, 368, 395, 397-411, 413-4, 419-22, 424, 428-34, 447-50, 454, 458-9
atomismo, 54
átomo, 107, 121-5
atributo, 349, 359, 361, 377-80, 390, 392, 438
autarquia, 232, 238, 300-1, 333, 349, 441, 455, 462
autonomia, 63, 175, 201-2, 226, 462
axioma, 252, 256, 376, 379, 437-8

belo, 28, 156, 192, 212, 234, 275, 278-9, 290, 298-9, 327
Bem, 278, 294, 300, 311-2, 349, 356, 441-2, 446, 449-52, 457, 476

biologia, 32, 112, 331, 334-5, 340, 347, 380, 408, 417, 420, 479, 490

caos, 21, 33-4, 63, 144
caráter, 22, 105, 109, 398, 445-6, 455, 461, 466, 480, 482
catarse, 485
categoria, 359-62, 343, 358-9, 367, 375-7, 385-7, 390-1, 393-4, 400, 410-1, 429, 442, 444
causa, 46, 191, 269-70, 275, 290, 308, 349, 356, 370, 388-93, 395-9, 402-4, 408-10, 414, 416, 421, 431, 433, 437, 440, 446, 455, 457, 465, 472, 474, 478
ceticismo/filosofia cética, 49, 51, 169, 173, 188, 223, 239-40
céu, 58, 174, 209, 240, 255, 297, 403-4, 413
cidadania, 134, 162, 177, 350, 467, 471
cidadão, 50, 88, 101, 107, 129, 132-8, 157-60, 162, 177-8, 183, 186-7, 192, 202-3, 212, 216-7, 281, 302-4, 308-9, 312, 314, 323, 332, 345, 350, 463, 466-7, 469-77
cidade, 17, 20, 24, 28, 30, 40, 65, 79, 88, 131-5, 137-9, 158, 161, 167, 171-2, 177-8, 182, 184-5, 192, 197, 203, 205-6, 208, 213, 216-7, 225, 232, 282, 303-11, 313-4, 316, 322, 324, 332, 338, 350, 441, 463-7, 469-76
ciência, 18, 20, 22, 24-5, 31-3, 44, 73, 78, 172, 184-5, 190, 194, 197-201, 203, 209, 211-2, 215, 218, 233-4, 239, 242-5, 253, 255, 261, 282-6, 300, 303, 306, 308-11, 314-5, 328, 331-2, 337, 344, 346-51, 355-7, 367, 369-70, 372-88, 409-10, 420, 430, 437-41, 443, 446, 456-7, 459, 462, 474, 478-9, 483-4
comédia, 183, 345, 351, 483-5
conceito, 46, 59, 102, 192, 196, 201, 228, 262, 264, 345, 376, 381, 408, 428-9, 437-8, 451, 455
conhecimento, 21, 24, 30, 51, 76, 81, 84, 86, 92, 102-5, 109, 114, 122-4, 129, 140, 143-4, 147, 149-50, 152, 154-5, 158, 161, 164, 166, 169-70, 175, 179, 181, 184-9, 200-1, 215, 218-9, 221, 224, 228-9, 239-55, 317-8, 320, 325, 381-2, 385, 387-91, 400, 407, 409, 411, 419-21, 424-5, 429-31, 435, 437-9, 456-7, 459, 475, 483

contemplação, 45, 68, 103, 190, 212, 255, 258, 264, 289, 328-9, 407-8, 433, 455, 457
cópia, 251-2, 269-71, 312, 353
coragem, 135, 137, 156, 158, 180, 184, 186, 191, 195-8, 203, 208, 243, 274, 295, 299-300, 308-9, 314, 445, 451, 475
corrupção, 36, 38, 47, 57, 60, 87, 218, 240, 302-4, 306, 403-4, 408, 410, 413, 458, 470-3
cosmogonia, 19, 21, 33, 35, 37-8
cosmologia, 16, 18, 33-5, 37-8, 44-8, 50, 53, 58, 65, 69, 76, 79, 94-5, 106-9, 114, 120-2, 129, 141, 145, 178, 183, 202, 231, 239, 290, 331, 345, 496
cosmos, 16, 33-4, 37, 44-6
crença, 65, 92, 94, 141, 177, 243, 252, 256, 261, 265
crise, 76-7, 106-7, 115, 140, 151, 163, 213, 330
cultura, 23-5, 125, 136, 145, 213, 225

dedução, 254, 368, 371, 373-4, 386, 476
demiurgo, 269-70, 290-1, 353
democracia, 16, 44, 127, 131, 133-5, 137, 141, 146, 157, 162, 166, 202-3, 302-4, 306, 309, 312, 345, 466, 469, 471-6
demonstração, 77, 78, 97, 174, 200, 252, 330, 357, 360, 362, 369, 370, 372-4, 376, 379, 385, 387, 438-9, 457, 483-4
demos, 133, 474
desejo, 34, 112, 176, 189, 209, 211-2, 217, 224, 265, 290, 293, 296-300, 324-5, 329, 351, 356, 401, 405, 418, 420, 426-7, 437, 442, 444-7, 449-52, 455, 457, 459, 462, 467, 482
Deus, 26, 41, 48, 91, 118, 180, 220, 316, 335, 414
devir, 7, 47-9, 56, 60-1, 76, 81, 84, 87, 92, 94-5, 102, 104-6, 110, 118, 121-2, 125, 144, 163, 239-40, 253, 313, 316-8, 320, 325, 331, 353-5, 360, 395-6, 398-402, 404-5, 458
dialética, 65, 96-7, 105, 164-5, 167-9, 173, 184, 191, 212, 218, 221, 228, 233-5, 237-9, 241, 244, 248, 253, 255-8, 261-2, 267, 272, 274-9, 281, 283-6, 309-10, 317, 322, 337, 343, 351, 375, 480, 483
diálogo, 41-2, 96, 139, 154, 170, 178, 180, 185, 188-93, 195-200, 210, 212, 222, 228-9, 231, 233, 235-8, 242-3, 253, 265, 271-2, 275, 282, 286, 291, 299, 301, 305, 310-1, 313, 323, 328, 330-1, 343, 427, 484
dicotomia, 279-80
diferença específica, 378, 437
dionisíaco, 27-8, 64, 66
divisão, 49-50, 68, 75, 100-1, 116, 131, 143, 166, 182, 250, 252, 256, 276, 279-83, 285, 294, 310, 363, 377, 471

economia, 16, 158, 186, 281, 283, 345, 468, 471
educação, 25, 66, 101, 154, 156-8, 160-2, 186, 192-5, 199, 212, 217-8, 226, 232, 248, 255, 261-2, 264, 295, 307-08, 335, 345, 367, 445-6, 455, 467, 473, 475, 477, 482
eleatas, 101-3, 105, 108, 121, 173-5, 239-40, 268, 316, 330, 392, 399
eleatismo, 106-8, 115, 190
elemento, 110-3, 114, 116-8, 120, 132, 143, 150, 153, 155, 191, 209, 243, 245-7, 254, 256-7, 270-1, 277-80, 289, 291-2, 302, 321, 349, 357-8, 360, 368, 375, 383, 392-5, 403-4, 408-9, 411, 413-4, 418, 433, 445
eloquência, 107, 161, 164-5, 203, 210
entelequia, 402-3, 409-10, 419, 478
epicurismo, 49
epopeia, 21, 35, 295, 483-5
espaço, 94, 98-100, 120-1, 125, 132, 171, 173, 239, 255, 411-2, 414
espécie, 218, 246, 270, 276-8, 280, 282, 355, 361, 372-3, 376-80, 382, 386, 388, 391, 393-5, 404, 412, 415, 417-9, 432, 437-9, 486
espírito, 18, 21-2, 25-6, 28, 194, 220, 225, 262-3, 267, 297, 299, 307, 426, 442
essência, 49, 91, 103, 105-6, 184, 190-2, 198-9, 201, 235, 239, 241, 243, 245-8, 252-3, 256, 262-4, 268-9, 273-5, 277-9, 280, 282-9, 291, 298, 300-2, 314, 316-7, 321, 325, 348-9, 353, 356, 358-9, 361, 365, 376-7, 379-80, 384, 386, 388-96, 399-400, 409, 413-4, 417, 431-2, 437, 441-2, 447, 460, 464
Estado, 40, 115, 135, 157, 158, 159, 206, 213,

525

217, 231, 232, 307, 308, 309, 310, 345, 463, 465, 466, 467, 475, 477
estoicismo/filosofia estoica, 20, 49, 51, 223, 319-41, 357
éter, 33, 110, 117-8, 404, 413-4, 418
ética, 69, 128-9, 158, 177, 183-4, 186-7, 201-2, 221, 225, 231, 238, 292, 294-6, 299-300, 303, 309, 320, 322, 325, 332, 338, 340, 343-4, 350, 356, 398, 440-6, 448, 451, 454-60, 462, 466-7, 482, 484
evidência, 263-4, 267, 288, 327
experiência, 39, 49, 63, 81, 85-6, 93, 95-6, 100-1, 103, 105-6, 109, 112, 117, 127, 141-2, 150-1, 170, 172, 185, 215-6, 288-9, 293, 313, 316, 318, 325, 334, 395, 421, 438-9, 474, 478-80

fabricação, 142-3, 269, 284, 290, 332, 401
fantasia, 39
felicidade, 21, 202, 209-10, 260, 262, 282, 297, 299, 315, 322, 326, 441-2, 447, 455, 457, 460, 469, 489*n*
física, 33, 47, 50, 53, 95, 122, 178, 221, 225, 231-2, 309, 325, 331, 337, 339-40, 344, 347-9, 377, 384, 388, 405, 408-9, 411-2, 415, 429, 437, 440, 462, 470
fisiologia, 95, 112, 345
fogo, 30, 33-4, 47, 59, 60-2, 72, 75, 81-4, 86, 110-3, 118-9, 259-61, 392, 395, 409, 411-4, 443, 445
forma, 21, 25-6, 29, 33, 35, 58, 63, 86, 97, 107, 109, 112, 121-2, 124, 142-3, 148, 155, 186, 188, 240-1, 243, 245, 253, 255-6, 262-3, 269, 275-7, 285-6, 288-9, 292, 356-8, 389, 392-404, 406-12, 414-20, 422-3, 427-9, 431-2, 434, 437, 439-40, 442, 451, 457, 478
fortuna, 132, 152, 163, 176, 218, 416, 448-9
frio, 30, 33-4, 59, 61, 63, 69, 75-6, 81, 83-4, 109, 112, 116, 118-9, 122-4, 145-6, 149, 153, 170, 178, 285, 360, 393, 409, 418, 423, 445

gê [guê], 501
gênero, 19, 270, 276-7, 278, 280, 282-3, 346, 354-5, 361, 372-3, 376-9, 384-5, 388, 391, 393-4, 402, 404, 406, 411, 415, 418-9, 432, 441-3, 454-5, 478, 480-1, 485, 491
gênese, 21, 275, 353-4
geocentrismo, 32
geometria, 20, 24, 73, 77-9, 95, 132, 172, 178, 185, 245, 252, 255, 267, 308, 331, 348, 380, 384, 388
geração, 19, 21, 33, 36-7, 47, 57, 59-60, 87, 293, 331, 354, 403, 406, 408, 410, 416, 418-9, 428, 458
guerra, 27-8, 35, 60-1, 81-2, 84-5, 104, 133-4, 136-7, 141, 152, 156-7, 169, 180, 186, 192-3, 196-7, 213, 232, 282, 295-6, 308, 315, 319, 324, 345, 351, 443, 461, 470, 484

hábito, 398, 439, 445-6
harmonia, 18, 24-9, 69, 72, 74-5, 79, 82, 85, 104, 146-7, 155, 171, 181, 185, 209, 211, 248, 252, 255, 270, 275, 278, 300, 307-9, 331, 403
helenismo/filosofia helenística, 17, 20, 172, 341
heteronomia, 202, 226
hilozoísmo, 57
homeomeria, 116
humor, 109, 113, 153, 209, 445

ideia, 20-2, 25, 30-3, 35-6, 39, 46, 63, 66-9, 77, 85, 87, 103, 106, 120, 122-3, 134-5, 146-8, 157, 159-60, 164-5, 168, 170, 175-6, 182, 186, 188, 190-2, 202, 212, 217, 220-1, 229, 239, 241, 246-8, 253-4, 256, 258, 262-8, 270-82, 284-90, 292, 294-5, 299, 301-3, 307, 317, 332-3, 340, 353-6, 358, 369, 385, 401-2, 405, 407, 412, 417, 421, 428, 431, 434, 437-8, 442, 448, 458, 475-6, 489, 492
ilimitado, 59-63, 73, 76-7, 117, 120, 175, 254, 275, 281, 283-5
imagem, 26, 55, 72, 101, 104, 135, 139, 158, 179-80, 183-4, 201, 204-5, 211, 218, 221, 245-6, 248, 250-2, 254, 261, 283, 291, 425, 427-8, 444
imaginação, 150, 171, 251, 420-1, 425-6, 429-30, 438-9, 458, 468

indeterminado, 29, 59-61, 64, 76, 94, 275-6, 280-1, 283-5, 288, 310, 320, 415, 449
indução, 191, 373-4, 377
injustiça, 28, 35, 43, 59-61, 82, 125, 135, 164, 203, 216, 231-3, 235-6, 294, 304-7, 312-3, 474, 476
intelecção, 270, 374, 429, 431, 433-4, 439
inteligência, 31, 47, 56, 75, 80, 103-5, 110, 114, 117-9, 144, 196, 201, 211, 241, 245, 248, 252-5, 258, 263-4, 267, 289, 291, 294, 310, 315, 346, 406-7, 433-4, 441, 456-7, 459
intuição, 247-8, 250, 254, 258, 261, 266, 275, 386, 388, 429-31, 438-9
ironia, 80, 190, 195-6, 198-200, 228, 230, 236, 305

juízo, 184, 242, 287-9, 326, 343, 362-4, 367, 380, 424, 438
justiça, 24, 35, 41, 43, 46, 59-61, 66, 72, 75, 81-2, 84-5, 88-9, 101-2, 104, 138-40, 163, 167, 171-2, 183-4, 187, 191, 201, 203-5, 216-8, 231-3, 235-6, 238, 243-4, 256, 270, 290, 294, 299-300, 303-5, 307-9, 312, 356, 459-60, 464, 468-72, 475
justo meio, 35, 440, 446, 454, 456, 476

lei, 21, 24, 41-2, 46, 60, 82, 84, 90, 102, 104-5, 107, 111-2, 127, 131, 133-5, 137-40, 162, 166, 171, 178, 180, 186, 204, 217, 232-3, 237, 304, 307, 312-3, 451, 460, 466, 469
Liceu, 136, 336-8, 340
limitado, 73, 76, 94, 120, 254, 373
linguagem, 31, 37-9, 44, 59, 74, 76, 81, 89, 91, 94, 102, 127, 256, 274, 286, 351, 357, 359-61, 363, 411, 423, 427, 438, 456, 464, 483-5, 489-90, 497
lógica, 31, 35, 58, 96, 101-2, 164, 184, 191, 268, 274, 289-90, 317, 325, 327, 337, 340, 343, 351, 357-9, 365, 367, 374-5, 380, 389, 427, 429, 437-8, 462, 465

maiêutica, 190, 195-6, 198, 200, 228, 230
matemática, 20, 24, 73, 76, 78-9, 101, 185, 200, 212, 275, 308, 310, 335, 337, 345, 383-4, 388, 429-30, 440, 490
matéria, 21, 26-7, 47, 55, 57, 66, 116, 119, 122, 124-5, 142, 211, 220, 269, 291, 297, 337, 347-8, 356, 390, 392-9, 402-6, 409, 411, 413-4, 416-7, 420-3, 427, 430, 432, 437, 443-4, 478-9
medicina, 20, 108-9, 112, 117, 119-20, 127-8, 136, 141, 144-53, 164, 170-1, 189, 191, 209, 218, 256-7, 281, 310, 314, 332, 334, 345, 351, 395, 398, 400, 445, 479, 482, 486
memória, 41, 43, 109, 117, 127, 141, 166, 168, 251, 266, 344, 420, 425-6, 429, 438, 444, 459
metafísica, 221, 225, 327, 339-40, 344, 348, 358, 381-9, 391-2, 397, 399, 401, 408, 416, 427, 429, 437, 440, 462, 478
método, 52, 55, 97, 103, 151, 154, 184, 187, 190-2, 218, 221, 228, 241, 244, 256, 276-9, 284, 367, 375, 440, 478, 482
mistérios órficos, 65-6
mito, 18, 20-3, 29-36, 38, 50, 55-6, 63, 65, 131, 144, 166, 228-9, 262-3, 291, 328; da Atlântida, 229; da Caverna, 229, 257-64, 266, 299, 309, 381; da origem das leis, 229; da origem do mundo, 269, 290; da Reminiscência, 229, 265, 299; das Idades do Mundo, 229; de Er, 229, 265-7, 299; de Tot, 229; do Anel de Giges, 229, 305; do cocheiro, 229, 291, 296-7, 299
mitologia, 23, 56, 315
monarquia, 16, 133, 146, 302-3, 306, 312, 345, 477
moral, 25, 47, 66, 77, 157, 167, 177, 184-7, 201, 217-8, 228, 290, 303-4, 309, 312, 316, 321-2, 354, 398, 441, 444, 447, 449, 467, 482
movimento, 47-8, 56-9, 61-3, 76, 81, 83, 86, 92, 94-5, 97-102, 106, 110, 118, 125, 144, 149, 172, 241, 253, 255, 260-1, 270, 273, 298, 301, 303, 316, 318, 325-6, 329, 331, 344, 347-8, 360, 376-7, 395-416, 419-20, 422-3, 425-6, 428-9, 433, 444-5, 458, 479, 482
mudança, 25, 34, 38, 41-2, 47, 56, 76, 84-5,

92, 94-5, 102, 104, 106, 110, 120-2, 129, 136, 144, 167, 172, 195, 239, 241, 246, 263, 270, 291, 320, 347, 389, 395-6, 399-400, 409-11, 420

múltiplo, 28, 37, 48, 83, 85, 88, 95, 97, 102, 104, 106, 108, 111, 143-4, 270, 272-4, 284-5, 287, 317, 334, 344, 354, 389, 402, 443

mundo inteligível, 220, 249-50, 258, 261, 263, 265, 269, 271, 289, 352, 429-30

mundo sensível, 220-1, 240, 249-50, 261, 265, 268-71, 289-90, 352-6, 404

música, 23-4, 69, 74, 79, 95, 140, 156, 168, 185, 209, 212, 252, 255, 307-8, 331, 348, 483-5, 494

não ser, 90-5, 100, 102, 105-6, 108, 120-1, 143-4, 170, 173-4, 219, 240, 244, 268, 272-5, 284-8, 293, 312, 317, 352, 361, 383, 385-6, 399

natureza, 25-7, 31, 33, 37, 39, 45-7, 55-9, 61-2, 66, 69, 72, 75, 81, 104-5, 109, 112, 117, 122-3, 127, 129, 140, 142, 145, 147-9, 151-3, 160, 162, 166-7, 171, 190, 200, 203, 219, 223, 233, 237, 239, 245, 248, 254-5, 257-8, 260-2, 264, 270, 273, 276, 282, 285, 289, 298, 300, 311, 321-3, 325, 329, 331, 336, 344, 346-7, 371, 381, 383-4, 386, 390, 393, 395, 397-9, 401-9, 412-8, 420, 428, 430-3, 439-44, 446-50, 452, 455, 457, 463-4, 466-8, 476, 478-9, 483

neoplatonismo, 49-50, 220, 341

número, 68-9, 72-9, 107, 117, 120-1, 135, 194, 231, 253, 275, 302, 306, 335, 344, 348, 362, 373, 381, 408, 415

ódio, 21, 35, 46, 109, 111, 121, 125, 204, 325, 482

oligarquia, 16, 131, 133-4, 302-3, 306, 309, 466, 469, 471-3, 475-6

ontologia, 91, 95, 102, 106, 185, 354, 440

opinião, 20, 42-4, 68, 73, 75, 88, 90-5, 97, 103, 106, 115, 123, 134, 162, 166-8, 172, 174, 176, 188, 191-3, 195-6, 201, 203, 221, 232, 234-5, 237-8, 241-4, 247, 250-2, 254, 261, 275, 279-80, 282-3, 285, 287, 289, 300, 305, 330, 375, 470, 474, 497

oráculo, 40, 43, 68, 80, 179, 187, 204-6, 490

oratória, 65, 127, 181, 311, 320, 483

ordem, 16, 21, 28, 33, 36-9, 41, 45-6, 48, 51, 58, 60, 67, 74, 77-8, 81-2, 84, 88, 96, 119, 121-2, 127, 143-4, 147, 165, 177, 179, 203, 216, 229-30, 255, 269-70, 279, 281, 297, 337, 374, 381, 403, 466, 476

Orgias, 65

orientalismo/tese orientalista, 19-21, 30-1, 36

paixão, 26, 176, 231, 300, 359-60, 364, 376, 393, 410, 442-4, 447, 452, 455, 486

participação, 132, 255, 268, 270, 272-5, 278, 286-9, 304, 347, 352-3, 468, 471

pedagogia, 128, 159, 186, 255, 262, 264

pensamento, 17, 21, 25, 31, 33, 35, 37, 39-40, 42, 44-5, 47, 49, 52-3, 55, 58, 60, 62-4, 68, 80-1, 83, 87-8, 90, 93-7, 101-6, 108, 113-5, 117, 119, 122, 124, 126-7, 143-4, 150-1, 157, 163, 170-1, 175, 177, 182, 185, 187-8, 190-2, 201, 204, 211-2, 215, 218-26, 228, 235, 238, 240-2, 245, 249-50, 252-4, 256, 263-4, 267-8, 272, 284, 289, 302, 304-5, 308, 318-9, 323, 333-5, 337-9, 341-3, 346-7, 351, 355-61, 363-5, 367-8, 376, 380, 387, 407-8, 411, 414-5, 418, 420-1, 424, 427-9, 431, 433-4, 437-8, 455-6, 458, 462-3, 465, 475, 477

percepção, 49, 75, 109, 112, 114, 119, 122-4, 132, 144, 164, 171-2, 188, 242, 247-8, 251-2, 254, 288, 344, 374, 407, 421, 424-6, 450-1, 464, 474

persuasão, 43-4, 89, 156, 165, 167-8, 175, 177, 203, 234-5, 282, 375-6, 479-82

pitagorismo, 6, 66-7, 72-3, 77-8, 88, 219, 266, 335

platonismo, 219-21, 224-5, 334, 340

plutocracia, 309

poder, 18, 24, 26, 30-1, 37, 40-1, 43-4, 46, 67, 69, 87, 101, 118-9, 131-6, 157-9, 171, 175-6, 178, 186, 201, 215, 238, 265, 302, 305,

315, 324, 336, 346, 447-8, 452, 464-6, 471, 473-4, 477
poesia, 16, 23, 27, 127, 141, 156, 176, 251, 269, 297, 307-8, 332, 345, 351, 395, 478, 483-5, 490
poeta, 21, 33-5, 40-3, 65, 86, 88, 103, 107, 109, 155, 160, 176-7, 207-10, 350
política, 24-5, 27-8, 30, 40, 42-4, 47, 88, 96, 107, 128-9, 132, 134, 138-9, 154, 157-9, 165-7, 171-2, 177-8, 184-6, 188, 196, 212-3, 215-9, 221, 225-6, 231-2, 238, 281-3, 302-4, 306, 309-12, 314, 332-3, 336, 338, 343-4, 350, 356, 440-1, 457, 459-78, 480
postulado, 88, 106
potência, 144, 149, 344, 395, 397-403, 406-7, 409-11, 413, 419, 421-2, 424, 426, 428, 430, 432-4, 437, 439, 456, 458, 465
prática, 23, 43, 45, 105, 109, 160, 165, 172, 185-7, 199, 252, 276, 303, 310, 315, 333, 343, 408, 440-1, 451, 454-6, 458-9, 462-3, 479
predicado, 174-5, 192, 240, 271-2, 286-7, 313, 317-8, 354, 359, 361, 364-5, 371-2, 379-80, 390, 444
premissa, 92, 369-72, 374, 380, 451
pré-socráticos, 27-8, 49-54, 64, 80, 83, 88, 107, 112, 119, 123, 128, 145, 155, 164, 167, 192, 245, 254-5, 268, 345, 414, 446
Primeiro Motor, 343, 404-6, 413-4, 430-1, 433-4, 462
princípio, 19, 21, 24-30, 33, 35, 37-8, 365, 370, 374-6, 383-9, 391-3, 395-7, 399-401, 409-10, 416-7, 423, 430-2, 437-41, 448, 450, 457-8, 463, 469, 477; de contradição, 90, 96, 172, 344, 387-8, 437; de identidade, 38, 90, 96, 172, 268, 318, 365, 388, 437; do terceiro excluído, 365, 375-6, 388, 437
propedêutica, 357
proporção, 24-5, 55, 69, 74-8, 108, 110, 114, 116, 122, 124, 140, 146-8, 153, 232, 250, 255, 275, 418, 423, 485
proposição, 79, 287, 319, 343, 357, 360, 362-9
prova, 33, 93, 97, 105, 149, 221, 301-2, 309, 329-30, 343, 357-8, 362, 379, 381, 414, 481, 483

prudência, 101, 105, 191, 230, 295, 299, 301, 304, 309, 446, 454-60, 474-5, 479
psicagogia, 176, 510
psicologia, 186, 221, 225, 267, 290, 292, 299-300, 305, 309, 331, 345, 347, 380, 419-21, 429, 433, 435, 437, 440, 462, 479
purificação, 65-6, 68, 77, 108, 220, 228, 246, 285, 301, 485-6

quente, 30, 33-4, 59, 61, 63, 69, 75-6, 81, 83-4, 86, 109, 112, 116, 118-9, 121-4, 145-6, 149, 153, 170, 360, 393, 400, 409, 418-9, 423, 445
quinta-essência, 413, 418

raiz, 110, 251
razão, 18, 26, 28, 31-2, 37-9, 45, 76, 78, 81, 86, 89, 92-4, 106, 117, 121, 127, 147, 168, 172, 176, 184, 186, 188, 190-1, 200-1, 203, 207, 216, 222-3, 225-6, 231, 252, 254, 256, 262-4, 266-7, 284, 289-91, 293, 295-6, 299-300, 306-9, 315, 317, 331, 334, 355-6, 358, 372, 389, 396-7, 421, 424, 426-7, 430, 433, 438-40, 445-7, 449-50, 452, 455, 459, 461, 468, 477, 479, 489
regime político, 217-8, 310, 350-1, 466, 477
rei de justiça, 40-1, 43-4, 65, 103
religião, 18, 20, 23, 29-30, 33, 36, 65-7, 86, 88, 101, 103, 127, 167, 169, 185, 205-6, 209, 232
retórica, 65, 97, 108, 161, 165, 167-9, 172, 176-7, 191, 212, 230-4, 238, 251, 257, 282, 284, 303, 314, 317, 332, 337, 340, 345, 351, 375, 478-83, 485, 490

sabedoria, 15-6, 20-1, 68, 85, 101, 103-5, 117, 136, 163, 177, 181, 184, 187-8, 198, 204, 211, 214, 230, 236, 257, 265, 297-9, 310, 315-6, 324, 326, 454-7, 459, 477
sábio, 15, 21, 29, 40, 42, 68, 80, 84-6, 101, 103-4, 113-4, 126, 129, 160, 176-7, 180, 186-7, 197, 204-5, 284, 286, 298, 310, 313, 315, 320, 322, 326-7, 343, 375, 410, 457
seco, 30, 33-4, 59, 61, 63, 69, 75-6, 81, 83-4, 109, 112, 116, 118, 121-2, 145-6, 149, 153, 170, 209, 393, 409, 418, 423, 445

seita, 41-2, 67, 226, 314
semente, 56, 107, 112, 116-8, 209, 348, 392, 395, 398, 400, 402, 409-10, 417, 430
sensível, 25, 40, 103, 105-6, 124, 201, 221, 241, 249-52, 254-6, 258, 261, 264, 269-71, 273, 281, 288-91, 299, 316, 321, 325, 334, 343-4, 352, 355-7, 393, 413, 420-5, 427-8, 430-1, 433, 435, 437, 451
senso comum, 45, 82, 86, 305
sentidos, 49, 83, 93, 95-7, 100-1, 105, 110, 112-3, 117, 119, 121-5, 143, 156, 173, 222, 240-1, 248, 252, 257, 261, 269-70, 274, 286, 290, 329, 381, 421-2, 424-5, 428, 458
ser, 25, 29, 37-8, 45-7, 63, 90-5, 97-8, 102-6, 108, 110, 114-7, 120-1, 146, 170, 173-5, 177, 219-22, 240-1, 261-2, 264, 267-8, 270-4, 278, 284-9, 292, 294-5, 298, 311, 331, 333, 352, 356-7, 359-60, 370, 383-5, 387-9, 391-406, 409-11, 414-5, 417-20, 426-30, 433, 435, 437-9, 442-3, 445, 447, 452, 463-6, 483
silogismo, 358, 367-76, 379-80, 429, 438, 451, 480-1
simulacro, 234, 251, 253-4, 265, 269, 282, 284-6, 302, 311-2, 460
síntese, 68, 74-5, 143, 191, 274, 277, 422, 424-5, 438
soberania, 41, 43, 46, 133, 474-5
sofistas, 44, 49, 53, 119, 129, 136, 144-5, 159-70, 172, 178, 183-5, 188-91, 193, 197-8, 202, 211-3, 221, 226, 228, 232-7, 283-4, 286-7, 303, 305, 310, 316, 323, 343, 346, 375, 440
substância, 29, 62, 118, 122, 192, 270, 340, 344, 348, 358-9, 361, 365, 372, 376-8, 383-4, 386-7, 389-94, 398, 400-1, 404, 409-10, 417, 419, 437-8, 442, 444
sujeito, 102, 172, 174-5, 191-2, 240, 242, 270, 277, 287, 292-3, 313, 317-8, 325, 331, 359, 361, 363-5, 371-2, 377, 380, 390-2, 428, 433, 452, 473

teatro, 24, 27, 137, 154, 259, 269, 483, 485
técnica, 23, 25, 117, 119, 127-8, 136, 141-2, 144-5, 149, 156, 160-1, 164-5, 169, 171-2, 177, 188, 218, 226, 233, 238, 247-8, 256-7, 262, 267, 269-70, 281-2, 290, 303, 314-5, 350-1, 356, 398-9, 401-2, 440, 456, 478-9, 484
temperamento, 109
temperança, 191, 295, 299, 304, 307, 309, 443, 452, 475; *ver também sophrosýne*
tempo, 21, 40, 59-60, 87, 98-100, 120, 145, 156, 166, 171, 173, 212, 216, 225, 239, 303, 331, 350, 358-60, 363, 376, 390, 393, 397, 411, 415, 422, 444, 481
teogonia, 19, 21, 34, 37-8
teologia, 186, 220-1, 225, 337, 341, 344, 348, 383-5, 387-8, 401, 491
teoria, 45, 68, 103, 160, 264, 328, 381, 478
termo médio, 369-74, 376-7, 380
terra (o elemento), 33, 35, 59-62, 69, 72, 75, 84, 110-3, 119, 409, 411-4, 417-8, 445
Terra (o planeta), 32-4, 58, 61, 265, 408, 412-3, 416, 433
theoría, 264
timocracia, 309
tirano, 96, 107, 131, 134, 159, 168, 172, 178, 202, 213-4, 216, 218, 238, 248, 284, 311-3, 324, 372
tragédia, 27, 34, 127, 136-41, 146, 156-7, 159, 166, 207, 215, 311, 345, 350-1, 395, 478, 483-6
trítia, 132

úmido, 30, 33-4, 55-6, 59-61, 63, 69, 75-6, 81, 83-4, 109, 112, 116, 118, 121, 145-6, 149, 153, 170, 209, 393, 409, 418, 423, 445
uno, 48, 77, 88, 94-5, 106, 111, 120, 143-4, 220, 271-4, 284-5, 316, 344, 354, 388-9

valor, 37, 101, 103, 159, 164, 166, 295, 456, 458, 462, 470, 474
verdade, 39-45, 49, 65, 68, 80, 85, 88-9, 91, 95, 97, 103, 109, 121, 163, 165, 172, 175, 177, 180, 184, 187-8, 190, 192, 195, 198-206, 210, 221-3, 226, 229, 232-5, 237-9, 241, 248, 253-5, 258, 260-8, 275-6, 279, 285-6, 288-91, 297-301, 312, 317-8, 325, 330-1, 346,

356-8, 362, 368-9, 374, 376, 380, 385, 387, 408, 438, 456-7
vício, 186-7, 201, 236, 294-5, 297, 304, 317, 322, 444-5, 450, 452, 460-1, 469
virtude, 25-6, 35, 104-5, 156, 158, 162-3, 167, 176, 180, 183-4, 186-8, 191, 195, 198-201, 203, 208, 211-2, 215, 218, 230-1, 236, 238, 256, 290, 294-6, 300-1, 305, 307-9, 311-2, 314, 316-7, 321-3, 326-7, 405, 441-2, 444-50, 452, 454-62, 466-7, 469, 472, 475-7, 479, 482-3, 485
vontade, 24, 131, 139-40, 166, 202, 218, 238, 312, 320, 332-3, 347, 349, 356, 398, 402-3, 405-6, 416, 418, 426-7, 443, 446-8, 451-2, 456, 466, 477-8

zodíaco, 58, 61

Índice onomástico

Adimanto, 212, 305
Aécio, 51, 75, 145-6
Afrodite, 211
Agatão, 207-10
Alcibíades, 178, 184, 207, 213-4, 232, 461
Alcmeão, 54, 72, 76, 145, 149
Alexandre de Afrodisia, 357
Alexandre, o Grande, 17, 20, 323, 335-7, 345, 458
Ameinias, 88
Amintos, 334
Anaxágoras, 53-4, 107, 109, 114-9, 121, 125, 169, 178, 190, 239, 392, 502, 506, 511
Anaximandro, 28, 32, 53, 58-64, 82, 102, 125, 163, 487, 498
Anaxímenes, 53, 62-4, 115, 125
Andrônico de Rodes, 339, 342, 505
Anitos, 232
Antipater, 336
Antístenes, 320-3, 489
Apolo, 27, 43, 66-7, 140, 187
Apolo Delfo, 66-8, 104, 165, 179, 297
Apolo Lício, 336
Apolodoro, 52, 62, 67, 87, 95-6, 107, 114, 119, 208, 210, 490

Aquiles, 97-8, 100, 295, 391, 484
Aristipo, 324-6, 489
Aristo, 212
Aristodemo, 208
Aristófanes, 159, 181, 183-4, 207, 209
Aristogitão, 312
Aristóteles, 17, 19-20, 27, 49, 50-1, 54-8, 68, 72-3, 75-6, 78-9, 96-7, 105, 108, 112, 115-6, 120, 122, 136-7, 159, 168, 181-2, 184, 187, 190-2, 220, 222-4, 226-7, 316, 319, 328-49, 351-2, 354-65, 367-8, 370-8, 380-408, 411-3, 415-22, 424-5, 427-32, 434-5, 437-442, 444-50, 452, 454-62, 464-5, 467-9, 472-7, 479-86
Arquelau, 178
Árquitas de Tarento, 53-4, 72, 120, 215
Asclépios, 141, 334
Atena, 133, 138, 315, 489
Aubenque, P., 329-30, 405, 455
Averróis, 342, 434, 491

Bernhardt, J., 95, 355
Bréhier, B., 160, 354
Burnet, J., 17, 30-4, 48, 65, 86, 97, 182

533

Cálicles, 147, 232-3, 237-8
Cármides, 184, 214, 230
Carnéades, 220, 222
Châtelet, François, 95, 225
Cícero, 55-6, 227, 317, 319-20, 482
Clemente de Alexandria, 20, 83, 85, 87
Clístenes, 16, 132-3, 141
Codro, 79, 212
Corisco, 335, 338-9
Cornford, F. M., 32-4, 36
Crátilo, 185, 212, 230, 286
Crisipo, 51
Crítias, 185, 213-4, 229, 231
Crombie, I. M., 221, 229, 238

Damácio, 341
Dario, 79
Deméter, 141
Demócrito, 34, 54, 107, 119-20, 122-3, 125, 127-8, 141, 170, 175, 392
Detienne, M., 40, 42, 103
Dião, 214-6
Diels, H., 52
Diógenes de Laércio, 19, 22, 52, 54, 67, 85, 87, 96, 108, 115, 160, 318, 322-4, 326-7
Dionísio I, 214
Dionísio II, 214-5, 218, 247
Dionisos, 27, 65-7, 297
Diotima, 210-1, 229
Durkheim, E., 463

Eco, U., 341, 345, 486
Édipo, 447-8, 484
Empédocles, 32, 35, 51, 53-4, 96, 107-16, 118-9, 121, 125, 164, 172, 190, 392, 484, 510
Eneias, 195
Epicuro, 124
Er, 229, 265-7, 299
Erasto, 335
Erastóstenes, 52
Erixímaco, 207-8, 210
Eros, 33, 36, 208-12, 221, 229, 255, 290, 296-300, 509
Espeusipo, 335

Espinosa, Baruch, 463
Ésquilo, 137-8
Estobeu, 51, 72, 76
Estrabão, 20
Estrepsíades, 183
Euclides, 73, 316-7
Eudemo, 20, 334, 337, 343-5
Eurípides, 137
Eusébio de Cesareia, 20
Eutifron, 184, 230

Fedro, 185, 207-8, 223, 229-31, 234, 276, 286, 291, 296-7, 299-301, 490
Fenarete, 177-8
Festis, 334
Ficino, M., 220, 223
Filipe da Macedônia, 17, 213, 335
Filo de Alexandria, 20
Filolau, 54, 72, 76, 120
Finley, M., 24

Gê, ou Gaia, 33-4, 37, 501
Giges, 229, 305
Glauco, 208, 210, 212, 257-9, 261, 305
Goethe, 22, 25, 28-9
Goldschmidt, V., 221, 283
Gomperz, Th., 52
Górgias, 51, 159, 169, 172-7, 185, 191, 230, 232-3, 237, 239-40, 242, 272, 286, 320, 364, 510
Guthrie, W. K. C., 160-1, 167-8

Hades, 43, 65, 139, 265
Harmódio, 312
Hefesto, 19, 315
Hegel, 29-30, 34, 49, 105, 138, 181, 221, 342
Heidegger, 22, 47, 221, 262-4, 342
Heráclito, 18, 28, 42, 51, 53-4, 64, 67, 79-84, 86, 88, 94-5, 101, 104-6, 117, 119-20, 123, 125, 153, 163-4, 175, 201, 212-3, 240-1, 245, 352, 355, 399
Hermes Trimegisto, 19, 220
Hérmias, 216, 335
Hermipo, 52
Heródoto, 19, 20, 54, 129, 163, 506

Hesíodo, 21, 31, 33-6, 80, 86, 157, 160-1, 221, 308
Hípias, 169, 184, 230
Hipócrates, 120, 145-7, 149
Hipólito, 51, 61-3, 85
Hobbes, 463
Homero, 16, 21, 23, 28, 31, 35, 40, 46, 80, 82, 86, 101, 157, 161, 165, 195, 221, 295, 308, 323, 345, 497

Isócrates, 115, 159, 172, 226, 337

Jaeger, W., 25, 35-6, 45, 47, 66, 101-4, 156-8, 221, 340
Jâmblico, 67, 72, 341
Joel, K., 182

Kant, E., 342
Krónos, ou Urano, 34, 37, 488-9

Laques, 180, 184, 189, 192-3, 195-9, 201, 230, 243, 283
Leucipo, 6, 54, 107, 119-21, 392
Lísias, 296
Lisímaco, 192-5, 198
Lisis, 184, 230
Lucrécio, 34, 124

Maquiavel, 218, 304, 463
Marx, K., 463
Melésios, 192, 194, 198
Meleto, 203, 232
Melissos de Samos, 54, 120, 173
Meno, 345
Mênon, 185, 189, 198-201, 214, 226, 229-30
Merleau-Ponty, M., 205-6
Métis, 211, 315-6, 488, 509
Mnemosýne, 41
Mondolfo, R., 20, 23, 25-6
Morente, M. G., 352
Musas, 41, 43, 109, 156, 226, 297, 336, 490

Nícias, 192-8, 214
Nicômaco, 334
Nietzsche, F., 26-9, 140, 221

Orfeu, 65
Ovídio, 21

Palas, 315
Papiro Herculano, 121
Parmênides, 44, 51, 54, 64-5, 67, 80, 87-8, 90-7, 101-3, 105-7, 110, 117, 120-1, 123, 125, 164, 173, 175, 185, 201, 212-3, 230-1, 240-1, 245, 268, 270-3, 316, 330, 352, 396, 399, 484, 498
Pausânias, 207-8
Penia, 211
Péricles, 16, 115, 129, 135-6, 158-9, 161, 165, 169, 178, 183, 213, 230, 304, 489
Perictona, 212
Píndaro, 46, 101, 161, 165, 221
Pisístrato, 132
Pitágoras, 15, 21, 42, 44, 54, 64-5, 67-9, 75, 77, 80, 86, 88, 160
Pítia, 335
Platão, 20, 27, 34, 42, 44, 49, 50-1, 53-4, 68, 72, 77, 81, 87, 96, 115, 120, 125, 136, 147, 154, 159, 170, 172, 178-82, 184-5, 199, 204, 207, 212-29, 232-4, 238-40, 242-50, 253-5, 257, 260, 262-9, 272-3, 275-9, 283-4, 286-92, 294-5, 299-308, 310-1, 313, 315-7, 321, 329, 334-6, 338, 340-3, 347, 351-2, 354-6, 363-4, 375, 380-1, 393, 396, 399, 402, 405, 407, 419-20, 424, 434-5, 440, 442, 445-7, 452, 455-7, 475, 477, 489-90, 492, 507-8, 510-1
Plotino, 220
Polemarco, 305
Polo, 237
Ponto, 34, 37
Porfírio, 67, 340-1
Poros, 489
Posidônio, 51
Proclo, 55, 341
Pródicos, 169
Prometeu, 141
Protágoras, 51, 53, 119, 159, 165, 169-73, 177, 234, 239, 324-5, 440
Proxeno, 334
pseudo-Plutarco, 51

Quintiliano, 482

Rey, A., 21, 25
Ricoeur, P., 484
Ross, D., 450
Rousseau, J. J., 26

Satyros, 52
Schleiermacher, F., 181, 221
Sete Sábios, 16, 30, 54, 160, 300, 310, 313
Sexto Empírico, 51, 85, 87, 110, 117, 120, 123, 325
Shakespeare, W., 485
Sibila, 80
Silas, 226, 339
Simplício, 51, 54, 56, 59, 62, 87, 96-7, 111, 115, 117-8, 120, 341
Socião, 19, 51
Sócrates, 27-8, 44, 49, 53, 87, 96, 115, 125, 129, 136, 145, 147, 154, 162, 177-207, 210, 212-7, 219, 221, 228-32, 234-9, 241-2, 245, 255, 257--9, 261, 266-7, 271-2, 276, 286, 291-3, 296-8, 301, 303, 305, 310-3, 316, 320-2, 324, 336-8, 354, 361, 364, 366, 368-70, 372-3, 375, 377-9, 391, 394, 407, 437, 447, 490, 500, 505
Sófocles, 137, 512
Sofronisco, 177, 193
Sólon, 30, 131-2, 141, 160, 212
Sorabji, R., 340-1
Souza, J. Cavalcante de, 487

Strauss, L., 221

Tales, 16, 30, 35, 42, 49, 52-61, 64, 125, 160, 329
Taylor, A. E., 182
Temisão, 343
Temístio, 85
Teofrasto, 51, 54, 58, 62, 112-5, 119-20, 335, 337, 342, 345
Teógnis, 160-1
Tomás de Aquino, 341-42
Trasímaco, 232-3, 235-8, 305
Tucídides, 129, 135, 159, 213

Ulisses, 484
Urano, ou Krónos, 34, 37

Vernant, J. P., 36, 38, 137, 144

Windelband, W., 17-8, 49-50, 88, 106
Wolff, F., 180-1, 464-5, 473-4

Xantipa, 179
Xenócrates, 335
Xenófanes, 54, 67, 86, 88, 101, 103, 107, 167
Xenofonte, 159, 161, 179, 181-4, 202, 238

Zeller, E., 52, 136, 346
Zenão, 51, 53-4, 67, 95-7, 99-100, 103, 105, 107, 164, 184, 191, 245, 317, 488
Zeus, 139-40, 209, 315, 488-9

Índice de termos gregos

Nos casos em que apenas a transliteração não garante a leitura correta do termo grego, indica-se a pronúncia entre colchetes.

adikía, 43
agón, 27
agorá, 158, 165-6, 183, 204, 216
aísthesis [áisthesis], 270, 420
aitía, 46, 383, 389, 391
akmé, 52, 54, 62, 67, 79, 87-8, 95, 107, 119, 169
alétheia, 41-4, 46-7, 65, 68, 80, 88-9, 103, 117, 163, 175, 221, 262-5, 267, 380
analytikós, 357
anámnesis, 494
anánke, 102, 146, 151, 449, 488, 494
ánthropos, 46, 128, 495
apáte, 43, 495, 508
ápeiron, 59, 61-3, 120, 415, 495, 498, 508
aporía, 97, 495
áporos, 103, 509
areté, 489
arkhé, 39, 46-7, 49, 59-60, 63, 69, 73, 81, 91, 133, 142, 147, 389, 391, 495
áskesis, 66, 496

átomos, 121-2, 124, 392, 496
átopos, 181, 496
autárkeia, 232, 333, 441, 455, 496
autonomia, 455
axía, 470

bíos, 417
boulé [bulé], 132-4, 158
boúleusis [búlwuaia], 418, 446, 448, 450

daímon [dáimon], 65-6, 179-80, 182, 187, 206, 210
deinós, 161
demiourgós, 269
dêmos, 302
despótes, 469
diaíresis [diáiresis], 279, 281, 310
dialektiké, 238, 300
diánoia, 250-5, 455, 492
díke, 41, 43, 46, 60, 84, 92, 102, 104, 138, 171, 307, 470

dóxa, 43-4, 68, 88-9, 91-2, 103, 105, 163, 167, 175, 250-2, 254-5, 258, 277, 280, 375, 492, 497-9
dýnamis, 142, 145, 147-52, 155, 257, 262, 268, 300, 306, 397-8, 401, 403, 409-10, 446, 458, 499-500

eîdos [êidos], 109, 253, 478
eikasía, 250-2, 254-5, 258, 269
eiróneia, 190
ekklesía, 132-4, 158
empeiría, 81, 478
enérgeia [enérgueia], 397, 409, 458
entelékheia, 402-3, 409, 412, 417, 420
epistéme, 190, 229, 253-4, 266, 284, 300, 346, 446, 456-7, 490
érgon, 142, 486
eristikós, 500
éthos, 105, 398, 441, 445, 455, 480, 482
eudaimonía, 441, 501

génos [guenos], 131, 138, 360, 380, 494, 501
gnómon, 58, 74, 501

héxis, 446, 448
hodós, 150, 502
homoioméreia, 502, 506
homónoia, 165, 502
hormé, 426, 444, 502, 507
hýbris, 27, 29, 104, 140, 155, 445, 502, 509
hýle, 57, 392, 502
hypokeímenon [Hypokéimenon], 390, 503

idéa, 499
isegoría, 42, 134, 203, 503
isonomía, 107, 134, 203, 503

kairós, 145, 152, 218, 503, 505
kategoría, 359, 362
kátharsis, 66, 484-6, 503
khóra, 269
kínesis, 46-8, 56-7, 92, 395, 410, 458, 503
kosmogonía, 502-3
kosmología, 503

kósmos, 39, 46, 48, 57, 61, 63-4, 69, 76-7, 102, 104-5, 107, 111-2, 118, 141, 269, 415, 418, 437, 462, 503-4, 506, 509
krátos, 133-4, 471, 504

léthe, 41, 43, 65, 265, 494, 504
lógos, 37, 39-40, 42-6, 78, 81, 83-5, 102, 104, 106, 121, 125, 143, 147, 167, 174, 211, 256, 363, 427, 456, 459, 468, 484, 503-4, 506-7

maieutiké, 505
manía, 297, 492
médo, 456, 505
mesótes, 505
méthexis, 273-4, 505
méthodos, 103, 332, 346, 440, 478, 502, 505
métis, 144, 145, 160, 505
métron, 446
mímesis, 269-70, 405, 479, 484, 506
mnemosýne, 43, 494, 506
moîra [moira], 102, 121, 488, 506
morphé, 506
mýthos, 484-5, 506

neîkos [neîkos], 46, 109
nóesis, 250-1, 253-5, 270, 285, 492, 506
nóia, 252-3, 506
nómos, 104, 107, 123, 165-7, 170-1, 237, 304, 323, 463, 496, 502-3, 509, 512
noûs [nûs], 118-9, 121, 125, 253, 455-7, 498, 506, 511

oikonomía, 468, 506-7
órexis, 426, 444, 502, 507
órganon, 339, 343, 351, 357, 417, 420, 435, 482, 507
orthótes, 380, 507
ousía, 91, 243, 358-9, 361, 383-4, 389, 391, 491, 503, 507, 512

paideía [paideia], 101, 228, 255, 257, 262, 507
páthos, 444, 447, 452, 482, 485, 503, 508, 510
peithó, 43, 156, 495, 508
péras, 412, 508

phainómenon, 330, 508
phantasía, 425, 427, 508
pharmakéus [farmakéus], 508
pharmákon, 489
pharmakós, 155, 234, 508
philía, 15, 68, 109, 460-1, 464, 509
philosophía, 68-9, 198, 212, 331, 348, 505, 509
phrónesis, 105, 295, 446, 454-6, 509, 511
phýsis, 39, 46-9, 53-60, 62-3, 68-9, 73-6, 79, 81, 83-4, 91, 106, 108-10, 116-7, 121, 125, 128, 147-9, 151-4, 165-7, 169-70, 172, 201, 237, 268, 323, 329, 347, 408, 440, 467, 498, 502, 506, 509, 511
pístis, 43, 250, 252, 254-5, 277, 492, 509
pléron, 120, 509
pneûma [pneuma], 63, 418, 509
poíesis, 141, 332, 346, 350, 398, 416, 482, 509-10
pólemos, 82
pólis, 24, 40-6, 50, 65, 101, 103-4, 106-7, 127, 129, 131-3, 138, 141, 157-8, 203-4, 213, 217, 281, 303, 306, 309, 311, 322-4, 387, 440-1, 457, 461-2, 465-7, 469, 477, 509
politeía [politeia], 158, 312, 466, 509
polymátheia, 80, 510
pónos, 351
póros, 495, 509
práxis, 332, 346, 349-50, 405, 416, 430, 440, 477-8, 482, 484, 501, 508, 510
proaíresis [proáiresis], 332, 440, 446, 448, 450, 454, 493, 510

protréptico, 190, 195, 343, 510
pseudés, 43, 510
pseûdos [pseudos], 510
psykhagogía [psikagoguia], 176, 510
psykhé, 57, 69, 190, 290-1, 294, 298, 347, 510

rízoma, 510

sophía, 15, 157, 160-1, 455-7, 509, 511
sophistés, 160-1, 197, 511
sophós, 15, 68, 160, 197, 509, 511
sophrosýne, 29, 66, 295, 300, 509, 511
spérmata, 116-7, 511
syllogismós [siloguismós], 367, 511

tékhne, 127, 229, 257, 300, 332, 440, 446, 456, 500, 509, 511
télos, 402-5, 411, 465, 478, 486, 500, 512
tetráktys, 73-4
theogonía, 502, 512
theología [teologuia], 512
theologikhé, 348
theoría, 45, 68, 103, 160, 381, 478, 512
therapéia, 285
týkhe, 121, 144, 151, 163, 416, 449, 488, 512
tyrannikós, 311, 466, 472, 512
týrannos, 512

phainómenon, 330, 508
phantasía, 425, 427, 508
pharmakéus [farmakéus], 508
pharmákon, 489
pharmakós, 155, 234, 508
philía, 15, 68, 109, 460-1, 464, 509
philosophía, 68-9, 198, 212, 331, 348, 505, 509
phrónesis, 105, 295, 446, 454-6, 509, 511
phýsis, 39, 46-9, 53-60, 62-3, 68-9, 73-6, 79, 81, 83-4, 91, 106, 108-10, 116-7, 121, 125, 128, 147-9, 151-4, 165-7, 169-70, 172, 201, 237, 268, 323, 329, 347, 408, 440, 467, 498, 502, 506, 509, 511
pístis, 43, 250, 252, 254-5, 277, 492, 509
pléron, 120, 509
pneûma [pneuma], 63, 418, 509
poíesis, 141, 332, 346, 350, 398, 416, 482, 509-10
pólemos, 82
pólis, 24, 40-6, 50, 65, 101, 103-4, 106-7, 127, 129, 131-3, 138, 141, 157-8, 203-4, 213, 217, 281, 303, 306, 309, 311, 322-4, 387, 440-1, 457, 461-2, 465-7, 469, 477, 509
politeía [politeia], 158, 312, 466, 509
polymátheia, 80, 510
pónos, 351
póros, 495, 509
práxis, 332, 346, 349-50, 405, 416, 430, 440, 477-8, 482, 484, 501, 508, 510
proaíresis [proáiresis], 332, 440, 446, 448, 450, 454, 493, 510

protréptico, 190, 195, 343, 510
pseudés, 43, 510
pseûdos [pseudos], 510
psykhagogía [psikagoguia], 176, 510
psykhé, 57, 69, 190, 290-1, 294, 298, 347, 510

rízoma, 510

sophía, 15, 157, 160-1, 455-7, 509, 511
sophistés, 160-1, 197, 511
sophós, 15, 68, 160, 197, 509, 511
sophrosýne, 29, 66, 295, 300, 509, 511
spérmata, 116-7, 511
syllogismós [siloguismós], 367, 511

tékhne, 127, 229, 257, 300, 332, 440, 446, 456, 500, 509, 511
télos, 402-5, 411, 465, 478, 486, 500, 512
tetráktys, 73-4
theogonía, 502, 512
theología [teologuia], 512
theologikhé, 348
theoría, 45, 68, 103, 160, 381, 478, 512
therapéia, 285
týkhe, 121, 144, 151, 163, 416, 449, 488, 512
tyrannikós, 311, 466, 472, 512
týrannos, 512

1ª EDIÇÃO [1994]
2ª EDIÇÃO [2002] 13 reimpressões

ESTA OBRA FOI COMPOSTA PELA PÁGINA VIVA EM DANTE E IMPRESSA EM OFSETE
PELA GRÁFICA PAYM SOBRE PAPEL PÓLEN NATURAL DA SUZANO S.A.
PARA A EDITORA SCHWARCZ EM ABRIL DE 2024

FSC
www.fsc.org
MISTO
Papel produzido
a partir de
fontes responsáveis
FSC® C133282

A marca FSC® é a garantia de que a madeira utilizada na fabricação do papel deste livro provém de florestas que foram gerenciadas de maneira ambientalmente correta, socialmente justa e economicamente viável, além de outras fontes de origem controlada.